AF553988

महावीर प्रसाद द्विवेदी
और
हिन्दी नवजागरण

महावीर प्रसाद द्विवेदी
और
हिन्दी नवजागरण

रामविलास शर्मा

राजकमल प्रकाशन

ISBN : 978-81-267-0375-3

मूल्य : ₹ 1395

पहला संस्करण : 1977
दसवाँ संस्करण : 2026

प्रकाशक : राजकमल प्रकाशन प्रा.लि.
1-बी, नेताजी सुभाष मार्ग, दरियागंज
नई दिल्ली-110 002
शाखाएँ : अशोक राजपथ, साइंस कॉलेज के सामने, पटना-800 006
पहली मंजिल, दरबारी बिल्डिंग, महात्मा गांधी मार्ग, प्रयागराज-211 001
1, अनमोल सोराबजी सन्तुक लेन, धोबी तलाव, मरीन लाइंस, मुम्बई-400 002
वेबसाइट : www.rajkamalprakashan.com
ई-मेल : info@rajkamalprakashan.com

मुद्रक : बी.के. ऑफसेट
नवीन शाहदरा, दिल्ली-110 032

MAHAVIR PRASAD DWIVEDI AUR HINDI NAVJAGRAN
Criticism by Dr. Ram Bilas Sharma

क्रम

महावीरप्रसाद द्विवेदी
और
हिन्दी नवजागरण

भूमिका

हिन्दी प्रदेश में नवजागरण 1857 ई. के स्वाधीनता-संग्राम से शुरू होता है। इस स्वाधीनता-संग्राम की पहली विशेषता यह है कि यह सारे देश की एकता को ध्यान में रखकर चलाया गया था। राष्ट्रीय एकता का यह उद्देश्य भारतीय सेना के नेताओं ने अपने सामने रखा था, सामन्तों ने नहीं। इसीलिए जो नवाब स्वतंत्र बादशाह बन बैठे थे, उन्हें भारतीय सेना के नेतृत्व ने दिल्ली के मातहत करार दिया और इसी शर्त पर उनके साथ संयुक्त मोर्चा बनाया। अपने विघटनकाल में भारतीय सामन्तवाद राष्ट्रीय एकता की पहचान खो चुका था। अलग-अलग बादशाहों, नवाबों और राजाओं की सत्ता कायम करने के बदले सभी सामन्तों को एक ही झंडे के नीचे संगठित करने का प्रयत्न एक सामन्त-विरोधी कार्य था।

इस संग्राम की दूसरी विशेषता यह है कि राज्यसत्ता की मूल समस्या सामन्तों के हित में नहीं, जनता के हित में हल की गई थी। बहादुरशाह को सारे देश का बादशाह घोषित किया गया था किन्तु वास्तविक सत्ता बादशाह या उसके अनुयायियों के हाथ में नहीं थी। सैनिक नेतृत्व ने दिल्ली के बादशाह को वही दर्जा दिया था जो ब्रिटेन में वहाँ के बादशाह को हासिल था। वह राज्यतंत्र में मुखिया बनाया गया था पर आर्थिक, राजनीतिक और सैनिक अधिकार उस 'कोर्ट' के हाथ में थे जिसमें भारतीय सेना के चुने हुए प्रतिनिधि थे।

इस संग्राम की तीसरी विशेषता यह है कि अंग्रेजों ने जमींदारों और साहूकारों को जहाँ भी नये अधिकार दिये थे, जहाँ भी किसानों के विरुद्ध इन शोषकों के पक्ष में उन्होंने फैसले किये थे, वहाँ भारतीय सेना का प्रभुत्व कायम होते ही, अथवा अंग्रेजों का प्रभुत्व खत्म होते ही, जनता ने अंग्रेजों की कायम की हुई व्यवस्था उलट दी। इस तरह की कार्रवाई से इस स्वाधीनता-संग्राम का सामन्त-विरोधी पक्ष और पुष्ट होता था।

इस संग्राम की चौथी विशेषता यह है कि इसका नेतृत्व उन किसानों ने किया जो फौज में सिपाहियों और सूबेदारों के रूप में काम कर रहे थे। अनेक छोटे-बड़े सामन्त इनके सहायक थे, संग्राम के नेता नहीं। अक्सर वे देशी सेना के दबाव में आकर अंग्रेजों से लड़े। फौज के भीतर वाले किसानों के साथ गाँवों के गैर-फौजी

किसान थे, और इन दोनों ने मिलकर जो हथियारबंद लड़ाई चलाई, वैसी लड़ाई न तो सन् '57 से पहले कभी चलाई गई थी, और न उसके बाद कभी चलाई गई। लड़नेवाले किसानों में केवल उच्च वर्ण के हिन्दू नहीं थे। उनके साथ निम्न वर्ण के सैकड़ों आदमी थे। हिन्दुओं के साथ हजारों मुसलमान थे। धर्म और वर्ण की सीमाएँ तोड़कर ये जो लाखों किसान एक ही लड़ाई में शामिल हुए, उसका बड़ा गहरा असर उनकी संस्कृति पर पड़ा, और यह असर उनके लोकगीतों में दिखाई देता है।

इस संग्राम की पाँचवीं विशेषता इसका असाम्प्रदायिक राष्ट्रीय रूप है। दिल्ली में जब भारतीय सेना अपनी समिति का गठन कर रही थी तब यह सवाल सामने आया कि उसमें हिन्दू और मुसलमान प्रतिनिधि किसी साम्प्रदायिक अनुपात से रखे जाएँ या हिन्दू-मुसलमान का विचार किये बिना वे केवल अनुभव और कार्यकुशलता के आधार पर चुने जाएँ। पहली बात रद्द कर दी गई और दूसरी बात मानी गई। बरेली और दिल्ली में अंग्रेजों ने जी-तोड़ प्रयत्न किया कि रुपया बाँटकर हिन्दू-मुस्लिम दंगे कराएँ पर इसमें वे पूरी तरह असफल रहे। सन् '57 का स्वाधीनता-संग्राम अंग्रेजों द्वारा प्रेरित सम्प्रदायवाद की सबसे बड़ी पराजय था।

इस संग्राम की छठी विशेषता यह है कि यह संग्राम हिन्दी-भाषी प्रदेश में चलाया गया। यह प्रदेश ही मुख्य रण-क्षेत्र था। अन्य प्रदेशों में छुट-पुट घटनाएँ हुईं। फौजी सिपाहियों और गाँवों के किसानों ने मिलकर जहाँ संगठित रूप से यह संग्राम चलाया, वह हिन्दी प्रदेश था। अंग्रेजों ने जिस देशी फौज की सहायता से अपना राज्य फिर कायम किया, उसमें अधिकतर अहिन्दी प्रदेशों के सिपाही थे। सन् '57 का स्वाधीनता-संग्राम हमारा जातीय संग्राम था, इसका सबसे बड़ा प्रमाण यह है कि जितने लोकगीत विभिन्न जनपदों में हमारे यहाँ रचे गए, उतने अन्य प्रदेशों में कुल मिलाकर भी नहीं रचे गए।

इस स्वाधीनता-संग्राम के विश्लेषण की मुख्य समस्या ब्रिटिश और भारतीय समाजों के विकास से जुड़ी हुई है। लोगों को यह समझाया गया है कि ब्रिटेन में औद्योगिक क्रान्ति हो चुकी थी, इधर भारत में सामन्ती व्यवस्था कायम थी, इसलिए ब्रिटेन की जीत अनिवार्य थी; यही नहीं, वह भारतीय सामन्तवाद का नाश करने और यहाँ के पूँजीवादी विकास का मार्ग प्रशस्त करने के लिए आवश्यक भी थी। यह धारणा गलत है। मूल बात यह है कि ब्रिटेन में राज्यसत्ता भूस्वामी वर्ग के हाथ में थी। यह वर्ग उन जमींदारों का था जो स्वयं पूँजीवादी ढंग से खेती न करते थे, वरन् जो भाड़े पर अपनी जमीन पूँजीपतियों को उठाते थे। इस तरह यह वर्ग स्वयं ब्रिटेन के पूँजीवादी विकास में बहुत बड़ी बाधा था। उसके साथ इजारेदार व्यापारी थे जो स्वच्छंद प्रतियोगिता के विरोधी थे। ईस्ट इंडिया कम्पनी ऐसे ही इजारेदार व्यापारियों की कम्पनी थी। ये इजारेदार व्यापारी पूँजीवादी विकास में वैसे ही बाधक थे, जैसे ब्रिटेन के जमींदार। अब रहा ब्रिटेन

का औद्योगिक पूँजीपति वर्ग। वह अपनी क्रान्तिकारिता के लिए कभी विख्यात नहीं रहा। उसने पग-पग पर किसानों और मजदूरों के विरुद्ध जमींदारों से समझौता किया। सामन्त-विरोधी क्रान्ति फ्रांस में हुई जहाँ बड़ी-बड़ी जमींदारियाँ तोड़ दी गईं और जमीन किसानों में बाँट दी गई। सामन्त-विरोधी क्रान्ति ब्रिटेन में नहीं हुई जहाँ बड़ी-बड़ी जमींदारियाँ कायम रही और 18वीं सदी में उनमें सैकड़ों एकड़ नई जमीन मिला दी गई। ब्रिटेन में पूँजीपतियों ने जमींदारों से समझौता किया, क्रान्ति नहीं की। यही कारण है कि ब्रिटेन के पूँजीपतियों और जमींदारों ने फ्रांस की राज्यक्रान्ति का जोरों से विरोध किया, उन्होंने यूरोप के प्रतिक्रियावादी सामन्त वर्ग से मिलकर फ्रांस को परास्त किया। इसी तरह भारत में अंग्रेजों के मुख्य सहायक यहाँ के सामन्त थे। सन् '57-'58 में कश्मीर से लेकर हैदराबाद तक और महाराष्ट्र-राजस्थान से लेकर बंगाल तक के जमींदारों और राजाओं-नवाबों ने अंग्रेजों की मदद की। इससे पहले की लड़ाइयों में भी हर प्रदेश में अंग्रेजों को जो अनेक मीर जाफर मिल गए, उनकी भूमिका सामन्त-विरोधी और प्रगतिशील नहीं थी। ब्रिटेन की तुलना में फ्रांस की सामन्त-विरोधी क्रान्ति मजदूर वर्ग के लिए कितना उपयोगी थी, इसका प्रमाण यह है कि केवल फ्रांस में मजदूर वर्ग ने, मानव-इतिहास में पहली बार, सन् 1871 में, राज्यसत्ता पर अधिकार किया। पर औद्योगिक पूँजीपतियों ने न फ्रांस में सामन्त-विरोधी क्रान्ति की, न और कहीं। फ्रांस में आधुनिक उद्योग-धन्धों का विकास नेपोलियन का युग समाप्त होने के बाद होता है। ब्रिटेन की तरह रूस में पूँजीपतियों ने जमींदारों से समझौता किया, यद्यपि वहाँ जमींदारों का वर्ग अधिक शक्तिशाली था। सामन्त-विरोधी क्रान्ति के काम रूस में फरवरी, 1917 के सत्ता-परिवर्तन से पूरे नहीं हुए। पूँजीपतियों की सरकार ने जमीन किसानों में नहीं बाँटी। सामन्त-विरोधी क्रान्ति के ये काम नवम्बर, 1917 के बाद मजदूर वर्ग ने पूरे किये।

यूरोप के जमींदारों-व्यापारियों और पूँजीपतियों ने जहाँ भी अपने उपनिवेश कायम किये, या दूसरों को अपना गुलाम बनाया, वहाँ उन्होंने कहीं भी सामन्त-विरोधी क्रान्ति नहीं की। जिस समय अंग्रेजों के अमरीकी उपनिवेश अपनी स्वाधीनता के लिए लड़े, उस समय वहाँ गुलामी की प्रथा का चलन था। लड़ाई में जीतने के बाद संयुक्त राज्य अमरीका ने गुलामी की प्रथा कायम रखी। अंग्रेजों की पराधीनता से मुक्त होने के बाद ही वहाँ औद्योगिक विकास हुआ और एक भयानक गृहयुद्ध के बाद गुलामी का अन्त किया गया। अधिकांश काले आदमी फिर भी वहाँ अधिकारहीन बने रहे। यूरोप के अन्य राष्ट्रों ने जो जमींदारी प्रथा उपनिवेशों में चलाई, वह सामाजिक विकास में कितनी बड़ी बाधा है, यह दक्षिण अमरीका के देशों की स्थिति देखकर जाना जा सकता है। ब्रिटेन और उसके साथ यूरोप के अन्य राष्ट्रों ने जहाँ भी दूसरे देशों पर अपनी हुकूमत कायम की, वहाँ

यह अनिवार्य हो गया कि राष्ट्रीय स्वाधीनता की लड़ाई सबसे पहले सामन्त-विरोधी लड़ाई हो। दूसरे महायुद्ध के बाद विभिन्न महाद्वीपों में जो मुक्ति-संग्राम हुए हैं, वे इसी तथ्य की पुष्टि करते हैं।

ब्रिटेन ने आयलैंड में जमींदारियाँ कायम की थीं। इसलिए वहाँ पर अंग्रेजी राज के विरुद्ध लड़ाई अंग्रेज जमींदारों के खिलाफ लड़ाई बन गई थी। हिन्दुस्तान में अंग्रेजी राज सबसे बड़े जमींदार की भूमिका निबाह रहा था। यह नया जमींदार पुराने जमींदारों से कहीं अधिक क्रूर और शोषक था। इसका प्रमाण यह है कि भुखमरी से लाखों किसान मर गए, यह भुखमरी भारतीय अर्थतंत्र की विशेषता बन गई। हिन्दुस्तान की बहुसंख्यक जनता इस स्थिति में नहीं थी कि बड़े पैमाने पर विदेशी माल खरीदे। अंग्रेजों की आमदनी का मुख्य स्रोत थी जमीन पर किसान की मेहनत। इतना होने पर भी 19वीं शताब्दी में भारत ब्रिटेन का प्रतिद्वन्द्वी बना हुआ था। इसलिए ब्रिटेन ने अपने यहाँ भारतीय माल पर भारी टैक्स लगाया और भारत में ब्रिटिश माल को इस तरह के टैक्स से छूट दी। यदि इसे कोई सामन्त-विरोधी क्रान्ति कहे तो कह सकता है।

1857 में सिपाहियों और नागरिकों ने अनेक इश्तहार प्रकाशित किए। इनमें उन्होंने अंग्रेजी राज के अन्तर्गत किसानों, जमींदारों, व्यापारियों आदि की स्थिति का विश्लेषण किया। इनमें जो बातें कही गई हैं, उनसे ऊपर बताए हुए तथ्यों की पुष्टि होती है। जो लोग सन् '57 के स्वाधीनता-संग्राम का कार्यक्रम जानना चाहते हैं, उन्हें ये इश्तहार पढ़ने चाहिए। इनमें से कुछ उस पुस्तक में दिये हुए हैं जिसका नाम Mutiny Records (गदर के कागजात) है जिसे अंग्रेज सरकार ने 1911 में लाहौर से प्रकाशित किया था। कुछ अन्य पुस्तकों में हैं। इन्हें पढ़ने से मालूम होगा कि स्वाधीनता-संग्राम के नेता अंग्रेजी राज की आर्थिक नीति से परिचित थे। इन्हें पढ़ने से यह भी पता लगेगा कि भारतेन्दु हरिश्चन्द्र ने अंग्रेजी राज के बारे में जो कुछ लिखा, और उनके बाद महावीरप्रसाद द्विवेदी ने उसके बारे में जो कुछ लिखा, उस सबका गदर के इतिहास से कितना गहरा सम्बन्ध है।

गदर, सन् '57 का स्वाधीनता-संग्राम, हिन्दी प्रदेश के नवजागरण की पहली मंजिल है। दूसरी मंजिल भारतेन्दु हरिश्चन्द्र का युग है। गदर के केवल 10 साल बाद 1868 में उन्होंने 'कविवचन-सुधा' नाम की पत्रिका निकाली। पत्रिका निकालने के दो साल बाद उन्होंने इसमें 'लेवी प्राणलेवी' नाम का अपना प्रसिद्ध ब्रिटिश-विरोधी लेख लिखा। भारतेन्दु-युग का साहित्य व्यापक स्तर पर गदर से प्रभावित है, इसका पहला प्रमाण यह है कि इस साहित्य में किसानों को लक्ष्य करके, उन्हें संगठित और आन्दोलित करने की दृष्टि से जितना गद्य-पद्य लिखा गया है, उतना दूसरी भारतीय भाषाओं में नहीं लिखा गया। दूसरा प्रमाण यह है कि इस साहित्य का माध्यम संस्कृत-गर्भित भाषा नहीं है, जैसेकि वह बंगला

साहित्य में है, वरन् वह शहरी बोलचाल की भाषा है, और जनपदीय उपभाषाओं से अपना नाता जोड़े हुए है।

हरिश्चन्द्र ने अंग्रेजी राज की तारीफ करते हुए गदर के बारे में लिखा था :

कठिन सिपाही द्रोह अनल जा जल बल नासी।
जिन भय सिर न हिलाय सकत कहुँ भारतवासी॥

सिपाही-विद्रोह भयानक अग्निकांड के समान था। अंग्रेजों ने उसे पानी से शान्त कर दिया लेकिन इसका परिणाम यह हुआ कि अंग्रेजों के डर के मारे यहाँ के लोग सिर भी न हिला सकते थे। गदर के बारे में खुलकर लिखना सम्भव न था, उसकी स्मृति इसी तरह सुरक्षित रखी जा सकती थी।

महत्त्वपूर्ण बात यह है कि गदर के इश्तहारों में भारतीय व्यापार और उद्योग-धन्धों के विनाश की जो बात कही गई है, उसे हरिश्चन्द्र दोहराते हैं। बहादुरशाह के नाम से जो इश्तहार जारी किया गया था, उसमें जमींदारों, व्यापारियों, सरकारी नौकरों, कारीगरों आदि की स्थिति अलग-अलग बयान की गई है। इसमें व्यापारियों से कहा गया है कि अंग्रेजों ने नील, कपड़ा और जहाजों से भेजी जानेवाली अन्य वस्तुओं के व्यापार पर इजारा कायम किया है। केवल मामूली चीजों का व्यापार यहाँ के लोगों के हाथ में रहने दिया है लेकिन इसमें भी मुनाफा कमाने की बहुत-सी तरकीबें निकाल ली गई हैं। चुंगी वगैरह के जरिये व्यापारियों पर वे भारी टैक्स लगाते हैं। यह पूरा इश्तहार FREEDOM STRUGGLE IN Uttar Pradesh खंड 1 (पृ. 453-458) में दिया हुआ है। भारतेन्दु हरिश्चन्द्र ने 26 फरवरी, 1874 की 'कविवचन-सुधा' में लिखा : "क्या यह अनीति नहीं है कि अनुमान दो सौ वर्ष हुए, इनका अधिकार इस देश में है। इन्होंने हमारे धनधान्य की वृद्धि में कोई उपाय नहीं किया और केवल अपनी भाषा सिखाया और सब व्यापार और धन सब अपने हस्तगत किया, क्या यह खेद की बात नहीं है कि हमको कला-कौशल्य से विमुख रखा और आप स्वत: व्यापारी बनकर सब देश भर का धन और धान्य अपने देश में ले गए।"

बहादुरशाह के इश्तहार में विदेशी माल के आयात और यहाँ के उद्योग-धन्धों के विनाश के बारे में कहा गया था कि हिन्दुस्तान में अंग्रेजी माल आने से यहाँ के कारीगर, जुलाहे, बढ़ई, लुहार, चमार वगैरह बेकार हो गए हैं। उनका पेशा खत्म हो गया है और हर किस्म का देशी कारीगर भिखारी बन गया है।

9 मार्च, 1874 की 'कविवचन-सुधा' में हरिश्चन्द्र कहते हैं : "कपड़ा बनाने वाले, सूत निकालनेवाले, खेती करनेवाले आदि सब भीख माँगते हैं—खेती करनेवालों की यह दशा है कि लंगोटी लगाकर हाथ में तुम्बा ले भीख माँगते हैं, और जो निरुद्यम हैं, उनको तो अन्न की भ्रान्ति है।" ऐसा लगता है कि हरिश्चन्द्र ने यह सब बहादुरशाह का इश्तहार पढ़कर लिखा था।

भारतीय स्वाधीनता-आन्दोलन में स्वदेशी वस्तुओं के व्यवहार और विदेशी वस्तुओं के बहिष्कार की भूमिका महत्त्वपूर्ण रही है। इस चेतना की शुरुआत गदर से होती है। दिल्ली के उसी इश्तहार में कहा गया है कि बादशाही हुकूमत कायम होने पर अंग्रेजों का जालफरेब खत्म कर दिया जाएगा और हर चीज का व्यापार करने का अधिकार इस देश के सौदागरों को होगा। अपना माल ले जाने के लिए भाप से चलनेवाले जहाज और भाप से चलनेवाली गाड़ियाँ सरकार उन्हें सुलभ करेगी। जिन सौदागरों के पास अपनी पूँजी न होगी, उन्हें सरकारी खजाने से सहायता दी जाएगी। राजाओं और रईसों का सारा काम देशी कारीगरों को दिया जाएगा। इससे वे खुशहाल होंगे।

स्वाधीनता-आन्दोलन के दौरान स्वदेशी वस्तुओं के व्यवहार के बारे में विलायती माल की खपत को कानून के जरिये सहायता पहुँचानेवाली अंग्रेजी नीति के विरोध में जो कुछ कहा गया, उसके मूल सूत्र इस इश्तहार में है। यह स्वाभाविक ही था कि स्वदेशी वस्तुओं के व्यवहार की प्रतिज्ञा सबसे पहले हरिश्चन्द्र करते। परमेश्वर को साक्षी देकर उन्होंने घोषित किया था कि आगे कोई विलायती कपड़ा न पहनेंगे और हिन्दुस्तान का बना कपड़ा ही पहनेंगे। उनका यह प्रतिज्ञा-पत्र 23 मार्च, 1874 की 'कविवचन-सुधा' में प्रकाशित हुआ था।

गदर के इश्तहारों में एक बात पर बार-बार जोर दिया गया है कि अंग्रेजों के वादों का भरोसा न करना। ये जो कुछ कहते हैं, उससे ठीक उल्टा आचरण करने में जरा भी आगा-पीछा नहीं करते। अवध की बेगम ने अंग्रेजों के जाल से जनता को सावधान करते हुए इश्तहार में इसी तरह की बातें कही थीं। हरिश्चन्द्र ने इसी कुटिल नीति के प्रति जनता को सजग रहने के लिए कहा था : "परन्तु अब अंग्रेजी माया छल और घात दृष्टि में आने लगा क्योंकि हम लोगों को केवल अंग्रेजी भाषा प्राप्त हुई परन्तु कला-कौशल के विषय में हम लोग भलीभाँति अज्ञान सागर में निमग्न हुए हैं, इसमें सन्देह नहीं।" ('कविवचन-सुधा', 8 फरवरी, 1874)

जैसे गदर के नेताओं का लक्ष्य सारे देश के लिए स्वाधीनता प्राप्त करना था, वैसे ही भारतेन्दु ने यह लक्ष्य देश के सामने रखा था। 6 जुलाई, 1874 की 'कविवचन-सुधा' में लिखा था : "जिस प्रकार अमरीका उपनिवेशित होकर स्वाधीन हुआ, वैसे ही भारतवर्ष भी स्वाधीनता लाभ कर सकता है।"

1857 का संग्राम हमारा जातीय संग्राम है और वह भारत का राष्ट्रीय संग्राम भी है। उसका असर सारे देश पर हुआ, हिन्दी-भाषी प्रदेश पर सबसे ज्यादा हुआ। ऐतिहासिक तथ्यों की अवहेलना करके भाँति-भाँति के विद्वानों ने बार-बार यह प्रतिपादित किया है कि इस देश का नवजागरण अंग्रेजी राज की नियामतों का नतीजा था, और गदर में सिपाही और सामन्त अपने स्वार्थों के लिए लड़े। कुछ मार्क्सवादी विचारक और गहरे पैठ कर कहते हैं कि अंग्रेज उत्पादन की पुरानी पद्धति का नाश

कर रहे थे और नई पद्धति को जन्म दे रहे थे या उसके लिए जमीन तैयार कर रहे थे। पुरानी पद्धति का नाश होने से कारीगर तबाह हुए और उन्होंने उसी पुरानपंथी व्यवस्था के लिए संघर्ष किया। ये विद्वान् बताएँ कि ऐसा संघर्ष महाराष्ट्र, तमिलनाडु और बंगाल में क्यों नहीं हुआ जहाँ अंग्रेजी राज का प्रसार बहुत पहले हुआ था? हिन्दी प्रदेश तो अंग्रेजी राज में बहुत पीछे शामिल किया गया और जिस अवध जनपद में किसानों और सिपाहियों ने सबसे व्यापक संघर्ष किया, वह अवध तो गदर से केवल सालभर पहले अंग्रेजी राज में मिलाया गया था। जो प्रदेश थोड़े-दिन अंग्रेजी राज में रहा, उसमें तो कारीगरों का असंतोष विद्रोह के रूप में फूट पड़ा, और जहाँ उस राज को कायम हुए एक शताब्दी बीत चुकी थी, वहाँ असंतोष ने विद्रोह के रूप में फूटने का नाम ही न लिया। एक सवाल और है : गदर में कितने कारीगरों ने हिस्सा लिया?

तब यह सवाल उठता है कि अंग्रेजों ने यहाँ की सामन्ती प्रथा में जो परिवर्तन किया, वह पुरानी उत्पादन पद्धति को मिटानेवाला था या उसे कायम रखनेवाला? अंग्रेजों ने पुरानी सामन्ती व्यवस्था की जगह नई सामन्ती व्यवस्था कायम की। पुरानी बड़ी-बड़ी रियासतों के राजाओं और नवाबों को उन्होंने अपनी कठपुतलियाँ बनाकर रखा। दूसरा काम यह किया कि नई जमींदारियाँ कायम कीं, जहाँ वे जमींदार को बेदखल कर सकते थे। जमींदार को यह छूट थी कि सरकार को निश्चित मालगुजारी दे, किसान से चाहे जितनी रकम वसूल करे। तीसरा काम यह किया कि मालगुजारी बेहिसाब बढ़ा ही और किसान बुरी तरह कर्ज के बोझ से दब गए। चौथा काम यह किया कि सारे देश को जमीन पर अपना इजारा कायम किया और इस तरह वे भारत के सबसे बड़े जमींदार बन बैठे। पाँचवाँ काम यह किया कि साहूकारों और जमींदारों के तथा अपने हितों की रक्षा के लिए उन्होंने कचहरी-अदालत से लेकर पुलिस और फौज तक सारे साधनों का पूरा उपयोग किया। इन बातों से खेती की उत्पादन-पद्धति में कौन-सा परिवर्तन हुआ? खेती के यही पुराने तरीके अब भी चालू रहे। फर्क यह था कि पुराने सामन्तवाद में किसान गरीब रहकर भी जिन्दा बने रहते थे। अंग्रेजी राज कायम होने पर ये किसान लाखों की संख्या में भूखों मरे। खेती की उत्पादन-पद्धति में कोई परिवर्तन नहीं हुआ, न उस पद्धति का नाश हुआ। ये किसान ही भारी संख्या में अंग्रेजों से लड़े। इसका कारण यह था कि अंग्रेजों ने जो सामन्तवाद चलाया, वह पुराने सामन्तवाद से कहीं अधिक घातक था।

नेपोलियन पूँजीवादी फ्रांस का प्रतिनिधि था। जारशाही रूस सामन्ती प्रतिक्रियावाद का गढ़ था। इस रूस ने नेपोलियन को हराया। रूसी लोग उस लड़ाई को गर्व से याद करते हैं और उनका गर्व उचित है। अंग्रेज न तो नेपोलियन की तरह प्रगतिशील थे, न भारत जारशाही रूस की तरह प्रतिक्रियावाद का गढ़ था। भारत के लोग अंग्रेजों से लड़े। हम उनकी लड़ाई पर गर्व करते हैं। हमारा गर्व और भी उचित है।

हिन्दी नवजागरण का तीसरा चरण महावीरप्रसाद द्विवेदी और उनके सहयोगियों का कार्यकाल है। सन् 1900 में 'सरस्वती' का प्रकाशन आरम्भ हुआ और 1920 में द्विवेदी जी उससे अलग हुए। इन दो दशकों की अवधि को द्विवेदी-युग कहा जा सकता है। इस युग की सही पहचान तभी हो सकती है जब हम एक तरफ गदर और भारतेन्दु-युग से उसका सम्बन्ध पहचानें, और दूसरी तरफ छायावादी युग, विशेष रूप से निराला के साहित्य, से उसके सम्बन्ध पर ध्यान दें। इस पुस्तक में इसी दृष्टि से द्विवेदी जी और उनके सहयोगियों के कार्य पर विचार किया गया है।

प्रसिद्ध है कि द्विवेदी जी ने हिन्दी भाषा का परिष्कार किया। फरवरी, 1939 की 'सरस्वती' में श्यामसुन्दरदास ने लिखा था : "द्विवेदी जी का महत्त्व उनके लेखों में नहीं है। उनका महत्त्व विशेष कर इसी बात में है कि उन्होंने भाषा को परिमार्जित और सुन्दर रूप देने का सफलतापूर्वक उद्योग किया।" किन्तु जिस समय 'सरस्वती' का यह विशेषांक प्रकाशित हुआ था, उस समय इस पत्रिका के सम्पादक द्विवेदी जी के लेखों का सामाजिक महत्त्व भूले न थे। उन्होंने इस अंक में प्रकाशित सामग्री के बीच में द्विवेदी जी के लेखों से अनेक उद्धरण सजाए जिससे उनके साहित्य से अपरिचित व्यक्ति भी उनके मौलिक चिन्तन का महत्त्व समझ ले। यहाँ इस भूमिका में उनमें से कुछ उद्धरण दोहराना प्रासंगिक है। एक उद्धरण इस प्रकार है : "योरप के कुछ मदान्ध मनुष्य समझते हैं कि परमेश्वर ने एशिया के निवासियों पर आधिपत्य करने के लिए ही उनकी सृष्टि की है। जिस एशिया ने बुद्ध, राम, कृष्ण, ईसा और कन्फ्यूसियस, रवीन्द्रनाथ और जगदीशचन्द्र बसु को उत्पन्न किया है, उसने दूसरों की गुलामी का ठेका नहीं ले रखा।" (जून, 1924) यह मदान्ध साम्राज्यवादी यूरोप को नवजाग्रत एशिया की ललकार है। भारतीय नवजागरण और हिन्दी नवजागरण इसी एशियाई नवजागरण का अंग है।

दूसरा उद्धरण देखें : "इस दुनिया की सृष्टि एक ऐसे ईश्वर ने की है जिसकी कोई जाति नहीं, जो नीच-ऊँच का कायल नहीं, जो ब्राह्मण-अब्राह्मण, चांडालों और कीड़े-मकोड़ों तक में अपनी सत्ता प्रकट करता है। छुआछूत के माननेवालों को ऐसे भ्रष्ट ईश्वर का संसार छोड़ देना चाहिए।" (अगस्त, 1924) यहाँ सदियों से चले आते हुए सामाजिक रूढ़िवाद को नया युग चुनौती दे रहा है। भारतेन्दु-युग में पुरानी व्यवस्था को बदलने की माँग जहाँ-तहाँ सुनाई देती है। द्विवेदी-युग में वह माँग अधिक उग्र और अधिक व्यापक बन गई है। इस तरह की बातें भाषा-परिष्कार के दायरे में नहीं हैं और उन्हें भुला देना अपने इतिहास को भुला देना है।

द्विवेदी जी ने अपने साहित्यिक जीवन के आरम्भ में पहला काम यह किया कि उन्होंने अर्थशास्त्र का अध्ययन किया। उन्होंने जो पुस्तक बड़ी मेहनत से लिखी और जो आकार में उनकी और पुस्तकों से बड़ी है, वह 'सम्पत्तिशास्त्र' है। इसके अंश 1907 में 'सरस्वती' में प्रकाशित हुए और पूरी पुस्तक 1908 में प्रकाशित

हुई। अभी तक हिन्दी में कोई ऐसा लेखक नहीं हुआ जो साहित्यकार हो, साथ ही जिसे अर्थशास्त्र का ऐसा गहरा ज्ञान हो। यह ग्रंथ अर्थशास्त्र की नई-पुरानी पाठ्य-पुस्तकों से भिन्न है। इसका उद्देश्य है समकालीन भारत के अर्थतंत्र का अध्ययन करना। इसका महत्त्व तब ज्ञात होगा जब इसे रजनी पामदत्त की पुस्तक 'आज का भारत' के साथ मिलाकर पढ़ा जाएगा। पामदत्त की पुस्तक 1940 में प्रकाशित हुई। जो लोग भारत में अंग्रेजी राज की भूमिका समझना चाहते हैं, उनके लिए द्विवेदी जी की पुस्तक में महत्त्वपूर्ण सामग्री है। अर्थशास्त्र का अध्ययन करने के कारण द्विवेदी जी बहुत-से विषयों पर ऐसी टिप्पणियाँ लिख सके जो विशुद्ध साहित्य की सीमाएँ लाँघ जाती हैं। इसके साथ उन्होंने राजनीतिक विषयों का अध्ययन किया और संसार में जो महत्त्वपूर्ण राजनीतिक घटनाएँ हो रही थीं, उन पर उन्होंने लेख लिखे।

राजनीति और अर्थशास्त्र के साथ उन्होंने आधुनिक विज्ञान से परिचय प्राप्त किया और इतिहास तथा समाजशास्त्र का अध्ययन गहराई से किया। इसके साथ भारत के प्राचीन दर्शन और विज्ञान की ओर उन्होंने ध्यान दिया और यह जानने का प्रयत्न किया कि हम अपने चिन्तन में कहाँ आगे बढ़े हुए हैं और कहाँ पिछड़े हैं। इस तरह की तैयारी उनसे पहले किसी सम्पादक या साहित्यकार ने न की था। परिणाम यह हुआ कि हिन्दी प्रदेश में नवीन सामाजिक चेतना के प्रसार के लिए वह सबसे उपयुक्त व्यक्ति सिद्ध हुए। उनके कार्य का मूल्यांकन व्यापक हिन्दी नवजागरण के सन्दर्भ में ही सम्भव है। 'सरस्वती' के सम्पादक बनने से पहले वह काफी प्रसिद्ध हो चुके थे। सम्पादक बनने के बाद उन्होंने अपनी संगठन-क्षमता का परिचय दिया। 'सरस्वती' के माध्यम से उन्होंने लेखकों का ऐसा दल तैयार किया जो इस नवीन चेतना के प्रसार-कार्य में उनकी सहायता करे। अपने अथक परिश्रम से उन्होंने 'सरस्वती' को एक आदर्श पत्रिका बना दिया। प्रसिद्ध पत्रिका 'मॉडर्न रिव्यू' का प्रकाशन बाद को हुआ। उससे पहले द्विवेदी जी 'सरस्वती' का अपना व्यक्तित्व निर्मित कर चुके थे।

साहित्य-क्षेत्र में उन्होंने तय कर लिया था कि हिन्दी गद्य का विकास करना है, आधुनिक हिन्दी को विविध विषयों के विवेचन का माध्यम बनाना है, कविता में ब्रजभाषा की जगह खड़ी बोली को प्रतिष्ठित करना है और साहित्य से रीतिवाद को निकाल बाहर करना है। लगभग 20 वर्ष तक एकाग्र मन से इस निश्चित उद्देश्य की सिद्धि में वह लगे रहे और उन्हें सफलता प्राप्त हुई। उनके इस प्रयत्न के बिना सन् '20 के बाद का साहित्यिक विकास असम्भव नहीं तो कठिन अवश्य हो जाता। द्विवेदी जी ने हिन्दी भाषा के विकास के अनेक पक्षों पर ध्यान दिया। भारत में अंग्रेजी की स्थिति, भारतीय भाषाओं को शिक्षा का माध्यम बनाने की समस्या, भारतीय भाषाओं के बीच सम्पर्क-भाषा की समस्या, हिन्दी-उर्दू की समानता और

आपसी भेद, हिन्दी और जनपदीय उप-भाषाओं के सम्बन्ध आदि पर उन्होंने बहुत गहराई से विचार किया। भाषा-परिष्कार का काम उनके व्यापक कार्यकम का एक अंश मात्र है और वह उसका सबसे महत्त्वपूर्ण अंश नहीं है।

द्विवेदी जी ने जो कुछ किया, उसका ज्ञान केवल इतिहास की जानकारी के लिए आवश्यक नहीं है। बहुत-सी समस्याएँ जो द्विवेदी जी के समय में थीं, आज भी विद्यमान हैं। यह आवश्यक है कि आज विचारक द्विवेदी जी से आगे बढ़ें, वैज्ञानिक चिन्तन का अधिक प्रसार करें। पर यह कार्य सम्पन्न करने के लिए आवश्यक है कि हम द्विवेदी जी और उनके सहयोगियों के कार्य से अच्छी तरह परिचित हो लें। इस परिचय के अभाव में अपनी प्रगतिशीलता से आश्वस्त होना हमारा दम्भ मात्र होगा। स्थिति यह है कि हिन्दी के अनेक लेखक, वे लोग भी जो अपने को बहुत प्रगतिशील समझते हैं, कई बातों में द्विवेदी जी से पीछे हैं, आगे नहीं हैं। अत: आज के सन्दर्भ में इस तरह के विवेचन की सार्थकता और उपयोगिता समझ में आ जानी चाहिए। द्विवेदी-युग का साहित्य इतिवृत्तात्मक है और द्विवेदी जी ने सबसे बड़ा काम यही किया कि भाषा को परिष्कृत रूप दिया। इन दो सूत्रों को दोहराकर हम अपने कर्तव्य से छुट्टी नहीं पा सकते।

इस पुस्तक की आधार-सामग्री मुख्यत: 'सरस्वती' से ली गई है। हिन्दी नवजागरण का कार्य अन्य लेखकों, अन्य पत्रिकाओं ने भी किया, उन पर इस विवेचन में कम ध्यान दिया गया है। इसलिए इसे हिन्दी नवजागरण का सम्पूर्ण विवेचन न मानना चाहिए। यह मुख्यत: महावीरप्रसाद द्विवेदी और उनके सहयोगियों के कार्य का विवेचन है।

पुस्तक के पाँच भाग हैं। पहले भाग में भारत और साम्राज्यवाद के सम्बन्ध में द्विवेदी जी ने और 'सरस्वती' के लेखकों ने जो कुछ कहा है, उसका विश्लेषण प्रस्तुत किया गया है। दूसरे भाग में रूढ़िवाद से संघर्ष, वैज्ञानिक चेतना के प्रसार और प्राचीन दार्शनिक चिन्तन के मूल्यांकन का विवेचन है। तीसरे भाग में भाषा-समस्या को लेकर द्विवेदी जी ने जो कुछ लिखा है, उसकी छानबीन की गई है। चौथे भाग में साहित्य-सम्बन्धी आलोचना का परिचय दिया गया है। द्विवेदी-युग में कविता, कथा-साहित्य आदि का जो विकास हुआ, उससे हिन्दी पाठक अच्छी तरह परिचित हैं। वह इतिहास फिर लिखना आवश्यक नहीं था। पाँचवें भाग में इस साहित्य की कुछ विशेषताओं की ओर संकेत मात्र किया गया है। पुस्तक में बहुत-से उद्धरण हैं और कुछ उद्धरण काफी लम्बे हैं। इसका एक कारण यह है कि आधारभूत सामग्री दुर्लभ है और उसके न मिलने पर पाठक स्वतंत्र रूप से अपनी राय कायम नहीं कर पाते। दूसरा कारण यह है कि द्विवेदी-युग के व्यापक नवजागरण वाले काम को हम इतना भूल गए हैं कि उद्धरणों के बिना किसी से कहा जाए कि द्विवेदी जी ने साम्राज्यवाद का विश्लेषण किया है या मजदूरों के संगठन बनाने पर जोर दिया

है तो उसे विश्वास न होगा। तीसरा कारण यह है कि मेरा विवेचन कितना एकांगी है और कितना सर्वांगीण, आपको इसे परखने का अवसर मिलेगा।

भारत के राष्ट्रीय नवजागरण का सम्बन्ध सामान्यत: राजा राममोहन राय से जोड़ा जाता है। हो सकता है, बंगाल के लिए यह सही हो। आवश्यक नहीं कि हर प्रदेश में वैसी ही प्रक्रिया घटित हुई हो। द्विवेदी जी अंग्रेजी को शिक्षा का माध्यम बनाने के प्रबल विरोधी थे। वह बुद्धिवाद और वैज्ञानिक विचार-पद्धति के समर्थक थे और रहस्यवाद के विरोधी थे। वह भारत के उद्योगीकरण के पक्षपाती थे। चरखे-करघे के आधार पर भारतीय अर्थतंत्र पुराने ढंग से गठित हो, इसके वह कायल न थे। उनके लेखन के अध्ययन से विदित होता है कि हिन्दी नवजागरण की अपनी विशेषताएँ हैं; वह बंगाल या गुजरात के नवजागरण से भिन्न है। ये विशेषताएँ भारतेन्दु-युग में भी मिलती हैं। द्विवेदी जी की युगान्तरकारी भूमिका यह है कि उन्होंने वैज्ञानिक ढंग से अनेक समस्याओं का विवेचन गहराई से किया। छायावादी साहित्य द्विवेदी-युग के प्रति विद्रोह का साहित्य माना जाता है। थोड़ी देर के लिए कलात्मक साहित्य छोड़कर छायावादी कवियों की विचारधारा पर ध्यान दीजिए। निराला ने अंग्रेजी राज, जमींदारी प्रथा, किसान-आन्दोलन, वर्णाश्रम धर्म, नारी की पराधीनता, भाषा की समस्या, आदि-आदि पर जो कुछ लिखा है, उस पर ध्यान दीजिए तो पता चलेगा कि हिन्दी नवजागरण के सन्दर्भ में निराला का यह लेखन महावीरप्रसाद द्विवेदी के ही कार्य की अगली कड़ी है। इस प्रकार छायावादी चिन्तन सर्वत्र द्विवेदी-युग का विरोधी नहीं, उसका अनुवर्ती है।

छायावाद पर रहस्यवादी विचारधारा का प्रभाव था। यहाँ वह द्विवेदी-युग से भिन्न है। हिन्दी नवजागरण के विस्तृत सन्दर्भ में यह प्रभाव अस्थायी सिद्ध हुआ। जब निराला ने 'देवी' और 'चतुरी चमार' की रचना की, प्रसाद ने 'तितली' लिखी और पंत ने 'रूपाभ' का सम्पादन किया, तब छायावादी कवियों ने स्वयं रहस्यवाद को तिलांजलि दी। इसके सिवा निराला-साहित्य में आरम्भ से ही रहस्यवाद-विरोधी प्रवृत्तियाँ दिखाई देती हैं। इस तरह जो नवजागरण 1857 के स्वाधीनता-संग्राम से आरम्भ हुआ, यह भारतेन्दु-युग में और भी व्यापक बना, उसकी साम्राज्य-विरोधी, सामन्त-विरोधी प्रवृत्तियाँ द्विवेदी-युग में और पुष्ट हुईं। फिर निराला के साहित्य में कलात्मक स्तर पर तथा उनकी विचारधारा में ये प्रवृत्तियाँ क्रान्तिकारी रूप में व्यक्त हुईं।

देश का इतिहास समझने के लिए अपने प्रदेश का इतिहास समझना भी जरूरी है। जो भी इस इतिहास का विश्लेषण करना चाहे, उसे पहले सन् '57 के स्वाधीनता-संग्राम का अध्ययन करना चाहिए। फिर क्रमश: भारतेन्दु-युग, द्विवेदी-युग और निराला के साहित्य का अध्ययन करना चाहिए। तभी नवजागरण की पेचीदा प्रक्रिया समझ में आएगी और जो विभिन्न साहित्यकार और विभिन्न युग एक-दूसरे से कटे हुए दिखाई देते हैं, वे एक ही व्यापक प्रक्रिया के अन्तर्गत परस्पर जुड़े हुए दिखाई

देंगे। हर युग की और हर साहित्यकार की अपनी विशेषताएँ होती हैं, अपनी सीमाएँ होती हैं, किन्तु पृथक्ता के साथ जहाँ व्याप्ति है, उसे भी देखना चाहिए।

किसी भी पुराने साहित्यकार अथवा युग के प्रगतिशील तत्त्वों का विवेचन करने पर कुछ विद्वानों की प्रतिक्रिया यह होती है कि उन्हें—यानी साहित्यकारों और पुराने युगों को—मार्क्सवादी बनाया जा रहा है, उन पर मार्क्सवाद आरोपित किया जा रहा है। इस प्रतिक्रिया के दो कारण हैं। पहला—मार्क्सवाद की जानकारी न होना। दूसरा—पुराने युगों और साहित्यकारों के कार्य की जानकारी न होना। किसी को यह भ्रम न होना चाहिए कि मेरी दृष्टि में द्विवेदी जी मार्क्सवादी विचारक थे। द्विवेदी जी मार्क्सवादी विचारक नहीं थे। इसके साथ ही निवेदन है कि किसी मार्क्सवादी विचारक को यह भ्रम न होना चाहिए कि उसका चिन्तन द्विवेदी जी के समग्र चिन्तन से अधिक वैज्ञानिक और प्रगतिशील है। मेरी समझ में भारत के बड़े-से-बड़े मार्क्सवादी विचारक द्विवेदी जी के लेखन से अब भी बहुत-कुछ सीख सकते हैं। जो लोग मार्क्सवादी नहीं हैं, वे यह देखें कि द्विवेदी जी के चिन्तन की दिशा कौन-सी है, वे उनके चिन्तन से आगे बढ़ रहे हैं या उससे पीछे लौट रहे हैं। इस तरह का अध्ययन मार्क्सवाद का ज्ञान कराने के लिए नहीं है, वह अपने देश और प्रदेश की सामाजिक-सांस्कृतिक परिस्थितियों के ज्ञान के लिए आवश्यक है।

इस पुस्तक के लिए सामग्री जुटाने में उदयशंकर शास्त्री ने मेरी सहायता की है, इसके लिए उन्हें धन्यवाद है।

—रामविलास शर्मा

आगरा,
15 अगस्त, 1976

1

अंग्रेजी राज में भारत

1. अंग्रेजी राज और सामन्तवाद

'सम्पत्तिशास्त्र' की भूमिका यों शुरू होती है : "हिन्दुस्तान सम्पत्तिहीन देश है। यहाँ सम्पत्ति की बहुत कमी है। जिधर आप देखेंगे, उधर ही आँख को दरिद्र-देवता का अभिनय किसी-न-किसी रूप में अवश्य ही देख पड़ेगा। परन्तु इस दुर्दमनीय दारिद्रय को देखकर भी कितने आदमी ऐसे हैं जिनको उसका कारण जानने की उत्कंठा होती है? यथेष्ट भोजन-वस्तु न मिलने से करोड़ों आदमी जो अनेक प्रकार के कष्ट पा रहे हैं, उनका दूर किया जाना क्या किसी तरह सम्भव नहीं? गली-कूचों में, सब कहीं, धनाभाव के कारण जो कारुणिक क्रन्दन सुनाई पड़ता है, उसके बन्द करने का क्या कोई इलाज नहीं? हर गाँव और हर शहर में जो अस्थि-चर्म्मावशिष्ट मनुष्यों के समूह आते-जाते देख पड़ते हैं, उनकी अवस्था उन्नत करने का क्या कोई साधन नहीं? बताइए तो सही, कितने आदमी ऐसे हैं जिनके मन में इस तरह के प्रश्न उत्पन्न होते हैं?"

इन वाक्यों से द्विवेदी जी का उद्देश्य समझ में आ जाता है। उनकी पुस्तक में सभी युगों और सभी समाजों पर लागू होनेवाले शाश्वत सिद्धान्तों की चर्चा नहीं है। उनकी विवेचना के केन्द्र में है भारत की निर्धन जनता। जो शास्त्र इस प्रश्न के प्रति पाठकों को सजग नहीं करता कि देश की जनता निर्धन क्यों है और इस बात का उत्तर नहीं देता कि यह निर्धनता कैसे दूर की जाए; वह शास्त्र व्यर्थ है। उनका उद्देश्य देश-दशा के प्रति शिक्षित जनों को सजग करना है।

भारत की निर्धनता का मुख्य कारण अंग्रेजी राज है। उदारपंथी पूँजीपतियों की तरह अंग्रेजों को भारत में नई सभ्यता का प्रसार करने का श्रेय न देकर द्विवेदी जी कहते हैं : "इस देश में अंग्रेजों के पधारते ही—उनकी सत्ता का सूत्रपात होते ही—यहाँ की स्थिति में फेरफार शुरू हो गया। जो बातें 'सम्पत्तिशास्त्र' की उत्पत्ति का कारण मानी गई हैं, वे उपस्थित होने लगीं। यहाँ की सम्पत्ति इंग्लैंड गमन करने लगी। हुकूमत के बल पर इस देश के व्यापार की जड़ में कुठाराघात होने लगा।" ('सम्पत्तिशास्त्र', पृ. 3) फिर आगे कहते हैं : "'सम्पत्तिशास्त्र' का सम्बन्ध व्यापार

और राज्य-व्यवस्था से बहुत अधिक है। पर इन दोनों बातों में यह देश पराधीन है। जिस तरह से विदेशियों ने इस देश के राजपाट को अपने अधीन कर लिया है, उसी तरह व्यापार को भी। जब 'सम्पत्तिशास्त्र' के उत्पादक कारण उपस्थित हुए तब स्वाधीनता जाती रही। और स्वाधीनता के बिना सम्पत्ति-वृद्धि के नियम बनाकर तदनुकूल व्यवहार करना और सम्पत्ति को नष्ट होने से बचाना बहुत कठिन काम है।" (उप., पृ. 4) इस तरह मूल समस्या भारत की पराधीनता की है। इस पराधीनता में भारतीय जनता का शोषण किस तरह होता है, इसका विवेचन करना है। ऐसा 'सम्पत्तिशास्त्र' जो प्रमुख व्यावहारिक समस्या से कतरा जाए, शास्त्र कहलाने का अधिकारी नहीं। व्यवहार-जगत् से अलग रहकर शाश्वत सिद्धान्त प्रतिपादित करनेवाले शास्त्र के बारे में द्विवेदी जी कहते हैं : "सम्पत्तिशास्त्र में बहुधा व्यापक सिद्धान्तों ही का विवेचन किया जाता है। किसी देश-विशेष से सम्बन्ध रखनेवाले सिद्धान्तों का विचार प्राय: कम किया जाता है। पर हमारी समझ में ऐसा जरूर होना चाहिए।" (उप., पृ. 179) इस प्रकार द्विवेदी जी ने शास्त्र का सम्बन्ध व्यवहार से जोड़ा। वैज्ञानिक विवेचन के प्रति यह दृष्टिकोण सही है।

अब प्रश्न यह होता है कि अंग्रेजों ने यहाँ जो राज्य-व्यवस्था कायम की, उसका वर्गरूप क्या था? क्या यह ब्रिटिश पूँजीपतियों की सरकार थी? क्या भारतीय जनता के शोषण का मुख्य तरीका पूँजीवादी था? अंग्रेजों के आने से भारत के अर्थतंत्र में जो मौलिक परिवर्तन हुआ, वह यह था कि सारी जमीन पर अंग्रेज सरकार का कब्जा हो गया। जमीन पर इस तरह इजारा कायम करना पूँजीवाद की विशेषता नहीं है। पूँजीवाद की विशेषता यह है कि और सभी माल की तरह जमीन भी बिकाऊ माल बन जाती है, खुली प्रतिद्वन्द्विता में जमीन बेची और खरीदी जाती है। पूँजीवाद की विशेषता है जमीन को व्यक्तिगत सम्पत्ति बनाना, न कि उस पर किसी का इजारा कायम करना। यह इजारा कायम करके अंग्रेजों ने नये सामन्तवाद को जन्म दिया, पूँजीवाद को नहीं। नये और पुराने सामन्तवाद में फर्क यह था कि पहले जमीन जोतनेवाले को बहुत-से अधिकार प्राप्त थे; नये सामन्तवाद में उसके ये अधिकार छिन गए। पुरानी व्यवस्था और अंग्रेजी राज का भेद दिखाते हुए द्विवेदी जी ने लिखा : "पुराने जमाने में, हिन्दुस्तान में, जमीन पर राजा का स्वामित्व न था। हर आदमी अपनी-अपनी जमीन का मालिक था। राजा उससे सिर्फ उसकी जमीन की पैदावार का छठा हिस्सा ले लिया करता था। बस, राजा का सिर्फ इतना ही हक था। वह एक प्रकार का कर था, जमीन का लगान नहीं।" (उप., पृ. 111)

द्विवेदी जी कर और लगान में भेद करते हैं। कर वह लेगा जो जमीन का मालिक नहीं है। पुराना सामन्त कर लेता था क्योंकि जमीन पर उसका इजारा नहीं था। लगान वह लेता है जिसने जमीन पर अपना स्वामित्व कायम कर लिया है। लगान एक तरह का भाड़ा हुआ। भूमि पर स्वामित्व भाड़ा देनेवाले का नहीं, भाड़ा लेनेवाले का

हुआ। ईस्ट इंडिया कम्पनी के व्यापारियों ने जैसे व्यापार में अपना इजारा कायम किया था, वैसे ही उन्होंने जमीन पर इजारा कायम किया। दोनों तरह के इजारे से पूँजीवादी विकास में बाधा पड़ती थी। नई व्यवस्था के बारे में द्विवेदी जी कहते हैं : "अब जमीन की मालिक गवर्नमेंट बन गई है। वह जमीन का लगान लेती है और लोगों को लाचार होकर देना पड़ता है। पर इसे, प्रजा की रक्षा के लिए लगान के रूप में कर न समझिए। वह रक्षण कर नहीं है; यह जमीन जोतने—जमीन को काम में लाने का बदला है। अथवा यों कहिए कि लगान नहीं, यह एक प्रकार का किराया है। सरकारी जमीन, सरकारी जमीन पर की खानें, सरकारी जमीन पर के तालाब बिना किराये—बिना भाड़े में—नहीं मिलते। इसी भाड़े—इसी किराये—इसी कर का नाम लगान है।" (उप., पृ. 111) जमीन पर अंग्रेजों के स्वामित्व की बात द्विवेदी जी ने बार-बार कही है : "यहाँ की गवर्नमेंट ने जमीन पर अपना दखल कर लिया है। वह कहती है, यहाँ की जमीन उसी की है—वही उसकी मालिक है;" (उप., पृ. 109) 'हिन्दुस्तान की जमीन की मालिक रिआया नहीं, अंग्रेजी गवर्नमेंट है। वही रिआया से लगान वसूल करती है।" (उप., पृ. 119) द्विवेदी जी की इस स्थापना से रजनी पामदत्त की इस स्थापना का मिलान करना चाहिए कि अंग्रेजों ने ब्रिटेन की जमींदारी प्रथा भारत में लागू की जिसका परिणाम यह हुआ : "इस परिवर्तन द्वारा ब्रिटिश विजेताओं की राज्यसत्ता, व्यवहार में, जमीन की आखिरी मालिक बन बैठी और किसान आसामियों के बराबर कर दिये गए, जिन्हें लगान अदा न करने पर बेदखल किया जा सकता था, अथवा उनकी जमीन उनसे छीनकर सरकार के नामजद जमींदारों को दी जा सकती थी, और इन जमींदारों को भी अपना हक राज्य से मिला था, और मालगुजारी न देने पर इन्हें भी वैसे ही बेदखल किया जा सकता था।" ('इंडिया टुडे', 1947, पृ. 189) इस स्थापना को देखने से यह विदित हो जाता है कि अंग्रेजी राज की मुख्य विशेषता जो द्विवेदी जी ने बतलाई थी, उसकी पुष्टि आगे चलकर रजनी पामदत्त जैसे मार्क्सवादी लेखक के विवेचन से भी हो गई।

यहाँ गदर से पहले अंग्रेजों की भूमि-व्यवस्था के प्रति एक किसान की प्रतिक्रिया याद आती है। उसने एक अंग्रेज से कहा था : "साहब, जंगल, पेड़, नदियाँ, कुएँ, सारे गाँव, सभी तीर्थस्थान सरकार के हो गाए हैं। उसने सबकुछ ले लिया है, हर चीज ले ली है। बहुत अच्छा, तो हम क्या करें।" (लो : सेंट्रल इंडिया ड्यूरिंग द रिबेलियन ऑफ 1857 एंड 1858; सुरेन्द्रनाथ सेन द्वारा 'एट्टीन फिफ्टी सेविन' में उद्धृत, पृ. 34) अंग्रेज ने हिन्दुस्तान की जमीन पर अपना इजारा कायम किया। भारत की जनता से उसकी सबसे बड़ी सम्पत्ति, उसकी आजीविका का मुख्य स्रोत, जमीन उसने छीन ली। यह बात गदर के समय किसानों को मालूम थी। गदर में किसानों के हिस्सा लेने का वह मुख्य कारण थी। 'सम्पत्तिशास्त्र' में महावीरप्रसाद द्विवेदी ने वही बात दोहराई। उसी की आवृत्ति रजनी पामदत्त के मार्क्सवादी विवेचन में है।

स्वभावत: भारत के अनेक अर्थशास्त्री यह सिद्ध कर रहे थे कि सरकार को जमीन का मालिक बनने का कोई अधिकार नहीं है। इनमें महाराष्ट्र के राव बहादुर गणेश वेंकटेश जोशी नाम के विद्वान् थे। 26 जून, 1908 के 'टाइम्स ऑफ इंडिया' में इस विषय पर उनका एक पत्र छपा था। इसका हवाला देते हुए द्विवेदी जी ने लिखा : "उसमें उन्होंने इस बात को सप्रमाण सिद्ध किया है कि जमीन की मालिक सरकार नहीं किन्तु किसान या जमींदार है। अतएव गवर्नमेंट जैसे प्रजा की और आमदनी पर एक निश्चित कर लेती है, वैसे ही जमीन की आमदनी पर भी लेना चाहिए। जमीन का लगान लेने का उसे अधिकार नहीं।" (उप., पृ. 127) और भी, द्विवेदी जी के अनुसार, राव बहादुर जोशी ने अंग्रेजों के पुराने कागज-पत्रों से "अवतरण देकर इस बात को अच्छी तरह प्रमाणित कर दिया है कि किसान ही जमीन का सच्चा मालिक है। अतएव उसे अपनी जमीन को बेचने और रेहन करने का इख़्तियार है। जिसके कब्जे में जमीन हो, उससे सिर्फ उस जमीन की आमदनी पर लगान के रूप में नहीं, किन्तु कर के रूप में सरकार एक निश्चित रकम ले सकती है; लगान नहीं ले सकती। खेद की बात है, इन प्रमाणों के होते भी सरक़ार जमीन पर अपना स्वामित्व दृढ़ करने की चेष्टा नहीं छोड़ती।" (उप., पृ. 127) भूमि-व्यवस्था में पूँजीवादी सम्बन्ध कायम करने की माँग कर रहे थे भारत के अर्थशास्त्री, उसका विरोध कर रहे थे अंग्रेज!

जमीन पर अंग्रेजों के इजारे का एक परिणाम यह हुआ कि उन्होंने किसानों से मनमाना लगान वसूल किया। इस लगान के कारण धनी किसानों के लिए भी खाने भर को अन्न बचाना मुश्किल हो गया था। भारत के नेता कहते थे, मालगुजारी बेहिसाब बढ़ाई गई है; अंग्रेज कहते थे, मालगुजारी ज्यादा नहीं बढ़ाई गई। इस पर द्विवेदी जी ने लिखा था : "यदि मालगुजारी जियादह नहीं तो फिर क्या कारण है जो हजारों-लाखों कृषकों के बैल-बधिये बिक जाते हैं और लाखों एकड़ जमीन नीलाम हो जाती है? आप देहात में जाकर देखिए, 100-50 किसानों में कहीं एक आध आपको ऐसा मिलेगा जिसे रोटी, कपड़े की तकलीफ न हो। यह हम समय-सुकाल की बात कहते हैं। अकाल में तो जो दृश्य देहात में देख पड़ता है, वह बहुत ही हृदयद्रावक होता है। यदि यह मान भी लिया जाए कि लगान की अधिकता अकाल की भीषणता का कारण नहीं तो यह प्रश्न उठता है कि अँगरेजी राज्य के पहले भी तो कभी-कभी अकाल पड़ता था। पर उस समय प्रजा में इतना हाहाकार क्यों न मचता था? एक भी फसल मारी जाने या खराब होने से क्यों न उस समय लाखों आदमी दाने-दाने के लिए तड़पते फिरते थे?" (उप., पृ. 136)

पुराने और नये सामन्तवाद में यही अन्तर है। पहले भी प्रजा शोषित थी, दरिद्र थी, किन्तु अकाल में इस तरह लाखों आदमी जान से हाथ न धोते थे। अंग्रेजों ने प्रचार किया था कि मुगल शासन में जनता पर बड़ा अत्याचार किया गया और

उन्होंने आकर नई शासन-व्यवस्था में प्रजा की सुख-सुविधा का ध्यान रखा। यह उसी तरह की धूर्तता थी जिसकी ओर गदर के नेताओं ने बार-बार संकेत किया था।

'सम्पत्तिशास्त्र' के पाँचवें भाग का तीसरा अध्याय द्विवेदी जी ने केवल मालगुजारी पर लिखा। उन्होंने दिखाया, किस तरह मालगुजारी बराबर बढ़ाई जाती रही है। मालगुजारी बढ़ाने की शिकायतें लन्दन की पार्लियामेंट में सुनाई देने लगीं। हिन्दुस्तान में ही अनेक अंग्रेज अफसर किसानों की दरिद्रता पर खेद प्रकट करने लगे। पंजाब के वित्त-आयुक्त ने कहा कि प्रजा का दरिद्रता से उबरना अब सम्भव नहीं है। बम्बई प्रान्त में मालगुजारी 26 फीसदी ज्यादा बढ़ा दी गई थी। मद्रास में और बुरा हाल था। "मलाबार जिले में तो 84, 85 और 105 फीसदी तक मालगुजारी वसूल की जाती है।" (उप., पृ. 132) अंग्रेज राज्य-व्यवस्था का खर्च मुख्यत: किसानों से वसूल करते थे। पटवारी-चौकीदार रखने, स्कूल और अस्पताल खोलने के लिए किसानों पर नये टैक्स लगाए गए। अंग्रेजों के शोषण का मुख्य स्रोत किसान था, इस बारे में द्विवेदी जी ने लिखा : "यदि इस देश के सम्पत्ति रस को निचोड़ना ही था तो और किसी मद से निचोड़ते जहाँ अधिक गीलापन होता। निचोड़ा कहाँ से, जहाँ मुश्किल से दो-चार बूँद निकलीं।" (उप., पृ. 131) अंग्रेजों को मुख्य आमदनी यहाँ अपना माल बेचकर न होती थी, मुख्य आमदनी होती थी किसानों की मेहनत का फल छीनकर, उसका उतना अंश भी उनके लिए न छोड़कर जिससे वे जिन्दा रहते। कर्ज़न का कहना था कि हिन्दुस्तान में प्रजा से जमीन की जो मालगुजारी ली जाती है, वह अधिक नहीं है। उसे प्रजा आसानी से दे सकती है, इस पर द्विवेदी जी की टिप्पणी है : "शायद इसी से 1891 और 1901 के बीच मध्य प्रदेश में कोई दस लाख से भी अधिक आदमी भूखों मर गए।" (उप., पृ. 134)

अगस्त, 1915 की 'सरस्वती' में ईश्वरदास मारवाड़ी का एक लम्बा लेख 'भारतीय किसानों के उद्धार का उपाय' छपा। इसमें लेखक ने दिखाया कि अन्य देशों की तुलना में हिन्दुस्तान के किसानों को ज्यादा लगान देना पड़ता है। फसल अच्छी न हो, तो भी सरकारी लगान समय पर देना पड़ता है। न दें तो घर-द्वार, बोरिया-बँधना बिकने की नौबत आ जाती है। अंग्रेजी राज की विशेषता यह थी कि एक तरफ तो उसने लगान बढ़ाया, दूसरी तरफ उसे वसूल करने में कड़ाई ज्यादा की। ईश्वरदास ने लिखा : "भारतीय किसानों को लगान बढ़ने के कारण ही कष्ट नहीं। बड़ी कड़ाई से लगान बढ़ाने और वसूल किये जाने से भी उन्हें बहुत कष्ट मिल रहा है।" लगान देने के लिए किसान महाजन से कर्ज लेते हैं। मजबूरी में ब्याज की जो दर वह तय करता है, उसे मान लेते हैं। लगान-वसूली की तरह महाजन द्वारा कर्ज की वसूली भी कड़ाई से होती है। कर्ज वसूल करने में अंग्रेजी राज की सारी न्याय-व्यवस्था महाजन का साथ देती है। अंग्रेजी राज में जितने बड़े पैमाने पर सूदखोरी हुई, उतने बड़े पैमाने पर पहले कभी न हुई थी। इस तरह की

सूदखोरी सामन्तवाद की विशेषता है। सूदखोर महाजनों का वर्ग अंग्रेजों द्वारा संरक्षित था और वह स्वयं अंग्रेजी राज का हिमायती था। गदर के समय अनेक स्थानों में किसानों ने इन्हीं महाजनों से अत्याचार का बदला लिया था।

लगान बढ़ाने और उसे कड़ाई सें वसूल करने, ब्याज की दर बढ़ाने और कड़ाई से कर्ज वसूल करने का सम्मिलित परिणाम होता था बड़े पैमाने पर भुखमरी। ईश्वरदास ने अठारहवीं सदी के दुर्भिक्षों से अंग्रेजी राज के दुर्भिक्षों की तुलना की और लिखा : "अठारहवीं सदी के प्रारम्भ से लेकर अन्त तक केवल चार दफे दुर्भिक्ष पड़ा। किन्तु उन्नीसवीं सदी से दुर्भिक्ष का जोर बढ़ने लगा। 1800 से 1825 तक सम्पूर्ण ब्रिटिश भारत में दस लाख भारतवासी भूखों मरे। 1825 से 1850 तक 5 लाख और 1850 से 1875 तक 50 लाख मनुष्यों ने बिना अन्न अपने प्राण खोये। उन्नीसवीं सदी के अन्तिम 25 वर्षों के दुर्भिक्षों का विचार करने से तो छाती फटती है। केवल इन 25 वर्षों में दुर्भिक्ष दैत्य ने भारत पर 28 बार अपनी कोपाग्नि प्रकट की और लगभग 4 करोड़ मनुष्यों को भस्मीभूत कर दिया। उन्नीसवीं सदी में सब मिलकर जितने मनुष्यों ने भूख से प्राण त्याग किये, उन पर विचार करके कौन ऐसा पाषाण-हृदय होगा जिसके नेत्रों में आँसू न आ जाएँ? संसार में युद्ध से बहुत नरहत्या होती है किन्तु जितने मनुष्य अकाल के कारण भारत में 100 वर्षों में मरे, उतने संसार के सारे युद्धों में भी उन 100 वर्षों में नहीं मरे।"

गदर के समय नरमेधों की यह भीषण प्रक्रिया आरम्भ ही हुई थी। कोई आश्चर्य नहीं, लोग इस तरह अपनी बलि देने को तैयार न थे। वे अपने जीवित रहने के अधिकार के लिए लड़े। वे हार गए और उसका परिणाम यह हुआ कि केवल 25 वर्षों में 4 करोड़ आदमियों ने भुखमरी में जान गँवाई। वे जीत जाते तो इतने लोगों की जानें इस तरह अन्न के लिए तरसते हुए न जातीं। उदारपंथी पूँजीवादी इतिहासकार अंग्रेजी राज की बार-बार प्रशंसा करते हैं कि उसने सती-प्रथा पर पाबन्दी लगाई। किन्तु भुखमरी की आग में जलकर ये जो करोड़ों आदमी मर गए, उनके बारे में उन्हें कहने को दो शब्द भी नहीं मिलते। यह स्वाभाविक है कि भारतेन्दु-युग के लेखकों के गद्य-पद्य में एक बात जो बार-बार दोहराई जाती थी, वह थी अंग्रेजी राज में बार-बार दुर्भिक्ष का पड़ना। हरिश्चन्द्र ने भुखमरी के लिए अंग्रेजी राज को सीधे जिम्मेदार ठहराकर 18 मई, 1874 की 'कविवचन-सुधा' में लिखा था : "अब तो प्रति वर्ष कहीं न कहीं दुष्काल पड़ा ही रहता है, मुख्य करके अंग्रेजी राज में इसका घर है...जब अंग्रेज विलायत से आते हैं, प्राय: कैसे दरिद्र होते हैं और जब हिन्दुस्तान से अपने विलायत को जाते हैं तब कुबेर बनकर जाते हैं।...इससे सिद्ध हुआ कि रोग और दुष्काल, इन दोनों के मुख्य कारण अंग्रेज ही हैं।"

अंग्रेजी राज में पड़नेवाले अकाल वह कड़ी हैं जो भारतेन्दु-युग को द्विवेदी-युग से जोड़ते हैं।

अंग्रेजों की नई जमींदारी की एक विशेषता यह थी कि उसने अपने मातहत और बहुत-सी छोटी जमींदारियाँ कायम की थीं। जमीन पर इजारा अंग्रेज का था। इस इजारे से जो लूट का पैसा मिलता था, उसमें थोड़ा-सा हिस्सा देकर उसने अपनी मदद के लिए जमींदारों का एक ताबेदार वर्ग तैयार किया था। इस वर्ग के कारण किसानों का उत्पीड़न और भी बढ़ गया था। जमींदारी प्रथा के बारे में द्विवेदी जी ने लिखा था : "जहाँ यह रीति है, वहाँ जमींदार लोग काश्तकारों से मनमाना लगान लेते हैं और एक निश्चित मियाद के बाद उन्हें जमीन से बेदखल भी कर सकते हैं। कोई-कोई जमींदार सरकार को जितना लगान देते हैं, उससे बहुत जियादह काश्तकारों से वसूल करते हैं। इससे बेचारे काश्तकारों को सालभर मेहनत करने पर भी पेटभर खाने को नहीं मिलता।" ('सम्पत्तिशास्त्र', पृ. 122) इस व्यवस्था का क्रूर और घिनौना रूप हिन्दी प्रदेश में देखने को मिलता था। इस प्रदेश के किसानों को लक्ष्य करके 1924 में 'किसानों का संगठन' शीर्षक लेख में द्विवेदी जी ने बताया था कि खेती करने लायक भूमि का सबसे बड़ा भाग खेती न करनेवाले रईसों के पास पहुँच गया था। ये रईस अत्यन्त स्वामिभक्त, अंग्रेजों के निहायत वफादार चाकर थे। द्विवेदी जी ने बार-बार इनकी कठोर आलोचना की थी। उक्त लेख में उन्होंने लिखा था : "खेतिहरों का व्यवसाय या पेशा खेती करना है और खेती खेतों में होती है। इन प्रान्तों में जितनी जमीन खेती करने लायक है, कुछ को छोड़कर बाकी सभी के मालिक जमींदार, तअल्लुकेदार, नम्बरदार और राजा रईस बने बैठे हैं। वे काश्तकारों से खूब कसकर लगान लेते हैं, उसे समय-समय पर बढ़ाते भी हैं और कारण उपस्थित हो जाने पर उन्हें उनके खेतों से बेदखल भी कर देते हैं। इस सम्बन्ध में कानून जो बने हैं, वे काश्तकारों के सुभीते के कम और जमींदारों के सुभीते के अधिक हैं। अतएव जिस जमीन के ऊपर काश्तकारों का जीना-मरना अवलम्बित है, उसके लगान आदि के नियंत्रण के नियम सुभीते के न होने के कारण कभी-कभी काश्तकारों की बड़ी ही दुर्गति होती है।" ('लेखांजलि', पृ. 171)

यहाँ कानून का वर्ग-आधार देखिए। जमींदार अंग्रेज जो कानून बनाता था, उसे देशी जमींदारों की सुविधा का ध्यान रखकर बनाता था। अमल में जमींदार सर्वशक्तिमान सिद्ध होता था। सिर्फ कहने के लिए कानून के सामने छोटे-बड़े सब बराबर थे। और यह जमींदारी व्यवस्था ऐसी सीधी-सादी न थी कि ऊपर अंग्रेज, उसके नीचे जमींदार और उसके नीचे किसान, और किस्सा खत्म। अंग्रेजों ने किसान के ऊपर छोटे-बड़े जमींदारों की ऐसी मंजिलें उठा रखी थीं कि उनकी पेचीदगी समझना साधारण आदमी का काम न था। जून और जुलाई, 1918 की 'सरस्वती' में 'अवध के जमींदार और काश्तकार' शीर्षक लम्बा लेख छपा। इसके लेखक गंगाधर पंत थे। पुराने जमाने से नये जमाने की तुलना करते हुए लेखक ने कहा है : "यदि नवाबी के बाद के समय का मिलान आजकल के समय से किया जाए

तो देख पड़ता है कि कहाँ तो एक बार सरकार, अपने और किसान के बीच में और किसी को रखना ही नहीं चाहती थी और अब, दरजे-ब-दरजे, कई सीढ़ियों तक, लोगों के हक रक्षित कर दिये हैं और उन्हें मानने को वह तैयार है। सरकार के नीचे होते हैं ताल्लुकेदार या जमींदार, जो मालिक आला कहे जाते हैं। उनके नीचे मातहतदार, मौरूसी काश्तकार या मामूली काश्तकार होते हैं। ये लोग अपनी जमीन शिकमियों को दे सकते हैं। मामूली काश्तकार कम-से-कम थोड़ा हिस्सा जमीन का अपने लिए जोतने-बोने को अपने नाम से रख लेता है। काश्तकार और जमींदार के बीच में ठेकेदार बहुधा मौजूद पाए जाते हैं।"

अनेक सीढ़ियों वाली इस व्यवस्था की व्याख्या करनेवाला और उसकी रक्षा करनेवाला कानून बहुत पेचीदा था। उसकी भाषा में माहिर पटवारियों से लेकर वकीलों तक एक बड़ा दल था जो कानूनी लड़ाइयों में किसान की मेहनत पर जीता था। सारी पेचीदा व्यवस्था का निचोड़ यह था कि किसान पूरी तरह जमींदार का दास बनकर रहे, वर्ना उसका जीना दूभर हो जाएगा। गंगाधर पंत ने किसान की खुशहाली का रहस्य बताते हुए लिखा : "किसानी का सबसे बड़ा मंत्र अपने जमींदार को प्रसन्न रखना है। उद्योग करने पर भी यदि सफलता प्राप्त न हो, वर्षा न होने से यदि उपज मारी जाए, पाला पड़ने से यदि फसल सूख जाए या अनदेखी अनहोनी कोई बात पैदा हो जाए तो भी जमींदार की सहानुभूति से किसान पर हर तरह की रिआयतें हो सकती हैं पर थोड़ी-सी अकड़ के कारण जमींदार के इशारे से, किसान की जड़ खोदकर फेंकी जा सकती है।" अंग्रेजी कानून का अमली रूप यही था।

सरकार, जमींदार, साहूकार—ये सभी किसान की फसल में हिस्सा बँटाते थे। सितम्बर, 1915 की 'सरस्वती' में कृष्णानन्द जोशी का 'भारतीय किसान' शीर्षक लेख प्रकाशित हुआ। इसमें उन्होंने किसान की फसल में हिस्सा बँटानेवालों की चर्चा की और बताया कि सरकार, जमींदार और साहूकार को उनका भाग देने के बाद जो कुछ बचता है, वह नहीं के बराबर होता है। जिन्दा रहने के लिए किसान कर्ज लेता है और अनेक पीढ़ियों तक साहूकार का गुलाम बन जाता है। कृष्णानन्द जोशी ने इस नई गुलामी के बारे में लिखा : "जो लोग किसानों के व्यवसाय से परिचित हैं, उन्हें इस बात के बताने की आवश्यकता नहीं कि किस प्रकार एक ही बार 10 रुपया लेकर बेचारा किसान पुश्त-दर-पुश्त के लिए साहूकार का गुलाम बन जाता है और ऐसी यंत्रणाएँ झेलता है कि मृत्यु की यंत्रणाएँ भी उनके सामने तुच्छ हैं।"

इस देश के बहुत-से हिस्सों में जमींदारी प्रथा नहीं थी। इससे यह न समझना चाहिए कि जहाँ रैयतवारी व्यवस्था थी, वहाँ किसान की हालत अच्छी थी। चाहे रैयतवारी हो, चाहे जमींदारी, हर हालत में जमीन पर इजारा तो अंग्रेज का था। बम्बई और मद्रास प्रेसीडेंसियों के किसानों के बारे में द्विवेदी जी ने लिखा : "जहाँ यह रीति है, वहाँ की भी रिआया खुश नहीं। सरकार अपना लगान लेने से नहीं चूकती; पर

जमीन सुधारने के लिए प्राय: कुछ भी खर्च नहीं करती। जमीन को उपजाऊ बनाने या न बनाने की जिम्मेदारी काश्तकारों के हिस्से रहती है। पर उनको यह डर लगा रहता है कि सरकार जब चाहेगी, लगान बढ़ा देगी या जमीन ही से बेदखल कर देगी।...जब पैदावार बहुत कम हो जाती है और लगान नहीं बेबाक होता तब कर्ज लेना पड़ता है। क्रम-क्रम से कर्ज की मात्रा बढ़ती जाती है और एक दिन घर-द्वार, बैल-बधिया नीलाम हो जाते हैं। खेती ही प्रधान व्यवसाय ठहरा। उसकी यह दशा होने से लोगों को भीख माँगने की नौबत आती है।...यदि किसी साल पानी न बरसा तो भयंकर दुर्भिक्ष पड़ता है और लाखों आदमी मृत्यु के मुँह में चले जाते हैं। बम्बई और मद्रास में हर साल हजारों काश्तकारों की जमीन नीलाम होती है। बताइए, इन लोगों के बाल-बच्चों की क्या दशा होती होगी?" ('सम्पत्तिशास्त्र', पृ. 122-23)

राजकाज का पूरा खर्च, सरकारी अफसरों की तनख्वाह से लेकर फौजें रखने और रेलें बनाने तक का खर्च, भारत के किसानों से वसूल किया जाता था। अंग्रेजों ने इसका नाम रखा था : होम चार्जेज। पहले जैसे अंग्रेज किसी राजा या नवाब के यहाँ अपनी फौज रखते थे और उसका खर्च उसी राजा या सामन्त से वसूल करते थे, उसी नीति का विस्तार होम चार्जेज के नाम पर यह वसूली थी। अंग्रेजों की फौज और उसके साथ सारा नौकरशाही तामझाम अंग्रेजों के हित में था लेकिन उसका खर्च हिन्दुस्तान की जनता देती थी। द्विवेदी जी ने इस ठग-विद्या का वर्णन विस्तार से किया। 'सम्पत्तिशास्त्र' में उन्होंने लिखा : "हिन्दुस्तान पराधीन देश है। यहाँ का राज्य सूत्र अंग्रेजों के हाथ में है। उसके प्रधान सूत्रधार इंग्लैंड में रहते हैं। उनके ओहदे का नाम है सेक्रेटरी ऑव स्टेट। उनका दफ्तर लन्दन में है और वहीं उनके सलाहकारों की एक सभा भी है। इन सबकी तनख्वाह आदि हिन्दुस्तान के जिम्मे है। हिन्दुस्तान में जो हजारों अँगरेज अफसर काम करते हैं, वे पेंशन लेकर जब इंग्लैंड जाते हैं तब पेंशन भी उनको यहीं से दी जाती है। यहाँ के लिए बहुत-सी फौज भी इंग्लैंड को भेजनी पड़ती है। हिन्दुस्तान की रक्षा के लिए जहाज भी रखने पड़ते हैं। सरकार को न मालूम, कितनी चीजें राजकीय कामों में खर्च करने के लिए विलायत से मँगानी पड़ती हैं। रेल आदि बनाने के लिए गवर्नमेंट ने बहुत-सा रुपया महाजनों से कर्ज लिया है; उसका सूद भी देना पड़ता है। इस सब खर्चे का सालाना टोटल कोई 20 करोड़ रुपया होता है। वह सब हिन्दुस्तान से लिया जाता है। इसे एक प्रकार का 'कर' समझना चाहिए। अंग्रेजी में इस 'कर' का नाम है होम चार्जेज (Home Charges)।" (पृ. 289)

द्विवेदी जी ने इस लूट के बारे में अनेक बार 'सरस्वती' में लिखा और दूसरों के लेख प्रकाशित किये। सितम्बर, 1913 की 'सरस्वती' में 'सत्यशोधक' के लेख 'भारत के लिए भारत ही के धन का प्रयोग' में यही बातें दोहराई गई हैं। 'सम्पत्तिशास्त्र' के उक्त विवरण में भारत के लिए कर्ज लेने की बात कही गई है। इस तथाकथित

कर्ज के बारे में भी द्विवेदी जी ने अनेक बार लिखा। सितम्बर, 1917 की 'सरस्वती' में उन्होंने 'भारतवर्ष का कर्ज' शीर्षक टिप्पणी लिखी। इसमें उन्होंने बताया कि अंग्रेज हिन्दुस्तान का शासन इस तरह चलाते हैं कि साल-दर-साल उस पर कर्ज का बोझ बढ़ता जाता है। चाहिए तो यह था कि आमदनी से खर्च कभी न बढ़े, पर यहाँ बात उल्टी है। हिन्दुस्तान की भूमि स्वर्ण-प्रसवा कही जाती है। पर शासन इस ढंग से चलाया जा रहा है कि सरकार नित नया कर्ज लेती जाती है। ब्याज की दर अलग-अलग है, कहीं तीन रुपया सैकड़ा, कहीं चार रुपया, कहीं उससे ज्यादा। इस तरह भारत को करोड़ों रुपया सूदखोरों के हवाले करना पड़ता है। ये सूदखोर ज्यादातर अंग्रेज थे पर उनके साथ कुछ देशी रियासतों के महाराजा लोग भी थे। अंग्रेजों ने इन्हें अपनी सूदखोरी में हिस्सेदार बना लिया था। भारत और विदेश में लिए हुए कर्ज का हिसाब लगाकर द्विवेदी जी ने लिखा : "इस प्रकार भारत के कुल कर्ज का टोटल $4^1/_2$ अरब के करीब पहुँचता है। और कुल सूद का टोटल कोई 14 करोड़ रुपया वार्षिक!!" इस सूदखोरी में देशी सामन्तों का हिस्सा इस प्रकार था : "भारत में जो कर्ज लिया गया है, उसमें महाराजा सेंधिया का $1^1/_2$ करोड़ रुपया शामिल है। गनीमत इतनी ही है कि यह रुपया लौटाना न पड़ेगा। इसका सिर्फ सूद ही देना पड़ता है। महाराजा होल्कर से भी एक करोड़ रुपया कर्ज लिया गया है। मगर वह 101 वर्ष बाद अदा कर देना पड़ेगा।" सेंधिया या होल्कर ने कर्ज की मूल राशि भूदानी जमींदारों की तरह द्रव्यदान के खाते में न डाल दी थी। जब तक अंग्रेजी राज रहेगा, महाराजा सेंधिया को सूद मिलता रहेगा और वह कुछ ही वर्षों में मूलधन से कई गुना अधिक हो जाएगा। महाराजा होल्कर और उनसे कर्ज लेनेवालों को विश्वास था कि 101 साल तक तो अंग्रेजी राज बना ही रहेगा! न बना रहा तो किस्मत की बात, महाराजा होल्कर क्या करें? अंग्रेजों ने यहाँ जो नया सामन्तवाद चलाया था, उसी के अन्तर्गत उन्होंने रियासतों के महाराजाओं को इस सूदखोरी में शामिल किया था। मूलधन और ब्याज, दोनों की रकम, आखिरी हिसाब-किताब में, किसान से ही वसूल की जाती थी।

इसलिए भारतीय अर्थतंत्र की मुख्य समस्या यह थी कि जमीन पर किसान का अधिकार हो। द्विवेदी जी ने लिखा : "प्रजा के हितचिन्तकों की राय है कि इस देश की जमीन प्रजा की है। न राजा की है, न जमींदारों की। जो जमीन जिस काश्तकार के कब्जे में चली आती है, उसे उसकी मौरूसी जायदाद समझना चाहिए।" ('सम्पत्तिशास्त्र', पृ. 130) जुलाई, 1918 की 'सरस्वती' में गंगाधर पंत के लेख 'अवध के जमींदार और काश्तकार' में द्विवेदी जी ने यह वाक्य खूब बड़े टाइप में छापा : "पुराने बसे हुए काश्तकारों को मौरूसी हक मिल जाने चाहिए।" इसी सिलसिले में गंगाधर पंत ने आगे लिखा : "बैल का पेट काटकर फायदा उठाना हल चलाने में जैसा हानिकारक होगा, किसान से पाई-पाई खींचकर उसे कमजोर करने का

परिणाम भी वैसा ही भयंकर होगा। दुधार गाय जब तक दूध दे तब तक खैर। पर उसके और उसके बच्चों की हिफाजत और बेहतरी का खयाल न रखना कहाँ का न्याय है? सोने का अंडा देनेवाली मुर्गी को खिला-पिलाकर बहुत दिन जीवित और तन्दुरुस्त रखने से जो लाभ हो सकता है, वह लालच में आकर सारा खजाना एक दिन में निकाल लेने की चेष्टा से नहीं होता। मुर्गी की जान की जान जाएगी और मालिक का अपरिमित नुकसान होगा सो अलग ही। इसी से कहते हैं, किसान पुष्ट और सुखी बनाए जाएँ। इसका एक उपाय उन्हें मौरूसी हक दे देना है।" परन्तु मौरूसी हक देने का मतलब था अंग्रेजों की जमींदारी का खात्मा। इस जमींदारी में जो देशी छुटभइये शामिल थे, उनकी लूट-खसोट का खात्मा। विदेशी साम्राज्यवाद और देशी सामन्तवाद के गठबन्धन का खात्मा। अंग्रेज इसके लिए क्यों तैयार होते? न इसके लिए सुधारवादी नेता तैयार हुए। स्वदेशी आन्दोलन चलाने से बहुतों को दिलचस्पी थी। किसान-आन्दोलन चलाया जाए और जमीन पर किसान को मालिक वाला हक दिया जाए, इस बात से बहुत कम लोगों को दिलचस्पी थी। ज़मीन पर किसान का अधिकार हुए बिना अंग्रेजों की जमींदारी खत्म न की जा सकती थी, ब्रिटिश साम्राज्यवाद की मजबूत नींव को जड़ से खोदकर फेंका न जा सकता था।

जुलाई, 1914 की 'सरस्वती' में द्विवेदी जी ने एक टिप्पणी लिखी : "देश की बात'। इसमें उन्होंने सुधारवादियों की देशभक्ति की कड़ी आलोचना की। देशहित और देश-प्रेम, स्वदेशी और स्वदेश-प्रेम के गीत गाए जाते हैं, पुस्तकें लिखी जाती हैं, पर यह देश है क्या जिसकी हित साधने की बात कही जाती है? यहाँ के गाँव और कस्बे, पहाड़ और नदियाँ, मन्दिर और मस्जिद ही तो देश नहीं हैं। देश का मतलब है, देश में रहने वाले आदमी। देश में किस तरह के आदमी रहते हैं? छह फीसदी व्यवसायी हैं, तेरह फीसदी वकील, डाक्टर, मास्टर, डिप्टी कलेक्टर, वेश्याएँ, पुलिस और पल्टन के जवान और अनिश्चित पेशे वाले लोग हैं। 11 फ़ीसदी उद्योग-धन्धा करनेवाले हैं। बाकी 70 फीसदी किसान हैं। इसलिए देशभक्ति का मतलब हुआ किसानों की सेवा। द्विवेदी जी पूछते हैं : "हर साल जो यह कांग्रेस होती है, उसने आज तक किसानों पर अपनी कितनी भक्ति प्रकट की है? उसके किये हुए प्रस्तावों में कितने प्रस्ताव ऐसे हैं जिनसे किसानों को लाभ पहुँचने की सम्भावना है? अथवा इन प्रान्तिक सभाओं ने ही इन बेचारों के लिए क्या किया है? कांग्रेस के जो प्रतिनिधि इस समय विलायत की हवा खा रहे हैं, वे इन लोगों की कौन-कौन-सी शिकायतें सुनाने के इरादे से यहाँ गए हैं?"

सारा शासनतंत्र और सारी राजनीतिक चहल-पहल किसानों के बलबूते पर होती दिखाई देती है। दुर्भिक्ष और अत्याचार से यदि किसान नष्ट हो जाएँ, तो फिर यह 'देश' न रह जाएगा। जो नेता देश पर व्याख्यान देते हैं, उन व्याख्यानों से देश का उद्धार नहीं हो सकता। सुधारवादी नेताओं को लक्ष्य करके द्विवेदी जी कहते हैं :

"जब देश ही उत्सन्न हो जाएगा तो सैकड़ों सुरेन्द्र, सैकड़ों मालवीय और सैकड़ों गोखले की स्पीचों से भी वह अपनी पूर्वावस्था को न प्राप्त होगा।" अब मान लीजिए, किसान लगान देना बन्द कर दें तो क्या सारा राजतंत्र चलता रहेगा? क्या नेताओं के प्रयत्न से भारत अपना पूर्व गौरव फिर प्राप्त कर लेगा? द्विवेदी जी का स्पष्ट उत्तर है, नहीं; "इसलिए कि यदि कृषकों से लगान मिलना बन्द हो जाए तो बड़े-बड़े राजा-महाराजों और तअल्लुकेदारों की दुर्गति का ठिकाना न रहे, सरकार के शासनचक्र का चलना बन्द हो जाए, वकीलों और बैरिस्टरों के गाड़ी-घोड़े बिक जाएँ, और व्यापारियों तथा महाजनों को शीघ्र ही टाट उलटना पड़े।"

सुधारवादी चिन्तन और कार्यक्रम तथा क्रान्तिकारी चिन्तन और कार्यक्रम का भेद यहाँ साफ दिखाई देता है। सरकार का शासनचक्र कैसे ठप हो सकता है? लगानबन्दी से। अंग्रेजों के सहायक देशी सामन्तों की दुर्गति कैसे हो सकती है? लगानबन्दी से। व्यापारियों और महाजनों का भी टाट कैसे उलटा जा सकता है? लगानबन्दी से। शासनतंत्र के कानून की रक्षा करनेवाले, उसी के बल पर रोटी खानेवाले वकीलों और बैरिस्टरों के गाड़ी-घोड़े कैसे बिक सकते हैं? लगानबन्दी से। इसलिए लगानबन्दी की बात स्वाधीनता-आन्दोलन के कार्यक्रम से बाहर रखना हर 'देशभक्त' का कर्तव्य है!

किसानों के एक तरह के सेवक वे हैं, जो अंग्रेजों की बनाई हुई कौंसिलों के सदस्य हैं या सदस्यता के उम्मीदवार हैं। इन्हीं के साथ और बहुत-से शहर के लोग हैं जो किसानों के नेता हैं लेकिन उनसे जरा दूर ही रहते हैं। इन सबकी देशभक्ति की यथार्थता प्रकट करते हुए द्विवेदी जी ने उसी टिप्पणी में लिखा : "इन 70 फीसदी किसानों की दुर्गति का ज्ञान शहरों में मेज-कुर्सी लगाकर बैठने और मोटरकार तथा फिटनों पर घूमनेवालों को नहीं हो सकता। इन लोगों का हाहाकार इनके गन्दे गाँवों में घूमने, इनके साथ रहने और इनसे बातचीत करने से हो सकता है। प्रजा के प्रतिनिधि बनने का दम भरनेवाले कितने माननीय महाशय वर्तमान कौंसिलों में ऐसे हैं जिन्हें इन बेचारों की दुर्गति का ज्ञान हो? हर साल हजारों रुपया नजराने के नाम से इनसे ऐंठा जाता है। फी रुपया एक आने के कानून को पैरों तले कुचलकर हर सातवें वर्ष, रुपये पीछे दो-दो चार-चार आने ही नहीं, किन्तु कभी-कभी बारह-बारह आने तक इन पर इजाफा किया जाता है। कभी-कभी सात वर्ष बीतने के पहले ही इस तरह के इजाफे और नजराने की नौबत आती है। आज जिस जमीन का लगान 5 रुपया बीघा है, चौदह या इक्कीस ही वर्ष बाद बढ़कर वह दूना हो सकता है! खुश्कसाली में यदि गवर्नमेंट कुछ मालगुजारी माफ करना चाहती है तो अवध के जमींदार और तअल्लुकेदार माफी मंजूर नहीं फरमाते। और कानून ऐसा है कि गवर्नमेंट माफी मंजूर करने और काश्तकारों को उतना ही लगान छोड़ देने के लिए इन प्रजावत्सल जमींदारी को मजबूर नहीं कर सकती। यदि ये कृषक-बन्धु अनिच्छा

से गवर्नमेंट के पेच में पड़ भी जाते हैं तो उजाड़ में आबादी और परती जमीन में सरसब्जी दिखानेवाले नक्शे पेश करते हैं। काश्तकार निरन्न होकर मर जाएँ, कुछ परवा नहीं। उनके हल-बैल बिक जाएँ, कुछ परवा नहीं। वे देश छोड़कर फीजी, जमाइका और ट्रिनिडाड को चले जाएँ, कुछ परवा नहीं। उन्हें रुपये से काम! प्रजा के प्रतिनिधि बतावें, इनके लिए उन्होंने क्या किया?"

द्विवेदी जी को अवध के कृषितंत्र का जैसा प्रत्यक्ष ज्ञान था, वैसा ज्ञान रजनी पामदत्त को नहीं था और न हो सकता था। ऐसा होना स्वाभाविक था। किन्तु जो लोग भारत में मजदूर वर्ग के खास प्रतिनिधि थे, जो मजदूर वर्ग के नेतृत्व में यहाँ क्रान्ति का स्वप्न देखते थे, उन्होंने किसान-समस्या की ओर कब इतना ध्यान दिया, कब उनका इतना महत्त्व समझा? महत्त्व समझते तो हर संकट की घड़ी में वे उतने असहाय न दिखाई देते। द्विवेदी जी ने उक्त टिप्पणी 1914 में लिखी थी, प्रथम महायुद्ध के आरम्भ के समय। उसका महत्त्व हमारे यहाँ के क्रान्तिकारी विद्वानों की समझ में दूसरे महायुद्ध तक नहीं आया।

भारत में अंग्रेजों ने नई तरह का सामन्तवाद कायम किया। उसे खत्म करने का वही तरीका था जिसकी ओर स्पष्ट संकेत द्विवेदी जी ने किया था।

2. अंग्रेजी राज में व्यापार और उद्योग-धन्धे

अंग्रेज यहाँ व्यापारी बनकर आए। मुख्यत: अपने देश का माल बेचनेवाले व्यापारी नहीं, हमारे यहाँ का माल ले जाकर अपने देश में बेचनेवाले व्यापारी बनकर आए। यूरोप के देशों में इस बात को लेकर प्रतिद्वन्द्विता थी कि भारत से व्यापार करने का इजारा किसके पास रहता है। इस समय भारत माल का निर्यात करनेवाला प्रमुख औद्योगिक देश था, बाहर का माल वह बहुत कम खरीदता था। अभी यहाँ भाप से चलनेवाली मशीनों का प्रयोग शुरू न हुआ था पर यूरोप में यह प्रयोग कब शुरू हुआ और क्यों शुरू हुआ, इस बात का पता लगाया जाए तो मालूम होगा कि व्यापार के प्रसार के कारण ही ऐसी परिस्थिति पैदा हुई कि यूरोप में मशीनों का चलन सम्भव हुआ। वह परिस्थिति यह थी कि 200 साल तक अंग्रेज अपने व्यापार का प्रसार करते रहे। अनेक महाद्वीपों में—खास कर अमरीका में—अपने उपनिवेश कायम करने से व्यापार को प्रसार करने में उन्हें सहायता मिली। ब्रिटेन और यूरोप के व्यापारियों ने पहले विश्व बाजार कायम किया, उसके बाद कारखानों में मशीनें चलाईं। बाजार न होगा तो मशीनों से उत्पादन किसके लिए होगा? और बाजार कायम करने का काम व्यापारी करते हैं, उद्योगपतियों का जन्म उसके बाद होता है।

भारत में अंग्रेजों ने यहाँ के व्यापार का नाश करके उद्योगीकरण की जड़ ही काट दी। पहले यहाँ का माल खरीदकर अपने यहाँ बेचते थे, फिर खुली होड़ के बदले कानून के सहारे यहाँ के व्यापार का गला घोटने लगे। हिन्दुस्तान में विलायती माल

बिकने लगा तो इसलिए नहीं कि मशीनों से चलनेवाले कारखानों के माल से यहाँ के दस्तकारों का बनाया हुआ माल महँगा पड़ता था या होड़ में ठहर न सकता था। मशीनों का प्रयोग न करने पर भी यहाँ की दस्तकारी के मुकाबले अंग्रेजी कारखाने होड़ में टिक न पाते थे। इसीलिए अंग्रेजों ने भारत के सामन्तों से मिलकर पहले यहाँ की जमीन पर इजारा कायम किया, फिर यहाँ के व्यापार पर अधिकार किया। इस तरह उन्होंने यहाँ के व्यापार का नाश किया। उद्योगीकरण के लिए व्यापार द्वारा जो पूँजी एकत्र की जाती है, वह सिलसिला बन्द कर दिया। भारतीय बाजार के विकास में बहुत बड़ी रुकावट डाली। यह नीति ब्रिटिश पूँजीवाद के भी हित में नहीं थी। अगर भारत के बाजार में मुफलिस और कंगाल नजर आएँगे तो विलायती माल खरीदेगा कौन? पहले से किसानों के पास माल खरीदने की जो क्षमता थी, वह नष्ट हो गई। इसके अलावा जो लाखों कारीगर बेकार हो गए, वे जीविका के लिए किसानी करने पर मजबूर हुए। खेती पर निर्भर लोगों की संख्या पहले से बहुत ज्यादा बढ़ गई। इस तरह भारत के बाजार का विकास न हो सकता था। जब बाजार का विकास न होगा तब उद्योगीकरण किस तरह होगा? माल किसके लिए तैयार किया जाएगा?

द्विवेदी जी ने अंग्रेजों की व्यापार नीति की विस्तृत आलोचना की। उन्होंने लिखा : "शुरू शुरू में इंग्लिस्तान की गवर्नमेंट ने यहाँ के कपड़े की रफ्तनी को, विलायत में उस पर कड़ा महसूल लगाकर, बिलकुल ही रोक दिया, यहाँ का व्यापार—यहाँ का कला-कौशल—मारा गया। अब जब उसके पुनर्जीवन की ओर लोगों का ध्यान गया है तब यथेष्ट कर लगाकर विलायती वस्तुओं की आमदनी रोकी नहीं जाती। यदि किसी विलायती चीज पर कुछ महसूल है भी तो इतना कम है कि न होने के बराबर है।" ('सम्पत्तिशास्त्र', पृ. 182) इस तरह अंग्रेजों ने खुली होड़ का पूँजीवादी नियम न माना, कानून के जरिये व्यापार पर इजारा कायम किया। मजे की बात यह है कि जब यहाँ के व्यापार का नाश कर चुके, तब खुली होड़ का समर्थन करने लगे!

ब्रिटेन की दुरंगी नीति से भारत को बड़ी हानि हो रही थी। द्विवेदी जी ने बताया कि इंग्लैंड एक छोटा-सा टापू है, उसे अपने खाने-पीने की चीजें भी बाहर से मँगानी पड़ती हैं। प्रतिबन्धहीन व्यापार उसके लिए लाभकारी हो सकता है। भारत अपने व्यवहार की प्राय: सभी चीजें आप ही पैदा कर सकता है। उन्होंने लिखा : "यदि इस देश में बाहर से आने वाला माल कर लगाकर रोका जाए, या उसकी आमदनी कम की जाए, तो यहाँ की आर्थिक अवस्था की बहुत जल्द उन्नति हो जाए। इंग्लैंड ने खुद ही शुरू-शुरू में यह बात की थी। हिन्दुस्तानी माल पर उसने कड़े से कड़ा कर लगाकर विलायत में उसकी आमदनी रोकी और विलायती माल बिना कर, या बहुत थोड़ा कर लगाकर, हिन्दुस्तान में भर दिया। फल यह हुआ कि यहाँ का प्राय: सारा व्यापार और प्राय: सारे उद्योग-धन्धे मारे गए। वही इंग्लैंड अब हमारे लिए अबाध वाणिज्य की जरूरत समझता है।" (उप., पृ. 183)

अंग्रेजी मशीनें हिन्दुस्तानी दस्तकारी का मुकाबला न कर पाई थीं। इसीलिए इंग्लैंड के उद्योगीकरण को बढ़ावा देने के लिए हिन्दुस्तानी माल पर कर लगाया गया था। राजकीय दबाव के जरिये—न कि खुली होड़ के जरिये—जब अंग्रेजों ने यहाँ के व्यापार और उद्योग-धन्धों का नाश कर दिया तब स्वच्छंद व्यापार की नीति लेकर सामने आए। द्विवेदी जी ने पूछा : अमरीका, जर्मनी, फ्रांस जैसे देश अबाध वाणिज्य के खिलाफ क्यों हैं? और अंग्रेजों का उपनिवेश आस्ट्रेलिया ही उसके खिलाफ क्यों है? द्विवेदी जी उत्तर देते हैं : इसलिए कि वे दूरंदेश और देशभक्त हैं, इसलिए व्यापार के मामले में संरक्षण के पक्षपाती हैं। यदि हिन्दुतान में यहीं का बना हुआ माल बिकने लगे तो अंग्रेजों का क्या हाल होगा? हाल यह होगा कि 'उनके मुँह की रोटी छिन जाएगी। उनके कारखाने बन्द पड़ जाएँगे। इंग्लैंड में हाहाकार मच जाएगा।" (उप., पृ. 183)

जमीन पर इजारे के बाद अंग्रेजों की आमदनी का जरिया है विलायती माल की बिक्री। भारत का बाजार बहुत ही सीमित है पर उसमें भी जो माल बिकता है, वह विलायती है। भारत में अंग्रेजों की जमींदारी में ब्रिटिश उद्योगपतियों का साझा है। वे जमींदारी खत्म करके भारत के बाजार को विकसित करने की बात नहीं सोचते। जो लाखों आदमी उनके माल के ग्राहक हो सकते थे, उन्हें वे भुखमरी से मरने देते हैं। द्विवेदी जी कहते हैं कि किसान लगान देना बन्द कर दे तो अंग्रेजों की जमींदारी खत्म हो जाए; वैसे ही भारत में यहीं का माल बिकने लगे तो अंग्रेजों के कारखाने बन्द हो जाएँ। भारत का शोषण दो तरह से हो रहा है। पहला तरीका जमींदारी का है जो मुख्य है; दूसरा तरीका पूँजीवाद का है—यहाँ विलायती माल बेचने का है—जो गौण है। लगानबन्दी और स्वदेशी आन्दोलन, दोनों को मिला दिया जाए, एक तरफ किसान जमीन के लिए लड़ें, दूसरी तरफ सारी भारतीय जनता विलायती माल का बहिष्कार करे, तो साम्राज्यवाद की जड़ पर कुठाराघात हो। यह बात यहाँ के पूँजीवादी नेता समझते थे। इसलिए जो आन्दोलन गौण था, उसे उन्होंने मुख्य बनाया, और जो मुख्य था, उसे भरसक रोके रहे।

अंग्रेजों के असंतुलित व्यापार का एक नतीजा यह होता था कि खेती का संकट और गहरा होता जाता था। विलायती माल खरीदकर यहाँ की जनता बदले में देगी क्या? देगी अनाज, एक मात्र माल, जो वह पैदा करती है। द्विवेदी जी विलायती माल की खपत से खेती के संकट का सम्बन्ध जोड़ते हुए कहते हैं : "देश में विदेशी माल का खप प्रतिदिन बढ़ता जाता है। उसके बदले हिन्दुस्तान सिर्फ कृषि प्रसूत अनाज देता है। इस अनाज की यहाँ भी बड़ी जरूरत रहती है क्योंकि भारत में बार-बार दुर्भिक्ष पड़ता है। दुर्भिक्ष के समय यदि देश में अनाज अधिक हो तो जरूर ही सस्ते भाव बिके। पर वह सात समुंदर पार इंग्लैंड भेज दिया जाता है और उसे पैदा करनेवाले यहाँ भूखों मरते हैं। और भेजा न जाए तो हो क्या? इंग्लैंड की

चीजों का खप जो बढ़ रहा है, उसका बदला चुकाया किस तरह जाए?" (उप., पृ. 281-82) परिणाम यह कि भारत कच्चा माल जुटानेवाला खेतिहर देश बनकर रह गया। अंग्रेजों के व्यापार में हिस्सा बटानेवाले कुछ भारतीय व्यापारी थे। किन्तु इस तरह के व्यापारी देश की प्रगति में कोई महत्त्वपूर्ण भूमिका पूरी न कर सकते थे। इनके बारे में द्विवेदी जी ने लिखा : "हजारों हिन्दुस्तानी व्यापारी भी उनके (विदेशी पूँजीपतियों के) हाथ, या उनकी मारफत, माल बेचकर बहुत कुछ लाभ उठाते हैं। हाँ, यदि ये सब व्यवसाय हिन्दुस्तानियों ही के हाथ में होते, और अंग्रेजों की तरह वे भी उनके देश में जाकर व्यापार-व्यवसाय करते तो उन्हें और भी अधिक लाभ होता।" (उप., पृ. 272) दोनों देशों के बीच बराबरी के सम्बन्ध कायम होने चाहिए। पराधीन रहते हुए भारत की औद्योगिक उन्नति नहीं हो सकती।

भारत जैसे विशाल देश को ब्रिटेन जैसा छोटा देश गुलाम बना ले, मुट्ठीभर अंग्रेज करोड़ों भारतवासियों को लूटकर अपना घर भरते रहें, यह स्थिति जितना ही अस्वाभाविक थी, उतना ही असह्य थी। द्विवेदी जी कहते हैं : "हिन्दुस्तान बहुत बड़ा देश है। योरप से यदि रूस निकाल डाला जाए तो हिन्दुस्तान बचे हुए सारे योरप के बराबर है। हिन्दुस्तान में कोई 30 करोड़ आदमी रहते हैं। इंग्लैंड में बनी हुई चीजों का यहाँ बेहद खप है। हिन्दुस्तान का अधिकांश व्यापार इंग्लैंड की मुट्ठी में है।...सूती ही नहीं, ऊनी भी; कपड़े, लोहे, लकड़ी और चमड़े की चीजें, कागज, स्याही, काँच का सामान, लिखने का सामान, किताबें आदि सैकड़ों चीजों का खप हिन्दुस्तान में है। इनका खप अधिक होने से इंग्लैंड का व्यापार दिनों-दिन उन्नत होता जाता है और मुनाफे का अधिक अंश विदेशी व्यापारियों ही को मिलता है।" (उप., पृ. 281)

पराधीन खेतिहर देश में कच्चा माल ढोने के लिए, और जरूरत पड़ने पर एक जगह से दूसरी जगह फौज भेजने के लिए अंग्रेजों ने रेलमार्गों की बहुत सीमित व्यवस्था की। अपने इस 'क्रान्तिकारी' काम का उन्होंने बार-बार बखान किया। व्यापार में उन्होंने जैसे अपने कुछ देशी साझेदार इकट्ठे किए, वैसे ही उन्होंने यहीं पर बिकाऊ माल पैदा करने के लिए मिलें खोलीं जिनमें ब्रिटिश पूँजी लगी थी और इन मिलों में छोटे-मोटे हिस्से उन्होंने देशी व्यवसायियों को दिये। इस तरह बहुत-सीमित पैमाने पर भारत में औद्योगिक मजदूर वर्ग का जन्म हुआ। यह स्थिति उस समय की है जब पूँजीवाद के इतिहास में औद्योगिक पूँजीवाद का दौर समाप्त हो रहा था और महाजनी पूँजीवाद का दौर शुरू हो रहा था। इस महाजनी पूँजीवाद की विशेषता बिकाऊ माल का निर्यात नहीं है, वरन् पूँजी का निर्यात है। पूँजीवाद जब अपने विकास की किसी नई मंजिल में प्रवेश करता है, तब उसकी पुरानी मंजिलें खत्म नहीं हो जातीं। विदेशी पूँजी का निर्यात होता है, उसके साथ विदेशी माल का भी निर्यात होता है और जमींदारी प्रथा भी कायम रहती है।

सन् '20 में जब असहयोग आन्दोलन चला तब भारतीय उद्योग-धन्धों को विकसित होने का थोड़ा-सा मौका मिला। भारतीय पूँजीवाद का विकास भारतीय जनता के संघर्ष का परिणाम था। अंग्रेजों का बस चलता तो वे हमेशा भारतीय पूँजीपतियों को छुटभइये साझेदारों से ज्यादा और कुछ न होने देते। इसका मतलब यह भी है कि भारत के आधुनिक मजदूर वर्ग का जन्म भारतीय जनता के संघर्ष का परिणाम है। अंग्रेजों का बस चलता तो वे यहाँ के कारीगरों को बेकारी और मुफलिसी में मर जाने देते, मिलें चलानेवाले मजदूरों के वर्ग का निर्माण ही न होने देते। और चूँकि भारत के पूँजीवादी उद्योग-धन्धों का विकास अंग्रेजों की इच्छा से नहीं हुआ वरन् जनता के संघर्ष का परिणाम है, इसलिए जनता के हित में उनका राष्ट्रीयकरण भी न्यायसंगत है।

अब देखना चाहिए, इस क्रमश: जन्म लेते हुए मजदूर वर्ग के प्रति द्विवेदी जी का रवैया क्या है। क्या वह पूँजीवाद की आलोचना पुराने तबाह कारीगरों के दृष्टिकोण से करते हैं? क्या उन्हें सामन्ती व्यवस्था पसन्द है और वह पूँजीवादी उत्पादन का विरोध करते हैं? द्विवेदी जी पूँजीवादी उत्पादन का महत्त्व समझते हैं। इस उत्पादन का मतलब है : नया श्रम-विभाजन। श्रम करने में नई तरह की सहकारिता, इसलिए श्रम की उत्पादकता में वृद्धि। पूँजीवादी विकास के बारे में कहते हैं : "श्रम-विभाग और श्रम-संयोग से जैसे श्रम की उत्पादकता बढ़ जाती है, वैसे ही कलों और औजारों की मदद से भी बढ़ जाती है...कलों से कितना जल्द और कितना अच्छा काम होता है, कपड़ा सीने की कल इस बात का सीधा-सादा प्रत्यक्ष उदाहरण है। यदि रेल का इंजन न बनता तो लाखों मन माल एक जगह से दूसरी जगह इतने थोड़े समय और इतने थोड़े खर्च से कभी न पहुँच सकता। जितने बड़े पुतलीघर और कारखाने हैं, प्राय: सब में कलों से ही काम लिया जाता है। हाथ से काम करनेवाले आदमी इन कारखानों की बराबरी नहीं कर सकते। इससे श्रम की उत्पादक शक्ति बहुत बढ़ जाती है, माल बहुत तैयार होता है, और लागत कम लगने से चीजें बहुत सस्ती बिकती हैं। कलों के प्रयोग से ऐसे-ऐसे काम होते हैं जो आदमी से हो ही नहीं सकते।" (उप., पृ. 40) द्विवेदी जी ने अंग्रेजी राज की आलोचना तबाह कारीगरों के दृष्टिकोण से नहीं की। वह उद्योगीकरण के पक्षपाती, कारखाने लगाने और उनमें मशीनें चलाने का समर्थन करते हैं। जानते हैं कि आधुनिक संसार में भारत इसी तरह प्रगति कर सकता है। इस प्रगति के लिए ज्ञान-विज्ञान के प्रसार की आवश्यकता है। नये औद्योगिक विकास से जहाँ श्रम की उत्पादकता बढ़ेगी। वहाँ पूँजी की उत्पादकता भी बढ़ेगी, उनका तर्क है : "विद्या और विज्ञान की वृद्धि के साथ-साथ नये-नये यंत्र बनते चले जाते हैं। उनके उपयोग से, श्रम की उत्पादकता की तरह, पूँजी की भी उत्पादकता बढ़ती है। कलों की बराबरी हाथ नहीं कर सकते। जिस देश में कलों का अधिक प्रचार है, उस देश की पूँजी की उत्पादक शक्ति बहुत बढ़ जाती हैं।" (उप., पृ. 53) यहाँ औद्योगिक

विकास के प्रति महात्मा गांधी के दृष्टिकोण और महावीरप्रसाद द्विवेदी के दृष्टिकोण का अन्तर साफ देखा जा सकता है।

पूँजीवादी पद्धति से माल तैयार करने पर सम्पत्ति बढ़ती है पर भारत में इस तरह के विकास पर रोक लगी है। नये ढंग से जो चीजें बनाई जाती हैं, उनकी पैदावार से "उसी देश की सम्पत्ति बढ़ती है जो उन्हें पैदा करता है; उसकी नहीं, जो उन्हें मोल लेकर खर्च करता है। चूड़ियाँ और कपड़े आदि विदेशी चीजें हैं। उनमें लगी हुई अचल पूँजी से इस देश को कुछ भी लाभ नहीं होता। यही कारण है कि मनिहार और जुलाहे यहाँ भूखों मर रहे हैं। यदि यही चीजें यहाँ बनतीं, अर्थात् यदि यहाँ की चल पूँजी अचल बनाकर कपड़े और चूड़ियाँ बनाने की कलें मँगाई जातीं तो जरूर इस देश को लाभ पहुँचता और जरूर कुछ दिनों में औरों की तरह इन चीजों का पेशा करनेवालों की भी दशा सुधरती।" (उप., पृ. 50) पूँजीवादी विकास से भारत को लाभ तब हो सकता है जब विदेशी पूँजी का स्थान देशी पूँजी ले। भारतीय पूँजीवाद के विकास में अंग्रेजी राज एक बाधा था। अत: मजदूर वर्ग के विकास में भी अंग्रेजी राज एक बाधा था। इसलिए अपने वर्ग के उद्‌भव और विकास के लिए मजदूरों का पहला कर्तव्य यह था कि वे अंग्रेजी राज का खात्मा करें। राष्ट्रीय हित में और अपने वर्ग-हित में मजदूरों का संगठित होना आवश्यक था। मजदूरों के संगठन के बारे में द्विवेदी जी ने जो कुछ लिखा, उसकी चर्चा हम आगे करेंगे।

3. विश्व साम्राज्यवादी व्यवस्था

अंग्रेज व्यापारियों ने 17वीं और 18वीं सदियों में जहाँ-जहाँ अपना प्रभुत्व कायम किया, वहाँ उन्होंने व्यापार को बढ़ावा दिया, विश्व-बाजार कायम किया और इस बाजार में जिस माल की हर तरफ माँग थी और बिक्री होती थी, वह था मनुष्य। पुराने ज़माने में यूनान के व्यापारी गुलामों का व्यापार करते थे, उनसे उत्पादन कराते थे। यूनानियों के बाद यही काम रोम के सौदागरों और भूस्वामियों ने किया। औद्योगिक क्रान्ति से पहले यूरोप और ब्रिटेन के व्यापारी उन्हीं यूनानियों और रोमनों के चरण-चिन्हों पर चल रहे थे। व्यापार पहले से बड़े पैमाने पर हो रहा था पर गुणात्मक रूप से इस नये व्यापार और उस पुराने व्यापार में विशेष अन्तर न था। गुलामों के व्यापार में अंग्रेजों ने सबसे आगे बढ़कर हाथ बँटाया, उनके साथ यूरोप के और देशों के व्यापारी भी थे।

इस साल (1976 में) अफ्रीका के एक देश अंगोला ने स्वाधीनता प्राप्त की। अंगोला की जनता की सहायता सोवियत संघ और क्यूबा के लोगों ने की। इस पर पूँजीवादी दुनिया में तहलका मच गया। किन्तु जिस समय अंगोला गुलामों के व्यापार का केन्द्र बना हुआ था, उस समय पूँजीवादी राजनीतिज्ञों की आत्मा को जरा भी क्लेश न हुआ था। उस समय वे कहते थे कि गोरी जाति के लोगों ने बाकी

दुनिया को सभ्य बनाने की जिम्मेदारी उठा रखी है। वैसे आयर्लैंड के लोग भी गोरे थे पर अंग्रेज उन्हें भी सभ्य बनाने पर तुले हुए थे और वह सिलसिला अभी तक समाप्त नहीं हुआ! द्विवेदी जी ने अनेक लेखों और टिप्पणियों में विश्व साम्राज्यवादी व्यवस्था की हकीकत बयान की और इस तरह भारतीय जनता में साम्राज्य-विरोधी अन्तरराष्ट्रीय चेतना का प्रसार किया।

मार्च, 1908 की 'सरस्वती' में उन्होंने 'गुलामों का व्यापार' शीर्षक टिप्पणी लिखी। इसमें उन्होंने विशेष रूप से अंगोला प्रदेश की चर्चा की। उन्होंने लिखा : "कानून की रू से गुलामों का व्यापार बन्द हुए 200 वर्ष हुए। पर मध्य अफ्रीका के अंगोला प्रान्त में अब तक गुलामों का व्यापार खुल्लमखुला होता है। यह प्रान्त पोर्चुगीज लोगों के अधिकार में है। इन गुलामों में कुछ ऐसे लोग हैं जो कर्ज लेकर गिरवी रख दिये गए हैं, कुछ ऐसे हैं जिन्हें उनके रिश्तेदारों ने बेच दिया है; कुछ ऐसे हैं जो आपस के लड़ाई-फसाद में पकड़े जाकर अपने शत्रुओं के द्वारा बेचे गए हैं। ये गुलाम जगह-जगह इकट्ठा किये जाते हैं और वहाँ से बड़े-बड़े शहरों को भेजे जाते हैं। दो-दो, चार-चार, छह-छह आदमी एक ही में बँधे रहते हैं। उनके गले में एक प्रकार का फन्दा-सा पड़ा रहता है, जिसका लगाव एक दूसरे के गले से रहता है। बड़े-बड़े कष्ट सहकर ये लोग शहरों में पहुँचते हैं। जिस रास्ते ये लाये जाते हैं, उसमें मरे हुए गुलामों की खोपड़ियाँ और हड्डियाँ इधर-उधर बिखरी हुई मिलती हैं। कहीं-कहीं उनकी लाशें सड़ा करती हैं। इससे स्पष्ट है कि रास्ते में इनकी बड़ी दुर्दशा होती है। शहरों में ये जिसके हाथ बेच दिये जाते हैं, उन्हीं के हो जाते हैं। वह इन्हें पशुओं की तरह अपनी मिल्कियत समझता है। उनसे घर के सब काम लेता है और खेती-किसानी भी कराता है। नये गुलाम बुरी तरह से पीटे जाते हैं। पीट-पीटकर उनसे काम लिया जाता है। बिना पीटे वे नहीं 'हिलते'। हिल जाने के लिए उन्हें प्राणान्तक वेदनाएँ सहनी पड़ती हैं। रात को जब वे काँटेदार हंटरों से पीटे जाते हैं तब उनके रोने, चिल्लाने और आहों से पास-पड़ोस में सभ्य आदमियों का रहना मुश्किल हो जाता है। कुछ लोग गुलामों के व्यापार की ही बदौलत अमीर हो गए हैं। उनके यहाँ गुलामों के गोदाम हैं। सब तरह के और सब उम्र के गुलाम उनके यहाँ तैयार रहते हैं। लड़के की कीमत 150 रुपये, जवान की 300 रुपये और नौजवान लड़की की 375 रुपये पड़ते हैं।"

द्विवेदी जी ने यह सारा विवरण अंग्रेजी पत्रिका 'फोर्ट नाइटली रिव्यू' में प्रकाशित सामग्री के आधार पर लिखा था। देखने में लगता है कि वह केवल विवरण दे रहे हैं पर लिखने का ढंग ऐसा है—जहाँ-तहाँ प्रच्छन्न व्यंग्य उनका आशय स्पष्ट कर देता है—कि पाश्चात्य सभ्यता का एक निहायत घिनौना पक्ष उजागर हो जाता है। पुर्तगाली उपनिवेशवाद संसार के अत्यन्त बीभत्स उपनिवेशवादों में रहा है और उसके उपनिवेशों का स्वाधीनता-संग्राम भी औरों की अपेक्षा देर तक चलता रहा है। पर

गुलामों का व्यापार पुर्तगाली ही न करते थे। अंग्रेजों ने इस व्यापार में बड़े पैमाने पर हिस्सा लिया था और जिस समय अंगोला में यह सब हो रहा था, उस समय अंग्रेजों के उपनिवेशों में गुलामी खत्म न हो गई थी। इसका एक उल्लेख नाथूराम प्रेमी लिखित जौन स्टुअर्ट मिल के 'जीवन-चरित' में है जो मिल की पुस्तक 'लिबर्टी' के अनुवाद के साथ प्रकाशित हुआ था। 'स्वाधीनता' नाम से इस पुस्तक का अनुवाद द्विवेदी जी ने 1905 में किया था। पहला संस्करण नागपुर की हिन्दी ग्रंथ प्रसारक मंडली ने निकाला था। दूसरा संस्करण 1912 में हिन्दी ग्रंथ रत्नाकर कार्यालय बम्बई से प्रकाशित हुआ। इसी के लिए नाथूराम प्रेमी ने 'मिल का जीवन-चरित' लिखा था।

उक्त 'जीवन-चरित' में प्रसंगवश नाथूराम प्रेमी ने अंग्रेजों के उपनिवेश जमैका के बारे में लिखा : "जमैका नाम का एक टापू अंग्रेजों के अधिकार में है। वहाँ के निवासी हब्शी कहलाते हैं। उन्होंने सरकारी जुल्म से तंग आकर बलवा कर दिया और उसकी सजा उन्हें यह दी गई कि वहाँ के गवर्नर साहब ने उनमें से सैकड़ों निरपराधी मनुष्यों को अपनी सेना के द्वारा तमाम करवा दिया। इतने ही से इस अन्याय की समाप्ति न हुई। बलवा शान्त हो जाने पर पुरुष ही नहीं, अबला स्त्रियाँ तक चाबुकों से पिटवाई गईं और जिन इंग्लैंड निवासियों ने पहले गुलामी उठा देने का पक्ष लिया था, उन्हीं ने गवर्नर साहब के इस पाशविक अत्याचार का अनुमोदन किया।" (पृ. 51)

गुलामों के व्यापार का एक बहुत बड़ा केन्द्र अमरीका रह चुका था। लम्बे संघर्ष के बाद यहाँ गुलामी की प्रथा खत्म कर दी गई किन्तु काले आदमियों को गोरों के बराबर अधिकार न मिले। मई, 1909 की 'सरस्वती' में 'अब्राहम लिंकन की शतवर्षी' शीर्षक से सत्यदेव का लेख प्रकाशित हुआ। इसमें इस बात की चर्चा की गई कि अंग्रेजों ने अमरीका में अपने उपनिवेश स्थापित करते समय कैसे पुर्तगालियों के साथ मिलकर गुलामों के व्यापार में हिस्सा बँटाया था। अमरीका में जंगल साफ करने और दूसरे कामों के लिए मजदूरों की जरूरत थी। सत्यदेव ने लिखा : "मजदूर कहाँ से आवें? वहाँ तो सभी जमींदार थे। अतएव अमरीका वालों की इस जरूरत को पूरा करने और धन कमाने के लिए पुर्तगाल वालों ने अफ्रीका से हब्शी लाकर बेचने का ठेका लिया। धीरे-धीरे यह व्यापार अंग्रेज लोगों के हाथ में आया। हजारों निरपराध हब्शी हर साल भेड़-बकरियों की तरह बिकने लगे। नई दुनिया के मनुष्य समाज की भावी विपद के बीज उसी समय बोये गए।" भारत के बुद्धिजीवियों को स्वभावत: उपनिवेशों के उन तमाम काले आदमियों से सहानुभूति थी जिन्हें यूरोप के गोरे व्यापारियों ने गुलाम बनाकर बेचा था।

जो सभ्यता दास-प्रथा के आधार पर पली थी, वह पिछड़े हुए मानव समुदायों को नये बौद्धिक प्रकाश की ओर क्या ले जाती, वह स्वयं निहायत अवैज्ञानिक विचारधारा का समर्थन करती थी। गोरों की नस्ल श्रेष्ठ है, इस सिद्धान्त के साथ

उसने यह धर्मान्धता जोड़ दी कि ईसाई धर्म सब धर्मों में श्रेष्ठ है और चूँकि गुलामों के गोरे व्यापारी ईसाई हैं, इसलिए ईसाई धर्म के अनुसार गुलामों का व्यापार करना वैध है। फरवरी, 1914 की 'सरस्वती' में 'बुकर टी. वाशिंगटन' पर लिखी हुई मराठी पुस्तक का परिचय देते हुए द्विवेदी जी ने हब्शी गुलामों पर गोरों के अत्याचार का वर्णन इस तरह किया : "इन गुलामों को दिनभर धूप में काम करना पड़ता था; यदि काम में कुछ सुस्ती या भूल हो जाए तो ओवरसीयर उन्हें कोड़ों से मारता था; यहाँ तक कि उनके शरीर से लोहू बहने लगता था; रात को उन्हें पेटभर खाने को भी न मिलता था; एक छोटी-सी झोपड़ी में जानवरों की तरह वे रातभर बन्द कर दिये जाते थे। केवल धन के लोभ से पति और पत्नी, भाई और बहन, माता और पुत्र में वियोग कर दिया जाता था। यदि कोई गुलाम अत्यन्त दुखित होकर भग जाते तो उनके पीछे शिकारी कुत्तों के झुंड दौड़ा दिये जाते थे। इतना अन्याय होने पर भी, आश्चर्य यह है कि पादरी लोग दासत्व के इस घृणित रिवाज का समर्थन, बाइबल के आधार पर, किया करते थे! यद्यपि सन् 1783 में अमरीका में स्वाधीनता प्रस्थापित हो गई थी और यह तत्त्व मान्य हो गया था कि 'ईश्वर की दृष्टि से सब मनुष्य—काले और गोरे—समान और स्वतंत्र हैं'—तथापि अमरीकन लोगों ने लगभग सौ वर्ष तक नीग्रो जाति के काले मनुष्यों की स्वाधीनता कबूल न की! वे लोग नीग्रो जाति के लोगों को 'मनुष्य' के बदले अपना 'माल' (Property) समझते थे।"

यूरोप के प्रगतिशील बुद्धिजीवी इस दास-प्रथा वालों की सभ्यता का विरोध करते थे। इस तरह पाश्चात्य सभ्यता में दो परस्पर विरोधी धाराएँ एक दूसरे से टकराती थीं। एक धारा गुलामों के व्यापार, दूसरे देशों में उपनिवेश स्थापित करने, भारत जैसे देशों को पराधीन बनाने, नस्लवाद से धर्मान्धता को जोड़ने, पूँजीवाद की आधुनिक बर्बरता का समर्थन करनेवाली थी। इस तथाकथित सभ्यता का विरोध करना भारतीय बुद्धिजीवियों का कर्तव्य था। दूसरी धरा इस बर्बरता के विरोध में विकसित हो रही थी। आधुनिक ज्ञान-विज्ञान के प्रसार से उसका गहरा सम्बन्ध था। बर्बरता की विरोधी इस प्रगतिशील संस्कृति का समर्थन करना, देशवासियों को उससे परिचित कराना भारतीय बुद्धिजीवियों के हित में था। द्विवेदी जी ने यही किया था।

अमरीकी उपनिवेशों ने अपनी स्वाधीनता के लिए युद्ध किया। युद्ध में काले दासों का समर्थन प्राप्त करने के लिए उन्होंने काले-गोरे आदमियों की समानता की घोषणा उच्च स्वर से की, किन्तु युद्ध में विजय प्राप्त करने के बाद उन्होंने दास-प्रथा कायम रखी। दास-प्रथा का अन्त तभी हुआ जब औद्योगिक विकास-क्रम में पूँजीपतियों को श्रमशक्ति बेचनेवाला सर्वहारा समुदाय सुलभ हो गया और दास-प्रथा आर्थिक दृष्टि से लाभदायी न रह गई। किन्तु काले-गोरे का भेद अमरीका में बना रहा।

मार्च, 1911 की 'सरस्वती' में गोरों के नस्लवाद पर द्विवेदी जी ने लिखा : "योरप और अमरीका के सभ्य और शिक्षित लोगों को अपने गोरे होने का बड़ा

गर्व है। गोरा चमड़ा होना वे अधिक बुद्धि, बल, पराक्रम और तेजस्विता की सनद समझते हैं। कालों पर प्रभुत्व करना भी वे इसी चमड़े का एक गुण मानते हैं।" किन्तु दक्षिणी अमरीका में एक गोरी जाति का पता लगा जो असभ्य अवस्था में रहती थी। इसे देखकर गोरे सोचने लगे कि 'इन असभ्य शिरोमणियों के शरीर पर गोरा चमड़ा कहाँ से आया?" इस तरह नस्लवाद का विरोध द्विवेदी जी ने 'गोरे आदमियों की एक नई जाति' शीर्षक टिप्पणी में किया। जून, 1911 की 'सरस्वती' में उन्होंने एक टिप्पणी लिखी : "गोरे पर काले हब्शी की जीत'। इसमें एक हब्शी और गोरे की कुश्ती (मुक्केबाजी) का जिक्र है। काले ने गोरे को पछाड़ दिया : "इस पर गोरी दुनिया में आतंक-सा छा गया था, क्योंकि काले हर बात में गोरे से कम समझे जाते हैं। इस सिद्धान्त को अखंडित बना रखने के लिए इस कुश्ती के चित्रों का अन्य देशों में जाना बन्द कर दिया था।" पर इसके बाद एक अमरीकी हब्शी ने आस्ट्रेलिया के एक गोरे को घूँसेबाजी में हरा दिया। "लाखों आदमी तमाशा देखने के लिए अखाड़े में जमा हुए। गोरा देखने में तो काले से लम्बा और मोटा था, पर काला अपने फन और मज़बूती में उससे कहीं बढ़कर था।" खेलकूद में जैसे भारतीय हॉकी टीम की जीत साम्राज्य-विरोधी चेतना के प्रसार में सहायक हुई, वैसे ही उस समय घूँसेबाजी में किसी काले आदमी की जीत गोरों के नस्लवाद के विरुद्ध जनता को संघर्ष करने की प्रेरणा देती थी।

इस नस्लवाद के शिकार अफ्रीकी हब्शी ही नहीं, भारत के आर्य और द्रविड़ भी थे। यही लोग कुली बनाकर दक्षिण अफ्रीका और अन्य देशों में दासों की तरह भेजे गए थे।

दिसम्बर, 1913 की 'सरस्वती' में द्विवेदी जी ने दक्षिण अफ्रीका में भारतीय मजदूरों की दुर्दशा पर एक टिप्पणी लिखी : "मिस्टर गांधी का आत्मगौरव और स्वदेशाभिमान'। इसमें गांधी जी के अपमान और उनकी यातनाओं का उल्लेख करने के बाद द्विवेदी जी ने लिखा : "गोरे और काले के भेद ने वहाँ जो कांड मचा रक्खा था, उसे देखकर गांधी को बड़ा दुःख हुआ। उन्होंने देखा कि उनके देशवासी गोरों की बस्ती में नहीं रहने पाते; उनके पास बाजारों में दुकानें नहीं खोलने पाते; होटलों और रेलों में उनके साथ नहीं बैठने पाते। पशुवत् समझे जाकर उन पर नाना प्रकार के अत्याचार होते हैं। कैदियों की तरह उन्हें अंगूठे का चिन्ह लगाना पड़ता है; गले में नम्बर लटकाना पड़ता है; 45 रुपये साल, नटाल प्रान्त में रहने के लिए, टैक्स देना पड़ता है। जो लोग ठीके पर कुली बनकर वहाँ जाते हैं और खानों और खेतों पर काम करते हैं, उनकी दुर्गति का तो पारावार ही नहीं।"

इस रंगभेद की नीति के विरुद्ध गांधी जी ने आन्दोलन चलाया। द्विवेदी जी ने इस आन्दोलन को निष्क्रिय प्रतिरोध कहा था। दक्षिण अफ्रीका और ब्रिटेन की गोरी सरकारों की नीति एक ही थी; भारतवासियों पर अत्याचार के लिए दोनों ही

उत्तरदायी थे। द्विवेदी जी ने लिखा : "वहाँ की तथा विलायत की अँगरेजी गवर्नमेंट से सब कुछ कहा गया, पर कुछ फल न हुआ। तब लाचार होकर गांधी और उनके साथियों तथा हजारों अनुयायियों को फिर निष्क्रिय-प्रतिरोध करना पड़ा। इस समय गांधी, उनकी स्त्री, उनकी लड़की, उनका लड़का—सारा कुटुम्ब ही—जेल में हैं। हजारों हिन्दुस्तानियों से जेल भर गए हैं। खानों के अहाते जेलों में परिवर्तित कर दिये गए हैं। वहाँ कैदियों को पेटभर खाने को नहीं मिलता। सुनते हैं, उन पर हंटरों की मार पड़ती है, इस मार से एक आध आदमी मर भी गया है। तिस पर भी वे लोग वीरता से अनुचित कानून का प्रतिरोध करते ही चले जा रहे हैं। हड़तालें हो रही हैं, भारतीय मज़दूर काम छोड़ रहे हैं। सारी यातनाएँ सहने को वे तैयार हैं। पर आत्मगौरव को वे नहीं छोड़ना चाहते। अन्यायपूर्ण कानून—गोरे-काले का कृत्रिम भेद—मानना उन्हें स्वीकार नहीं। बूढ़े और जवान, स्त्रियाँ और बच्चे तक उनका साथ दे रहे हैं। वे भी जेल में हैं। धन्य गांधी, धन्य तुम्हारे साथी, धन्य तुम्हारे अनुयायी, धन्य तुम्हारा आत्माभिमान! भारत में इस समय दक्षिणी अफ्रीका के इस अन्याय की बड़े जोर-शोर से चर्चा हो रही है। वहाँ के पीड़ित देश-भाइयों के लिए चन्दे हो रहे हैं। उनकी मदद करना हमारा कर्तव्य है।"

जैसे नस्लवाद ब्रिटिश साम्राज्यवाद का अभिन्न अंग था, वैसे ही नस्लवाद का विरोध भारत के स्वाधीनता-आन्दोलन का अभिन्न अंग रहा है। नस्लवाद और साम्राज्यवाद से भारत और अफ्रीका, दोनों जगह के मनुष्य पीड़ित थे। एक तरह से भारत के स्वाधीनता-आन्दोलन की शुरुआत दक्षिण अफ्रीका में हुई। अफ्रीका में इसकी शुरुआत होना स्वाधीनता-आन्दोलन के साथ अन्तरराष्ट्रीयता का सम्बद्ध हो जाना ही था। इस संघर्ष में उच्च वर्गों के अलावा मजदूरों ने आगे बढ़कर हिस्सा लिया। भले ही सारा आन्दोलन निष्क्रिय प्रतिरोध की सीमाओं में रखा गया हो, किन्तु मजदूरों ने इस संघर्ष में जिस अस्त्र का प्रयोग किया, वह दुनियाभर के मजदूरों का सुपरिचित, उनके अपने वर्ग का अस्त्र था यानी हड़ताल। 'सरस्वती' राजनीति से दूर रहती थी किन्तु द्विवेदी जी की और बहुत-सी टिप्पणियों की तरह यह टिप्पणी पूरी तरह राजनीतिक थी और दक्षिण अफ्रीका में अपने देश-भाइयों के प्रति सहानुभूति उत्पन्न करने के अलावा इसमें भारतवासियों से कहा गया था : उनकी मदद करना हमारा कर्तव्य है।

इसी वर्ष रवीन्द्रनाथ ठाकुर को नोबेल पुरस्कार मिला। यदि काला आदमी घूँसेबाजी में गोरों को हरा सकता है तो काव्य-क्षेत्र में पराधीन भारत का एक नागरिक यूरोप के श्रेष्ठ साहित्यकारों से स्पर्धा करके उनका बहुजन-कांक्षित पुरस्कार भी प्राप्त कर सकता है। 'सरस्वती' की उसी संख्या में इस पुरस्कार पर द्विवेदी जी ने टिप्पणी लिखी। नस्लभेद की बात उनके मन में थी ही, उन्होंने उन विद्वानों को धन्यवाद दिया जिन्होंने नस्लभेद की चिन्ता न करके यह पुरस्कार एक भारतवासी को दिया।

इसके साथ ही उन्होंने अंग्रेजों के उपनिवेशों में रवीन्द्रनाथ के देशवासियों के साथ होनेवाले दुर्व्यवहार का स्मरण किया : "इन्हीं उदारचेता विद्वानों ने इस साल काले और गोरे का रत्ती भर भी विचार न करके साहित्य विषयक इनाम का अधिकारी बाबू रवीन्द्रनाथ ठाकुर को ठहराया है। यह भारत के लिए विशेष करके बंग देश और बंग भाषा के लिए—बड़े ही गौरव की बात है। भारत और भारतवासियों को कुदृष्टि से देखने वाले रुडियार्ड किपलिंग को छोड़कर किसी और अँगरेज-कवि को भी यह इनाम आज तक नहीं मिला। इटली, फ्रांस और जर्मनी आदि अन्य देशों ही के साहित्यसेवियों को यह मिला है। इधर कलकत्ते के विश्वविद्यालय ने भी रवि बाबू को—डाक्टर आव लिटरेचर—नामक पदवी से पुरस्कृत करने का निश्चय किया है। इन्हीं लोकोत्तर कवि और अद्वितीय साहित्यसेवी रवीन्द्रनाथ के देशबन्धु कनाडा में धँसने नहीं पाते और पशुवत् तुच्छ समझे जाकर नटाल और ट्रांसवाल के जेलों में ठूँसे और हंटरों से पीटे जा रहे हैं!"

इसमें सन्देह नहीं कि रवीन्द्रनाथ ठाकुर को नोबेल पुरस्कार मिलने से भारतीय जनसाधारण की साम्राज्य-विरोधी चेतना और प्रखर हुई। भारत का अंग्रेज शासक वर्ग अममंजस में पड़ गया। रवीन्द्रनाथ को समकालीन अंग्रेज कवियों से बड़ा कवि कैसे कहे? भारत के वायसराय ने बड़ी हिम्मत करके उन्हें एशिया का सर्वश्रेष्ठ कवि कहकर अंग्रेज बहादुर की इज्जत बचा ली। द्विवेदी जी ने इस कूटनीति को लक्ष्य करके उसी टिप्पणी में लिखा : "लार्ड हारडिंग ने उन्हें एशिया का सर्वश्रेष्ठ कवि कहकर उनका आदर किया। पर अब मालूम हुआ कि योरप के विद्वानों और कवियों ने उन्हें इस साल एशिया ही का नहीं, किन्तु समस्त संसार का सबसे बड़ा कवि और साहित्य-शास्त्री समझा है।"

इस अन्तरराष्ट्रीय सम्मान के बावजूद अंग्रेजों की नीति में कोई परिवर्तन न हुआ और युद्ध समाप्त होते ही जलियाँवाला बाग के कांड से उन्होंने दिखा दिया कि वे किस तरह की सभ्यता के प्रतिनिधि हैं। जनवरी, 1917 की 'सरस्वती' में द्विवेदी जी ने विदेश जानेवाले भारतीय कुलियों पर टिप्पणी लिखी। उन्होंने बताया कि ये कुली फीजी, ब्रिटिश गायना, ट्रिनिडाड और जमैका भेजे जाते हैं। इनके कष्टों के बारे में लेख लिखे गए हैं, पुस्तकें प्रकाशित हुई हैं, सरकार को आवेदन पत्र भेजे गए हैं। पर फल कुछ न हुआ। इन कुली-मजदूरों ने विदेशों में हिन्दी-भाषियों की बस्तियाँ स्थापित कीं। अफ्रीका के हब्शियों और भारत के कुलियों में यह अन्तर था कि अंग्रेजों ने हब्शियों की भाषाओं का नाश कर दिया, और चाहे संयुक्त राज्य अमरीका हो, चाहे वेस्ट इंडीज, अफ्रीकी हब्शियों के वंशज अब अंग्रेजी बोलते हैं। इसके विपरीत विदेश भेजे जानेवाले अधिकांश कूली हिन्दी-भाषी थे, और उन्होंने अपनी भाषा की रक्षा की। हिन्दी के इस अन्तरराष्ट्रीय प्रसार के प्रति पिछले कुछ दिनों से हिन्दी का शिक्षित वर्ग काफी सजग हो गया है। पर यह सिलसिला बहुत

पुराना है। 1915 में दक्षिण अफ्रीका के बर्नसाइड नगर में हिन्दी साहित्य सम्मेलन का वार्षिक अधिवेशन हुआ। यह भारत का हिन्दी साहित्य सम्मेलन नहीं था, अफ्रीकी हिन्दी-भाषियों का सम्मेलन था। वहीं के लेडी स्मिथ नगर में एक नागरी प्रचारिणी सभा थी। उसने 1916 में अपने यहाँ साहित्य-सम्मेलन करने का निश्चय किया। जनवरी, 1917 की 'सरस्वती' में द्विवेदी जी ने 'अफ्रीका में हिन्दी साहित्य-सम्मेलन' टिप्पणी लिखकर विदेश में हिन्दी-सम्बन्धी इस सारी कार्यवाही की सूचना देते हुए उसका स्वागत किया : "सो समुद्र-पार अफ्रीका के ट्रांसवाल और नटाल प्रान्तों में हिन्दी की चर्चा होने लगी और उसके साहित्य की उन्नति के उपाय सोचे जाने लगे। हिन्दी के लिए यह सौभाग्य की बात है।" इसी क्रम में ब्रिटिश गायना की नागरी प्रचारिणी सभा का उल्लेख भी करना उचित है। इसके मंत्री रामनारायण शर्मा नाम के लेखक थे। इनके अनेक लेख द्विवेदी जी ने 'सरस्वती' में छापे थे। वहं अपने समय के अत्यन्त प्रगतिशील विचारक और विकासवाद के समर्थक विद्वान् थे। उन्होंने द्विवेदी जी को सूचित किया था कि ब्रिटिश गायना में डेढ़ लाख से अधिक भारतवासी हैं और उनमें 90 फीसदी ऐसे हैं जो केवल हिन्दी जानते हैं। उन्होंने 300 रुपये की पुस्तकें अपनी तरफ से सभा को देने का संकल्प किया था। और पुस्तकों-पत्रिकाओं आदि के लिए उन्होंने अपनी मातृभूमि के विद्वानों से प्रार्थना की। द्विवेदी जी ने उनकी प्रार्थना का अनुमोदन करते हुए 'ब्रिटिश गायना में नागरी प्रचारिणी सभा' शीर्षक टिप्पणी नवम्बर, 1913 की 'सरस्वती' में प्रकाशित की। रामनारायण शर्मा को समाजशास्त्र से भी दिलचस्पी थी और उन्होंने ब्रिटिश गायना के जंगलों में वहाँ के आदिवासियों से सम्पर्क स्थापित किया था। इसका उल्लेख हम आगे करेंगे।

जैसे भारत में अंग्रेजी के विरुद्ध देशी भाषाओं के अधिकारों के लिए संघर्ष साम्राज्य-विरोधी संग्राम का अभिन्न अंग था, वैसे ही ब्रिटिश गायना, दक्षिण अफीका आदि प्रदेशों में इन मजदूरों ने अपनी हिन्दी भाषा की रक्षा करके उस आत्मसम्मान और साम्राज्य-विरोध का परिचय दिया जो भारत के उच्चवर्गीय बुद्धिजीवियों में कम ही दिखाई देता है। अंग्रेजों ने अपने उपनिवेश दूसरों को गुलाम बनाकर स्थापित किये थे और इस तरह उन्होंने अंग्रेजी को विश्वभाषा बनाया था। हिन्दी का अन्तरराष्ट्रीय प्रसार हिन्दी प्रदेश के मजदूरों ने किया। इन प्रवासी भारतवासियों से स्वाधीन भारत का घनिष्ठ सम्बन्ध होना ही चाहिए और इसका आधार भी साम्राज्य-विरोधी अन्तरराष्ट्रीयता होगी।

ब्रिटिश गायना में भिन्न मारीशस फ्रांसीसियों का उपनिवेश था। वहाँ भी भारतवासियों की दशा गुलामों जैसी थी। फ्रांस की राज्यक्रान्ति में जिन महान् सिद्धान्तों की घोषणा की गई थी, उनका कोई प्रभाव फ्रांस के उपनिवेशवादियों पर नहीं पड़ा। मारीशस से मन्नीलाल नाम के बैरिस्टर ने एक पत्र भारतीय स्त्री मंडल

के पास भेजा था। उसके आधार पर जनवरी, 1911 की 'मर्यादा' में एक टिप्पणी प्रकाशित हुई थी : "हिन्दुस्तानी स्त्रियों की मारीशस के टापू में शोचनीय दशा'। 19वीं सदी के पूर्वार्द्ध में हिन्दुस्तानी लोग इस उपनिवेश में काम करने के लिए ठेके पर भेजे जाते थे। यह ठेके की प्रथा "सभ्यता के रूप में गुलामी है क्योंकि जिस प्रकार हिन्दुस्तानियों को मारीशस में रहना और काम करना पड़ता है, उसमें स्वतंत्रता की झलक भी नहीं है।" पहले स्त्रियाँ न जाती थीं या कम जाती थीं; बाद को मारीशस की सरकार ने स्त्रियों को बुलाने की आवश्यकता महसूस की। इस आवश्यकता को पूरा करने का तरीका यह था : "हिन्दुस्तानी दलाल गरीब अबलाओं को जिनमें उच्च जाति वाली भी होती हैं, कलकत्ते फुसलाकर ले जाते हैं और कदाचित् यह कहना असम्भव नहीं है कि इस कार्य में इमीग्रेशन एजेंट (Immigration Agent) की भी, जिसके ही ऊपर मनुष्यों को बाहर भेजने का भार रहता है, साजिश होती है। कलकत्ते से यह सब पुरुष और स्त्रियाँ फुसलाकर और लोभ देकर मारीशस भेजे जाते हैं। पुत्रियाँ इस प्रकार अपनी माताओं से, बहनें अपने भाइयों से और स्त्रियाँ अपने पति से अलग कर दी जाती हैं और अपनी संख्या से तिगुने पुरुषों के साथ मारीशस भेजी जाती हैं।" तिगुने पुरुष इसलिए कि मारीशस की सरकार ने कानून बनाया था कि भारत से 100 पुरुषों के साथ 35 स्त्रियाँ भेजी जाएँ। स्वभावत: इन स्त्रियों की दुर्दशा का ठिकाना नहीं था। मन्नीलाल के पत्र में बताया गया था : "इन स्त्रियों की दशा इस प्रकार रखी जाती है जिसे देखकर नीच से नीच, कठोर से कठोर पुरुष भी लज्जित हो और कदाचित् पशुओं के जनाने वाले व्यापारी भी इस प्रकार से अपने पशुओं की दुर्दशा न करते होंगे...मैं स्वयं ऐसे मामलों को जानता हूँ जिनमें दो-2, तीन-3 पुरुषों के साझे में एक ही स्त्री रही हो।...जिस अपमान के साथ हिन्दुस्तानी पुरुष और स्त्रियाँ 1834 से मारीशस में लाई जाती हैं, उसका पूरी तरह से वर्णन करना मेरे लिए असम्भव है।" वहाँ की स्त्रियाँ दो वर्गों में विभाजित थीं। पहला वर्ग कुली-स्त्रियों का था : "मारीशस में पहुँचने पर यदि वे अपने हिन्दुस्तानी पति को छोड़ने पर तथा फरासीसियों को अपना पति बनाने पर जो कि चीनी के कारखानों में नौकर रहते हैं, और जिनकी मातहती में उन्हें हर मिनट रहना पड़ता है, नहीं राजी होतीं तो वे इन स्त्रियों पर अत्याचार करते हैं।" दूसरा वर्ग स्वतंत्र स्त्रियों का था। जिन स्त्रियों का विवाह वहाँ के सरकारी अफसर के सामने हो, उन्हीं का विवाह नियमानुकूल माना जाता था। पंडितों और मौलवियों के कराये हुए ब्याह नाजाएज मान लिये जाते थे। इस कारण बहुत-से मुसलमानों और हिन्दुओं की स्त्रियाँ सरकारी कागज-पत्रों में उढ़री लिखी गईं जब कि थीं वे ब्याहता। यही नहीं, "बहुत जगह तो ऐसा होता है कि बेचारी स्त्रियाँ उन मर्दों से जिन्हें कि हमेशा से वे अपना पति समझती आती हैं (क्योंकि उनका विवाह हिन्दू और मुसलमान रीति से उनके साथ हुआ है), जबरदस्ती घर से निकाल दी जाती हैं।"

भारतीय नागरिकों की इस दुर्दशा के लिए अकेले फ्रांसीसी जिम्मेदार नहीं थे। इस व्यापार में अंग्रेज उनके साझेदार थे। अंग्रेजों ने रायल कमीशन बिठाया और कमीशन ने सिफारिश की कि फ्रांसीसी कानून वहाँ के हिन्दुओं और मुसलमानों पर न लागू किया जाए। किन्तु मन्नीलाल को भय था कि मारीशस की कौंसिल में फ्रांसीसी लोग इसका विरोध करेंगे, इसलिए उन्होंने अपने देशवासियों से अपील की कि "भारत सरकार से कालोनीज के सेक्रेटरी आफ स्टेट्स के ऊपर इस बात का जोर दिलावें कि वे फरासीसियों के विरोध का ख्याल न कर कानून में सुधार कर डालें जिसकी कि गत वर्ष के रायल कमीशन ने सिफारिश की है।"

इस तरह भारत से बाहर बस जानेवाले भारतवासियों के अधिकारों की लड़ाई भारत के भीतर चलनेवाले स्वाधीनता-संग्राम के साथ आगे बढ़ी। भारतवासियों के साथ गुलामों और पशुओं से भी बुरा व्यवहार किया गया। साम्राज्यवाद के इस घृणित रूप से हिन्दी जनता को परिचित कराने में हिन्दी पत्रकारों की भूमिका महत्त्वपूर्ण थी। फिर भी ये कुली और मजदूर उन आदिवासी जातियों की तुलना में भाग्यशाली थे जिनका अस्तित्व ही गोरे व्यापारियों ने खत्म कर दिया। इस तरह का जन-संहार, पुरानी सभ्यताओं का ध्वंस और लाखों नर-नारियों का विनाश सबसे अधिक दोनों अमरीकी महाद्वीपों में हुआ। नर-संहार के लिए हिटलर की बड़ी आलोचना की जाती है। यह आलोचना उचित है किन्तु इस आलोचना के अधिक सुनाई देने का एक कारण यह है कि हिटलर ने यूरोप के गोरे आदमियों का संहार किया था, और दूसरा कारण यह है कि उसने यहूदियों का संहार क्रिया था जिनके भाई-बंद रूस के अलावा ब्रिटेन और अमरीका में हैं। पर हिटलर उन्हीं लुटेरों और हत्यारों के चरण-चिह्नों पर चल रहा था जिन्होंने अमरीकी महाद्वीपों में भयानक नर-संहार करके विशाल प्रदेशों को जनशून्य बनाकर वहाँ अपने उपनिवेश स्थापित किये थे। देश-विदेश में भारतवासियों के अधिकारों के लिए लड़नेवाले हिन्दी लेखक इन अमरीकी आदिवासियों को भूले नहीं।

महावीरप्रसाद द्विवेदी ने शिवप्रसाद गुप्त की पुस्तक 'पृथ्वी प्रदक्षिणा' की जो आलोचना लिखी, उसमें उन्होंने पुस्तक के वे अंश भी उद्धृत किए, जो अमरीकी आदिवासियों से सम्बन्धित थे। अपनी हिंसा और बर्बरता को यूरोप के गोरे ईसाई, धर्म के नाम पर, जाएज ठहराते थे। इस धार्मिक कट्टरता से शिवप्रसाद गुप्त को वैसे ही घृणा थी, जैसे महावीरप्रसाद द्विवेदी को। गुप्त जी ने अपनी पुस्तक में लिखा था : "नियागरा नाम इरोकोइस भाषा से लिया गया है। यह भाषा इसी नाम की पुरानी जाति की थी जिसे पुराने समय में यूरोप-निवासी लुटेरों ने नष्टप्राय कर डाला। बाइबिल की सभ्यता अजीब सभ्यता है। इसको मानने वाली यूरोप की सफेद जातियाँ यदि मौका पावें तो स्वयं महात्मा ईसा मसीह को भी सूली पर चढ़ा उनके लत्ते-पत्ते नोंच-खसोट लें। मेरा यह विश्वास होता जाता है कि योरोप वालों की

ईसाइयत केवल भेड़ियों के लिए बकरी की खाल का ही काम देती है। यह लोग अपने को ईसाई पुकार कर पवित्र ईसा मसीह के नाम को कलंकित करते हैं।"

जिस देश में इरोकोइस जाति का नाश किया गया था, उसमें अब वह अंग्रेजी-भाषी जाति रहती थी जिसने अफ्रीकी हब्शियों को गुलाम बनाया था। दास-प्रथा का अन्त कर दिया गया था, पर शिवप्रसाद गुप्त ने लिखा : "इस देश में यद्यपि नाममात्र के लिए दासत्व का अन्त हो गया है किन्तु रंगीन हब्शी जाति के साथ यहाँ बड़ा अन्याय होता है।" उन्होंने काले आदमियों को पेड़ से बाँधकर जला देने की घटनाओं का जिक्र किया, आश्चर्य प्रकट किया कि अमरीकी पादरी भारतवासियों को सभ्यता का पाठ पढ़ाने का दम भरते हैं। नस्लवाद, धार्मिक कट्टरता, गुलामों का व्यापार, बड़े पैमाने पर नर-संहार, इन विशेषताओं के साथ विश्व साम्राज्यवादी व्यवस्था कायम हुई। पहले इस व्यवस्था का केन्द्र अंग्रेजी-भाषी ब्रिटेन था, अब उसका केन्द्र अंग्रेजी-भाषी अमरीका है। साम्राज्यवाद की सारी विरासत की रक्षा करनेवाले अमरीका के बारे में शिवप्रसाद गुप्त ने लिखा था : "अमरीका को सभ्य समझना नितान्त भूल है। यह देश बिलकुल जंगली पशुओं से भरा है। किन्तु पुंश्चली दुष्टा लक्ष्मी की इन नरदेहधारी पशुओं पर कृपा है। बस, इसी के भरोसे ये कूदते हैं।" ('पृथिवी प्रदक्षिणा' की आलोचना द्विवेदी जी ने 1924 में लिखी थी। वह उनके निबन्ध-संग्रह 'समालोचना समुच्चय' में संकलित है।)

जिस समय पूँजीवाद अभ्युदयशील था, उस समय उसने गुलामों का व्यापार किया और विशाल प्रदेशों में नर-संहार करके अपने उपनिवेश बसाये। जो समय उसके पतन का है, उसमें उसने पूँजी के असीम केन्द्रीकरण के साथ सारे संसार का अनेक बार नाश करने भर को एटमी हथियारों का जखीरा लगाया है। जिस समय शिवप्रसाद गुप्त को अमरीका में जंगली जानवर ही ज्यादा दिखाई दिये, उस समय पतन की इस मंजिल की शुरुआत थी। निस्सन्देह अंग्रेजों की एक प्रगतिशील संस्कृति थी पूँजीवाद के अभ्युदय काल में, और अमरीकियों की एक प्रगतिशील संस्कृति है पूँजीवाद के पतनकाल में। किन्तु यह संस्कृति पूरी तरह तभी विकसित हो सकती है जब वह पूँजीवादी बन्धनों से मुक्त हो जाए, तभी वह अमरीका के गोरे और काले आदमियों और वहाँ के आदिवासियों के अवशेषों के उपयोग में पूरी तरह आएगी और विश्वमानव-संस्कृति का अंग बनेगी। जब तक ऐसा नहीं होता, तब तक समानता और स्वाधीनता की घोषणाएँ लोगों को बहलाने भर के लिए हैं। इस बात का अनुभव प्रथम महायुद्ध के समय ही भारतवासियों को हो गया था।

जुलाई, 1914 की 'सरस्वती' में 'अमरीका से भारतवासियों को निकालने की तजवीज' शीर्षक टिप्पणी छपी थी। इस टिप्पणी में द्विवेदी जी ने भारत की प्राचीन विद्या, कला-कौशल और शिल्प का स्मरण करते हुए, एशिया में बौद्ध धर्म के प्रसार की चर्चा करते हुए, दक्षिण अफ्रीका में भारतीय कुलियों के कष्टों का

उल्लेख किया। भारत के पराधीन होने के कारण कनाडा आदि देशों में भी उनका अनादर होता है। इसके बाद सीधे संयुक्त राज्य अमरीका के बारे में उन्होंने लिखा : "यहाँ तक कि प्रजातंत्र-राज्य प्रणाली से शासित अमरीका के संयुक्त राज्यों ने भी हमारे देशभाइयों को वहाँ से निकाल बाहर करने की ठान ली है। भारत में सभी देश—सभी जाति—के लोग आ सकते हैं, रह सकते हैं, बनिज-बैपार कर सकते हैं; पर भारतीयों को कोई अपने देश में नहीं आने देना चाहता।" अमरीका में उस समय एक कानून बनाने पर विचार हो रहा था। भारत से जो लोग वहाँ शिक्षा पाने और मजदूरी करने के लिए जाते थे, उन्हीं पर रोक लगाने के लिए यह कानून बन रहा था। कानून बन जाने पर भारतवासियों को 'कठोर शर्तों की पाबन्दी करनी पड़ेगी'। इस भेदभाव की नीति के लिए भारत की अंग्रेज हुकूमत वैंसे ही जिम्मेदार थी, जैसे वह मारीशस में भारतीय मजदूरों पर अत्याचार के लिए जिम्मेदार थी। द्विवेदी जी ने ब्रिटिश सरकार के बारे में लिखा : "जिस गवर्नमेंट की हम प्रजा हैं, उसमें ये सब बातें छिपी नहीं। वह सब देखती है और सब सुनती भी है। पर करती वह उतना ही है जितना करना, अनेक दृष्टि से, उसे नीति-युक्त जान पड़ता है।" इस स्थिति में भारतवासियों को अपनी मुक्ति का मार्ग आप ही ढूँढ़ निकालना होगा। पर इसकी सम्भावना कम ही दिखाई देती है। टिप्पणी के अन्त में द्विवेदी जी कहते हैं : "यहाँ, इस देश में इसकी सम्भावना कम है; हाँ, अमरीका में, इस समय, यदि कोई गांधी पैदा हो जाता तो थोड़ी-बहुत बात बन जाती।"

अमरीका में मार्टिन लूथर किंग नाम के नीग्रो नेता ने गांधीवादी ढंग से आन्दोलन चलाया। भारत में गांधी की तरह अमरीका में मार्टिन लूथर किंग की हत्या कर दी गई। परम्परा पुरानी थी। दास-प्रथा के विरुद्ध लड़नेवाले लिंकन भी उसी तरह मारे गए थे।

मुक्ति की कोई सम्भावना दिखाई न दे रही थी। गोरे साम्राज्यवादी एशियावासियों को निम्न श्रेणी के मनुष्य कहकर उनसे घृणा करते थे। कहते थे : जहाँ हमारा राज्य नहीं, वहाँ आधुनिक सभ्यता का विकास भी नहीं हुआ। इस स्थिति में अंग्रेजों का गुलाम बने बिना एशिया के एक देश जापान ने औद्योगिक विकास में यूरोप से होड़ की और 20वीं सदी के आरम्भ में जारशाही रूस को युद्ध में परास्त किया। जापान के इस विकास का बहुत ही गहरा असर भारतीय नवजागरण पर पड़ा।

4. एशिया में नवजागरण

मार्च, 1901 की 'सरस्वती' में सिद्धेश्वर शर्मा का 'जापानी साहित्य' शीर्षक लेख प्रकाशित हुआ। इसमें साहित्य के बारे में जो कुछ कहा गया है, वह अंग्रेजी के एक प्रबन्ध पर आधारित है पर साहित्य के बहाने लेखक आधुनिक जापान के प्रति भारतवासियों का दृष्टिकोण प्रस्तुत करता है। जापान और भारत का सम्बन्ध पुराना है। जापान अंग्रेजों की सहायता के बिना प्रगति कर रहा है, तब भारत इसी तरह

प्रगति क्यों नहीं कर सकता? सिद्धेश्वर शर्मा ने लिखा : "यदि आज दिन उन्नतिशील एशिया के सभ्यखंडों की आलोचना करते हैं तो जापान ही को सबसे ऊँचे उन्नति के शिखर पर पहुँचा हुआ पाते हैं क्योंकि शिल्प, वाणिज्य, विज्ञान और युद्ध-विद्याओं में इसकी बराबरी आज दिन कोई भी एशियाखंड-निवासी नहीं कर सकता। कुछ दिन पहले जिस जापान को लोग असभ्य कहकर तुच्छ समझते थे, आज दिन वही सभ्यता के शिखर पर पहुँचकर भूमंडल की उन्नतिशील जातियों के लिए आदर्श बन रहा है। इतिहास के देखने से जाना जाता है कि अभी तक जापानियों के समान संसार की कोई भी जाति इतनी शीघ्र उन्नति की चोटी पर पहुँचने में समर्थ नहीं हो सकी है, यहाँ तक कि पृथ्वी की समस्त सभ्य जातियाँ जापान के इस सम्भावित अभ्युदय को देखकर विस्मयापन्न हो रही हैं। एक दिन वह था कि जापानी लोग बुद्धदेव की जन्मभूमि भारतवर्ष को तीर्थ समझकर यहाँ आते थे और एक समय यह है कि भारतीय युवक विज्ञान सीखने के लिए जापान जाते हैं। इस स्थिति में भारत के नवयुवकों को जो कुछ सीखना चाहिए, वह स्पष्ट ही है।

अगस्त, 1905 की 'सरस्वती' में 'जापान की जीत' का कारण लेख छपा। लेख के साथ लेखक का नाम नहीं है। भारत की तत्कालीन स्थिति को ध्यान में रखते हुए, जापान से जो कुछ सीखना चाहिए, उसे ध्यान में रखते हुए, रूस-जापान-युद्ध में जापान की जीत के कारण बताये गए हैं। विदेशियों के प्रभुत्व से बचने के लिए जापान ने तै किया कि जिन बातों में ये विदेशी उससे बढ़े हुए हैं, उन्हें सीखना चाहिए। "यह निश्चय करके जापान ने जातिभेद को उठा दिया। सामाजिक दृष्टि से किसान और प्रधानमंत्री एक हो गए। सब जापानी एक सामाजिक सूत्र में बँध गए। परस्पर शादी-विवाह होने लगे।" इसका अर्थ यह हुआ कि जब तक भारतीय जनता अपनी पुरानी ऊँच-नीच का भेद करनेवाली जाति-बिरादरी की व्यवस्था नहीं बदलती, तब तक वह यूरोप का मुकाबला नहीं कर सकती। किन्तु जाति-बिरादरी प्रथा के साथ जमींदारी और ताल्लुकेदारी का खात्मा भी होना चाहिए। जापान में "छोटे-छोटे तअल्लुकेदारों ने अपनी-अपनी तअल्लुकेदारी को राजा के सुपुर्द करके राजा की शक्ति बढ़ा दी।" मतलब यह कि आधुनिक राष्ट्र बनने के लिए सामन्ती अवशेष खत्म करना जरूरी है।

जापान की सभ्यता काफी पुरानी है। पुराने जमाने में उसने चीन, कोरिया और हिन्दुस्तान से बहुत-कुछ सीखा, पर उसने जो कुछ सीखा, उसे अपने अनुकूल बना लिया। जापान के लोगों में भी पहले कूप-मंडूकता थी और वे आधुनिक विज्ञान के विरोधी थे। "पहले वे समझते थे कि जो कुछ जापानी है, वह सभी श्रेष्ठ है, और जो कुछ विदेशी है, वह सभी बुरा है। इस अविचार को उन्होंने दूर कर दिया। उनको इस बात पर दृढ़ विश्वास हो गया कि पुरानी सभ्यता का अब समय नहीं रहा।" आशय यह कि कूप-मंडूकता का यही परिणाम होता कि जापान आधुनिक

राष्ट्र न बनकर विदेशी प्रभुओं का दास बन जाता। जापान ने अपने देश में नवीन शिक्षा का प्रसार किया। विज्ञान की शिक्षा पाने के लिए अपने आदमी विदेश भेजे और देश का उद्योगीकरण शुरू किया। रेल, तार, डाक, कल-कारखानों का चलन अंग्रेजों के बिना भी हो सकता है, जापान ने यह दिखा दिया।

जापान की इस नई प्रगति के बारे में लेखक ने बताया : "हर वर्ष हजारों विद्यार्थी विदेश में विद्योपार्जन के लिए जाने लगे। 6 वर्ष की उम्र होने पर लड़के-लड़कियों के मदरसे जाने का कानून बन गया। विदेश से जैसे-जैसे जापानी युवक विद्योपार्जन करके लौटने लगे, तैसे ही तैसे जापान में विदेशी रीति की सभ्यता का प्रचार आरम्भ हुआ। जापानी लोग रेल, तार, डाक, कल, कारखाने, स्कूल, कालेज, वाणिज्य आदि सब बातों के पीछे पड़ गए और यथाशक्ति उनमें उन्नति भी करने लगे। जहाज चलाना और बनाना भी उन्होंने सीखा। पश्चिमी रीति के अनुसार सेना भी उन्होंने अपनी दुरुस्त कर ली। जब तक सब बातें सिखलाने के लिए योग्य जापानी नहीं मिले तब तक विदेशियों से काम लिया गया। पर जब विद्वान् जापानियों की संख्या बढ़ गई तब विदेशी दूर कर दिये गए।"

यह सब एशिया के एक छोटे-से द्वीप-समूह में हो सकता था तो वह भारत जैसे विशाल देश में भी हो सकता था। जापान ने दिखा दिया कि एशिया के देशों को यूरोप से सीखना ही नहीं है वरन् आधुनिक प्रगति में उसकी बराबरी करना है। इसका मतलब यूरोप की नकल करना नहीं है, अपनी जातीय विशेषताएँ कायम रखते हुए आधुनिक राष्ट्र बनना है। एक तरह से जापान ने पश्चिमी सभ्यता का राष्ट्रीयकरण किया। लेख में आगे कहा गया है : "जापान ने प्रतिज्ञा कर ली कि विदेशियों में जो जाति सबसे अच्छी दशा में है, उसकी बराबरी किये बिना हम न रहेंगे। इस प्रतिज्ञा को उसने तीस-चालीस वर्ष में पूरी कर दिखाया। पर विदेशियों की नकल करने में जापान ने अपना जापानीपन नहीं छोड़ा। जो बातें उसे औरों में अनुकरणीय जान पड़ीं, उनका अनुकरण उसने जापानी ढंग से किया। अपनी जातीयता—अपना स्वदेश-प्रेम—उसने नहीं जाने दिया। पश्चिमी सभ्यता को उसने जापानी साँचे में ढाला। जापान की अनुकरणशीलता में यही विशेषता है। इसी के कारण जापान फिर भी जापान बना हुआ है।" पश्चिम के विज्ञान और औद्योगिक कौशल को आत्मसात् किया जा सकता है। राष्ट्रीयता की रक्षा ही नहीं की जा सकती, वरन् उसे और शक्तिशाली बनाया जा सकता है। इसी शक्ति के सहारे एशिया के देश यूरोप के देशों को परास्त कर सकते हैं। लेखक के अनुसार, जापान की जीत के अनेक कारण हैं, पर "इस जीत का प्रधान कारण जापान की विज्ञान-वृद्धि है। यदि जापान में अनेक प्रकार की विज्ञान-शिक्षा की उन्नति न होती तो कदापि जापान आज रूस-विजयी न कहलाता। यह राय बड़े-बड़े लब्धप्रतिष्ठ, नीतिनिपुण और प्रसिद्ध मनुष्यों की है।"

यह सही राय क्रमशः क्षीण होती गई। इसके बदले यहाँ एक दूसरी धारणा व्यापक रूप से फैलाई गई कि भारत का महत्त्व उसके अध्यात्मवाद के कारण है, विज्ञान लोगों को भौतिक उन्नति करना ही सिखाता है, इसलिए भारत को पश्चिम से कुछ नहीं सीखना। इन रहस्यवादी और पुनरुत्थानवादी धारणाओं का प्रबल विरोध 'सरस्वती' के लेखकों ने किया किन्तु राष्ट्रीय स्तर पर वे अकेले पड़ गए। शासक वर्ग का स्वार्थ इसी में था कि हिन्दुस्तान विज्ञान और कौशल में उन्नति न करे जिससे कि उस पर उनका प्रभुत्व बना रहे।

वैज्ञानिक शिक्षा के अभाव में जापान की स्थिति क्या होती, इसकी कल्पना करते हुए लेखक ने उसी निबन्ध में आगे लिखा है : "जापान ने विज्ञान को अपने देश में सबसे अधिक प्रधानता दी है। शान्ति के समय में भी और अशान्ति के समय में भी उसने वैज्ञानिक शिक्षा को अपनी उन्नति का आधार माना है। जितने कला-कौशल हैं, जितने अध्यवसाय हैं, जितने कल-कारखाने हैं, जापान में, सब कहीं, विज्ञान, विज्ञान, विज्ञान देख पड़ता है। जापान का प्रायः कोई भी काम, कोई भी शिक्षा-विभाग, कोई भी व्यवसाय, विज्ञान से खाली नहीं।"

विज्ञान के दो पक्ष हैं : एक पक्ष वह, जिसका सम्बन्ध उद्योग-धन्धों के कौशल से है और युद्ध के लिए नये हथियारों के निर्माण से है। यह सब विज्ञान के आविष्कारों को व्यवहार-क्षेत्र में लागू करने का परिणाम है। इस सबको विज्ञान की छाया कह सकते हैं, वह स्वयं विज्ञान का प्रकाश नहीं है। विज्ञान का दूसरा पक्ष और सबसे महत्त्वपूर्ण पक्ष प्रकृति और मानव से सम्बन्धित ज्ञान का है। खगोलशास्त्र, प्राणिशास्त्र, भूगर्भशास्त्र आदि के विकास से प्रकृति और मनुष्य के बारे में हमारा बहुत-सा अज्ञान दूर हुआ है। वास्तविक विज्ञान यही है। इसी विज्ञान को लोकप्रिय बनाने के लिए 'सरस्वती' में अनेक लेख प्रकाशित हुए। इसी वैज्ञानिक दृष्टि के सहारे 'सरस्वती' के लेखक पुराने अन्धविश्वासों का खंडन कर रहे थे। जो लोग विज्ञान के विरोध में रहस्यवाद की प्रतिष्ठा कर रहे थे, वे एक प्रकार से नये ज्ञान के प्रसार में रुकावटें डाल रहे थे। विज्ञान के आधार पर जिस कौशल का विकास हुआ है, उसका उपयोग मनुष्य के हित में और उसके अहित में, दोनों तरह से हो सकता है। अन्य बातें छोड़ दें, जिन आधुनिक हथियारों की मदद से मुट्ठीभर यूरोप के व्यापारियों ने बड़े-बड़े महाद्वीपों पर अधिकार कर लिया, उन्हीं हथियारों से इन महाद्वीपों के पराधीन देश अपनी स्वाधीनता फिर प्राप्त कर सकते हैं और उसकी रक्षा कर सकते हैं। इस तरह विज्ञान की शिक्षा राष्ट्रीय स्वाधीनता के प्रश्न से जुड़ी हुई है। अध्यात्मवाद को विज्ञान के ऊपर प्रतिष्ठित करनेवाले, भौतिकवाद का विरोध करनेवाले लोग अपनी विचारधारा से राष्ट्रीय प्रगति में बाधा डाल रहे थे। 'सरस्वती' के लेखकों ने विज्ञान का पक्ष लेकर देश की बहुत बड़ी सेवा की।

आधुनिक युग में केवल देशभक्ति और वीरता काफी नहीं है। राष्ट्र की शक्ति के ये मूलाधार हैं पर जब इनका संयोग विज्ञान से होता है, तभी राष्ट्र अजेय होता है। इसीलिए जापान की विजय का विश्लेषण करते हुए निबन्ध-लेखक ने कहा : "जापान के समरवीर समुराई बड़े ही बहादुर और रणकुशल हैं। परन्तु यदि जापान विज्ञान का आश्रय न लेता तो पश्चिम की प्रबल पराक्रमी फौज के सामने समुराइयों की समर-कुशलता कुछ काम न देती। यदि जापान में विज्ञान का प्रवेश न होता तो वह विदेशियों के द्वारा अब तक पददलित हो गया होता; उसका बाल सूर्य्यधारी झंडा गिर गया होता; उसकी जातीयता का सर्वनाश हो गया होता, पराक्रमी समुराइयों के खून की नदियाँ बहकर शान्तसागर में शान्त हो गई होतीं और अपने पुराने बेढंगे शस्त्रों को लेकर अर्वाचीन शस्त्रधारी विदेशियों के सामने जापान के देशभक्त जापानी एक-एक करके कट गए होते। परन्तु विज्ञान ने जापान को इस भयंकर विनाश से बचा लिया।"

जापान के वीरतापूर्वक लड़ने और फिर भी पराजित होने की कल्पना निराधार नहीं है। अमरीका की अनेक आदिवासी जातियाँ बड़ी वीरता से लड़ीं, उनकी सभ्यता कुछ बातों में—जैसे सड़कें बनाने में—उनके विजेताओं की सभ्यता से अधिक विकसित थी। फिर भी बारूद का इस्तेमाल करनेवाले यूरोप के दस्युओं ने उनका नाश कर दिया। यह स्थिति जापान की भी हो सकती थी। द्विवेदी-युग के लेखक इस बात पर ध्यान दे रहे थे कि यूरोप वालों ने किसे हराया, किसका नाश किया, कौन बच रहा, किसने उन्हें हराया और इन सारे ऐतिहासिक क्रम से हमें क्या सीखना चाहिए। जिसने यूरोप वालों को हराया, वह जापान था। जो लड़ा, हार गया पर जिसका नाश नहीं हुआ, वह भारत था। जो लड़े, हार गए और जिनका नाश हो गया, वे सुसभ्य अमरीकी आदिवासी थे।

भारत में लाखों आदमी भुखमरी से मर रहे थे और अंग्रेज यहाँ के व्यापार और उद्योग-धन्धों का नाश करके देश को पूरी तरह खेतिहर बनाकर यहाँ के किसानों का शोषण कर रहे थे। इस अंग्रेजी राज के समर्थन में रेल-तार के चलन का बार-बार उल्लेख किया जाता था और कहा जाता था कि अंग्रेज न आते तो इनके बिना भारत अंधकार में पड़ा रहता। अंग्रेजों ने इनका चलन भारत से कच्चे माल के निर्यात के लिए और अपनी हुकूमत को मजबूत बनाने के लिए किया। हिन्दी लेखकों का तर्क यह था कि जापान में इन सबका चलन हुआ, पर इसके लिए वहाँ अंग्रेजों का या और किसी विदेशी जाति का शासन कायम करना जरूरी नहीं हुआ। इस आधुनिक प्रगति के लिए स्वयं जापानियों ने वैज्ञानिक शिक्षा की व्यवस्था की। एशिया के एक देश में यह प्रगति देखकर उस निबन्ध में लेखक ने आगे कहा है : "जापान की गवर्नमेंट का ध्यान वैज्ञानिक शिक्षा की तरफ सबसे अधिक है। यदि रेल, तार, टेलिफोन, जहाज और हथियार मँगाने के कारखाने, खानें, फौजी यञ्जिनियरी स्कूल

जापान में न होते, तो जैसी फौज इस समय जापान के पास है, वैसी कदापि न होती। और यदि होती भी तो निर्बल होती। रूस-जापान की लड़ाई ने इस बात को अच्छी तरह साबित कर दिया है कि जातीय उन्नति के लिए जितने बड़े-बड़े सार्वजनिक काम किये जांय (जाएँ), विज्ञान का बीज उनमें जरूर होना चाहिए। यदि जापान रेल न बनाता तो थल की राह से वह फौज और फौजी सामान जल्द न भेज सकता। यदि वह सब तरह के जहाज न रखता तो समुद्र पार करके कोरिया और मंचूरिया में वह अपनी फौज न ला सकता। तार और टेलिफोन के बिना यथेष्ट शीघ्रता के साथ खबरें न भेजी जा सकतीं। हथियार और जहाज बनाने के यदि कारखाने न होते तो वह एक दिन भी रूस का मुकाबला न कर सकता। बे-तार की तारबरकी और गुब्बारों तक से जापान ने यथेष्ट काम लिया है। युद्धविद्या, यंत्रविद्या, रसायन-शास्त्र, वैद्यकशास्त्र, गैस, बिजली इत्यादि से सम्बन्ध रखनेवाली एक भी बात ऐसी नहीं जिसमें जापान योरोप और अमरीका से किसी तरह कम हो।"

यदि जापान यह सब कर सकता है तो भारत भी कर सकता है। यह बात 1905 के भारत के लिए ही नहीं, 1976 के भारत के लिए भी कही जा सकती है। जापान को करोड़ों डालर, पाउंड या रूबल उधार देनेवाले लोग कहाँ थे? उसके यहाँ फौलाद के कारखाने लगाने बाहर से कौन आया था? जापान ने राजकीय पूँजीवाद के जरिये अपने पूँजीपतियों को बाध्य किया कि वे भारी उद्योग-धन्धों में अपनी पूँजी लगाएँ। यहाँ यह बात भी स्मरण करने योग्य है कि इस जापान से पराजित होनेवाले रूस ने, साम्यवादी शासन कायम होने के बाद, दो दशकों में इतनी प्रगति कर ली कि उसने सारे यूरोप के उद्योग-धन्धों को युद्ध के लिए इस्तेमाल करनेवाले हिटलर-जर्मनी को, उसके तमाम सहायकों समेत, पराजित किया और अब वह अमरीका के साथ संसार के दो सबसे बड़े शक्तिशाली राष्ट्रों में गिना जाता है। पूँजीवाद राष्ट्रीय प्रगति में सहायक होता है पर जितनी तेजी से साम्यवादी पद्धति के अन्तर्गत कोई देश प्रगति करता है, उतनी तेजी से पूँजीवाद के अन्तर्गत नहीं करता।

उस निबन्ध में आगे बताया गया है कि जापान अब अपने जहाज खुद बनाता है। उसके जहाजी बेड़े की तारीफ इंग्लैंड भी करता है। जापान ने पश्चिम से युद्ध-विद्या सीखी : "परन्तु उसने उसमें अब इतनी अधिक उन्नति कर ली है कि इंग्लैंड ने हर साल कई अफ़सर जापान भेजना निश्चित किया है। वे वहाँ जापानी युद्ध-कौशल की शिक्षा प्राप्त करेंगे। गुरु गुड़ ही रहा, चेला खाँड़ हो गया!" जगद्गुरु होने का यह भी एक तरीका है। जापान ने ऐसे जहाज बनाए है कि उन्हें देखकर "संसार भर के जलयुद्ध-विद्या-विशारद चकित हो जाते हैं।"

देशभक्ति, विज्ञान, स्वाधीनता—ये सब बातें भारत यूरोप से ही नहीं, एशिया के देश जापान से भी सीख सकता है। एशिया के देश एशियाई होने के कारण यूरोप वालों के गुलाम बनेंगे ही। यूरोप वाले हमेशा श्रेष्ठ हैं, एशिया के लोग उनके

सामने हमेशा पिछड़े हुए हैं, पहले भी रहे हैं, आगे भी रहेंगे—इस निरन्तर प्रचारित साम्राज्यवादी धारणा का खंडन करते हुए निबन्धकार ने लिखा : "जापानियों के बराबर देशभक्त और कोई पृथ्वी की पीठ पर नहीं है। देशभक्ति से प्रेरित होकर विद्या और विज्ञान के बल पर वे असम्भव को सम्भव कर दिखाते हैं। जापान भी एशिया में है। हिन्दुस्तान भी एशिया में है। अधिकांश जापानी बौद्ध हैं और बौद्ध मत के प्रवर्त्तक की जन्मभूमि हिन्दुस्तान ही है। प्राय: हिन्दुस्तानियों की तरह जापानी भी ठिंगने होते हैं। जापानियों और हिन्दुस्तानियों के रूप, रंग में भी बहुत कुछ साम्य है। हिन्दुस्तानियों के समान जापानी भी निरुपद्रवी, सहनशील, परोपकारी, दयालु, माता-पिता के भक्त और सरल स्वभाव के होते हैं। परन्तु दोनों में असमानता भी है। जापानी स्वाधीन हैं, हिन्दुस्तानी पराधीन। जापानी देशभक्त हैं, हिन्दुस्तानी देशभक्त नहीं। जापान में एकता है, हिन्दुस्तान में एकता का अभात्र है। वैज्ञानिक शिक्षा के लिए सात समुद्र पार कर जाना जापानी लोग अपने और अपने देश के लिए गौरव समझते हैं, पर समुद्र पार कर जाना हिन्दुस्तानियों के लिए पाप है, क्योंकि उनका धर्म जाता रहता है। जापान में जाति-भेद का बहुत ही कम विचार है, हिन्दुस्तान में जाति-भेद का सबसे अधिक विचार है। जापान में सब लोग परस्पर शादी-विवाह करते हैं, हिन्दुस्तान में अपने वर्ग में भी शादी करने में अनेक झंझट पैदा होते हैं। जापान में छुआछूत नहीं, हिन्दुस्तान में इसकी पराकाष्ठा है। ये बातें विचार करने लायक हैं। पर विचार करनेवालों ही की यहाँ कमी है। विचार करै कौन?"

पाठक विचार करें कि हिन्दी नवजागरण पर—जिसके एक सूत्रधार महावीरप्रसाद द्विवेदी थे—इंग्लैंड का अधिक प्रभाव पड़ा है या जापान का? भारतीय नवजागरण पर लिखनेवाले शोधकर्ता, अध्यापक और राजनीतिज्ञ अंग्रेजी प्रभाव का वर्णन खूब विस्तार से करते हैं। पर 'सरस्वती' में एक भी ऐसा लेख नहीं छपा जिसमें इंग्लैंड की प्रगति की चर्चा करते हुए उससे भारतीय स्वाधीनता का प्रश्न इस तरह जोड़ा गया हो, जैसे इस लेख में जापान की जीत के कारणों का विश्लेषण करते हुए, भारतीय समाज के सर्वांगीण विकास, उसके आमूल परिव्रर्तन से राष्ट्रीय स्वाधीनता का प्रश्न जोड़ा गया है। वैज्ञानिक शिक्षा से भारत तभी लाभ उठा सकता है जब वह अपनी पुरानी समाज-व्यवस्था बदले, अपने अन्धविश्वासों और रूढ़ियों से स्वयं को मुक्त करे। जब तक भारतीय समाज में पुरानी वर्ण-व्यवस्था, जाति-बिरादरी का भेदभाव, छुआछूत आदि कुरीतियाँ बनी हुई हैं, तब तक भारत प्रगतिशील आधुनिक राष्ट्र नहीं बन सकता। वैज्ञानिक शिक्षा राष्ट्रीय आवश्यकता है। समाज की व्यवस्था बदलना, अन्धविश्वासों और रूढ़ियों को समाप्त करना यह भी राष्ट्रीय आवश्यकता है। यह राष्ट्रीय आवश्यकता क्यों नहीं पूरी होती? पुरानी समाज-व्यवस्था में शीघ्रता से परिवर्तन क्यों नहीं होता? इसलिए कि "जापानी देशभक्त हैं, हिन्दुस्तानी देशभक्त नहीं।" मूल समस्या राजनीतिक है। पहले देश को पहचानो, हृदय में देशभक्ति को

जगह दो, राष्ट्रीय एकता कायम करो, स्वाधीनता प्राप्त करो, तब आधुनिक राष्ट्र बनोगे; तब यूरोप के मुकाबले खड़े हो सकोगे।

सितम्बर, 1912 की 'सरस्वती' में जापान के राजा पर एक लेख प्रकाशित हुआ। यह उस अंक का अग्रलेख है और उसके साथ लेखक का नाम नहीं है यानी उसे द्विवेदी जी ने लिखा था। उसकी शुरुआत यों होती है : "जिस नन्हें से जापान ने हाल ही में संसार की महाशक्ति रूस को रणक्षेत्र में पछाड़ा था, जिसके बल और वैभव, उन्नति और पराक्रम का इतने थोड़े काल में विकास होते देख संसार के बड़े-बड़े उन्नतिशील देशों तक को आश्चर्य से दाँतों तले ऊँगली दबानी पड़ी थी और जिसने अपने बाहुबल द्वारा संसार की महान् से भी महान् जातियों की पंक्ति में खड़े होने का स्वत्व प्राप्त करके पूर्व के नीचे झुके हुए सिर को ऊपर उठाया था—उसे इस उन्नतावस्था को पहुँचाने के सबसे बड़े सूत्रधार, उसके सम्राट् मुत्सू हीटो, का गत 29 जुलाई को देहान्त हो गया।"

अक्टूबर, 1912 की 'सरस्वती' में जापान के सेनानायक नोगी का चित्र छपा और द्विवेदी जी ने उनकी आत्महत्या पर एक टिप्पणी लिखी। इसमें उनका परिचय इस तरह दिया गया : "ये वही महापराक्रमी सेनानायक थे जिन्होंने, पोर्ट आर्थर के युद्धाग्नि-कुम्भ में, अपने दो पुत्रों के आहुत हो जाने पर भी, घेरा नहीं उठाया; और, अन्त में, समस्त संसार को अपने युद्ध-कौशल से चकित करके पोर्ट आर्थर को रूस के पंजे से छीन ही लिया।" इस प्रकार पोर्ट आर्थर एशियावासियों द्वारा यूरोप की पराजय का प्रतीक बन गया। जब अपनी विश्व-यात्रा करते हुए शिवप्रसाद गुप्त पोर्ट आर्थर पहुँचे, तब वहाँ की रज उन्होंने अपने माथे पर लगाई। अपनी पुस्तक में अत्यन्त भावुकतापूर्ण शैली में उन्होंने पोर्ट आर्थर की स्तुति लिखी : "एशिया में स्वतंत्रता की घोषणा करनेवाले...योर अमरीका की बाढ़ को युद्ध करनेवाले... एशिया फार एशियाटिक्स की घोषणा करनेवाले...श्वेतांगों के तुषार से ठिठुरे हुए सवर्णों के शरीर को वसंतागमन का सन्देश पहुँचाकर गर्मी पहुँचाने वाले...वन्दे पोर्ट आर्थरम्!! वन्दे मातरम्!"

इस पर द्विवेदी जी की टिप्पणी है : "आपकी पुस्तक से इतने लम्बे-लम्बे वाक्य-समूहों की नकल करनेवाला यह नक्काल मसिजीवी भी, ऐसी उत्तम पुस्तक लिखकर प्रकाशित करने के लिए, गुप्त जी को सादर प्रणाम करता है और आप ही की तरह प्रमोदपूर्ण उच्च स्वर से कहता है—वन्दे मातरम्।" ('समालोचना-समुच्चय', पृ. 82)

ऐसा था जापान की विजय का प्रभाव भारत के सताए हुए लोगों पर। जो लोग मूलत: साम्राज्य-विरोधी थे, उन पर ऐसा प्रभाव पड़ना तो स्वाभाविक था, पर जो लोग पुरानी व्यवस्था से सम्बद्ध थे, उन पर भी इससे मिलता-जुलता प्रभाव पड़ा था। अक्टूबर, 1904 की 'सरस्वती' में 'रूस-जापानी युद्ध' शीर्षक लेख छपा था जिसके लिखनेवाले थे श्यामविहारी मिश्र तथा शुकदेव विहारी [अथवा सुखदेव

बिहारी] मिश्र। जापानियों की वीरता का वर्णन करते हुए उन्हें गीता में कृष्ण का उद्देश्य याद आता है : "हे पार्थ! अचानक प्राप्त हुए खुले हुए स्वर्ग के द्वार रूप ऐसे युद्ध को भाग्यशाली क्षत्रिय ही पाते हैं।" इस पर जापानियों ने आचरण किया। भारतवासियों से तुलना करते हुए कहते हैं : "हमारी और जापानियों की शूरता में इतना ही अन्तर है कि हम स्वर्ग-प्राप्ति की लालसा से युद्ध में मरना चाहते थे, परन्तु वे देशहितार्थ शरीर पतन चाहते हैं।" शेक्सपियर के नाटक 'जूलियस सीजर' में सीजर की उक्ति याद आती है कि "कायर लोग मृत्यु के प्रथम ही अनेक बार मर चुकते हैं, पर शूरवीर मृत्यु के प्याले का एक ही बार आस्वादन करते हैं।"

रूसी बेड़े में जापानी जहाज के मारकाट मचाने पर उन्हें रामायण की पंक्ति याद आती है : "आवा कपि जिंह लंका जारी'। और लेख के अन्त में एक कबित्त की पंक्ति है, जो पता नहीं उन्हीं का बनाया हुआ था या किसी और का। वह पंक्ति तत्कालीन लोक-कविता का अच्छा नमूना है : 'जार-जार रोये ज़ार राँड़ के समान देखि उदै भानु उदित मिकाडो महाराज को'।

एशिया और यूरोप के बीच द्विज और शूद्र जैसा यह भेद यूरोप वालों का फैलाया हुआ था। इससे पहले भारतवासियों में किसी भी देश या महाद्वीप के लोगों को तुच्छ समझने की भावना नहीं थी, और न गोरे-काले का भेद करके वे किसी खास रंग के आदमियों को अपने से श्रेष्ठ या निम्न मानते थे। रंग और नस्ल को लेकर ऊँच-नीच का भेद करना यूरोप की पूँजीवादी सभ्यता की विशेषता थी। इस मिथ्या प्रवाद का अन्त जापान ने किया। फिर शीघ्र ही उसने यह भी सिद्ध कर दिया कि एशिया का पूँजीवाद उतना ही आक्रामक, हिंसक और बर्बरतापूर्ण हो सकता है जितना यूरोप का पूँजीवाद।

द्विवेदी जी की सहानुभूति विकासमान पूँजीवाद के एशियाई केंद्र जापान तक सीमित नहीं थी। उन्होंने एशिया के अन्य देशों के बारे में जानकारी देनेवाले अनेक लेख प्रकाशित किये। इन लेखों में जहाँ भी वह नवजागरण के चिन्ह देखते हैं, उनका स्वागत करते हैं और अपने देशवासियों से उनसे शिक्षा ग्रहण करने को कहते हैं। अप्रैल, 1909 की 'सरस्वती' में 'चीन के अखबार' लेख प्रकाशित हुआ। उसके साथ लेखक का नाम नहीं है। वर्ष की विषय-सूची में लेख के आगे सम्पादक छपा है। इसमें द्विवेदी जी ने चीनी युवकों के उन प्रयत्नों का जिक्र किया, जो वे अपने देशवासियों को जगाने के लिए कर रहे थे। इन पत्रों को शिक्षित जनता पसन्द करती थी : "तथापि राज-कर्मचारी और विदेशी लोगों की कोप दृष्टि इन पर अक्सर पड़ा करती है।" इसका परिणाम यह हुआ कि "अखबार वाले अपनी स्वतंत्रता प्राप्त करने के लिए बड़ा आन्दोलन कर रहे हैं...जो पत्र सरकारी गुप्त भेदों को प्रकाशित करते हैं, उन्हें बड़ी कड़ी सजा दी जाती है। राज-विरुद्ध, शान्ति-भंगकारी अथवा रस्म-रिवाज के विरुद्ध लेख लिखने वालों को छः महीने से लेकर दो वर्ष तक का

जेल दिया जाता है। राजनीतिक दाँव-पेंच की बातें प्रकाशित करने पर पत्र कभी-कभी कुछ दिन के लिए बन्द भी कर दिये जाते हैं।...यद्यपि चीनी अखबार अभी बाल्यावस्था में ही हैं तथापि उन्होंने थोड़े ही दिनों में बहुत कुछ उन्नति की है और उनका बल बराबर बढ़ता जाता है। इससे विदेशियों के हृदय में वे काँटे की तरह चुभने लगे हैं। जो हो, एक उठती हुई जाति के प्रबल वेगवाही आकांक्षा-स्रोत को कोई रोक नहीं सकता।"

चीन पर भारत की तरह साम्राज्यवाद का प्रत्यक्ष प्रभुत्व न था किन्तु अप्रत्यक्ष रूप से साम्राज्यवाद चीनी जनता का वैसे ही शत्रु था, जैसे भारतीय जनता का। इसीलिए प्रगतिशील चीनी अखबार विदेशियों के हृदय में काँटे की तरह चुभते थे। द्विवेदी जी इस बात को ध्यान से देख रहे थे कि एक विशाल पीड़ित जाति कैसे उठ रही है और उन्हें विश्वास था कि नये जीवन के लिए उसकी आकांक्षाओं का स्रोत अब प्रबल वेग से प्रवाहित है और उसे कोई नहीं रोक सकता।

मई, 1909 की 'सरस्वती' में उन्होंने 'चीन की जागृति' शीर्षक टिप्पणी लिखी। इसमें उन्होंने बताया कि चीन दुनिया भर में सबसे ज्यादा आबाद देश है। फिर भी अन्य सभ्य जातियों से चीनी लोग बहुत पीछे हैं। वहाँ आधुनिक युग के अनुकूल शिक्षा देने का प्रबन्ध नहीं है। इस स्थिति को बदलने के लिए चीनी विद्यार्थी अमरीका जा रहे हैं। इनमें से अस्सी फीसदी छात्रों का लक्ष्य शिल्पकला सीखना होगा यानी आधुनिक उद्योग-धन्धों के विकास के लिए वहाँ वे आवश्यक जानकारी प्राप्त करेंगे। ये छात्र अमरीका में एक ही जगह न रहकर भिन्न-भिन्न स्थानों में अध्ययन करेंगे जिससे वे लोग 'अमरीका की नस-नस से परिचित हो जाएँ।'

अप्रैल, 1911 की 'सरस्वती' में द्विवेदी जी ने 'चीन के समाचार-पत्र' शीर्षक टिप्पणी फिर लिखी। इसमें उन्होंने चीन को 'समाचार-पत्रों का जनक' कहा। समाचार-पत्रों के प्रकाशन की शुरुआत सातवीं सदी में हुई। लेकिन गजट 'दुनिया के सब पत्रों में पुराना है।' बक्सर-विद्रोह के बाद चीनी पत्रकार-कला ने विशेष उन्नति की। अब शांघाई से ही आठ दैनिक पत्र निकलते हैं। सैकड़ों साप्ताहिक और मासिक पत्र निकलते हैं : "पर भारत बेचारा इस बात में चीन से भी पिछड़ा हुआ है!"

फरवरी, 1913 की 'सरस्वती' में लन्दन-स्थित सुन्दरराज का लेख 'भारतीय युवकों को उलाहना' प्रकाशित हुआ। इस लेख के आरम्भ में सुन्दरराज ने अपनी चीन-यात्रा की चर्चा की। शांघाई में उनकी बातचीत चीनी भाषा के एक समाचार-पत्र के सम्पादक से हुई। वहाँ उन्होंने चीनी छात्रों को विदेश-यात्रा के लिए प्रस्थान करने से पहले उस सम्पादक से विदा लेते हुए देखा। इसके बारे में उन्होंने लिखा : "उस समय मैंने एक ऐसा अपूर्व दृश्य देखा जिसका प्रभाव आज तक मेरे हृदय से मिटाये नहीं मिटता। सैकड़ों युवा उक्त सम्पादक से विदेश-यात्रा के लिए बिदा हो रहे थे। जब वे सम्पादक के कार्यालय से बाहर निकले तब उनके चेहरों पर

ऐसा अनुपम भाव व्यंजित हो रहा था जिसे मैंने किसी जाति के युवकों के चेहरों पर कभी देखा ही नहीं। दृढ़ता उनके चेहरों से टपक रही थी। यह इसी दृढ़ता का फूल है जो आज हम चीन में जागृति का प्रबल प्रादुर्भाव देखते हैं। उन विद्यार्थियों की विदेश-यात्रा मानो यह सूचित करती है कि पुराने नि:सार विचार नये उन्नतिशील विचारों के लिए स्थान खाली कर रहे हैं। उस समय मुझे यह आशा हुई थी कि ऐसे ही भाव शायद मुझे अपने देशवासियों के चेहरों पर देखने को मिलें। पर वह आशा आज तक निष्फल ही रही। हजारों भारतीय युवक शिक्षा प्राप्त करने के लिए इंग्लैंड आते हैं। परन्तु उनमें वह बात—वह स्वदेश-प्रेम कहाँ जो मातृभूमि की दशा सुधारने के लिए मनुष्य को दृढ़-चित्त बनाता है।" ये बातें आज भी ध्यान देने योग्य हैं। चीन से भारत का मनमुटाव है, फौजी टक्कर हो चुकी है, राजनीति की दिशाएँ भिन्न-भिन्न हैं। इसलिए यह आवश्यक है कि भारतीय युवक अपना स्वदेश-प्रेम और मनोबल सुदृढ़ बनाएँ। भारत के जो छात्र इंग्लैंड जाते थे, वे अधिकतर बैरिस्टरी सीखने जाते थे यानी अंग्रेजों की न्याय-व्यवस्था का अंग बनकर मुकदमेबाजी में बुद्धि का चमत्कार दिखाकर पैसा कमाना उनका लक्ष्य था। ऐसे व्यवसाय, जिनसे देश का भला हो, सीखने की ओर उनका ध्यान नहीं था। इस लेख में सुन्दरराज ने भारतीय युवकों को उलाहना देते हुए कहा : "जरा अपने जापानी और चीनी भाइयों की ओर देखो, और यदि तुम्हारे हृदय में अपने देश की कुछ भी प्रीति हो तो उनका अनुसरण करो और उनके पद-चिह्नों पर चलो।"

सितम्बर, 1915 की 'सरस्वती' में द्विवेदी जी ने सत्यशोधक का 'चीन में सामाजिक परिवर्तन' शीर्षक लेख छापा। पिछले पचास-साठ वर्षों के इतिहास पर दृष्टि डालते हुए लेखक ने उस परिवर्तन को महत्त्वपूर्ण बताया। इस समय यूरोप की जातियों ने चीन में 'जबरदस्ती घुसकर कुछ भूमि छीन ली और कुछ विशेष स्वत्व भी प्राप्त किया।' यूरोप की जातियों के अलावा 1895 में चीन ने जापान से हार खाई। दुनिया ने देखा, चीन बहुत कमजोर है। इस अवसर से लाभ उठाकर 'यूरोपीय राष्ट्र मिलकर चीन पर चढ़ आए और उसका मान-मर्दन करके वापस गए।' इसके बाद जापान ने जब रूस को हराया तब चीनी छात्र विदेश जाकर अनेक विषयों की शिक्षा पाने लगे। देश में अनेक आन्दोलन हुए और 'अन्त में 1911-12 की राज्यक्रान्ति ने राजसत्ता के स्थान पर प्रजासत्ता स्थापित करके संसार के सामने नये चीन के विकास की घोषणा कर दी।' चीन में स्त्रियाँ पराधीन थीं। पुरानी समाज-व्यवस्था का यह सिद्धान्त प्रचलित था कि 'स्त्रियों को बचपन में पिता के, यौवन में पति के, और बुढ़ापे में पुत्र के अधीन रहना चाहिए।" विवाह कन्या की इच्छानुसार न होता था। 'बहुविवाह की राक्षसी प्रथा' भी वहाँ प्रचलित थी। पति के मरने पर स्त्रियाँ सती भी हो जाती थीं। सुन्दरता बढ़ाने के लिए लड़कियों के पैर छोटे किये जाते थे। नये प्रगतिशील विचारों के प्रसार से यह स्थिति बदली। राजनीतिक आन्दोलन समाज-

व्यवस्था को कैसे प्रभावित करता है, इस बारे में सत्यशोधक (डॉ. बेनी प्रसाद) कहते हैं : "समानता, स्वतंत्रता और भ्रातृभाव का सिद्धान्त, राजनीतिक विषयों की तरह, सामाजिक विषयों में भी चरितार्थ हो सकता है। स्त्रियों के स्वत्व भी पुरुषों के समान हैं; स्त्रियों को भी पुरुषों के समान उचित स्वतंत्रता होनी चाहिए।" इस तरह के विचार केवल शिक्षाप्रसार का परिणाम नहीं थे। सक्रिय राजनीतिक संघर्ष द्वारा स्त्रियों ने अपनी स्थिति बदली : "हाल की राज्यक्रान्ति में बहुतेरी स्त्रियों ने स्वयं युद्ध किया, घायलों की सेवा-शुश्रूषा की और अन्यान्य उपयोगी काम भी किये।"

पहले चीन में छोटे लड़कों और छोटी लड़कियों को गुलाम बना लिया जाता था। अब यह गुलामी खत्म कर दी गई है। मशीनों के चलन के बाद दास-प्रथा अनावश्यक हो जाती है, यह बड़ी मार्के की बात इन दो वाक्यों में कही गई : "एक अत्यन्त महत्त्व की बात यह है कि बहुत-से काम जो पहले गुलामों के बिना न हो सकते थे, अब कलों के द्वारा बहुत आसानी से हो सकते हैं। यूरोप और अमरीका में भी दासत्व की प्रथा के उठ जाने का बहुत बड़ा कारण कलों का निर्माण और प्रयोग ही था।"

अन्य परिवर्तनों के साथ कुटुम्ब-सम्बन्धी व्यवस्था में परिवर्तन हुए। पहले समाज का केन्द्र कुटुम्ब था, कुटुम्ब के स्वामी की आज्ञा का पालन करना धर्म था और पूर्वजों की पूजा करके परलोक में अच्छी गति प्राप्त करना सम्भव माना जाता था। अब इन रूढ़ियों का स्थान 'व्यक्ति-स्वातंत्र्य और राष्ट्रीयता ने लेना प्रारम्भ कर दिया है।' कुटुम्ब-सम्बन्धी धारणाएँ बदलने से चीनी युवक और युवतियाँ अपनी पसन्द के अनुसार विवाह करने लगे। लेख के अन्त में 'भारत से समानता' उपशीर्षक के नीचे सत्यशोधक ने अपने देशवासियों के लिए कुछ महत्त्वपूर्ण बातें लिखीं :

"भारत और चीन के सामाजिक आन्दोलनों में समता दीख पड़ती है, पर कुछ भेद भी है। एक तो चीन की सामाजिक दशा वैसी बुरी नहीं, जैसाकि भारत की है और सामाजिक प्रश्न भी वैसे पेचीदा नहीं हैं, जैसे यहाँ के। दूसरे, जो सुधार-सम्बन्धिनी प्रवृत्तियाँ भारत में काम कर रही हैं, वे चीन में अधिक प्रबल हैं। हमारा संसर्ग विशेषत: इंग्लैंड, अंग्रेज जाति, अँगरेजी सभ्यता और अँगरेजी साहित्य से है। चीन का संसर्ग जापान, अमरीका, फ्रांस, जर्मनी और इंग्लैंड—इन पाँचों देशों की जातियों, सभ्यताओं और साहित्यों से है। तीसरे, राज्यक्रान्ति के बाद से प्रजासत्ताक सरकार में चीनी सुधारकों का ही प्रभाव है। इसलिए सुधार-विषयक आन्दोलनों को बड़ी सहायता मिलती थी। चीन में सब तरह की शिक्षा का प्रचार भी बड़े जोरोशोर से हो रहा है। अतएव सामाजिक विषयों में चीन का भविष्य भारत से अधिक उज्ज्वल और आशापूर्ण है।"

चीन में वर्ण-व्यवस्था और जाति-प्रथा थी किन्तु उसमें भारत जैसी कठोरता न थी। भारत पर अंग्रेजों का सीधा प्रभुत्व होने से यहाँ के बुद्धिजीवी अन्य पाश्चात्य

देशों के साहित्य और सभ्यता से अच्छी तरह परिचित न हो पाए। चीन में सामाजिक आन्दोलनों और शिक्षा का माध्यम चीनी भाषा थी, यहाँ अंग्रेजी का प्रभुत्व था। चीन में 1911-12 में एक राज्यक्रान्ति हुई, भारत में ऐसी क्रान्ति नहीं हुई। इन कारणों से लेखक को भारत की अपेक्षा चीन का भविष्य अधिक उज्ज्वल दिखाई दिया।

अक्टूबर, 1918 की 'सरस्वती' में द्विवेदी जी ने 'चीन और भारत के सामाजिक जीवन में साम्य' शीर्षक एक टिप्पणी लिखी। दो चीनी लेखकों की एक पुस्तक 'Village and Town Life in China' पढ़कर उन्होंने यह टिप्पणी लिखी। इसमें उन्होंने भारत और चीन, दोनों के पिछड़ेपन पर जोर दिया। दोनों जगह सैकड़ों धर्म-सम्प्रदाय हैं, जाति-पाँति का भेदभाव है, प्राचीन सभ्यता के आदर्शों की पूजा होती है : 'भौतिक साधनों अर्थात् अस्त्र-शस्त्र, यंत्रादिक की उन्नति नहीं हो पाई', दोनों कृषि-प्रधान देश हैं, दोनों में संयुक्त कुटुम्ब-प्रणाली का चलन है, दोनों देशों में स्त्रियों का स्थान घर के भीतर है। टिप्पणी के अन्त में द्विवेदी जी इस बात पर जोर देते हैं कि चीन के बारे में भारतवासियों को अधिक ज्ञान होना चाहिए और इस ज्ञान के लिए अंग्रेजी का भरोसा करना काफी नहीं है। उन्होंने लिखा : "चीन हमारा पड़ोसी है पर आज तक अधिकांश भारतवासी वहाँ की आन्तरिक स्थिति से बहुत कम परिचित हैं। इसका कारण है चीनी भाषा की क्लिष्टता। फिर भारत में उसकी शिक्षा का कोई प्रबन्ध नहीं। अंग्रेजी भाषा में चीन के सम्बन्ध में जो कुछ लिखा गया है, उसी से हम चीन के विषय में कुछ ज्ञान प्राप्त कर सकते हैं।"

1909 में काशीप्रसाद जायसवाल को चीनी भाषा सीखने के लिए ऑक्सफोर्ड विश्वविद्यालय में छात्रवृत्ति मिली। जायसवाल बैरिस्टरी पढ़ने गए थे लेकिन उसके साथ और भी बहुत-कुछ पढ़ रहे थे। वह 'सरस्वती' के लेखक भी थे। चीनी भाषा सीखने के लिए छात्रवृत्ति मिलने के समाचार पर द्विवेदी जी ने अप्रैल, 1909 की 'सरस्वती' में 'बाबू काशीप्रसाद जायसवाल' शीर्षक टिप्पणी लिखी। इसमें उन्होंने चीनी भाषा के बारे में लिखा : "चीनी भाषा बहुत कठिन होती है। परन्तु जायसवाल महाशय ने थोड़े ही दिनों में अच्छी योग्यता प्राप्त कर ली है।...ऑक्सफोर्ड विश्वविद्यालय में चीनी भाषा सीखने वालों की एक परीक्षा होती है। उसमें जो सबसे अधिक योग्य ठहरता है, उसे डेविस साहब की नियत की हुई 1500 रुपये की छात्रवृत्ति मिलती हैं। इस बार यह वृत्ति बाबू काशीप्रसाद को मिली है।...भारतवर्ष वह भूमि है जहाँ पुराने समय में कुमारजीव आदि पंडितों ने चीन जाकर वहाँ की भाषा अच्छी तरह पढ़ी थी और कितने ही संस्कृत-ग्रंथों का चीनी में अनुवाद किया था। आशा है, चीनी भाषा पढ़कर बाबू काशीप्रसाद जी उसका सदुपयोग करेंगे।"

इस तरह साम्राज्यवादी शिकंजे में जकड़े रखे जाने पर भी भारत अपने पड़ोसियों से नये अन्तरराष्ट्रीय सम्बन्ध कायम करने की दिशा में प्रयत्नशील था। एशिया में अपनी पुरानी भूमिका का स्मरण करके, साम्राज्यवादी दासता में उसे जो नई स्थिति

मिली थी, उसे बदलने को वह उत्सुक था। स्वभावत: उसका ध्यान सबसे पहले उन देशों की ओर गया जहाँ आधुनिक ढंग से औद्योगिक प्रगति हो रही थी या उसके लिए प्रयत्न हो रहा था। इस अन्तरराष्ट्रीय चेतना के विकास में महावीरप्रसाद द्विवेदी ने सराहनीय कार्य किया। अन्य पड़ोसी देशों के बारे में उन्होंने अनेक परिचयात्मक लेख छापे। अगस्त, 1908 की 'सरस्वती' में पृथ्वीपाल सिंह का 'लंकापुरी की सैर' लेख प्रकाशित हुआ। यह एक यात्रा-वृत्तान्त है किन्तु इसमें लंका की आर्थिक और राजनीतिक स्थिति के बारे में आवश्यक जानकारी दी गई है। लेख में लंका के आदिवासियों की भी चर्चा है। लेखक ने इन्हें विदेहा (Viddaha) कहा है। लेखक को अंग्रेजी राज के अन्तर्गत भारतवासियों की अपेक्षा लंकावासियों की स्थिति ज्यादा अच्छी जान पड़ी। लेख के अन्त में लिखा है : "लंकानिवासियों में परस्पर बड़ी एकता है। अंग्रेज लोग भी उनसे समभाव से मिलते हैं। बहुधा गवर्नर महोदय सभ्य पुरुषों के घरों पर उनसे मिलने जाए करते हैं। परमेश्वर करे, इस देश में भी वैसे ही परस्पर एकता हो जाए और सरकारी कर्मचारी समभाव से हमसे मिलने लगें और हमारी बात विशेष ध्यान देकर सुनें।"

अक्टूबर, 1911 की 'सरस्वती' में इसी तरह का प्यारेलाल मिश्र का लेख 'लंका द्वीप' है। यह भी यात्रा-वृत्तान्त है। इसमें कोलम्बो शहर का विवरण पढ़कर 'सरस्वती' के पाठकों को अपने को देश के शहर याद आ गए होंगे। लिखा था : "पुरानी बस्ती की सड़कें तंग हैं। मकान बहुधा नीचे और कच्चे हैं। बस्ती बहुत घनी है। तम्बाकू और बीड़ियों की दुकानों पर नारियल की एक मोटी रस्सी लटकी रहती है। उसका एक छोर जलता रहता है।" एक मन्दिर के भीतर पुजारी ने अंग्रेजी में एक नोटिस लिखकर लगा दिया था कि क्रिस्तानों को मन्दिर की सरहद के भीतर आना मना है। प्यारेलाल मिश्र ने भी आदिवासी वेद्दा जाति के बारे में लिखा। ये लोग ज्यादातर दूसरों के घरों में सेवा-टहल करके अपनी रोजी कमाते थे।

इसी प्रकार का परिचयात्मक लेख तिब्बत के बारे में अक्टूबर, 1918 की 'सरस्वती' में छपा। गुलजारीलाल चतुर्वेदी का यह लेख 'तिब्बत के रीति-रवाज' कावागुची नाम के जापानी लेखक की अंग्रेजी पुस्तक के आधार पर लिखा गया था। उसमें तिब्बतवासियों के रीति-रिवाज का वर्णन किया गया है। ऐसे ही लेख फिलिपिन आदि देशों के बारे में प्रकाशित हुए थे। इन्हें देखकर यह नहीं कहा जा सकता कि इनके लेखक साम्राज्य-विरोधी आधार पर अन्तरराष्ट्रीय चेतना का प्रसार कर रहे थे। किन्तु उस समय की परिस्थितियों में हिन्दी जनता को पड़ोसी देशों का सामान्य परिचय देना भी महत्त्वपूर्ण कार्य था। इसके अलावा यूरोप के देश छोड़ न दिये गए थे। अनेक यात्रा-वृत्तान्तों में इनकी चर्चा थी, विशेष रूप से काशीप्रसाद जायसवाल के लेखों में। कुछ लेख ऐसे भी थे जिनमें यूरोप की तत्कालीन राजनीतिक गतिविधि की चर्चा थी। जुलाई, 1908 की 'सरस्वती' में

'एक युवक' का लेख 'रूस के जार और रूस' प्रकाशित हुआ। इसमें जारशाही का मखौल उड़ाते हुए कहा गया है : "यद्यपि जार महाराज ईश्वरावतार और प्रजा के पिता हैं, तथापि आपको इतना साहस नहीं कि आप बिना रक्षकों के अभय होकर एक मुहूर्त के लिए भी प्रजा के बीच विचर सकें। आपका 'पवित्र शरीर' प्रजा के बीच में सुरक्षित नहीं समझा जाता...एक प्रसिद्ध पुरुष का कथन है कि परमात्मा साधारण मनुष्यों से अधिक प्रेम रखता है। इसी से उसने उनको जियादा तादाद में उत्पन्न किया है। परन्तु नहीं मालूम, रूस के 'ईश्वरावतार' का इस विषय में क्या मत है। आपका मत चाहे जो हो, जब तक आप अपने सम्राट्पन को—अपने एकाधिपत्य को—जलांजलि नहीं देते, तब तक प्रत्येक समझदार आदमी को मोटे और साफ अक्षरों में लिखी हुई अशान्ति रूस के मनुष्य मात्र के मस्तिष्क पर देख पड़ती है।"

यह लेख 1905 की असफल रूसी क्रान्ति के बाद लिखा गया था। यह वह समय था जब स्वयं रूस में बहुत-से लोग निराश हो गए थे और समझने लगे थे कि यहाँ कोई क्रान्ति सफल नहीं हो सकती। उस समय यह कहना कि रूस में जारशाही कायम है, अत: वहाँ अशान्ति फिर पैदा होगी, काफी सूझबूझ का परिचायक था।

महावीरप्रसाद द्विवेदी यह बात अच्छी तरह जानते थे कि साम्राज्यवाद की एक विश्व-व्यवस्था है। इस व्यवस्था ने अनेक महाद्वीपों की जनता पर अपना शासन स्थापित कर लिया है। प्रथम महायुद्ध के बाद लीग आफ नेशंस के प्रसंग में उन्होंने इस व्यवस्था के अन्तर्गत भारत के स्वाधीनता-आन्दोलन से अन्य देशों के स्वाधीनता-आन्दोलनों के सम्बन्ध की चर्चा की। इससे पहले वह अनेक देशों की स्थिति पर जो कुछ लिखते रहे थे, उसी का यह तर्कसंगत परिणाम था। उस निबन्ध में उन्होंने लिखा : "नये जीते हुए देशों के निवासियों पर विजेता जाति, कभी-कभी भीषण अत्याचार कर बैठती है, यह तो इतिहास-प्रसिद्ध ही है। मिस्र, सीरिया, कांगो, रीफ प्रान्त, बालकन प्रदेश, कोरिया आदि के निवासियों के साथ कैसे-कैसे सलूक किये गए हैं, यह बात इतिहास-प्रेमियों और समाचारपत्रों के पाठकों से छिपी नहीं है। योरप के कितने ही देश पशुबल में बहुत समय से प्रबल हो रहे हैं। इसी से उन्होंने अनेक अन्य निर्बल देशों को जीतकर उन पर अपना प्रभुत्व जमाया है। इस प्रभुत्व-जमौव्वल के कारण उन्हें बहुधा वहाँ के अधिवासियों पर जोरोजुल्म भी करना पड़ा है और अब भी करना पड़ता है। चीन में इस समय क्या हो रहा है और बाक्सर विद्रोह के समय क्या हुआ था, ये सब घटनाएँ उसी पशुबल और आतंक-जमौव्वल के उदाहरण हैं। भारत भी उसका शिकार हो चुका है और किसी हद तक इसका शिकार हो रहा है।" ('लेखांजलि', पृ. 126)

इस तरह विभिन्न महाद्वीपों के स्वाधीनता-आन्दोलन साम्राज्यवादी व्यवस्था पर प्रहार कर रहे थे। आवश्यकता इस बात की थी कि वे सब मिलकर इस व्यवस्था

से लड़ें जिससे कि अपने संघर्ष में उन्हें सफलता प्राप्त हो। रूस की समाजवादी क्रान्ति के बाद यह कार्य तेजी से हुआ किन्तु स्वाधीनता-आन्दोलनों का जन्म रूसी क्रान्ति से नहीं हुआ, वे उससे पहले से विद्यमान थे, रूसी क्रान्ति को सफल बनाने में उनसे सहायता मिली। रूस की समाजवादी क्रान्ति साम्राज्य-विरोधी आन्दोलनों की सबसे आगे की मंजिल थी। स्वभावत: इन आन्दोलनों से समाजवादी क्रान्ति का गहरा सम्बन्ध बना रहा और उसने इन आन्दोलनों को प्रभावित किया। पर इससे पहले साम्राज्यवादी ताकतें विश्व का बँटवारा करने के लिए आपस में जूझ पड़ीं। युद्ध से पूँजीवाद का पुराना सम्बन्ध था। पूँजीवादी देश जैसे पिछड़ी हुई जातियों के प्रदेशों में नरसंहार करते थे, वैसे ही अब एक-दूसरे के प्रदेशों में वही क्रिया सम्पन्न करने लगे। पूँजीवाद के विकास के साथ युद्ध के पैमाने और उसकी भीषणता में भी वृद्धि हुई।

5. साम्राज्यवाद और युद्ध

पहला महायुद्ध शुरू हुआ 1914 में किन्तु उसकी तैयारी बहुत दिनों से हो रही थी। इन तैयारियों की एक विशेषता यह थी कि उन्हें शान्ति के बनावटी प्रयत्नों से छिपाया जाता था। यह स्थिति उस महायुद्ध से पहले थी और उसके बाद भी रही।

द्विवेदी जी के राजनीतिक लेखन की एक विशेषता यह है कि उन्होंने युद्ध से पहले और युद्ध के बाद के शान्ति-प्रयत्नों का विश्लेषण करके उनकी असलियत से, और साम्राज्यवाद के हिंसक रूप से, जनता को परिचित कराया।

इस तरह के शान्ति-प्रयत्न 19वीं सदी का अन्त होने से पहले ही शुरू हो गए थे। इनका उल्लेख 'हेग की शान्ति सभा' शीर्षक लेख में है जो जनवरी, 1908 की 'सरस्वती' में प्रकाशित हुआ था। लेख के साथ लेखक का नाम नहीं है; उसे सम्पादक की रचना ही मानना चाहिए। इसमें द्विवेदी जी ने बताया कि जितने स्वाधीन देश हैं, ऊपर से यही कहते हैं कि युद्ध न होना चाहिए। 1899 में रूस के प्रयत्नों से हालैंड के हेग नगर में शान्ति कायम रखने के बारे में विचार करने को सभा हुई थी। द्विवेदी जी कहते हैं : "परन्तु जो रूस अपने को शान्ति का इतना प्रेमी बतलाता था, वही चीन के मंचुरिया प्रान्त को निगल जाने और कोरिया में भी पैर फैलाने की जी जान से कोशिश कर रहा था।" इसी कारण जापान से उसकी टक्कर हुई थी। 1899 में जो नियम बनाए गए थे, वे अपूर्ण थे, 'या यों कहिए कि उस नियम-जाल में इतने बड़े-बड़े छेद रह गए थे, कि कितने ही देशों की स्वार्थरूपिणी मछलियाँ उनके बीच से मजे में बाहर निकल जाने लगीं।" परिणाम यह हुआ कि शान्ति कायम रखने के बदले युद्ध की तैयारियाँ जोरों से होने लगीं। जैसे-जैसे ये तैयारियाँ बढ़ीं, वैसे-वैसे शान्ति कायम रखने के बनावटी प्रयत्न भी तेजी से होने लगे और 1907 में उसी हेग शहर में फिर एक शान्ति-सभा हुई।

इस सारी प्रक्रिया के बारे में द्विवेदी जी कहते हैं : "कुछ वर्षों से सभी शक्तिशाली देश अपनी-अपनी फौजें बढ़ाने, नई-नई तोपें बनाने, बड़े-बड़े भीषण लड़ाकू जहाज तैयार कराने की धुन में डूब से गए। करोड़ों रुपये बरबाद होने लगे। कर के रूप में प्रजा से प्राप्त किया गया धन, उसके लिए सुख-सामग्री प्रस्तुत करने के बदले, जनसंहार के कामों में बेतरह खर्च होने लगा। प्रत्येक देश—विशेष करके इंग्लैंड, फ्रांस और जर्मनी की यही आन्तरिक इच्छा देख पड़ी कि बल में हम सबसे बढ़ जाएँ। जहाजों, तोपों और फौजों की इस अकारण वृद्धि को रोकने की भी जरूरत समझ पड़ी। इन्हीं अनेक कारणों से गत वर्ष, 1907 में फिर एक सभा हेग में हुई।"

जिस नये महायुद्ध की तैयारी हो रही थी, उसके लिए रूस-जापान युद्ध मानो एक रिहर्सल मात्र था। रूस-जापान पीछे छूट गए, आगे आए इंग्लैंड, फ्रांस और जर्मनी। महायुद्ध इन तीन पूँजीवादी देशों की होड़ के कारण हुआ। 'सरस्वती' के इस अंक के आरम्भ में दो बादशाहों की तसवीर छपी है। एक हैं ब्रिटेन के बादशाह एडवर्ड सप्तम और दूसरे हैं जर्मनी के बादशाह कैसर विलियम, और दोनों के नामों के नीचे छपा है : 'मामा-भानजे'। नातेदारी के इस उल्लेख में जो व्यंग्य छिपा था, वह कुछ वर्षों बाद स्पष्ट हो गया। हेग की सभा में यूरोप और अमरीका के बहुत-से छोटे-छोटे देशों को अपने प्रतिनिधि भेजने की अनुमति मिली, पर एशिया के अनेक स्वाधीन राष्ट्र अपने प्रतिनिधि भेजने से वंचित रखे गए। इस सन्दर्भ में द्विवेदी जी कहते हैं : "अफगानिस्तान और नेपाल को कहीं आप स्वाधीन न समझ लीजिएगा। इनको अपने प्रतिनिधि भेजने का कष्ट नहीं उठाना पड़ा।" कोरिया ने अपने प्रतिनिधि भेजे पर उन्हें भीतर जाने की आज्ञा न मिली। कारण यह कि कोरिया अब 'जापान-पालित है'। एशिया से चीन और जापान के प्रतिनिधि गए। ईरान और तुर्की के प्रतिनिधि भी गए और ये देश स्वाधीन थे : "पर उनकी स्वाधीनता में घुन लग चुका है। यदि जल्द इलाज न हुआ तो वह [इन देशों की स्वाधीनता] धीरे-धीरे घुनकर चूर्ण हो जाने के लक्षण दिखा रही है।" तात्पर्य यह कि बीसवीं सदी के आरम्भ में साम्राज्यवादी व्यवस्था के दो रूप थे : एक रूप के अन्तर्गत वे देश थे, जो प्रत्यक्षत: पराधीन थे; दूसरे के अन्तर्गत वे देश थे, जो नाममात्र को स्वाधीन थे अथवा जिन पर साम्राज्यवाद परोक्षत: अपना प्रभुत्व कायम किये हुए था। इस दूसरे प्रकार के देशों में दक्षिण पूर्वी एशिया का एक देश है। द्विवेदी जी कहते हैं : "स्याम भी स्वाधीन ही माना जाता है; परन्तु वह नाममात्र के लिए स्वाधीन है। उसकी स्वाधीनता फ्रांस की राजनीति-रमणी का खेलमात्र है।"

1907 की शान्ति-सभा में ब्रिटेन और अमरीका के आपसी मतभेद से जर्मनी ने फायदा उठाया। शान्ति-सभा में शान्ति की चर्चा कितनी हुई, इस बारे में लिखा : "इस 1907 की सभा को शान्ति-सभा कहना ही व्यर्थ है। क्योंकि जब तक प्रत्येक देश अपनी सेना बढ़ाता जाता है, नये-नये युद्ध-जहाज बनाता जाता है, महाप्रलयंकारी

तोपें तैयार कराता जाता है तब तक शान्ति की आशा नहीं। जिस देश को देखिए, वह यही चाहता है कि सेना-सामग्री और बल-पराक्रम में मैं अपने पड़ोसी से बढ़ जाऊँ।" विभिन्न देश अपने जहाजी बेड़े बढ़ा रहे थे। रूस नये सिरे से अपना बेड़ा बना रहा था। अमरीका अपनी बलवृद्धि कर रहा था। हेग की सभा में इंग्लैंड ने शान्ति के पक्ष में जोरदार बातें कहीं पर "अब शान्तिरक्षण की नहीं, किन्तु शान्तिभक्षण की सब कहीं जी-जान तोड़कर तैयारियाँ हो रही हैं। इंग्लैंड खुद ही अपने ड्रेडनाट (युद्धपोत) का एक दादा बना रहा है।"

शान्ति-सभा के बाद युद्ध छिड़ने की पूरी सम्भावना थी, इस बारे में द्विवेदी जी ने लिखा : "खोदा पहाड़, निकली एक छोटी-सी चुहिया—यह उक्ति इस सभा के काम के सम्बन्ध में खूब चरितार्थ होती है। तीन महीने तक हेग में मेला हुआ पर हुआ कुछ भी नाम लेने योग्य नहीं। हो कैसे, सब देश अपना-अपना मतलब गाँठना चाहते हैं; सब अपनी-अपनी घात में रहते हैं। उस साल 1899 की शान्ति-सभा के बाद ही दो घमासान के युद्ध हुए। कहीं इस बार भी वही बात न हो जो शान्ति-वान्ति धरी रहे।"

नवम्बर, 1913 की 'सरस्वती' में एक लेख प्रकाशित हुआ : "पश्चिम में शान्ति-मन्दिर की प्रतिष्ठा। हेग की शान्ति-परिषद'। इस लेख के साथ भी लेखक का नाम नहीं है और उसे सम्पादकीय कृति मानना चाहिए। 'यूरोप के बड़े-बड़े देशों की युद्धप्रियता से इस संसार की बहुमूल्य सम्पत्ति और जीवों का नाश' हो रहा था, उसे रोकने के लिए इस मन्दिर की स्थापना हुई। शान्ति-मन्दिर के स्थापत्य का वर्णन करने के बाद द्विवेदी जी ने बताया कि शान्ति देवी की पूजा करने तथा शान्ति मन्दिर को सुशोभित करने के लिए पश्चिमी लोगों ने अपने-अपने देशों की अच्छी-अच्छी चीजें अर्पण की हैं। किसी ने फव्वारा लगाया, किसी ने मूर्तियाँ, किसी ने चित्र, किसी ने संगमरमर, किसी ने लोहे का फाटक दिया। द्विवेदी जी ने यूरोप की युद्ध-लालसा की चर्चा की। वहाँ 40 लाख से अधिक सिपाही हैं। इन पर हर साल 45 करोड़ पाउंड से अधिक व्यय होता है। जलपोतों और वायुयानों की संख्या बढ़ती जाती है। 'संसार का इतना धन और इतना श्रम किसी भी अर्थोत्पादक कार्य में नहीं लगाया जाता।" प्रत्येक देश के ऊपर ऋण का बोझ बढ़ता जाता है। यूरोप की राजनीति ही उक्त सामाजिक और आर्थिक दशा का मुख्य कारण है। यूरोप की बड़ी-बड़ी शक्तियाँ स्वार्थवश होकर अपना-अपना प्रभाव-क्षेत्र (Sphere of Influence) बढ़ाने का यत्न कर रही हैं। 'एक बड़ी शक्ति दूसरी छोटी शक्ति को निगल जाने का मार्ग ढूँढ़ रही है। हाल ही में जो बालकन-युद्ध हुआ और खून की नदियाँ बहाई गईं, उसके लिए सचमुच अपराधी कौन है?" पर जो शक्तियाँ इस रक्तपात के लिए जिम्मेदार थीं, 'वही शक्तियाँ हेग में शान्ति-मन्दिर की प्रतिष्ठा करने के लिए श्रद्धापूर्वक एकत्र' हुई थीं! शान्ति स्थापित करने के लिए स्वार्थ-त्याग आवश्यक था पर कोई भी साम्राज्यवादी देश इसके लिए तैयार न था।

अगस्त, 1912 की 'सरस्वती' में गणेशशंकर विद्यार्थी का लेख प्रकाशित हुआ : "शान्ति का सार्वभौमिक राज्य'। इसमें गणेशशंकर विद्यार्थी तीखी, व्यंग्यपूर्ण शैली में लिखते हैं : "आज सारे संसार की बड़ी-बड़ी शक्तियाँ शान्ति का मधुर राग अलाप रही हैं। जिधर देखो, उधर शान्ति का साम्राज्य स्थापित करने की बड़ी-बड़ी कोशिशें हो रही हैं। सभी सभ्य देश पारस्परिक राष्ट्रीय नियमों के बन्धन में बँधे हुए यह कह रहे हैं, 'मनुष्य मात्र बराबर हैं, सबको स्वाधीनता का रस चखने का एक-सा अधिकार है'। बड़े राष्ट्र छोटे राष्ट्रों को सान्त्वना देते हुए कह रहे हैं, 'डरो मत, अब कोई किसी के ऊपर अत्याचार नहीं कर सकता। वह समय गया। अब जिसकी लाठी, उसकी भैंस का जमाना नहीं'। इन वचनों की पुष्टि का प्रमाण भी मिलता है—कानों को नहीं, आँखों को। देखो, यह देश का अन्तरराष्ट्रीय महान्यायालय है। बड़े-बड़े राष्ट्र जिनके हाथों में सारे संसार का वाणिज्य है। [,] जिनके बल और पराक्रम पर विचार करने से सिकन्दर और सीजर, अशोक और अकबर आदि महावीरों का बल और पराक्रम तुच्छ मालूम पड़ता है; और, जिनके इच्छानुसार वर्तमान संसार का राजनैतिक चक्र घूमा करता है—वे सभी इस पुनीत मन्दिर में बड़ी श्रद्धा से शान्ति-देवी की आराधना कर रहे हैं। राष्ट्रीय-नियम-रूपी विशाल छत्र के नीचे प्रत्येक राष्ट्र निर्भय होकर विचार (विचर) रहा है। जान पड़ता है, अब कोई बलवान् देश किसी निर्बल देश को न सता सकेगा। लड़ाई और झगड़ा, अत्याचार और अशान्ति आदि, मनुष्य जाति की सुख और समृद्धि में बाधा डालने वाली बातों का अब खात्मा ही हुआ चाहता है।"

लेखक का अभिप्राय उसके वव्यंग्य से स्पष्ट है। साम्राज्यवाद, उपनिवेशवाद आदि राजनीति के पारिभाषिक शब्दों का प्रयोग नहीं किया गया, पर बातें वही कही गई हैं। युद्ध होगा तो जनतंत्र की रक्षा के लिए न होगा। वह संसार के नये बँटवारे के लिए होगा। गणेशशंकर विद्यार्थी पूछते हैं : "परन्तु, क्या सचमुच शान्ति का सार्वभौमिक राज्य संसार पर हो गया अथवा हो जाएगा? क्या अब हमें जंगी अस्त्र-शस्त्रों की झंकार न सुनाई पड़ेगी? क्या अब भीमकाय तोपें मनुष्यों का संहार करती हुई कानों के पर्दे न फाड़ेंगी?" तोपों के साथ अब एटम बम भी है। अस्त्र-शस्त्रों के लिए अब 'झंकार' शब्द अनुपयुक्त जान पड़ता है। बाकी प्रश्न आज भी दोहराए जा सकते हैं। 1912 से लेकर 1976 तक गणेशशंकर विद्यार्थी जैसे लेखक निरन्तर शान्ति के लिए प्रयास करते रहे हैं किन्तु जब तक साम्राज्यवाद कायम है, तब तक स्थायी विश्वशान्ति की सम्भावना बहुत कम है।

साम्राज्यवादी राष्ट्रों का लुटेरा रूप उद्घाटित करते हुए गणेशशंकर विद्यार्थी पूछते हैं : "क्या अभी तक आपस में लड़ने वाले राष्ट्र—वे राष्ट्र जो अपने से कमजोर को हड़प कर जाने की चिन्ता में सदा मग्न रहते थे—जो अपनी राजनीतिक दुरंगी चाल से संसार भर को नचाया करते थे और जो अपने भयंकर युद्धपोतों और

तोपों से अर्द्ध-सभ्य, असभ्य और कमजोर देशों को भयभीत रखते थे—समानता के उज्ज्वल और पवित्र सिद्धान्त के मीठे रस का इतना मजा पा गए कि वे अब 'टट्टी की ओट शिकार खेलने' अथवा कमजोरों को संसार से नेस्त-व-नाबूद कर देने की प्रथा का त्याग कर देंगे और सौम्य रूप धारण करके शान्ति का परमावश्यक और सुखदायी साम्राज्य स्थापित होने देंगे?"

उन्नीसवीं सदी में भारतेन्दु हरिश्चन्द्र के समकालीन जिन महान् पत्रकारों ने एशिया और अफ्रीका की जनता पर ब्रिटिश साम्राज्य के बर्बर अत्याचारों की व्यंग्यपूर्ण आलोचना की थी, उनके सीधे उत्तराधिकारी गणेशशंकर विद्यार्थी हैं।

युद्ध छिड़ने पर भारतीय जनता की मुसीबतें पहले से बहुत ज्यादा बढ़ गईं। द्विवेदी जी के लिए युद्ध की सीधी आलोचना करना सम्भव नहीं था किन्तु उन्होंने बार-बार यह दिखाया कि इस महायुद्ध में लाखों आदमी मारे जा रहे हैं और करोड़ों रुपयों का नुकसान हो रहा है। मार्च, 1915 की 'सरस्वती' में उन्होंने एक टिप्पणी लिखी : "लड़ने वाली फौज का खर्च'। इसमें उन्होंने बताया कि विभिन्न मैदानों में दोनों पक्षों के 40 लाख से भी अधिक मनुष्य लड़ रहे हैं। उन्होंने हिसाब लगाया कि अगर कलकत्ते से कुरुक्षेत्र को 10 लाख सेना ले जाना हो तो 5 लाख 28 हजार घोड़े दरकार होंगे। इन सब घोड़ों के लिए दाने और घास का प्रबन्ध करना होगा। "एक घोड़ा कम-से-कम 12 सेर घास और दाना रोज खा सकता है। इस हिसाब से कोई 62 लाख सेर घास और दाना प्रतिदिन खर्च होगा! इतने घास और दाने से मालगाड़ी के कोई 400 डब्बे भरे जा सकते हैं।"

यह तो हुआ जानवरों का हाल। अब आदमियों का हाल सुनिए। "दिन-रात में एक सिपाही को कोई दो सेर तौल की सब चीजें खाने को चाहिए। आजकल महँगी के दिनों में इन दो सेर चीजों की क़ीमत लगभग 15 आने हुई। इस प्रकार प्रतिदिन का केवल भोजन-व्यय कुछ कम 10 लाख रुपया हुआ।"

इसके बाद द्विवेदी जी ने हिसाब लगाया कि तौल में भोजन-सामग्री 49,980 मन होगी और उसे ढोने के लिए 20 मालगाड़ियों की जरूरत होगी। रेल के महकमे में काम करने के कारण वह मालगाड़ियों का हिसाब लगाना न भूलते थे। मालगाड़ियों में मनुष्यों की खाद्य-सामग्री के अलावा घोड़ों के लिए घास और दाना होगा। लड़ाई के मैदान में घायलों की सेवा करने के लिए डाक्टरों और उनके सहायकों की जरूरत होगी। घायलों को लड़ाई के मैदान से अस्पताल ले जाने के लिए 500 गाड़ियाँ दरकार होंगी। इनमें बिछाने के लिए 50 हजार से भी ज्यादा बिस्तर चाहिए। "10 लाख मनुष्यों की वर्दी आदि के लिए जितना कपड़ा दरकार होगा, वह यदि किसी सड़क पर बिछाया जाए तो उसकी लम्बाई 2 हजार मील से कम न होगी...यह दस लाख फौज आदि आपके घर के सामने से होकर रात-दिन गुजरे तो कहीं 15 दिन में उसका ताँता टूटे!"

अगस्त, 1915 के अंक में 'लड़ाई का खर्च' शीर्षक ऐसी ही एक और टिप्पणी उन्होंने लिखी। अब तक इंग्लैंड का 5 अरब 40 करोड़ रुपया खर्च हो चुका है। सालभर युद्ध और चला तो केवल इस देश को पन्द्रह अरब रुपया खर्च करना पड़ेगा। "युद्ध में फँसे हुए सभी देशों के खर्च का तखमीना लगाया जाए तो टोटल शायद कई संख रुपये तक पहुँच जाए...सभ्यता की वृद्धि और विज्ञान में विशेष उन्नति होने के कारण युद्ध के साधन शस्त्रास्त्रों आदि के संग्रह में अब बहुत अधिक खर्च पड़ता है।...नेपोलियन के साथ 22 वर्षों तक इंग्लैंड को युद्ध करना पड़ा था...उससे भी अधिक खर्च उसे 20 महीने में, इस समय, करना पड़ेगा। इस खर्च का कुछ ठिकाना है। नर-नाश भी असंख्य, धन-नाश भी असंख्य!...भगवान् शीघ्र ही इसकी समाप्ति करे!"

द्विवेदी जी यह नहीं कहते कि ब्रिटिश पक्ष न्याय और जनतंत्र के लिए लड़ रहा है, इसलिए बलिदान आवश्यक है। युद्ध के कारण भारतीय जनता की जो कठिनाइयाँ निरन्तर बढ़ रही थीं, उन्हें देखकर युद्ध-सम्बन्धी ब्रिटिश प्रचार पर विश्वास न किया जा सकता था। न्याय और जनतंत्र की विजय हो, यह कहने के बदले द्विवेदी जी की कामना है कि किसी प्रकार इस नर-नाश और धन-नाश का अन्त हो।

फरवरी, 1916 की 'सरस्वती' में एक टिप्पणी छपी : 'वर्तमान युद्ध में ब्रिटिश गवर्नमेंट का खर्च'। इसमें लेखक ने कहा : "अभी तक इसमें लाखों आदमी प्राण खो चुके और अरबों रुपये खुक्क हो चुके। सभी देशों का कुल खर्च कितना आता है, इसका पता नहीं किन्तु अकेले ब्रिटिश सरकार प्रतिदिन 35 लाख पाउंड अथवा सवा पाँच करोड़ रुपये प्रतिदिन खर्च करती है।" लेखक ने हिसाब लगाया, प्रति घंटे का खर्च 21,87,500 रुपये हुआ और प्रति मिनट का खर्च 36,458 रुपये हुआ। "क्या हमने कभी ऐसे अन्धाधुन्ध खर्च का अनुमान किया है?" (यह नोट देवीप्रसाद गुप्त के नाम से प्रकाशित हुआ है।)

युद्ध समाप्त होने के बाद हेग की शान्ति-सभा की तरह लीग आफ नेशंस की स्थापना हुई। 1927 में द्विवेदी जी ने इस लीग के भीतर साम्राज्यवादी देशों के शान्ति-प्रयत्नों की आलोचना की। बातें वे शान्ति की करते हैं : "परन्तु इस पशुबल से बली योरप के कुछ देश बहुत समय से परस्पर लड़ने-भिड़ने की ताक में चले आ रहे हैं। कारण वही प्रभुत्व-लिप्सा है। मेरा ही प्रभुत्व सबसे बढ़ा-चढ़ा रहे; मैं ही अधिकाधिक निर्बलों को पदानत करता चला जाऊँ; तू दूर रह; तू मेरे काम में विघ्न न डाल—बात यह। योरप में कुछ सनय पूर्व जो महायुद्ध हुआ था, उसका कारण भी यही लिप्सा थी। जर्मनी अपना बल बढ़ा रहा था। औरों को यह बात पसन्द न थी। बस, सब प्रतिस्पर्धी अपना-अपना गुट बनाकर लड़ पड़े। जिनका पक्ष प्रबल था, उन्होंने छल-बल से किसी तरह जर्मनी को हरा दिया।" ('लेखांजलि', पृ. 126-27)

द्विवेदी जी यह नहीं कहते कि अंग्रेज न्याय और जनतंत्र के लिए लड़े। जिन देशों का पक्ष प्रबल था, उन्होंने छल-बल से जर्मनी को हरा दिया। उसके बाद इन्हीं देशों ने लीग की स्थापना की। इसमें छोटे और बड़े, दोनों तरह के राज्यों के प्रतिनिधि थे : "पर बोलबाला बड़े राज्यों ही के प्रतिनिधियों का है। अवशिष्ट राज्यों को अस्थायी ही सभासदत्व प्राप्त है। सो भी कुछ समय के बाद। प्रतिनिधित्व के नियम इस खूबसूरती से बनाये गए हैं, जिसमें काम पड़ने पर, छोटे-छोटों की दाल न गले, बड़े अर्थात बलाढ्य राज्य ही मनमानी कर सकें। सो शान्ति-स्थापना की चेष्टा करनेवालों ने यहाँ भी अपनी स्वार्थपरता का पूरा खयाल रखा है। अतएव कहना चाहिए कि यह शान्ति-सभा केवल योरप के कुछ देशों के हाथ का खिलौना है।" ('लेखांजलि', पृ. 128)

लीग ऑफ नेशंस की विफलता कुछ ही दिनों में आँखों के सामने आ गई। द्विवेदी जी ने प्रथम महायुद्ध के बहुत पहले से तथाकथित शान्ति-प्रयत्नों की जो आलोचना की थी और महायुद्ध के बाद भी ऐसे ही प्रयत्नों की उन्होंने जो आलोचना की, उसमें बहुत बड़ी आन्तरिक संगति है। 1917 की रूसी क्रान्ति के बाद, सन् '20 के स्वाधीनता-आन्दोलन के बाद, बहुत-से लोग साम्राज्यवाद का असली रूप समझ गए थे। पर द्विवेदी जी ने साम्राज्यवादियों के शान्ति-प्रयत्नों की आलोचना बहुत पहले शुरू की थी, और कुल मिलाकर उनकी यह आलोचना सुसंगत ढंग से एक ही मार्ग पर निरन्तर आगे बढ़ती रही; यह उनकी क्रान्तिकारी चेतना का बहुत बड़ा प्रमाण है।

लीग के सन्दर्भ में भारत के साथ एक मजाक और हुआ था। मजाक यह था कि लीग के खर्च का एक हिस्सा भारत को देना पड़ता था लेकिन लीग में भारत के जो प्रतिनिधि जाते थे, उन्हें भारत की जनता नहीं, अंग्रेज चुनकर भेजते थे। राष्ट्रीयता के साथ जनतंत्र का जो पाठ अंग्रेज यहाँ के राजनीतिज्ञों को पढ़ा रहे थे, उसकी विशेषता यह थी कि राष्ट्रीयता माने अंग्रेजी राज, और जनतंत्र माने अंग्रेजों के चुने हुए प्रतिनिधि। द्विवेदी जी ने इस पर लिखा : "इस दिल्लगी पर अनेक समझदार भारतवासियों ने अपनी प्रतिकूलता प्रकट की है। उनका कहना है कि इस सभा के खर्च का एक अंश जब भारत देता है तब अपना प्रतिनिधि वह आप ही क्यों न चुने? सरकार और भारतवासियों का हित एक नहीं। इस दशा में खर्च तो भारत से लेना और प्रतिनिधि अपने मन का चुनना, प्रतिनिधित्व की अवहेलना के सिवा और कुछ नहीं।" (उप., पृ. 129) लीग ऑफ नेशंस में साम्राज्यवादियों का प्रभुत्व था, इसका प्रमाण यह था कि यह संस्था भारत को एक पराधीन देश के रूप में ही मान्यता देती थी, उस पर ब्रिटिश प्रभुत्व स्वीकार करती थी, और इसलिए अंग्रेजों के भेजे हुए प्रतिनिधिओं को भारतीय जनता का प्रतिनिधि मान लेती थी।

इस शान्ति और जनतंत्र के नाटक पर अंग्रेज अपना पैसा खर्च करते तो कुछ बात थी। यहाँ जनता भुखमरी, निरक्षरता और बीमारियों का शिकार थी। अपनी

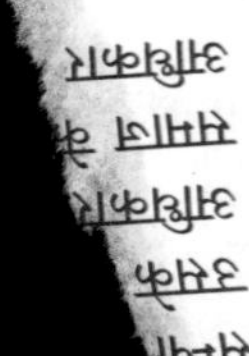

अति साधारण आवश्यकताएँ पूरी न कर पानेवाली इस दरिद्र जनता से विश्व-शान्ति की रक्षा के नाम पर पैसा वसूल किया जाता था। इस कारण क्रुद्ध होकर द्विवेदी जी ने लिखा : "जिस भारत के अधिकांश लोगों को एक वक्त भी पेटभर भोजन मयस्सर नहीं होता, जहाँ निरक्षरता का अखंड साम्राज्य है, जहाँ दस-दस, बीस-बीस कोस तक शफ़ाख़ानों तक का नाम नहीं, वहाँ का इतना रुपया इस लीग के ढकोसले के लिए उड़ा दिया जाए, इस पर किस साक्षर और सज्ञान भारतवासी को दुःख न होगा?" (उप., पृ. 131)

किन्तु इस बीच एक महत्त्वपूर्ण घटना और हुई। साम्राज्यवादियों ने युद्ध, गुलामी और भुखमरी की जो विश्व-व्यवस्था कायम की थी, उसमें दरार पड़ गई। नवम्बर, 1917 में दुनिया के छठे हिस्से में एक क्रान्ति हुई।

विश्व-साम्राज्यवाद का घेरा तोड़ा जारशाही रूस के किसानों और मजदूरों ने। अब विकल्प यह न रह गया कि जर्मनी का जनतंत्र अच्छा है या ब्रिटेन का। विकल्प अब यह था : साम्राज्यवादी गुलामी या स्वाधीन जनता का शासन, पूँजीवादी व्यवस्था या समाजवादी व्यवस्था। नई व्यवस्था की हवा हिन्दुस्तान को न लगने पाए, इसके लिए अंग्रेज शासकों और उनके ताबेदार-वफादार सेवकों ने बड़ी कोशिश की। परन्तु इसमें उन्हें बहुत कम सफलता मिली। 'सरस्वती' के अप्रैल, 1919 के अंक में श्यामाचरण राय का लेख 'रूस का राष्ट्र विप्लव' प्रकाशित हुआ। ब्रिटिश प्रचार की चिन्ता न करके इस लेखक ने बोलशेविकों के बारे में लिखा : "सन् 1917 में मजदूरों और किसानों की एक सभा बनी और कुछ दिनों के पश्चात् सैनिक भी इस सभा में सम्मिलित हो गए।...धीरे-धीरे सोवियट सभाओं ने सारा राज्य-कार्य अपने हाथ में ले लिया और अन्त में डूमा का कोई अधिकार न रहा और देशभर के लिए बड़ी सोवियट सभा, जिसमें छोटी-छोटी सोवियट सभाओं के प्रतिनिधि थे, बड़ी राजसभा हो गई।

"प्रत्येक ग्राम में एक सोवियट सभा स्थापित की गई। उस सभा में प्रत्येक नुष्य को प्रतिनिधि चुनकर भेजने का अधिकार दिया गया। परन्तु दूसरों की मिहनत र लाभ उठाने वाले, ब्याज पर निर्वाह करनेवाले और राजघराने के मनुष्य इस मत ने के अधिकार से वंचित किये गए...बड़ी सोवियट सभा को अधिकार रहता है वह चाहे जिस विभाग के, अधिकारी को ठीक कार्य न करने के कारण, बदल इस प्रबन्ध से राज-काज का पूरा अधिकार जनता को ही रहता है।"

बोलशेविकों के बारे में श्यामाचरण राय ने लिखा : "उनका कहना है कि त्ति किसी एक मनुष्य की नहीं है, किन्तु समाज की है। किसी भी मनुष्य को उपभोग करने का कोई अधिकार नहीं है। मनुष्य केवल इतना ही पाने का ी है जितना कि वह समाजोन्नति के लिए कार्य करता है। यदि कोई मनुष्य लिए कोई काम नहीं करता तो उसे सम्पत्ति का उपभोग करने का भी नहीं है। वे स्त्रियाँ जो समाज के लिए कोई काम न करके आराम ही

करती हैं, उन्हें बोलशेविक लोगों ने जबरदस्ती काम करने को बाध्य किया। धनी लोग जो कोई काम न करके केवल गरीबों से ब्याज लेकर ही धन कमाकर आराम करते थे, उनसे भी बोलशेविक लोगों ने धन छुड़ाकर गरीबों को बाँट दिया। इसमें ज्यादती भी हो गई। परन्तु यह तो स्वाभाविक ही है[।] जब संस्था के सुधारने का शीघ्र प्रयत्न नहीं किया जाता और गरीबों पर अत्याचार बढ़ता जाता है तब एक समय ऐसा आता है कि सारे समाज क़ो दु:ख भोगना पड़ता है। यदि व्यवस्था के अनुसार सुधार नहीं होते तो उसका परिणाम राष्ट्र-विप्लव ही होता है।

"...बोलशेविक लोग शान्ति करके रूस की आन्तरिक दशा सुधारना चाहते हैं। इससे उन्होंने सब लड़नेवाले देशों को सन्धि कर लेने और पराजित राष्ट्रों से हरजा न लेने और उनका देश वापस कर देने की सलाह की। प्रत्येक देश से जनता को स्वभाग्य-निर्णय का अधिकार देने की प्रार्थना की। जर्मनी के साथ सन्धि करने की बहुत जल्दी की और बहुत-सा देश छोड़ देने के लिए राजी हुए। जो मनुष्य रूस-देशवासियों की कौम के नहीं थे, वे सब रूस के अधिकार से स्वतंत्र कर दिये गए।

"बोलशेविक लोगों ने जनता को स्वभाग्य-निर्णय का अधिकार दिया। स्थानिक स्वराज्य भी पूरी तरह से दिया। प्रत्येक गाँव, जिले और प्रदेश में शासन प्रबन्ध सोवियट सभाओं के अधिकार में कर दिया। सेना में भी सेनापति नियुक्त नहीं किये जाते हैं किन्तु सैनिकों को सेनापति चुनने का अधिकार दिया गया है।

"इस समय रूस ने स्वायत्त-शासन का अन्त करके जन-सत्तात्मक शासन की स्थापना की है। मनुष्यों को स्वाभाविक अधिकार और स्वतंत्रता है। परन्तु देश की आर्थिक दशा अभी नहीं सुधरी है। राज्य प्रबन्ध सुधरने से आर्थिक दशा भी अवश्य सुधर जाएगी। इस नई शासन-प्रथा में रूस में स्वतंत्रता का राज्य है। प्रत्येक मनुष्य को स्वभाग्य-निर्णय का अधिकार है। आर्थिक दशा सुधर जाने पर विस्तीर्ण भूमि, बड़ी जनसंख्या और स्वाभाविक वैचित्र्य वाला रूस देश पृथ्वी के देशों में यदि सबसे अधिक बलवान् और वैभवशाली हो जाए तो आश्चर्य नहीं।"

जिस समय दुनियाभर के पूँजीवादी अखबार, और इनमें सबसे आगे ब्रिटिश पत्रकार यह प्रचार करने में लगे थे कि बोलशेविकों का पतन बस होने ही वाला है उस समय जब समाजवादी क्रान्ति हुए डेढ़ साल भी नहीं बीता था, यह भविष्यवा करना कि सम्भवत: सोवियत रूस संसारभर में सबसे अधिक बलवान् अ वैभवशाली राष्ट्र हो जाएगा, बड़ी दूरदर्शिता की बात थी। जो लोग आज सोवि संघ को अमरीका के साथ बिठाकर उसे 'सुपर पावर' कहते हैं, वे अप्रत्यक्ष से सोवियत व्यवस्था की प्रशंसा करते हैं। यह पिछड़ा हुआ विशालकाय एशि देश जो 1905 में नन्हे-से जापान से हार गया था, आज 'सुपर पावर' कैसे हो यदि वह बड़े-से-बड़े पूँजीवादी पश्चिमी राष्ट्रों की बराबरी कर सकता है, तो कारण सोवियत समाज-व्यवस्था ही है।

सोवियत संघ की नीति ने राष्ट्रों के बीच शान्ति कायम करने का नया रास्ता दिखाया। बेशक जर्मनी से सन्धि करने में सोवियत सत्ता को बहुत-सा प्रदेश छोड़ना पड़ा और श्यामाचरण राय को यह बात पसन्द न थी। सोवियत संघ का कोई भी हितैषी यह न चाहता था कि सोवियत भूमि जर्मन साम्राज्यवादियों के लिए खाली कर दी जाए। सोवियत सत्ता ने केवल साँस लेने, अपने पैरों खड़े होने के लिए, मजबूरी में सन्धि की शर्तें स्वीकार कीं। कुल मिलाकर सोवियत संघ की नीति का यह पक्ष भारतीय जनता की शान्ति-आकांक्षाओं के अनुकूल था।

जिस समय सारी दुनिया के पूँजीवादी अखबार यह शोर मचा रहे थे कि सोवियत रूस में जनतंत्र का नाश हो गया और स्वतंत्रता की हत्या कर दी गई, उस समय 'सरस्वती' के इस लेखक ने बताया कि रूस में ही मनुष्यों के सहज अधिकारों और स्वतंत्रता की प्रतिष्ठा की गई है। अंग्रेजी राज और देशी जमींदारों के दोहरे उत्पीड़न से त्रस्त किसानों वाले भारत को यह समझाना बहुत कठिन था कि गाँवों में पंचायतें कायम होने से, राजाओं, सूदखोरों, दूसरों की मेहनत से लाभ उठानेवालों का अधिकार छीन लेने से स्वाधीनता और जनतंत्र का नाश हो गया। भारतीय जनता साम्राज्यवादी दासता से ही मुक्ति न चाहती थी, वह सदियों से चले आते हुए सामन्ती अत्याचारों से भी मुक्ति चाहती थी और यह जर्जर सामन्ती व्यवस्था विदेशी साम्राज्यवाद का सहारा पाकर, उसकी सहायक बनकर, और भी बर्बर तथा क्रूर बन गई थी। धर्म, वर्ण, जाति, मत-मतान्तर के कारण विभाजित और उत्पीड़ित जनता के लिए मनुष्य मात्र की समानता का सन्देश उसकी पुरानी, अन्तस्तल में छिपी हुई, गहरी और तीव्र आकांक्षाओं के अनुकूल था। अपने यहाँ के संतों, महात्माओं और बड़े-बड़े कवियों से मनुष्य मात्र की समानता का जो सन्देश उसने सुना था, उसे अब उसने धरती के एक विशाल भाग में व्यावहारिक रूप लेते देखा। सामाजिक न्याय के लिए उसकी उत्कट अभिलाषा पूरी हो रही थी। उसका प्रसन्न होना स्वाभाविक था।

रूसी क्रान्ति की ओर यह रुख किसी एकाध पत्रिका ने अपवाद रूप से न अपनाया था। यदि हम यह समझ लें कि रूसी क्रान्ति स्वाधीनता-आन्दोलनों की अगली कड़ी थी, तो उसके प्रति हिन्दी लेखकों की भावना समझने में कठिनाई न होगी। नवम्बर क्रान्ति से पहले फरवरी में जब जार को सिंहासन से हटाया गया, तब उस घटना का भी स्वागत हिन्दी पत्रकारों ने किया था। अप्रैल, 1917 की 'मर्यादा' ने इस पर टिप्पणी लिखी थी : "संसार के इतिहास में इतने बड़े परिवर्तन के समान आज पर्यन्त कोई परिवर्तन नहीं हुआ। प्रजाशक्ति की महिमा इसी से प्रकट होती है कि खून-खराबा भी नाममात्र को हुआ और परिवर्तन कुछ घंटों में ही हो गया। हम संसार को और विशेष कर रूस जाति को 'प्रजाशक्ति की विजय' पर बधाई देते हैं। रूस जाति तो इस परिवर्तन का फल चक्खेगी ही किन्तु उसके साथ ही साथ संसार के इतिहास और उसमें बसने वाली जातियों पर भी इसका प्रभाव पड़ेगा।"

इस टिप्पणी के लेखक को यह भ्रम था कि फरवरी क्रान्ति से रूसी जनता की समस्याएँ हल हो जाएँगी। इन समस्याओं का एक कारण युद्ध है, इसका ज्ञान उसे नहीं था। इसलिए उसने आशा प्रकट की कि इस विप्लव के बाद रूसी जनता युद्ध में सारी शक्ति लगा देगी। किन्तु क्रान्ति का असली कारण बताते हुए उसने लिखा : "विप्लव का असली कारण अत्याचार, अन्याय, निरंकुश शासन, प्रजा के हाथ में शक्ति का न होना, सब कानून अफसरों की मुट्ठी में होना, देशभक्तों का, प्रजा के वकीलों का जेलों में सड़ना और हर प्रकार से जकड़े रहना था।"

जुलाई, 1918 की 'मर्यादा' में युद्ध के प्रति सम्पादक का किंचित् बदला हुआ रुख दिखाई देता है। जार के निरंकुश शासन के खँडहरों में प्रजातंत्र के महल की नींव डाली गई है, इसे राजनीतिक उन्नति का प्रत्यक्ष प्रमाण मानते हुए सम्पादक ने लिखा : "इस युद्ध ने निरंकुश शासन की जड़ खोद डाली है और साथ ही साथ रूसी प्रजा को सुशासन के पथ में ला बैठाला है। पोलैंड, फिनलैंड स्वतंत्र होंगे और साइबीरिया में भी अब सभ्यता के सूर्य की किरणें पहुँच सकेंगी। चाहे कुछ भी न हो किन्तु अब यह निश्चित है कि इस युद्ध ने 800000000 पूर्वीय आत्माओं को स्वतंत्र कर दिया है और साथ ही साथ रूसी प्रजा को जार के पंजे से निकाल बाहर किया है।"

यह टिप्पणी बोलशेविक क्रान्ति के बाद लिखी गई थी। युद्ध के प्रति किंचित् बदला हुआ दृष्टिकोण और पूरब के करोड़ों आदमियों की आजादी की बात इस बात का प्रमाण है कि रूस में बोलशेविक जो कुछ कर रहे थे और कह रहे थे, उसकी थोड़ी-बहुत जानकारी भारत के शिक्षित जनों को हो रही थी। नवम्बर, 1918 की 'मर्यादा' में एक टिप्पणी और छपी : 'युद्ध समाप्त हो गया'। इसमें सम्पादक ने लिखा कि मित्रदल की विजय हुई, आशा है कि अब संसार में गरीब को अमीर और निर्बल को बलवान न सता सकेंगे और सभी राष्ट्रों को स्वभाग्य-निर्णय का अवसर मिलेगा। शान्ति के लिए जो प्रयत्न हो रहे थे, उनके प्रति शंका प्रकट करते हुए सम्पादक ने लिखा : "युद्ध स्थगित हो गया है, सन्धि भी शीघ्र हो जाएगी किन्तु इससे संसार को कोई लाभ होगा या नहीं, यह विचारणीय बात है। इतने धन और जन के नष्ट होने का मूल्य 'स्थायी शान्ति', संसार से युद्ध का नामोनिशान उठा देना है और जब तक यह नहीं होता, हम इस युद्ध को व्यर्थ ही का समझेंगे।" युद्ध और हिंसा साम्राज्यवाद के साथी थे। युद्ध के बिना साम्राज्यवाद जीवित नहीं रह सकता, इसलिए साम्राज्य-विरोधी क्रान्ति ने जनता की स्थायी शान्ति की अभिलाषा को पुष्ट किया और जागरूक लेखक इस बात की माँग करने लगे कि न्याय और जनतंत्र के नाम पर जो युद्ध होते हैं, उनमें लाखों साधारण आदमियों की बलि दी जाती है, नरमेध की यह प्रथा बन्द होनी चाहिए। 'मर्यादा'-सम्पादक ने उसी टिप्पणी में आगे लिखा : "साथ ही जिन लोगों ने अपना मुंड आहुति में

डाला है, जिन लोगों ने रक्त बहाया है और संसार के बड़े-बड़े कष्टों को सुख से सहन किया है, वे और उनकी संतान इस बात की गैरेंटी चाहते हैं कि भविष्य में फिर कभी उनसे यह काम न लिया जाएगा। संसार के राजनीतिज्ञों के सामने यह कठिन समस्या उपस्थित है। गरीब कह रहे हैं कि राष्ट्रों की कूटनीति की सफलता के लिए, या महाराजाओं और श्रीमानों की श्रीवृद्धि के लिए हम अपना खून न बहावेंगे। वे कह रहे हैं कि पेट की ज्वाला बुझाने को सेना में हम नौकरी करते थे, अपनी गरीबी के कारण अपने भाइयों की हम हत्या करते थे, पेट के कारण हम अपने दयालु पिता के पुत्रों का, अपने भाइयों का, हनन करते थे। भविष्य में हम ऐसा न करेंगे और न किसी को करने देंगे। ऐसा करना असम्भव हो जाए इसलिए वे चाहते हैं कि 'संसार से गरीबी' उठ जाए, कोई इतना अमीर न हो कि अपने अमीरी के बोझ से वह किसी को अपनी इच्छा के अनुसार चलने पर विवश कर सके, साथ ही कोई ऐसा शक्तिशाली न हो कि केवल पाशविक शक्ति से वह किसी को दबा सके। वे कहते हैं कि भूमि सरकार की अर्थात् प्रजा समुदाय की होनी चाहिए, अर्थात् कोई जमींदार न हो, गरीब से गरीब मनुष्य के लिए भी गृह स्वच्छ, सुथरा, हवादार और वाटिका-युक्त होना चाहिए। बीमारी तथा बुढ़ापे के लिए सरकार की ओर से प्रबन्ध होना चाहिए।"

यहाँ स्थायी शान्ति की माँग के साथ सामाजिक न्याय की माँग जुड़ गई है। सामाजिक न्याय की इस माँग के अन्तर्गत यह माँग भी है कि भूमि पर प्रजा समुदाय का अधिकार होना चाहिए। अंग्रेजों के न चाहने पर भी बोलशेविकों की विचारधारा भारतीय जनता को प्रभावित कर रही थी।

बोलशेविक हौवे से डराने का प्रयत्न जो अंग्रेज कर रहे थे, उसमें स्वनामधन्य माइकेल ओडायर भी थे। अगस्त, 1919 की 'मर्यादा' ने बोलशेविक हौवा खड़ा करनेवालों की आलोचना की। सितम्बर, 1919 की 'मर्यादा' में रूसी किसानों पर और दिसम्बर, 1919 की संख्या में रूसी मजदूरों पर रमाशंकर अवस्थी के लेख प्रकाशित हुए। इन्हीं दिनों यूरोप के अन्य देशों में जो क्रान्तिकारी हलचल हो रही थी, 'मर्यादा' ने उससे हिन्दी पाठकों को परिचित कराया, यथा : नवम्बर, 1919 की संख्या में हंगरी के क्रान्तिकारी बेलाकुन पर लेख छपा। जैसे-जैसे इस क्रान्तिकारी उभार के प्रति लोगों की दिलचस्पी बढ़ी, वैसे-वैसे बोलशेविज्म पर लेख प्रकाशित हुए और मार्क्सवाद का परिचय देने के प्रयत्न हुए। सितम्बर, 1919 की 'मर्यादा' में मार्क्स की 'पूँजी' पर लेख छपा।

'सरस्वती', 'मर्यादा' तथा हिन्दी की अन्य पत्र-पत्रिकाओं में इस समय जो सामग्री निकली, उससे यदि 'सुधा' और 'हंस' में निराला और प्रेमचन्द के लेखों की तुलना करें, तो यह तथ्य स्पष्ट हो जाएगा कि प्रेमचन्द की यथार्थवादी धारा और निराला की छायावादी धारा, दोनों ही द्विवेदी-युग से जुड़ी हुई हैं। जो चीज

इन्हें जोड़ती है, वह है साम्राज्य-विरोधी अन्तरराष्ट्रीय चेतना। अक्टूबर, 1934 की 'सुधा' में निराला ने 'रूस का राष्ट्र-संघ में प्रवेश' शीर्षक टिप्पणी में लिखा था : "अब रूस की इज्जत में किसी को शक नहीं रहा। इज्जत किस तरह हासिल की जाती है, रूस ने जैसी खूबी से साबित किया है, ईश्वर से हमारी करबद्ध प्रार्थना है कि दूसरे मित्र राष्ट्र भी विश्व के कल्याण के लिए यही पथ और वैसी ही कला का पाथेय ग्रहण करें। हमें पूर्ण विश्वास है, इससे किसी प्रकार उपद्रव की शंका न रह जाएगी, और लोग शान्तिपूर्वक रह सकेंगे।" जिन पूँजीवादी राष्ट्रों ने सोवियत संघ का बहुत विरोध किया था, उन्हीं ने उसे अन्त में राष्ट्रसंघ की सदस्यता प्रदान की। इज्जत हासिल करने की बात इसी तथ्य को लेकर कही गई थी। सितम्बर, 1936 के 'हंस' में प्रेमचन्द का 'महाजनी सभ्यता' शीर्षक लेख छपा था जिसमें उन्होंने कहा था : "अब एक सभ्यता का सूर्य सुदूर पश्चिम से उदय हो रहा है, जिसने इस नारकीय महाजनवाद या पूँजीवाद की जड़ खोदकर फेंक दी है।"

सोवियत संघ में समाजवाद का निर्माण अनेक अन्तर्विरोधों को पार करके हुआ है। हिन्दी लेखक और विश्व की अधिकांश जनता इनसे परिचित नहीं थी। इन अन्तर्विरोधों का भरा-पूरा विवेचन अभी होने को है। यहाँ केवल एक मूल अन्तर्विरोध की ओर संकेत करना काफी होगा। 20 नवम्बर, 1917 के 'प्रावदा' में लेनिन ने लिखा था : "रूस में सोवियत सत्ता की विजय हुई है और अब इस बात की गारंटी हो गई है कि केवल सोवियतों के फैसले द्वारा, केवल सोवियतों में प्रतिनिधियों के नये चुनाव द्वारा एक सोवियत पार्टी के हाथ से दूसरों के हाथ में, क्रान्ति के बिना, सत्ता पहुँच जाए।" (लेनिन, 'सेलेक्टेड वर्क्स', खंड 2, मॉस्को, 1947, पृ. 241) सत्ता का आधार सोवियतें हैं। यदि दो पार्टियों में मतभेद होता है तो उसका फैसला सोवियतें ही कर सकती हैं। उनका फैसला पार्टियों को मान्य होगा। मतभेद की स्थिति में यदि किसी पार्टी का फैसला सोवियतों पर लादा जाएगा, तो इसका अर्थ होगा : सत्ता का आधार पार्टी है, न कि सोवियतें। सर्वहारा डिक्टेटरशिप के नाम पर सोवियत जनतंत्र यानी समाजवादी जनतंत्र पर अनेक प्रकार के प्रतिबन्ध लगाये गए हैं। इसका मतलब है, सर्वहारा डिक्टेटरशिप के नाम पर स्वयं सर्वहारा वर्ग पर पार्टी की डिक्टेटरशिप कायम करना। रूस और चीन के मजदूरों के हित एक हैं किन्तु जब पार्टी खुद को, मजदूरवर्ग के ऊपर, डिक्टेटर के रूप में स्थापित कर लेती है, तब 'दुनिया के मजदूरो, एक हो'—यह नारा व्यर्थ हो जाता है। जैसे-जैसे समाजवादी व्यवस्था विश्व-व्यवस्था बनती जाती है, वैसे-वैसे समाजवादी जनतंत्र के अभाव में पार्टियों के आपसी झगड़े भी बढ़ते जाते हैं। इन झगड़ों को हल करने का एक ही उपाय है कि उन्हें मजदूरवर्ग की अदालत में पेश किया जाए, और कोई भी पार्टी मजदूरवर्ग के नाम पर स्वयं को वैज्ञानिक समाजवाद का एकमात्र भाष्यकर्ता न माने। समाजवादी व्यवस्था में एक से अधिक पार्टियाँ हो सकती हैं।

ऐसे अन्तर्विरोधों के होते हुए भी निस्सन्देह समाजवादी व्यवस्था पूँजीवादी जनतंत्र से श्रेष्ठ है। दूसरे महायुद्ध के बाद यदि अभी तक 30 वर्षों की लम्बी अवधि में तीसरा महायुद्ध नहीं छिड़ गया, और अनेक देशों में स्वाधीनता-आन्दोलन विजयी हुआ, तो इसका श्रेय समाजवादी व्यवस्था को और सबसे अधिक सोवियत संघ को है। इसलिए साम्राज्यवादी प्रचार के विरोध में यदि 'सरस्वती', 'मर्यादा', 'सुधा' और 'हंस' जैसी पत्रिकाओं ने रूसी क्रान्ति और समाजवादी व्यवस्था का अभिनन्दन किया,तो उनका यह कार्य उचित था और हम उसे हिन्दी साहित्य की प्रगतिशील परम्परा का अभिन्न अंग मानकर उस पर गर्व करते हैं।

रूस में तो समाजवादी क्रान्ति हो गई। पिछड़ा हुआ रूस विश्व की एक प्रमुख शक्ति बन गया। क्या भारत में भी किसानों और मजदूरों के संगठन से कुछ किया जा सकता है? महावीरप्रसाद द्विवेदी ने 1924 में किसानों के संगठन पर एक लेख लिखा था। इसमें उन्होंने कहा था : "उधर रूस को देखिए। वह बहुत बड़ा देश है। कई वर्ष पूर्व वहाँ के जार नामधारी राजेश्वर का आतंक वहीं नहीं, भूमंडल के अन्यान्य देशों में भी छाया हुआ था। उन्हीं सर्वशक्तिमान् सत्ताधीश की सत्ता ही का नहीं, उनके वंश तक का नामोनिशान मिटाकर, रूस के किसान और सैनिक अब स्वयं ही वहाँ का शासन कर रहे हैं। यह सारी करामत संगठन की है। वहाँ के किसान और सैनिक आपस में गठ गए। उन्होंने कहा, जो जुल्म हम पर हो रहे हैं, उनका एकमात्र कारण यहाँ की बिगड़ी हुई शासन-व्यवस्था है। उसे तोड़ देना चाहिए। यह निश्चय करके उन्होंने अपना ऐसा संगठन किया जिसकी बदौलत उनका साध्य सिद्ध हो गया।" ('लेखांजलि', पृ. 168-69) इसका मतलब है, भारत के किसान और मजदूर भी संगठित होकर कुछ कर सकते हैं और उन्हें संगठित होना चाहिए।

6. किसानों और मजदूरों के संगठन की समस्या

अपने साहित्यिक जीवन के आरम्भकाल से ही द्विवेदी जी ने राजनीतिक और आर्थिक समस्याओं का अध्ययन किया था। शुरू से ही मजदूरों के संगठित होने की समस्या से उन्हें गहरी दिलचस्पी थी। विदेश में मजदूरों के संगठन की क्या हालत है, अपनी माँगों को लेकर मजदूर कैसे संघर्ष कर रहे हैं, पूँजी और श्रम के द्वन्द्व को हल करने के लिए किस तरह के प्रयास किये गए हैं, इन बातों की ओर उन्होंने ध्यान दिया था। भारत में मजदूरवर्ग आकार में अभी बहुत छोटा था। अधिकतर वह सरकारी प्रतिष्ठानों में काम करता था या ऐसे कारखानों में काम करता था जिनमें अधिकतर ब्रिटिश पूँजी लगी हुई थी। आकार में छोटा होने पर भी, असंगठित रहने पर और किसी क्रान्तिकारी पार्टी के अभाव में भी उसने तब भी अपने जुझारूपन का परिचय दे दिया था। 20वीं सदी के आरम्भ में वह अनेक हड़तालें कर चुका था। ये हड़तालें सीधे अंग्रेजी राज के विरुद्ध मजदूरों का संघर्ष थीं। द्विवेदी जी ने

इन हड़तालों को याद करते हुए लिखा था : "जी.आई.पी. रेलवे और सरकारी तारघरों के तारवालों का हड़ताल, बम्बई के चिट्ठीरसों का हड़ताल, जमालपुर के रेलवे-कारखाने के कारीगरों का हड़ताल, ई.आई. रेलवे के ड्राइवरों और गार्डों का हड़ताल और कलकत्ते के मेहतरों का हड़ताल अभी बहुत दिन की बात नहीं है।" ('सम्पत्तिशास्त्र', पृ. 202)

भारत का पूँजीपति वर्ग अभी ब्रिटिश कानून के अन्तर्गत कुछ संवैधानिक सुधारों की माँग करके संतुष्ट था किन्तु मजदूरवर्ग ने विदेशी शासन से टक्कर लेना शुरू कर दिया था।

जो व्यक्ति हड़तालों के बारे में ऐसा सजग था, वह मजदूरों के संगठन के प्रति उदासीन न रह सकता था। द्विवेदी जी देख रहे थे कि पश्चिमी देशों में जिस तरह के ट्रेड यूनियन कहलानेवाले संगठन हैं, वैसे यहाँ नहीं हैं। ट्रेड यूनियन की व्याख्या करते हुए उन्होंने लिखा था : "किसी व्यवसाय-विशेष से सम्बन्ध रखने वाले मजदूरों और कारीगरों आदि के संगठित समाज का नाम व्यवसाय-समिति है। व्यवसाय-समिति से हमारा मतलब Trades' Union से है। इस तरह के समाज इस देश में शायद एक भी नहीं हैं। पर होने की जरूरत है। 'चेम्बर ऑफ कामर्स' नामक व्यवसायियों के समुदाय को इस तरह के समाजों में कोई गिने तो गिन सकता है। कलकत्ते के व्यवसायी मारवाड़ियों का समाज भी कुछ-कुछ इसी तरह का है। इस देश में व्यापार-व्यवसाय की अब धीरे-धीरे उन्नति हो रही है। अतएव मजदूरों के हक की रक्षा के लिए व्यवसाय-समितियाँ, किसी-न-किसी दिन, यहाँ भी जरूर स्थापित होंगी। इस समय तो किसी-किसी पेशे से सम्बन्ध रखने वाले चौधरी ही यहाँ अधिक देखे जाते हैं। वही लोग कभी-कभी एका करके अपने पेशे के आदमियों की जरूरतें बढ़ाने या पूर्ववत् बनी रखने की कोशिश करते हैं।" (उप., पृ. 210-11)

जहाँ तक पता है, हिन्दी में मजदूरों के संगठन पर जोर देनेवाला यह उल्लेख सबसे पहला है। भारत की अन्य भाषाओं में इस विषय पर तब तक क्या लिखा गया था, यह अनुसंधान के लिए रोचक विषय है। 'सरस्वती' के सम्पादक अर्थशास्त्र पर ग्रंथ लिख रहे थे, और देश के मजदूरों के संगठन पर जोर दे रहे थे, इसमें तो सन्देह की गुंजाइश नहीं है। व्यवसाय करनेवाले व्यापारी संगठित हो रहे थे पर मजदूरों के संगठन नहीं थे। पूँजीवाद का नया विकास देखकर द्विवेदी जी ने लिखा था कि व्यापार-व्यवसाय की धीरे-धीरे उन्नति हो रही है, और भविष्यवाणी की थी कि मजदूरों के हक की रक्षा के लिए यहाँ भी व्यवसाय समितियाँ अवश्य स्थापित होंगी। बिरादरी के पुराने आधार पर चौधरी लोग जहाँ-तहाँ मजदूरों के मुखिया बने हुए थे। यह स्थिति संतोषजनक नहीं थी। उन्होंने फ्रांस, जर्मनी, इंग्लैंड और अमरीका का हवाला देते हुए बताया कि वहाँ व्यवसाय-समितियों का बड़ा जोर है। "वहाँ लोहे, लकड़ी, चमड़े, कोयले, कपड़े आदि के व्यवसायों में लगे हुए श्रमजीवियों ने

अपनी-अपनी समितियाँ बना रक्खी हैं।" ('सम्पत्तिशास्त्र', पृ. 211) द्विवेदी जी चाहते थे कि इस तरह की समितियाँ भारत में भी बनें।

मजदूरों का संगठित होना क्यों जरूरी है, इसके बारे में उन्होंने लिखा : "मजदूर लोग प्राय: अपढ़ होते हैं, कायदे-कानून से वाकिफ नहीं होते। फिर निर्धन होते हैं। इस कारण अपने वाजबी हकों को पाने के लिए भी पूँजीवालों से झगड़ा नहीं कर सकते। क्योंकि यदि पूँजीवाले कारखानेदार उन्हें काम से छुड़ा दें तो बेचारों को भूखों मरने की नौबत आवे। परन्तु अपने व्यवसाय की समिति का सभासद् हो जाने से ये डर दूर हो जाते हैं। समिति के कार्य्यकर्त्ता सभासदों के हकों के लिए पूँजीवालों से बाकायदा लड़ते हैं, उनकी उजरत बढ़ाने और काम के घंटों को कम करने की कोशिश करते हैं, और यदि पूँजी वाले श्रमजीवियों की उजरत कम करना चाहें तो वैसा न होने देने के लिए यथाशक्ति उपाय करते हैं।" (उप. पृ. 211)

इस पुस्तक में कई जगह द्विवेदी जी ने यह लिखा है कि मजदूरों और पूँजीपतियों के हितों में सहज विरोध है। उनके सामने पूँजीवादी शोषण की प्रक्रिया पूर्णत: स्पष्ट नहीं है और वे यह समझते हैं कि पूँजीपति मजदूरों से ज्यादा काम लेकर कम पैसे देना चाहते हैं, उधर मजदूर ज्यादा पैसे लेकर कम काम करना चाहते हैं, इसलिए झगड़ा होता है। मजदूर कहते हैं कि उन्हें हड़ताल करने का हक है और पूँजीपति कहते हैं कि उन्हें कारखाना बन्द करने का हक है। इसलिए दोनों को आपस में समझौता करके काम करना चाहिए। हड़तालों से बड़ा नुकसान होता है, हड़तालें अक्सर असफल होती हैं। हड़ताली मजदूरों की जगह नये मजदूर काम पर लाये जाते हैं और उनसे मारपीट की नौबत आ जाती है। 'ई.आई. रेलवे के बाबुओं ने अभी उस साल जो हड़ताल किया था उसमें उन्होंने काम पर जानेवाले अपने साथियों से बहुत ही बुरा बर्ताव किया था। किसी-किसी को मारने नहीं—मार डालने तक की—धमकी दी थी। ड्राइवरों की हड़ताल में तो, सुनते हैं, एक ड्राइवर पर गोली भी चलाई गई थी।" (उप., पृ. 206) द्विवेदी जी कानून के खिलाफ काम करने का विरोध करते हैं। मजदूरों को हड़ताल करने का अधिकार जरूर है लेकिन हड़ताल मुनासिब तौर पर करना चाहिए। किसी से जबरदस्ती हड़ताल कराना उचित नहीं है। फिर भी हड़तालें होती हैं और इसका मुख्य कारण मजदूरों की नहीं, पूँजीपतियों की अन्यायपूर्ण कार्यवाही है।

द्विवेदी जी कारखानेदारों की कैफियत बयान करते हुए कहते हैं : "ये लोग हड़ताल की तो हमेशा निन्दा करते हैं; हमेशा कहा करते हैं कि हड़ताल करना अच्छा नहीं; हड़ताल करनेवालों की शिकायतें हमेशा बेजड़ हुआ करती हैं; उनकी जितनी शिकायतें वाजबी होती हैं, उन्हें हम खुद ही दूर कर देते हैं। परन्तु इनको आप थोड़ा न समझिए। ये भी हमेशा अपनी घात में रहते हैं और आपस में एका करके कभी-कभी मजदूरों को एकबारगी छुड़ा देते हैं। मजदूरों से अधिक देर तक काम लेने के लिए, या

उनकी उजरत कम कर देने के लिए, या और किसी स्वार्थसिद्धि के लिए सब कारखाने वाले एक दिल होकर कभी-कभी अपने-अपने कारखानों के फाटक बन्द कर देते हैं। उनमें ताले लगाकर मजदूरों को भीतर नहीं धसने देते।" ('सम्पत्तिशास्त्र', पृ. 207)

द्विवेदी जी चाहते थे कि भारत का औद्योगिक विकास हो। नया औद्योगिक विकास होगा तो मजदूरों और पूँजीपतियों के बीच संघर्ष बढ़ेगा ही। हड़तालें चाहे जितनी खराब हों लेकिन एक स्थिति ऐसी आती है जब हड़ताल के अलावा मजदूरों के पास और कोई अस्त्र नहीं रह जाता। हड़ताल मजदूरों का एक अस्त्र है, यह बात वह बहुत अच्छी तरह जानते थे। मुनासिब हड़तालों के बारे में उन्होंने लिखा था : "संसार में बलवान् हमेशा ही निर्बल का पीड़न करता है। मजदूरों की अपेक्षा कारखानेदार अवश्य ही अधिक शक्तिवान् और सम्पत्तिशाली होते हैं। उनके हाथ से निर्बल और दरिद्र मजदूरों का पीड़न होना सम्भव है। कारखानों के मालिक हमेशा यही चाहते हैं कि काम बहुत ले, पर मजदूरी कम दे। ऐसी अवस्था में मजदूरों अथवा अन्यान्य श्रमजीवियों को बहुत कष्ट उठाने पड़ते हैं। उन्हें प्रतिदिन अधिक समय तक काम करना पड़ता है और उजरत कम मिलने के कारण उन्हें खाने-पीने और पहनने को भी काफी नहीं मिलता। इससे लाचार होकर उन्हें अपने दु:ख मालिक को सुनाने पड़ते हैं, शिकायतें करनी पड़ती हैं, अर्जियाँ देनी पड़ती हैं। अपनी तकलीफें दूर करने की वे भरसक सब तरह कोशिश करते हैं। इस पर भी यदि उनकी दाद-फरियाद काम न करे तो वे हड़ताल न करें तो करें क्या? ऐसे मौकों पर हड़ताल करना अनुचित नहीं। वह एक प्रकार का अस्त्र है। यदि वह उचित रीति पर, योग्य समय में, दृढ़तापूर्वक चलाया जाए तो चलाने वालों को सफलता होती है। योरप और अमरीका में इसके बहुत उदाहरण मिलते हैं। इस देश में भी, कई वर्ष हुए, ई. आई. रेलवे के ड्राइवरों ने जो हड़ताल किया था, उससे उनकी शिकायतें दूर हो गई थीं। नवम्बर, 1907 के हड़ताल का भी उनके लिए अच्छा ही फल हुआ। पर अभी कुछ दिन हुए, इसी रेलवे के स्टेशन के बाबू लोगों ने हड़ताल करके उलटा अपनी ही हानि कर ली। कारण यह हुआ कि दृढ़तापूर्वक सारी लाइन में हड़ताल न किया गया। और आपस में एकता न होने से कुछ लोग हड़ताल के समय भी काम करते रहे।" (उप., पृ. 203-04)

द्विवेदी जी मुनासिब माँगों के लिए मुनासिब ढंग से हड़ताल करने के पक्ष में हैं। मुनासिब ढंग में दो बातें जरूरी हैं : पहली, मजदूरों का संगठित होना; दूसरी, अपने संघर्ष को दृढ़तापूर्वक चलाना। रेल-मजदूरों ने हड़ताल करके सफलता पाई और रेल के बाबुओं ने हड़ताल करके सफलता न पाई, इसका कारण यह था कि रेल के बाबुओं की हड़ताल दृढ़तापूर्वक सारी लाइन में न की गई थी।

मई, 1907 की 'सरस्वती' में द्विवेदी जी ने माधवराव सप्रे का लेख 'हड़ताल' प्रकाशित किया। ऐसा लगता है कि द्विवेदी जी और सप्रे जी आपस में मिलकर मजदूर-संगठन की समस्या पर विचार करते थे और सप्रे जी अपनी सामग्री द्विवेदी

जी को 'सम्पत्तिशास्त्र' में इस्तेमाल करने के लिए दे देते थे। साथ ही सप्रे जी के अन्य लेखों से विदित होता है कि वह यथेष्ट प्राचीनता-प्रेमी थे, पुरानी समाज-व्यवस्था उन्हें प्रिय थी। द्विवेदी जी उस समाज-व्यवस्था को दोषपूर्ण मानते थे, उसकी आलोचना करते थे।

उक्त लेख के आरम्भ में ई.आई. रेलवे के नौकरों की हड़ताल, कलकत्ते के मेहतरों, बम्बई के चिट्ठीरसों, जी.आई.पी. रेलवे के तार बाबुओं की हड़ताल का जिक्र है। इनके साथ मिल मजदूरों की हड़तालों का भी हवाला है : "कई पुतलीघरों के मजदूरों ने भी हड़ताल की है'। इनके अलावा भी हड़तालों का सिलसिला बढ़ता जा रहा था। सप्रे जी कहते हैं : "जमालपुर और आसनसोल में तो, कुछ समय हुआ, हड़तालों की तेजी बहुत बढ़ गई थी। बंगाल-नागपुर रेलवे, नार्थ-वेस्टर्न रेलवे, अवध-रुहेलखंड रेलवे और अन्य-अन्य स्थानों में भी हड़ताल होने की आशंका हुई थी और [अब] भी कहीं-कहीं है। कोई-कोई कहते हैं कि इस समय हिन्दुस्तान में हड़तालों की बीमारी फैली है; कोई कहते हैं कि यह सब 'स्वदेशी आन्दोलन' का परिणाम है। कुछ भी हो, इसमें सन्देह नहीं कि हड़तालों का वास्तव सम्बन्ध, औद्योगिक और आर्थिक विषयों ही से है। किसी-किसी विशेष राजनीतिक स्थिति में भी हड़तालों का उपयोग होता है।" राजनीति का प्रश्न अलग रखकर केवल आर्थिक दृष्टि से हड़तालों का विवेचन करेंगे, सप्रे जी यह घोषणा करके हड़तालों का कारण बताते हुए कहते हैं : "जब किसी देश की सम्पत्ति थोड़े-से पूँजीवालों के हाथ में आ जाती है और अन्य लोगों को मजदूरी से अपना निर्वाह करना पड़ता है, तब पूँजीवाले अपने व्यापार का सब नफा स्वयं आप ही ले लेते हैं, और जिन लोगों के परिश्रम से यह सम्पत्ति उत्पन्न की जाती है, उनको वे पेटभर खाने को नहीं देते। ऐसी दशा में श्रम करनेवाले मजदूरों को हड़ताल करनी पड़ती है।"

लेख में आगे सप्रे जी बताते हैं कि मजदूरों की संख्या ज्यादा होती है, सभी को काम नहीं मिलता, इसलिए मजदूरी की दर घट जाती है। कारखानेवालों को बहुत नफा होता है पर "मजदूरों को दिनभर श्रम करने पर भी पेटभर भोजन नहीं मिलता। इसीलिए वे लोग हड़ताल किया करते हैं।" भारत में वर्ण-व्यवस्था के कारण उद्योग-धन्धों में होड़ न होती थी। सप्रे जी के विचार से जातिभेद या वर्णभेद अब चाहे दूषित माना जाए पर औद्योगिक अथवा आर्थिक दृष्टि से उससे लाभ होता था। अब वह व्यवस्था टूट रही है और पश्चिमी देशों की तरह यहाँ भी समाज-रचना बदल रही है। "हम यह नहीं कह सकते कि यह बात अच्छी है या बुरी; किन्तु यह अवश्य कहेंगे, कि समाज की परिवर्तित स्थिति के अनुसार इस देश के भिन्न-भिन्न व्यवसायियों और मजदूरों को स्पर्धा और हड़ताल करने की आवश्यकता प्रतीत होने लगी है।"

सप्रे जी वर्ग-विरोध के बढ़ने का कारण पूँजीपतियों की इस प्रवृत्ति को मानते हैं कि सारा मुनाफा खुद ही हड़प लें, और इस प्रवृत्ति को वह मनुष्य का स्वभाव मानते

हैं। कहते हैं : "मनुष्य का स्वभाव ही ऐसा है कि वह अपने नफे का हिस्सा किसी दूसरे को देना नहीं चाहता। जो पूँजीवाले अपनी पूँजी लगाकर बड़े-बड़े व्यवसाय करते हैं, वे यही चाहते हैं कि सब नफा अपने ही हाथ में बना रहे—जिन मजदूरों के श्रम से व्यवसाय किया जाता है, उनको उस नफे का कुछ भी हिस्सा न मिले। इसी को अर्थशास्त्र में 'पूँजी और श्रम का हित-विरोध' कहते हैं।" यद्यपि लेखक के अनुसार अपना मुनाफा दूसरों को न देना मनुष्य का स्वभाव है, तथापि वह पूँजी और श्रम के बुनियादी हित-विरोध को पहचानता है।

बहुत-से लोग हड़तालों की निन्दा करते हैं और मजदूरों पर दोष लगाते हैं। हड़तालों से कारखानेवालों और मजदूरों, दोनों को नुकसान होता है : "तथापि इसमें सन्देह नहीं कि मजदूरों को अपने स्वत्व की रक्षा करने का पूरा अधिकार है।" मजदूर और कारखानेदार के बीच दुकानदार और ग्राहक का नाता है। यहाँ दुकानदार मजदूर है और ग्राहक है पूँजीपति। मजदूर दुकानदार के रूप में पूँजीपति-ग्राहक को अपनी 'श्रम-शक्ति' बेचता है, सप्रे जी यह नहीं कहते। पर वे यह जानते हैं कि मजदूर निश्चित तनखाह पर निश्चित समय के लिए श्रम करता है, तभी वह अपना 'श्रम' पूँजीपति के हाथ बेचता है। मार्क्स की प्रारम्भिक रचनाओं में 'श्रम-शक्ति' की जगह 'श्रम' बेचने की बात है। उससे मिलती-जुलती स्थापना यहाँ है : "यदि मजदूर अपने श्रम को कारखाने वालों के मुँह माँगे दाम पर न बेचें, तो क्या वे दोषी या अपराधी हो सकते हैं? कदापि नहीं।" श्रम बेचने में मजदूर स्वतंत्र हैं, इसी आधार पर वह नैतिक दृष्टि से उनके संघर्ष का समर्थन करते हैं। लिखा है : "नीतिदृष्टि से वे किसी प्रकार दोषी नहीं कहे जा सकते। अतएव जब श्रम करनेवाले मजदूर अधिक तनख्वाह पाने, या अपनी तनख्वाह की दर घटने न देने, या अपने अन्य दुःखों को दूर करने के लिए एकत्र होकर हड़ताल करते हैं तब (जब तक वे औरों की स्वाधीनता का भंग न करें, तब तक) उन्हें किसी तरह दोषी समझना न चाहिए।"

आजकल कुछ मार्क्सवादी नेताओं को यह सोच-सोचकर अफसोस होता है कि भारत से जो लोग इंग्लैंड गए, वे अपने साथ मार्क्स के ग्रंथ क्यों न ले आए, और इस पर भी दुःख होता है कि 1917 की रूसी क्रान्ति के बाद भी काफी दिन तक उन्हें मार्क्सवाद की पुस्तकें पढ़ने को न मिलीं। इसलिए वे भारत के स्वाधीनता-आन्दोलन में मजदूरवर्ग की क्रान्तिकारी भूमिका समझने में पिछड़ गए। मार्क्सवाद की पुस्तकें सुलभ हो जाने के बाद उन्होंने मजदूरवर्ग को दृढ़तापूर्वक संगठित कर लिया हो और देश की परिस्थिति के अनुसार उसे क्रान्तिकारी मार्ग पर आगे ले चले हों, ऐसा देखने में नहीं आया।

माधवराव सप्रे के इस महत्त्वपूर्ण लेख में वे मुख्य बातें आ गई हैं जिनसे मजदूर संगठित होकर अपना आन्दोलन चला सकते थे। वे 'श्रम-शक्ति' बेचने के बदले अपना 'श्रम बेचते हैं, सैद्धान्तिक दृष्टि से इतना ही फर्क है, और 'श्रम' बेचने

की बात स्वयं मार्क्स ने पहले कही थी। इस लेख में खास बात यह है कि लेखक अंग्रेजी राज के विरुद्ध संघर्ष में मजदूरों की भूमिका स्पष्ट करता है, और यह देखना दिलचस्प होगा कि मेरठ षड्यंत्र के मुकदमे में साम्यवादी नेताओं ने जो बयान दिये थे, उनमें मजदूरवर्ग की यह साम्राज्य-विरोधी भूमिका स्पष्ट थी या नहीं, पर भारत में मार्क्सवादी साहित्य के आने, कम्युनिस्ट पार्टी का जन्म होने और मेरठ वाला मुकदमा चलने से बहुत पहले मजदूर अपने अनुभव से सही रास्ते पर चल चुके थे। उन्हें मार्क्सवाद की शिक्षा देने से पहले उनकी इस गतिविधि का अध्ययन कर लेना बहुत आवश्यक था, पुराने इतिहास को समझने के लिए आज भी आवश्यक है।

भारत में मजदूर-आन्दोलन की स्थिति और इस आन्दोलन के लिए मजदूर-संगठनों की आवश्यकता के बारे में माधवराव सप्रे कहते हैं : "जब तक मजदूर लोग अज्ञानी थे और अपने हित-साधन के लिए, एकत्र होकर उद्योग नहीं कर सकते थे, तब तक पूँजीवाले मनमानी मौज करते थे। परन्तु जब से देश में दुर्भिक्ष आदि अनेक कारणों से अनाज महँगा होने लगा और लोग दिनभर मिहनत करके भी भूखों मरने लगे, तब से उन लोगों की आँखें खुलीं। तब से उनको एकत्र होकर अपने स्वत्व की रक्षा करने का महत्त्व मालूम हुआ। परन्तु इस प्रकार उद्योग करनेवाले लोगों की एकता के चिरस्थायी न होने के कारण उनकी हड़ताल से बहुत लाभ नहीं होता। भिन्न-भिन्न व्यवसाय के लोगों को, एकता चिरस्थायी करने के लिए, व्यापारिक समाज (Union) स्थापित करना चाहिए। व्यापारिक समाजों से बड़ा भारी लाभ होता है कि सब मजदूर एकत्र होकर पूँजीवालों के साथ अपने स्वत्व की रक्षा के लिए बराबरी से लड़ सकते हैं और प्रसंगानुसार कुछ दिनों तक बिना काम के खाली भी रह सकते हैं। जिन मजदूरों को व्यापारी समाज का आश्रय नहीं रहता, वे लोग बड़ी-बड़ी पूँजीवालों की चंगुल में सहज ही आ जाते हैं।"

यहाँ व्यापारी समाज का मतलब मुनाफा कमानेवाले व्यापारियों का समाज नहीं है। अंग्रेजी के 'यूनियन' शब्द का हिन्दी पर्याय 'समाज' रखा गया और 'ट्रेड' का पर्याय 'व्यापार' अथवा 'व्यापारिक' रखा गया। सप्रे जी का आशय है मजदूरों के यूनियन बनाने से, विभिन्न उद्योग-धन्धों में श्रमिकों के संघ कायम करने से। इस तरह के संघों से मजदूरों को क्या लाभ हो सकता है, इस विषय में वह आगे कहते हैं : "किसी एक व्यवसाय में काम करनेवालों की स्थापित की हुई मंडली, समवाय, सभा या संघ को व्यापार-समाज (Union) कहते हैं। इस समाज से मजदूरों को दो लाभ होते हैं : पहला यह कि आपत्तिकाल में समाज द्वारा उन लोगों की सहायता की जाती है, जिनको कारखानों के मालिक काम पर से अलग कर देते हैं। दूसरा यह कि जिस कारखाने में वे लोग काम करते हैं, वहाँ उनको अधिक तनख्वाह दिलाने या काम के घंटे घटाने का उद्योग किया जाता है। और जब-जब मौका आता है तब-तब मंडली अर्थात् समाज के प्रबन्धकर्ता अपने सभासदों की ओर से

कारखाने वालों के साथ पत्र-व्यवहार आदि करके झगड़ों का तसफिया कर लेते हैं। मंडली के नियमों के अनुसार, प्रत्येक मजदूर को जो, सभासद होता है, हर महीने कुछ चन्दा देना पड़ता है।"

आगे बतलाते हैं कि इंग्लैंड में ऐसे व्यापार-समाज बहुत हैं। पुतलीघरों में, जहाज बनाने के कारखानों में मजदूरों ने अपनी सभाएँ बना ली हैं। इस प्रकार सन् 1900 में इंग्लैंड के 19 लाख मजदूर संघबद्ध हो गए थे। भारत में ऐसे संघ कायम करने की आवश्यकता पर जोर देते हुए माधवराव सप्रे कहते हैं : "इसी प्रकार की सभाएँ इस देश में भी होनी चाहिए। प्रेसमैन, कम्पोजिटर, सिग्नेलर (तारबाबू), पोस्टमैन, पुतलीघरों के मजदूर, खलासी, रेलवे के नौकर आदि लोगों को अपने-अपने व्यवसायों के क्लेश दूर करने के लिए सभा, संघ, मंडली, समवाय, यूनियन इत्यादि (स्थापित करना चाहिए, और उन्हीं के द्वारा उन लोगों को इस बात का निर्णय करना चाहिए कि अपने स्वत्वों की पूरी-पूरी रक्षा होती है या नहीं। यदि आजकल कोई किसी यूनियन के आश्रय के बिना हड़ताल करेगा, तो उसे कदापि सफलता प्राप्त न होगी। हड़तालों की सफलता के लिए, सब लोगों की सहायता और सहानुभूति की आवश्यकता है।"

इंग्लैंड की तरह यहाँ भी मजदूर सभाएँ बननी चाहिए, पर इंग्लैंड और भारत की परिस्थितियों में अन्तर है। यह अन्तर किस प्रकार का है? भारत में मजदूरवर्ग की भूमिका, ब्रिटिश मजदूरों की भूमिका जैसी होगी या उससे भिन्न होगी?—सप्रे जी ने इन प्रश्नों का बहुत स्पष्ट उत्तर दिया। वह इस प्रकार है : "श्रम और पूँजी में (अर्थात् मजदूरों और कारखाने वालों में) जो हित-विरोध होता है, उसका नाश करने के लिए यूरोप में यूनियन के सिवा और भी अनेक उपाय किये जाते हैं। परन्तु यूरोप और हिन्दुस्तान की आर्थिक तथा औद्योगिक दशा में आकाश-पाताल का अन्तर है। वहाँ के सब कारखाने स्वतंत्र हैं, किन्तु यहाँ एक भी ऐसा कारखाना नहीं है जो किसी-न-किसी तरह सरकार की कृपा पर अवलम्बित न हो। यथार्थ में इस देश के सब कारखाने या तो खुद सरकार के हाथ में हैं, या सरकार के आश्रित हैं। जैसे रेलवे, टेलिग्राफ, पोस्ट आफिस, आबपाशी, अकाल-रक्षण आदि सब सरकार ही के अधीन हैं। यदि यह कहा जाए कि इस देश की गवर्नमेंट एक बड़े भारी कारखाने की मालिक है तो अतिशयोक्ति न होगी।"

जैसे जमीन पर अंग्रेजों का इजारा था, वैसे ही उनका इजारा व्यवसाय पर था। अंग्रेज यहाँ के सबसे बड़े जमींदार थे तो वही सबसे बड़े पूँजीपति भी थे। इसलिए यहाँ मजदूरों का संघर्ष पूँजीपतियों के विरुद्ध साधारण संघर्ष न हो सकता था। उनके संघर्ष का मतलब था राज्यसत्ता से सीधे टक्कर लेना। माधवराव सप्रे यह बात अच्छी तरह जानते थे। लेख के अन्त में कहते हैं : "जब इस प्रकार के मालिक के मजदूर पेटभर भोजन पाने और सुख से रहने का दावा करते हैं, और राज-सत्ता से वह दावा

नामंजूर किया जाता है, तब वह केवल अर्थशास्त्र ही का विषय नहीं रह जाता; उस समय केवल अर्थशास्त्र के साधारण नियमों का अवलम्बन करने से कुछ लाभ नहीं होता। ऐसी दशा में अन्य उपायों का अवलम्बन करना पड़ता है, जिनका वर्णन इंग्लैंड और यूरोप के अन्य देशों के इतिहासों में किया गया है। परन्तु इस विषय की चर्चा 'सरस्वती' में नहीं की जाती, क्योंकि उसका सम्बन्ध राजनीति से है।"

आशय समझने में कठिनाई नहीं है। अंग्रेजी कानून का ध्यान रखते हुए 'सरस्वती' जैसी पत्रिका में अपनी बात कहना है। यहाँ की ब्रिटिश सरकार एक बड़े भारी कारखाने की मालिक की तरह है। सारे मजदूर इसी मालिक की देख-रेख में काम करते हैं। ये मजदूर पेटभर भोजन के लिए दावा करते हैं पर राज्यसत्ता उनका दावा मंजूर नहीं करती। तब इसके बाद एक ही बात हो सकती है कि जनता के अन्य वर्गों के साथ मिलकर मजदूर भी स्वाधीनता के लिए संघर्ष करें। जैसे जमीन के लिए किसान की लड़ाई आजादी की लड़ाई का अंग बन जाती है, वैसे ही रोटी-रोजी के लिए मजदूरों का संघर्ष स्वाधीनता-संग्राम का अंग बन जाता है। स्वदेशी आन्दोलन पूरी ताकत से चले, इसके लिए जरूरी था कि मजदूरवर्ग अंग्रेजों के विरुद्ध, हड़तालों के माध्यम से, संघर्ष करे। स्वदेशी आन्दोलन के नेताओं को यह बात उतना ही नापसन्द थी जितना जमीन के लिए किसानों का संघर्ष करना। पर यह सत्य है कि हिन्दी लेखक स्वाधीनता-आन्दोलन की सफलता के लिए यह समझने लगे थे कि किसानों और मजदूरों का संगठन और उनका संघर्ष आवश्यक है। माधवराव सप्रे और महावीरप्रसाद द्विवेदी, दोनों ही मजदूरों के संगठन बनाने पर जोर दे रहे थे। द्विवेदी जी ने किसानों के संगठन पर भी लेख लिखा और उन्होंने जनार्दन भट्ट का लेख—'हमारे गरीब किसान और मजदूर'—'सरस्वती' में छापा जिसकी चर्चा हम आगे करेंगे। यहाँ देखना यह है कि पूँजीपतियों और मजदूरों के आपसी विरोध के बारे में द्विवेदी जी क्या सोचते थे, उसे दूर करने के बारे में उनकी समझ में कौन-से उपाय कारगर हो सकते थे।

माधवराव सप्रे के एक अप्रकाशित लेख का हवाला देते हुए उन्होंने 'सम्पत्तिशास्त्र' में लिखा : "कारखानों की बदौलत सम्पत्ति की जो वृद्धि होती है और उससे कारखाने वालों को जो मुनाफा होता है, उसका कुछ भी अंश मजदूरों को नहीं मिलता। पूँजी वाले कारखानेदार सारा मुनाफा खुद ही ले जाते हैं। वे सिर्फ अपने फायदे की तरफ देखते हैं; मजदूरों के फायदे की कुछ परवा नहीं करते।" (पृ. 214) इससे मजदूरों और पूँजीपतियों के बीच विरोध बढ़ता है। इस विरोध को दूर करने के लिए यूरोप और अमरीका में एक उपाय यह किया गया है कि पूँजीपतियों के लाभ का कुछ हिस्सा मजदूरों को दिया जाए। इससे मजदूरों को विश्वास होगा कि 'हम दोनों का हित एक-सा है'। किन्तु इससे समस्या हल नहीं होती। कारण यह कि 'जब किसी व्यवसाय में बहुत मुनाफा होने लगता है, तब लालची पूँजी वाले अपने मजदूरों

को उस मुनाफे का काफी हिस्सा नहीं देते। इससे मालिक और मजदूरों में फिर हित-विरोध पैदा हो जाता है।" ('सम्पत्तिशास्त्र', पृ. 217)

इसके बाद एक कदम और आगे बढ़कर पूँजीपति अपने मजदूरों से भी थोड़ी-थोड़ी पूँजी लेकर व्यवसाय में लगाते हैं। फिर भी झगड़े बने रहते हैं। इसलिए अन्त में द्विवेदी जी इस नतीजे पर पहुँचते हैं : "यदि कहीं मजदूर ही पूँजी वाले हो जाएँ तो इस झगड़े और इस हित-विरोध का समूल ही नाश हो जाए।" (उप., पृ. 219) मतलब यह कि जब तक पूँजीपति रहेंगे, मुनाफा रहेगा, तब तक वर्ग-विरोध भी रहेगा। इसलिए पूँजीवादी उत्पादन के बदले मजदूरों द्वारा सहकारिता के आधार पर उत्पादन का संगठन करना चाहिए। सहकारिता की व्याख्या करते हुए द्विवेदी जी ने लिखा : "जब किसी व्यवसाय में लगी हुई सब पूँजी उस व्यवसाय में श्रम करनेवाले मजदूरों या अन्य लोगों की ही होती है तब उसे सहोद्योग कहते हैं। इस रीति से व्यापार-व्यवसाय करने में किसी तरह का हित-विरोध नहीं होता। इससे सम्पत्ति की उत्पत्ति और उसके विभाग में बहुत लाभ होता है।" (उप.) पूँजीपतियों के बिना मजदूर ही जब उद्योग-धन्धे चलाएँगे, तब उत्पादन तेजी से बढ़ेगा और उसका फल सारे समाज को मिलेगा। उत्पादन से जो कुछ प्राप्त होता है, उसके वितरण में इस रीति का उपयोग किया गया है, पर उत्पादन में द्विवेदी जी के अनुसार, इसका उतना उपयोग नहीं किया गया। भविष्य के बारे में वह सोचते हैं : "आशा है कि मनुष्य समाज जैसे-जैसे सुशिक्षित और सभ्य होता जाएगा वैसे ही वैसे इस तत्त्व का महत्त्व अधिकाधिक लोगों के ध्यान में आता जाएगा।" (उप.) उनका विचार है कि सहकारिता की प्रथा के आधार पर खेती का संगठन भी होना चाहिए।

द्विवेदी जी और उनके सहयोगी लेखक समाजवाद की उस विचारधारा से परिचित थे, जिसे यूटोपियन सोशलिज्म कहा जाता है। 'लिबर्टी' के अनुवाद के साथ मिल का जो जीवन-चरित छपा था, उसमें ऐसे ही एक समाजवादी सैंट साइमन का जिक्र है। 'सैंट साइमन फ्रांस का प्रसिद्ध तत्त्ववेत्ता था। सोशियालिस्ट पंथ की जड़ इसी ने जमाई थी।" (पृ. 21) इसी जीवन-चरित में सहकारिता के आधार पर उद्योग चलाने की बात कही गई है : "समाज के जुदा-जुदा पेशा करनेवाले लोगों को अपनी पूँजी एकत्र करके संयुक्त श्रम करना चाहिए और उससे जो मुनाफा हो, उसे बाँट लेना चाहिए। सोशियालिस्टों की समाज-स्थिति सुधारने की यह कल्पना यद्यपि उसे (मिल को) पसन्द आई, किन्तु इसका व्यवहार में परिणत होना उसे असम्भव मालूम हुआ।" (पृ. 22) पूँजीवादी व्यवस्था के कायम रहते हुए मजदूरों की सहकारिता के आधार पर समाज की स्थिति को बदलना मिल को भी अव्यावहारिक मालूम होता था। ब्रिटेन में मजदूरों और पूँजीपतियों के बीच संघर्ष बढ़ा। सरकार ने मजदूरों का दमन किया और उनकी सभा पर पाबन्दी लगा दी। इस पर 'मजदूरों ने कुपित होकर

यह निश्चय किया कि अस्त्र-शस्त्र से सुसज्जित होकर फिर सभा करनी चाहिए। इधर प्रधान मंडल ने फौजी अफसर को आज्ञा दी कि यह सभा हरगिज न होने पावे। लोगों को भय हो गया कि अब शान्ति रहना कठिन है। कोई न कोई भयंकर अनर्थ हुए बिना न रहेगा। ऐसी स्थिति में मजदूरों को क्या करना चाहिए था? मिल ने मजदूरों से कहा : "भाइयो, सरकारी फौज के साथ युद्ध करना दो अवस्थाओं में ठीक हो सकता है : एक तो बलवा करने योग्य राज्य की अव्यवस्था हो और दूसरे, अपने पास कम-से-कम इतनी तैयारी हो कि बलवा किया और उसमें विजय प्राप्त हो। यदि तुम समझो कि राज्य की व्यवस्था ठीक नहीं है और हमारी तैयारी भी पूरी-पूरी है तो बेशक बलवा कर डालो; मैं नहीं रोकता।" (पृ. 50)

यह वह समय था जब ब्रिटेन का पूँजीपति वर्ग मजदूर-आन्दोलन का दबाव डालकर भूस्वामीवर्ग से सत्ता छीनने का प्रयत्न कर रहा था। मिल की बात ऊपर से देखने में ठीक जान पड़ती थी पर उसका वस्तुगत परिणाम यह हुआ कि भूस्वामियों को हटाकर पूँजीपतियों ने सत्ता पर अधिकार किया, मजदूरों ने आन्दोलन किया पर अधिकारहीन बने रहे। यूटोपियन सोशलिस्टों तथा मिल जैसे उपयोगितावादियों से महावीरप्रसाद द्विवेदी में अन्तर यह है कि द्विवेदी जी मजदूरों के सक्रिय संघर्ष के विरोधी नहीं थे और न वह यह चाहते थे कि राज्यसत्ता पूँजीपतियों के हाथ में बनी रहे। कुछ दिन के लिए ब्रिटेन में पहली बार लेबर पार्टी की सरकार बनी। द्विवेदी जी ने इस सरकार के बारे में लिखा : "जो लोग हजारों हाथ गहरी खानों के भीतर कोयला खोदते थे, जो लोग एंजिनों में ईंधन झोंकते थे; जो स्टेशनों और बन्दरगाहों पर बार-बरदारी करते थे; जो बढ़ई, लुहार, मेमार आदि का काम करके अपनी जीविका का निर्वाह करते थे, उन्हीं ने संगठन करके वहाँ के शासन का सूत्र बड़े-बड़े दिग्गज विद्वानों, नीतिनिपुणों, व्यवसायियों और लखपतियों से छीनकर अपने हाथ में कर लिया था।" ('लेखांजलि', पृ. 168) द्विवेदी जी ने ये बातें किसानों के संगठन का महत्त्व बतलाते हुए कही थी। लेबर पार्टी मजदूरों की राज्यसता कायम नहीं कर सकी, पर यह स्पष्ट है कि द्विवेदी जी चाहते थे कि ऐसा हो। इसलिए इसी लेख में उन्होंने रूसी क्रान्ति का जिक्र किया और उसका समर्थन किया। इस तरह वह कल्पनाशील समाजवाद की सीमाएँ लाँघ जाते हैं।

जून, 1914 की 'सरस्वती' में द्विवेदी जी ने जनार्दन भट्ट का एक लेख छापा था : 'हमारे गरीब किसान और मजदूर'। इसमें बताया गया है कि दुनिया के थोड़े-से अमीरों और लखपतियों को छोड़कर, जिनकी जिन्दगी बहुत आराम से कटती है, बहुत थोड़े मनुष्य ऐसे मिलेंगे जिनको रोटी के सवाल का सामना न करना पड़ता हो। जो अपना पेट नहीं भर पाते, वे विवश होकर सोचते हैं : "एक तरफ झोपड़े में रहनेवाला एक किसान, मय अपने बाल-बच्चों के, दो रोज से फाके कर रहा है और दूसरी ओर एक अमीर ऐयाश अपने महलों में शराब के प्याले उड़ा रहा

है। एक मनुष्य माघ-पूस के जाड़ों में ठिठुरा हुआ राम-राम करके रात काट देता है, और दूसरा मखमली गद्दे पर सोया हुआ स्वर्ग का सुख भोग रहा है।" हिन्दी में श्रमिक जनता की वर्ग-चेतना के अभ्युदय का यह प्राथमिक रूप था। 1936 के बाद प्रगतिशील साहित्यिक आन्दोलन के दौर में ऐसी बातें अक्सर कही गईं। प्रगति-विरोधियों ने रूस की नकल, भारतीय संस्कृति के नाश का हल्ला मचाया। पर 1914 में अभी रूसी क्रान्ति न हुई थी। और यह सब 'सरस्वती' ने छापा था।

यूरोप और अमरीका के मजदूर संगठित हो रहे हैं, वे अपनी दशा के लिए पूर्वजन्म या ईश्वर को जिम्मेदार नहीं मानते, वे इस दशा का कारण पूँजीवाद को मानते हैं, भारतीय लेखक यह सब देख रहे थे। जनार्दन भट्ट ने पश्चिमी देशों में मजदूरों के संगठन पर ध्यान देते हुए लिखा : "योरप और अमरीका का मजदूर इस अन्याय और भेद को मनुष्य का किया हुआ मानता है। उसकी समझ में गरीबी और अमीरी के भेद का कारण यह है कि जब धन पैदा करने और बाँटने का समय आता है तब जो आदमी अनाज, कपड़े आदि के रूप में धन पैदा करता है, वह कुछ नहीं पाता और दूसरा अर्थात् कैपिटलिस्ट (धनिक) अपने धन के बल से पहले के पैदा किये हुए धन को हड़प कर जाता है। योरप का मजदूर इस अन्याय को हाथ पर हाथ रखकर नहीं सह लेता। वह इस अन्याय को दूर करने का भरपूर प्रयत्न करता है। वह इस तरह की सभाएँ और सोसायटियाँ कायम करते हैं, जिनके मेम्बर मजदूर-दल के ही लोग होते हैं। उन सभाओं की तरफ से व्याख्यान दिये जाते हैं और अनेक पत्र और पुस्तकें प्रकाशित की जाती हैं। इन पत्रादिक का उद्देश्य यह होता है कि मजदूर-दल के लोगों को यह बतला दिया जाए कि उनके ऊपर कैसा अत्याचार हो रहा है। उस अत्याचार को मिटाने के क्या-क्या उपाय हैं। उनके क्या अधिकार हैं; जो धन वे पैदा करते हैं, वह किस तरह भिन्न-भिन्न दलों में बाँटा जाता है; उन्हें क्या मिलता है और निकम्मे अमीरों को क्या मिलता है, इत्यादि। किन्तु भारतीय किसान और मजदूर, मूर्ख होने के कारण, अपने दुःख और दारिद्र्य को अपने भाग्य पर फेंककर संतोष कर लेता है। वह एक की गरीबी और दूसरे की अमीरी को अपने-अपने पूर्व-कर्मों का फल समझकर अपनी दरिद्रता को दूर करने का कोई उपाय नहीं करता।"

आशय बहुत ही स्पष्ट है कि हिन्दुस्तान के किसान और मजदूर जब तक पूर्व-कर्म और भाग्य के भरोसे बैठे रहेंगे, तब तक उनकी गरीबी दूर न होगी। जनार्दन भट्ट यह नहीं मानते कि जब से मनुष्य-जाति है, तब से गरीबी बनी हुई है। मनुष्य को अपनी स्थिति से संतोष न हो, वह बात अलग है। आज के जमाने में मनुष्यों को प्राण-रक्षा के लिए काफी भोजन और काफी वस्त्र नहीं मिलते। पूँजीवाद ने जिस सभ्यता का प्रसार किया है, उसमें करोड़ों आदमी गरीबी में दिन काटते हैं और भूखों मरते हैं। लिखा है : "इस प्रकार की दरिद्रता इतनी अधिक पहले कभी न

थी जितनी इस जमाने में है। यद्यपि हम बड़े अभिमान के साथ कहते हैं कि हमारा जमाना अत्यन्त सभ्यता का जमाना है, हमारा समय रेल-तार का समय है, किन्तु वह सभ्यता किस काम की जिसमें संसार के करोड़हा मनुष्य भूखों मर रहे हों?"

तब पूर्व और पश्चिम का भेद देखा जाए या गरीब और अमीर का भेद देखा जाए? जनार्दन भट्ट देखते हैं कि भारत जैसे देशों को लूटनेवाले यूरोप के मजदूर नहीं हैं, वहाँ के पूँजीपति हैं। वहाँ भी गरीबी है, वहाँ भी शोषित जनता है। कहते हैं : "विचारपूर्वक देखा जाए तो संसार के हर एक देश में, चाहे वह इंग्लैंड हो चाहे हिन्दुस्तान, दो जातियाँ दिखाई पड़ेंगी। एक ओर तो धनी हैं, जिनकी संख्या संसार में बहुत थोड़ी है और जो हर तरह के ऐशोआराम में अपना जीवन बिताते हैं और, दूसरी ओर एक बहुत बड़ी संख्या उन अभागों की है जो किसी तरह बड़े परिश्रम और कष्ट से अपने जीवन की रक्षा कर सकते हैं। इन गरीबों की हालत प्राचीन रोम के गुलामों से भी बदतर है। यद्यपि प्राचीन रोम के गुलाम बिना पैसे-कौड़ी के होते थे, वे पृथ्वी के स्वामी नहीं हो सकते थे, तथापि उनकी शारीरिक आवश्यकताओं को उनके स्वामी पूर्ण कर देते थे। उनको काफी खाना और कपड़ा हमेशा मिल जाता था। किन्तु आजकल का बेचारा करीब किसान और मजदूर भोजन और कपड़े के लिए भी तरसता है। उसको कोई चार पैसे देनेवाला नहीं है। उसका कोई रक्षक और वकील नहीं। अगर यह किसान या मजदूर उन गुलामों से जियादह स्वतंत्र हुए तो वह स्वतंत्रता इसलिए है कि वह स्वच्छंदता के साथ, बिना रोकटोक, भूखों मर सके।" पूँजीवादी प्रचारक मनुष्य की जिस आजादी के गुन गाते नहीं अघाते, उसका रहस्य यहाँ प्रकट कर दिया गया है। जो लोग भारतीय संस्कृति और हिन्दी साहित्य की परम्परा पर गर्व करते हैं, वे जनार्दन भट्ट के इन वाक्यों पर विचार करें।

जो लोग सामन्ती शासन से क्षुब्ध होकर सामाजिक न्याय वाली व्यवस्था में जीवन बिताना चाहते थे, उन्हें सहज ही पूँजीपति-विरोधी मजदूरों की लड़ाई से सहानुभूति थी। "किसान अनाज पैदा करता है, किन्तु आप भूखा रहता है। जुलाहा कपड़ा बुनता है, परन्तु आप जाड़ों में भयानक सरदी से ठिठुरा करता है। मेसन और मजदूर दूसरों के लिए बड़े-बड़े मकान तैयार करते हैं, परन्तु उन्हें टूटे-फूटे झोपड़ों ही में रहना नसीब है। उधर जो हाथ से काम नहीं करता, वह रुपये के जोर से इन गरीबों के पैदा किये हुए सुखों और भोगों को भोगता है।" पुरानी व्यवस्था में जो जितना ही कामचोर था, उतना ही इज्जत वाला समझा जाता था। पर अब नई सामाजिक चेतना के प्रसार के साथ-साथ सामाजिक मूल्य बदल रहे हैं, इज्जत-आबरू के पैमाने बदल रहे हैं।

जनार्दन भट्ट भारत की ऊँच-नीच के भेदभाव वाली जाति-प्रथा को ध्यान में रखते हुए कहते हैं : "कैसे आश्चर्य की बात है कि जो अन्न पैदा करता है, कपड़ा

बुनता है, नगर की सफाई करता है, अपने टैक्स के रुपये से स्कूल-कालेज खोलता है, वह हमारे समाज में सबसे नीचे समझा जाता है। उसका छूना पाप है। किन्तु ऊँची जाति वाले को चाहे वह कितना ही निकम्मा और दु:शील क्यों न हो, हम बड़ी इज्जत की निगाह से देखते हैं। समाज में वही श्रेष्ठ समझा जाता है।"

इसके दो कारण हैं : एक कारण यह पुराना विचार है कि शूद्र का काम सेवा और मजदूरी करना है। दूसरा, लोगों के दिलों में बड़ी मजबूती से जमा हुआ यह विश्वास है कि हाथ के परिश्रम से विद्या का कोई सम्बन्ध नहीं है। जो इज्जत निठल्लेपन से मिलती है, उसकी जगह जनार्दन भट्ट वह नया सामाजिक मूल्य प्रतिष्ठित कर रहे हैं जिसमें श्रम का महत्त्व स्वीकार किया गया है। वह समझाते हैं कि शूद्र और मजदूर अपनी निर्धनता के कारण अशिक्षित रह जाते हैं; 'शिक्षा बिना रुपये के नहीं मिल सकती।' और यदि किसान का बेटा पढ़-लिख जाए तो वह हल चलाने में अपनी बेइज्जती समझता है। जनार्दन भट्ट उस भविष्य का स्वप्न देखते हैं जिसमें पढ़े-लिखे लोग भी समाज के लिए उपयोगी श्रम करेंगे। लिखा है : "वह दिन बड़े ही सौभाग्य का दिन होगा जब कालेज से निकले हुए नवयुवक अपनी-अपनी सनद को जेब में रक्खे हुए लुहार और बढ़ई आदि के कामों को करने लगेंगे और काम करने से समय मिलने पर शेक्सपियर और मिल्टन, कालिदास और भवभूति से अपना मनोरंजन करेंगे।"

शारीरिक परिश्रम करनेवाले शिक्षित हो जाएँ, भुखमरी के देश भारत के लिए यह भी केवल सपना था। शारीरिक और मानसिक श्रम करनेवालों का भेद मिटाना साम्यवादी व्यवस्था कायम होने पर ही सम्भव है। तब तक मानसिक श्रम करनेवालों का यह कर्तव्य होता है कि उन्होंने जो शिक्षा पाई है, उसका लाभ केवल अमीरों को न हो, वरन् अशिक्षित जनसमुदाय के हित के लिए उसका उपयोग हो। जनार्दन भट्ट देख रहे हैं कि वर्तमान समाज वर्गों में बँटा हुआ है और उसका एक वर्ग पढ़े-लिखे लोगों का है जिसे मध्य वर्ग कहते हैं। इस वर्ग की कैफियत यह है : "एक अत्यन्त गरीब और दूसरा अत्यन्त अमीर—इन दो श्रेणियों के बीच के लोग मध्यम श्रेणी वाले कहलाते हैं। ये लोग दिमागी काम करके अपना गुजारा करते हैं।"

अब प्रश्न यह है कि ये किसानों और मजदूरों की सेवा क्यों करें? सेवा का कारण यह है कि वकालत, डाक्टरी, मुहर्रिरी आदि जिन पेशों में मध्यवर्ग के लोग काम करते हैं, उनमें बड़ी भीड़ है। "इन पेशों में काम करनेवालों में इतनी अधिक चढ़ा-ऊपरी है कि तेज से तेज आदमी का भी गुजारा होना मुश्किल है। यह मध्यम श्रेणी के लोग पढ़े-लिखे और बुद्धिमान् होते हैं। इसलिए ये लोग अपनी दुर्दशा और दु:ख को अनपढ़ मजदूरों और किसानों से अधिक समझ सकते हैं और समझते भी हैं।"

बेकारी गरीब किसानों और मजदूरों में ही नहीं है, उसके शिकार शहरी मध्य-वर्ग के लोग भी हैं। इनकी मूल आर्थिक समस्या पूँजीपतियों और भूस्वामियों का

साथ देने से हल नहीं हो सकती। शोषक वर्गों की नीति का जितना ही समर्थन ये करेंगे, उतना ही अपने वर्ग का नुकसान करेंगे। जनार्दन भट्ट यह कल्पना नहीं कर सकते कि कोई पढ़ा-लिखा भारतवासी गरीबों के खिलाफ अमीरों का साथ देगा। कारण यह है कि "अशिक्षित और आलसी अमीरों से इन परिश्रमी और शिक्षित मध्य श्रेणी वालों का काम हमेशा पड़ा करता है। इसलिए अपनी दरिद्रता और आलसी अमीरों की अमीरी इनकी आँखों के सामने सदा नाचा करती है। यह स्वाभाविक है कि जब मनुष्य दुखी होता है तब वह दूसरे मनुष्य के दुःख का ठीक-ठीक अनुभव कर सकता है।"

अमीर लोग गरीबों का दुःख भला क्या समझेंगे? उन्हें कभी पेट की आग नहीं सताती। पर मध्यवर्ग के लोग जानते हैं कि गरीबी क्या होती है। इसलिए उन्हें किसानों और मजदूरों से सहानुभूति होती है और वे देश की उन्नति और समाज को सुधारने के कामों में अगुवाई करते हैं। इसलिए तत्कालीन परिस्थितियों में इनका कर्तव्य इस प्रकार निर्धारित होता है : "जब ये अपने विचारों को अपने अशिक्षित भाइयों पर प्रकट करेंगे, जब ये अपने गरीब भाइयों को उनकी सच्ची हालत बतलावेंगे और उनके दारिद्र्य और दुःखों का सच्चा कारण उन्हें सुझावेंगे, जब वे उन्हें उनके अधिकारों का ज्ञान करावेंगे, जब वे उन्हें बतलावेंगे कि जो धन वे पैदा करते हैं, कहाँ जाता है और उन्हें क्यों नहीं मिलता, तभी देश का सच्चा सुधार होगा। क्योंकि सच्चे और असली भारतवासी शहरों में महलों और बँगलों में नहीं बसते, किन्तु गाँवों में और झोपड़ों में रहते हैं। जब तक उनका सुधार नहीं होता तब तक देश के सुधार की बात करना बहुत ही कम लाभदायक है।"

देश अभी स्वाधीन नहीं है। देश में किसानों और मजदूरों का राज हो, इसका सवाल नहीं है। लेकिन देश की उन्नति किसके लिए, समाज-सुधार किसके लिए, शिक्षा किसके लिए—ये सवाल सामने हैं, और जनार्दन भट्ट ने इन्हें बहुत साफ-साफ 'सरस्वती' के पाठकों के सामने रखा है। इसके बाद की मंजिल है वह स्वाधीनता-आन्दोलन, जो पढ़े-लिखे लोगों तक सीमित नहीं रहता, वरन् जिसमें लाखों किसान और मजदूर हिस्सा लेते हैं। हिन्दी लेखक राजनीतिज्ञों के पीछे नहीं चल रहा, उनके आगे बढ़ता हुआ उन्हें भविष्य का मार्ग दिखा रहा है।

अंग्रेजी राज में कुछ कौंसिलें बनाई गई थीं जिनमें किसानों के प्रतिनिधि बनकर ऐसे लोग जाते थे जिनका किसानों से कुछ भी सम्बन्ध न था। द्विवेदी जी को इन कौंसिलों से और उनमें जानेवाले प्रतिनिधियों से भारी असंतोष था। जुलाई, 1914 की 'सरस्वती' में 'देश की बात' शीर्षक टिप्पणी में उन्होंने इन कौंसिलों की कड़ी आलोचना की। कांग्रेस के कुछ सदस्य इन कौंसिलों को अधिक जनतांत्रिक बनाने की प्रार्थना लेकर इंग्लैंड गए थे। इनके बारे में द्विवेदी जी ने उस टिप्पणी में लिखा : "कांग्रेस का प्रतिनिधि-दल विलायत गया है। किसलिए? कौंसिल के कायदों में

संशोधन कराने! कौंसिल में दस-पाँच हिन्दुस्तानी मेम्बरों के अधिक बैठने ही से जैसे हिन्दुस्तान धनधान्य से परिपूर्ण हो जाएगा! 70 फीसदी देशवासी भूखों मर रहे हैं, अत्याचार से पीड़ित किये जा रहे हैं। मूर्खता के गढ़े में पड़े तड़प रहे हैं। कुछ फिक्र नहीं। वे देश के बाहर हैं!" इसलिए दूसरे ढंग से किसानों का संगठन करना आवश्यक था। 'किसानों का संगठन' शीर्षक लेख में उन्होंने कहा कि केवल व्याख्यान देने और अखबारों में लेख लिखने से लक्ष्य सिद्ध न होगा। ज्यादातर किसान अपढ़ हैं। अखबारों के लेख उन तक पहुँचते भी हैं, तो वे उन्हें पढ़ नहीं पाते। बड़े-बड़े शहरों या कस्बों में किसान-सभाएँ करने से भी विशेष लाभ न होगा। आवश्यकता है सैकड़ों कार्यकर्ताओं की, जो गाँवों में जाकर किसानों का संगठन करें।

इस संगठन की रूपरेखा यह थी : "संगठन का प्रधान दफ्तर इलाहाबाद में रहे। उसके अधीन हर जिले के सदर मुकाम में ही एक-एक दफ्तर रहे। इसके सिवा हर जिले की हर तहसील में एक-एक छोटा दफ्तर खोला जाए। फिर हर तहसील के समुचित विभाग करके प्रत्येक विभाग एक-एक उपदेशक या एजेंट को बाँट दिया जाए। वह देहात में बराबर दौरा करता रहे। बाजारों, मेलों और बड़े-बड़े गाँवों में वह व्याख्यान देकर संगठन के लाभ बतावे और किसानों को क्या करना चाहिए, इस बात की सलाह दे। जब वह देखे कि लोग संगठन के लाभ समझ गए हैं तब छोटे-छोटे कई गाँवों को मिलाकर किसी खास गाँव में, जहाँ कुछ पढ़े-लिखे और समझदार किसान रहते हों, एक-एक किसान-सभा खोल दे और सभा को उसके कर्तव्य बतला दे। ये देहाती सभाएँ तहसील की सभा से सम्बद्ध रहें और तहसीलों की सभाएँ जिले की सभा से। जिलों की सभाएँ इलाहाबाद की प्रधान सभा से सम्मिलित रहेंगी ही।" ('लेखांजलि', पृ. 179-80)

द्विवेदी जी ने यह रूपरेखा अपने प्रान्त की आवश्यकताओं को ध्यान में रखकर बनाई थी पर उसके अनुसार सारे देश में काम किया जा सकता था। लेख में उन्होंने यह समझा दिया था कि कानून के विरुद्ध कोई काम न किया जाए और जमींदारों और किसानों के बीच विरोध न बढ़ने दिया जाए। पर यह विरोध बढ़ना अनिवार्य था। कारण यह था कि किसानों को जो बात सबसे पहले समझानी थी, वह यह कि जमीन के मालिक वे हैं, जमींदार नहीं। जुलाई, 1915 की 'सरस्वती' में सम्पादक की ओर से 'खेती की बुरी दशा' शीर्षक लेख प्रकाशित हुआ। इसमें उन्होंने लिखा : "अधिकांश देश में जमीन के ठेकेदार राजे, महाराजे, तअल्लुकेदार और जमींदार हैं। गवर्नमेंट ने जमीन उन्हीं को दे रक्खी है। बदले में वे उनसे मालगुजारी लेते हैं। ये ठेकेदार मनमाने लगान पर जमीन दूसरों को जोतने-बोने के लिए देते हैं।" इसके बाद द्विवेदी जी पूछते हैं : "इन जमींदारों का जमीन पर क्या हक है, कुछ समझ में नहीं आता? बीच में इन्हें डालकर क्यों गवर्नमेंट इनका घर भरती और काश्तकारों का मुनाफा कम करती है? जो काश्तकार जेठ की प्रचंड धूप और सावन-भादों की

निरन्तर झड़ी में खेतों में परिश्रम करते हैं, वे उन खेतों से होनेवाले नफे के मुस्तहक हैं या आराम-कुरसी पर लेटने और मोटरकार पर दौड़ लगाने वाले जमींदार?"

जमीन पर अधिकार उस जोतनेवाले किसान का होना चाहिए। उसका मालिक न तो जमींदार है, न अंग्रेज सरकार। जिस समय किसान अपने अधिकारों के लिए संघर्ष करेंगे, उस समय वे कितना ही कानून का ध्यान रखें, अनेक प्रकार की कठिनाइयाँ सामने आएँगी ही। द्विवेदी जी इन कठिनाइयों के बारे में कहते हैं : "विघ्न-बाधाएँ फिर भी उपस्थित होंगी; परन्तु $^3/_4$ जनसमुदाय की आवाज के सामने $^1/_4$ समुदाय के द्वारा उपस्थित किये गए विघ्न कितनी देर तक ठहर सकेंगे? एक बात और भी तो है। अवशिष्ट $^1/_4$ समुदाय में भी तो बहुत-से लोग किसानों के पृष्ठ-पोषक हैं।" ('लेखांजलि', पृ. 179-80)

किसानों का संगठन अपने में बहुत बड़ी शक्ति है। बिखरे हुए किसानों और संगठित किसानों में बहुत बड़ा फर्क होता है। किसान देश की बहुसंख्यक जनता हैं। यह बहुसंख्यक जनता अपने संगठन के बल पर शेष अल्पसंख्यकों द्वारा पैदा की जानेवाली बाधाओं को हटा सकती है। शेष अल्पसंख्यक $^1/_4$ गैर-किसान जनता में सभी लोग किसानों के विरोधी नहीं हैं। इनमें वे मजदूर भी हैं जो उद्योग-धन्धों पर अंग्रेजों के इजारे के खिलाफ लड़ रहे हैं। द्विवेदी जी के चिंतन में यह विचार निहित है कि अंग्रेजी राज के विरुद्ध लड़नेवाली जनता की दो प्रमुख शक्तियाँ हैं : पहली शक्ति किसान, दूसरी शक्ति मजदूर। किसान लगानबन्दी के जरिये शासनतंत्र को ठप कर सकते हैं, मजदूर हड़तालों के जरिये अंग्रेजों के विशाल अखिल भारतीय कारखाने का चलना बन्द कर सकते हैं। किसानों और मजदूरों की एकता स्वाधीनता-आन्दोलन की धुरी है; उनका संघर्ष इस आन्दोलन की मुख्य शक्ति है। इसीलिए जनार्दन भट्ट गरीब किसानों और मजदूरों के संगठन पर एक साथ जोर देते हैं। उस एक-चौथाई गैर-किसान जनता में मजदूरों के अलावा बहुत-से मध्यवर्ग के लोग हैं, इसलिए जनार्दन भट्ट इन मध्यवर्ग के लोगों से कहते हैं कि वे अपनी शिक्षा और ज्ञान से गरीब जनता की सहायता करें।

पर बिखरे हुए किसानों को संगठित कौन करेगा? मजदूरों और किसानों के आन्दोलनों में सहयोग कौन स्थापित करेगा? विघ्न-बाधाएँ उपस्थित होने पर आन्दोलन को संचालित करते रहने के लिए कौन आगे आएगा? इन प्रश्नों का उत्तर प्रसिद्ध क्रान्तिकारी रामप्रसाद बिस्मिल ने अपनी 'आत्मकथा' में इस प्रकार दिया था : "राजनैतिक क्रान्ति के लिए सर्वप्रथम क्रान्तिकारियों का संगठन ऐसा होना चाहिए कि अनेक विघ्न तथा बाधाओं के उपस्थित होने पर भी संगठन में किसी प्रकार त्रुटि न आए। सब कार्य यथावत् चलते रहें। कार्यकर्त्ता इतने योग्य तथा पर्याप्त संख्या में होने चाहिए कि एक की अनुपस्थिति में दूसरा स्थानपूर्ति के लिए सदा उद्यत रहे।" ('आत्मकथा', पृ. 115)

द्विवेदी जी का सारा चिन्तन जिस मंजिल की ओर बढ़ रहा था, उसे बिस्मिल ने स्पष्ट शब्दों में व्यक्त कर दिया था। यह चिन्तन 20वीं सदी के आरम्भकाल से शुरू होता है। 1907 में 'सम्पत्तिशास्त्र' की रचना, 1914 में किसानों और मजदूरों के संगठन पर जनार्दन भट्ट का लेख, 1926 में किसानों के संगठन पर द्विवेदी जी का लेख, 1927 में क्रान्तिकारियों के संगठन पर बिस्मिल का जोर—इस चिन्तन की मंजिलें हैं। रूसी क्रान्ति से पहले भारत के प्रगतिशील विचारकों के सामने यह बात बहुत स्पष्ट हो गई थी कि राष्ट्रीय स्वाधीनता-आन्दोलन की मुख्य शक्ति किसान और मजदूर हैं। इनके वर्ग-संगठन बनाना जरूरी है। इनके वर्ग-संघर्षों को—लगानबन्दी और हड़तालों को—स्वाधीनता-आन्दोलन से जोड़ना आवश्यक है। रूसी क्रान्ति के बाद जो नई बात हुई, वह यह कि बिस्मिल जैसे देशभक्त इस नतीजे पर पहुँचे कि क्रान्ति के लिए सर्वप्रथम क्रान्तिकारियों का ऐसा संगठन होना चाहिए जो हर तरह की विघ्न-बाधाओं का—यानी सरकारी दमन का—सामना करते हुए, अटूट बना रहे और आन्दोलन का संचालन करता रहे। इस नतीजे पर और बहुत-से लोग भी पहुँचे थे। ये लोग इस तरह की क्रान्तिकारी पार्टी बनाने का प्रयत्न भी कर रहे थे। इस सबकी पृष्ठभूमि समझने के लिए, भारतीय समाज में इस नवीन राजनीतिक विकास की अनिवार्यता पहचानने के लिए, द्विवेदी जी और उनके सहयोगियों के चिन्तन पर ध्यान देना आवश्यक है।

इस बारे में भ्रम न होना चाहिए कि बिस्मिल ने जिस तरह के क्रान्तिकारियों के संगठन की बात कही थी, वे पुरानी तरह के क्रान्तिकारी हैं, जो जन-संगठन और जन-आन्दोलन के बिना, जहाँ-तहाँ सशस्त्र आक्रमण द्वारा अंग्रेजी राज को खत्म करने का स्वप्न देखते थे। बिस्मिल ने अपनी 'आत्मकथा' फाँसी पाने से तीन दिन पहले लिखी थी, जब उन्हें मालूम हो गया था कि अमुक दिन उन्हें फाँसी दी जाएगी। उन्होंने असीम साहस का परिचय देते हुए अपनी पुरानी क्रान्तिकारी नीति की आलोचना की और युवकों को सावधान किया कि वे पुराना रास्ता छोड़कर क्रान्ति का नया रास्ता अपनाएँ। उन्होंने देशभक्त युवकों से कहा कि वे "श्रमजीवी तथा कृषकों का संगठन करके उनको जमींदारों तथा रईसों के अत्याचारों से बचाएँ।" (उप., पृ. 123) उनके मन में ये संगठन उसी प्रकार के हैं जिस प्रकार के संगठनों की बात द्विवेदी जी कहते आए थे, यह उनके विवरण से स्पष्ट है। इन संगठनों का उद्देश्य सबसे पहले स्वाधीनता प्राप्त करना है, यह भी स्पष्ट है। इसलिए उन्होंने लिखा था : "जिसके हृदय में भारतवर्ष की सेवा के भाव उपस्थित हों, या जो भारतभूमि को स्वतंत्र देखने या स्वाधीन बनाने की इच्छा रखता हो, उसे उचित है कि ग्रामीण संगठन करके कृषकों की दशा सुधारे, उनके हृदय से भाग्यनिर्भरता को हटाकर उद्योगी बनने की शिक्षा दे। कल, कारखाने, रेलवे, जहाज तथा खानों में जहाँ कहीं श्रमजीवी हों, उनकी दशा को सुधारने के लिए श्रमजीवियों के संघ की

स्थापना की जाए, ताकि उनको अपनी अवस्था का ज्ञान हो सके और कारखानों के मालिक मनमाने अत्याचार न कर सकें।" ('आत्मकथा', पृ. 124)

बिस्मिल की 'आत्मकथा' गुप्त रूप से गणेशशंकर विद्यार्थी ने छापी थी। विद्यार्थीजी किसानों का संगठन करनेवाले हिन्दी प्रदेश के आदि कार्यकर्ताओं में हैं। इससे पाठक समझ सकते हैं कि महावीरप्रसाद द्विवेदी, रामप्रसाद बिस्मिल और गणेशशंकर विद्यार्थी के विचारों की कड़ियाँ कहाँ एक दूसरे से जुड़ी हुई थीं। विद्यार्थी जी 'सरस्वती' के लेखक थे और उन्होंने 'प्रताप' जैसे पत्र को मुख्यत: राजनीतिक प्रचार का साधन बनाया, उसका संचालन किया। जो बातें 'सरस्वती' में न छप सकतीं थीं, वे 'प्रताप' में छपीं। 'प्रताप' राष्ट्रीय स्वाधीनता की समर्थक विचारधारा का मुखपत्र बना। उसने हिन्दी प्रदेश में समाजवादी विचारधारा के प्रसार में महत्त्वपूर्ण भूमिका निबाही। यह आकस्मिक बात नहीं है कि गणेशशंकर विद्यार्थी और महावीरप्रसाद द्विवेदी, दोनों कानपुर में रहकर अपना काम करते रहे थे और कानपुर उत्तर भारत का प्रमुख औद्योगिक केन्द्र था।

ब्रिटेन के एक मजदूर नेता थे केरहार्डी। ये स्कॉटलैंड के खान-मजदूरों के नेता थे। इनका परिचय मार्क्स की पुत्री इलिआनोर और मार्क्स के साथी एंगेल्स से था। इनके बारे में एंगेल्स के जीवन-चरित लेखकों ने लिखा है : "उस वर्ष [1887 में 1] इलिआनोर मार्क्स एवलिंग ने एंगेल्स से स्कौट खान-मजदूरों की यूनियन के नौजवान ऊर्जस्वी नेता जेम्स केरहार्डी का परिचय कराया। एंगेल्स ने उन्हें आम जनता की समाजवादी मजदूर पार्टी की आवश्यकता समझाई। अगस्त, 1888 में स्कॉटलैंड की लेबर पार्टी की स्थापना हुई और केरहार्डी उसके मंत्री नियुक्त हुए। यद्यपि इस पार्टी ने समाजवादी सिद्धान्तों की घोषणा नहीं की, तथापि उसने मजदूर वर्ग की स्वतंत्र नीति का समर्थन किया। कुछ समाजवादी भी जो बहुत दिनों से स्कॉटलैंड के खान-मजदूरों के बीच समाजवादी प्रचार करते रहे थे, इसमें शामिल हुए। इनमें मैहोन भी थे।" (फ्रेडरिक एंजेल्स, अंग्रेजी में जीवन-चरित, मॉस्को, 1974, पृ. 401) इसी जीवन-चरित में आगे बताया गया है कि सितम्बर, 1892 में मजदूर पार्टी के निर्माण की तैयारी करने के लिए ग्लासगो में समाजवादी गुटों का सम्मेलन हुआ जिसके अध्यक्ष केरहार्डी थे। एंगेल्स ने यह समाचार सुनकर पहले सन्देह व्यक्त किया, फिर प्रसन्नता व्यक्त की कि जनवरी, 1893 में ब्रैडफोर्ड में जो सम्मेलन हुआ, उसमें स्वतंत्र लेबर पार्टी की स्थापना हुई। उन्हें इस बात से भी प्रसन्नता थी कि इस नई पार्टी के कार्यक्रम में उत्पादन के साधनों के समाजीकरण का उल्लेख था। इन बातों से स्पष्ट है कि केरहार्डी लेबर पार्टी के उन नेताओं से भिन्न थे जो घर में पूँजीवाद और बाहर साम्राज्यवाद का समर्थन करते थे। फिर भी केरहार्डी में व्यक्तिगत महत्त्वाकांक्षा और जनता को खुश करनेवाले व्याख्यान देने की प्रवृत्तियों की आलोचना एंगेल्स ने की थी (उप., पृ. 438) इससे केरहार्डी का महत्त्व खत्म नहीं

हो जाता। वह खान-मजदूरों के बीच समाजवादी विचारधारा का प्रसार करनेवालों में थे। उन्होंने मजदूर वर्ग की अपनी नीति के महत्त्व पर जोर दिया। और खास बात यह कि वह भारत के मित्र थे और यहाँ की जनता के अधिकारों के लिए उन्होंने संघर्ष किया था।

अब 'सरस्वती' को केरहार्डी से दिलचस्पी क्यों हो? वह तो राजनीति से दूर रहनेवाली पत्रिका थी, भले ही वह शासक वर्ग के अंग्रेजों की प्रशंसा में लेख छापे, उनके चित्र छापे, पर एक मजदूर नेता के निधन पर सम्पादकीय टिप्पणी क्यों प्रकाशित करे? अक्टूबर, 1915 की 'सरस्वती' में केरहार्डी का चित्र प्रकाशित हुआ और 'केरहार्डी साहब की मृत्यु' शीर्षक सम्पादकीय टिप्पणी प्रकाशित हुई। ब्रिटेन का मजदूर-आन्दोलन, भारत की स्वाधीनता के प्रति इस आन्दोलन का रुख, इनसे द्विवेदी जी की दिलचस्पी—ये सारी बातें इस टिप्पणी से जाहिर होती हैं। साधारण मजदूर भी मेहनत करके अपने वर्ग का नेता बन सकता है, अपने वर्ग की मुक्ति के अलावा वह भारत जैसे पराधीन देशों की स्वाधीनता के लिए आन्दोलन कर सकता है-–इन बातों की ओर ध्यान दिलाते हुए उन्होंने इस टिप्पणी में लिखा :

"केरहार्डी साहब गरीब के लड़के थे। 17 वर्ष तक उन्होंने मजदूरी की। सात ही आठ वर्ष की उम्र में वे कोयले की खान में भरती हुए। वहाँ वे मजदूरी भी करते थे और पढ़ने-लिखने की चेष्टा भी करते थे। कोयले और लकड़ी के टुकड़ों से उन्होंने जमीन पर अँगरेजी वर्णमाला और अँगरेजी हिन्दसे लिखना सीखा। धीरे-धीरे वे खूब लिख-पढ़ लेने लगे। खान के काम में भी उन्होंने अच्छी उन्नति की। उनका पद और वेतन, दोनों बढ़ते गए। 24 वर्ष की उम्र तक उन्होंने वहाँ काम किया। मजदूर उन्हें अपना नेता मानने लगे। फल यह हुआ कि वे मजदूरों की तरफ से पार्लियामेंट के मेम्बर हो गए। 15 वर्ष तक उन्होंने हौस आफ कामंस में मजदूरों के प्रतिनिधि बनकर काम किया। कुछ समय तक उन्होंने एक पत्र का सम्पादन-कार्य भी किया। 'लेबर लीडर' नाम का एक पत्र भी उन्होंने निकाला। आपने पार्लियामेंट में भारत का सदा पक्ष लिया। भारतवासियों के साथ उनकी इतनी सहानुभूति थी कि 1907 ईसवी में वे खुद भारतवर्ष आए। यहाँ घूम-घूमकर उन्होंने सारी व्यवस्था स्वयं देखी और भारतवासियों के दु:ख-दर्द की कथा स्वयं सुनी। इस देश की उन्नति के लिए आपने यथाशक्ति बहुत प्रयत्न किया। एतदर्थ यह देश उनका सदा कृतज्ञ रहेगा। गत मास, 60 वर्ष की उम्र में आपका देहान्त हुआ।"

वैसे तो ब्रिटेन में भारतीय पक्ष का समर्थन कोई भी करे, भारतवासियों को उससे प्रसन्नता होती ही है। पर यह समर्थन कुछ दूसरे ढंग का था। यह समर्थन ऐसे व्यक्ति द्वारा किया गया था जिसका जन्म गरीब घर में हुआ था, जिसने मजदूरी की थी, जो मजदूरों का नेता बना था। ब्रिटेन के प्रगतिशील मजदूर और उनके नेता पराधीन देशों की स्वाधीनता का समर्थन करें, यह उनके लिए उचित था। भारतीय जनता

और प्रगतिशील ब्रिटिश मजदूरों की एकता, दोनों के हित में थी। द्विवेदी जी की उक्त टिप्पणी उनकी विकासमान अन्तरराष्ट्रीय चेतना का प्रमाण है।

7. इतिहास से प्रेरणा

साम्राज्य-विरोधी चेतना हिन्दी लेखकों को अपने इतिहास का पुनर्मूल्यांकन करने की प्रेरणा दे रही थी। इसका एक उदाहरण शिवप्रसाद गुप्त की 'पृथिवी प्रदक्षिणा' में है। गुप्त जी का ध्यान अवश्य ही 1857 के स्वाधीनता-संग्राम की ओर गया होगा। जब वह अमरीका गए, तब वहाँ के नगरों में अमरीकी स्वाधीनता-संग्राम के प्रमाण दिखाई दिये। उस अमरीकी स्वाधीनता-संग्राम का स्मरण करते हुए उन्होंने लिखा : "गुलामी के पंजे में पड़े हुए देशों में स्वतंत्रता की लड़ाई जब प्रारम्भ होती है तब तो वह प्रथम-प्रथम थोड़े ही मनुष्यों के द्वारा हुआ करती है। किन्तु यदि स्वतंत्रता की विजय हुई तो यही छोटा दल देशभक्त के नाम से इतिहास के पृष्ठों पर अंकित होता है और आनेवाली जातियाँ इन्हें सम्मान की दृष्टि से देखती हैं, और इनका अनुसरण करती हैं और ये युवकों के हृदय-मन्दिर में स्थान पाते हैं और पूजे जाते हैं। यदि गुलामी का जुआ हटाने की चेष्टा करनेवाले वीरों की हार हुई तो वे ही 'बागी' पुकारे जाते हैं और भविष्य जाति जालिमों के डर के मारे उनके नाम से डरती है। अपने को प्रतिष्ठित समझने वाले लोग इन्हीं देशभक्तों को दुष्ट, दुरात्मा, पापी कहकर पुकारते हैं और उनसे घृणा करते हैं।"

ऐसी ही स्वतंत्रता की लड़ाई 1857 में हुई थी जो 'गदर' नाम से विख्यात है। इस लड़ाई में भारतवासियों को विजय प्राप्त नहीं हुई। वे लोग बागी कहलाए, खास तौर से सैनिकों को जी भर कोसा गया। इस कोसने में सबसे आगे अंग्रेज थे, उनके पीछे अपने को प्रतिष्ठित समझनेवाले लोग थे। पढ़े-लिखे आदमी डर के मारे उनका नाम न लेते थे पर हिन्दी जनपदों के लोकगीत इसके साक्षी हैं कि उन्होंने जनसाधारण के हृदय-मन्दिर में स्थान पाया था, और कोई ऐसा समय नहीं आया जब उन्हें सम्मान की दृष्टि से देखनेवालों की कमी रही हो। गदर के जिन अप्रतिम वीरों ने भारतीय जनमानस पर अपनी अमिट छाप छोड़ी, उनमें से सर्वोपरि स्थान झाँसी की रानी लक्ष्मीबाई का है।

इतिहास से राष्ट्रीय स्वाधीनता-संग्राम को प्रेरणा मिली। यह इतिहास प्राचीन ही नहीं, निकट अतीत का इतिहास भी था। जनवरी, 1904 की 'सरस्वती' में जब महावीरप्रसाद द्विवेदी ने 'झाँसी की रानी लक्ष्मीबाई' लेख प्रकाशित किया तब इस गौरवपूर्ण अतीत को बीते 40 वर्ष भी न हुए थे। फिर द्विवेदी जी झाँसी में रह चुके थे। उस समय रानी लक्ष्मीबाई या 'गदर' पर कुछ भी ऐसा लिखना, जिससे साम्राज्य-विरोधी भावना फैले, आसान न था। द्विवेदी जी ने नीति यह अपनाई कि विद्रोही सिपाहियों को दुष्ट कहा, स्त्रियों और बच्चों की प्रचारित हत्या की निन्दा की और लक्ष्मीबाई की वीरता की प्रशंसा की। उनका लेख एक मराठी पुस्तक पर आधारित है। यह

पुस्तक दत्तात्रेय बलवन्त पारसनीस की लिखी हुई थी। सम्भव है, पारसनीस ने ही अपनी पुस्तक में यह नीति अपनाई हो! द्विवेदी जी का लेख जनवरी-फरवरी के दो अंकों में प्रकाशित हुआ। इसमें वह कहते हैं : "जहाँ तक प्रमाण मिलते हैं तहाँ तक यही सिद्ध होता है कि विद्रोह के समय रानी साहिब ने अँगरेजों को सहायता ही दी है। जून में जब विद्रोह के लक्षण दिखलाई देने लगे तब एक दिन झाँसी के डेप्युटी कमिश्नर गार्डन साहब लक्ष्मीबाई से मिले, और उनसे सहायता माँगी। लक्ष्मीबाई ने कहा कि यदि हम खुल्लमखुल्ला आपकी सहायता करैंगी तो ये विद्रोही सिपाही हमारा घर-द्वार सभी जला देंगे और हमको बहुत तंग करैंगे, परन्तु जहाँ तक हो सकैगा, हम आपकी सहायता करैंगी।" इसके 50 से कुछ अधिक वर्ष बाद सेन और मजुमदार इतिहासकारों ने यही बात दोहराई और झाँसी की रानी को इस तरह चित्रित किया मानो वह बिना चाहे ही अंग्रेजों से लड़कर वीर नारी बन गई हों!

लेख के साथ झाँसी के किले और रानी के महल के दो चित्र हैं। दूसरी किस्त के साथ झाँसी के 'म्यूटिनी का स्मारक' का चित्र है और एक चित्र रानी के युद्ध का है जिसमें रानी एक हाथ में तलवार और दूसरे में भाला लिये हुए अंग्रेजों पर वार करती हुई दिखाई गई हैं। चित्र के नीचे बताया गया है कि "ग्वालियर के एक पुराने चित्र से 'सरस्वती' के लिए यह फोटोग्राफ उतारा गया है।" लेख को सुन्दर ढंग से सजाकर छापने में द्विवेदी जी ने काफी परिश्रम किया था। पारसनीस की पुस्तक भी सुन्दर छपी होगी; 'यह कोई 400 पन्ने की पुस्तक है। इसकी छपाई और जिल्द इतनी अच्छी है कि देखते ही बन आता है।' द्विवेदी जी ने पारसनीस के प्रमाण-संग्रह और इतिहास के अध्ययन की प्रशंसा की। लेख के आरम्भ में ही उन्होंने पुस्तक के प्रभाव के बारे में लिखा : "इस पुस्तक को पढ़कर लक्ष्मीबाई का अतुल पराक्रम, उनका अतुल धैर्य और उनकी अतुल वीरता आँखों के सम्मुख आ जाती है। ऐसी वीर नारी इस देश में क्या, और देशों में भी शायद ही हुई होगी।" ऐसी पुस्तक लिखकर 'इस देश के साहित्य का बड़ा उपकार' करने के लिए द्विवेदी जी ने पारसनीस की प्रशंसा की और हिन्दी पाठकों से सिफारिश की कि मराठी न आती हो तो एक यही पुस्तक पढ़ने के लिए वे मराठी सीखें।

रानी के जीवन-चरित से सम्बन्धित घटनाओं का विवरण देते हुए झाँसी की लड़ाई के बारे में लिखा : "23 मार्च, 1858 को युद्ध आरम्भ हुआ। झाँसी को चारौं ओर से अँगरेजी सेना ने घेर लिया। 24 और 18 पौंडर्स नाम की तोपें शहर की दीवार पर चलने लगीं और दूसरी तोपौं से बम के गोले शहर के भीतर फेंके जाने लगे। झाँसी के चारौं ओर जो दीवार है, उसकी चौड़ाई कोई 16 फुट है। उस पर और किले की बुर्जों पर रानी साहब ने सब मिलाकर कोई 50 तोपैं लगा दीं। उनमें से भवानीशंकर, कड़क बिजुली, घनगर्ज और नालदार आदि तोपैं बड़ी ही भंयकर थीं। रानी साहब खुद युद्ध की देखभाल करने लगीं और समय-समय पर अपने योद्धा और सेनानायकों

को उत्साहित करने लगीं।" अंग्रेजी तोपों की गोलाबारी से शहर में काफी नुकसान हुआ और बहुत-से मकानों में आग लग गई। "यह देख रानी साहब को बड़ा दु:ख हुआ; परन्तु निराश न होकर उन्होंने युद्ध जारी रक्खा और पहले से अधिक अच्छा प्रबन्ध किया।" अंग्रेजों ने झाँसी की सेना की वीरता और युद्ध-कौशल की प्रशंसा की। सर ह्यूरोज ने रानी की प्रशंसा करते हुए लिखा कि "स्त्रियाँ तक तोपखाने में काम करती थीं और गोला-बारूद लाने में सहायता देती थीं।"

अंग्रेज ग्यारह दिन तक झाँसी का घेरा डाले रहे। विकट युद्ध हुआ, "तथापि रानी साहब के धैर्य और दृढ़ निश्चय के सामने दूसरे पक्ष की कुछ न चली।" तब रोज ने अपनी फौज कई हिस्सों में बाँटकर किले पर हमला किया और अंग्रेज झाँसी में घुस आए। "जब रानी साहब ने अपने बचने का कोई उपाय न देखा तब वे अपने मुख्य वीरों और सरदारों को साथ लेकर और दामोदर राव को अपनी पीठ से बाँधकर, घोड़े पर सवार होकर, अँगरेजी सेना से लड़ते हुए, शहर के बाहर हो गईं। एक कोमलांगी अबला, नंगी तलवार हाथ में लिये हुए, और बड़े-बड़े वीर योद्धाओं को उसके आघात से भूतलशायी करते हुए सुरक्षित निकल गईं! लेफ्टनंट वाकर ने थोड़ी-सी सेना लेकर उनका पीछा किया और रानी साहब के बिलकुल पास पहुँच गए। परन्तु रानी साहब, अपनी तलवार का एक आघात उन पर करके, साफ़ निकल गईं। कोई 24 घंटे बराबर घोड़े पर बैठकर दूसरे दिन रात को बारह बजे वे कालपी पहुँचीं। 102 मील वे बिना अन्न-जल किये बराबर चली गईं।" वहीं उन्होंने आगे लड़ने की तैयारी की।

इधर 'महाप्रबल और परम दयालु अँगरेजी सरकार' से शत्रुता करने का फल झाँसी वालों को मिला। लड़ाई में जो सैनिक मारे गए, उनके अलावा अंग्रेजी फौज ने शहर में पहुँचकर "प्रलय आरम्भ कर दिया। एक ओर से शहर में उसने आग लगा दी और दूसरी ओर से लड़के और स्त्रियों को छोड़कर 'बिजन' बोल दिया। 7 दिन तक लूटमार और फूँक-फाँक होती रही। आठवें दिन प्रजा को अभय वचन दिया गया और जिनका कोई वारिस न था, ऐसे मृतकों के ढेर रास्ते में फूँक दिये गए।" ये तमाम लोग जो मारे गए थे, निहत्थे थे और इन्होंने न तो किसी कत्लेआम में भाग लिया था, न ले सकते थे।

अपनी महाप्रबलता और परम दयालुता का यह परिचय देने के बाद अंग्रेजों ने कालपी पर चढ़ाई की। "वहाँ भी घनघोर संग्राम हुआ। वहाँ भी पेशवा की ओर से लक्ष्मीबाई ने अद्‌भुत शूरता दिखलाई। वे भी सेना के एक भाग की अधिकारिणी थीं। वे बड़े शौर्य और बड़े वेग से प्रबल झंझावात के समान अंग्रेजी तोपों के 20 फुट अन्तर तक धावा करती हुई चली गईं। उन्होंने इस समय बड़ी ही वीरता की। उनकी इस अखंड वीरता को देखकर अँगरेजी सेनानायक को भी आश्चर्य हुआ। परन्तु राव साहब की सेना की अव्यवस्था के कारण रानी लक्ष्मीबाई का शौर्य व्यर्थ गया। इस युद्ध में भी वे यशस्वी न हुईं। खेत सरकारी सेना के हाथ रहा।"

कालपी से रानी, बाँदा के नवाब और राव साहब पेशवा ग्वालियर आए। सिंधिया की फौज ने तांत्या टोपे का साथ दिया। सिंधिया आगरें की तरफ भागा। अंग्रेजों ने ग्वालियर पर चढ़ाई की। पेशवा के अभिषेक और आन्दोलन में खलल पड़ा। रानी ने इस शिथिलता के लिए उन्हें फटकारा। सबसे धैर्य धारण करने को कहकर उन्होंने सेना के एक भाग का नेतृत्व किया। "यह अन्तिम युद्ध समझकर उन्होंने अपनी सेना को रणोत्साहवर्धक वाक्यों से उत्तेजित किया और सब प्रबन्ध शीघ्र ही ठीक करके वे युद्ध देने के लिए तैयार हो गईं।" युद्ध शुरू हुआ। "रानी लक्ष्मी बाई ग्वालियर की ओर घोड़े पर सवार होकर अपनी तलवार चमकाते हुए अपने सेनाभाग के आगे हुईं।...दोनों दलों में घोर युद्ध होने लगा। मर्दानी पोशाक किये हुए रानी साहब अपनी सेना में विद्युल्लता के समान चमकने लगीं। अँगरेजी सेना ने उनकी सेना का ध्वंस करना आरम्भ किया। परन्तु रानी साहब ने धैर्य नहीं छोड़ा। दूने उत्साह से वे लड़ती रहीं और अपनी सेना को परमावधि की उत्तेजना देती रहीं।"

रानी तो अपने मोर्चे पर डटी रहीं पर पेशवा की सेना पीछे हटने लगी। इस समाचार से रानी की सेना का उत्साह भंग हो गया। "वीर अधीर हो उठे और विजय की आशा उन्होंने छोड़ दी। क्रम-क्रम से अँगरेजी सेना के आक्रमण की प्रचंडता बढ़ने लगी और रानी साहब की सेना भगने लगी। परन्तु जब तक 100-200 भी योद्धे उनके पास रहे, तब तक वे गलित-धैर्य न हुईं। भीम वेग से वे बराबर लड़ती रहीं। जब उन्होंने बचने का कोई उपाय न देखा और अँगरेजी सेना ने चारों ओर से उनको घेर लिया, तब बचे हुए दस बीस सवार लेकर उन्होंने अँगरेजी सेना के बीच से निकल जाना चाहा। अँगरेजी सेना उनको निकलने से रोकने लगी। अन्त में रानी साहब ने अद्वितीय शौर्य दिखाया। अनेक योद्धों को उन्होंने अपनी तलवार से कंठस्नान कराया। अँगरेजी सेना के बीच से तलवार के हाथ चलाती हुई वे दूर निकल गईं। उनके पीछे बिग्रेडियर स्मिथ ने अपने अनेक वीर दौड़ाए। उनमें से कितने ही वीरों को रानी साहब ने धराशायी कर दिया। परन्तु बीच में एक नाला आ जाने से उनका घोड़ा उसे न लाँघ सका। उनके सब प्रयत्न व्यर्थ हुए। अतएव वे फिर युद्ध करने लगीं। उनके साथ उनकी दासी मुन्दर भी एक घोड़े पर थी। उस पर एक गोरे ने प्राणहारक आघात किया। वह चिल्ला उठी। रानी साहब ने उसके मारने वाले के कंठ में एक निमिष मात्र में अपनी तलवार रख दी। अंग्रेजी सेना के वीरों ने रानी साहब को कोई महाशूर सेनानायक समझकर चारों ओर से घेर लिया। इस पर भी वे जरा भयभीत नहीं हुईं। उनकी तलवार अपना काम बड़ी भीषणता से बराबर करती रही। परन्तु एक कोमल और अल्पवयस्क अबला अनेक वीरों के बीच कब तक सजीव रह सकती है? एक अँगरेज योद्धा ने उनके सिर पर पीछे से तलवार का वार किया, जिससे उनके सिर का दाहिना भाग छिल गया और एक आँख निकल आई। इस योद्धे ने रानी साहब की छाती पर किर्च का भी प्रहार किया। परन्तु धन्य रानी लक्ष्मीबाई की वीरता, धन्य उनका धैर्य, और धन्य

उनका साहस! इस दशा को प्राप्त होकर भी उन्होंने इस वीर से पूरा बदला लिया। उसे तत्काल ही उन्होंने धरातीर्थ को भेजकर अपना क्षात्र-धर्म सार्थक किया!! धन्य वह शौर्य और धन्य वह पराक्रम!!!"

घायल रानी ने सरदार रामचन्द्रराव के साथ एक झोपड़ी में प्रवेश किया। "18 जून, 1858 को ग्वालियर के पास समरांगण में भारतवर्ष का महाशौर्य्यशाली दिव्य स्त्री-रत्न खो गया! रानी साहब के सेवक और सरदारों ने एक घास की गंजी से घास लाकर उसकी चिता बनाई और उसी पर रानी साहब का निर्जीव देह रखकर उसे अग्निदेवता के अर्पण कर दिया।"

यह बहुत अच्छा क्रान्तिकारी साहित्य है। वैसा साहित्य है, जिसे पढ़कर भारत के नौजवान अंग्रेजी राज से नफरत करना सीखते थे, और जिन्हें संवैधानिक तरीकों पर या अहिंसात्मक तरीकों पर विश्वास नहीं था, वे लक्ष्मीबाई की तरह हथियार उठाकर अंग्रेजों से लड़ने का प्रयत्न करते थे। सैकड़ों लोकगीतों, नाटकों, उपन्यासों आदि में रानी लक्ष्मीबाई की वीरता का चित्रण किया गया, अनेक भाषाओं में उनके जीवन-चरित लिखे गए, पर लोकगीत विशेषत: हिन्दी प्रदेश में और बुन्देलखंडी में ही लिखे गए। इतिहासकारों के विश्लेषण की चिन्ता न करके सामान्य जनता ने उन गीतों की साम्राज्य-विरोधी ध्वनि बिलकुल ठीक पहचानी।

अंग्रेजों ने ग़दर का जो वर्णन किया था, उसमें उन्होंने भारतवासियों के हिंसात्मक कार्यों को खूब बढ़ा-चढ़ाकर चित्रित किया था। इस तरह वे अपने सैनिकों को उत्तेजित करते थे, ब्रिटेन की जनता को धोखा देते थे और अपनी बर्बरता पर पर्दा डालते थे। यह कार्य उन्होंने काफी पहले शुरू कर दिया था। इसी क्रम में कलकत्ते की कालकोठरी वाली वह कल्पित घटना है जिसका प्रचार हालवेल ने किया था। भारत के जागरूक लेखक इस तरह के प्रचार के प्रति सजग रहते थे। बंगाल में अक्षयकुमार दत्त ने इस कालकोठरी की कहानी का पर्दाफाश किया था। फरवरी, 1916 की 'सरस्वती' में उनकी बँगला पुस्तक का हवाला देते हुए द्विवेदी जी ने एक टिप्पणी लिखी : 'कलकत्ते का इतिहास-प्रसिद्ध ब्लैकहोल'। इसमें उन्होंने लिखा कि अपनी पुस्तक में "दत्त महाशय ने प्रमाणपूर्वक यह सिद्ध किया है कि कालकोठरी वाली घटना हालवेल साहब की कपोल-कल्पना मात्र है। ऐसी कोठरी का इतिहास में कहीं पता नहीं। तत्कालीन अंग्रेजी और नवाबी कागज-पत्रों में कहीं उसका उल्लेख नहीं। न सन्धि-पत्रों में ही कहीं उसका नाम है, न पुराने मुसलमानी इतिहास में भी। क्लाइव के पत्रों और रिपोर्टों में भी उसकी गंध नहीं। सिराजुद्दौला के कारण ईस्ट इंडिया कम्पनी को जो नुक़सान उठाना पड़ा था, उसके बदले में सिराजुद्दौला को बहुत कुछ दंड देना पड़ा था। पर इस काल कोठरी के कारण उससे एक कौड़ी भी नहीं ली गई। इसके सिवा 18-18 फुट की कोठरी में 146 आदमी आ ही नहीं सकते। फिर, उस समय कलकत्ते में इतने अँगरेज थे ही नहीं।"

इन तर्कों के विरुद्ध अंग्रेजों की प्रतिक्रिया दिलचस्प थी। पहले बिलकुल न मानना, फिर कुछ लोगों का धीरे-धीरे असली बात को स्वीकार करना, इस प्रतिक्रिया की विशेषता थी। द्विवेदी जी ने लिखा कि अक्षयकुमार दत्त के तर्क से अंग्रेजों को संतोष न हुआ, उल्टा कर्जन के समय में उस कालकोठरी की याद में स्मारक भी बनाया गया। पर 'अभी हाल में' मुर्शिदाबाद के लिटल नामक अंग्रेज ने 'बेंगाल पास्ट एंड प्रेजेंट' पत्रिका में लेख लिखकर प्रमाणित किया कि "कालकोठरी की घटना का वर्णन कहानी के सिवा और कुछ नहीं।" उन्होंने अक्षयकुमार दत्त के प्रमाणों के अलावा कुछ और प्रमाण भी दिये। पर इस तरह का खंडन उतना प्रसिद्ध नहीं हो पाता जितना मूल मनगढ़न्त। उससे जो हानि हो सकती है, वह होकर रहती है। इसी तरह एडवर्ड टॉमसन ने ग़दर पर पुस्तक लिखकर अंग्रेजों के अत्याचारों का वर्णन प्रस्तुत किया। 1927 में द्विवेदी जी ने लीग ऑफ नेशंस पर जो लेख लिखा था, उसके आरम्भ में उन्होंने इस पुस्तक की चर्चा की।

उन्होंने 'मॉडर्न रिव्यू' में उस अंग्रेजी पुस्तक की समीक्षा पढ़ी थी जिससे उन्हें पता चला कि ऐसे भी अंग्रेज हैं जो गदर में अंग्रेजों के अत्याचारों का वर्णन करते हैं। उन्होंने लिखा : "सन् 1857 के गदर की याद कीजिए। उसमें बड़ी-बड़ी नृशंसताएँ हुई थीं। कितने ही कत्लेआम भी, शायद, हुए थे। पर उन सबका सविस्तार और सच्चा वर्णन कहीं नहीं मिलता। लोगों का कहना है कि गदर के इतिहास से पूर्ण जितनी पुस्तकें प्रकाशित हुई हैं, उनमें कुछ नृशंस बातें बढ़ाकर लिखी गई हैं और कुछ पर धूल डाली गई है। कलकत्ते के ब्लैक होल और कानपुर के कत्ल की कथा तो खूब विस्तार के साथ और शायद बढ़ाकर भी लिखी गई है। पर गोरों ने कालों पर जो अत्याचार किये हैं, उन पर कम प्रकाश डाला गया है और कुछ घटनाओं पर तो बिलकुल डाला ही नहीं गया। अब कोई साठ-सत्तर वर्ष बाद एडवर्ड टॉमसन (Edward Thompson) नाम के एक अंग्रेज को उन पुरानी बातों की याद आई है। उन्होंने अंग्रेजी में एक पुस्तक लिखकर संयुक्त-राज (अमरीका) के न्यूयॉर्क नगर से प्रकाशित की है। उसका नाम है—The other side of the Medal[।] इस पुस्तक में उन्होंने गोरों के उन क्रूर कर्मों का वर्णन किया है जो सिपाही-विद्रोह की इतिहास-पुस्तकों में, किसी कारण से छूट गए हैं या छोड़ दिये गए हैं। यह बात हमें 'मॉडर्न रिव्यू' में प्रकाशित उस पुस्तक की एक समालोचना से ज्ञात हुई। इस समालोचना ही को पढ़कर भारतवासी पाठकों के रोंगटे खड़े हो सकते हैं, मूल पुस्तक पढ़ने पर उनके हृदयों की क्या दशा हो सकती है, यह तो पढ़ने ही से ज्ञात हो सकेगा।" ('लेखांजलि', पृ. 125-26)

काशीप्रसाद जायसवाल इतिहासकार के रूप में विख्यात हुए। 'सरस्वती' में उन्होंने अपनी यूरोप-यात्रा का वृत्तान्त प्रकाशित किया। यह साधारण यात्रा-वृत्तान्त नहीं है। जगह-जगह उनकी इतिहास-प्रेमी दृष्टि यूरोप और एशिया के पुराने संघर्षों

को याद करती है और नये सन्दर्भों में वह पूर्वी यूरोप से भारत के सम्बन्ध कायम करने की ओर बढ़ती है। हम भारतवासी पराधीन हैं, उनके विवरण में यह चेतना सर्वत्र दिखाई देती है। मार्च, 1908 की 'सरस्वती' में 'हमारा संवत् और उसकी रक्षा' शीर्षक उनका लेख प्रकाशित हुआ था। भारतीय संवत् का चलन कायम रखने के सन्दर्भ में वह कहते हैं : "जब कोई जाति किसी दूसरी जाति को अधीन करती है तब उसका यह प्रयत्न रहता है कि विजित जाति अपने कीर्ति-चिह्नों को, अपने इतिहास को, भुला दे। इस नीति पर मजीनी ने लिखा है कि विजयी का वश चले तो वह इतिहास की घटनाओं को छीलकर फेंक दे। इतिहास से जाति में जीवन आता है सो उस जीवन-प्रतिबन्ध के लिए सब कुछ करना पर-जाति का अभीष्ट होता है। और अभीष्ट-सिद्धि के लिए अपनी ओर से वह मनमानी शिक्षा जारी करती है।"

ठीक यही प्रयत्न अंग्रेजों का था। इसके बिना वे अपनी गौरांग श्रेष्ठता की घोषणा न कर सकते थे, एशिया के लोगों को पिछड़ा हुआ और स्वाधीनता के अयोग्य सिद्ध न कर सकते थे। जायसवाल की बातें पूरी तरह द्विवेदी जी के दृष्टिकोण की भी व्याख्या करती हैं। नवीन और प्राचीन इतिहास पर उनके निरन्तर लेख लिखने और छापने के पीछे यही भावना काम करती दिखाई देती है। जनवरी, 1912 की 'सरस्वती' में अपनी यूरोप-यात्रा का विवरण देते हुए जायसवाल ने लिखा : "पुराने पारस ने पारसी और हिन्दू सिपाही लेकर ग्रीस पर चढ़ाई की, ग्रीस ने सिकन्दर के नायकत्व में पारस और भारत पर आक्रमण किया।" आशय यह कि एशिया वाले भी यूरोप पर आक्रमण कर सकते थे।

इसी क्रम में एशिया के हूणों और तातारों ने यूरोप पर हमला किया। हूणों ने उस प्रदेश को स्लाव लोगों से जीत लिया था, जो अब हंगरी कहलाता है। जायसवाल ने हंगरी पर एशियाई हमलावरों की जीत से प्रसन्न होकर लिखा : "हंगरी उसी घटनाचक्र की एक अमिट लीक है—एशियाई प्रयत्न-प्रकांडत्व और पराक्रम का योरप में एक ध्वज-स्तम्भ है।" जायसवाल, स्वाधीनता-प्रेमी इतिहासकार, विन्सेंट स्मिथ जैसे साम्राज्य-समर्थक इतिहास-लेखकों के कट्टर विरोधी थे। प्राचीन भारतीय गण-समाजों के बारे में अनुसंधान करके उन्होंने इस प्रचलित धारणा का खंडन किया था कि जनतांत्रिक शासन यूरोप की विशेषता है और एशिया के लोग हमेशा निरंकुश राजाओं के गुलाम रहे हैं। यूरोप में एशिया की विजय के चिन्ह ढूढ़ने के अलावा वे वहाँ की भाषाओं से भारतीय और एशियाई भाषाओं के सम्बन्धों पर भी ध्यान दे रहे थे। हंगरी के लोग यदि अपनी भाषा और स्वाधीनता के लिए लड़े थे, तो इस जानकारी से उन्हें प्रसन्नता होती थी और अपने देशवासियों को वैसे ही संघर्ष की प्रेरणा देने के लिए वे इस संघर्ष की चर्चा करते थे।

हंगरी में बस जाने के बाद इस देश के निवासियों का संघर्ष तुर्कों से हुआ। तुर्क भी एशियाई थे और हंगरी में बसनेवाले लोग अब यूरोपियन हो गए थे, पर इस

संघर्ष में जायसवाल की सहानुभूति हंगरी के प्रति ही है। आत्मरक्षा के लिए हंगरी ने आस्ट्रिया के राजवंश से नाता जोड़ा। आस्ट्रिया के जर्मन-भाषी सामन्त हंगरी को गुलाम बनाकर रखना चाहते थे। प्राचीन गणराज्यों में राजा के चुनाव का स्मरण जायसवाल को अवश्य हुआ होगा जब उन्होंने लिखा कि हंगरी के लोग आस्ट्रिया के राजा से कहते थे, तुम चुने हुए राजा हो; तुम अपनी जाति की भाषा और प्रभुत्व हम पर नहीं चला सकते। कई बार विद्रोह हुआ। इनमें सबसे बड़ा विद्रोह कौशल के नेतृत्व में हुआ।

यद्यपि हंगरी जर्मन-भाषी आस्ट्रिया के साम्राज्य में था, पर जायसवाल ने लक्ष्य किया : "हंगरी वाले अपनी भाषा छोड़ आस्ट्रिया वालों की भाषा, जो जर्मन है, न बोलेंगे और आस्ट्रिया वाले अपनी भाषा छोड़ हंगरी वालों की भाषा न बोलेंगे।"

यह भाषा-प्रेम अंग्रेजी के रौबदाब से पीड़ित भारतवासियों के लिए अत्यन्त शिक्षाप्रद था। भारतेन्दु हरिश्चन्द्र के समय से ही भारतीय भाषाओं के अधिकारों की लड़ाई स्वाधीनता-आन्दोलन का अभिन्न अंग बन गई थी।

जायसवाल ने हंगरी के लोगों की भाषा के नमूने इकट्ठे किये। तोल्लम यानी मेरा कलम, तोल्लद यानी तेरा कलम। (सम्बन्धवाचक सर्वनाम संज्ञा के पीछे आता है, आगे नहीं।) जायसवाल ने लिखा : "उनकी भाषा चीनी-जापानी के समान मंगोल-भाषा-वंश की है, पर चीनी-भाषा से एकदम विलक्षण है।...मेरी भाषा-विषयक हिम्मत इस भाषा को देख जाती रही! पर भाषा कैसी भी हो, हरएक को अपनी ही भाषा प्यारी है; और मगयार जाति से बढ़कर किसी को अपनी भाषा का नाज नहीं हो सकता। उसके लिए उन्होंने लड़ाइयाँ लड़ी हैं, वे बलिदान हो गए हैं; उन्होंने अपने राजा पर चढ़ाई की है। वे बोलेंगे तो अपनी ही भाषा बोलेंगे, नहीं तो परिषद् में गूँगे बने रहेंगे। अपने राजा और आस्ट्रिया के बादशाह से अपनी भाषा बलात् बुलवाते हैं। इससे बढ़कर भाषा-ममत्व का प्रमाण और क्या हो सकता है?"

जायसवाल के ऐसे लेखों का गहरा प्रभाव दूसरे हिन्दी लेखकों पर पड़ा, इसका प्रमाण राहुल सांकृत्यायन हैं। वह प्राचीन गण-समाजों के प्रेमी, मध्य एशिया के इतिहासकार, स्लाव भाषाओं और संस्कृत के सम्बन्धों को उद्घाटित करनेवाले, प्रबल घुमक्कड़ और यात्रा-वृत्तान्त-लेखक, और हिन्दी भाषा के अधिकारों के लिए निरन्तर संघर्ष करनेवाले कार्यकर्ता थे। उनके सारे कृतित्व का पूर्वाभास जायसवाल के लेखों में मौजूद है। उसी जनवरी, 1912 की 'सरस्वती' वाले लेख में जायसवाल ने एक पाद-टिप्पणी में संस्कृत और स्लाव भाषाओं के सम्बन्धों पर लिखा था : "स्लाव जाति इस समय अधिकतर रूस-साम्राज्य में संगठित है। इसकी भाषा योरप में सब भाषाओं से अधिकतम संस्कृत से मिलती है।"

हंगरी से जब वह तुर्की गए तो उन्होंने स्लाव प्रदेश पार किया। बालकन प्रदेश में उन्होंने सर्बिया की भाषा पर ध्यान दिया और देखा कि वह 'रूसी भाषा से मिलती

जुलती है।" ('सरस्वती', मार्च, 1912) बल्गारिया के लोगों को धन्यवाद-सूचक रूसी भाषी का एक वाक्य बोलकर उन्होंने प्रसन्न किया। 'मैंने धन्यवाद देने में एक बार अपने साथी बलगरों से जो 'ब्लगा दार्यु, गेस पदिन्' कहा, तो वे बहुत प्रसन्न हुए। उन्होंने समझा कि उन्हीं की भाषा में बोलने का यह प्रयत्न मैंने किया।" अन्य देशों से नये सम्बन्ध कायम करने की ओर भारतीय विद्वानों के प्रारम्भिक प्रयासों में यह भी एक था।

अपने देश के स्वाधीनता-संग्राम के साथ अन्य देशों के स्वाधीनता-संग्रामों, राज्य- क्रान्तियों आदि से द्विवेदी जी ने हिन्दी जनता को उचित शिक्षा प्राप्त करना सिखाया। 'यूरोप के इतिहास से सीखने योग्य बातें' शीर्षक धारावाहिक लेख त्रिमूर्ति शर्मा के नाम से 'सरस्वती' में प्रकाशित हुआ। जुलाई, 1913 की संख्या में इसी के अन्तर्गत 'इंग्लैंड में राज्यक्रान्ति' लेख छपा। इसमें त्रिमूर्ति शर्मा ने इंग्लैंड के 'अत्याचारी, अन्यायी और अपनी सत्ता का दुरुपयोग करनेवाले' राजाओं के विरुद्ध जनता के संघर्ष की कथा कही। राजा को प्राण-दंड दिया गया, इस पर प्रसन्न होकर लिखा : "राजा को अन्यायपूर्ण तथा अनियंत्रित सत्ता चलाने का फल मिल गया।" यूरोप के इतिहास से उचित सीख लेकर भारतवासी तभी उन्नति कर सकते हैं जब उनमें न्यायप्रियता और स्वार्थत्याग हो। "साथ ही दृढ़ता की भी आवश्यकता है।" चाहे हड़ताल हो, चाहे राज्यक्रान्ति—दृढ़ता ऐसा गुण है, जो द्विवेदी जी के विचार से सर्वत्र आवश्यक है। तब क्या भारतवासी भी अंग्रेजों की तरह अन्यायी राज्यसत्ता के विरुद्ध क्रान्ति कर दें? नहीं, ऐसा कुछ नहीं करना है। 'सरस्वती' पत्रिका राजनीति से दूर रहती है। यह तो विशुद्ध इतिहास की चर्चा है। अंग्रेजों को 'सरस्वती' की वफादारी पर शक न करना चाहिए। लिख तो दिया है कि इतिहास से हमें यह न सीखना चाहिए कि "सत्रहवीं सदी के अँगरेजों की तरह हमें भी अपने राजा के साथ वैसा ही व्यवहार करना उचित है।"

इसके बाद सितम्बर, 1913 की 'सरस्वती' में त्रिमूर्ति शर्मा ने फ्रांस की राज्यक्रान्ति पर लेख लिखकर भारतवासियों को समझाया, इस क्रान्ति से क्या सीखना चाहिए। क्रान्ति के दौरान विरोधी गुटों ने एक दूसरे का रक्तपात किया। यह न करना चाहिए था। क्रान्ति से स्वाधीनता, समानता और भ्रातृभाव की बातों का प्रचार हुआ। ये बातें "लेखकों और वक्ताओं के लिए तो बहुत मनोहारिणी हैं; परन्तु उनके अनुसार कार्य करना बहुत कठिन है।" बात सही है क्योंकि सत्ता पूँजीपतियों के हाथ में आई, सामाजिक विषमता और बढ़ी।

फ्रांस की राज्यक्रान्ति ने पुराने सामन्तवादी यूरोप की जड़ें हिला दी थीं। इसीलिए फ्रांस पर चढ़ाई करने के लिए जर्मनी, इटली, स्पेन, आस्ट्रिया, रूस, इंग्लैंड, यूरोप के सभी देश तैयारी करने लगे थे। फ्रांस के क्रान्तिकारियों के सामने समस्या यह थी : "यूरोप के सब देश एकत्र होकर फ्रांस पर चढ़ाई कर रहे हैं और अपने देशवासियों में तो फूट, गड़बड़, अप्रबन्ध, सन्देह, अविश्वास, गुप्तभेद, झगड़ा इत्यादि अनेक

दुर्गुणों की वृद्धि हो रही है। ऐसी अवस्था में युद्ध की तैयारी सफलतापूर्वक कैसे की जाए? यदि विदेशियों के दाँत खट्टे न किये जाएँगे तो राज्यक्रान्ति करनेवाले अपने स्वदेश-बान्धवों का किया कराया सब काम नष्ट हो जाएगा और फ्रांस को फिर राजा तथा हकदार वर्गों से पीड़ित होना पड़ेगा। यह सोचकर उन लोगों ने अपने देशवासियों में, अपने देश की स्वाधीनता की रक्षा के लिए उत्साह की जागृति अरम्भ कर दी। सारे देश में इस्तहार जारी किये गए कि भाइयो, अपने देश की रक्षा करो!"

उस समय की परिस्थिति का यह सही विवरण है। महत्त्वपूर्ण बात यह है कि स्वाधीनता की लड़ाई सामाजिक न्याय के संघर्ष से जुड़ गई है। विदेशी आक्रमणकारियों को परास्त करना केवल इसलिए जरूरी नहीं है कि देश को स्वाधीन रखना है, वरन् इसलिए भी है कि राज्यक्रान्ति के द्वारा राजा और हकदार वर्गों का जो अन्याय खत्म हो गया था, वह फिर कायम हो जाएगा। भारतवासी अंग्रेजी राज्य से स्वाधीनता ही नहीं चाहते, वे अपने यहाँ वर्ग-उत्पीड़न समाप्त करके सामाजिक न्याय भी कायम करना चाहते हैं। इस सामाजिक न्याय के बारे में त्रिमूर्ति शर्मा ने लिखा : "हकदारों के हक उठा देने से सर्वसाधारण जनसमूह को राजनैतिक कार्यों में शामिल होकर देशसेवा करने की स्वाधीनता मिल गई थी। यह इसी स्वाधीनता का फल है कि नेपोलियन जैसा अद्वितीय सेना-नायक प्रकट हो सका।"

एक महत्त्वपूर्ण सबक भारत के लेखकों और बुद्धिजीवियों के लिए है। फ्रांस की राज्यक्रान्ति में बुद्धिजीवियों की भूमिका उल्लेखनीय थी। त्रिमूर्ति शर्मा कहते हैं : "अठारहवीं सदी के लेखकों के उपदेश से ज्योंही फ्रेंच लोगों में मनुष्य के स्वाभाविक हक, संस्थाओं की पूर्णता, प्राकृतिक अधिकार, गरीब आदमियों को रोटी देने का उचित प्रबन्ध इत्यादि बातों के विचार जागृत हुए त्योंही वे राज्यक्रान्ति के द्वारा अपने देश की उन्नति और सुधार का यत्न करने लगे। यह उन्हीं नूतन विचारों अथवा भावों का प्रभाव है कि वे लोग अपने देश की प्राचीन राज-सत्ता तथा हकदार-वर्गों की प्रचंड शक्ति के विरुद्ध सफलतापूर्वक लड़ सके। और, इन्हीं नूतन विचारों की बदौलत वे लोग यूरोप की सम्मिलित सेना को पीछे हटाकर अपने देश की रक्षा कर सके।"

फ्रांस के बाद अन्य देशों में अनेक क्रान्तियाँ हुईं। उनसे भी भारतीय बुद्धिजीवी और लेखक बहुत कुछ सीख सकते हैं। इस सीखने की शुरुआत 'सरस्वती' में प्रकाशित 'यूरोप के इतिहास से सीखने योग्य बातें' जैसे लेख से होती हैं।

भारत तथा अन्य देशों के स्वाधीनता-संग्रामों, फ्रांस, रूस आदि देशों की राज्य-क्रान्तियों पर 'सरस्वती' में जो सामग्री प्रकाशित हुई, वह इतिहास का ज्ञान कराने के अलावा समकालीन सन्दर्भ में भारतीय जनता को अपने स्वाधीनता-संघर्ष में प्रेरणा देनेवाली थी। यह भारतीय इतिहास को विश्व-इतिहास के परिप्रेक्ष्य में देखने का प्रयत्न था। इन लेखों का सन्देश यह है—अन्य देशों में क्रान्तिकारी परिवर्तन हुए हैं, प्राचीन संस्कृति पर गर्व करनेवाले भारत में भी यह सब हो सकता है।

8. नवजागरण तथा लेखन-भाषण की स्वाधीनता

जनवरी, 1915 की 'सरस्वती' में एक कविता छपी थी : 'हमारे प्रतिनिधि'। इसके लेखक 'एक ग्रामीण' कहते हैं :

न पूछें आप हम हैं कौन? क्या हैं?
दुखी हैं दीन भारत की प्रजा हैं।
कृपा यद्यपि बड़ी सरकार की है,
निरन्तर दृष्टि हम पर प्यार की है।
नये नित स्वत्व हमको मिल रहे हैं,
मगर हम हाय जड़ से हिल रहे हैं।
कहें निज कष्ट की कैसे कहानी,
विवश हमको किये है बेजबानी॥

इन पंक्तियों में लेखन-प्रकाशन की जैसी स्वाधीनता भारतवासियों को मिली थी, उसका सजीव चित्र आँखों के सामने आ जाता है। यह स्थिति 19वीं सदी से चली आ रही थी। प्रतापनारायण मिश्र की पंक्तियाँ याद आ जाती हैं :

यह जिय धरकत यह न होइ कहुँ कोउ सुनि लेई।
कछू दोष दै मारहि अरु रोवन नहिं देई।

अंग्रेजी राज में नवीन जनजागरण के लिए ऐसी ही परिस्थिति उत्पन्न की गई थी। यह कहने के लिए भी कि हमें बोलने की आजादी नहीं है, भूमिका रूप में पहले अंग्रेजी राज की तारीफ करना जरूरी था। 'सरस्वती' के अंकों में अंग्रेज बादशाहों, महारानियों, छोटे-बड़े लाटों आदि की जो तसवीरें छपती हैं, लेखों में अंग्रेजी राज का दमनकारी रूप दिखाने के साथ-साथ जहाँ-तहाँ उसकी जो प्रशंसा भी कर दी जाती है, उसका यही रहस्य है। हाथ में वफादारी का झंडा उठाये बिना अंग्रेजी राज की असलियत बयान करना सम्भव नहीं था।

1906 में द्विवेदी जी के पास चुनाव पर एक कविता प्रकाशन के लिए आई। उन्हें लगा कि कविता बड़ी मजेदार है, पर उन्होंने लेखक को सूचित किया : "यह राजनैतिक विषय है। इससे 'सर' के नियमों के अनुसार इसके प्रकाशन में हम अक्षम हैं।" (21-7-1906 का पत्र; 'द्विवेदीयुगीन साहित्यकारों के कुछ पत्र', पृ. 21) यह 'सर' 'सरस्वती' के मालिक ही होंगे। उन्होंने पत्रिका के लिए कुछ नियम बनाये थे। सम्पादक के लिए जरूरी था कि वह इन नियमों की पाबन्दी करे। मैथिलीशरण गुप्त ने तोते पर एक कविता लिखी। तोता पिंजड़े में बन्द है, खुली हवा में उड़ जाना उसका सहज धर्म है। पर इस कविता का यह अर्थ लगाया जा सकता था कि भारतीय प्रजा अंग्रेजी पिंजड़े में खुश नहीं है। 22 जून, 1909 को द्विवेदी जी ने

मैथिलीशरण गुप्त को लिखा : "तोते वाली कविता यहाँ लोगों को बहुत पसन्द आई। प्रेस के मालिक उसे सुनकर बहुत प्रसन्न हुए। परन्तु जमाना नाजुक बड़ा है। लेखों का कुछ का कुछ अर्थ लगाया जाता है। इससे निश्चय यह हुआ कि यह कविता अभी कुछ दिन न प्रकाशित की जाए।" ('द्विवेदी-पत्रावली', पृ. 110)

एक अन्य कविता के बारे में 20 मार्च, 1915 के पत्र में उन्होंने गुप्त जी को लिखा : "कविता का नमूना मुझे पसन्द है। पूरी करके भेजिए। कोई बात समय और सरकार के विरुद्ध न रहे। इशारा भी न रहे। कल नया कानून बना है। कानून क्या, मार्शल ला—जंगी कानून—है। फाँसी तक की सजा है।" (उप., पृ. 130)

'सरस्वती' के माध्यम से द्विवेदी जी ने हिन्दी नवजागरण के लिए जो कुछ किया, उसका मूल्यांकन करते समय इन परिस्थितियों को हमेशा ध्यान में रखना चाहिए। द्विवेदी जी किसी क्रान्तिकारी पार्टी के गुप्त रूप से प्रकाशित होनेवाले गैर-कानूनी पत्र के लिए लेख न लिख रहे थे। उनका सारा लेखन खुले रूप से प्रकाशित होनेवाले पत्र में, अंग्रेजी राज के कानून का पूरी तरह ध्यान रखते हुए सम्पन्न हुआ था। इसके सिवा जैसे गणेशशंकर विद्यार्थी स्वयं अपने पत्र के मालिक थे, वैसे द्विवेदी जी 'सरस्वती' के मालिक नहीं थे। मालिक ने उन्हें चाहे जितनी छूट दी हो, उनके पत्रों से स्पष्ट है कि 'सर' ने 'सरस्वती' के लिए कुछ नियम बनाये थे और द्विवेदी जी के लिए आवश्यक था कि वह उनका पालन करें। मैथिलीशरण गुप्त को लिखे हुए पत्रों से यह भी जाहिर होता है कि जिन रचनाओं से सरकार के नाराज होने का खतरा होता था, उन्हें वह इंडियन प्रेस के मालिक को दिखा लेते थे।

अंग्रेजी राज की यह विशेषता थी कि जो कानून इंग्लैंड के लिए ठीक होता था, वह भारत के लिए ठीक न समझा जाता था। इंग्लैंड में ब्रिटिश सरकार के विरोध में—ब्रिटेन को लेकर, और ब्रिटिश उपनिवेशों को लेकर—बहुत कुछ लिखा जाता था, पर इस तरह के लेखन की छूट उपनिवेशों में नहीं थी। ब्रिटेन में जो कुछ छपता था, उसे भारत में उद्धृत करना भी खतरे से खाली न था। जनवरी, 1908 की 'सरस्वती' में प्रकाशित 'फ्रेडरिक पिन्काट' शीर्षक लेख के अन्त में रामचन्द्र शुक्ल ने उनकी कविता—'The Brothers : England and India'—के बारे में लिखा : "कविता निस्सन्देह बहुत ही ओजस्विनी हुई है। खेद है, उग्र राजनीतिक भावों से भरी होने के कारण हम उसे इस पत्रिका में नहीं प्रकाशित कर सकते।" यदि पिन्काट की कविता छापना खतरे से खाली नहीं था तो हड़ताल के बारे में लिखते हुए उसके राजनीतिक पक्ष पर विचार करना माधवराव सप्रे के लिए अवश्य ही असम्भव था। इसलिए लेख के अन्त में उनका यह संकेत करना भी कि "ऐसी दशा में अन्य उपायों का अवलम्बन करना पड़ता है", बहुत बड़ी बात थी। वह स्वयं उस विषय की चर्चा 'सरस्वती' में नहीं कर सकते 'क्योंकि उसका सम्बन्ध राजनीति से है।" किन्तु इससे हिन्दी पाठक को इस भ्रम में न पड़ जाना चाहिए कि 'सरस्वती'

राजनीति से दूर रहनेवाली पत्रिका थी। उसका साहित्यिक रूप कायम रखते हुए, अंग्रेजी राज के कानून से टकराये बिना, द्विवेदी जी जितनी राजनीति दे सकते थे, देते थे। उस राजनीति की जो सीमाएँ 'सरस्वती' में दिखाई देती हैं, वे द्विवेदी जी के अपने चिन्तन की सीमाएँ नहीं हैं। उनका राजनीतिक चिन्तन जितना व्यक्त है, उससे अधिक अव्यक्त है, और व्यक्त रूप में भी वह पूँजीवादी सुधारवादी चिन्तन नहीं है।

फरवरी, 1912 की 'सरस्वती' में जनार्दन भट्ट ने 'संसार का भावी महासाम्राज्य' शीर्षक लेख में राजनीति के महत्त्व के बारे में कुछ दिलचस्प बातें कही थीं। उनका मत यह था : "संसार के किसी समय का, तथा किसी देश का भी, इतिहास देखने से पता लगता है कि मनुष्य जाति का जीवन राजनीति से सना हुआ है। मनुष्य के जीवन से राजनीति का घनिष्ठ सम्बन्ध है। राजनीति मानो मनुष्य का जीवन धारण करनेवाली शक्ति है, जिसके बिना मनुष्य जी ही नहीं सकता है।" जिस पत्रिका में राजनीति का ऐसा महत्त्व घोषित किया गया हो, उसका राजनीति से अलग रहना आश्चर्य की ही बात होती। अर्थशास्त्र, इतिहास, समाजशास्त्र, आधुनिक विज्ञान, भारत का प्राचीन दर्शन, देश-विदेश का साहित्य—किसी भी विषय पर लेख लिखें या छापें, कहीं प्रत्यक्ष रूप से और कहीं अप्रत्क्ष रूप से, राजनीति की एक झलक रहती ही है। यदि राजनीतिक विश्लेषण अधिक प्रखर और स्पष्ट नहीं है, तो इसका कारण विचार-प्रकाशन-सम्बन्धी पाबन्दियाँ हैं। ये पाबन्दियाँ राजनीतिक लेखन पर ही नहीं हैं, धर्म-सम्बन्धी लेखन पर भी हैं। धर्म का चाहे जितना प्रचार करो, धार्मिक विद्वेष उत्पन्न करो, अंग्रेज इससे प्रसन्न होंगे। किन्तु जहाँ धार्मिक अन्धविश्वासों और रूढ़ियों की आलोचना शुरू की कि सरकार बहादुर धर्म की रक्षा के नाम पर कलम रोकने आ जाएगी। फरवरी, 1901 की 'सरस्वती' में 'ज्ञान' शीर्षक निबन्ध के अन्त में द्विवेदी जी कहते हैं कि 'सरस्वती' में ऐसे लेख नहीं छप सकते जिनका सम्बन्ध वर्तमानकालिक धर्म-विषयों से है। 'अतएव स्मृतियों के किस प्रकार के वचन इस समय के अनुकूल हैं और किस प्रकार के वचन प्रतिकूल हैं, इसका विवरण हम यहाँ पर नहीं कर सकते।" लेखन की स्वाधीनता साम्राज्य-विरोधी चेतना के प्रसार के लिए ही आवश्यक नहीं थी, रूढ़ियों और अन्धविश्वासों से मुक्ति पाने और वैज्ञानिक चिन्तन के प्रसार के लिए भी वह आवश्यक थी।

भारतीय जनता को लेखन, भाषण और प्रकाशन में पूर्ण स्वाधीनता मिलनी चाहिए, यह कहने और इस बात का प्रचार करने का एक तरीका यह था कि ब्रिटेन के उदारपंथी लेखकों ने इस विषय में जो कुछ कहा था, उसका उल्लेख करके हिन्दी के माध्यम से उसे प्रचारित किया जाए। इसी उद्देश्य से उन्होंने मिल की पुस्तक का अनुवाद किया था और 'स्वाधीनता' नाम से प्रकाशित इस पुस्तक की भूमिका में अंग्रेजों के इस तर्क का उत्तर दिया था कि सरकार प्रेस की स्वाधीनता पर जो पाबन्दियाँ लगाती है, वह इसलिए कि विरोधी लोग उसकी व्यर्थ निन्दा करते हैं और

इस तरह स्वाधीनता का दुरुपयोग करते हैं। द्विवेदी जी प्रश्न करते हैं कि निन्दा व्यर्थ है या सही है, इसका फैसला कौन करेगा? उनका विचार है कि इसका फैसला जनता करेगी। अपनी भूमिका में उन्होंने लिखा : "व्यर्थ निन्दा के असर को दूर करने का एक मात्र उपाय यह है कि जब निन्दा प्रकाशित हो ले तब उसका सप्रमाण खंडन किया जाए, और दोनों पक्षों के वक्तव्य का फैसला सर्वसाधारण की राय पर छोड़ दिया जाए। ऐसे विषयों में जनसमुदाय ही जज का काम कर सकता है। उसी की राय मान्य हो सकती है। जो इस उपाय का अवलम्बन नहीं करते, जो ऐसी बातों को जनसमूह की राय पर नहीं छोड़ देते, जो अपने मुकद्दमे के आप ही जज बनना चाहते हैं, उनके तुच्छ, हेय और उपेक्ष्य प्रलापों पर समझदार आदमी कभी ध्यान नहीं देते। ऐसे आदमी तब होश में आते हैं जब अपने अहंमानी स्वभाव के कारण अपना सर्वनाश कर लेते हैं। ईश्वर इस तरह के आदमियों से समाज की रक्षा करे!"

इस तरह की धारणाओं का प्रचार करने से सरकार महावीरप्रसाद द्विवेदी और 'सरस्वती' से बहुत प्रसन्न न हो सकती थी। उसने अपनी अप्रसन्नता 'सरस्वती' के साथ भेद-भाव बरत कर व्यक्त की। सरकार ने पत्रिकाओं के कई वर्ग बना रखे थे। अपने प्रकाशन वह इन पत्रों को उनके वर्ग के विचार से भेजती थी। केन्द्रीय सरकार की पुस्तकें और रिपोर्टें पाना भारतीय पत्रों के लिए कठिन था। प्रान्तीय सरकार के प्रकाशन भी कठिनाई से मिलते थे। संयुक्त प्रान्त की सरकार ने 'सरस्वती' को तीसरे दर्जे में रखा था। कुछ समय बीतने पर उसकी लोकप्रियता बढ़ने पर, उसने उसे दूसरे दर्जे में रखा, पर कुछ ही समय बाद चौदह-पन्द्रह रिपोर्ट भेजने के बदले पहले की तरह दो ही रिपोर्ट भेजने का नियम बना लिया। इस विषय में द्विवेदी जी ने जुलाई, 1913 की 'सरस्वती' में 'सरस्वती और सरकारी गजट' शीर्षक लेख लिखा। इसमें अपनी लिखा-पढ़ी का सारांश देते हुए उन्होंने पाठकों को सूचित किया : "मतलब यह कि गजट नहीं मिल सकता। मिल सकती हैं केवल वही पुस्तकें और रिपोर्टें जो दूसरे दरजे के पत्रों को दी जाती हैं और जिनकी फेहरिस्त तुम्हें भेज दी गई है। इस बात का उत्तर देने की गवर्नमेंट ने कोई जरूरत न समझी कि, अन्य छोटे पत्रों को, जो 'सरस्वती' से कम हैसियत और कम महत्त्व के हैं, गजट क्यों दिया जाता है।" द्विवेदी जी ने शिकायत की कि सरकार द्वारा पत्रिकाओं का श्रेणी-विभाजन किसी नियम के अनुसार नहीं होता। उन्होंने उन पत्रों के नाम बताये जिनका प्रचार 'सरस्वती' से कम था पर जिन्हें गजट भेजा जाता था। पर इसका फल कुछ भी न हुआ।

जैसे-जैसे देशी पूँजीवाद का विकास हुआ, वैसे-वैसे अंग्रेजी राज के अलावा लेखक की स्वाधीनता पर इस देशी पूँजीवाद ने भी अंकुश लगाना शुरू किया। इस सम्बन्ध में ज्योतिप्रसाद मिश्र 'निर्मल' ने द्विवेदी जी से अपनी दिलचस्प बातचीत का हाल अप्रैल, 1933 के 'हंस' में प्रकाशित किया था : "मैंने कहा—पंडित जी, आजकल पूँजीपतियों का राज्य है। प्रकाशक और लेखकों का बड़ा विचित्र रूप

दिखाई पड़ रहा है। आचार्य कुछ उत्तेजित होकर गर्जते हुए गम्भीर स्वर में बोले—निर्मल जी, जिसको एक मुट्ठी अनाज पर बसर करना है, उसका पूँजीपति क्या कर सकते हैं? आपको यदि जीवित रहना है और उन्नति करना है तो जो उचित हो, उसे निर्भीकतापूर्वक प्रकट करिए। यही मैंने नन्ददुलारे (मुझसे पहले पं. नन्ददुलारे वाजपेयी आचार्य से मिलने गए थे।) से भी कहा, वही आपसे भी कहता हूँ।"

निर्मल जी के प्रश्न पर उतेजित होने से ऐसा आभास होता है कि द्विवेदी जी को कहीं कोई अपना अनुभव याद आ गया था। सम्भव है, इंडियन प्रेस के मालिक ने 'सरस्वती' में छपनेवाली सामग्री पर जो पाबिन्दयाँ लगाई थीं, उन्हें लेकर भीतर-भीतर कहीं तनाव पैदा हुआ हो। जो भी हो, द्विवेदी जी लेखक और प्रकाशक के संघर्ष में लेखक के साथ हैं। उनकी स्वाधीनता पूँजीपतियों के पक्ष में नहीं है, समाज के पक्ष में है, स्वाधीनचेता लेखकों के पक्ष में हैं। वह केवल साम्राज्यवाद के विरोधी नहीं हैं, भारतीय पूँजीवाद से भी वह अपने को अलग रखते हैं। उनकी साम्राज्य-विरोधी चेतना उन्हें मजदूरों और किसानों के संगठन के बारे में सोचने की प्रेरणा देती है। वह केवल अपने देश की स्वाधीनता के बारे में नहीं सोचते, विश्व-साम्राज्यवादी व्यवस्था के बारे में सोचते हैं। जहाँ-जहाँ नवजागरण के चिन्ह दिखाई देते हैं, उनका स्वागत करते हैं। इस प्रकार वह जनता की अन्तरराष्ट्रीय चेतना का प्रसार करते हैं।

द्विवेदी जी ने साम्राज्यवाद और भारत के बारे में जो कुछ लिखा, वह आज भी हमारे लिए महत्त्वपूर्ण है। उनकी और उनके सहयोगियों की गद्य-रचनाओं को मिलाकर पढ़ा जाए तो ज्ञात होगा कि सारा लेखन एक योजना के अनुसार किया गया है। साम्राज्यवाद का अर्थतंत्र क्या है, उसके राजनीतिक दाँव-पेंच क्या हैं, विश्व-साम्राज्यवादी व्यवस्था में भारत का स्थान क्या है, इस व्यवस्था में भारत पराधीन कैसे बना, अंग्रेजी राज कायम होने से पहले यहाँ के अर्थतंत्र की क्या दशा थी, भारतीय इतिहास को देखते हुए अंग्रेजी राज की भूमिका क्या थी, साम्राज्यवाद द्वारा विजित और शासित भारत में मुख्य प्रश्न किस वर्ग का था, खेतिहर देश में किसानों की भूमिका क्या थी, भारत में पूँजीवाद की विशेषता क्या थी, इस विशेषता को देखते हुए मजदूर वर्ग कौन-सी भूमिका निभा रहा था, इस सारी परिस्थिति में मध्यवर्गी बुद्धिजीवियों के कर्तव्य क्या थे, इस विश्वसाम्राज्यवादी व्यवस्था के विरुद्ध लोग कहाँ-कहाँ लड़ रहे हैं, भारत को अपने अन्तरराष्ट्रीय सम्बन्ध किन देशों से कायम करने चाहिए, साम्राज्यवादी घेरा कहाँ टूट रहा है और उससे हमें क्या सीखना चाहिए, स्वयं अपने इतिहास से स्वाधीनता-संग्राम के लिए कैसे प्रेरणा लेनी चाहिए—इन सभी और ऐसी ही अन्य समस्याओं की ओर द्विवेदी जी और उनके सहयोगियों ने ध्यान दिया और साम्राज्य-विरोधी दृष्टि से उनका विवेचन किया। इस सारे विवेचन को एक साथ देखने पर द्विवेदी जी के योजनाबद्ध कार्य का ज्ञान होता है। वैसा योजनाबद्ध, विस्तृत और वैज्ञानिक विवेचन हिन्दी में अभी तक उपलब्ध नहीं है।

2

भारतीय विवेक-परम्परा और आधुनिक विज्ञान

1. भारत की अजेय विवेक-परम्परा

प्रेमचन्द ने 'कर्मभूमि' में लिखा था कि भारत में क्रान्ति नहीं, क्रान्ति के बाबा की बातें करो, समाज के नेता तुम्हें बोलने देंगे लेकिन जहाँ तुमने व्यवहार-क्षेत्र में पाँव रखा, भारतीय समाज को सुधारने चले, वर्ण-व्यवस्था में हाथ लगाया, ऊँच-नीच का भेद मिटाने की तरफ बढ़े, वहीं जोरों से विरोध शुरू हो जाएगा। दूसरे शब्दों में सामन्ती समाज-व्यवस्था को बदलना सबसे मुश्किल काम है, सामाजिक कुरीतियों को मिटाना बहुत कठिन है, धार्मिक अन्धविश्वासों को निर्मूल करना दुष्कर है। भारत में सामन्ती व्यवस्था बहुत पुरानी है, शायद दुनिया में सबसे ज्यादा पुरानी है, उतना ही भारतीय जनता के मन में उसकी जड़ें गहरी हैं, उतना ही वह भीतर से जर्जर भी है और उसका विरोध उतना ही पुराना है जितना यह व्यवस्था पुरानी है। जैसे-जैसे इस व्यवस्था के अन्तर्विरोध तीव्र होते गए, वैसे-वैसे इस पर आघात करनेवाली विचारधारा भी अधिक प्रखर होती गई। एक ओर वेदान्त की विचारधारा थी जो ब्रह्म को सर्वव्यापी बताकर सामाजिक विषमताओं को असत्य और भ्रम सिद्ध करती थी। बीसवीं सदी में अनेक समाज-सुधारकों और साहित्यकारों पर इस वेदान्ती विचारधारा का प्रभाव देखा जा सकता है। किन्तु उसके साथ-साथ और उतनी ही पुरानी एक दूसरी विचारधारा थी जो संसार को मिथ्या नहीं मानती, उसे असार नहीं कहती, पर देवी-देवताओं, स्वर्ग-नरक की कल्पनाओं को मिथ्या कहती थी और वर्ण-व्यवस्था तथा पुरोहित वर्ग की तीखी आलोचना करती थी। यह भारत की भौतिकवादी विचारधारा है जिसका सम्बन्ध वृहस्पति और चार्वाक, इन दो नामों से जोड़ा जाता है। जब महावीरप्रसाद द्विवेदी 'सरस्वती' के सम्पादक न हुए थे, तब सितम्बर, 1901 की 'सरस्वती' में उनका एक लेख प्रकाशित हुआ था जिसका शीर्षक था : 'निरीश्वरवाद'। श्रद्धालु पाठक परेशान न हों, द्विवेदी जी भौतिकवादी नहीं थे।

इस लेख में 'सर्वदर्शन संग्रह' से चार्वाक मत से सम्बन्धित श्लोक उद्धृत किये गए हैं। इन श्लोकों के बारे में लिखा है : "जिस मतवालों की तर्कना-शक्ति इतनी बलवती और विवेक परम्परा [विवेक परम्परा, बकरी और बकरी वाला उलझाव फिर यहाँ पर!]

इतनी विशाला थी, उस चार्वाक मत का नाम तक, जो इस समय दो-चार दर्शनशास्त्र के जानने वालों के अतिरिक्त, किसी को विदित नहीं रहा, वह आश्चर्यजनक नहीं।"

जो वर्ण-व्यवस्था और देवी-देवताओं का विरोध करे, यहाँ तक कि ईश्वर का अस्तित्व भी न माने, उसकी विचारधारा का भारत जैसे धर्मप्राण देश में लुप्त होना स्वाभाविक ही है। किन्तु वह बलवती तर्कशक्ति और विशाल विवेक-परम्परा क्या सचमुच लुप्त हो गई? दो-चार दर्शनशास्त्र के जाननेवालों तक ही सीमित रह गई? द्विवेदी जी ने 'सर्वदर्शन संग्रह' से जो श्लोक उद्धृत किये हैं, उन्हीं का किया हुआ उनका अनुवाद जरा देखें और विचार करें कि किसी पुराने बहुत ही लोकप्रिय हिन्दी कवि का स्मरण हो आता है या नहीं।

'न स्वर्ग है, न अपवर्ग है, न पारलौकिक आत्मा है और न वर्णाश्रम-परायण मनुष्यों की क्रिया ही किसी प्रकार का फल देनेवाली है।

'अग्निहोत्र करना, वेद पढ़ना, त्रिदंड संन्यास लेना और भस्म इत्यादि धारण करना निर्बुद्धि और पौरुषहीन आलसी लोगों की जीविका सुख से निर्वाह होने के लिए ब्रह्मा ने बनाया है।

'ज्योतिष्टोम यज्ञ में मारा गया पशु यदि स्वर्ग को जाता है तो यज्ञ करनेवाला यजमान यज्ञ में अपने बाप ही को क्यों नहीं मारकर उसे स्वर्ग भेज देता?

'मरे हुए प्राणियों को भी घर बैठे श्राद्ध करने से यदि तृप्ति हो सकती है तो एक स्थान से दूसरे स्थान को जानेवालों के लिए इस लोक में 'सतुआ' बाँधना व्यर्थ है [व्यर्थ पाथेयकल्पनम्]। घर में एक बार श्राद्ध कर देने ही से वर्ष भर के लिए छुट्टी हो जानी चाहिए।

'उतनी दूर स्वर्ग में रहनेवाले प्राणियों की भी यदि दान से तृप्ति होनी सम्भव है तो यहाँ बड़े-बड़े ऊँचे घरों के दूसरे, तीसरे खंडों में रहनेवालों की उसी प्रकार दान से तृप्ति क्यों नहीं होती?'

पूछना बेकार है कि आपको 'बहरा हुआ खोदाय' का कवि याद आ रहा होगा। कबीर रहस्यवादी थे किन्तु जिस तर्क-शक्ति से वह काम ले रहे थे, उसका स्रोत उपनिषद नहीं हैं, वह वृहस्पति और चार्वाक की विवेक-परम्परा है। वह परम्परा लुप्त नहीं हुई, वह कबीर की रचनाओं में अचानक़ प्रकट नहीं हो गई, वह अन्तर्धारा के समान जनमानस में निरन्तर विद्यमान थी। कबीर के माध्यम से जनभाषा में उसे बड़ा समर्थ और मुखर रूप प्राप्त हुआ जिसका प्रभाव—जनभाषा के माध्यम होने के कारण—सारे भारत पर पड़ा। इस परम्परा को नष्ट करने के लिए पुरोहितों ने एक श्लोक रचा और उसे भी 'सर्वदर्शन संग्रह' में चार्वाक-मत से जोड़ दिया : 'जब तक जीवन है, सुख से रहना चाहिए, और आवश्यकता होने पर ऋण करके भी दूध-मलीदा उड़ाना चाहिए, क्योंकि मरने के अनन्तर भस्म हुए शरीर का इस लोक में पुनरागमन होना किसी प्रकार सम्भव नहीं।'

दूध-मलीदा उड़ानेवाले तो भू-स्वामी थे और उनके सहायक कर्मकांडी पुरोहित थे। गरीब जनता को धर्म-कर्म के नाम पर ये ठगते थे। इसीलिए विरोधी विचारधारा को बदनाम करने और उसका समूल नाश करने में उन्होंने कुछ उठा नहीं रखा। किन्तु उसका नाश नहीं हुआ और वह विवेक-परम्परा कभी वेदान्त से मिलकर और कभी उससे अलग रहकर जनसाधारण को शासक वर्ग के कर्मकांडी प्रचार के प्रति सावधान करती रही।

'सर्वदर्शन संग्रह' में जैसी बातें चार्वाक के मत के अन्तर्गत बताई गई हैं, वैसी ही बातें कलियुग की ओर से संस्कृत कवि श्रीहर्ष के 'नैषध-चरित' में कहलाई गई हैं। द्विवेदी जी ने 1921 में 'श्रीहर्ष का कलियुग' शीर्षक लेख लिखा था। उनके निबन्ध-संग्रह 'साहित्य सन्दर्भ' (गंगा ग्रंथागार, लखनऊ) में यह निबन्ध दिया हुआ है। द्विवेदी जी ने 'नैषध-चरित' में कलियुग-चर्चा पर विशेष ध्यान क्यों दिया, यह निरीश्वरवाद पर उनका लेख देखने से मालूम होगा। वेदों के नाम पर जिस तरह का कर्मकांड इस देश में कभी प्रचलित था, उसकी सीधी आलोचना न करके, द्विवेदी जी सबसे पहले तो पाठक को उसकी जानकारी कराते हैं जिससे वह भारतीय संस्कृति के अन्तर्विरोधों को समझे, फिर पुरानी रूढ़ियाँ कहाँ तक संगत थीं, इस पर वह विचार करे। अपने लेख के आरम्भ में उन्होंने लिखा है : "इस महाकवि की इस कलियुग वर्णना से एक बात और भी बड़े मार्के की मालूम हो सकती है। वेदों में बहुत पुराने जमाने की कुछ रूढ़ियों का उल्लेख है। वे रूढ़ियाँ उस समय रायज थीं। जनसमुदाय उन्हें सुदृष्टि से देखता था। आजकल वे कुदृष्टि से देखी जाती हैं। इसी से आजकल के कुछ नये वेदज्ञ उनका अर्थ उस समय के [इस समय के] समाज के अनुसार करके अपनी विद्वत्ता और वेदज्ञता प्रकट करते हैं। पांडित्य और वेद ज्ञान में वे शायद अपने को श्रीहर्ष से भी सौ गुना अधिक समझते होंगे। वेदों का ठीक अर्थ समझने में चाहे श्रीहर्ष अधिक हों, चाहे आजकल के वेदपाठी विद्वान्, इस झगड़े से मतलब नहीं। श्रीहर्ष के वर्णन से हम यदि इतना ही जान सके कि वह वेद के कुछ संशयास्पद स्थलों का क्या अर्थ समझते थे, तो पुराने वेद-व्याख्याताओं की संख्या में एक की और वृद्धि हो जाए।"

द्विवेदी जी यह नहीं मानते कि आधुनिक दृष्टि से जिन बातों को लोग बुरा कहेंगे, वैसी बातें वेदों में थीं ही नहीं। वे इस बात पर जोर देते हैं कि श्रीहर्ष जैसे पंडित कवि वेदों का जैसा अर्थ करते थे, उसके अनुसार उनमें बहुत-सी बातें अग्राह्य थीं। पर वेदों का अर्थ जो भी हो, इसमें तो सन्देह नहीं कि श्रीहर्ष के समय में वेदों के नाम पर ऐसा कर्मकांड प्रचलित था जो संकीर्ण पुरोहित वर्ग के पाखंड के अलावा और कुछ नहीं था। 'नैषध-चरित' से यह भी ज्ञात होता है कि इस पुरोहित वर्ग के पाखंड का विरोध करनेवालों को नास्तिक और कलियुग की खास उपज कहा जाता था। नास्तिक की परिभाषा ही थी—जो वेद की निन्दा करे, वह नास्तिक है।

वेद का अर्थ हो गया पुरोहितों द्वारा किया हुआ वेदों का भाष्य और उस भाष्य के अनुसार पुरोहितों द्वारा कराया जानेवाला कर्मकांड। इस कर्मकांड की जितनी सुदीर्घ परम्परा थी, उतनी ही सुदीर्घ परम्परा उसके विरोधियों की थी। भारतीय जनता ने कभी इस पाखंड और दुष्ट कर्मकांड को पूरी तरह स्वीकार नहीं किया। भारतीय संस्कृति के इस आन्तरिक संघर्ष को नकारने से उसकी वास्तविक गरिमा का ज्ञान नहीं हो सकता। पुरोहितों के पाखंड का सबसे मुखर विरोध करनेवाले चार्वाक-मत के नास्तिक थे। कलियुग-वर्णन में जो धर्म के पतन की बात बार-बार कही गई है, उसका कारण पुरोहित वर्ग के विरुद्ध निरन्तर बढ़ता हुआ जनता का संघर्ष था। भारत में जितने समाज-सुधारक हुए, जितने संत और भक्त महाकवि हुए, उनकी मानवतावादी वाणी, प्रत्यक्ष या अप्रत्यक्ष रूप में, वैदिक कर्मकांड की उसी आलोचना को दोहराती है जिसका स्रोत 'सर्वदर्शन संग्रह' में चार्वाक और वृहस्पति हैं और 'नैषध-चरित' में जिसका सम्बन्ध कलियुग से जोड़ा गया है।

कलियुग-वर्णन में पहले एक सैनिक कलियुग की ओर से बोलता है। वह सीधे चार्वाक-मत का उल्लेख करते हुए देवताओं से कहता है : "आपके एक आचार्य वृहस्पति जी हो गए हैं। उनका नाम आपने कभी सुना है? वह तो कहते हैं कि अग्निहोत्र, वेद पाठ, तंत्रोक्त क्रियाओं का साधन, त्रिदंड धारण करना और ललाट पर त्रिपुंड लगाना उन लोगों के पेट पालने का एक साधन मात्र है, जिनमें न अक्ल है, न पौरुष है, और न खर्च करने के लिए जिनके पास एक छदाम भी है। फिर क्यों तुम लोग इन शुष्क आडम्बरों के पीछे पड़कर लोगों को ठग रहे हो?"

वृहस्पति पौराणिक कथाओं में देवताओं के गुरु माने गए हैं। उनके नाम से नास्तिक मत जुड़ा हुआ है, इसी से इस मत का महत्त्व प्रकट होता है। सम्भव है, कुछ पाठक सोचें कि वृहस्पति का नाम नास्तिक मत से इन पंक्तियों के लेखक ने अपनी ओर से जोड़ दिया है। ऐसे लोग द्विवेदी जी का वह निरीश्वरवाद वाला लेख ध्यान से पढ़ लें। उस लेख में चार्वाक-मत के प्रसंग में वृहस्पति का उल्लेख इस प्रकार है : "जान पड़ता है कि इस मत के आचार्य देवगुरु वृहस्पति जी ही हैं और अपनी स्त्री तारा के हरण किये जाने पर दु:खित हो उन्होंने उन्मत्त की नाईं प्रलाप रूप ये शास्त्र बनाया है।" 1901 में द्विवेदी जी बहुत सावधान होकर चार्वाक-मत की बलवती तर्कना-शक्ति और विशाल विवेक-परम्परा की चर्चा कर रहे थे। अपनी रक्षा के लिए उन्होंने इस दन्तकथा का सहारा लिया था कि ईश्वर नहीं है, ऐसा कहनेवाले देवताओं के गुरु स्त्री-हरण से पागल हो गए थे। पर वृहस्पति और चार्वाक की वही बातें 'नैषध-चरित' में कलियुग की ओर से कही गई हैं! यहाँ द्विवेदी जी स्पष्ट कहते हैं कि जिस कर्मकांड की निन्दा की गई है, उसे आज कोई अच्छा नहीं समझता। विचारणीय है कि प्राचीनकाल से यह वृहस्पति की परम्परा न चली आई होती तो समाज-सुधारक भक्तकवि किस आधार पर पुरोहितों के कर्मकांड का विरोध करते?

'नैषध-चरित' में—द्विवेदी जी द्वारा दिये हुए सारांश में—कलियुग का सैनिक देवताओं से कहता है : "आपके वेदों में लिखा है कि यज्ञ करने से स्वर्ग की प्राप्ति होती है। लिखा है न? जरा बताइए तो सही, किसने-किसने यज्ञ करके स्वर्ग पाया है? वेदों में अगर लिखा हो कि पत्थर फेंकने से वे पानी पर तैरने लगते हैं, तो क्या आप वेदों की इस युक्ति को भी सच मान लेंगे?" आगे फिर कहता है : "अगर पानी पर पत्थर तैर सकता है तो आग में आहुतियाँ डालने से स्वर्ग भी मिल सकता है। अन्यथा दोनों बातें कपोल-कल्पना मात्र हैं।" कबीर और उनके बाद अनेक समाज-सुधारक इससे मिलते-जुलते तर्क प्रस्तुत करते रहे हैं।

कलियुग का यह सैनिक कुलीनता, उच्चवंश आदि से सम्बन्धित विचारों की निन्दा करता है। उसका तर्क है : "संसार अनादि है। अब तक स्त्री-पुरुषों के अनन्त जोड़े उत्पन्न हो चुके। काम दुर्वार है; उसके सामने बड़े-बड़े धैर्यवानों का भी धैर्य हवा हो जाता है।" इसलिए "जातियों और कुलों की पवित्रता का स्वप्न देखना पागलपन के सिवा और कुछ नहीं।" सामन्ती व्यवस्था में जिस तरह का आचरण स्त्रियों के लिए दुराचार बन जाता है, उसी तरह का आचरण पुरुषों के लिए सदाचार होता है। कलियुग का सैनिक स्त्रियों और पुरुषों के बारे में दो तरह के नियम बनाने के बारे में कहता है : "नारियों की रक्षा के लिए तो बड़े-बड़े ढोंग रचते हो, पर नरों की रक्षा की रत्तीभर भी परवाह नहीं करते। कुलस्थिति को अक्षुण्ण रखने का दम्भ करनेवाले तुम जैसों को हजार बार धिक्कार!"

इस देश में पूर्वजन्म के संस्कारों, कर्मों, उनके बन्धनों की बहुत चर्चा रही है। पर सैनिक कहता है : "तुम्हारे वेद कहते हैं, पाप करने से अगले जन्म में ताप और पुण्य करने से सुख होता है। पर इस जन्म में इसका उलटा प्रत्यक्ष देख पड़ता है—फिर क्यों न प्रत्यक्ष प्रमाण को मानकर जन्म-जन्मान्तर की न देखी हुई कपोल-कल्पित बातों पर विश्वास करते हो? इसका क्या ठिकाना कि मरकर फिर जन्म होगा?" मरोगे, फिर जन्म लोगे, पापों का फल नरक में नहीं, इसी दुनिया में मिलेगा, यहाँ अगले जन्म में मिलेगा, यह भय दिखाकर सामन्त वर्ग उस जनता को अपने अधीन रखता था जिसके परिश्रम का फल हथिया कर वह मौज उड़ाता था। इस पूर्वजन्म और कर्म-बन्धन का विरोध चार्वाक-मत ने किया था, वैसा ही विरोध कलियुग की ओर से 'नैषध-चरित' में है।

इस देश के अनेक विचारकों ने यज्ञों में पशु-वध को अनुचित माना था, वैसे भी भोजन के लिए पशु-हिंसा का विरोध किया था। अहिंसावादी विचारधारा जब बहुत व्यापक हो गई तब कर्मकांड के पक्षपातियों ने कहा कि वैदिकी हिंसा हिंसा न भवति। यहाँ सैनिक पूछता है : "हिंसा से पाप होता है या नहीं? वैदिकी हिंसा से पाप नहीं होता, यह विचार क्या सन्देह से खाली है? कितने ही आचार्य इस प्रकार की हिंसा को निंद्य ठहराते हैं या नहीं? अरे धूर्तो, कुछ तो अक्ल से काम लेते।"

वेदों की व्याख्या लोग अपने-अपने ढंग से करते हैं, फिर भी वेदों को ही प्रमाण मानते हैं, इस बारे में सैनिक कहता है : "श्रुतियों और स्मृतियों का अर्थ लोग मनमाना किया करते हैं। जो जितना ही अधिक बुद्धिमान है, अर्थ करने में वह उतनी ही अधिक बुद्धिमत्ता दिखाता और अपने मन के अनुकूल अर्थ कर देता है। जब यह दशा है—जब कोई एक अर्थ निश्चित ही नहीं—तब क्यों तुम वेदों और धर्मशास्त्र के वचनों का ऐसा अर्थ नहीं करते, जिसमें तुम्हें सुख की प्राप्ति हो?"

चाहे कलियुग हो, चाहे चार्वाक, इन पर जो सामान्य दोष लगाया जाता था, वह अनैतिक भोग-विलास का जीवन बिताने की इच्छा का था। इस दोषारोपण में सामन्तवर्ग अपना ही दूषित आचरण दूसरों पर मढ़ता था। परलोक, पुनर्जन्म, और ईश्वर के बिना मनुष्य नैतिक जीवन बिता ही नहीं सकता, इस धारणा का वह निरन्तर प्रचार करता था। किन्तु इन्हीं का उपयोग उच्चवर्ग समय-समय पर भिन्न-भिन्न ढंग से करता था। वेदशास्त्रों का मनमाना अर्थ करने का मुख्य कारण यही नहीं था कि उनकी भाषा समझ में न आती थी, मनमाना अर्थ किसी युग विशेष में किसी वर्ग विशेष के लिए बड़ा लाभदायी था, मुख्य कारण यह था।

सैनिक आगे कहता है : "मर जाने पर भी संस्कारों का नाश नहीं होता, जीव को पाप-पुण्य का फल भोगना पड़ता है। श्राद्ध में ब्राह्मण-भोजन से मृत प्राणी की तृप्ति होती है—ये सब धूर्तों की बातें हैं। उनकी प्रतारणा के फन्दे में पड़कर अपना सर्वनाश न करो।" इसी तरह की बातें करने के कारण अनेक समाज-सुधारक नास्तिक कहलाए, बाद को धर्मात्मा कहकर उनकी पूजा होने लगी। कलियुग का सैनिक मूर्ति-पूजा के भी विरुद्ध है। कहता है, फूलों की शोभा तभी तक है जब तक वे पेड़ों में लगे हुए हैं। तोड़ देने पर फल न लगेंगे। फिर भी "यदि तोड़ना ही है, तो तोड़कर अपने सिर पर रखो—अपने ही ऊपर चढ़ाओ, पत्थरों पर उन्हें क्यों चढ़ाते फिरते हो?" मूर्ति-पूजा के साथ पशु-पूजा का खंडन करते हुए वही सैनिक कहता है कि तुम पुराने ग्रंथों पर आँख मूँदकर विश्वास करते हो। "उन्होंने लिख दिया है : 'गां प्रणमेत्' अर्थात् गाय को नमस्कार करना चाहिए। बस, तुम लोग लगे पशुओं के सामने हाथ जोड़ने। अरे, क्या तुम गाय, भैंस से भी तुच्छ हो, जो किसी के कहने मात्र से उनको नमस्कार करने दौड़ते हो?" आज भी ऐसा कहने का साहस कम लोगों में है यद्यपि पशु-पूजा की व्यर्थता ज्यादातर पढ़े-लिखे लोग समझते हैं।

पुरोहितों ने अपनी आज्ञा न मानने वालों के लिए नरक रचा था और अपने लिए तथा भू-स्वामियों के लिए इस संसार में जो सुख-साधन प्राप्त थे, उनका प्रबन्ध कुछ बढ़ा-चढ़ाकर स्वर्ग में कर लिया था। एक ओर इस जीवन में रानियों, रखैलों और वारांगनाओं से भोग-विलास, फिर स्वर्ग में अमरयौवना अप्सराओं की प्राप्ति, दूसरी ओर तपस्या और आत्मनिग्रह के उपदेश। इस अन्तर्विरोध की ओर संकेत करते हुए सैनिक कहता है : "बड़े-बड़े यज्ञ करके स्वर्ग की कामना तुम सिर्फ इसीलिए करते

हो कि मरकर वहाँ जाने पर लीला-ललाम अप्सराओं की प्राप्ति होगी। खूब-खूब! इसी से तुम इस लोक में कामुकता से इतना डरते हो! इसी से तुमने उससे त्याग किया है। क्या कहना है! जिस वस्तु की प्राप्ति के लिए मरते हो, उसी का त्याग इस जन्म में करते हो। अक्ल का अजीर्ण इसी को कहते हैं।"

ऐसी बातें सुनकर इन्द्र को बड़ा क्रोध आता है। उसे लगता है कि यह सैनिक "धर्म के मर्मों पर कुल्हाड़ी चला रहा है।" इन्द्र वर्ण-व्यवस्था का समर्थन करते हुए कहता है : "जो वर्णच्युत हो गया, वह अलग कर दिया गया; जो जाति बाहर हो गया, सो हो गया। कोई प्रमाण तेरे पास है कि ऐसा नहीं हुआ? ब्राह्मणी आदि का घर्षण करनेवाले क्या कभी विजयी हुए हैं? दहकते हुए लोहे का गोला उठाने पर क्या वे जलने से बचे हैं? जो बच गए, वे शुद्ध। जो नहीं बचे, वे अशुद्ध; वे जातिच्युत हो गए।" इससे पता चलता है कि वर्ण-व्यवस्था की रक्षा के लिए कैसे कठोर दंडों का विधान किया गया था। इन्द्र उसे नास्तिक कहकर धिक्कारता है और तर्क करता है कि संतान का जन्म भाग्य से होता है और भाग्य में न हो तो पति-संयोग से कुछ नहीं होता। इन्द्र के लिए यह सैनिक नास्तिक ही नहीं, महानास्तिक है, जो परलोक को भी नहीं मानता। परलोक है, इन्द्र इसका प्रमाण देता है : "ऐसी अनेक घटनाएँ हो गई हैं, जिनमें यम के दूत भूल से अन्य आत्माओं को यमलोक ले गए हैं। वहाँ जाने पर जब भूल मालूम हुई, तब वे आत्माएँ वापस भेज दी गईं, और उनके मृत शरीरों में फिर जान आ गई। ऐसी आत्माओं ने परलोक के दृश्यों तक का आँखों-देखा वर्णन किया है।" द्विवेदी जी के समय में, और आजकल भी, पूर्वजन्म को लेकर ऐसी घटनाओं के वर्णन जहाँ-तहाँ छपा करते हैं। कुछ लोग अनुदान प्राप्त करके इस दिशा में वैज्ञानिक अनुसंधान करने में भी लगे हुए हैं। श्रीहर्ष के समय की तो बात ही क्या!

अग्निदेवता व्रतों और उपवासों के समर्थन में दूसरी तरह के प्रमाण देते हैं : "श्रुतियों में महीने-महीने भर तक के उपवासों का विधान है। उन उपवासों—उन व्रतों—का अनुष्ठान करनेवाले महीनों बिना खाये-पीये जीते रहते हैं। तुझे यदि एक दिन भी खाने को न मिले, तो तू मूर्च्छित हो जाए—तो तू म्रियमाण दशा को प्राप्त हो जाए। यह सब श्रुति-सम्मत कर्मानुष्ठान ही की महिमा है।" जैसे इन्द्र ने भाग्य से संतान होने की बात कही थी, वैसे ही इन्द्र से कुछ और आगे बढ़कर अग्नि कहता है : "पुत्रेष्टि इत्यादि यज्ञों की बात भी क्या तूने नहीं सुनी? इस [illegible] के यज्ञों से अपुत्रियों को भी पुत्र-लाभ होता है या नहीं?"

मिल्टन के महाकाव्य 'पैराडाइज लास्ट' में शैतान बुद्धिवाद का प्रबल समर्थक है। धार्मिक अन्धविश्वासों, रूढ़ियों, चमत्कारों की तीव्र आलोचना करता है। वह यूरोप के पुनर्जागरण-युग में फैलनेवाले नये मानवतावादी तर्कशास्त्र का प्रतिनिधि है। मिल्टन ने जानबूझकर उसे यह गरिमा प्रदान नहीं की। मिल्टन के न चाहते हुए

उनके काव्य के प्रमुख पात्र में उनके युग का प्रगतिशील चिन्तन प्रतिबिम्बित हुआ है। क्या यही बात श्रीहर्ष के 'नैषध-चरित' के बारे में कही जा सकती है? क्या उनका कलियुग रूढ़ि-विरोधी पुरानी और नई विचारधारा का प्रतिनिधि है? इतना तो स्पष्ट है कि श्रीहर्ष स्वयं तथाकथित धर्म का पक्ष लेते हैं, पर उनके काव्य में जितने धार्मिक अन्धविश्वास हैं, उन सबके समर्थक देवता हैं, बुद्धिसंगत तर्कशास्त्र का प्रतिनिधि कलियुग या उसका सैनिक है। पुरानी चार्वाक-परम्परा कभी मरी नहीं थी, श्रीहर्ष के समय में वह फिर उभरकर धार्मिक रूढ़ियों को चुनौती दे रही थी। 'नैषध-चरित' में धर्मराज वेद और बौद्ध-दर्शन, दोनों को परलोक का अस्तित्व सिद्ध करने के लिए, प्रमाण-रूप में पेश करते हैं। उनका तर्क है : "जितने मत हैं, उनमें से एक न एक मत तो अवश्य ही सच्चा होगा—तू तो सर्वमत त्यागी चार्वाक का चेला है।" यहाँ कलियुग के नाम से कलंकित की जानेवाली विचारधारा सीधे चार्वाक के नाम से जुड़ गई है।

वरुण देवता, चित्रकूट आदि तीर्थ-स्थानों के पंडों की तरह, पत्थरों पर देवताओं के चिह्न दिखाकर, धर्म का तत्त्ववेत्ता सिद्ध करते हैं : "विष्णु के कूर्म, मत्स्य, वाराह आदि अवतारों से चिह्नित शालग्राम-शिलाएँ भला कोई आदमी बना तो ले। उनका निर्माण कदापि सम्भव नहीं। उनकी उत्पात को परमेश्त्रर ही का लीला समझना चाहिए।" देवताओं से इस तरह की बातें सुनकर सैनिक ने कहा : "मैं तो कलियुग का चारण हूँ, अब आप मेरे महाराज से निपट लीजिए।" यह कहकर वह सैनिक हट गया और कलियुग सामने आया। पुराणों में देवताओं के जिस अनैतिक आचरण का वर्णन है, उसकी आलोचना करते हुए कलियुग कहता है : "तुम्हारे ब्रह्मा तो जिसे चाहें, ले बैठें; अपनी दुहिता तक को न छोड़ें। और आप लोग रम्भा, मेनका, उर्वशी आदि दिव्य नारियों के साथ मौज उड़ावें। रहा मैं, सो मैं ब्रह्मचर्य का पालन करूँ।" कलि के साथ द्वापर भी है और दोनों की बहस से देवता परेशान हो जाते हैं, तब वे अपने-अपने लोक को चल देते हैं। जैसे मिल्टन का शैतान, आदम के पतन के लिए, उनके उद्यान में पहुँचता है, वैसे ही राजा नल को पीड़ित करने के विचार से कलियुग उनकी राजधानी पहुँचता है।

श्रीहर्ष के लिए नल का राज्य आदर्श वर्ण-व्यवस्था, आदर्श धर्म, सदाचार, और समाज-व्यवस्था का रूप प्रस्तुत करता है। 'रामचरितमानस' में तुलसीदास ने जिस रामराज्य की कल्पना की है, उससे तुलना करने पर दो युगों का, दो कवियों की विचारधारा का, अन्तर स्पष्ट हो जाएगा। कलियुग जब नल की राजधानी पहुँचा, तब "गृहस्थों के घरों में भोजनार्थ आए हुए ब्राह्मणों के पैर धोने से जो कीचड़ हो गई थी, उसमें वह ऐसा फिसला कि हाथ-पैर टूटने से बचे। पितृ-तर्पण करने के कारण हर घर में उसे जो काले तिल पड़े हुए देख पड़े, उनसे वह ऐसा डरा, जैसे लोग काले नाग से डरते हैं। उसने देखा कि लोग स्नान करके तिलक लगाये हुए

पूजा-पाठ कर रहे हैं। उनके उन तिलकों ने तलवार का काम किया।" नल की राजधानी में लोग लम्बे उपवास कर रहे हैं—कोई दस-बारह दिन तक, कोई महीने भर तक। कलियुग ने देखा कि लोग एक गाय 'मख में मारने के लिए ले जा रहे थे।' उसे मालूम हुआ कि यह गाय 'सोमयाग-सम्बन्धी धर्मानुष्ठान में काम आने के लिए है।' कलियुग ने देखा कि द्विजातियों के हाथ में शराब है। ज्ञात हुआ कि 'ये लोग सौत्रामणि यज्ञ कर रहे हैं, और ऐसे यज्ञ में ब्राह्मणों तक को शराब पीने की इजाज़त है। किसकी? वेद की।' कलियुग ने देखा कि एक जगह व्यभिचारी स्त्री के पास उसका प्रेमी आया है। पता चला कि 'वह प्रेमी तो वामदेव का उपासक है—वह तो वाममार्गी है। और ऐसे महात्माओं का तो यह जीवन-व्रत ही सा है कि अपने पवित्र प्रेम को इस प्रकार की स्त्रियों को उदारतापूर्वक बाँटते फिरें।' आशय यह कि राजा नल के शासन में वाममार्गी अनाचार धर्मसम्मत है। तुलसीदास का रामराज्य ऐसे आचरणों से, ऐसे धर्म से, सर्वथा मुक्त है।

कलियुग ने सोमयाग-सम्बन्धी अनुष्ठान में लोगों को गाय ले जाते देखा था। आगे चलकर उसने सुना, कहीं गाय मारी जा रही है। आगे का वर्णन इस प्रकार है :

"जाकर आपने पूछा :

प्रश्न : भाई, इसे कहाँ लिये जा रहे हो?

उत्तर : मारने।

प्रश्न : किसके लिए? इस आलभन से किस-किस की तृप्ति होगी?

उत्तर : अजी, हमारे यहाँ एक अतिथि आ गए हैं। यह आलभन-विधान उन्हीं की सेवा-शुश्रूषा के लिए है।

यह सुनते ही आपका संतोष तत्क्षण ही रोष में परिवर्तित हो गया, क्योंकि अतिथि के लिए ऐसा विधान सर्वथा विधि-विहित माना गया है। लिखा है : 'महोक्षं वा महाजं वा श्रोत्रियायोपकल्पयेत्।' (वेदों और गृह्य सूत्रों में तो इसकी आज्ञा है ही। अभी कल के महाकवि भवभूति तक को वशिष्ठ जी के लिए एक वत्सतरी की योजना करनी पड़ी है)।"

अब भी इस देश में ऐसे लोगों की कमी नहीं जो अपने गोत्र नाम ऋषियों के नाम से जोड़कर गौरव का अनुभव करते हैं। श्रीहर्ष के समय में और उनके आगे-पीछे जैसी क्रियाएँ विधि-विहित मानी जाती थीं, महावीरप्रसाद द्विवेदी के गद्य में उनका वर्णन पढ़कर वे प्रसन्न हों।

और भी : 'महाव्रत नाम के याग में कुलटाओं और ब्रह्मचारियों का समागम मना नहीं। मना होता, तो श्रुति में उसका विधान क्यों किया जाता?' यह सब देख-सुनकर कलियुग ने कहा कि 'यह क्रियाकांड तो भाँडों का अकांड तांडव है।' इस कर्मकांड की पराकाष्ठा वहाँ दिखाई देती है जहाँ 'अश्वमेध यज्ञ में, यजमान की पत्नी को, अश्व के प्रजोत्पादक अंग से, अपने अवयव विशेष का संस्पर्श कराना पड़ता

है। निषध-देश की राजधानी में ऐसा अद्भुत क्रियाकांड देखकर कलि देवता को लाचार होकर यही कहना पड़ा कि जिन वेदों में इस तरह की बातें हैं, उनका कर्ता ईश्वर कदापि नहीं हो सकता। हाँ, किसी भाँड ने उन्हें बनाया हो तो हो सकता है :

दृष्ट्वाचष्ट स कर्त्तारं श्रुतेर्भण्डमपंडित:

क्योंकि ऐसे कार्यों की योजना भाँड ही कर सकते हैं। कलि जी ठहरे वज्र मूर्ख। फिर भला क्यों न उनके मुँह से ऐसी अभद्र, अनुचित और असभ्य बात निकले?"

कलियुग को चाहे जितनी गालियाँ दी जाएँ, 'नैषध-चरित' से विदित होता है कि जो आचरण वेदशास्त्र के अनुकूल माना जाता था, वह पतनकालीन सामन्ती व्यवस्था का आचरण था। चार्वाक की नास्तिक तर्क-पद्धति सदा ही ऐसे आचरण और अन्धविश्वासों का खंडन करती रही थी। आधुनिक भाषाओं के उत्थानकाल में संत कवियों की वाणी में वह तर्क-योजना पुनर्जीवित हुई।

स्वयं महावीरप्रसाद द्विवेदी भले ही ईश्वर पर विश्वास करते रहे हों, पर वे उस रूढ़िवाद का विरोध करते थे जिसके विरोध के कारण चार्वाक आदि नास्तिक कहलाए थे और श्रीहर्ष के काव्य में जिस विरोध का प्रतीक कलियुग बना। दिसम्बर, 1898 में उन्होंने संस्कृत में एक कविता लिखी : 'कथमहं नास्तिक:'। इसे पढ़ने से ज्ञात होता है कि 'सरस्वती' का सम्पादक बनने से पहले ही लोग उन्हें नास्तिक कहने लगे थे, जैसे उनसे पहले, लोग भारतेन्दु हरिश्चन्द्र को किरिस्तान कहने लगे थे। यह कविता 'काव्य मंजूषा', प्रथम भाग, में है जिसे जयपुर के जैन वैद्य ने 1903 में बनारस में छपाकर प्रकाशित किया था। कविता के श्लोकों के नीचे द्विवेदी जी ने हिन्दी में उनका अर्थ भी दिया है।

इसकी मुख्य बातें मैं अपने शब्दों में देता हूँ और जो बातें उद्धृत करना आवश्यक है, उन्हें द्विवेदी जी के गद्य से उद्धृत करता हूँ। द्विवेदी जी नीति और सदाचार को धर्म का सारतत्त्व मानते हैं; कर्मकांड, देवपूजा आदि उनके लिए निरर्थक हैं। कहते हैं कि मंदिरों और मूर्तियों को हम नमस्कार तो करते हैं पर ईश्वर सारे जगत् में विद्यमान है, इसलिए प्रतिमाओं से विशेष प्रेम नहीं है। ऐसे लोग हैं जो स्त्रियों को घूरने के लिए सबेरे-शाम मन्दिर जाते हैं। इन लोगों की प्रशंसा की जाए तो आस्तिकता खत्म हो जाएगी। 'हे जगदीश! प्रतिदिन, प्रात:काल, हाथ को कपड़े में छिपाकर, अनेक प्रकार के मंत्र जप करने के मिष; जो लोग दूसरों को पीड़ा पहुँचाने ही का चिन्तन करते हैं, उनको हमारा दूर ही से नमस्कार! हे देव! यदि इसी प्रकार की धार्मिकता से लोगों को संतोष होता हो तो, बहुत अच्छी बात है, वह भली भाँति संतुष्ट होवैं। परन्तु हम तो, प्राण जाने तक भी इस प्रकार की धार्मिकता की अभिलाषा नहीं रखते। लोग हमको भले ही नास्तिक कहा करैं।' संसार में 'काले से भी काले कर्म करके, जो लोग ललाट पर चन्दन का सफेद लेप लीपते हैं', वे भी धार्मिक माने जाते हैं,

यह देखकर हँसी आती है। संसार में जितने धर्म हैं, उनका सारतत्त्व है दया। 'हे ईश! इस प्रकार, यथामत, सब सन्दर्भों का सार समझकर, शोकार्त बाल विधवाओं के ऊपर हमको दया आती है। तो क्या, इससे हम नास्तिक हो गए? देखिए तो सही; संसार की इस जड़ता का कहीं ठिकाना है?' जो भी मनुष्य रूढ़ि से जरा भी बाहर जाना चाहता है, लोग उसे ऐसे लाल-लाल आँखों से देखते हैं, जैसे शेर हिरन को देखता है! सारा संसार परिवर्तनशील है, तब आचार ही कैसे अपरिवर्तित रह सकता है? 'हे देव! हमने, भूल से भी कभी, गोमुखी में हाथ नहीं डाला; यही नहीं, किन्तु यथा-समय संध्योपासन भी नहीं किया।' पवित्र सत्य का ही जप करते हैं : 'और सत् पुरुषों में जो हमारी भक्ति है, उसी को, हे प्रभो! हमारी देव पूजा मानिए!' जीव मात्र के प्रति दया का व्रत सारे व्रतों का फल हमें दें, चन्दन से भी अधिक शीतल परोपकार हमें सुख देता रहे।

अपनी आस्तिकता की जो कैफियत द्विवेदी जी ने दी है, उसमें करुणा और सदाचार पर बल दिया गया है; पूजा, उपासना आदि अनावश्यक हैं। ईश्वर सर्वव्यापी है, मन में उसका ध्यान कर लो, इतना काफी है। जो लोग मन्दिरों को दुराचार का केन्द्र बनाये हैं, विधवा विवाःह के घोर विरोधी हैं, हर तरह की सामाजिक कुरीतियों का पोषण करते हैं, वही लोग धर्मात्मा और आस्तिक माने जाते हैं। ऐसी आस्तिकता द्विवेदी जी प्राण रहते स्वीकारने को तैयार नहीं हैं। कबीर ने जिस तरह रूढ़िवाद का खंडन किया था, द्विवेदी जी के चिन्तन का ढंग उससे मिलता-जुलता है। चार्वाक की परम्परा उन्हें क्यों विवेकशील मालूम होती थी, 'नैषध' में कलियुग का वर्णन उन्हें क्यों प्रिय था, यह उनकी उक्त संस्कृत रचना देखकर समझ में आ जाता है।

वृहस्पति और चार्वाक, ये दो नाम द्विवेदी जी को प्रिय थे। 1907 में और बाद को भी 'सरस्वती' में 'बार्हस्पत्य' के लेख छपे थे जिनका विषय था : 'भारत और एशिया की प्राचीन लिपियाँ'। इनके लेखक छोटेलाल नाम के विद्वान् थे जिन्हें 'बार्हस्पत्य' छद्म नाम द्विवेदी जी ने दिया होगा। मार्च, 1909 को 'सरस्वती' में शाम शास्त्री की पुस्तक की आलोचना छपी है : 'गवामयन अर्थात् वैदिक संवत्'। आलोचना के अन्त में लेखक का नाम है : 'चार्वाक भट्ट'। इसके लेखक द्विवेदी जी स्वयं होंगे। एक जगह लिखा है : "जो लोग वेद को अनादि मानते हैं, उनको पं. शाम शास्त्री की युक्तियाँ शास्त्र-बाह्य और नास्तिकी मालूम होंगी।" उन युक्तियों से किसी हद तक आलोचक सहमत है, इसलिए उसका नाम 'चार्वाक भट्ट' है।

1907 में द्विवेदी जी ने एक लेख लिखा था जिसका शीर्षक है : 'वेद'। उनके निबन्ध-संग्रह 'साहित्य सीकर' में यह लेख दिया हुआ है। इसमें 'नैषध-चरित' के कलियुग की तरह वह वैदिक कर्मकांड में पशुहिंसा की ओर ध्यान आकर्षित करते हैं। यह जानते हुए कि वेदों का भाष्य इस ढंग से भी किया गया है जिसमें हिंसा के लिए स्थान नहीं है, ऐसे भाष्य को उन्होंने बुद्धिसंगत नहीं माना। इसलिए लिखा है :

"वैदिक समय में पशु-हिंसा बहुत होती थी। यज्ञों में पशु बहुत मारे जाते थे। उनका मांस भी खाया जाता था। उस समय कई पशुओं का मांस खाद्य समझा जाता था। उनके नाम निर्देश की आवश्यकता नहीं। इस विषय के उल्लेख जो वेदों में पाए जाते हैं, उन्हें जाने दीजिए। महाभारत में चर्म्मण्वती नदी और रन्तिदेव राजा का जो वृत्तान्त है, उसे ही पढ़ने से पुराने जमाने की खाद्याखाद्य चीजों का पता लग जाता है। सोमरस का पान तो उस समय इतना होता था जिसका ठिकाना नहीं। पर लोगों को सोम पान की अपेक्षा हिंसा अधिक खलती थी। इसी वैदिकी हिंसा को दूर करने के लिए गौतम बुद्ध को 'अहिंसा परमोधर्मः' का उपदेश देना पड़ा।"

बौद्ध मत के प्रभाव से पहले की पशुहिंसा अब दो प्रकार की हुई : एक वैदिक, दूसरी अवैदिक। जो लोग पशुहिंसा के विरुद्ध थे, उन्होंने धार्मिक कर्मकांड के लिए पशुहिंसा को छूट दी। फिर धार्मिक ग्रंथों के नये भाष्य हुए और वैदिक हिंसा भी त्याज्य मानी गई।

द्विवेदी जी का एक प्रिय विषय था : वेदों को ईश्वर ने नहीं बनाया, मनुष्य ने बनाया है। उनके इस मत के प्रबल समर्थक रामावतार शर्मा थे। द्विवेदी जी जानते थे कि हिन्दुओं में सभी मतों के लोग वेदों को ईश्वर-कृत मानते हैं। फिर भी लोकमत को प्रशिक्षित करने के उद्देश्य से उन्होंने लिखा : "इस समय आर्य-समाज में वैदिक बातों पर बहुधा विचार हुआ करता है। इस समाज के कोई-कोई अनुयायी वेद का यथार्थ अर्थ जानने की चेष्टा भी करते हैं। 'त्रिवेद निर्णय' नामक पुस्तक इसका प्रमाण है। वे भी वेदों को ईश्वरोक्त मानते हैं। परन्तु वेदों को विचारपूर्वक पढ़ने से यह बात नहीं पाई जाती। इसी से इस समय के अच्छे-अच्छे विद्वान् वेदों के कर्तृत्व विषय में वाद-विवाद नहीं करते। वे इसकी जरूरत ही नहीं समझते। वे जानते हैं कि वेद मनुष्य-निर्मित हैं। परन्तु सर्वसाधारण ऐसा नहीं मानते। इससे जो कोई वेदों के ईश्वर-प्रणीत होने में शंका करता है, उसे वे घोर पापी और घोर अधर्मी समझते हैं। इसे हम बखूबी जानते हैं। इस पर भी जो हम सर्वसाधारण के विश्वास के विरुद्ध लिख रहे हैं, उसका कारण है : 'सत्ये नास्ति भयं क्वचित्'।"

1908 में इस तरह की बातें लिखना जबर्दस्ती मुसीबत मोल लेना था, पर द्विवेदी जी कुछ बातों पर बहुत निर्भय होकर विचार प्रकट करते थे। यहाँ जो कुछ वेदों के बारे में उन्होंने कहा है, वह स्वाधीन चिन्तन और रूढ़ियों के खंडन की दिशा में उनके सामान्य प्रयास का अंश मात्र है। मैथिलीशरण गुप्त को उन्होंने पत्र में जो लिखा था कि वेद ईश्वर के बनाये हुए हैं, इसका कोई दस्तावेज हमारे पास नहीं है, उससे 'वेद' शीर्षक निबन्ध में कही हुई बातें तुलनीय हैं ("बुद्ध को आप ही ने अवतार माना है। वेदों को भी आप ही ने ईश्वरकृत मान रक्खा है। ईश्वर के यहाँ से इन विषयों में कोई दस्तावेज हम लोगों के पास नहीं।" (19-4-11 का पत्र : 'द्विवेदी पत्रावली', पृ. 116)

शहीदुल्ला बंगाल और भारत के बहुत बड़े भाषाविज्ञानी हुए हैं। वह बंगाल के वैष्णव साहित्य के विशेषज्ञ थे और भारत-विभाजन के बाद पूर्वी बंगाल में उर्दू के विरुद्ध बंगला को राजभाषा बनाने के आन्दोलन में उनकी बहुत बड़ी प्रेरणा थी। ऐतिहासिक भाषाविज्ञान में उन्होंने वही मंजिलें तै की थीं जो सुनीतिकुमार चाटुर्ज्या ने। बी.ए. तक उन्होंने संस्कृत पढ़ी थी पर जब वह कलकत्ता विश्वविद्यालय में संस्कृत विषय लेकर एम.ए. करना चाहते थे, तब उन्हें इस बिना पर भर्ती नहीं किया गया कि मुसलमान को वेद पढ़ने का अधिकार नहीं है। परिणाम यह कि उन्हें विदेश जाकर संस्कृत का अध्ययन पूरा करना पड़ा। यद्यपि भारत के अनेक पंडितों ने अंग्रेजों को संस्कृत पढ़ाई थी किन्तु अपने प्रभुओं को वेद पढ़ाने से धर्म की हानि कम होती थी, मुसलमानों को वेद पढ़ाने से धर्म का नाश ही हो जाता था। द्विवेदी जी ने सितम्बर, 1913 की 'सरस्वती' में इस स्थिति पर 'एक मुसलमान विद्वान् का संस्कृत-प्रेम' शीर्षक-टिप्पणी लिखी थी। वह ऐसे सांस्कृतिक विकास के पक्षपाती थे जिसमें पुरानी विरासत ही शामिल न हो, उसमें हिन्दू और मुसलमान, ये दोनों भी शामिल हों। टिप्पणी में लिखा था : "ये वही महाशय हैं जिन्होंने, संस्कृत में नामवरी के साथ बी.ए. पास करने पर, एम.ए. में संस्कृत पढ़ना चाहा था। पर विश्वविद्यालय के धर्म्मध्वज पंडितों ने उन्हें इसीलिए पढ़ाना अस्वीकार कर दिया कि इस क्लास की पाठ्य-पुस्तकों में वेद भी है। पर जो पढ़ना चाहता है, वह ऐसी रुकावटों से नहीं रुक सकता।"

मिर्जा अबुल-फज्ल इंडियन प्रेस के एक कर्मचारी थे। उन्होंने कलकत्ता विश्वविद्यालय से अरबी में एम.ए. किया था। संस्कृत भी जानते थे : "बी.ए. तक शायद आपकी दूसरी जबान संस्कृत ही थी', वह एशियाटिक सोसायटी के सदस्य थे। उन्होंने उर्दू में कुरान मजीद का अनुवाद किया था। द्विवेदी जी उनके, सादे जीवन और विद्वत्ता से इतना प्रभावित थे कि उनके लिए लिखा था : "मिर्जा जी की चर्या भारत के प्राचीन ऋषियों जैसी है।" ('सरस्वती', जुलाई, 1913) इस एक वाक्य से 'सरस्वती' सम्पादक की धार्मिक उदारता का ज्ञान हो जाता है। मुसलमानों के संस्कृत पढ़ने से उन्हें कितनी प्रसन्नता होती थी, यह भी स्पष्ट है।

प्राचीन संस्कृति के पुनर्मूल्यांकन और रूढ़िवाद से संघर्ष में द्विवेदी जी के उत्कृष्ट सहयोगी रामावतार शर्मा थे। पुराने अन्धविश्वासों पर प्रहार करने और वैज्ञानिक चिन्तन का प्रसार करने में उन्होंने 'सरस्वती' के माध्यम से प्रमुख भाग लिया था। जून, 1912 की 'सरस्वती' में प्रकाशित 'भूगोलविद्या' पर इनका लेख इस बात का उदाहरण है। उस समय वर्ण-व्यवस्था के समर्थक उन लोगों का बहुत विरोध करते थे जो शिक्षा पाने के लिए इंग्लैंड जाते थे। जो वहाँ जाता था, वह जाति से निकाल दिया जाता था या तरह-तरह से प्रायश्चित्त करके शुद्ध होता था। इस प्रसंग में रामावतार शर्मा कहते हैं : "अजी बिलायत की कौन कहे, आजकल के विद्वानों की चलती तो अंग या भागलपुर, बंग या बंगाल और कलिंग या बालासोर

के आसपास की भूमि में जाने पर बिना दस रोज गोबर खिलाए और बिना दस रुपया आपसे लिये जात-भाई के साथ न भट्‌ठी में घुड़कि लगाने देते, न घर पर उसना चावल खाने की इजाजत देते। इन लोगों का तो यह मत है कि मगह में भी न जाना चाहिए क्योंकि कदाचित् वहाँ मरे तो मरने पर धोबी की लादी धोनी पड़ेगी।"

ऐसे देश में भूगोल-विद्या का विकास कैसे होता? यहाँ धरती से सम्बन्धित इस तरह की पौराणिक धारणाएँ प्रचलित थीं : "वाराह के ऊपर या नीचे कच्छ, उसके ऊपर या कभी-कभी नीचे आठ हाथी और आठ हथिनी, उनके ऊपर हजार माथे के शेष, फिर शेष के एक माथे पर सरसों के बराबर पृथ्वी, फिर पृथ्वी के समतल पर—जिसमें शेष के माथे पर वह न डगमगाय—कई पहाड़, फिर पृथ्वी के चारों ओर चारदीवारी के सदृश्य लोकालोक पहाड़, फिर एक उदयाचल जिस पर सूर्य उगते हैं और एक अस्ताचल जिस पर सूर्य अस्त होते हैं, फिर सूर्य का डूबकर पृथ्वी के नीचे-नीचे समुद्र होकर ऊपर निकलना इत्यादि अनेक कल्पनाएँ पौराणिक कवि घर में बैठे ही निकालते गए।"

रामावतार शर्मा ने न केवल पुराने अन्धविश्वासों का खंडन किया वरन् बीसवीं सदी में पश्चिमी देशों में प्रेतात्माओं आदि को बुलाने के बारे में जो नये अन्धविश्वास जन्म ले रहे थे, उनका भी खंडन किया। हिन्दी-भाषी प्रदेश में एक ओर पुराने भारतीय वैज्ञानिक चिन्तन का पुनरुद्धार करने के लिए, दूसरी ओर पुराने अन्धविश्वासों को निर्मूल करने के लिए उन्होंने महत्त्वपूर्ण कार्य किया। संस्कृत के आचार्य होते हुए भी उनका हिन्दी गद्य बोलचाल की भाषा से बहुत मिलता-जुलता था। समाज में ऊँच-नीच, कई भेदभाव के वह तीव्र विरोधी थे। उनका देहान्त होने पर मई, 1929 की 'सरस्वती' ने उनके बारे में लिखा था : "संस्कृत के आचार्य और जाति के ब्राह्मण होकर भी आपने हिन्दू-समाज की दकियानूसी रूढ़ियों का सदा तिरस्कार किया। जाति-पाँति और ऊँच-नीच के झमेलों की आपने कभी परवाह नहीं की।"

इस प्रकार महावीरप्रसाद और उनके सहयोगियों ने भारत की प्राचीन विवेक-परम्परा को जीवित रखा तथा उसे नवीन परिस्थितियों में विकसित किया।

2. प्राचीन संस्कृति पर गर्व

वेदों को पुरुष-कृत मानने से उनके प्रति द्विवेदी जी का आदर भाव कम न हो गया था। 'वेद' शीर्षक निबन्ध में उन्होंने लिखा था : "वेद को हिन्दू मात्र आदर की दृष्टि से देखते हैं, और देखना भी चाहिए। वेद हमारा अति प्राचीन धर्म-ग्रंथ है। यथा-शास्त्र वेदगान सुनकर अपूर्व आनन्द होता है। वेदों की भाषा यद्यपि बहुत पुरानी, अतएव क्लिष्ट है, तथापि उसका कोई-कोई अंश बहुत ही सरस है—ऐसे अंशों के पाठ से कविता-प्रेमी जनों को वही आनन्द मिलता है जो कालिदास और भवभूति आदि के ग्रंथों से मिलता है।"

द्विवेदी जी का दृष्टिकोण प्राचीन संस्कृति के प्रति नकारात्मक नहीं है। वह उसके पुनर्मूल्यांकन, बुद्धिसंगत ज्ञान के पक्ष में हैं। वह जानते थे कि प्राचीन संस्कृति पर गर्व राष्ट्रीय आत्मसम्मान का अभिन्न अंग है और स्वाधीनता-आन्दोलन के लिए यह आत्मसम्मान की भावना अत्यन्त मूल्यवान है। इसीलिए 'वेद' शीर्षक निबन्ध के आरम्भ में ही उन्होंने लिखा था : "वेद हम लोगों का सबसे श्रेष्ठ और सबसे पुराना ग्रंथ है। वह इतना पुराना है कि किरिस्तानों का बाइबिल, मुसल्मानों का कुरान, पारसियों की जेन्द-आवेस्ता और बौद्धों के त्रिपिटक आदि सारे धर्म्म ग्रंथ प्राचीनता में कोई उसकी बराबरी नहीं कर सकते...वेद यद्यपि एक मात्र हमारे पूर्वजों की सम्पत्ति है, तथापि कोई 50-60 वर्षों से उसकी चर्चा इस देश की अपेक्षा पश्चिमी देशों में ही अधिक है। हाँ, अब कुछ दिनों से यहाँ के भी कोई-कोई विद्वान वैदिक शास्त्र के अध्ययन, अध्यापन, समालोचन और प्रकाशन में दत्त-चित्त हुए हैं।"

जैसे समाज और इतिहास की अन्य समस्याओं पर विचार करते हुए द्विवेदी जी ने आधुनिक बुद्धिवादी दृष्टिकोण अपनाया था, वैसे ही उन्होंने वेदों के पठन-पाठन पर जोर देते हुए अपनी चेतना को रूढ़ियों से मुक्त रखने का आग्रह किया था। हम कौन थे, क्या हो गए हैं—यह स्वर द्विवेदी जी के लेखन में सर्वत्र गूँजता है। जैसे वेद, वैसे ही भारत का वह प्राचीन इतिहास, जिसकी जानकारी पुरातत्त्व से ही होती है। इसी विचार से उन्होंने उस समय प्राप्त सामग्री के आधार पर अनेक लेख लिखे थे : जैसे प्राचीन हिन्दुओं की समुद्र-यात्रा; सुमात्रा और जावा आदि द्वीपों में प्राचीन हिन्दू सभ्यता, कम्बोडिया में प्राचीन हिन्दू राज्य, अफगानिस्तान में बौद्धकालीन चिह्न, मध्य एशिया के खँडहरों की खुदाई का फल, द्रविड़ जातीय भारतवासियों की सभ्यता की प्राचीनता, तक्षशिला की कुछ प्राचीन इमारतें, प्राचीन भारत में नाट्य-शालाएँ आदि। ये सब लेख 'पुरातत्त्व प्रसंग' (साहित्य सदन, चिरगाँव, सम्वत् 1986) में संकलित हैं। इसकी भूमिका में भारत की अवनति के लिए ईश्वर को कारण न मानकर उन्होंने देशवासियों को दोष दिया है। प्राचीन संस्कृति का ज्ञान नये स्वाधीनता-आन्दोलन से कैसे जुड़ा हुआ है, इसका प्रमाण इस पुस्तक की भूमिका में उनका यह कथन है : "भारत जिस गति या दुर्गति को इस समय, नहीं, बहुत पहले ही से, प्राप्त हो रहा है, उसका कारण दैव-दुर्विपाक नहीं। कारण तो स्वयमेव भारत ही की अकर्मण्यता है। जिस भारत ने समुद्र पार 'दूरवर्ती' देशों और टापुओं तक में अपने उपनिवेश स्थापित किये, जिसने दुर्ल्लंघ्य पर्वतों और पार्वत्य उपत्यकाओं का लंघन करके अन्य देशों पर अपनी विजय-वैजयन्ती फहराई और जिसने कितने ही असभ्य और अर्द्ध-सभ्य देशों को शिक्षा और सभ्यता सिखायी, वही भारत आज औरों का मुखापेक्षी हो रहा है। जिस भारत के जहाज महासागरों को पार करके अपने वाणिज्य की वस्तुओं से दूसरे देशों को पाटते रहते थे, वही

भारत आज सुई और दियासलाई तक के लिए विदेशों का मुँहताज हो रहा है। यह सब उसी के कृत-कर्मों का परिपाक है। बेचारे दैव का इसमें क्या दोष?"

मनुष्य अपना इतिहास स्वयं बनाता है, इतिहास का निर्माता ईश्वर नहीं है। ज्ञान से मनुष्य उन्नति करता है तो अज्ञान से वह अवनत भी होता है। प्राकृतिक कारणों से विपत्ति पड़े, किसी देश का नाश हो, वहाँ लाचारी है। 'परन्तु जिनका पराभव उन्हीं की मूर्खता और बेपरवाही के कारण दूसरों के द्वारा हो जाता है, उन्हें तो डूब मरना चाहिए'—इस वाक्य में द्विवेदी जी भारतवासियों को उनकी पराधीनता के लिए सीधे उत्तरदायी ठहराते हुए फिर अपने पैरों उठ खड़े होने के लिए प्रेरित करते हैं। इस प्रेरणा का सम्बन्ध भारत की प्राचीन गरिमा से है। अपने पुरातत्त्व-सम्बन्धी निबन्धों के बारे में द्विवेदी जी कहते हैं : "इस संग्रह में कुछ ऐसे लेखों का प्रकाशन किया जाता है जिनसे भारत के प्राचीन गौरव की धूमिल सी, कुछ थोड़ी, झलक देखने को मिलेगी। कहाँ कम्बोडिया, कहाँ सुमात्रा और जावा आदि द्वीप और कहाँ तुर्किस्तान तथा अफगानिस्तान। पर किसी समय, वहाँ सर्वत्र भारतीयों ही की सत्ता और प्रभुता का प्रभाकर देदीप्यमान था। इन लेखों के पारायण से और कुछ नहीं तो हमें अपने पूर्व रूप का कुछ तो आभास अवश्य ही मिल सकता है।"

द्विवेदी जी के इस कोटि के लेखन का सीधा सम्बन्ध 'भारत-भारती' से वैसे ही है, जैसे भारत की वर्तमान आर्थिक अवस्था का चित्रण करते हुए वे भुखमरी, जमींदारों के अत्याचार, महाजनों की सूदखोरी और किसानी की तबाही की बातें करते हैं तो लगता है कि हम प्रेमचन्द के कथा-संसार में घूम रहे हैं। द्विवेदी जी कथा-लेखक नहीं थे और मैथिलीशरण गुप्त की तुलना में कवि भी बहुत साधारण थे। किन्तु वैचारिक स्तर पर वह इन दोनों से आगे हैं। इन दोनों के काव्य-संसार और कथा-संसार की रूप-रेखाएँ उनके गद्य में स्पष्ट दिखाई देती हैं। इस दृष्टि से उन्हें युग-निर्माता कहना पूर्णत: संगत है।

भारत के सांस्कृतिक इतिहास में एक बहुत बड़ा नाम आर्यभट का है। इन्होंने गणित और ज्योतिष में जो काम किया था, उनका उल्लेख द्विवेदी जी ने अनेक स्थलों पर किया। अगस्त, 1909 की 'सरस्वती' में उन्होंने आर्यभट पर गिरिजाप्रसाद द्विवेदी का लेख प्रकाशित किया। इसमें लेखक ने कहा : "वास्तव में आर्यभट को भारतवर्ष का न्यूटन कहना चाहिए। आर्यभट ने अपना सिद्धान्त ब्रह्म सिद्धान्तानुसार बनाया है। और जैसा मूल सिद्धान्त होना चाहिए, वैसा ही है। इसका आदर पुराने जमाने में कितना था, यह इसी से स्पष्ट है कि हजारों वर्ष बाद भी इस पर टीका-टिप्पणियाँ लिखी गईं और ग्रंथ सुबोध किया गया।" आगे चलकर कैसे इसकी उपेक्षा होने लगी, इसका जिक्र करते हुए उन्होंने आर्यभट की ख्याति का कारण बताया : "आर्यभट की विशेष ख्याति का कारण यह है कि इन्होंने इस देश में हजारों वर्ष पहले भूमि का भ्रमण अपने ग्रंथ में दिखलाया। [यानी पृथ्वी सूर्य का चक्कर

लगाती है, यह लिखा था।] इसका पता यूरोपियन ज्योतिषी कोपर्निकस को 15वीं सदी में लगा है। वही यूरोप में भूमि-भ्रमण के आविष्कारक माने जाते हैं। आर्यभट का भू-भ्रमण वाला प्रसिद्ध श्लोक यह है :

अनुलोमगतिनौस्थ: पश्यत्यचलं विलोमगं यद्वत्।
अचलानि भानि तद्वत् सम पश्चिमगानि लंकायाम्॥

मतलब यह कि नाव पर चढ़कर पूर्व दिशा की तरफ जानेवालों को दोनों किनारों के अचल वृक्ष, अपनी दिशा से विलोम अर्थात् पश्चिम को चलते हुए जैसे नजर आते हैं, वैसे ही निरक्ष देश में अचल नक्षत्र पश्चिम दिशा को जाते हुए मालूम पड़ते हैं।"

भूमि-भ्रमण का ज्ञान भारतीय संस्कृति की महत्त्वपूर्ण उपलब्धि थी।

अंग्रेजी राज में एक पुरातत्त्व विभाग कायम किया गया था। इसकी प्रगति से द्विवेदी जी को संतोष नहीं था। इस विषय पर दिसम्बर, 1915 की 'सरस्वती' में उन्होंने एक टिप्पणी लिखी : 'पुरातत्त्व विभाग'। इसमें उन्होंने बताया कि 1860 ईसवी में इस महकमे की नींव पड़ी थी पर '40 वर्ष तक तो इसने कुछ सटपट ही काम किया।' कर्जन के जमाने से इसके काम में कुछ प्रगति हुई। विभाग के मुख्य निदेशक ने पाँच वर्षों के काम का विवरण प्रकाशित किया था। इसमें पाटिलपुत्र की खुदाई का उल्लेख था। निष्कर्ष यह निकाला गया था कि 'मौर्य नरेशों के प्रासाद अनेक अंशों में फ़ारिस के राजकीय महलों की नकल पर ही बने थे।" द्विवेदी जी ने इस बात की ओर ध्यान आकर्षित किया कि पुरातत्त्व की खोज से सामान्य भारतवासियों को दिलचस्पी हो सकती है। खोज के परिणाम छपने में वर्षों लग जाते हैं। "यदि गवर्नमेंट चाहती है कि साक्षर भारतवासी भी इस काम में योग दें तो उनके लिए सब तरह का सुभीता भी कर देना चाहिए। माँगने पर शिलालेखों की नकलें मिलनी चाहिए और उनके विषय में जो कुछ पूछा जाए, वह बताना भी चाहिए। इस महकमे की रिपोर्टें और सामयिक पुस्तकें देशी भाषा के समाचारपत्रों को भी दी जानी चाहिए। बिना ऐसा किये महकमे के काम की यथेष्ट चर्चा न हो सकेगी और अँगरेजी पढ़े-लिखे कुछ ही विद्वानों को छोड़कर औरों को इससे लाभ उठाने का मौका भी न मिलेगा।" दुर्भाग्य से यह स्थिति 1976 में अभी तक बनी हुई है। पुरातत्त्व विषयक जानकारी देने के लिए आगरे में एक समारोह हुआ—शहर से दूर कैंट में स्थित पुरातत्त्व विभाग के अहाते में। बहुत थोड़े लोग पहुँचे और दिल्ली से बुलाए हुए एक विख्यात प्रोफेसर अंग्रेजी में नेटिव लोगों को पुराने मन्दिरों, मूर्तियों, इमारतों आदि की रक्षा करने का उपदेश अंग्रेजी भाषा में देकर वापस चले गए। इस नौकरशाही दृष्टिकोण के कारण साधारण शिक्षित जन पुरातत्त्व की खोजों के प्रति अचेत और उदासीन हैं।

19वीं सदी में ब्रिटेन और यूरोप के विद्वानों ने विस्तार से संस्कृत भाषा और साहित्य का अध्ययन किया। इस अध्ययन ने आगे चलकर भारत-सम्बन्धी विविध

अनुसंधान का रूप लिया। इस अध्ययन-अनुसंधान का एक राजनीतिक पक्ष था। यूरोप में भारत की प्राचीन सभ्यता के ज्ञान का जितना ही प्रसार होता था, अंग्रेजी राज में भारतीय जनता की दुर्दशा उतना ही अन्यायपूर्ण दिखाई देती थी। अंग्रेज यह न कह सकते थे कि उन्होंने एक असभ्य देश को सभ्य बनाने के लिए उसे पराधीनता के पाश में जकड़ रखा है। द्विवेदी जी यूरोप में भारत-सम्बन्धी ज्ञान के प्रसार को बड़े ध्यान से देखते थे और उन्हें इस बात का खेद भी था कि यूरोप के लोग भारत के प्राचीन दर्शन और साहित्य के लिए बहुत कुछ कर रहे हैं किन्तु यहाँ के लोग इस विषय में उदासीन हैं। यूरोप में पूर्वी देशों के विशेषज्ञों का एक महासम्मेलन हुआ। उसमें भारतीय कला, दर्शन, विज्ञान आदि पर अनेक निबन्ध पढ़े गए। सम्मेलन के कार्य का परिचय देते हुए जनवरी, 1909 की 'सरस्वती' में 'पूर्वीय विद्वानों की कांग्रेस' शीर्षक टिप्पणी में द्विवेदी जी ने लिखा : "मतलब यह कि इस सभा में भारतीय बातों की अच्छी चर्चा रही। पर अफसोस इस बात का है कि हिन्दुस्तान से हजारों कोस दूर बैठकर, और समय तथा धन की हानि सहकर, विदेशी विद्वान् भारतीय विद्या की चर्चा करें और यहाँ के अहम्मानी विद्वान् कूपमंडूकवत् पड़े-पड़े पुराने स्वप्न देखा करें।" संस्कृत भाषा और साहित्य का अध्ययन, सामन्ती शिक्षा-पद्धति के अनुरूप, गतिरुद्ध हो चुका था। प्राचीन विद्या का मूल्यांकन पुराने ढंग से न हो सकता था; उस ढंग से न विदेशी विद्वान् लाभ उठा सकते थे, न देशी विद्वान्। यूरोप में जो नई अध्ययन-पद्धति चली, उसमें नये दोष उत्पन्न हुए। उस शोध-पद्धति की अपनी सीमाएँ थीं पर यह सत्य है कि पश्चिमी संसार को भारत की प्राचीन संस्कृति से परिचित कराने का काम यूरोप वालों ने ही किया।

अंग्रेजों ने संस्कृत पढ़ना शुरू किया, इसका रोचक इतिहास द्विवेदी जी ने फरवरी, 1909 की 'सरस्वती' में प्रकाशित 'पुराने अंग्रेज अधिकारियों के संस्कृत पढ़ने का फल' शीर्षक लेख में बताया। विलियम जोन्स बंगाल की सबसे ऊँची अदालत के जज थे। धर्मशास्त्र का ज्ञान न होने से बहुत-से कानूनी मामले निपटाने में जजों को कठिनाई होती थी। विलियम जोन्स ने सबसे पहले मनुस्मृति का अनुवाद किया। 'भारतवासियों को अपने धर्मशास्त्र के अनुसार न्याय कराने में तब से बहुत सुभीता हो गया।' इसके बाद उन्होंने 'शकुन्तला' नाटक का अनुवाद किया। इस अनुवाद का प्रकाशित होना युगान्तरकारी घटना सिद्ध हुआ। द्विवेदी जी कहते हैं : "तब तक योरप वालों की दृष्टि में भारतवासी अत्यन्त ही घृणा की दृष्टि से देखे जाते थे। घृणा की दृष्टि से तो वे अब भी देखे जाते हैं, पर अब और तब में बहुत अन्तर है।" तब यहाँ के लोगों की गिनती अफ्रीका की-सी असभ्य जातियों में की जाती थी। "और भारत की कुछ कदर यदि की जाती थी तो सिर्फ इसलिए कि उसकी बदौलत करोड़ों रुपये विलायत ले जाने को मिलते थे। पर 'शकुन्तला' को पढ़कर उन लोगों का यह भाव एकदम तिरोहित हो गया।" यूरोप की अन्य भाषाओं में इस

नाटक के अनुवाद हुए। परिणाम यह : "'शकुन्तला' वह चीज है जिसकी कृपा से भारतवासी हैवान से इन्सान समझे जाने लगे—पशु से मनुष्य माने जाने लगे।"

इसके बाद पराधीन भारत से सैकड़ों ग्रंथ यूरोप वाले यहाँ से अपने यहाँ ढो ले गए। इनकी सहायता से उन्होंने प्राचीन भारत के बारे में जो पुस्तकें लिखीं, उनके लिए द्विवेदी जी ने उन विद्वानों के प्रति कृतज्ञता प्रकट की। इन्हीं विद्वानों में जर्मन मैक्समूलर और अंग्रेज मैकडनल थे। विदेशी नामों को संस्कृत रूप देने का चलन इन्हीं ने शुरू किया था। इसके बारे में मार्च, 1907 की 'सरस्वती' में विविध विषय के अन्तर्गत द्विवेदी जी ने दिलचस्प सूचना दी थी : "आपने 'मेकडानल' की संस्कत 'मुग्धानल' की है। मालूम होता है, इस विषय में आपने मैक्समूलर का अनुकरण किया है। उन्होंने संस्कृत में अपना नाम रक्खा था मोक्षमूलर।" पर मैकडनल ने यह योजना बनाई थी कि भारत में संस्कृत पढ़ाने के लिए अंग्रेज अध्यापक रखे जाएँ। उन्होंने यहाँ के संस्कृत विद्वानों की जो आलोचना की, उसमें पुरानी पद्धति वालों के साथ नई पद्धति वालों को भी समेट लिया। सभी भारतीय विद्वान् संस्कृत पढ़ाने के अयोग्य समझे गए। तब उनके नाम पर व्यंग्य करते हुए द्विवेदी जी ने उसी टिप्पणी में लिखा : "यह वही 'मुग्धानल' हैं जिनकी राय है कि भारतवर्ष वालों को संस्कृत सिखलाने के लिए अँगरेज-संस्कृताध्यापक रखने चाहिए; क्योंकि इस देश के संस्कृतज्ञ गुणदोषानुसंधानपूर्वक संस्कृत पढ़ाना नहीं जानते।"

अप्रैल, 1907 की 'सरस्वती' में उन्होंने इसी विषय की फिर चर्चा की। श्रीधर रामकृष्ण भांडारकर ने मैकडनल को जो उत्तर दिया था, उसकी चर्चा की। इस टिप्पणी में द्विवेदी जी ने लिखा : "अध्यापक मेकडनल के लेख का मतलब यह जान पड़ता है कि संस्कृत पढ़ाने के लिए अब से गवर्नमेंट अँगरेज ही अध्यापक रक्खे और दो-चार हिन्दुस्तानियों की मुँह की रोटी छीन ले।"

जून, 1908 की 'सरस्वती' में द्विवेदी जी ने 'मुग्धानलाचार्य' शीर्षक लम्बा लेख प्रकाशित किया। इस लेख में द्विवेदी जी ने बताया कि इनका जन्म भारत में ही हुआ था—मुजफ्फरपुर, बिहार में। जर्मनी और ब्रिटेन में इन्होंने शिक्षा प्राप्त की, जर्मन विद्वानों से वेद पढ़े। अक्टूबर, 1907 में वह भारत आए। एक उद्देश्य यह था कि यहाँ से संस्कृत पुस्तकें ले जाएँ। 'शायद बहुत-सी पुस्तकें आप कौड़ी मोल विलायत ले गए हों।" मैकडनल ने वैदिक साहित्य के लिए जो कुछ किया, उसकी प्रशंसा करने के बाद द्विवेदी जी ने पुरानपंथी पंडितों को फटकारते हुए लिखा : "स्वामी-नारायण-सम्प्रदाय सम्बन्धी व्यवस्था देने, अथवा एकादशी आज है या कल, इस पर विवाद करते बैठने आदि कामों से उन बेचारों को अवकाश कहाँ!"

मैकडनल इस देश के विद्वानों से मिलना भी चाहते थे। उद्देश्य अच्छा था पर पता नहीं, किससे मिले और क्या बातें हुईं। "आप तो यहाँ के संस्कृतज्ञों को कोई चीज ही नहीं समझते। फिर उनसे मिलकर आप क्या फायदा उठा सकते

हैं?" सिविल सर्विस की परीक्षा पास करनेवाले विलायत से ही संस्कृत पढ़कर यहाँ आएँ, "तो अँगरेजी राज की जड़ पाताल चली जाए और भारत की प्रजा की सुख-समृद्धि भी बहुत बढ़ जाए। भारतवर्ष के नालायक पंडितों से संस्कृत पढ़ने से विशेष लाभ की संभावना नहीं।" संस्कृत पढ़कर अंग्रेज भारतीय जनता के शोषण पर पर्दा न डाल सकते थे। लाखों आदमी यहाँ भूख से मरेंगे और ये वेदों की चर्चा करके भारतीय संस्कृति के उद्धारक बनेंगे! इसी तथ्य के प्रति आक्रोश प्रकट करते हुए द्विवेदी जी ने उक्त वाक्य लिखे थे। भांडारकर ने जब अपना उत्तर लन्दन की रायल एशियाटिक सोसाइटी की पत्रिका में छपने भेजा जिसमें मैकडनल का लेख छपा था तो "सोसायटी के मंत्री महाशय ने उसे प्रकाशित करने से इनकार किया। आपकी राय हुई कि इस उत्तर में विवादांश अधिक है। इससे सोसायटी के जर्नल में नहीं छप सकता। अच्छा फैसला हुआ। आचार्य जो कुछ कहें, कह सकते हैं; जो कुछ छपावें, छपा सकते हैं। और लोग उनकी बराबरी किस कानून की रू से करने का हक रखते हैं?" इस तरह प्राचीन विद्या के क्षेत्र में अंग्रेज भेदभाव की नीति बरतते थे। पत्रिका में लेख न छपने पर भांडारकर ने उसे पुस्तिका रूप में छपवाया।

मैकडनल की नीति की विस्तृत आलोचना करने के बाद द्विवेदी जी ने लिखा : "सारा मतलब यह कि आपका क्लास भरा रहे और आपके देशवासियों का पेट। स्वार्थ, तेरी जय!" इसके बाद उन्होंने मैकडनल की 'काल-कूट-गर्भित उक्तियों का निदर्शन मात्र' यथेष्ट बताया। उन्होंने भांडारकर द्वारा बताई हुई गलतियों के बारे में कहा कि उन्हें देखकर 'मुग्धानल जी की संस्कृत-सम्बन्धी अज्ञता किंवा अल्पज्ञता पर दया आती है।" द्विवेदी जी ने स्वयं भी 'शकुन्तला' नाटक के उनके अंग्रेजी अनुवाद की अनेक भूलें दिखाईं।

मैकडनल विश्वविख्यात ऑक्सफोर्ड यूनिवर्सिटी के प्रोफेसर थे, अंग्रेजी राज के सर्वमान्य संस्कृत-विशेषज्ञ थे। इस तरह उनकी आलोचना करना काफी साहस का काम था। भले ही यह विशुद्ध संस्कृत-सम्बन्धी विवाद हो, अंग्रेजी राज की आलोचना उसमें कहीं न कहीं आ ही जाती थी। इस लेख के साथ द्विवेदी जी ने मैक्समूलर का वह चित्र छापा जो उन्होंने द्विवेदी जी के पास ऑक्सफोर्ड से 20 अप्रैल, 1891 को भेजा था। 19वीं सदी में ही द्विवेदी जी यूरोप में संस्कृत के अध्ययन-अध्यापन की ओर ध्यान देने लगे थे। चित्र के नीचे नागरी लिपि में जर्मन विद्वान् ने हस्ताक्षर किये थे—मोक्षमूलर भट्टः। द्विवेदी जी ने उनके शील-सौजन्य की सराहना की और मैकडनल की अभद्रता से उसकी विषमता दिखाई। मैक्समूलर के बारे में कुछ दिलचस्प बातें द्विवेदी जी ने लिखीं : "वे हमारे सदृश छोटे आदमियों से भी पत्र-व्यवहार करते थे। उन्हें यदि कोई संस्कृत में पत्र लिखता था तो वे उत्तर में साफ कह देते थे कि भाई, हमें संस्कृत लिखने का अभ्यास नहीं। वे बड़े ही सच्चे, साधु-स्वभाव और भारत-हितैषी थे।"

भारत से जो बहुत-से ग्रंथ यूरोप गए और उनसे वहाँ के विद्वानों ने जो ज्ञान का प्रसार किया, उसकी चर्चा करते समय हमें उन ग्रंथों का भी स्मरण करना चाहिए जो भारत से नेपाल, तिब्बत, चीन और सुदूर जापान तक पहुँच गए थे! इनकी ओर भी सबसे पहले आधुनिक काल में यूरोप के विद्वानों ने ध्यान दिया था। इस प्रसंग में अक्टूबर, 1947 को 'सरस्वती' में प्रकाशित काशीप्रसाद जायसवाल का लेख 'चीन-जापान में संस्कृत-ग्रंथ' महत्त्वपूर्ण है। इस लेख में जायसवाल ने बताया कि चीनी सम्राटों द्वारों आमंत्रित होकर ईसा की पहली शताब्दी में ही भारतीय विद्वान् चीन पहुँचने लगे थे। बौद्ध धर्म के साथ अनेक संस्कृत ग्रंथ चीन गए और चीन से जापान पहुँचे। 1873 ईसवी में मैक्समूलर को जापान का छपा हुआ एक कोश मिला जिसमें संस्कृत शब्दों का अर्थ चीनी भाषा में दिया हुआ था और चीनी तथा जापानी लिपियों में उनका उच्चारण दिया हुआ था। भारत की पराधीनता का एक परिणाम यह था कि 1879 ईसवी में दो जापानी विद्वान् संस्कृत पढ़ने भारत नहीं, ऑक्सफोर्ड भेजे गए!

पुराने चीनी यात्रियों में नालन्दा विश्वविद्यालय आकर संस्कृत व्याकरण पढ़ने वाले ईत्-सिंग थे। उन्होंने भारत के बारे में जो ग्रंथ लिखा था, उसका अंग्रेजी में जापानी विद्वान् ताकाकूसू ने अनुवाद किया।

इसके बाद अनेक ग्रंथों का पता लगा जो जापान के मठों में सुरक्षित थे। इनमें से अधिकांश इंग्लैंड पहुँच गए। कुछ ग्रंथ ईत्-सिंग अपने साथ चीन ले गए थे। उनमें से अनेक लन्दन के इंडिया ऑफिस के पुस्तकालय में थे। चीन लौटते समय ईत्-सिंग ने सुमात्रा के श्रीभोजनगर में कुछ समय तक संस्कृत का अध्ययन किया। उस समय इन प्रदेशों में संस्कृत-अध्ययन के केन्द्र थे। अब यहाँ के विद्यार्थी संस्कृत पढ़ने इंग्लैंड जाते थे। जायसवाल ने लिखा है : "चीन को लौटते समय ईत्-सिंग ने सुमात्रा के श्रीभोजनगर में कुछ समय तक ठहरकर संस्कृत का कुछ और अध्ययन किया था। इससे जान पड़ता है कि सातवीं सदी में भी संस्कृत का अच्छा दौर दौरा था। स्याम देश का एक छात्र यहाँ ऑक्सफोर्ड में है। वह संस्कृत सीख रहा है। वह कहता है कि स्याम में बहुत-से संस्कृत-ग्रंथ हैं और शिलालेख भी अनेक हैं।"

जायसवाल ने जापान के कोकिजी बौद्ध मठ के एक पुस्तकालय का जिक्र किया है जिसमें संस्कृत पुस्तकें भी थीं। यहाँ वज्रच्छेदिका नाम की पुस्तक थी जिसमें मूल संस्कृत के साथ चीनी अनुवाद दिया हुआ था। इस पुस्तक की एक प्रति तिब्बत से नकल कराके रूस की राजधानी सेंट पीटर्सवर्ग (वर्तमान लेनिनग्राद) भेजी गई थी। इसमें मूल संस्कृत के साथ तिब्बती भाषा में अनुवाद दिया गया था। जापानी छात्रों की सहायता से मैक्समूलर ने यह पुस्तक प्रकाशित की थी। इसी तरह अन्य पुस्तकों का उल्लेख है। संस्कृत के अध्ययन-अध्यापन की वर्तमान स्थिति के

बारे में जायसवाल ने लिखा : "क्या ही अच्छा हो यदि भारतवासी अपने पास से धन की सहायता देकर चीन और जापान से कुछ विद्यार्थी अपने देश में लावें और उन्हें संस्कृत पढ़ाने का प्रबन्ध कर दें।"

चीन ने भारत से बहुत-सी बातें सीखीं, कुछ बातें उसने संसार को और भारत को सिखाईं भी। इनका सम्बन्ध व्यावहारिक जीवन से अधिक था। इनमें कागज और छापे का आविष्कार भी है। इसी शीर्षक से मार्च, 1909 की 'सरस्वती' में द्विवेदी जी ने एक टिप्पणी लिखी : "आविष्कार करना केवल यूरोप का काम नहीं है, एशिया के लोग भी यह काम कर सकते हैं।" एशिया के प्रति घृणाभाव का उत्तर देते हुए उन्होंने लिखा : "योरप के अधिकांश लोग यही समझते हैं कि 'हम चु मादीगरां नेस्त'—आविष्कार करना केवल हमीं लोग जानते हैं, एशिया वाले तो निरे काठ के उल्लू ही हैं। यह उनका भ्रम है।" 'एशियाटिक क्वार्टरली' में प्रकाशित एक लेख का हवाला देते हुए उन्होंने बताया कि चीन में कई हजार वर्ष पहले भी कागज और छापे का प्रचार था।

दक्षिण-पूर्वी एशिया में भारतीय संस्कृति के प्रसार के अनेक परिणाम लोगों के सामने आ रहे थे। एशिया के देश 19वीं सदी में जैसे एक दूसरे से अलग-थलग दिखाई देते थे, वैसे पहले नहीं थे। जैसे राजनीति में भारत अपने अन्तरराष्ट्रीय सम्बन्ध पहचान रहा था, वैसे ही वह संस्कृति में पुराने सम्बन्धों को पहचानने और उनके नवीकरण की ओर प्रयत्नशील था। इसी की झलक द्विवेदी जी के पुरातत्त्व सम्बन्धी अनेक लेखों और टिप्पणियों में दिखाई देती है। अप्रैल, 1908 की 'सरस्वती' में 'मलय-द्वीप में बौद्ध-मन्दिर' शीर्षक टिप्पणी में ऐसे प्राचीन सम्बन्धों के बारे में उन्होंने लिखा था : "किसी समय भारतवासी बिना रोक-टोक के समुद्र के रास्ते दूर-दूर तक सफर करते थे। सुमात्रा, जावा, बोर्नियो, ईजिप्त आदि में उनका आवागमन अबाध था। वे लोग मलय-प्रायद्वीप के भी मुख्य-मुख्य शहरों को जाते थे, वहाँ व्यापार करते थे, अपने धर्म का प्रचार करते थे, कितने ही वहीं बस तक जाते थे। मलय-प्रायद्वीप में इस समय बौद्ध और मुसल्मान हैं। उनके आचार-विचारों और धार्मिक व्यवहारों में इस बात के सैकड़ों प्रमाण मिलते हैं। वहाँ संस्कृत की पुस्तकें अब तक वर्तमान हैं। उनके छपाने का अब प्रबन्ध हो रहा है। राम और हनूमान का तो स्मरण वहाँ के मुसल्मान तक करते हैं।" इस तरह भारत प्राचीन एशिया में अपना गौरवशाली तत्त्ववेत्ता पहचान रहा था।

3. वैज्ञानिक चेतना का प्रसार

जिस देश में सामन्ती अवशेष बहुत दृढ़ हों, जहाँ वर्ण-व्यवस्था संसार में सबसे पुरानी हो और कट्टर रूप में हो, वहाँ वैज्ञानिक चिन्तन का प्रसार बहुत ही कठिन होगा। 'सरस्वती' के एक लेखक रामनारायण शर्मा ने जून, 1912 के अंक में, इन कठिनाइयों

की चर्चा 'मनुष्य क्या चीज है' शीर्षक लेख में इस प्रकार की थी : "आजकल हिन्दी भाषा के पढ़ने-लिखने वालों में प्राय: ऐसे मनुष्य बहुत हैं जिनको या तो वैज्ञानिक शास्त्रों से अनभिज्ञता और उदासीनता है, या वे इन शास्त्रों के सिद्धान्तों से लिल्लाही बुग्ज रखते हैं। इसी कारण धार्मिक पक्षपात-रहित हिन्दी-लेखकों की संख्या बहुत ही कम है। यदि कोई लेखक निर्भय होकर कभी-कभी किसी वैज्ञानिक विषय पर लिखने का साहस कर बैठता है तो हिन्दी समाचार-पत्रों के धार्मिक सम्पादक, बिना समझे-बूझे, उसको आड़े हाथों ले डालते हैं। इसका फल यह होता है कि अन्य लेखक, इन महन्तों की घुड़कियों से डरकर, वैसे लेख लिखने की हिम्मत ही नहीं करते। हम नहीं जानते, हमारे इस लेख पर क्या-क्या अत्याचार किये जाएँगे। खैर, कुछ भी हो, आज हम 'सरस्वती' के पाठकों को संक्षेप में, डार्विन के विकाश-सिद्धान्त का तात्पर्य समझाने का प्रयत्न करते हैं।"

रामनारायण शर्मा बहुत अच्छी तरह जानते थे कि पश्चिमी देशों में धर्म के ठेकेदारों ने डार्विन का कैसा तीव्र विरोध किया था। इसलिए उस सिद्धान्त का प्रचार भारत में विरोध का सामना किये बिना न हो सकता था।

रामनारायण शर्मा पुनर्जन्म, आत्मा आदि पर विश्वास न करते थे। पुनर्जन्म के सम्बन्ध में 'सरस्वती' के एक अंक में लीलाधर चौधरी का एक लेख छपा था। इसके विरोध में जनवरी, 1912 के अंक में उन्होंने लेख लिखा : "क्या पुनर्जन्म सम्भव है?" आधुनिक विज्ञान के अनुसार पुनर्जन्म क्यों असम्भव है, जीव पदार्थ का गुण मात्र है, आदि बातें उन्होंने इस लेख में समझाईं। ऐसा ही उनका लेख जुलाई, 1912 के अंक में आत्मा पर प्रकाशित हुआ।

ऐसे लेखों की प्रतिक्रिया 'सरस्वती' के अक्टूबर, 1912 के अंक में इस प्रकार व्यक्त हुई : "एक मात्र भारत ही ऐसा देश है जिसने आत्मा की खोज में सबसे अधिक सफलता प्राप्त की है। यदि उसी के आत्मदर्शी आचार्यों का कथन प्रामाण्य नहीं तो हो चुका। हमारी क्षुद्र बुद्धि तो यह कहती है कि आत्मा के अस्तित्व का पता विज्ञान द्वारा शायद ही कभी लग सके। आत्मा ही क्यों, परमात्मा भी कोई चीज न सही।" यह नये विज्ञान और पुरानी विचारधारा की टक्कर थी।

दिसम्बर, 1913 की 'सरस्वती' में भौतिकवाद के विरोधियों को उत्तर देते हुए रामनारायण शर्मा का 'परमात्मा' शीर्षक लेख प्रकाशित हुआ। इसमें उन्होंने यह मत प्रतिपादित किया कि संसार का वर्तमान रूप विकास-प्रक्रिया का परिणाम है। उसे किसी ईश्वर ने नहीं बनाया है। इस सम्बन्ध में वह कहते हैं : "पूर्वोक्त सृष्टि क्रम के ज्ञान से यह साफ जाहिर है कि सृष्टि बनने के लिए किसी विशेष कर्त्ता की आवश्यकता नहीं। ईथर के पहले या पीछे उष्णता में कमी होना पदार्थों का स्वाभाविक गुण है। प्रकाश, ध्वनि, बिजली इत्यादि सभी कुछ इसी ईथर के कणों के कम्पन (vibration) से उत्पन्न होता है। यह बात पदार्थ-विद्या के मामूली छात्र

भी जान सकते हैं। अब हम यदि ईश्वर से पूर्व [ईथर से पूर्व] किसी शक्ति विशेष को मान बैठें तो मानो हम भविष्य में प्राप्त होनेवाले ज्ञान को एक प्रकार से अपने पास आने से मना करते हैं। परन्तु ऐसा करना सर्वथा असंगत होगा। इसलिए विज्ञान यह बताता है कि परमात्मा कोई शक्ति नहीं।" यह संसार अनादि है, सदा से रहा है, इस धारणा के समर्थन में अनादि शब्द की व्याख्या करते हुए रामनारायण शर्मा कहते हैं : "सृष्टि के अनादित्व से हमारा तात्पर्य यह है कि सृष्टि किसी-न-किसी रूप में हमेशा थी—चाहे भिन्न-भिन्न खंडों में रही हो, चाहे एक ही प्रकार की वस्तु के समुदाय रूप में। पृथ्वी इत्यादि ग्रहों को, अथवा समस्त सृष्टि को, किसी पालन-पोषण कर्त्ता की आवश्यकता नहीं। जिन-जिन पदार्थ-विशेषों से वे युक्त हैं, उन्हीं के गुण विशेषों पर ही उनकी स्थिति अवलम्बित है।" संसार का विकास किस तरह हुआ, इस बारे में तो अनुसंधान बहुत दिनों तक होते रहेंगे पर यह अनुसंधान ईश्वर को एक तरफ रखकर व्यवहार और प्रयोग द्वारा होता है। हिन्दी में इस वैज्ञानिक दृष्टिकोण का दृढ़तापूर्वक प्रतिपादन रामनारायण शर्मा ने किया है।

लेख के अन्त में इस प्रश्न की चर्चा है कि ईश्वर पर विश्वास उठ जाने से धर्म-कर्म का नाश हो जाएगा। लेखक ने इसका जवाब दिया है कि जनसाधारण ईश्वर पर विश्वास करते रहेंगे। उनका तर्क होता है : "ये प्यारे-प्यारे सुगंधित पुष्प, चहचहाने वाली ये सुन्दर चिड़ियाँ, ये मधुर फल इत्यादि सब कुछ हैं तो इसका कोई निर्माण कर्त्ता भी अवश्य ही होगा।" उनकी दलील यह होती है कि 'जैसे गरम-गरम जलेबियों का बनाने वाला कोई होता है, वैसे ही प्राकृतिक वस्तुओं का बनाने वाला भी कोई होना चाहिए।' आशय यह कि जिसे धर्म-कर्म कहते हैं, उसका आधार मिथ्या विश्वास है और साधारणजन इस तरह के विश्वास के बिना जीवित नहीं रह सकते।

यह उस समय की स्थिति है जब वैज्ञानिक विचारधारा बहुत थोड़े पढ़े-लिखे लोगों में सीमित थी। जैसे-जैसे ये जनसाधारण संगठित होकर समाज-व्यवस्था का निर्माण करते हैं, वैसे-वैसे परोक्ष शक्ति पर उनका विश्वास मिटता जाता है। वे अपने अनुभव से अंधविश्वास मिटाते चलते हैं।

रामनारायण शर्मा ने मई, 1914 की 'सरस्वती' में प्रकाशित 'स्तनपायी पशुओं में मनुष्य की सर्वश्रेष्ठता' लेख में विकासवाद और डार्विन की विचारधारा का समर्थन किया। गुरुकुल काँगड़ी के अध्यापक विनायक गणेश साठे ने विकासवाद पर पुस्तक लिखी थी। 'सरस्वती' की उसी संख्या में इस पुस्तक की समीक्षा करते हुए द्विवेदी जी ने लिखा : "इस सृष्टि में प्राणियों का विकास क्रम-क्रम से हुआ है। नीच कक्षा के प्राणियों से उच्च कक्षा के प्राणियों की उत्पत्ति हुई है। मनुष्य प्राणी की उत्पत्ति और विकास भी इन्ही नैसर्गिक नियमों के अनुसार हुआ है। वह स्तनपायी प्राणियों की कक्षा का प्राणी है। उसकी और बन्दर तथा बनमानुष की बनावट आदि में बहुत ही कम भेद है। [रामनारायण शर्मा के लेख में इसी बात की चर्चा की गई

है।] इसी से विज्ञान-वेत्ताओं की राय है कि मनुष्य भी क्रमप्राप्त विकास का फल है। इसके अखंडनीय प्रमाण वे देते हैं।"

यहाँ द्विवेदी जी ने विकासवाद का भरपूर समर्थन किया है।

'सरस्वती' में पदार्थ विज्ञान, परमाणुवाद, भूगर्भ विद्या, ज्योतिर्विद्या आदि वैज्ञानिक विषयों पर निरन्तर लेख प्रकाशित होते रहे और इस तरह आधुनिक विज्ञान की जानकारी देकर द्विवेदी जी 'सरस्वती' के पाठकों में वैज्ञानिक दृष्टिकोण का प्रचार करते रहे। किन्तु उन्होंने सबसे ज्यादा लेख डार्विन और विकासवाद पर छापे। डार्विन की विचारधारा ने ही सारी दुनिया में धार्मिक अंधविश्वासों की जड़ें हिला दी थीं।

'सरस्वती' में साधारणतः छोटे लेख ही छपते थे, बड़े लेखों को सम्पादक यथा-सम्भव संक्षिप्त कर देते थे। किन्तु विकासवाद पर द्वारिकानाथ मैत्र का लेख इसका अपवाद है। 'क्रम विकास' शीर्षक यह लेख 'सरस्वती' के छह पृष्ठ घेरता है। इसके अलावा चिकने कागज के छह पन्नों पर विकास से सम्बन्धित चित्र दिये गए हैं। 'सरस्वती' के मितव्ययी सम्पादक ने यहाँ उदारता की हद कर दी है। जिनकी पुस्तकों से चित्र दिये गए हैं, उनमें जर्मन लेखक हैकल भी हैं। इन्हीं की पुस्तक का अनुवाद रामचन्द्र शुक्ल ने 'विश्व प्रपंच' के नाम से किया था। डार्विन के विकासवाद को लोकप्रिय बनाने में हैकल ने बड़ा काम किया था। लेनिन ने इनकी पुस्तक रूस के क्रान्तिकारियों के लिए आवश्यक पाठ्य-सामग्री बताई थी।

द्वारिकानाथ मैत्र पदार्थ को एकमात्र व्यापक-सत्ता के रूप में मानते हैं। कहते हैं : "इस संसार में जितने पदार्थ दृष्टिगोचर होते हैं, सभी किसी-न-किसी वस्तु के विकास हैं अथवा उससे उत्पन्न हुए हैं। वैचित्र्यमयी प्रकृति की सत्ता केवल एक है। प्रयोजन के अनुसार सभी पदार्थ परिवर्तित होकर नये-नये रूप धारण करते हैं।" ('सरस्वती', मई, 1915) लेखक भौतिकवादी दृष्टि से प्रकृति में होनेवाले परिवर्तनों पर विचार कर रहा है। उसकी मौलिकता इस बात में है कि वह भारतीय दर्शन का पुनर्मूल्यांकन करते हुए विकासवाद पर विचार करता है। लिखा है : "भारतवर्ष में महात्मा कपिल ने पहले-पहल विकासवाद की व्याख्या की। उन्होंने प्रकृति से पाँच भूतों की किस प्रकार सृष्टि हुई, यह क्रम बहुत ही स्पष्ट भाव से दिखलाया है।" इससे मिलता-जुलता कार्य शुक्ल जी ने 'विश्व प्रपंच' की भूमिका में अधिक विस्तार से किया। भारत को विज्ञान-विरोधी अध्यात्मवादी घोषित न करके उन्होंने प्राचीन भारतीय चिन्तन के वैज्ञानिक तत्त्व पहचानने की कोशिश की। इस सारे क्रम में द्विवेदी जी के 'निरीश्वरवाद' वाले उस लेख का स्मरण करना चाहिए जिसमें उन्होंने सांख्य दर्शन का महत्त्व प्रतिपादित किया था।

यूरोप में धार्मिक अन्धविश्वासों से लोहा लेने में वैज्ञानिकों को कैसी कठिनाइयों का सामना करना पड़ा, स्वयं डार्विन को कैसे घोर विरोध का सामना करना पड़ा, इसका विवरण देने के बाद द्वारिकानाथ मैत्र ने लिखा : "डार्विन ने यह दिखाया है

कि वर्तमान समय में भी क्रम-विकास हो रहा है। जिसे देखना हो, वह देख ले और उसकी परीक्षा भी कर ले। वह प्राकृतिक नियमों से ही होता है, किसी अलौकिक शक्ति की प्रेरणा से नहीं।" इस तरह ईश्वरवादी विचारधारा की जगह निरीश्वरवादी विचारधारा विकास-सिद्धान्त के साथ हिन्दी में भी आगे आ रही थी।

डार्विन के विकासवाद में सारी बातें विज्ञान-सम्मत नहीं थीं। कुछ बातें उसने प्रतिक्रियावादी पादरी माल्थस से सीखी थीं। माल्थस का कहना था कि दुनिया की आबादी ज्यादा तेजी से बढ़ती है, खाने-पीने के साधन उसकी तुलना में बहुत धीरे विकसित होते हैं। इसलिए गरीबों का भूखा मरना अनिवार्य है। माल्थस के इस प्रतिक्रियावाद सिद्धान्त का खंडन सबसे पहले अंग्रेज कवियों—कोलरिज और शेली ने किया था। डार्विन ने माल्थस के सिद्धान्त को प्रकृति का अटल नियम बना दिया। प्रकृति कमजोर लोगों का नाश करती है। जो शक्तिशाली होते हैं, वे बच रहते हैं। युद्ध, महामारी, भुखमरी आदि के द्वारा प्रकृति जनसंख्या को संतुलित बनाये रहती है, और कमजोर का मरना और बलवान का बच रहना—यही तो विकास है। डार्विन के जमाने में पूँजीवाद अनेक महाद्वीपों में लाखों आदमियों का संहार करके विकास-सिद्धान्त चरितार्थ कर रहा था। कार्ल मार्क्स ने डार्विन के विकासवाद की इन सीमाओं का विवेचन किया था। द्वारिकानाथ मैत्र मार्क्स के इस विवेचन से परिचित नहीं थे किन्तु उपनिवेशों में पूँजीपति जो कुछ कर रहे हैं, वह उनकी निगाह से छिपा नहीं था। महामारी द्वारा प्रकृति मनुष्यों में बलशाली का निर्वाचन कैसे करती है, यह कहते-कहते उन्हें अमरीका में रेड इंडियनों पर किये हुए अत्याचार याद आ जाते हैं और उनकी तर्क-श्रृंखला गड़बड़ा जाती है। लिखते हैं : "योरप के जो मनुष्य पहले-पहल अमरीका गए, उन्होंने वहाँ बहुत अत्याचर प्रारम्भ किये। उनके डर से अमरीका के आदिम निवासी जंगलों में भाग गए। बहुतों का कथन है कि इन यूरोप वालों के अत्याचारों से ही आदिम निवासियों की संख्या कम हो गई। वे लोग अत्याचारों से भी अधिक भयंकर ऐसे रोग वहाँ ले गए जिनके आक्रमण को वहाँ के आदिम निवासी नहीं सह सकते। इसी कारण अब उनकी जाति का लोप हो चला है।"

ऐसे विकास से द्वारिकानाथ मैत्र को कोई दिलचस्पी न थी। विकास के नाम पर दूसरे देशों पर अधिकार करना, वहाँ के लोगों का नाश करना, वहाँ की सम्पत्ति लूटना, केवल इसलिए कि उन लोगों ने बारूद का इस्तेमाल करना न सीखा था, कोई प्राकृतिक कार्य न था। उससे जो नतीजा निकलता था, वह यह नहीं था कि पूँजीवाद को संसार का नाश करने दिया जाए वरन् यह कि संसार की रक्षा के लिए, मनुष्य जाति के विकास के लिए, पूँजीवाद का नाश किया जाए। भारत के लिए द्वारिकानाथ मैत्र ने सही निष्कर्ष निकाला : "अपना जातीय अस्तित्व सुप्रतिष्ठित रखने के लिए हमें सामाजिक, राजनैतिक, और धार्मिक विचारों में समयानुकूल

परिवर्तन अवश्य करना होगा—यदि अपनी जाति की रक्षा करनी अभिप्रेत है, यदि अपने देश से कुछ भी प्रेम है, तो संतान को हृष्ट-पुष्ट, बलिष्ठ बनाने की ओर अवश्य ध्यान देना चाहिए।"

संसार के प्रति भौतिकवादी वैज्ञानिक दृष्टिकोण के एक प्रचारक जगन्नाथ खन्ना थे। अक्टूबर, 1917 की 'सरस्वती' में इनका एक लेख प्रकाशित हुआ : "पदार्थ कैसे बने?" इसमें उन्होंने प्राचीन भारतीय विद्वानों की इस धारणा का उल्लेख किया कि मूल तत्त्वों की संख्या 5 है, और आगे बताया कि "ये पदार्थ वास्तव में अस्सी हैं। अभी खोज हो ही रही है। कदाचित् और भी कुछ तत्त्वों का पता चले।" यदि संसार के अधिकतर पदार्थ कुछ ही मूल तत्त्वों के मिलने से बने हैं तो यह अनुमान किया जा सकता है कि किसी भी पदार्थ की विशेषताएँ मूल तत्त्वों की विशेषताओं के ज्ञान से पहचानी जा सकती हैं। पर मूल तत्त्व थोड़े हैं और विशेषताओं के विचार से पदार्थों में विविधता बहुत ज्यादा है। इसका कारण क्या है?

जगन्नाथ खन्ना यहाँ गुणात्मक परिवर्तन का सिद्धान्त प्रतिपादित करते हैं। परिमाणगत परिवर्तन से गुण-सम्बन्धी परिवर्तन भी होता है। इस तरह मूल तत्त्वों में तब्दीली न होने पर भी उनके मिश्रण में जब उनका परिमाण बदलता है, तब नये गुण उत्पन्न हो जाते हैं। लिखा है : "जब ये मूल तत्त्व एक दूसरे से मिलकर किसी पदार्थ-विशेष का रूप ग्रहण करते हैं तब इन मूल तत्त्वों के गुण एकबारगी लोप हो जाते हैं और वह नवीन पदार्थ नवीन गुण ग्रहण कर लेता है।" इस तरह की बातें 19वीं सदी में ही सामान्य ज्ञान का अंग बन गई थीं किन्तु भारत में जिस तरह की तथाकथित दार्शनिक मान्यताएँ प्रचलित थीं, उन्हें देखते गुणात्मक परिवर्तन की यह बात कहना एक नये प्रकार के चिन्तन को जन्म देना था।

प्रत्येक मूल तत्त्व के परमाणुओं और अणुओं (एटम और मोलेक्यूल) का परिचय देने के बाद इनमें अन्तर्निहित ऊर्जा के बारे में कहते हैं : "समस्त पदार्थों के इन सूक्ष्म परमाणुओं में एक प्रकार की बिजली की शक्ति विद्यमान रहती है, जिससे वे बहुत निकट होने पर एक-दूसरे से दृढ़ता के साथ चिपिट जाते हैं। लोहे के टुकड़े इसी प्रकार के असंख्य परमाणुओं के परस्पर चिपिट जाने से बने होते हैं कि उस टुकड़े पर बड़े हथौड़ों की मकड़ी चोट देने पर कहीं वे जुदा हो सकते हैं।" सोने के टुकड़े को पारे में डाल दें तो कुछ पारा सोने के टुकड़े के भीतर प्रवेश कर जाता है। सोने को तौलने पर मालूम हो जाता है कि कितना पारा उसमें गया। इससे ज्ञात हुआ कि परमाणुओं के बीच आकाश होता है। लेखक के शब्दों में : "किसी पदार्थ के परमाणु जब परस्पर चिपिटते हैं तब उनके बीच कुछ जगह खाली रह जाती है।" खाली जगह होने से धक्का खाकर परमाणु हिलने लगते हैं। इनके हिलने से गर्मी, और उसके साथ शब्द उत्पन्न होता है। जगन्नाथ खन्ना ने आगे बताया है कि वैज्ञानिकों ने परमाणु से भी सूक्ष्म एलेक्ट्रोन का पता लगाया है। एलेक्ट्रोन स्वयं

ऊर्जा का रूप है। यहाँ तक पहुँचने पर मैटर और एनर्जी, पदार्थ और ऊर्जा का भेद मिट जाता है। जगन्नाथ खन्ना ने लेख के अन्त में बताया है : "एलेक्ट्रोन स्वयं विद्युच्छक्ति-रूप होते हैं। इसलिए समस्त पदार्थ बिजली की शक्ति से बनते हैं और बिजली ही की शक्ति से व्याप्त होते हैं। यही एलेक्ट्रोन सूर्य से निकलकर आकाश में एक प्रकार की प्रकाशमय लहरें उत्पन्न करते हैं, जिनसे हमें रोशनी और गरमी मिलती है। वास्तव में संसार के समस्त पदार्थ, यहाँ तक कि हमारा जीवन भी, इन्हीं विचित्रतामय एलेक्ट्रोनों के आधार पर स्थित है।"

इस दृष्टिकोण के अनुसार जड़ प्रकृति को गतिशील बनाने के लिए किसी पुरुष की आवश्यकता नहीं होती। वह स्वत: गतिशील है, गतिशीलता उसका धर्म है। और यह प्रकृति अद्वैत शक्ति का दृश्यमान प्रपंच है। ऊर्जा और पदार्थ, इन दो रूपों में प्रकृति निरपेक्षत: विभाजित नहीं है। आइंस्टाइन-सम्मत इसी दृष्टिकोण की व्याख्या रामचन्द्र शुक्ल ने 'विश्व प्रपंच' की भूमिका में की।

मई, 1906 की 'सरस्वती' में द्विवेदी जी ने हर्बर्ट स्पेन्सर पर छोटी-सी टिप्पणी लिखी जिसमें उन्होंने उसे 'इस समय के वैज्ञानिकों का राजा' कहा। जुलाई, 1906 की 'सरस्वती' में उन्होंने 'हर्बर्ट स्पेन्सर' शीर्षक लेख में उसका संक्षिप्त जीवन-चरित लिखा। इस लेख से ज्ञात होता है कि स्पेन्सर के चरित की कौन-सी बातें उन्हें प्रिय थीं और उसकी विचारधारा से वह कहाँ तक सहमत थे और कहाँ असहमत थे। लेख के आरम्भ में सांख्य दर्शन का नाम लिये बिना उसकी स्थापनाएँ प्रस्तुत करते हुए लिखते हैं : "यह संसार प्रकृति और पुरुष का लीला-स्थल है। बिना इन दोनों का संयोग हुए संसार क्या, कुछ भी नहीं बन सकता। संसार में दृष्टादृष्ट [शुक्ल जी जिसे व्यक्त और अव्यक्त का योग कहते] जो कुछ है, प्रकृति का खेल है; पर उस खेल का दिखानेवाला पुरुष है।" पर इस वाक्य के बाद प्रकृति और पुरुष की जो व्याख्या द्विवेदी जी करते हैं, वह निराला के प्रकृति-अद्वैत से अधिक मिलती है। शुक्ल जी ने 'विश्वप्रपंच' की भूमिका में आइंस्टाइन का हवाला देते हुए पदार्थ और ऊर्जा का जो सम्बन्ध जोड़ा है, यह उसके भी अनुरूप है। द्विवेदी जी कहते हैं : "प्रकृति का दूसरा नाम पदार्थ है और पुरुष का दूसरा नाम शक्ति। जितने पदार्थ हैं, सबमें कोई न कोई शक्ति विद्यमान है। पानी से भार्फ, भार्फ से मेघ और मेघों से फिर पानी। रुई से सूत, सूत से कपड़े और कपड़ों से फिर रुई। बीज से वृक्ष, वृक्ष से फूल, फूल से फल और फल से फिर बीज। इसी तरह संसार में उलट-फेर लगा रहता है और प्रत्येक पदार्थ में व्याप्त रहनेवाली शक्ति-विशेष इसका कारण है।" यहाँ जड़ और चेतन में भेद नहीं किया गया। शक्ति के अनेक रूप हैं, पर है वह सर्वत्र शक्ति। द्विवेदी जी इसे पुरुष का पर्याय कहते हैं। यह धारणा सांख्य दर्शन के अनुरूप नहीं जान पड़ती। यह विवरण जयशंकर प्रसाद की इस धारणा से मिलता है : एक तत्त्व की ही प्रधानता, कहो उसे जड़ या चेतन।

द्विवेदी जी प्रकृति-पुरुष-सम्बन्ध को विकास का मूल कारण मानते हैं। प्रकृति में जो परिवर्तन होते हैं, वे कहीं तो आगे की ओर ले जानेवाले होते हैं और कहीं पीछे की ओर ले जानेवाले होते हैं। पहली तरह के परिवर्तनों को वह उत्क्रान्ति कहते हैं और दूसरी तरह के परिवर्तन को अपक्रान्ति। इनका कारण यह है : "यदि प्रकृति निर्बल और पुरुष प्रबल हो जाता है तो उसे विद्वान् लोग उत्क्रान्ति कहते हैं और इसकी विपरीत घटना को अपक्रान्ति कहते हैं।" इस प्रक्रिया का विवेचन हर्बर्ट स्पेन्सर ने किया। यही कार्य डार्विन ने किया। उनकी पुस्तक 'ओरिजिन ऑफ स्पिशीज' का उल्लेख करते हुए उन्होंने लिखा है : "उसमें उत्क्रान्ति, किंवा परिणतिवाद, के आधार पर उसने प्राणियों की उपपत्ति सिद्ध की। परन्तु इस उपपत्ति के अनेक सिद्धान्त स्पेन्सर ने पहले ही से निश्चित कर लिये थे। इस बात को डार्विन ने साफ-साफ स्वीकार किया है।" द्विवेदी जी इस विकासवाद को स्वीकार करते हैं, उसे सही मानते हैं, किन्तु जहाँ यह सिद्धान्त अनीश्वरवादी है, वहाँ वह पूरी तरह उसका साथ नहीं देते। उन्होंने लिखा है कि पहले स्पेन्सर का विचार था कि विज्ञान पढ़ने से मनुष्य अधार्मिक नहीं होता, पर बाद को उसका मत बदल गया। उसने ईश्वर की 'अपने समाज-घटना-शास्त्र में कड़ी समालोचना की। यह शायद धर्मश्रद्धा में उसकी अशक्तता का कारण हो। क्योंकि धर्म-विषयक बातों में श्रद्धा ही प्रधान है।' फिर भी द्विवेदी जी उसके विचारों का स्वागत करते हैं, और आशा करते हैं कि उसकी किताबें पढ़कर लोगों के विचारों में जो परिवर्तन हो रहा है, उससे सांसारिक जनों का कल्याण होगा। उसकी पुस्तकों में शिक्षा पर उसकी रचना को उन्होंने बहुत महत्त्वपूर्ण बताया जिसका अनुवाद संस्कृत में हो चुका था और जिसका हिन्दी अनुवाद वह स्वयं कर रहे थे। भारत में शिक्षा की स्थिति देखते हुए उन्होंने लिखा : "स्पेन्सर ने विज्ञान-विद्या ही को सबसे अधिक उपयोगी और सबसे अधिक मूल्यवान शिक्षा ठहराया है। परन्तु, अफसोस, हिन्दुस्तान में इसी शिक्षा की सबसे अधिक नाक़दरी है।"

स्पेन्सर के 'संयोगात्मक-तत्त्वज्ञान-पद्धति' ग्रंथ के लिए उन्होंने लिखा : "हमारी प्रार्थना है कि जो सज्जन इस पुस्तक को पढ़ सकते हों, वे एक बार अवश्य पढ़ें, और स्पेन्सर के प्रकृति-पुरुष आदि विषयक सिद्धान्तों का ज्ञान प्राप्त करें; और इस बात का विचार करें कि इस विषय में इस देश के तत्त्वज्ञानियों और स्पेन्सर के सिद्धान्तों में क्या तारतम्य है।" यहाँ द्विवेदी जी ने आधुनिक विचारकों के लिए एक कार्यक्रम प्रस्तुत किया है : आधुनिक विज्ञान का अध्ययन, उससे प्राप्त विश्व-सम्बन्धी सामान्य सिद्धान्त का ज्ञान, फिर भारत के प्राचीन दर्शन तथा विज्ञान का पुनर्मूल्यांकन। आंशिक रूप से यह कार्य रामचन्द्र शुक्ल ने किया, और हिन्दी से भिन्न अन्य भाषाओं में दूसरे लोगों ने किया, पर उस कार्यक्रम के पूरा होने में अब भी देर है। द्विवेदी जी ने भारतीय संस्कृति और पश्चिमी विज्ञान के प्रति जो दृष्टिकोण

अपनाया, उसकी विशेषता ध्यान देने योग्य है। यह विशेषता तब उजागर होती है जब दूसरों के दृष्टिकोण से उसकी तुलना की जाती है। एक ओर पुनरुत्थानवादी हैं जो पश्चिमी विज्ञान का विरोध करते हैं। अणुबम तो बनाना चाहते हैं, आधुनिक कौशल से पूरा लाभ उठाना चाहते हैं, किन्तु विश्व और समाज के प्रति वैज्ञानिक दृष्टिकोण अपनाने का विरोध करते हैं। दूसरी ओर वे कठ-सिद्धान्ती विज्ञानप्रेमी विचारक हैं, जो आधुनिक विज्ञान का इतना विकास हो जाने पर भी पुराने सूत्रों को फिर से जाँचने-परखने के लिए तैयार नहीं हैं, और खास तौर से भारत के इतिहास और उसके प्राचीन दर्शन तथा विज्ञान का गम्भीर विवेचन करने के अयोग्य सिद्ध हुए हैं। पर इस कार्य के बिना नवजागरण का कार्यक्रम कैसे पूरा होगा? वर्तमान स्थिति पर जितना ही विचार करते हैं, उतना ही इस दिशा में द्विवेदी जी और उनके सहयोगियों का कार्य प्रशंसनीय जान पड़ता है।

19वीं सदी में अनेक विचारक भारतीय साहित्य और संस्कृति का अध्ययन कर रहे थे। इनमें एक हर्बर्ट स्पेन्सर भी थे। इसीलिए स्पेन्सर पर लिखते हुए द्विवेदी जी बार-बार भारत का स्मरण करते हैं और स्पेन्सर को उन्होंने ब्रह्मर्षि की संज्ञा दी है। जिस वर्ष वह 'सरस्वती' के सम्पादक बने, उसी वर्ष के अन्त में स्पेन्सर का देहान्त हुआ। स्पेन्सर का शरीर दफनाया नहीं गया, जलाया गया और दाहक्रिया के समय भारत का प्रतिनिधित्व करने के लिए प्रसिद्ध भारतीय देशभक्त श्यामजी कृष्णवर्मा मौजूद थे। इस प्रसंग का वर्णन द्विवेदी जी ने भावुक होकर इस प्रकार किया है : "स्पेन्सर ने लिख रक्खा था कि मरने पर मेरा मृत शरीर जलाया जाए, गाड़ा न जाए। ऐसा ही किया गया और उसका नश्वर पंचभूतात्मक शरीर अग्नि के संस्कार से फिर पंचभूतों में जा मिला। शवदाह की प्रथा जिन लोगों में नहीं है, उन्हें स्पेन्सर के उदाहरण पर विचार करना चाहिए। इस देश के निवासियों में श्यामजी कृष्णवर्मा पहले सज्जन हैं जिन्होंने ऑक्सफोर्ड विश्वविद्यालय से एम.ए. की पदवी पाई है। स्पेन्सर की श्मशान-क्रिया के समय वे वहाँ उपस्थित थे। थोड़ा-सा समयोचित भाषण करने के बाद उन्होंने 15 हजार रुपया खर्च करके स्पेन्सर के नाम से एक छात्रवृत्ति नियत करने का निश्चय किया। इस निश्चय का वे पालन भी कर रहे हैं। इंग्लैंड के इस ब्रह्मर्षि-तुल्य वेदान्तवेत्ता का इस तरह भारतवर्ष के एक विद्वान् द्वारा आदर होना कुछ कौतूहल-जनक अवश्य है। सच है, दर्शनशास्त्र की महिमा यह बुड्ढा भारत अब भी खूब जानता है।" पूर्व और पश्चिम के बीच सांस्कृतिक सम्बन्ध कायम करने का यह भी एक तरीका है।

अगस्त, 1906 की 'सरस्वती' में द्विवेदी जी ने 'विकास-सिद्धान्त' शीर्षक लेख लिखा था। यहाँ उन्होंने उत्क्रान्ति के बदले 'विकास' शब्द का प्रयोग किया। लेख में उन्होंने विकास-सिद्धान्त का सामान्य परिचय दिया। यह सिद्धान्त सही है, यह प्रतिपादित करते हुए उन्होंने कहा : "जिन प्रमाणों पर इस सिद्धान्त की भित्ति स्थापित

हुई है, वे निर्विवाद हैं—वे प्रत्यक्ष हैं—अतएव अच्छी तरह बोधगम्य हैं।" उन्होंने इस विषय पर आगे और लेख प्रकाशित करने का वादा किया और 'सरस्वती' के अगले अंकों में उन्होंने यह वादा पूरा किया। इससे सिद्ध होता है कि द्विवेदी जी योजना बनाकर, 'सरस्वती' के माध्यम से, वैज्ञानिक विचारधारा का प्रचार-प्रसार कर रहे थे। यह कार्य दो-चार वर्षों में नहीं, वह जब तक 'सरस्वती' में रहे, उसे पूरा करने में तब तक लगे रहे।

स्पेन्सर की विचारधारा के एक पक्ष का सम्बन्ध विकासवाद से नहीं था वरन् संसार की समकालीन राजनीति से था। यूरोप में जैसे-जैसे पूँजीवाद का विकास हुआ, वैसे-वैसे बड़े पैमाने पर हिंसक युद्ध भी होने लगे। इनका विरोध शेली जैसे बुद्धिजीवियों ने किया। इन्हीं की परम्परा में स्पेन्सर का नाम आता है। 'हर्बर्ट स्पेन्सर' शीर्षक लेख में द्विवेदी जी ने उनके शान्ति-प्रेम के बारे में लिखा था : "स्पेन्सर शान्तिभाव को बहुत पसन्द करता था। वह युद्ध के खिलाफ था। बोरयुद्ध का कारण उस समय के उपनिवेश मंत्री चेम्बरलेन साहब थे। उन पर, उनके इस अनुचित काम के कारण, स्पेन्सर ने अप्रसन्नता प्रकट की थी।" द्विवेदी जी जापानियों की वीरता के प्रशंसक थे। इसलिए स्पेन्सर ने जापानियों को जो सलाह दी थी, उसे भी उन्होंने इस प्रसंग में उद्धृत किया, यह बात दिलचस्प है। लिखा था : "उसके मरने के बाद उसकी जो एक चिट्ठी प्रकाशित हुई है, उसमें उसने जापान को शिक्षा दी है कि यदि तुम अपना भला चाहते हो तो योरप वालों से दूर ही रहो और योरप की स्त्रियों से विवाह करके अपनी जातीयता को बर्बाद न करो। नहीं तो तुम किसी दिन अपनी स्वाधीनता खो बैठोगे।" आशय यह कि उद्योगीकरण ठीक, विज्ञान की शिक्षा और भी ठीक, किन्तु यूरोप की तरह दूसरों को गुलाम बनाने के लिए युद्ध करना बिलकुल ठीक नहीं।

4. आत्मा, ज्ञान और स्मृति-ग्रंथ

जनवरी, 1901 की 'सरस्वती' में द्विवेदी जी का 'आत्मा' शीर्षक निबन्ध छपा है। उनके निरीश्वरवाद वाले लेख की तरह यह भी भारतीय दर्शन की उस धारा की ओर ध्यान आकर्षित करता है जो उन दिनों उपेक्षित थी और बहुत-कुछ अब भी है। न्याय और वैशेषिक दर्शनों पर वह विशेष ध्यान देते हैं। आत्मा कोई अगोचर सत्ता नहीं है, वह द्रव्य है, और द्रव्य उसे कहते हैं जिसमें क्रिया और गुण विद्यमान होते हैं। द्विवेदी जी कहते हैं : "हमारे प्राचीन दार्शनिक ऋषियों ने आत्मा को द्रव्य माना है।" अध्यात्मप्रेमी सज्जन भौतिकवादियों पर संकीर्ण और एकांगी होने का आरोप लगाते हैं किन्तु जिन प्राचीन दार्शनिक ऋषियों ने आत्मा को द्रव्य माना था, उन्हें भूल जाना कहाँ की सर्वांगीणता है? और यदि आत्मा द्रव्य है, जिसमें क्रिया और गुण हैं, तो यह किस तरह का अध्यात्मवाद है? वास्तव में आत्मा को जिसने द्रव्य

कहा, उसने उसे शेष भौतिक जगत् से अलग नहीं किया। द्विवेदी जी कहते हैं : "वैशेषिक सूत्रों में नव द्रव्य परिगणित किये गए हैं; यथा—पृथ्वी, जल, तेज, वायु, आकाश, काल, दिशा, आत्मा और मन।" यहाँ पृथ्वी, जल, आदि के साथ आत्मा का उल्लेख है। पृथ्वी की अपेक्षा वायु, वायु की अपेक्षा आकाश, आकाश की अपेक्षा काल, काल की अपेक्षा मन, मन की अपेक्षा आत्मा अधिक सूक्ष्म है, किन्तु हैं सब द्रव्य।

मन भी एक इन्द्रिय है। ज्ञानेन्द्रियाँ और मन दोनों को 'साकार मानना पड़ता है, क्योंकि आकाररहित वस्तुओं में आकार सहित जड़ात्मक भौतिक पदार्थ कदापि अंकित नहीं हो सकते। फिर मन एक अदृश्य निराकार अन्तरिन्द्रिय है, उसमें कहिए, किस प्रकार साकार पदार्थों का रूप निरूपित हो सकता है? यही दशा दूसरी ज्ञानेन्द्रियों की भी है, जो सर्वतोभाव से निराकार हैं।" द्विवेदी जी का तर्क यह है कि निराकार इन्द्रियाँ साकार भौतिक पदार्थों का ज्ञान प्राप्त नहीं कर सकतीं। परन्तु यदि ये ज्ञानेन्द्रियाँ किसी साकार पदार्थ से सम्बद्ध हो सकती हों, तो उनकी निराकारता सापेक्ष ही होगी। द्विवेदी जी पूछते हैं : "अब यदि आत्मा को निराकार कल्पनामय और शून्य मानते हैं, तो कहिए, इस साकार जड़ात्मक मनभर के भार का उठाना कैसे सम्भव है?" यह प्रश्न इस उदाहरण के सन्दर्भ में है कि व्यायाम करने के समय इच्छा करते ही हमारे दोनों हाथ नीचे की ओर बढ़ते हैं और बीस-बीस सेर के मुगदर उठाकर घुमाने लगते हैं। हाथों ने मुगदर उठाये तो हाथों को किसने उठाया? मस्तिष्क में स्थित ज्ञान-तन्तुओं के प्रवाह ने उठाया तो उस प्रवाह को किसने प्रवाहित किया? द्विवेदी जी कहते हैं : "अतएव जब तक आत्मा को तत्त्व न मानोगे और समस्त शारीरिक व्यापारों का कर्त्ता उसे न स्थिर करोगे तब तक इस प्रकार की आपत्तियों से छुटकारा नहीं मिल सकता।" यहाँ मुख्य बात यह है कि आत्मा तत्त्व है, जैसे वे पंचतत्त्व हैं जिनसे शरीर बना हुआ बताया जाता था। केवल यह तत्त्व अधिक सूक्ष्म है।

पृथ्वी, जल, तेज आदि तत्त्व सचेतन और सज्ञान नहीं हैं। चेतना इन तत्त्वों का गुण नहीं है। वह अन्य किसी तत्त्व का गुण है और उस तत्त्व को आत्मा कहा गया है। लिखा है : "अतएव चेतनत्व और ज्ञानात्मकत्व शरीर का नहीं है, किन्तु अन्य किसी वस्तु का धर्म है और जिसका वह धर्म है, उसी को आत्मा कहते हैं।" मनुष्य को स्वप्न में जो ज्ञान होता है, वह आत्मा के कारण। यह आत्मा शरीर और मन, दोनों से स्वतंत्र है। वह इन्द्रियों के द्वारा ज्ञान प्राप्त करता है किन्तु इन्द्रियों में किसी प्रकार का ज्ञान नहीं रहता। यहाँ द्विवेदी जी को सहज ही तार और बैटरी के उपमान याद आते हैं। दार्शनिक विवेचन में ऐसे उपमानों का प्रयोग कोई तार बाबू ही कर सकता था। कहते हैं : "विद्युद्यंत्र की बैटरी और तार में जो सम्बन्ध है, वही आत्मा और इन्द्रियों में भी है। जैसे विद्युच्छक्ति तार में नहीं, किन्तु बैटरी में

गुप्त रीति से विद्यमान रहती है और तार द्वारा प्रवाहित होकर, अपेक्षित स्थान को जाकर पुनरपि उसी बैटरी में प्रविष्ट हो जाती है, वैसे ही ज्ञान आत्मा में विद्यमान रहता है और इन्द्रियों के द्वारा भौतिक पदार्थों से संयोग करके पूर्ववत् आत्मा में लीन हो जाता है।"

ज्ञान के लिए, आत्मा और इन्द्रियों के अलावा, मन की भूमिका होती है। यदि केवल इन्द्रिय और विषय के संयोग से ही ज्ञान होता तो अनेक इन्द्रियाँ होने से अनेक विषयों के ज्ञान भी एक ही साथ होते, रूप-रस-गन्ध-स्पर्श का ज्ञान एक साथ होता, किन्तु ऐसा होता नहीं है। कारण यह है कि 'एक ही साथ चाहै नेत्र से देखते, कान से सुनते और त्वचा से स्पर्श करते रहैं; परन्तु इन तीनों क्रियाओं को करते समय जिस इन्द्रिय के साथ मन का संयोग होगा, उसी इन्द्रियजन्य ज्ञान का आत्मा को अनुभव होगा।' आँखें किसी प्रियजन का चित्र देखने में तल्लीन हैं। उस समय सिर पर दुन्दुभी बजे तो भी सुनाई नहीं देती। मन का संयोग आँखों से है, इसलिए कानों से कोई समाचार नहीं मिलता; 'आत्मा को कर्ण से सन्निकृष्ट विषयों का ज्ञान नहीं होता। आत्मा और इन्द्रियों के मध्य में मन तार का सा काम करता है। आत्मा उसे जिस इन्द्रिय से संयुक्त कर देता है, उसी के कृत विषयों का उसको साक्षात्कार होता है; और जिससे वह उसे संयुक्त नहीं करता, वह चाहै विषयों से कितना ही सन्निकर्ष करै, तथापि आत्मा को तज्जनित ज्ञान नहीं होता।'

मन भी एक प्रकार की इन्द्रिय है, केवल वह अन्तरिन्द्रिय है। उसी के द्वारा आत्मा विषयों का मनन करता है। स्मृति आदि विषय किसी इन्द्रिय से संयुक्त नहीं होते, वे केवल मन द्वारा जाने जाते हैं। सुख और दुःख का ज्ञान इसी मन से होता है। मन ज्ञानात्मक नहीं है। होता तो उसे अनेक विषयों का ज्ञान एक बार ही हो जाता। केवल आत्मा ज्ञानात्मक है जिसे समस्त विषयों का ज्ञान होता है। वही मन का प्रेरक और चालक है।

आत्मा दिखाई नहीं देता किन्तु इच्छा, द्वेष, प्रयत्न, सुख, दुःख का ज्ञान, गौतम मुनि के अनुसार, आत्मा के चिन्ह हैं। जो दिखाई न दे, उसका अस्तित्व नहीं है, यह समझना बहुत बड़ी भ्रान्ति है। द्विवेदी जी तर्क करते हैं : "पृथ्वी की आकर्षणशक्ति को लीजिए। वालुका की छोटी से छोटी कणा को लेकर सूर्यमंडल तक सारे पदार्थ इस आकर्षण नियम से नियमित हैं। इसी के कारण ग्रह, नक्षत्र और राशियाँ अपनी-अपनी कक्षाओं में भ्रमण करती हैं; इसी के कारण ग्रहण पड़ता है; और इसी के कारण ऋतुओं में भी परिवर्तन होता है। किंबहुना अल्प से अल्प भी पदार्थ इस शक्ति के नियमों से बहिर्भूत नहीं है; परन्तु हम पूछते हैं कि, इस अद्‌भुत और जगद्‌व्यापिनी शक्ति को क्या किसी ने देखा है? किसी ने नहीं। फिर जब इसका अस्तित्व स्वीकार है तो हमारे आत्मा ने क्या अपराध किया?"

रामावतार शर्मा की तरह द्विवेदी जी को खगोल-विद्या से गहरी दिलचस्पी थी। इन दोनों में से किसने किसको प्रभावित किया, यह कहना कठिन है किन्तु आधुनिक विज्ञान की अनेक शाखाओं से द्विवेदी जी का परिचय व्यापक है। इसी आत्मा वाले लेख में एक ओर वह निकल्सन की 'मैनुअल ऑफ जुओलॉजी' देख रहे हैं, और चेतना के सम्बन्ध में उसकी आलोचना करते हैं, दूसरी ओर उनका ध्यान न्यूटन की ओर है जिसकी आकर्षणशक्ति वाली बात सब मानते हैं पर ऋषियों की कही हुई आत्मा वाली बात लोग नहीं मानते। आकर्षणशक्ति वाली बात भारतीय खगोलशास्त्रियों के लिए सर्वथा नई नहीं थी। पाद-टिप्पणी में द्विवेदी जी सूचित करते हैं : "पृथ्वी की आकर्षणशक्ति को आर्यभट, वराह मिहिर आदि हमारे पूर्वाचार्य पहले ही से जानते थे।" इससे सिद्ध हुआ कि जैसे आकर्षण शक्ति एक प्रकार की शक्ति है, उसी तरह आत्मा भी शक्ति है, अथवा द्रव्य का ऐसा रूप है जो अदृश्य है। द्विवेदी जी जिस युग में यह सब लिख रहे हैं, वह न्यूटन के बाद आइंस्टाइन का युग है। द्रव्य और शक्ति, पदार्थ और ऊर्जा, दोनों का भेद मिटने ही वाला है। जैसे निराला के वेदान्त का एक पक्ष ब्रह्म-अद्वैत है, जहाँ ब्रह्म अगोचर सत्ता है, किन्तु दूसरा पक्ष प्रकृति-अद्वैत है; जहाँ निरन्तर परिवर्तनशील, विश्वव्यापी, अनन्त शक्ति गोचर सत्ता है, वैसे ही महावीरप्रसाद द्विवेदी का दार्शनिक चिन्तन सांख्य विचारधारा से प्रेरित होकर उसी प्रकृति-अद्वैत के निकट पहुँचता है। आत्मा इसी व्यापक अदृश्य द्रव्य अथवा ऊर्जा का अंश है। द्रव्य की व्याप्ति दिखाने के लिए वह उदाहरण बिजली का लेते हैं।

"दूसरा उदाहरण विद्युत् का लीजिए। जितने जागतिक पदार्थ हैं, सबमें यह न्यूनाधिक भाव से व्याप्त रहती है और घर्षण तथा अन्य रासायनिक प्रयोग द्वारा प्रबुद्ध किये जाने पर वह अपना भीषण प्रभाव प्रकट करती है। जिस समय तारयंत्र पर नियमित रीति के अनुसार आघात किया जाता है, तत्क्षणात् विद्युत की अदृश्य धारा शतशः और सहस्रशः मील तक फैले हुए तार से होती हुई इच्छित स्थान पर पहुँच जाती है, और वहाँ पर पहुँचकर, यंत्र में सूइयों को दाहिनी-बाईं ओर वेग से हिलाती है; चुम्बक में प्रवेश करके कर्णभेदक शब्द करती है, घंटी बजाती है और नाना प्रकार के वाक्य पेंसिल अथवा स्याही से कागज के ऊपर लिख तक देती है। इतनी आश्चर्यकारक घटनाएँ तो अवश्य देख पड़ती हैं; परन्तु घटनाओं का कारण विद्युद्देवी फिर भी दृष्टिगोचर नहीं होती। तो क्या इससे विद्युत् के अस्तित्व में शंका की जा सकती है? कदापि नहीं।" इसके बाद वह बिजली से चलाई जानेवाली रेलगाड़ियों की चर्चा करते हैं और कहते हैं, घर में रोशनी के लिए बिजली के 'दीपक' भी जलने लगे हैं, जो 'नेत्र प्रतिघातकारी' हैं। फिर निष्कर्ष निकालते हैं : "इन सब उदाहरणों से व्यक्त होता है, कि अनेक पदार्थों का आदि कारण अदृश्य रहता है। उसका अस्तित्व उसके अद्‌भुत-अद्‌भुत कार्यों ही से अनुमान किया जाता

है। यही दशा आत्मा की भी है। अतिसूक्ष्म होने के कारण वह यद्यपि दृष्टि से नहीं देखा जा सकता, तथापि इन्द्रियों के व्यापारादि और सुख-दु:खादि के अनुभव से उसका अस्तित्व भली भाँति प्रमाणित होता है।"

इसके बाद द्विवेदी जी यह सिद्ध करते हैं कि आत्मा नित्य और अविनाशी है, वह जन्म से पहले था और मृत्यु के बाद भी रहेगा। यहाँ उनका तर्क गीता की उस उक्ति की याद दिलाता है जिसके अनुसार जो है नहीं, वह अस्तित्व में आ नहीं सकता। जो है, वह अनस्तित्व में परिणत नहीं हो सकता। पर द्विवेदी जी का तर्क कुछ और भी है। संसार में नित्य से अनित्य और अनित्य से नित्य की सिद्धि होती है। परस्पर विरोधी तत्त्वों के अस्तित्व और समन्वय का सिद्धान्त भारतीय तर्कशास्त्र का सुपरिचित सिद्धान्त रहा है। अब द्विवेदी जी की द्वन्द्ववादी तर्क-पद्धति का नमूना देखें और निराला के 'वर्तमान धर्म या साहित्यिक सन्निपात' निबन्ध में उनकी प्रकृति-अद्वैत-सम्बन्धी तर्क-योजना से इसकी तुलना करें। द्विवेदी जी कहते हैं : "संसार में जो कुछ परस्पर विरोधी है, उसकी उत्पत्ति सदैव अपने विरोधी से होती है। यह सर्वव्यापक सिद्धान्त है। विरोधी वस्तुओं अथवा गुणों से हमारा अभिप्राय पाप-पुण्य, मलिन-उज्ज्वल, उच्च-नीच, कटु-मिष्टादिवत् जितने युग्म हैं, उनसे है। उदाहरणार्थ जब हम कहते हैं कि अमुक पदार्थ अधिक हो गया तब यह सूचित होता है कि वह पहले न्यून था और पश्चात् न्यून से अधिक हुआ। अधिक और न्यून परस्पर विरोधी हैं। अत: जैसे न्यून में कुछ मिला देने से वह अधिक हो जाता है, वैसे ही अधिक से कुछ खींच लेने से वह न्यून हो जाता है। इसी भाँति अशक्त बलवान् से और बलवान् अशक्त से, उच्च नीच से और नीच उच्च से, तथाच वेगगामी मन्दगामी से और मन्दगामी वेगगामी से उत्पन्न होता है। जितने परस्पर विरोधी युग्म हैं, उनके अंग- द्वय के मध्य दो प्रकार की उत्पादक शक्तियाँ स्थित रहती हैं जो पहिले से दूसरे और दूसरे से पुन: पहिले में पाई जाती हैं। दीर्घ और ह्रस्व के मध्य वृद्धि और ह्रास स्थित हैं, इसीलिए हम कहते हैं कि एक वृद्धि को और दूसरा ह्रास को प्राप्त होता है। इन उदाहरणों से प्रमाणित है कि विरोधी अपने ही विरोधी से उत्पन्न होता है, और दो विरोधियों के मध्य परस्पर उत्पादकता का सदैव सम्बन्ध रहता है। इस सिद्धान्तानुसार जैसे सुषुप्ति का विरोधी जागरण है, वैसे ही जीवन का विरोधी मरण है। सुषुप्ति और जागरण, इन दोनों में दो प्रकार की उत्पादक शक्तियाँ हैं, अर्थात् सुषुप्ति से जागरण की और जागरण से सुषुप्ति की उत्पत्ति होती है; यह नहीं कि कोई मनुष्य सुषुप्ति अवस्था को प्राप्त होकर जाग्रत न होवै और जाग्रत होकर फिर कभी निद्रित न होवै। इसी प्रणाली द्वारा जीवन और मरण में स्पष्ट विरोध होने के कारण यह कहने में कोई आपत्ति नहीं कि मरण से जीवन और जीवन से पुनरपि मरण की उत्पत्ति होती है, अर्थात् जो कुछ जीवित है सब मृत से उत्पन्न हुआ है और जो कुछ मृत हो चुका है, सब जीवित ही से मृत

को पहुँचा है।" द्वन्द्ववाद के एक पक्ष का यह निरूपण सैद्धान्तिक स्तर पर बहुत ही अच्छे ढंग से किया गया है। मृत्यु और जीवन और अन्य विरोधी तत्त्व एक-दूसरे के वैसे निरपेक्ष विरोधी नहीं हैं, जैसे वे ऊपर से दिखाई देते हैं। मलिन और उज्ज्वल, अशक्त और बलवान, उच्च और नीच, केवल सापेक्ष रूप में विरोधी हैं। द्विवेदी जी की यह बात बिलकुल सही है कि विरोधी युग्मों के अंगद्वय के मध्य दो प्रकार की उत्पादक शक्तियाँ स्थित रहती हैं जो पहले से दूसरे और दूसरे से पुन: पहले में पाई जाती हैं। इसका अर्थ यह हुआ कि उच्चता में नीचता है और नीचता में उच्चता; सुषुप्ति में जागरण है, जागरण में सुषुप्ति है। इसी प्रकार नित्यता में अनित्यता है और अनित्यता में नित्यता।

पर द्विवेदी जी नित्यता और अनित्यता को निरपेक्ष रूप से विरोधी मानकर तर्क करते हैं : "आत्मा की स्थिति ही जीवन और आत्मा का शरीर-त्याग मृत्यु है; अत: उपरोक्त उदाहरण के अनुसार उसका नित्यत्व सिद्ध है।" और इसके आगे यह पुनर्जन्म की बात भी करते हैं। कहते हैं : "यदि मृत देहस्थ आत्मा का पुनर्जन्म न मानकर प्रतिवार प्रतिआत्मा की किसी अन्य पदार्थ से उत्पत्ति स्थिर करते हैं तो वह सब अन्य पदार्थ अवश्यमेव कालान्तर में नष्ट होकर इस विस्तृत विश्व को शून्यमय कर देवैंगे। किंबहुना, स्वयं यह विश्व ही यदि आत्मा में परिणत होकर एक दिन विनष्ट हो जाए तो कुछ आश्चर्य नहीं। परन्तु यह नितान्त निर्मूलक कल्पना है। ईश्वरीय नियमों में त्रुटि नहीं होती; अत: आत्मा को नित्य अर्थात् अविनाशी मानना ही चाहिए।"

यहाँ द्विवेदी जी का निष्कर्ष उनकी तर्क-पद्धति के अनुकूल नहीं है। यदि आत्मा द्रव्य है तो वह स्वयं परिवर्तनशील है, और जो परिवर्तनशील है, वह निरपेक्ष रूप में नित्य नहीं हो सकता। एक अर्थ में मनुष्य अपने जन्म से पहले भी था और मृत्यु के बाद भी रहेगा। जिन पदार्थों के संगठन से वह बना है, वे उसके जन्म और उसकी मृत्यु से बँधे हुए नहीं हैं; पर इन पदार्थों का संगठन, इस संगठन के फलस्वरूप उनके समवाय में गुणात्मक परिवर्तन—ये उसके जन्म और मृत्यु से बँधे हुए हैं, अथवा उन पदार्थों के संगठन और विघटन का नाम ही जन्म और मृत्यु है। अध्यात्मवादियों के विरुद्ध तर्क करते हुए चार्वाक ने इसी गुणात्मक परिवर्तन की बात कही थी। उसे छोड़ देने से द्वन्द्ववाद की तर्क-पद्धति अधूरी रह जाती है। उसे छोड़ देने पर अविनाशी आत्मा के साथ स्वभावत: पुनर्जन्म और ईश्वर भी चले आते हैं।

किन्तु द्विवेदी जी की आधारभूमि है आत्मा का द्रवत्व। यदि आत्मा नित्य है और द्रव्य है, तो परमात्मा भी नित्य होने के साथ द्रव्य होगा, और यदि परमात्मा नाम का द्रव्य ज्ञानमय है, तो संसार के अन्य द्रव्य भी ज्ञानमय हो सकते हैं। द्विवेदी जी कुछ-कुछ ऐसा ही निष्कर्ष प्रस्तुत करते हैं : "जैसे प्राणियों में आत्मा के स्थित

रहने ही से शरीर की वृद्धि, ह्रास और अनेक प्रकार के परिवर्तन होते हैं, वैसे ही भौतिक पदार्थों के विषय में भी समझना चाहिए। यदि उनमें आत्मातत्त्व न रहता तो उनकी स्थिति किसी प्रकार सम्भव न थी। जिस तत्त्व के कारण सुवर्ण सदृश जड़ात्मक पदार्थों के भी रूप-रंग आदि का ज्ञान लोगों को होता है, वह अवश्यमेव ज्ञानवान् होगा; क्योंकि जो स्वयं ज्ञान नहीं रखता, वह औरों को ज्ञान का कारण कैसे हो सकेगा? ज्ञानात्मकता ही आत्मा का लक्षण है; जिसे, विचारपूर्वक देखने से, वालुका की कणा से लेकर प्रकांड सूर्यमंडल तक सभी पदार्थों में पाते हैं; अतएव आत्मा को व्यापक कहना प्रमाण-संगत अंगीकार करना चाहिए।" आश्चर्य की बात है कि यह सब लिखने पर भी द्विवेदी जी रहस्यवाद के विरोधी थे। जब एक ही ज्ञानमय तत्त्व समस्त संसार में व्याप्त है, तब इससे तादात्म्य का विरोध क्यों? और रहस्यवाद इस ज्ञानात्मक तादात्म्य के अलावा है क्या? पर द्विवेदी जी के चिन्तन की मूल धारा रहस्यवाद की विरोधी है। उनकी तर्क-योजना उन्हें इस निष्कर्ष तक इसलिए ले आई है कि वह आत्मा का द्रवत्व छोड़ नहीं सकते और इसके साथ जीवन-मरण, ज्ञान-अज्ञान, नित्यता-अनित्यता का भेद, सापेक्ष न मानकर, निरपेक्ष मान लेते हैं। इसीलिए पूछते हैं कि जो स्वयं ज्ञान नहीं रखता, वह औरों को ज्ञान का कारण कैसे हो सकेगा? यानी जाननेवाला ज्ञानमय है, और जिसे वह जान रहा है, वह भी ज्ञानमय है। वनस्पति और पशुजगत् ही नहीं, ईंट-पत्थर-लोहा, जिनका ज्ञान मनुष्य को होता है, वे भी ज्ञानमय हैं। इस हिसाब से मनुष्य ही में आत्मा नहीं है, प्रत्येक पदार्थ में आत्मा है, ईंट-पत्थर-लोहे में भी आत्मा है। कसर इतनी है कि ईंट-पत्थर-लोहे ने मनुष्य पर पुस्तकें लिखकर अपने ज्ञान का परिचय नहीं दिया।

यदि किसी को लगे कि द्विवेदी जी का आशय यह नहीं है कि जड़ पदार्थों में भी ज्ञानमय आत्मा है, तो वह उनके लेख का—ऊपर उद्धृत किये हुए अंश के बाद—यह वाक्य और पढ़ ले : "सुवर्णादि पदार्थों में भी जब उनका सत्त्वरूप होकर आत्मा व्याप्त है तब मनुष्य में उसके व्यापकत्व का विश्वास न करना महीयसी मूर्खता है।" स्पष्ट है कि आत्मा मनुष्य में ही नहीं है, सुवर्ण में भी है। इसलिए ऊपर रहस्यवाद का जो उल्लेख है, वह सही है।

अब एक प्रश्न और है। शरीर और आत्मा अलग-अलग हैं, यहाँ तक कि ज्ञानेन्द्रियाँ भी आत्मा से भिन्न हैं, और मन भी उससे भिन्न है; तब सुवर्ण में तो आत्मा है, उसमें व्याप्त है, क्या मनुष्य का शरीर और मन इस सुवर्ण से भी गए बीते हैं कि आत्मा उनमें व्याप्त न होकर उनसे अलग है? या सुवर्ण में भी आत्मा, उसकी इन्द्रियों और उसके मन द्वारा, ज्ञान प्राप्त करता है?

संसार की व्याख्या करने के लिए व्याप्ति और पृथक्ता, इन दोनों की व्याख्या करना आवश्यक है। द्विवेदी जी इन दोनों की संगति नहीं बिठा पाते यद्यपि वह

इन दोनों के प्रति सचेत हैं। निम्नलिखित वाक्य में आत्मा की व्याप्ति और उससे देह की भिन्नता, दोनों का एक साथ उल्लेख है : "प्राणिमात्र में व्याप्त आत्मा के अस्तित्व का निरूपण ऊपर हो चुका है; तथापि यहाँ भी प्रसंगानुसार हम पुनर्वार इतना अवश्य कहना चाहते हैं कि प्रति शरीर में देह, देहावयव और इन्द्रियादि से भिन्न, चेतन सरूप, विज्ञानमय, आत्मा का निवास है; और वह अपने अस्तित्व को 'हम' इस शब्द से सूचित करता है।" यहाँ व्याख्या इस चीज की करनी है कि सुवर्ण, वनस्पतियों से, किस बात में पृथक् है, और दोनों में कौन-सी चीज सामान्य है? इसी तरह पशुओं, वनस्पतियों और मनुष्यों की पृथक्ता और समानता की व्याख्या दरकार है। व्याप्ति के लिए तो आत्मा का अस्तित्व है। किन्तु ऐसा तत्त्व जो पशु, मनुष्य, वनस्पति और सोने-चाँदी में समान रूप से व्याप्त हो, वह पदार्थों की पृथक्ता, उनकी परिवर्तनशीलता, और कम-से-कम प्राणि-संसार में जीवों के विकास की व्याख्या नहीं करता। द्विवेदी जी कहते हैं कि 'यह बात व्यवहार-सिद्ध है कि जिसके ऊपर जिसका स्वत्व रहता है, वह सदैव उससे पृथक् होता होता है।" इससे सिद्ध हुआ कि आत्मा शरीर से पृथक् है, तब उसकी व्याप्ति भी सीमित हुई। इस तरह इस निबन्ध में व्याप्ति और पृथक्ता, नित्यता और अनित्यता, चेतना और शरीर—इनके अन्तर्विरोध का समाधान नहीं हो पाता। पर उसका महत्त्वपूर्ण सूत्र है : आत्मा द्रव्य है।

फरवरी, 1901 की संस्था में उनका 'ज्ञान' शीर्षक निबन्ध छपा। इस निबन्ध में सांख्य के अनुसार ज्ञान का जो विवेचन किया गया है, मुख्यत: उसे आधार बनाकर द्विवेदी जी ने इस विषय की चर्चा की है। वह प्रत्यक्ष ज्ञान, अनुमान ज्ञान की व्याख्या करते हैं। अनुमान ज्ञान के प्रसंग में वह फिर न्यूटन का उल्लेख करते हैं और पाद- टिप्पणी में पुन: बतलाते हैं कि "न्यूटन नहीं किन्तु हमारे भास्कराचार्य ने भूमि की आकर्षणशक्ति को पहिले पहल जाना था। न्यूटन सन् 1642 में उत्पन्न हुआ। भास्कराचार्य सन् 1150 ई. के मध्य में हुए। इन्होंने अनुमान 500 वर्ष न्यूटन के पहिले अपने गोलाध्याय ग्रंथ के 'भुवनकोश' नामक अध्याय में लिखा है :

आकृष्ट शक्तिश्च महीतया यत् खस्थं गुरु स्वाभिमुखं स्वशत्क्या।
आकृष्यते तत्पततीव भाति समे समान्तात् क्व पतत्वियं खे?

भावार्थ : पृथ्वी में एक प्रकार की आकर्षण शक्ति है जिसके बल से वह आकाश स्थित जड़ पदार्थों को अपनी ओर खींच लेती है, इसी से वे पदार्थ गिरते से हैं, ऐसा बोध होता है। समतल आकाश में पृथ्वी कहाँ गिरैगी?"

द्विवेदी जी के लिए दार्शनिक विषयों की चर्चा राष्ट्रीय आत्मसम्मान की भावना से जुड़ी हुई है। किन्तु अनेक रहस्यवादियों, वेदान्तियों और पुनरुत्थानवादियों की तरह वह विज्ञान-विरोधी नहीं हैं, और न समस्त विज्ञान का स्रोत वह वेद को

मानते हैं। जो कुछ कहते हैं, प्रमाण-सहित कहते हैं, और लक्ष्य यह होता है कि देशवासियों के मन से हीनता की भावना निकाल दें। ऊपर वाली पाद-टिप्पणी में वह उन पाठ्य-पुस्तकों की आलोचना करते हैं जिनमें आकर्षणशक्ति के प्रसंग में न्यूटन का उल्लेख तो रहता है किन्तु भास्कराचार्य का नाम नहीं होता। प्राचीन भारतीय विज्ञान पर काफी अनुसंधान हुआ है, फिर भी अध्यात्मवाद का प्रचार इतना ज्यादा किया गया है कि साधारण शिक्षित जन यह बात भूल गए हैं कि प्राचीन भारत की अनेक महान् उपलब्धियाँ, और इस वैज्ञानिक प्रगति के अनुकूल एक दार्शनिक धारा अध्यात्मवाद की विरोधी हैं।

ज्ञान प्रत्यक्ष होता है, अनुमान से होता है और कुछ लोग ज्ञान के लिए शब्द को प्रमाण मानते हैं। आप्त के उपदेश को शब्द कहते हैं। जो समाज की दृष्टि में विश्वसनीय है, उसी का वाक्य शब्द कहलाता है : "ऐसे ही पुरुष जो कुछ लिखते हैं अथवा कहते हैं, वह प्रत्यक्ष और अनुमान से पृथक् ज्ञानोपार्जन का एक तीसरा प्रकार समझा जाता है।"

भारत में वर्षों तक इस बात को लेकर विवाद हुआ कि शब्द को प्रमाण माना जाए या नहीं। जिन ग्रंथों को ऋषियों का बनाया हुआ माना जाता था, वे सब आप्त उपदेश थे—ऐसे शब्द थे, जो स्वत: प्रमाण थे। यह दृष्टि पश्चिमी एशिया के उन धर्मों से मिलती-जुलती थी जिनमें ईश्वर ने सत्यज्ञान किसी द्रष्टा को बता दिया था। यहाँ वेदों को ईश्वर-कृत माना जाने लगा, उनके भाष्यकार तर्क-वितर्क से परे मान लिये गए। इसीलिए जो वेद को प्रमाण न माने, वह नास्तिक कहलाया। अब आप देखें कि द्विवेदी जी वृहस्पति और चार्वाक की विवेक-परम्परा का उद्धार कर रहे हैं या नहीं; वह 19वीं सदी के समाज-सुधारकों और धर्मोद्धारकों से भिन्न हैं या नहीं, और नास्तिक शब्द के प्राचीन अर्थ में नास्तिक कहलाने के अधिकारी हैं या नहीं।

'ज्ञान' शीर्षक इस निबन्ध में द्विवेदी जी शब्द-प्रमाण के प्रसंग में लिखते हैं : "आप्तोपदेश के विषय में हमारे यहाँ बड़ा गड़बड़ है। वेद, उपनिषत्, दर्शन और धर्मशास्त्र में जो कुछ लिखा है, सभी मान्य माना जाता है, चाहै उनमें लिखे हुए नियमों के अनुसार मनुष्य व्यवहार करै अथवा न करै और कृत सिद्धान्तों को सत्य समझै अथवा न समझै। इससे अनेक अनिष्ट उत्पन्न होते हैं और समाज में नाना प्रकार की कुत्सित परिपाटियों को उठा देने में अनेक आपत्तियाँ आती हैं।"

19वीं शताब्दी के अन्त में हिन्दी प्रदेश में जो नवजागरण आरम्भ हुआ, वह अन्य प्रदेशों के नवजागरण से कई बातों में भिन्न है। वह रहस्यवाद और तर्क-विरोधी पुनरुत्थानवाद का समर्थक नहीं है। वह प्राचीन संस्कृति पर गर्व करना सिखाता है किन्तु उसके विवेकपूर्ण पुनर्मूल्यांकन पर जोर देता है। इस दिशा में द्विवेदी जी का कार्य वास्तव में क्रान्तिकारी है और उनका चिन्तन अनेक समकालीन विचारधाराओं

से बहुत आगे है। अनेक सामाजिक कारणों से ये विचारधाराएँ व्यापक रूप से सारे देश में फैल गईं और जिस धारा के प्रतिनिधि द्विवेदी जी थे, वह पीछे पड़ गई। स्वयं हिन्दी प्रदेश के लोग द्विवेदी जो के इस कार्य के प्रति उदासीन रहे। रूढ़ियाँ अध्यात्मवादियों में ही नहीं, भौतिकवादियों में भी होती हैं। जैसे पहले लोग वेद और धर्मशास्त्र की दुहाई देते थे, वैसे ही भारत के अनेक भौतिकवादी नेता मार्क्स और लेनिन के वाक्यों की पूजा करते हैं। इनमें भी मार्क्स से भले ही गलती हो जाए, लेनिन सभी प्रकार की गलतियों से परे माने गए हैं। जो लोग स्तालिन की व्यक्ति-पूजा की सबसे अधिक निन्दा करते हैं, वे मार्क्स और लेनिन की व्यक्ति-पूजा ही नहीं करते, उनके शब्दों को प्रमाण मानकर सूत्र-पूजा भी करते हैं। ये भौतिकवादी-रूढ़िवादी विचारक 1901 में प्रकाशित द्विवेदी जी के इन शब्दों पर विचार करें। वह कहते हैं : "किस ग्रंथकार की आज्ञा माननी और किसकी न माननी चाहिए, इसकी मीमांसा करना अति कठिन है। स्थूलतया देखने से प्राचीन ऋषि, जिन्होंने उपनिषत्, दर्शन और धर्मविधायक ग्रंथ लिखे हैं, सभी विश्वास-पात्र कहे जाने के योग्य हैं। इन्होंने अपने काम के लिए कोई ग्रंथ नहीं लिखा। यदि कीर्ति के निमित्त ग्रंथ रचना की, ऐसा कहें, तो भी कुछ हानि नहीं; क्योंकि यश:प्राप्ति के लिए एतादृश विषयों पर पुस्तक लिखने में असत्य का अवलम्बन करने की कोई आवश्यकता नहीं रहती। फिर, इन ऋषियों को 'सत्यधन', 'तपोधन' इत्यादि विशेषण दिये जाते थे, जिससे विदित होता है कि ये परम धर्मनिष्ठ और सत्यवादी थे। अत: मनुष्य मात्र के उपकारार्थ जो कुछ इन्होंने लिखा है, उस पर अविश्वास करना मूर्खता है। यह यथार्थ है, तथापि ईश्वर के अतिरिक्त अल्पबुद्धि मनुष्य कदापि सर्वज्ञ नहीं कहा जा सकता। ये ऋषि भी मनुष्य ही थे, महाज्ञानी थे, विशेष बुद्धिमान थे; परम प्रतिभावान् थे; यह हमने माना; परन्तु ईश्वरवत् सर्वज्ञ थे, यह कहना अवश्य अत्युक्ति कही जाएगी। अतएव सम्भव है कि इनके भी ग्रंथों में यत्रकुत्र भ्रम रह गया हो!"

मार्क्स और लेनिन परमत्यागी, प्रतिभाशाली विचारक और समर्थ क्रान्तिकारी थे। मनुष्य मात्र के उपकारार्थ जो कुछ इन्होंने लिखा है, उस पर अविश्वास करना मूर्खता है। अनीश्वरवादी के लिए पूर्ण ज्ञान नाम की कोई चीज नहीं है जो किसी व्यक्ति-विशेष तक सीमित हो। ज्ञान की एक निरन्तर विकासमान परम्परा है और वह विकासमान तभी होगी, जब विवेकपूर्ण ढंग से उसे पहचाना जाएगा और उसका मूल्यांकन किया जाएगा। समकालीन परिस्थितियों पर या उनसे पहले के इतिहास पर उन्होंने जो कुछ लिखा, उसमें भ्रान्तियाँ हो सकती हैं; अपने बाद की परिस्थितियाँ उन्होंने देखी नहीं, उनके बारे में उनकी भविष्यवाणी के प्रति और भी सतर्क रहना चाहिए।

द्विवेदी जी के लिए ज्ञान की परम्परा विकासमान है या पूर्ण ज्ञान कहीं संगृहीत है जिसे मनुष्य, अंशत: और क्रमश:, प्राप्त करता जाता है? उनके लिए ज्ञान की

परम्परा विकासमान है, और उनका सर्वज्ञ ईश्वर इस विकास-परम्परा से एकदम तटस्थ रहता है। वह वेदों को ईश्वर-कृत नहीं मानते। जब वेदों को ईश्वरकृत नहीं मानते, तब अन्य किसी धर्मग्रंथ को वह प्रमाण कैसे मानते? इसलिए सर्वज्ञ ईश्वर का ज्ञान ईश्वर के पास ही रहता है। द्विवेदी जी वेद, उपनिषत्, दर्शन, धर्मशास्त्र, किसी भी प्राचीन धर्मग्रंथ को ऐसा प्रमाण नहीं मानते जो तर्क से परे हो। इसके अलावा वह ज्ञान की एक विकासमान परम्परा पर जोर देते हैं। अत: ईश्वर को सर्वज्ञ कहने पर भी वह ज्ञान का भौतिकवादी, विकासवादी विवेचन ही प्रस्तुत करते हैं।

विज्ञान की निरन्तर परिवर्तनशील और विकासमान परम्परा के बारे में द्विवेदी जी कहते हैं : "जितने विज्ञान विषय हैं, उनके भ्रम का संशोधन उन विषयों में पारदर्शी होकर नूतन शोध द्वारा विद्वद्‌जन कर सकते हैं। यह कोई आश्चर्य की बात नहीं। इस समय प्रोफेसर बोस ने 'तड़िल्लहरी' [पाद टिप्पणी में—'Electric waves'] नामक एक विज्ञान को सिद्ध करके उसका अस्तित्व प्रमाणित किया है। यदि कालान्तर में उनका सिद्धान्त अन्य विद्वानों द्वारा अन्यथा प्रमाणित हो जाएगा तो हमको उस पर अविश्वास करने में अनौचित्य नहीं। माध्याकर्षण विषयक न्यूटन का मत सभी विद्वद्‌जन मान्य करते हैं, परन्तु प्रकाश विषयक उसके मत को न मानकर फ्रेनेल का सिद्धान्त शिरोधार्य करते हैं, क्योंकि उसने प्रमाणित करके बताया है कि न्यूटन का मत इस विषय में ठीक नहीं। इससे यह व्यक्त होता है कि विज्ञान विषय में एक व्यक्ति का एक मत यथार्थ और अन्य मत अयथार्थ हो सकता है, परन्तु अयथार्थ मत पर अविश्वास तब तक नहीं प्रकट किया जाता, जब तक कोई अन्य तत्त्ववेत्ता विद्वान् उसे भ्रमात्मक न सिद्ध कर दिखावैं।" इस प्रकार एक विद्वान् के बाद दूसरा विद्वान् आता है और आवश्यकता पड़ने पर पूर्वज्ञान में संशोधन करता है। संशोधन तभी स्वीकार किया जाएगा जब पहले वाला मत भ्रम सिद्ध कर दिया जाए। द्विवेदी जी पतंजलि का उदाहरण देते हैं। उन्होंने योग-साधन द्वारा ईश्वर का ज्ञान होने की बात लिखी। इसका खंडन तभी होगा जब कोई अन्य महात्मा योग-सिद्धि से यह प्रमाणित कर दे कि ईश्वर का ज्ञान उस अवस्था को पहुँचने पर भी नहीं होता। पर पतंजलि जिस अवस्था की बात करते हैं, उसमें योगी और ईश्वर के बीच ज्यादा अन्तर नहीं रह जाता। एक तो ईश्वर समाज के बारे में कोई व्यवस्था नहीं देता, फिर देता हो तो योगी उसे सुनता नहीं, और सुनता हो तो उसे किसी से कहना नहीं। इस तरह योगी का ईश्वर सांसारिक ज्ञान-विज्ञान की परम्परा से तटस्थ रहता है। व्यावहारिक प्रश्न यह है कि शास्त्रों में वर्ण-व्यवस्था आदि के बारे में जो कुछ लिखा है, उसे मानें या न मानें। द्विवेदी जी स्मृति-ग्रंथों के विषय में कहते हैं : "जितने प्रकार की विधि निर्धारित होती हैं, देश, काल, जनसमाज की अवस्था और उसके कल्याण का विचार करके निर्धारित

होती हैं।" सभी कानून, सभी नियम समाज-सापेक्ष हैं, इसलिए परिवर्तनशील हैं। नियमों की व्यवस्था मनुष्य के कल्याण के लिए है, मानव-समाज विधि-व्यवस्था को अमरत्व प्रदान करने के लिए नहीं है। पहले इस देश में सभी लोग शस्त्र धारण कर सकते थे, फिर अनेक उपद्रव होते देखकर सरकार ने शस्त्र-धारण का निषेध कर दिया। द्विवेदी जी इस उदाहरण से भारतवासियों को याद दिला रहे हैं कि तुम हमेशा निहत्थे नहीं थे। दूसरा उदाहरण देते हैं। पहले पति-पत्नी-समागम में पत्नी के वय का विचार न किया जाता था, अब सरकार ने इस विषय में भी एक कानून बना दिया है।

इसके बाद मनु और याज्ञवल्क्य का सीधे उल्लेख करते हुए कहते हैं : "हमारे मनु और याज्ञवल्क्य ने जो संहिता बनाई है, उनकी रचना भी इसी प्रकार समाज की आवश्यकतानुसार की गई है। इन ग्रंथों को बने सहस्रशः वर्ष हो गए, अतएव सर्वथैव असम्भव जान पड़ता है कि तत्कालीन अवस्था और आवश्यकतानुसार जो समस्त नियम उस समय स्थिर किये गए थे, वे अब इस समय भी आवश्यक समझे जावैं, क्योंकि काल और देशपरत्व के कारण सारे नियम सदैव उपयोगी नहीं हो सकते।"

मानव समाज की नैतिकता, उसके आचार-विचार के मानदंड देशकाल-सापेक्ष हैं। सामाजिक आवश्यकताओं के अनुरूप जब पुराने नियम अनिवार्य नहीं रह जाते, जब आवश्यकताएँ बदल जाती हैं पर नियम बने रहते हैं, तब इन नियमों की रक्षा के लिए स्वार्थ-साधक वर्ग दैवी शक्ति की दुहाई देते हैं। कहते हैं कि ये नियम ईश्वर के बनाये हुए हैं, इसलिए अपरिवर्तनशील हैं। द्विवेदी जी इस तरह की रूढ़ियों के विरोध में यह क्रान्तिकारी स्थापना लेकर आते हैं कि काल और देशपरत्व के कारण सारे नियम सदैव उपयोगी नहीं हो सकते।

समकालीन भारत में अंग्रेज पिनल कोड की धाराओं में बारम्बार परिवर्तन करने का क्लेश उठाते हैं और नये एक्ट पास करते हैं, यह उदाहरण देने के बाद द्विवेदी जी कहते हैं : "मनु अथवा याज्ञवल्क्य अथवा और स्मृतिकारों ने जो नियम स्थिर किये हैं, उनका सर्वतोभाव से परिपालन इस समय नहीं हो सकता, क्योंकि समाज के आचार-विचार और व्यवहार में अब आकाश-पाताल का अन्तर हो गया है। इन स्मृतियों में कहे गए नियमों का प्रतिदिन ही उल्लंघन होता है, किन्तु बड़े-बड़े विद्वान् और माननीय गृहस्थ यह कहते संकोच करते हैं कि उनमें परिवर्तन की आवश्यकता है।" यहाँ बहुत स्पष्ट शब्दों में स्मृति ग्रंथों की स्थापनाओं को बदलने पर जोर दिया गया है। यह अब से 75 साल पहले की बात है। 19वीं शताब्दी अभी समाप्त ही हुई है और 20वीं शताब्दी आरम्भ हुई है। यह सब लिखने के लिए तीव्र विवेक के अलावा साहस की भी आवश्यकता थी। द्विवेदी जी विस्तार से इन प्राचीन ग्रंथों की आलोचना कर सकते थे किन्तु

वह लेख 'सरस्वती' के लिए लिख रहे थे। यद्यपि वह अभी उसके सम्पादक नहीं थे, फिर भी उन्हें उसकी सम्पादकीय नीति का पूरा ध्यान था। इसलिए लेख के अन्त में कहते हैं : "स्मृतियों की गणना धर्म्मशास्त्र में है। 'सरस्वती' का नियम है कि ऐसे लेख जिनका वर्तमानकालिक धर्म्म-विषयों से सम्बन्ध है, उसमें नहीं छप सकते। अतएव स्मृतियों के किस प्रकार के वचन इस समय के अनुकूल हैं और किस प्रकार के वचन प्रतिकूल हैं, इसका विवरण हम यहाँ पर नहीं कर सकते।" मतलब यह—लिखा थोड़ा, जानना बहुत।

मार्च, 1913 की 'सरस्वती' में गिरीन्द्रमोहन मिश्र का लेख 'मानवीय ज्ञान का क्रम विकाश' प्रकाशित हुआ। रामनारायण शर्मा की तरह इसके लेखक ने भी भौतिकवादी और विकासवादी दृष्टिकोण अपनाया है। द्विवेदी जी ने ज्ञान-प्रक्रिया के बारे में जो कुछ लिखा, उससे अधिक सुसंगत रूप में, उसी प्रक्रिया पर गिरीन्द्रमोहन मिश्र ने विचार किया। लेखक ने दो बातों पर विशेष जोर दिया है : ज्ञान निरन्तर विकासमान है, और अनुमान-ज्ञान का आधार भी प्रत्यक्ष ज्ञान है। प्रत्यक्ष ज्ञान और अनुमान-ज्ञान के आन्तरिक सम्बन्ध के बारे में मिश्र जी ने लिखा है : "हमारे प्रत्यक्ष-ज्ञान का भांडार जितना ही पूरा होगा, जितनी ही अविकलता से, स्मरण के सहारे, हम उसे काम में लावेंगे, उतना ही शुद्ध, उतना ही परिष्कृत और उतना ही उन्नत हमारा अनुमान-ज्ञान भी होगा।" किन्तु काल अनन्त है, ज्ञेय पदार्थ भी अनन्त हैं। कोई भी व्यक्ति संसार का पूर्ण ज्ञान प्राप्त नहीं कर सकता। इसलिए "मानव-समाज में प्रत्येक व्यक्ति का निज उपार्जित ज्ञान दूसरे के ज्ञान-भांडार की वृद्धि में सहायता देता है।" दूसरे शब्दों में ज्ञान का विकास एक सामाजिक प्रक्रिया है। ज्ञान की उपलब्धि समष्टिगत होती है। बड़े-से-बड़े विचारक उसमें व्यक्तिगत योगदान करते हैं। उस समस्त ज्ञान की उपलब्धि एक ही व्यक्ति की नहीं होती।

जानना किसे है और जाननेवाला कौन है, इस बारे में लेखक ने अपने सुलझे हुए चिन्तन का परिचय देते हुए बताया है : "ज्ञाता से भिन्न जो वस्तु है, वह ज्ञेय है, और ज्ञाता स्वयं भी ज्ञेय है। ज्ञाता अपने से भिन्न विषयों का ज्ञान प्राप्त करता है। इस प्रकार ज्ञाता अपने ज्ञेय को दो प्रकार से पाता है। उनमें से एक को हम अन्तर्जगत और दूसरे को बहिर्जगत् के नाम से पुकार सकते हैं।" कभी-कभी भौतिकवादी विचारक ज्ञाता और ज्ञेय को लेकर द्वैतवाद उपस्थित करते हैं। पर ये दोनों एक ही अद्वैत यथार्थ के दो अंग हैं। जहाँ तक भाववादी विचारकों का सम्बन्ध है, वे ज्ञाता द्वारा स्वयं की जानकारी को भौतिक जगत् की जानकारी से भिन्न और निरपेक्ष मानते हैं। किन्तु गिरीन्द्रमोहन मिश्र का कहना है : "अन्तर्जगत् का भी ज्ञान बहिर्जगत् अर्थात् भौतिक संसार से ही होता है। भौतिक परिवर्तन ही इन्द्रियों के द्वारा हमारी मानसिक अवस्थाओं का कारण होता है। दूसरों के मन की

अवस्था का ज्ञान तब तक नहीं होता जब तक उस मानसिक अवस्था के अनुसार भौतिक संसार में कोई क्रिया प्रकट न हो। मन की अवस्था-विशेष से ही शारीरिक अवस्था विशेष की उत्पत्ति होती है। इसी से किसी दूसरे की मानसिक अवस्था के कारण उत्पन्न हुई शारीरिक अवस्था, अर्थात् भौतिक क्रिया, को देखकर ही हम उसकी मानसिक अवस्था का परिचय पाते हैं।"

इससे निष्कर्ष यह निकला कि मानव-ज्ञान मनुष्य के भौतिक व्यवहार से जुड़ा हुआ है। उसका अध्ययन मनुष्य की भौतिक क्रियाओं की उपेक्षा करके नहीं हो सकता। आगे और भी स्पष्ट कहते हैं : "मानसिक अवस्थाओं और भौतिक परिवर्तनों में परस्पर घनिष्ठ सम्बन्ध है। अतएव बाहरी अनुभवों की वृद्धि से मानसिक अवस्थाओं में भी उन्नति होती है। हमारा ज्ञान हमारे मन की एक अवस्था मात्र है। वास्तव में प्रकृत संसार और मानसिक अनुभवों का परस्पर वियोग असम्भव है। बाहरी भौतिक परिवर्तनों के परिचय से ही हमें अपनी आत्मा की अवस्थाओं से परिचय होता है, और अपनी आत्मा के अस्तित्व के विषय में हमारा ज्ञान ही, पीछे से, दूसरों की आत्मा के अस्तित्व और उसकी अवस्थाओं आदि के विषय में ज्ञान प्राप्त कराता है। हमको प्राकृतिक घटनाओं के कारण आदि के विषय में बहुत ही कम ज्ञान है। अतएव संकल्प-बुद्धिसम्पन्न आत्मा के अनुसार ही हमें बाहरी संसार के विषय में कल्पनाएँ करनी पड़ती हैं।"

यहाँ आत्मा शब्द का व्यवहार देखकर भ्रम में न पड़ना चाहिए। यह वेदान्तियों की आत्मा नहीं है। यह वही द्रव्य है जिसकी चर्चा द्विवेदी जी ने की थी। आधुनिक अस्तित्ववादी अपने को निरीश्वरवादी कहते हैं और निरीश्वरवादी होना अपनी महान् उपलब्धि मानते हैं। परन्तु हैं वे सब भाववादी। निरीश्वरवादी होने से वे भौतिकवादी नहीं हो जाते। वस्तु और मन के बीच वे जो भेद करते हैं, उसकी तुलना मिश्र जी के विचार से की जाए तो अस्तित्ववाद का भाववादी स्वरूप स्पष्ट हो जाएगा, मिश्र जी के भौतिकवादी चिन्तन की विशेषता भी समझ में आ जाएगी।

सामाजिक विकास की विभिन्न मंजिलों में ज्ञान की जो स्थिति होती है, उसका उन्होंने संक्षिप्त विवरण दिया है। समाज को प्राथमिक अवस्था में मनुष्यों ने प्राकृतिक घटनाओं को अपनी 'भावना शक्ति' से समझने की कोशिश की। विभिन्न पदार्थों को देखकर उन्होंने विशेष शक्ति की कल्पना की। कारण यह था कि "उन पदार्थों का विशेष ज्ञान प्राप्त करने में असमर्थ होकर उन्हें ऐसा सिद्धान्त स्थिर करना पड़ा।" मिश्र जी कहते हैं कि किसी भौतिक परिवर्तन के कारण का, अथवा किसी भौतिक पदार्थ का, ठीक-ठीक ज्ञान प्राप्त करना सहज नहीं है। इसलिए आदिम समाजों के मनुष्यों ने भौतिक घटनाओं का कारण किसी परोक्ष शक्ति को माना। उन्होंने "इस निमित्त-कारण को निर्जीव पदार्थ से भिन्न सजीव माना। उन्होंने स्थिर किया कि प्रत्येक प्राकृतिक घटना अथवा दृश्य, जिसका निमित्त कारण मनुष्य नहीं, अवश्य

ही किसी शक्तिशाली, हमारे ही सदृश शरीरावयव-सम्पन्न अपूर्व पुरुष-विशेष, की इच्छा और शक्तिसंचार का परिणाम है।" इस तरह देवताओं की उत्पत्ति हुई। यह भी प्रकृति को समझने का एक तरीका था। जैसे-जैसे मनुष्य ने प्राकृतिक घटनाओं में परस्पर सम्बन्ध पहचाना, वैसे-वैसे उसने अनेक देवताओं को छोड़कर एक देवेश्वर की कल्पना की।

ईश्वर-सम्बन्धी कल्पना के बारे में मिश्र जी कहते हैं : "प्राकृतिक पदार्थों में परस्पर घनिष्ठ सम्बन्ध है। उनमें अन्योन्याश्रयत्व का नियम स्पष्ट झलकता हुआ प्रतीत होता है। इसी से दिव्य पुरुषों पर ही अवलम्बन न करके संसार के किसी सर्वप्रधान नियमित संचालक की ओर लोगों की भावना होने लगी।" इसके बाद वह इस बात के लिए प्राचीन दर्शनशास्त्रों की आलोचना करते हैं कि उनमें कल्पना से बहुत काम लिया गया है। अनुमान का अनुभवसिद्ध आधार न होने से वाद-विवाद बहुत बढ़ा पर सत्य का पता न लगा। मिश्र जी कहते हैं : "प्राचीन दर्शन-शास्त्रों में प्रत्यक्ष अनुभवों की तो कमी है, कल्पनाओं की अधिकता है। भिन्न-भिन्न अनेक सिद्धान्तों की उत्पत्ति का यही कारण है। वास्तव में अदृष्ट वस्तु की खोज में अधिक अनुमान करने से कल्पना की सहायता लेनी ही पड़ती है और अधिक कल्पना करने से अनुमान में भिन्नता आ ही जाती है। इसी से दार्शनिक तत्त्व नियमित होने पर भी भिन्न-भिन्न अनुमानों के अनुसार भिन्न-भिन्न समझा गया।"

विभिन्न दार्शनिक मतों का उल्लेख करने के बाद वह प्रश्न करते हैं : "दर्शन-शास्त्र का उद्देश्य किसी नियमित तत्त्व को खोज निकालना है सही, परन्तु भिन्न-भिन्न सिद्धान्त होने से इसका फैसला कौन कर सकता है कि कौन-सा सिद्धान्त पक्का और कौन-सा कच्चा है?" दार्शनिक युक्तियों द्वारा विभिन्न मतों का खंडन-मंडन करते शताब्दियाँ बीत गईं और परम तत्त्व का निश्चय न हुआ। इससे लोगों के मन में पुरानी चिन्तन-पद्धति के प्रति असंतोष होना स्वाभाविक था। इसलिए "उन्होंने प्रत्यक्ष अनुभव पर ही अधिक भरोसा रखना उचित समझा। उन्होंने पहले प्रत्यक्ष अनुभव से वस्तुओं का ज्ञान प्राप्त किया। फिर प्रत्यक्ष अनुभवों के सहारे प्रत्यक्ष पदार्थों के परिवर्तनों के नियमों का अनुमान किया। तदनन्तर अनुमान से प्राप्त हुए ज्ञान को उन्होंने प्रत्यक्ष भौतिक परिवर्तनों से मिला देखा। तब उसकी शुद्धि अथवा अशुद्धि की परीक्षा निश्चित की। इस प्रणाली से सृष्टि-विषय में लोगों को वास्तविक ज्ञान होने लगा। इसी प्रकार का ज्ञान विज्ञान के नाम से प्रचलित है।" आधुनिक विज्ञान मानव-ज्ञान के विकास की नवीन प्रक्रिया है। वह अनुमान का विरोधी नहीं है पर यहाँ अनुमान प्रत्यक्ष अनुभव से विच्छिन्न नहीं है। अपने व्यवहार और प्रयोग द्वारा मनुष्य इस ज्ञान की परीक्षा कर सकता है।

विज्ञान द्वारा मनुष्य जो ज्ञान अर्जित कर रहा है, वह अपने में पूर्ण नहीं है। पूर्ण न होने से उसका आगे भी विकास सम्भव होता है। इस नये ज्ञान के पक्ष में

गिरीन्द्रमोहन मिश्र बड़ी दृढ़ता से कहते हैं : "वैज्ञानिक ज्ञान की इसी प्रणाली के अनुसार सृष्टि के विषय में संसार-नियामक नियमों का आविष्कार हुआ है, हो रहा है और होगा। उसकी सहायता से मानव-जाति, धीरे-धीरे, ज्ञान के सच्चे मार्ग पर नि:सन्देह अग्रसर हो रही है। इस वैज्ञानिक ज्ञान में धोखे की वह टट्टी नहीं जो प्राचीन लोगों की कथा-वार्ताओं में मिलती है। इस प्रणाली के अनुसार जो ज्ञान हमें मिले, उसे सदा के लिए अपना लीजिए, उसके द्वारा सृष्टि के कुछ अंश को समझ लीजिए; और, भावी ज्ञान-प्राप्ति की धुन में लग जाइए। यह न कीजिए कि खंडन-मंडन करते ही करते सारा जन्म बीत जाए; पर प्राप्ति कुछ भी न हो।"

जिस समय चारों तरफ वेदान्त के नाम पर विज्ञान-विरोधी अध्यात्मवाद का प्रचार-प्रसार हो रहा था, उस समय गिरीन्द्रमोहन मिश्र जैसे थोड़े-से लेखक थे जो प्रयत्न कर रहे थे कि शिक्षित जनों का चिन्तन विज्ञान की दिशा में आगे बढ़े। वैज्ञानिक सत्य तथाकथित इलहामी सत्यों को परास्त करके प्रतिष्ठित होगा, यह विश्वास प्रकट करते हुए उन्होंने रूढ़िवादी विचारधारा को निर्मूल करने के उद्‌देश्य से लिखा : "सारांश यह कि जैसे व्यक्ति-विशेष का ज्ञान स्वतंत्र अनुभव तथा दूसरों के अनुभवों के अध्ययन से बढ़ता है, उसी प्रकार व्यक्ति-पुंज समाज का ज्ञान भी बढ़ सकता है। मानव-जाति के ज्ञान में क्रमश: विकास पाया जाता है। यदि सामाजिक शान्ति में कोई विघ्न न उपस्थित हो तो मानव-जाति के ज्ञान की क्रमश: परिष्कृति और उन्नति होना निश्चित है। समय का प्रवाह अनिवार्य है। आज हम जिसे सत्य समझकर अपनाये हुए हैं, सम्भव है, उसे कल हम असत्य प्रमाणित करके दूर कर दें। फिर हम 'बाबा वाक्यं प्रमाणम्' के पक्षपाती क्यों बने रहें और प्रमाणित सत्य को स्वीकार करने से क्यों हिचकें? हमें याद रखना चाहिए कि 'सत्यमेव जयते नानृतम्'।"

समय का प्रवाह अवश्य अनिवार्य है किन्तु पुरानी रूढ़ियाँ अपने-आप नष्ट नहीं हो जातीं। आधुनिक विज्ञान की प्रगति अंग्रेजी राज के अन्तर्गत हो रही थी। यह राज निरन्तर प्रयत्न करता था कि भारतीय जनता अपनी यथार्थ स्थिति को न पहचाने, अपनी 'अध्यात्मवादी' संस्कृति पर गर्व करती रहे, और अंग्रेजों को अपना शोषण करने देती रहे। इस स्थिति में सामान्य शिक्षित जनों के बीच वैज्ञानिक दृष्टि का प्रसार अत्यन्त कठिन कार्य था। जैसे-जैसे पूँजीवादी व्यवस्था अधिकाधिक संकटग्रस्त होने लगी, वैसे-वैसे कौशल में उन्नति करने पर भी, ज्ञान का विकास प्राय: अवरुद्ध हो गया। इसलिए हिन्दी प्रदेश की नवजागरण-प्रक्रिया अधूरी रही है, उसे पूरा करना अभी बाकी है।

जून, 1915 की 'सरस्वती' में मधुसूदन शर्मा का लेख 'स्वतंत्र विचार में रुकावटें' प्रकाशित हुआ। इसमें स्वाधीन चिन्तन का जोरदार समर्थन किया गया है और इस तरह के चिन्तन की आवश्यकता यह बताई गई है कि इससे रूढ़ियों

का विनाश होगा और आप्तवचनों पर से जनता का विश्वास समाप्त होगा। आरम्भ में मिल्टन का एक उद्धरण है जिसमें स्वतंत्र चिन्तन और स्वतंत्र लेखन को सबसे अधिक महत्त्वपूर्ण माना गया है। लेखक मिल्टन के स्वाधीन-चिन्तन-सम्बन्धी विचारों से परिचित है और जहाँ-तहाँ वह मिल्टन की ओजपूर्ण शैली से प्रभावित भी जान पड़ता है। मनुष्य के लिए स्वाधीन चिन्तन और स्वाधीन भाषण का अभाव सबसे बड़ी विपत्ति है, इस बारे में लेखक का कहना है : "किसी मनुष्य के लिए इससे बढ़कर दुःखदायी और कठिन बात क्या हो सकती है कि वह जबान रहते गूँगा बना दिया जाए या उन विचारों और भावों को प्रकट करने में पराधीन कर दिया जाए, जो विचार और जो भाव उसके हृदय में भरे हुए हैं और उसकी मानसिक शक्तियों पर सम्पूर्णतया शासन करते हैं।" "यदि कोई सच्चा पुरुष अपने चारों ओर मनुष्यों को झूठे विश्वासों और आचरणों में फँसा हुआ देखता है तो वह उन्हें इस अन्धकार से निकालने का प्रयत्न अवश्य करेगा। निर्भय विचार-प्रकाशन के लिए सुकरात और ईसा शहीद हो गए थे। विचार-स्वाधीनता के लिए भाषण-स्वाधीनता दरकार होती है। मन में बहुत कुछ सोचकर चुप रह जाने से कोई लाभ नहीं।"

पाश्चात्य देशों में भाषण-स्वाधीनता मनुष्य का सहज अधिकार मानी जाती है। "किन्तु यह अधिकार उन्हें, नहीं मालूम, कितनी कठिनताएँ झेलने—कितना खून बहाने के बाद मिला है। शताब्दियों के बाद अब योरोप के सभ्य देशों ने समझा है कि अपने मत को स्वतंत्रतापूर्वक प्रकट करने की स्वाधीनता अच्छी बात है और उससे देश, जाति तथा मनुष्य-मात्र का उपकार होता है।"

आलस्य, भय, अन्धविश्वास और स्वार्थ मनुष्य के स्वतंत्र चिन्तन में, नये विचारों को ग्रहण करने में, बाधक होते हैं। लोग दिमाग पर जोर नहीं देना चाहते। जो विचार परीक्षा किये बिना उन्होंने मान लिये थे, उन्हीं पर जमे रहना चाहते हैं। नये विचार आते हैं तो मानसिक अशान्ति का सामना करना होता है। इसीलिए पुराने और जमे हुए विश्वासों को जो विचार धक्का देते हैं, लोग उनका विरोध करते हैं। इस आलस के साथ उन्हें यह डर भी रहता है कि नये विचार अपनाने से समाज में उथल-पुथल हो जाएगी। रूढ़िवादी समाजों में 'नये विचार खतरनाक समझे जाते हैं और वह मनुष्य बड़ा भयानक समझा जाता है जो पुराने और बद्धमूल विचारों और सिद्धान्तों पर सन्देह करता है और उनके खिलाफ अपनी आवाज उठाता है।'

नये विचारों के प्रचार में सबसे बड़ी बाधा है अन्धविश्वास, खास कर ऐसे विश्वास जिनका सम्बन्ध धर्म से है। ऐसे विश्वासों की आलोचना करनेवाले को नास्तिक कहकर चुप किया जाता है। मधुसूदन शर्मा कहते हैं : "यदि किसी विचार या रिवाज का धर्म से घनिष्ठ सम्बन्ध है या वह विचार या रिवाज किसी

धार्मिक उसूल पर चलाया गया है तो उस विचार या रिवाज की समालोचना करना नास्तिकता की पहचान समझी जाती है। किसी धर्म या धार्मिक विश्वास की समालोचना करना तो साक्षात् ईश्वर के कोप का शिकार बनना और बड़ा भारी पाप करना समझा जाता है। किसी प्रचलित धर्म के ऊपर अविश्वास करना या किसी धार्मिक विश्वास को सन्देह की दृष्टि से देखना पुराने विचारवालों की समझ में ऐसा बड़ा पाप है जिसका प्रायश्चित्त ही नहीं।" यहाँ लेखक साहसी विचारकों से धार्मिक अन्धविश्वासों की आलोचना करने को कहता है। लोग उन्हें नास्तिक कहेंगे पर उन्हें इसकी चिन्ता न करनी चाहिए।

जिन्हें आजकल हम निहित स्वार्थ कहते हैं, उनकी आलोचना लेखक ने स्वार्थी मनुष्यों के अन्तर्गत की है। ऐसे मनुष्यों को "सदा यह डर बना रहता है कि कहीं नये विचारों से हमारी शक्ति तथा हमारे स्वार्थ पर धक्का न लगे। उनके स्वार्थ की सिद्धि इसी में है कि लोग पुराने विचारों को मानते हुए उनके चंगुल में फँसे रहें। उनके मन में सदा यही डर बना रहता है कि यदि लोग स्वतंत्र विचारों की महिमा जान जाएँगे तो हमारी शक्ति, हमारी धन-सम्पत्ति, हमारे ऐशोआराम में कमी आ जाएगी।" इसका अर्थ है, सबसे अधिक रुकावट वे लोग पैदा करते हैं जो सम्पत्तिशाली हैं और जो जनता के अन्धविश्वासों के सहारे ही अपनी सम्पत्ति जुटाते हैं और उसकी रक्षा करते हैं।

दूसरों से सुनी हुई बातों पर विश्वास करने, आप्तवचनों पर विश्वास करने की प्रथा भारत में बहुत दिनों से और व्यापक रूप में फैली हुई थी। उसे दूर करना आवश्यक था। पर एक ही मनुष्य संसार की तमाम बातें अपने अनुभव से नहीं जान सकता, दूसरों की बात पर उसे भरोसा करना ही होता है। इस बारे में लेखक का कहना है कि आप्तवचनों पर विश्वास करो, पर एक शर्त है। "शर्त यह है कि जिस बात को हम किसी के कहने से स्वीकार करें, वह ऐसी होनी चाहिए जिसे हम स्वयं प्रत्यक्ष प्रमाणों अथवा तर्क से सिद्ध कर सकें।" यह शर्त आप्तवचन वाले क्यों मानने लगे? उन्हें ऐसे वचनों की आवश्यकता तभी होती है जब वे किसी धारणा को तर्क या व्यवहार से सिद्ध नहीं कर सकते। ऐसी ही ईश्वर-अस्तित्व-सम्बन्धी धारणा है। लिखा है : "हम ईश्वर के अस्तित्व अथवा पुनर्जन्म को प्रत्यक्ष प्रमाणों से नहीं सिद्ध कर सकते। ईश्वर के अस्तित्व और पुनर्जन्म के विषय में हमारा विश्वास आप्तवचन के ऊपर अवलम्बित है। आप्तवचन के ऊपर हमारा इतना विश्वास है कि हम उसे मान लेते हैं, यद्यपि हम उसे प्रत्यक्ष प्रमाणों से नहीं सिद्ध कर सकते।"

तब क्या आप्तवचनों पर विश्वास करते चले जाएँ? मधुसूदन शर्मा का कहना है कि मनुष्य की उन्नति मूलत: उन साधनों से होती है जो पूरी तरह उसके वश में हैं और जिन पर उसका पूरा अधिकार है। "उनमें से मुख्य साधन ज्ञान की

वृद्धि और अपने विचारों, रीति-रिवाजों और देश की धार्मिक, सामाजिक तथा राजनैतिक संस्थाओं में, समय के अनुसार परिवर्तन करना है।" इस परिवर्तन के लिए आवश्यक है कि "मनुष्यों को प्रचलित विचारों और कुरीतियों की समालोचना करने तथा उनके ऊपर तीव्र से तीव्र और कटु से कटु सम्मति प्रकट करने की पूर्ण स्वतंत्रता दी जाए, चाहे उस सम्मति और समालोचना से पुराने विचार और कुरीतियों के माननेवालों को कितना ही क्यों न बुरा लगे।" इस तरह की स्वाधीनता का उपयोग करना 'सरस्वती' के लेखकों के लिए सम्भव नहीं था। रूढ़ियों और अन्धविश्वासों की आलोचना अनेक समाज-सुधारक कर चुके थे पर उनकी आलोचना और इस आलोचना में कुछ अन्तर था। वह आलोचना धर्म की मर्यादा मानकर की गई थी, यह आलोचना वैज्ञानिक दृष्टि से की जा रही थी और धर्म की उस मर्यादा को अस्वीकार करती थी। अत: भौतिकवादी और वैज्ञानिक दृष्टि से रूढ़ियों की आलोचना करना ज्यादा कठिन था। पर इसमें सन्देह नहीं कि अवसर मिलता तो यह आलोचना और भी विस्तार से, और भी प्रभावशाली ढंग से की जाती।

द्विवेदी जी के पास आलोचना के लिए कभी-कभी अंग्रेजी में लिखी हुई पुस्तकें आती थीं। इनमें एक किताब थी : The Positive Background of Hindu Sociology। इसके लेखक विनयकुमार सरकार नाम के सज्जन थे और इसमें शुक्रनीति की चर्चा थी। लेखक ने शुक्रनीति का अनुवाद किया था और उसकी विषयवस्तु का विवेचन किया था। पुस्तक की समीक्षा करते हुए द्विवेदी जी इस धारणा का खंडन करते हैं कि प्राचीन भारतीय संस्कृति भौतिक विषयों की उपेक्षा करती थी और केवल आध्यात्मिक विषयों का ही चिन्तन करती रहती थी। द्विवेदी जी कहते हैं : "हम लोगों का यह खयाल है कि हमारे पूर्वजों ने एकमात्र पारलौकिक अथवा आध्यात्मिक विषयों ही की ओर ध्यान दिया है। मोक्ष-मार्ग ही को सर्वोपरि समझकर उन्होंने मोक्ष-प्राप्ति ही के साधनों का चिन्तन किया है। लौकिक विषयों को तुच्छ समझकर उन पर ग्रंथ-रचना करने और अपने लौकिक जीवन के सुख-साधन के उपाय सोचने की उन्होंने चेष्टा ही नहीं की। शुक्रनीति तथा तत्कालीन अन्यान्य ग्रंथों को विचारपूर्वक पढ़ने से हमारी यह भावना निर्मूल सिद्ध हो जाती है।" यह भी एक तरह की रूढ़िवादी धारणा थी कि प्राचीन भारत केवल अध्यात्मवादी था। जहाँ भौतिक संसार और विज्ञान की बात आई कि रूढ़िवादियों ने पाश्चात्य संस्कृति को कोसना शुरू किया!

द्विवेदी जी ने प्राचीन साहित्य से सीखा कि संसार को यथार्थवादी ढंग से देखना चाहिए, उसके अलावा वह जॉन स्टुअर्ट मिल जैसे लेखकों के उपयोगितावाद से प्रभावित थे। ये लोग सुसंगत भौतिकवादी नहीं थे किन्तु अध्यात्मवाद के विरोधी अवश्य थे। दिसम्बर, 1914 की 'सरस्वती' में सत्यशोधक का 'उपयोगितावाद'

शीर्षक लेख छपा। इसमें मिल के सिद्धान्तों का परिचय देते हुए लेखक ने लॉक और स्पेन्सर आदि का भी हवाला देकर लिखा : "इन विचारशील विद्वानों ने पारलौकिक विचारों को बिलकुल या बहुत कुछ छोड़कर, व्यक्ति या मनुष्य-समाज के अत्यन्त सुख को ही आचार का आधार सिद्ध किया है।" इस तरह द्विवेदी जी और उनके सहयोगियों के चिन्तन में प्राचीन भारतीय और आधुनिक पाश्चात्य यथार्थवादी दृष्टियाँ मिलकर एक हो जाती हैं।

5. ईश्वर, अध्यात्मवाद और सामाजिक प्रगति

ईश्वर अतर्क्य और अज्ञेय कहा जाता है, पर मनुष्य उसके बारे में सोचे बिना नहीं रह सकता। इस सोचने में वह बुद्धि से भी काम लेग। ईश्वर है कि नहीं, इसका विवेचन बहुत दुरूह है, यह मानते हुए द्विवेदी जी ने 'निरीश्वरवाद' निबन्ध के अन्त में लिखा : "अन्य देश, अर्थात् इंग्लैंड, फ्रांस, जरमनी, अमेरिका इत्यादि के निरीश्वरवादी अनेक युक्ति-प्रयुक्ति द्वारा ईश्वर के अस्तित्व में शंका करते हैं। कोई कहते हैं, ईश्वर नहीं; सृष्टि स्वभाव ही से उत्पन्न होती है। कोई कहते हैं, ईश्वर हो तो सकता है, परन्तु उसके होने का कोई प्रमाण नहीं। कोई कहते हैं कि जहाँ चेतनाशक्ति देखी जाती है, तहाँ शरीर सम्बन्ध अवश्य होता है, अतएव चेतना विशिष्ट ईश्वर नहीं हो सकता, क्योंकि उसकी साकारता किसी ने नहीं देखी, अथवा प्रमाण द्वारा सिद्ध करके नहीं बतलाई। इन सब मतों का समालोचन बहुत दुरूह है, अतएव इस प्रस्ताव को हम यहीं समाप्त करते हैं।"

इस लेख का ऐतिहासिक महत्त्व इस बात में नहीं है कि उसमें निरीश्वरवाद या भौतिकवाद की पुष्टि की गई है। इसका महत्त्व इस बात में है कि भारत की एक निरीश्वरवादी चिन्तन-परम्परा को यहाँ दार्शनिक परम्परा का अभिन्न अंग मानकर प्रस्तुत किया गया है। द्विवेदी जी से पहले, उनके समय में, और उनके बाद जो लोग भारत के सारे दार्शनिक चिन्तन को अध्यात्मवाद कहकर छुट्टी पा लेते थे और अभी पा लेते हैं, उनके विपरीत द्विवेदी जी इस निरीश्वरवादी परम्परा को भारतीय दर्शन में उसको सही जगह देते हैं।

भारतीय दर्शनशास्त्रों में सबसे प्रभावशाली और सबसे तर्कसंगत सांख्य दर्शन है। द्विवेदी जी मानते हैं कि 'यह दर्शन अतिप्राचीन और आदरणीय' है और वह यह भी मानते हैं कि यह दर्शन निरीश्वरवादी है। हरिभद्र सूरि का हवाला देते हुए कहते हैं कि कोई-कोई सांख्य मत वाले ईश्वर को मानते हैं और कोई-कोई नहीं मानते। फिर द्विवेदी जी कहते हैं : "परन्तु यह दर्शन विशेषतः निरीश्वर ही के नाम से प्रसिद्ध चला आता है।" कारण यह कि सांख्य प्रवचन के पहले अध्याय में सूत्र है : ईश्वरासिद्धेः। सांख्यकार प्रत्यक्ष प्रमाण के बारे में कहते हैं कि जिसका सम्बन्ध विद्यमान पदार्थ से हो और जिससे बुद्धि की वृत्तियों में तदाकार का ज्ञान

हो जाए, उसको प्रत्यक्ष प्रमाण कहते हैं। "अब यहाँ पर यह प्रश्न उद्‌भूत हुआ कि यदि इन्द्रियों का पदार्थों के साथ सम्बन्ध होने ही से प्रत्यक्ष ज्ञान होता है, तो ईश्वर का ज्ञान होना कदापि सम्भव नहीं; क्योंकि उसका किसी इन्द्रिय द्वारा सम्बन्ध नहीं होता, और अनुमान भी उसका नहीं कर सकते, क्योंकि अनुमान तो उसी का हो सकता है जिसका कभी किसी वस्तु के साथ संयोग हुआ हो। इस पर सूत्रकार 'ईश्वरासिद्धेः' इस सूत्र में यह कहते हैं कि पहिले ईश्वर ही सिद्ध नहीं, साक्षात्कार किसका हो सकैगा? प्रमाण द्वारा प्रथमतः ईश्वर का होना सिद्ध कीजिए, तदनन्तर हमारे प्रत्यक्ष लक्षण को सदोष ठहराइए।"

द्विवेदी जी आगे कहते हैं कि "इस सूत्र में कही गई ईश्वर की असिद्धि को दृढ़ करने के लिए इसका अगला सूत्र" है जिसका अर्थ है : "ईश्वर न तो मुक्त ही है और न बद्ध ही है, इससे उसकी सिद्धि प्रमाण द्वारा नहीं हो सकती। यदि मुक्त होता तो सृष्टि-रचना के जंजाल में क्यों पड़ता और यदि बद्ध होता तो अविद्या के कारण जगदुत्पत्ति कर ही न सकता। यदि इन दोनों स्वभावों से पृथक् कोई विलक्षण शक्तिमान् ईश्वर है तो हो सकता है; परन्तु तर्क द्वारा उसका होना प्रमाणित नहीं हो सकता।"

इस सूत्र का अर्थ 'आस्तिक लोग खींच-खाँच कर अपनी ओर लगाते हैं' पर द्विवेदी जी इसे स्वीकार नहीं करते। जिस प्रसंग में ये सूत्र रचे गए हैं, वे उस पर ध्यान देने को कहते हैं। उससे सिद्ध नहीं होता कि सांख्य दर्शन के रचयिता कपिल ईश्वरवादी थे। विरोधियों का यह तर्क मान भी लिया जाए कि कपिल का आशय यह था कि "ईश्वर है अवश्य, परन्तु उसके अस्तित्व को प्रमाण द्वारा सिद्ध नहीं कर सकते, तो क्या इस प्रकार की कल्पना करने से सांख्यकार को ईश्वरवादी कह सकते हैं? हमारी समझ में तो नहीं कह सकते। जो कहता है, ईश्वर नहीं है, वह भी निरीश्वरवादी है; और जो कहता है कि ईश्वर के होने का कोई प्रमाण नहीं, वह भी निरीश्वरवादी ही है। अतः दो प्रकार के निरीश्वरवादी मानने पड़ते हैं; जिनमें कपिल महाराज को दूसरी श्रेणी के अन्तर्गत समझना चाहिए।"

इसी निरीश्वरवादी परम्परा में वृहस्पति और चार्वाक का मत है जिसके अनुसार : "पृथिवी, जल, तेज और वायु के योग ही से शरीर में चैतन्य उत्पन्न होता है और वह चैतन्य शरीर के नष्ट अर्थात् उन चारों तत्त्वों के विश्लेषण होने से नष्ट हो जाता है। ये लोग स्वभाव ही से जगदुत्पत्ति मानते हैं और स्वर्ग, नरक, पुनर्जन्म, परमात्मा, किसी को नहीं मानते। इनके मत में आत्मा न ईश्वर का अंश है, न अमर है, और न कर्म्मजन्य फल ही उसे भोगना पड़ता है। चेतना विशिष्ट देह ही को ये आत्मा कहते हैं और प्रत्यक्ष प्रमाण को छोड़ अनुमानादि प्रमाण ही नहीं मानते।"

इसी परम्परा के अन्तर्गत बौद्ध दर्शन है। द्विवेदी जी के अनुसार : "जैसे घोर निरीश्वरवादी चार्वाक हैं, वैसे ही बौद्ध भी हैं। वे ईश्वर और वेद को नहीं मानते।"

इसी तरह जैन दर्शन; "जैन धर्म्म बौद्ध धर्म्म ही की एक शाखा है। दोनों निरीश्वरवादी हैं।" किन्तु चार्वाक मत से भिन्न बौद्ध दर्शन पुनर्जन्म आदि पर विश्वास करता है। इसी तरह वैराग्य की भावना चार्वाक मत को छोड़कर इन सबमें है। सांख्य के लिए पुरुष, यानी मनुष्य की चेतना, का प्रकृति से उदासीन हो जाना मोक्ष है। द्विवेदी जी ऐसे वैराग्य और मोक्ष के पक्ष में नहीं हैं। पश्चिम के देशों ने वैराग्य की भावना त्याग कर ही उन्नति की है। द्विवेदी जी कहते हैं : "हम लोगों ने ज्ञान को मुक्ति और अँगरेजों ने ज्ञान ही को शक्ति मान रक्खा है। इसी कारण से एक ही पदार्थ को भिन्न रीति द्वारा उसका उपयोग करने से भिन्न-भिन्न फल दृग्गोचर हो रहा है। ज्ञानार्जन द्वारा संसार को दुःखमय जान हम लोग विरक्त होते हैं; परन्तु अँगरेज लोग तदुपार्जन ही से नाना प्रकार के यंत्रादि रचना करते हैं, नूतन विज्ञान तत्त्वों का पता लगाकार नूतन-नूतन विद्या और कला-कौशल प्रादुर्भूत करते हैं, तथैव हमारे विरक्त देशवासी जनों को विजय करके उनके ऊपर अपनी सत्ता भी पूर्ण रूप से चलाते हैं।"

ऐसा ज्ञान जो वैराग्य पैदा करे, समाज को दूसरों का दास बन जाने दे, किसी काम का नहीं है। सांख्य की पुरानी मोक्ष और उदासीनता वाली भूमि से आगे बढ़ना जरूरी है। परा और अपरा में दूसरी शक्ति अपरा की साधना दरकार है। रावण नें अपरा की साधना करके मोक्ष देनेवाले ज्ञान के उपासकों को हरा दिया। विजयी होने के लिए राम को इसी अपरा शक्ति की साधना करनी थी। निराला की 'राम की शक्ति-पूजा' का आधार-भाव यहाँ बीज रूप में विद्यमान है।

अगस्त, 1904 की 'सरस्वती' में 'ईश्वर-नास्तिकास्तिक संवाद' लेख छपा है। लेख के साथ लेखक का नाम नहीं है। स्पष्ट ही यह संवाद 'सरस्वती'-सम्पादक का लिखा हुआ है। इसमें नास्तिक के कुछ प्रश्न बहुत रोचक हैं। नास्तिक पूछता है : "यदि आपका ईश्वर अनादि है तो सृष्टि के पहले वह कहाँ था और क्या करता था? क्या वह आदि-अन्त-रहित किसी निःसीम खोखले में था? क्योंकि आकाश भी तो तब उत्पन्न न हुआ था। और, उस समय, क्या वह बिलकुल बेकार था?" प्रश्नों के उत्तर अद्भुत हैं : "अगर ईश्वर वहाँ था जहाँ रहने की आप सम्भावना करते हैं तो उस जगह का नाम खोखला नहीं हो सकता।" उत्तर एक 'अगर' से शुरू होता है। आस्तिक दृढ़तापूर्वक नहीं कहता कि ईश्वर खोखले या बेखोखले में रहता था या नहीं रहता था। यह बहस कुछ-कुछ वैसी है, जैसी मिल्टन के महाकाव्य में हजरत आदम और फरिश्ते रैफेल के बीच होती है और वहाँ जितना विवेक प्रश्नों में है, उतना उत्तर में नहीं है। मैं नास्तिक कैसे हूँ, उस संस्कृत कविता में द्विवेदी जी ईश्वर को सर्वव्यापी तो मान लेते हैं पर ईसाई धर्म की तरह उसकी व्यष्टि सत्ता स्वीकार नहीं करते। इस लेख में उनका आस्तिक व्यष्टि-सत्ता की स्वीकृति से बचकर तर्क करता है। किन्तु उसके उत्तर हमेशा विवेकपूर्ण नहीं होते। नास्तिक के उक्त प्रश्नों

के उत्तर में वह यह भी कहता है : "ईश्वर कर्म्ममय है। संसार में जितनी आत्माएँ हैं, और जितनी कर्मशीलता है, उस सबका वह आदि कारण है। उसी से वे निकली हैं। इसलिए ईश्वर को बेकार या कर्म्महीन—आलसी—बतलाना, उसकी ही नहीं, मनुष्यों की भी प्रकृति से अनभिज्ञता जाहिर करना है।"

इसका अर्थ यह हुआ कि जो शक्ति अनादि अनन्त है, उसमें मानव-कर्मों के गुण पहले से मौजूद हैं। द्विवेदी जी प्रकृति-विज्ञान और समाज-विज्ञान में विकास-सिद्धान्त के अनुगामी हैं। यह बात वह जानते थे कि डार्विन नास्तिक था, संसार को ईश्वर की रचना नहीं मानता था, बचपन से नास्तिक नहीं था, वैज्ञानिक अनुसंधान करते हुए निरीश्वरवाद के ठिकाने तक पहुँचा था। यद्यपि द्विवेदी जी खुलकर निरीश्वरवाद का समर्थन नहीं करते किन्तु ईश्वर को लेकर वह बार-बार जो तर्क-वितर्क करते हैं और ऐसा करने के लिए दूसरों को प्रेरित करते हैं, इसका कारण डार्विन का विकासवाद हो सकता है। 'सरस्वती' में विकासवाद पर लिखनेवाले उनके कुछ सहयोगी, जैसे रामनारायण शर्मा खुले निरीश्वरवादी थे ही।

संसार ईश्वर ने बनाया है या नहीं, इस बारे में सीधे अपनी राय जाहिर न करके आस्तिक पुराने दर्शनशास्त्र का सहारा लेता है और इस तर्क का सहारा लेता है कि वे आचार्य नास्तिक से तो ज्यादा बुद्धिमान रहे ही होंगे। पर उनकी बुद्धिमत्ता का प्रमाण क्या है? प्रमाण यह है कि वे ईश्वर का अस्तित्व मानते थे और संसार को मिथ्या कहते थे। द्विवेदी जी का आस्तिक कहता है : "दर्शनशास्त्र के आचार्यों का मत है कि सृष्टि न तो अनादि है और न उसे किसी ने बनाया ही है। ईश्वर की इच्छा मात्र से यह उत्पन्न हो गई है। वह अपना खुद का कोई अस्तित्व नहीं रखती, ईश्वर ही के अस्तित्व का वह एक प्रकार का नश्यमान दृश्य है। इन शास्त्रकारों को आप तुच्छ समझते हैं; परन्तु आपसे तो ये जरूर ही जियादह समझदार थे; क्योंकि, इन्होंने ईश्वर को सत्य और जगत् को मिथ्या माना है।" स्वयं द्विवेदी जी निरीश्वरवाद वाले अपने लेख में जो बातें तीन साल पहले कह चुके थे, उन्हें इस तर्क के खंडन में उद्धृत किया जा सकता था। अनेक ईश्वरवादियों की दलीलों की तरह यहाँ तर्क यह रूप लेता है, मैं ईश्वरवादी हूँ, इसलिए तुझसे अधिक बुद्धिमान हूँ; तू अनिश्वरवादी है, इसलिए तेरा तर्क गलत होगा ही।

अपने समर्थन में आस्तिक कान्ट, हेगल और फ्रांसीसी विद्वानों का हवाला देता है और तर्क करता है कि भारतीय दार्शनिकों की बात सही न होगी तो इन यूरोप के दार्शनिकों की बात तो सही होगी। कहता है : "कान्ट नामक दर्शनशास्त्री का मत है कि दो में से किसी का अस्तित्व [यानी संसार और ब्रह्म, इन दो में से किसी का अस्तित्व] ठीक तौर पर प्रमाणित नहीं हो सकता; जिसका अर्थ यह निकला कि न जगत् ही अविनाशी है, न ईश्वर ही।" इस पद्धति से सांख्य भी ईश्वरवादी दर्शन हुआ। पर द्विवेदी जी कह चुके हैं कि सांख्य दर्शन निरीश्वरवादी है। तब

कान्ट का दर्शन ईश्वरवादी कैसे हुआ? आस्तिक आगे कहता है : "हीजिल और शीलिंग इत्यादि जरमनी के तत्त्ववेत्ताओं का सिद्धान्त है कि 'अहं' से ही सब पदार्थ पैदा हुए हैं।" यदि हेगल के अनुसार सब पदार्थ अहं से पैंदा हुए हैं, तो यह अहं आस्तिकों का ईश्वर कैसे हो गया?

फिर ईश्वर के साकार रूप पर विकास-सिद्धान्त लागू करते हुए आस्तिक कहता है : "फ्रांस के तत्त्ववेत्ता कहते हैं कि जगत् किसी का निर्म्माण किया हुआ नहीं है; वह ईश्वर के साकार रूप का विकास मात्र है।" और सबसे पुष्ट तर्क यह है : "आपने, अभी कल से, इन बातों पर विचार करना शुरू किया है। पर इन विद्वानों ने, मुद्दत हुई, चिरकाल तक इन विषयों का मनन किया है। अनेक ग्रंथ लिखकर इन्होंने अपनी गहन गवेषणा का फल भी प्रकाशित किया है; पर आप चार ही सतर लिखकर इतनी पंडिताई दिखाते हैं! ईश्वर के अस्तित्व को मानने और जगत् के अस्तित्व को न मानने में अधिक पंडिताई है। पर जगत् के अस्तित्व को मानने और ईश्वर के अस्तित्व को न मानने में बहुत कम। आपकी पंडिताई दूसरे किस्म की है।"

इतना सुनने के बाद नास्तिक लगभग हथियार डाल देता है और मान लेता है कि "ऐसे विषयों से सम्बन्ध रखनेवाली कोई बात पूरे तौर पर ठीक-ठीक नहीं जानी जा सकती।" यानी नास्तिकता की जमीन छोड़कर वह अज्ञेयवादी हो जाता है। आस्तिक भी लगभग वही बात कहता है : "हम लोग उनको [ईश्वर और जगत् को] पूरे तौर पर हरगिज नहीं जान सकते, क्योंकि हममें ज्ञान की मात्रा बहुत कम है, हमारा ज्ञान सीमाबद्ध है, नि:सीम नहीं।" इसके बाद आस्तिक एक घड़ी का उदाहरण देता है। "अपनी अल्पज्ञता के कारण हम यह तत्काल नहीं जान सकते कि किसने, किस जगह, किस दिन, किस प्रकार हमारी जेब घड़ी को बनाया, परन्तु यह हम ठीक-ठीक अवश्य जान सकते हैं कि यह घड़ी है और यह वक्त बतलाती है।" इस उदाहरण से लगेगा कि संसार घड़ी है, उसे जानना सम्भव है; घड़ी को बनानेवाला ईश्वर है, उसका पता लगाना मुश्किल है। परन्तु द्विवेदी जी का आस्तिक वेदान्ती है, उसके लिए घड़ी और घड़ी बनानेवाले दोनों एक हैं। इसलिए घड़ी के उदाहरण सें यह नतीजा निकलता है : "ईश्वर का पूरा-पूरा ज्ञान हमको नहीं, परन्तु इस बात का ज्ञान हमैं जुरूर है कि वह है; उसके अस्तित्व में हमको कोई शंका नहीं।"

ईश्वर-सम्बन्धी इस बहस की अगली मंजिल राधामोहन गोकुलजी का लेख है : 'ईश्वर का बहिष्कार', जो नवम्बर-दिसम्बर, 1925 की 'माधुरी' के दो अंकों में 'प्रत्यक्षवादी' के नाम से छपा था और जिसके लेखक के वास्तविक नाम की घोषणा बाद में की गई थी।

ईश्वर को लेकर द्विवेदी जी ने जो भी बहस चलाई, उससे अध्यात्मवादियों को संतोष हो तो बहुत अच्छा है पर स्वयं द्विवेदी जी भारतीय दर्शन की इस अध्यात्मवादी

व्याख्या से बचते थे। जिन दिनों स्वामी विवेकानन्द के प्रभाव से अध्यात्मवादी भारत भौतिकवादी यूरोप और अमरीका को परास्त करने में लगा हुआ था, उन दिनों द्विवेदी जी ने देश की वर्तमान समस्याओं से इस अध्यात्मवाद को दूर रखने का आग्रह किया। इलाहाबाद के किन्हीं रायबहादुर लाला बैजनाथ ने 'धर्म्मविचार' नाम की एक छोटी-सी पुस्तक लिखी। इसकी लम्बी आलोचना मई, 1904 की 'सरस्वती' में प्रकाशित हुई। इस आलोचना में कहा गया है कि आध्यात्मिक उन्नति से यदि आत्मा की उन्नति का ही मतलब हो तो आलोचक को कुछ नहीं कहना : "परन्तु कहीं-कहीं इसमें देशोद्धार और देशोन्नति आदि शब्द प्रयुक्त हुए हैं, जिनसे कुछ और ही अर्थ निकलता है। निष्काम कर्म्म, अनन्य भक्ति और अभेद ज्ञान आदि आध्यात्मिक उन्नति ही में लगे रहने के कारण भारत विदेशियों द्वारा चिरकाल से पददलित होता आया है और अब भी हो रहा है। अतएव यदि सभी भारतवासी चैतन्य, तुलसीदास और तुकाराम का अनुकरण करैंगे तो उनका सांसारिक बन्धन एक झटके में शीघ्र ही टूट जाएगा और यह सारा देश ही दंडकारण्य हो जाएगा। फिर देश की उन्नति क्या होगी!"

भारत को 'अध्यात्मवादी' कहकर उसकी जिस संस्कृति पर लोगों को गर्व करना सिखाया गया है, द्विवेदी जी उससे देश की उन्नति के प्रश्न को अलग रखते हैं। निष्काम कर्म का बार-बार उपदेश देनेवाले लेखक का परिहास करते हुए पुस्तक की आलोचना में कहते हैं : "'धर्म्म विचार' में निष्काम कर्म्म को सर्वतोऽधिक प्रधानता दी गई है। गीता का प्रमाण देकर उस पर बहुत जोर दिया गया है। परन्तु इस पुस्तक के बेठन पर—'सर्व अधिकार ग्रंथ कर्त्ता के स्वतंत्र' इस वाक्य को देखकर हमें बड़ा ही आश्चर्य हुआ। अगर ये अधिकार प्रकाशक अथवा और कोई दुकानदार अपने अधीन रखता तो बात समझ में भी आ सकती थी; परन्तु निष्काम कर्म्म के उपदेशक को यह स्वत्वरक्षा बिलकुल शोभा नहीं देती। यदि वे स्वयं भी निष्काम कर्म्म को कोई चीज समझते हैं; यदि परोपकार को भी व्यास के वचनानुसार वे पुण्य का हेतु मानते हैं; यदि धर्म्म संस्कार द्वारा देशोन्नति करने के लिए उन्होंने सचमुच ही दीक्षा ली है, तो उनको उचित था कि इस पुस्तक की कीमत चार आने भी न रखकर उसे वे मुफ्त बाँटते। ईश्वर ने ऐसा करने के लिए उनको समर्थ भी किया है। यदि छपाई का खर्च निकालने की जरूरत ही समझी गई थी तो पुस्तक के अधिकारों को रजिस्टरी तो वे न कराते, जिसमें जो चाहता, वह इसे छापकर उनके ईप्सित देशोद्धार के काम में सहायता करता। अस्तु नाम। अब हम इस समालोचना को कृष्णार्पण किये देते हैं; इसे जो चाहे छाप ले।"

आखिरी तर्क तुरुप का पत्ता है। तुम रायबहादुर हो, बी.ए. हो, अदालत खफ़ीफ़ा के जज हो, मैं तेईस रुपये पानेवाला 'सरस्वती'-सम्पादक हूँ। तुम बड़ा

निष्काम कर्म का उपदेश देते हो लेकिन किताब पर अपने अधिकार की घोषणा छपवाते हो। बड़े धर्मप्रेमी हो, तो मुफ़्त क्यों नहीं बँटवाते? मैं अपनी समालोचना कृष्णार्पण करता हूँ। अध्यात्मवादी नहीं हूँ, निष्काम कर्म का समर्थक नहीं हूँ, पर मैं घोषित करता हूँ कि जो चाहे, वह इस समालोचना को छाप ले। और तुम समझते होगे कि गीता में निष्काम कर्म का उपदेश भगवान् कृष्ण ने किया है। यह गीता शेष महाभारत की तरह व्यास की लिखी हुई है। इसलिए समालोचना में कहा : "यदि परोपकार को भी व्यास के वचनानुसार वे पुण्य का हेतु मानते हैं।"

'काव्य में रहस्यवाद' निबन्ध में रामचन्द्र शुक्ल ने लिखा था : "योरप ने कहा, 'भारतवासी बड़े आध्यात्मिक होते हैं, उन्हें भौतिक सुख-समृद्धि की परवा नहीं होती'। बस, दिखा चले अपनी आध्यात्मिकता। देखिए, हमारे काव्य में भी आध्यात्मिकता है; यह देखिए, हमारी चित्र-विद्या की आध्यात्मिकता; यह देखिए, हमारी मूर्तिकला की आध्यात्मिकता।"

अध्यात्मवाद के एक विरोधी बालकृष्ण भट्ट भी थे। भारतेन्दु-युग में सामाजिक और राजनीतिक विषयों के प्रति उनका दृष्टिकोण उनके समकालीनों के दृष्टिकोण से अधिक प्रगतिशील था। यह प्रगतिशीलता उनके दार्शनिक चिन्तन में भी दिखाई देती है। उनका निबन्ध 'संस्कृत की संकुचित दशा' जयशंकर प्रसाद के पत्र 'इन्दु' (जनवरी, 1913) में प्रकाशित हुआ था। संस्कृत-पंडितों की कूपमंडूकता की चर्चा करते हुए उन्होंने लिखा था : "अँगरेजी में जैसा विज्ञान उन्नति के शिखर पर है, वैसा ही संस्कृत में दर्शन वा फिलासोफी है जिसके जाल में फँस इन्हें परमार्थ और परलोक सूझा और उन्हीं की छानबीन में लग इस जन्म की उपकारी विद्याओं को ये भूल गए। वरन त्रएहिक साधनवाली बातों को परमार्थ साधन में विघ्नकारी समझ उनकी ओर बिलकुल चित्त न दिया। फल इसका यही हुआ कि आज संस्कृत का समस्त साहित्य परमार्थ और धर्म-विषयक बातों से भरा है। ऐसा एक ग्रंथ भी संस्कृत का न मिलेगा जिसका धर्म और परमार्थ से कुछ भी लगाव न हो, केवल वही उसमें हो जिस बात पर उस ग्रंथ की रचना की गई हो। गणित, वैद्यक, ज्योतिष, व्याकरण इत्यादि ऐसे विषय हैं जिनका धर्म से कोई सरोकार नहीं [।] और भाषाओं में ऐसे ग्रंथ सर्वथा धर्म से अलग हैं। संस्कृत में धर्म, अर्थ, काम त्रिवर्ग साधन की ऐसी श्रृंखला जोड़ दी गई है कि अन्त में सबका निचोड़ परमार्थ साधन और धर्म आता है। परमार्थ साधन के मोक्ष और ईश्वर का ऐसा ताना-बाना-सा बिन दिया गया है कि जी ऊब जाता है, हजार उससे अलग होने की चेष्टा करो, ये दोनों ऐसा आड़े आवेंगे कि उन्हीं में फँस के रह जाना पड़ेगा।

"हम कितना ही चाहते हैं कि संस्कृत को हम उसी ढंग पर लावें जिस ढंग पर, योरप की भाषाएँ इंगलिश, फ्रेंच आदि हैं। किन्तु परमार्थ ईश्वर और मोक्ष के ताने-बाने के चक्कर में डाल देते हैं।

"सच पूछो तो हिन्दुस्तान की अधोगति का एक हेतु हमारा धर्म या मजहब भी रहा है, जिससे हम ऐसे जकड़ लिये गए हैं कि आगे को पैर फैला ही नहीं सकते। हमारे पंडित लोग जो निरे भोंदूदास बने रहते हैं, देशकाल को कुछ नहीं समझते। उसका कारण भी यही है कि जन्मभर सिवाय संस्कृत के और कुछ उन्होंने पढ़ा ही नहीं, अटल विश्वास जमा है कि जो कुछ है सो सब हमारे वेद और संस्कृत में है, इसलिए हम सर्वज्ञ हैं। आधुनिक सभ्यता की बातें सुन कौवाते हैं कि यह तो हमारी पोथियों में है नहीं, यह सब मिथ्या है।"

बालकृष्ण भट्ट भारतेन्दु-युग के प्रतिनिधि-लेखक थे। उन्होंने हिन्दी में नये बौद्धिक चिन्तन की नींव डाली। उनका यह कार्य उस समय भी जारी रहा जिसे हम द्विवेदी-युग कहते हैं, जब महावीरप्रसाद द्विवेदी, रामचन्द्र शुक्ल आदि लेखक आध्यात्मिक रूढ़ियों वाली विचारधारा के खंडन में तत्पर दिखाई देते हैं। रहस्यवादी काव्य के प्रभाव से और गांधीवादी राजनीति के प्रसार से यह तर्कशील बौद्धिक चिन्तन बहुत कुछ दब गया पर निराला के गद्य में यह रूढ़ि-विरोधी आलोचना स्पष्ट और मुखर है। जयशंकर प्रसाद के लिए भारतीय संस्कृति का सारतत्त्व आनन्दवाद है, विवेकवाद, मायावाद, दु:खवाद और अध्यात्मवाद नहीं। उनका रहस्यवाद मूलत: ब्रह्मसमाजी रहस्यवाद से प्रतिकूल दिशा में ले जाता है। इसलिए छायावाद के आदि मुखपत्र 'इन्दु' में बालकृष्ण भट्ट के इस तीव्र खंडनात्मक निबन्ध का छपना महत्त्वपूर्ण है। फिर भी ऐसे लोगों की कमी नहीं है जो बालकृष्ण भट्ट, महावीरप्रसाद द्विवेदी, रामचन्द्र शुक्ल, जयशंकर प्रसाद, प्रेमचन्द, निराला—सभी को अध्यात्मवाद का समर्थक सिद्ध कर देंगे! हिन्दी साहित्य की मुख्य धारा यथार्थ जगत् की ओर उन्मुख है, वह धार्मिक अन्धविश्वासों का खंडन करनेवाली है—कहीं उग्र स्वर में, कहीं नर्म स्वर में, कहीं सुसंगत रूप से, कहीं अन्तर्विरोधों के साथ; पर जिसे आज धर्मनिरपेक्षता कहा जाता है, उससे यह विचारधारा बहुत अधिक प्रगतिशील है। वह धार्मिक रूढ़ियों और अंधविश्वासों से तटस्थ नहीं रहती, छिपकर उनका राजनीतिक उपयोग नहीं करती, वरन् सक्रिय रूप से उनका खंडन करती है।

6. इतिहास और समाज के प्रति नया दृष्टिकोण

डार्विन के चिन्तन ने प्राकृतिक विज्ञान ही नहीं, सामाजिक विज्ञान की भी सभी शाखाओं को प्रभावित किया। समाजशास्त्र, इतिहास आदि सामाजिक विज्ञान मनुष्य के विकास पर ध्यान केन्द्रित करने लगे। प्रत्येक समाज का इतिहास है, उस इतिहास के वस्तुगत नियम हैं, समाज-विज्ञानी विभिन्न देशों के इतिहास को इस विकासवादी दृष्टि से देखने लगे और इतिहास के वस्तुगत नियमों का पता लगाने लगे। 'सरस्वती' के लेखक, सबसे अधिक उसके सम्पादक, मानव-इतिहास के प्रति

इस नये दृष्टिकोण से प्रभावित थे। फरवरी, 1914 की 'सरस्वती' में 'सत्यशोधक' के नाम से 'इतिहास का अध्ययन' शीर्षक लेख प्रकाशित हुआ। इस लेख में विकासवादी मान्यताएँ बहुत साफ दिखाई देती हैं।

सत्यशोधक को इस बात पर खेद है कि "संस्कृत-साहित्य में इतिहास-ग्रंथों का अभाव-सा है। 'राज-तरंगिणी' (काश्मीर के इतिहास) को छोड़कर और कोई प्राचीन ग्रंथ नहीं है जो वर्तमानकालीन विचारों के अनुसार 'इतिहास' कहा जा सके।" भारतीय संस्कृति हर बात में श्रेष्ठ है, उसे योरप के विज्ञान की हवा न लगने देना चाहिए, ऐसे दृष्टिकोण का प्रतिपादन न करके सत्यशोधक कहते हैं : "इतिहास-ग्रंथ-प्रणाली के विषय में हमको पश्चिम से सहायता लेनी होगी और ऐतिहासिक साहित्य-सम्पन्न भाषाओं के इतिहास वेत्ताओं से पठन-प्रणाली सीखनी होगी।"

पश्चिमी देशों में धार्मिक विश्वास के कारण इस धारणा का व्यापक प्रचार था कि ईश्वर ने जब आदम को बनाया, तब दु:ख, रोग, मृत्यु और परिश्रम जैसी चीजें संसार में नहीं थीं। आदम ने पाप किया, ईश्वर ने शाप दिया, उसके बाद ये सब व्याधियाँ पैदा हुईं। वहाँ के विकासवादी इतिहासकारों और समाजशास्त्रियों को इस धारणा के विरोध में कठिन संघर्ष करना पड़ा। इससे मिलती-जुलती धारणा सतयुग और कलियुग वाली है। आदिम ज्ञानमय अवस्था से पतन हुआ तो पापी और अज्ञानी मनुष्य गिरते-गिरते कलियुग की स्थिति में आ पहुँचा। इस पतन को विकास कैसे कहा जा सकता है?

सतयुग-सम्बन्धी धारणाएँ विभिन्न रूपों में अनेक देशों में प्रचलित रही हैं। इसका एक सामाजिक कारण है। गण-समाज वर्गहीन होता है, वहाँ व्यक्तिगत सम्पत्ति नहीं, राज्यसत्ता द्वारा एक वर्ग का दूसरे वर्ग पर शासन नहीं, सब लोग मिलकर श्रम करते हैं और अपना-अपना भाग पाते हैं। सामन्ती व्यवस्था में व्यक्तिगत सम्पत्ति है, श्रम-विभाजन है, धनी और दरिद्र का भेद है, वर्ण-व्यवस्था है, दंड-विधान हैं, स्वर्ग और नरक हैं। इस व्यवस्था को देखकर जनसमुदाय पुराने गण-समाज के दिनों को याद करता है। वे दिन सचमुच उसे आदर्श सुख और मनुष्य की पवित्रता के दिन जान पड़ते हैं। शोषण और दरिद्रता का कारण, उसकी समझ में, नवीन श्रम-विभाजन, वर्ग-शासन आदि नहीं हैं। मनुष्य पापी हो गया है, इसलिए ईश्वर उसे दंड दे रहा हैं। व्यवस्था के खिलाफ उसने चीं-चपड़ की तो इस जन्म में ही नहीं, अगले जन्म में भी उसे पूर्व कर्मों का फल मिलेगा अथवा मरने के बाद नरक में उसे निरन्तर आग में भूना जाएगा। पूर्वजन्मों का फल देने में जैन, बौद्ध, हिन्दू आदि सभी धर्म और मत समान रूप से उदार हैं। इसलिए संसार ही दु:ख का कारण है। और चूँकि इस दु:ख का बहुत बड़ा सम्बन्ध वर्ण-व्यवस्था से है, इसलिए पुरोहित वर्ग ने कहा कि इस व्यवस्था की सृष्टि स्वयं ईश्वर ने की है। पर सभी हिन्दुओं, अथवा भारतीय आर्यों, का पूज्य

ग्रंथ ऋग्वेद वर्ण-व्यवस्था का प्रतिपादक नहीं है। प्राचीन आर्य सभ्यता के बारे में 'सत्यशोधक' ने लिखा : "कुछ और पीछे चलिए [यानी जैन तथा बौद्ध ग्रंथों में प्रतिबिम्बत समाज से और पीछे चलिए] तो वेद के मंत्रों से ज्ञात होनेवाली प्राचीन—आर्य सभ्यता दृष्टिगोचर होती है। वर्ण-व्यवस्था का अभाव, अग्नि, इन्द्र, वरुण आदि की पूजा, स्त्रियों की स्वतंत्रता, राजनैतिक स्वतंत्रता इत्यादि सैकड़ों बातें बतलाती हैं कि प्राचीनतम आर्य सभ्यता में और मध्यकालीन एवं भारतीय सभ्यता में आकाश-पाताल का अन्तर है।"

सामाजिक परिवर्तनों के बारे में सत्यशोधक निम्नलिखित प्रश्न प्रस्तुत करते हैं : "किन शक्तियों के कारण ये महान् परिवर्तन हो गए? और किस प्रकार हो गए? आदिम अवस्था से इस अवस्था को पहुँचने तक हमारा देश किन-किन अवस्थाओं—किन-किन मंजिलों में होकर गुजरा? वर्तमान सभ्यता का विकास धीरे-धीरे और कुछ नियमित रूप से हुआ या एकदम अनियमित रूप से? यदि कुछ सुधार हुआ तो सुधारकों में किन गुणों और शक्तियों की आवश्यकता हुई? यदि अवनति हुई तो किन राष्ट्रीय दोषों और कमजोरियों के कारण हुई? जय और पराजय किन वृक्षों के फल थे? हमारे देश का दूसरे देशों पर और दूसरे देशों का हमारे देश पर क्या प्रभाव पड़ा? राजनीति, धर्म, सामाजिक रीति आदि का एक दूसरे पर क्या प्रभाव पड़ा? भौगोलिक, आर्थिक तथा अन्य बातों का राष्ट्रीय चारित्र्य (National Character) से क्या सम्बन्ध था? साहित्य, स्थापत्य और चित्रकारी का किस कारण विकास हुआ? सारांश, देश का—अर्थात देश के भिन्न-भिन्न अंगों और अवस्थाओं का—उनकी बाल्यावस्था, युवावस्था और वृद्धावस्था का, उसके रोगों और भेषजों का जीवन-चरित्र क्या है?"

सही प्रश्न प्रस्तुत करना स्वयं में एक उपलब्धि है। ऐसे प्रश्न प्रस्तुत करने का अर्थ है : पुराने इतिहास-लेखन की आलोचना करना। इस आलोचना का अर्थ है : नये इतिहास-लेखन की जमीन तैयार करना।

इतिहास आकस्मिक घटना-परिवर्तन नहीं है। मनुष्य के विकास की मंजिलें हैं। इनमें एक आदिम व्यवस्था है। किसी भी देश का इतिहास शेष संसार से उसे अलग करके नहीं समझा जा सकता। राजनीति, धर्म, सामाजिक रीतियाँ—सब एक दूसरे को प्रभावित करती हैं। एक सूक्ष्म वस्तु, जिसकी व्याख्या करना कठिन है, राष्ट्रीय चरित्र है। इसका सम्बन्ध भौगोलिक, आर्थिक तथा अन्य परिस्थितियों से है। भारत जैसे देश का इतिहास उसके भिन्न-भिन्न अंगों का भी इतिहास है अर्थात् महाराष्ट्र, बंगाल, कश्मीर, तमिलनाडु और हिन्दी प्रदेश का भी इतिहास है। भारत का इतिहास सामाजिक विकास की विभिन्न अवस्थाओं का विकास है अर्थात् गण-व्यवस्था, सामन्ती व्यवस्था और पूँजीवादी व्यवस्था से गुजरनेवाले विभिन्न भारतीय प्रदेशों के समाज का इतिहास है।

स्वभावत: पुराने इतिहास-लेखन से सत्यशोधक को संतोष नहीं। इतिहास वह है जो ऊपर किये हुए प्रश्नों का उत्तर वैज्ञानिक रीति से देने की चेष्टा करता है। "राजाओं के नाम, वंश-विवरण, युद्ध तथा जय और पराजय की सूची का नाम इतिहास नहीं। महत्त्वपूर्ण राजनैतिक, सामाजिक और धार्मिक घटनाओं का पक्षपात-रहित वर्णन, उनके स्थूल और सूक्ष्म कारणों एवं प्रभावों का निरूपण, मनुष्य-जीवन के प्रत्येक अंश से सम्बन्ध रखनेवाली उन्नति और अवनति के नियमों को स्पष्टतापूर्वक दिखला देना, इतिहास है। स्कूलों में पढ़ाई जानेवाली इतिहास-पुस्तकें अधिकांश में केवल राजनैतिक घटनाओं का सारांश और संग्रह मात्र हैं। प्रसिद्ध ऐतिहासिक पुरुष—राष्ट्र संस्थापक, समाज-सुधारक—अपने-अपने समय की विशेष शक्तियों के नेता हुआ करते हैं। जिस मनुष्य ने इन शक्तियों का अध्ययन नहीं किया, वह उनके नेताओं का ठीक-ठीक ज्ञान नहीं प्राप्त कर सकता।"

सत्यशोधक सामाजिक शक्तियों, सामाजिक नियमों की खोज पर बल देते हैं। इतिहास के निर्माता कुछ महान् व्यक्ति होते हैं, समाज का इतिहास इन महान् पुरुषों का जीवन-चरित मात्र है, इस धारणा के वह प्रबल विरोधी हैं। असभ्यता की स्थिति से सभ्यता की ओर आते हुए मनुष्य जाति ने कई मंजिलें पार कीं : "सभ्यता की अधिक वृद्धि होने पर राज पद की सृष्टि हुई। समाज का संगठन पेचीदा होता गया। भिन्न-भिन्न मनुष्य-समाज एक दूसरे से युद्ध, सन्धि, व्यापार के सम्बन्धों द्वारा बद्ध होते गए।"

सत्यशोधक ने इस बात पर शोक प्रकट किया है कि हमारे पूर्वजों ने सच्ची इतिहास-प्रणाली का अनुसरण नहीं किया। फिर लिखा है : "शायद इस अभाव का कारण यह हो कि धर्म, विज्ञान और क्रियाकांड में निमग्न रहनेवाले पंडितों को असार और क्षणभंगुर संसार के विषयों पर लिखना आवश्यक न मालूम हुआ हो! अथवा सम्भव है, ऐसे ग्रंथ लिखे गए हों, पर नष्ट हो गए हों! जो हो, इतिहास के इस अभाव से संसार को बहुत बड़ी हानि पहुँची है।"

इतिहास का ज्ञान अपने देश का नया इतिहास बनानेवालों के काम आता है। अतीत और भविष्य के बीच वर्तमान बहुत छोटी-सी कड़ी है। इतिहास-विरोधी दृष्टि वर्तमान के आगे-पीछे कुछ नहीं देखती या फिर इतिहास को स्थिर मानकर पौराणिक कल्पनालोक में विचरण करती है। भारतीय इतिहास के प्रति नई दृष्टि भारत के स्वाधीनता-आन्दोलन से जुड़ी हुई थी। सत्यशोधक वैज्ञानिक चिन्तन के समर्थक हैं पर अंग्रेजों के लिखे हुए इतिहास से उन्हें संतोष नहीं है। इनमें एक प्रसिद्ध लेखक थे विन्सेंट स्मिथ। इनका 'भारतवर्षीय प्राचीन इतिहास' विद्वत्ता और गवेषणापूर्ण है, फिर भी अपूर्ण है। इतिहास की प्रचुर सामग्री हमारे यहाँ विद्यमान है। "वेद, ब्राह्मण, उपनिषद्, सूत्र ग्रंथ, महाभारत, रामायण, स्मृति, बौद्ध ग्रंथ, अश्वघोष और कालिदास के काव्य, जैन ग्रंथ, पुराण, भवभूति-बाण आदि के ग्रंथ, तांत्रिक साहित्य,

सूर, तुलसी, चैतन्य, कबीर, रामदास, एकनाथ आदि की रचनाओं से भारतीय आचार-विचार और समाज तथा धर्म, विज्ञान आदि का इतिहास तैयार हो गया है।"

स्पष्ट ही ऐसा इतिहास तब तैयार न हुआ था और न अभी तक तैयार हुआ है। ऐसे इतिहासकार जिनके मन में धर्म-विशेष के लिए आग्रह न हो, जो संस्कृत ग्रंथों के साथ आधुनिक भारतीय भाषाओं के साहित्य से भी परिचित हों, इस देश में अभी नहीं हैं।

तत्कालीन राजनीतिज्ञों की ओर देखते हुए अपने लेख के उपसंहार में सत्यशोधक कहते हैं : "हमारे बहुत-से नेताओं तक को देश की वर्तमान स्थिति और भावी प्रगति के मार्गों का पूरा-पूरा ज्ञान नहीं है। वे कभी-कभी ऐसी बातें कह डालते हैं जिनको सुनकर, और ऐसे काम कर डालते हैं जिनको देखकर, आश्चर्य होता है—हँसी आती है। यदि यह सत्य है तो इसका कारण क्या है? कारण है, इतिहास का अज्ञान। एक विद्वान का कथन है कि इतिहासवेत्ताओं को छोड़कर और किसी को राजनैतिक जीवन, पत्र-सम्पादन आदि सार्वजनिक कार्यों में प्रवेश करने का अधिकार नहीं। अध्यापक मुग्धानलाचार्य कहते हैं कि संस्कृत भाषा से अनभिज्ञ पुरुष अर्वाचीन भारत की स्थिति को ठीक-ठीक नहीं समझ सकता। तो बतलाइए कि भारतीय इतिहास के ज्ञान बिना आप देश की स्थिति को कैसे समझ सकेंगे?"

भारत जैसे देश में प्राचीन इतिहास के प्रति अभिरुचि होना स्वाभाविक बात है। किन्तु इस देश में पौराणिक दृष्टिकोण इतना प्रभावशाली रहा है कि इतिहास के प्रति वैज्ञानिक दृष्टि कम, इस पौराणिक दृष्टि का परिचय ही अधिक मिलता है। जो लोग पुराणों के विरोधी हैं, वे भी एक प्रकार की पौराणिक दृष्टि हटाकर उसकी जगह दूसरे प्रकार की पौराणिक दृष्टि प्रतिष्ठित करते हैं। वैज्ञानिक इतिहास-लेखन के अभाव में पुनरुत्थानवादी विचारधारा को पनपने और फैलने का मौका मिलता है। 'सरस्वती' में इतिहास और समाजशास्त्र पर जो निबन्ध छपे, वे आधुनिकता-बोध के विचार से मूल्यवान हैं। जुलाई, 1915 की 'सरस्वती' में सत्यशोधक का 'समाजशास्त्र' शीर्षक निबन्ध छपा। इसके अन्त में लिखा है : लेख की सामग्री स्पेन्सर के ग्रंथ समाजशास्त्राध्ययन से ली गई है। सत्यशोधक सामग्री स्पेन्सर से लेते हैं पर उनकी निगाह समकालीन भारत की समस्याओं पर रहती है। लेख की शुरुआत करते हैं लोगों के असगुनों पर विश्वास से। किसी ने छींक दिया, कोई काना आदमी मिला, बिल्ली रास्ता काट गई, असगुन हो गया, काम बंद कर दिया, घर लौट आए : "इस प्रकार के व्यापक और दृढ़ विश्वास से यह अच्छी तरह प्रकट होता है कि छोटी-छोटी, मामूली, सीधी-सादी बातों के विषय में भी लोग कितना कम विचार करते हैं और कार्यकारण-सम्बन्ध का कितना कम पता लगाते हैं।"

असगुनों की बात करने के बाद धार्मिक अन्धविश्वासों में वह तंत्र-मंत्र, देवीपूजा की चर्चा करते हैं। कहते हैं : "यदि लड़के की तबीयत खराब है तो किसी 'जन्तर-मन्तर' वाले आदमी से फूँक डला दो। यदि किसी को शीतला निकल आई हो तो देवीजी पर कुछ भेंट चढ़ा दो।" इससे और आगे बढ़कर आर्थिक, राजनीतिक और सामाजिक समस्याओं के बारे में जनसाधारण के मिथ्या विश्वासों के बारे में कहते हैं : "यदि सरकार अमुक बात कर दे तो हमारे सारे कष्ट दूर हो जाएँ। यदि वर्णाश्रम फिर पहले की तरह स्थापित हो जाए तो देश का पूर्ण रूप से उद्धार हो जाए। यदि ब्राह्मण अपना कर्तव्य समझने लगें तो भारत उन्नति के शिखर पर पहुँच जाए—इस तरह की बातें अशिक्षितों और अर्द्ध-शिक्षितों के मुख से बहुधा सुनने में आती हैं। वे कभी पक्षपातरहित मन से विचार नहीं करते कि इन उपायों से लाभ के बदले हानि तो न होगी? क्या यह या ऐसे ही उपाय पहले कभी हमारे या दूसरे देशों में प्रयुक्त नहीं हुए?...ऐसे सैकड़ों प्रश्न एक तो ध्यान में नहीं आते और यदि किसी तरह आते भी हैं तो टाल दिये जाते हैं।" उत्तर प्रदेश राज्य के एक मुख्य मंत्री अपने को समाजवादी कहते थे और इन्होंने समाजवाद पर पुस्तक भी लिखी थी। उसमें उन्होंने वर्ण-व्यवस्था को आदर्श सामाजिक व्यवस्था बतलाया था। इसी धारणा के अनुसार उन्होंने एक पुस्तिका लिखी थी : 'ब्राह्मण! सावधान'। इसमें उन्होंने अपना सनातन कर्तव्य पहचानने और देश को फिर उन्नत बनाने के लिए ब्राह्मणों का आह्वान किया था। ऐसे पुरानपंथियों की संख्या 1915 में 1935 की अपेक्षा और भी ज्यादा थी! इन्हीं को लक्ष्य करके सत्यशोधक आगे कहते हैं : "बड़ा आश्चर्य तो इस बात पर होता है कि शिक्षित लोग—अपने-अपने विषय के प्रामाणिक आचार्य—भी उसी विचार-शून्य तर्क-प्रणाली का अवलम्बन करते हैं जिसका जिक्र ऊपर किया गया है। क्या देश में गोहत्या हो रही है और घी-दूध महँगा हो रहा है? अच्छा, स्थान-स्थान में गोशालाएँ खोल दो। बस, सब ठीक हो जाएगा। यह कोई नहीं सोचता कि अन्यत्र अनेक स्थानों में कितना गोमांस खर्च होता है। किसानों की दुर्दशा के कारण, अकालों के कारण, पशुरोगों के कारण गोवंश की कितनी क्षति हो रही है। इस पर कोई नहीं विचार करता कि भारत ऐसे विशाल देश में, गोशाला-प्रणाली से, गोहत्या में, भला कितनी कमी हो सकेगी? क्या मुसलमानों से दंगा-फिसाद करने से गोरक्षा के आन्दोलन को लाभ पहुँच सकता है? क्या गोशालाओं का प्रबन्ध चरित्रहीन मनुष्यों के हाथ में सौंप देने से चोरी, छल-कपट, कुप्रबन्ध और सार्वजनिक अविश्वास की आशंका नहीं? सारांश यह है कि न तो लोग कारणों का अनुसंधान करते हैं, न उपायों के प्रयोग में विचारशीलता से काम लेते हैं।"

जैसे-जैसे इस देश में गांधीवाद का प्रभाव बढ़ा, वैसे-वैसे बुद्धिवाद, स्वतंत्र और निर्भीक चिन्तन, धार्मिक और सामाजिक रूढ़ियों की आलोचना मन्द पड़ती गई। अंग्रेज कहते थे, हिन्दुस्तान के लोग आपस में एका कर लें, हम उन्हें सारे

अधिकार देकर वापस चले जाएँगे। इसलिए भारत के नेताओं ने कहा, सभी धर्म अच्छे हैं, अछूतोद्धार तो होना चाहिए लेकिन मंदिर भी रहेंगे, पुजारी भी रहेंगे, वर्गहीन समाज अच्छा है, उसमें पूँजीपति भी रहेंगे, भूस्वामी भी रहेंगे, केवल वे अब जनता के ट्रस्टी बन जाएँगे। सामाजिक व्याधियाँ सामाजिक संगठन द्वारा, सामुदायिक संघबद्ध संघर्ष द्वारा ही दूर की जा सकती हैं। देश में ऐसे नेताओं और धर्माचार्यों की कमी नहीं जो इन व्याधियों को व्यक्तिगत प्रयत्न से दूर करने पर जोर देते हैं। तर्क यह होता है कि व्यक्तियों से समाज बनता है, हर व्यक्ति अपना सुधार कर ले तो सारा समाज सुधर जाए। यानी भूचाल आने पर हर आदमी अपने घर की रक्षा कर ले तो पूरा शहर सुरक्षित बना रहेगा। सत्यशोधक ने व्यक्तिगत नैतिक सुधार से संसार की दशा सुधारने के बारे में लिखा : "संसार में बहुत-से लोग निर्धन हैं, भूख-प्यास से व्याकुल हैं, अच्छे-अच्छे वस्त्रों और घरों के अभाव से शोचनीय दशा में पड़े हुए हैं। इस दुरवस्था का सुधार करने के लिए यह उपाय बताया जाता है कि धनी लोग भूखों को भोजन करावें, सदाव्रत स्थापित करें और खूब दान दें। पर यदि हम सोचें कि जो धन मुफ्त बाँट दिया जाता है, वह उद्योग-धन्धों में लगाया जाने पर देश की समृद्धि बढ़ाकर जनसाधारण की सम्पत्ति की वृद्धि कर सकता है; यदि हम सोचें कि दान देने से आलस और निरुद्यम की, अतएव, दुराचार की वृद्धि होती है और स्वावलम्बन की मात्रा घट जाती है; यदि हम सोचें कि आलसियों और निरुद्यमी लोगों को धन देने से अनेक निरालसी और उद्यमी मनुष्य दुर्दशा में पड़ जाते हैं, तो हमें इस उपाय की व्यर्थता और बुराई स्पष्ट मालूम हो जाएगी।"

भारतीय समाज के आधुनिक समाज बनने में यहाँ सबसे बड़ी बाधा जाति-प्रथा रही है। सैकड़ों जातियों, उपजातियों ने अपने संघ बनाये हैं और इनके चौधरी जनतंत्र के मुख्य आधार बन जाते हैं। पढ़े-लिखे लोगों में अपढ़ जनता से कुछ अधिक ही जाति-बिरादरी वाली संकीर्णता मौजूद है। सत्यशोधक ने सामाजिक उन्नति की राह में ऐसे संघों को बहुत बड़ी रुकावट माना। उन्होंने लिखा : "हिन्दुओं में बाल-विवाह, वृद्ध-विवाह, अनमेल विवाह, विवाहों में फिजूलखर्ची, जाति-पाँति के व्यर्थ झगड़े इत्यादि बहुत-सी सामाजिक कुरीतियाँ प्रचलित हैं। उनको दूर करने के लिए सैकड़ों सभाएँ स्थापित हुई हैं—ब्राह्मण, क्षत्रियों और वैश्यों की सभाएँ हैं; कान्यकुब्जों, गौड़ों, सनाढ्यों, अग्रवालों, खंडेलवालों, पल्लीवालों, कायस्थों और कलवारों आदि की भी सैकड़ों सभाएँ हैं। पर इन सभाओं के कार्यकर्त्ताओं ने यह विचार नहीं किया कि हमारी सारी सामाजिक कुरीतियों की जड़ वर्ण-व्यवस्था है। जातियों की ये छोटी-छोटी सभाएँ, जो वर्ण-व्यवस्था के भेद को और भी पुष्ट करती हैं, लाभ के साथ हानि ही पहुँचावेंगी और व्यापक सुधार के आन्दोलन के मार्ग में विघ्न डालेंगी।"

इस देश में सामन्ती अवशेष इतने सुदृढ़ हैं, सामाजिक आधार के नष्ट हो जाने पर भी उनके संस्कार लोक-मानस में ऐसे गहरे जमे हुए हैं कि पढ़े-लिखे लोग बड़ी उदारपंथी बातें करने के बावजूद उनसे उबर नहीं पाते। बड़े-बड़े शिक्षा-केन्द्र जाति-बिरादरी के आधार पर निहायत गन्दी और संकीर्ण गुटबन्दियों के केन्द्र बन गए हैं। साठ साल पहले यह कहने का साहस बहुत कम लोगों में था कि हमारी सारी सामाजिक कुरीतियों की जड़ वर्ण-व्यवस्था है।

सत्यशोधक जानते थे कि बरसों तक लगातार वैज्ञानिक चिन्तन का प्रचार-प्रसार करने से लोगों के पुराने संस्कार बदलेंगे। जैसे चिकित्साशास्त्र का ज्ञान फैलने से लोग अपने रोगों और उनकी चिकित्सा के बारे में बुद्धि से काम लेते हैं : "इसी प्रकार जैसे-जैसे समाजशास्त्र की उन्नति होती जाएगी और सामाजिक ज्ञान भी बढ़ता जाएगा, वैसे ही वैसे सामाजिक विषयों में भी खोज, तर्क और निर्णय होने लगेंगे। समाजशास्त्र का यही काम है कि समाज-सम्बन्धी सत्यों को इकट्ठा करे; उनका वर्गीकरण करे, उन्हें एक दूसरे से मिलावे; उन्नति, अवनति और परिवर्तन के सिद्धान्त—व्यापक नियम—निकाले। इसी मार्ग पर चलने से भविष्यत् प्रगति को सहायता पहुँच सकेगी, और किसी तरह नहीं।"

आजकल समाजशास्त्र अनेक विश्वविद्यालयों में पढ़ाया जाता है और आगरे में तो उसके लिए एक अलग विद्यापीठ ही है। किन्तु चाहे समाजशास्त्र हो, चाहे साहित्य और भाषाविज्ञान, इस देश के विश्वविद्यालय नई विचारधारा के, नये सामाजिक-सांस्कृतिक आन्दोलनों के केन्द्र नहीं बने। इसका मुख्य कारण यह है कि शास्त्र से जनता के व्यवहार को नहीं जोड़ा गया। यह शास्त्र पहले ब्रिटेन में बनता था, अब अमरीका में उसका सबसे बड़ा कारखाना है और शिक्षा-संस्थानों के ग्रंथागार इन शास्त्रों से पटे पड़े हैं। इनका अध्ययन-अध्यापन करते हुए औसत बुद्धिजीवियों की जो खेप निकल रही है, वह इस देश के जीवन को बदलने या प्रभावित करने में असमर्थ है। सत्यशोधक ने समाजशास्त्र पर अपना लेख स्पेन्सर की पुस्तक के आधार पर लिखा था पर ऊपर के उद्धरणों से जाहिर है कि उनका ध्यान समकालीन भारतीय समाज पर अधिक है, शाश्वत शास्त्र-चर्चा पर कम।

अगस्त, 1915 की 'सरस्वती' में इसी विषय पर स्पेन्सर की उसी पुस्तक के आधार पर लिखा हुआ सत्यशोधक का निबंध प्रकाशित हुआ : "समाजशास्त्र का अस्तित्व'। लेख को यह शीर्षक इसलिए दिया गया है कि बहुत-से लोग समाजशास्त्र का अस्तित्व ही न मानते थे। यदि सब कुछ ईश्वर की इच्छा से होता है तो धर्मशास्त्र पढ़ना काफी है। समाजशास्त्र की जरूरत क्या है? समाज-सम्बन्धी बातों को इकट्ठा करना, उनकी तुलना करने के बाद 'सामाजिक कार्य-कारण सम्बन्ध' स्थिर करना और 'ऐसे व्यापक नियमों' का पता लगाना जिनसे समाज की उन्नति या अवनति होती है, समाजशास्त्र का काम है।

जो लोग समाजशास्त्र का अस्तित्व नहीं मानते, उनके बारे में सत्यशोधक कहते हैं : "बहुधा सुना जाता है कि संसार में जो कुछ होता है, सब ईश्वर अपनी इच्छा से करता है या हमारे भाग्य से होता है।" फ्रांस की राज्यक्रान्ति या भारत पर मुसलमानों की विजय के ऐतिहासिक कारणों का पता लगाने के बदले ऐसे लोग सारे घटनाक्रम को ईश्वर की इच्छा कहकर छुट्टी पा लेते हैं। इनकी तर्क-योजना में जो असंगति है, उस पर व्यंग्य करते हुए सत्यशोधक कहते हैं : "बड़े मजे की बात तो यह है कि जो लोग एक क्षण ईश्वर को अतर्क्य, अज्ञेय, अचिन्त्य बतलाते हैं, वही दूसरे क्षण ऐसे ढंग से बातचीत करते हैं मानो वे ईश्वर के साक्षात् प्राइवेट सेक्रेटरी ही तो हैं! खैर, इस प्रकार के ईश्वरवादियों के लिए समाजशास्त्र की रचना नहीं हुई।"

कोई यह न कहे कि समाजशास्त्र नास्तिकों का शास्त्र है, इसलिए तुरन्त कैफियत देते हुए सत्यशोधक कहते हैं कि परमात्मा कोई काम करता है तो इच्छा या सनक से नहीं, निश्चित सिद्धान्तों और नियमों के अनुसार करता है। इनका पता लगाना आपका कर्तव्य है। इस तरह आप ईश्वरवादी और समाजशास्त्री, दोनों एक साथ हो सकते हैं। यहीं ईश्वर के प्रति कोई प्रगाढ़ भक्ति-भावना दिखाई नहीं देती; ईश्वरवादियों से सीधी टक्कर न हो और समाजशास्त्र पर ध्यान केन्द्रित रहे, इसलिए उपर्युक्त तर्क पेश किया गया है।

यदि सामाजिक घटनाएँ ईश्वर-कृत नहीं हैं, तो मनुष्य का इतिहास कुछ महापुरुषों का कारनामा और भी नहीं है। उन्नीसवीं सदी में कार्लायल ने वीर-पूजा का सिद्धान्त अपनाया था, इतिहास का वस्तुगत अध्ययन करने के बदले उसने उसे महापुरुषों के जीवन-चरित में समेट लिया था। उसका नाम लेकर इस धारणा का खंडन करते हुए सत्यशोधक कहते हैं कि हिन्दुओं के लिए एक शंकराचार्य ने बौद्धधर्म को भारत से निकाल दिया, ईसाइयों के लिए एक ईसामसीह ने सारे संसार की काया पलट दी, आर्य समाजियों के लिए एक स्वामी दयानन्द ने सारे भारत को जगा दिया; "कुछ लोगों की धारणा है कि अकेला एक मनुष्य करोड़ों मनुष्यों के जीवन-क्रम में सदा के लिए या बहुत दिनों के लिए व्यापक परिवर्तन कर सकता है। अतएव सामाजिक परिवर्तनों के कारण जानने के लिए आपको सामाजिक शक्तियों और प्रभावों की ओर जाने की—सामाजिक सत्यों की छानबीन करने की—आवश्यकता ही नहीं। केवल महान् पुरुषों के जीवन की ओर दृष्टि डालने की आवश्यकता है।"

वीर-पूजा का भाव व्यापक रूप से फैला हुआ है। इसके अनेक कारण हैं। पहला कारण यह है कि "असभ्य जातियों के इतिहास में नेताओं के लड़ाई-झगड़े छोड़कर और कुछ है ही नहीं।" लोग यही बात सभ्य जातियों के इतिहास में भी देख लेते हैं। दूसरा कारण यह है कि लोगों को वीरों की कहानियाँ अच्छी लगती हैं और वे विश्वास करते हैं कि "मनुष्य समाज में जो कुछ हुआ है और हो रहा है, यह या तो ईश्वर की या कुछ इने-गिने महात्माओं ही की माया है।" तीसरा कारण

हमारी शिक्षा-व्यवस्था है जिसमें "बड़े-बड़े लोगों के नाम-धाम, युद्ध आदि पर ही विशेष जोर दिया जाता है।" इसका यह अर्थ नहीं कि महापुरुष सामाजिक गतिविधि को प्रभावित नहीं करते पर ये महान् होते हैं—सामाजिक परिस्थितियों के अनुसार काम करने के कारण। सत्यशोधक कहते हैं : "सामाजिक अवस्था ही महान् पुरुषों की महिमा का कारण होती है", "महान् पुरुषों के कार्य भी समाज के अंग-प्रत्यंगों, स्थितियों, विचारों और भावों पर अवलम्बित रहते हैं।"

वह इस तर्क का भी उत्तर देते हैं कि समाजशास्त्र बहुत-सी बातें निश्चित रूप में नहीं कहता। वह कहते हैं कि यह बात सभी विद्वानों के लिए कही जा सकती है। भूगर्भशास्त्र की बहुत-सी बातें अभी अनिश्चित हैं, वैसे ही समाजशास्त्र की बातें। समय बीतने पर यह भी उन्नत और परिपक्व हो जाएगा। मुख्य बात यह है कि जिन बातों को 'ऐतिहासिक' कहा जाता है, वे वास्तव में उतनी महत्त्वपूर्ण नहीं हैं। सत्यशोधक प्रतापी शासकों के जीवनक्रम से ध्यान हटाकर उसे सामाजिक परिस्थितियों पर केन्द्रित करने को कहते हैं। इतिहास के प्रति यह एक नया और वैज्ञानिक दृष्टिकोण है। लिखा है : "अमुक राजा कब पैदा हुआ, कहाँ पैदा हुआ, कब मरा, क्यों मरा, कैसे मरा, कहाँ मरा, कहाँ दफन किया गया, उसकी सेना में कितने पैदल और कितने सवार थे—इस प्रकार की लचर 'ऐतिहासिक' बातों के सम्बन्ध में व्यापक और निश्चित नियम किये ही नहीं जा सकते। पर धर्म, समाज-संगठन, समाज के अंगों के कार्य, वृद्धि, ह्रास, राजनैतिक प्रगति, व्यापार तथा उद्योग-धन्धे की उन्नति और अवनति इत्यादि के विषय में नियम या सिद्धान्त अवश्य ही स्थिर किये जा सकते हैं।"

इतिहास को समझने के लिए समाज की सभी परिस्थितियों को जानना जरूरी है। इसके आगे प्रश्न यह होता है कि इन परिस्थितियों में मुख्य भूमिका किनकी है। मार्क्सवाद ने इस प्रश्न का उत्तर दिया था : मुख्य भूमिका आर्थिक परिस्थितियों की है। उसने यह भी बताया था कि इन परिस्थितियों का विश्लेषण कैसे करना चाहिए। किसी भी समाज-व्यवस्था में उत्पादन और वितरण की पद्धति किस प्रकार की है, इस पर उसका आर्थिक ढाँचा निर्भर होता है। इस पद्धति की छानबीन करके हम आर्थिक परिस्थितियों को पहचानते हैं। सत्यशोधक राजनीतिक प्रगति, व्यापार और उद्योग-धन्धों की उन्नति तथा अवनति के नियमों का पता लगाने को तो कहते ही हैं, वे इनके साथ धर्म को भी शामिल करते हैं। यानी धर्म की उन्नति और अवनति वैसे ही एक सामाजिक प्रक्रिया है, जैसे उद्योग-धन्धों की उन्नति और अवनति। किस ऐतिहासिक क्रम में धर्म का अभ्युदय होता है, कब उसका ह्रास होता है, विज्ञान और धर्म का क्या सम्बन्ध है—इन सब बातों का विश्लेषण वे करते तो वह बहुत रोचक होता।

द्विवेदी जी ने समाजशास्त्र पर जो सामग्री प्रकाशित की, उसके काफी बड़े हिस्से का सम्बन्ध भारत के आदिवासियों से है। आदिवासियों से सम्बन्धित विवरण

अधिकतर अंग्रेज लेखकों द्वारा एकत्र की हुई सामग्री पर आधारित है और उसमें उनके रीति-रिवाजों का परिचय दिया गया है। अंग्रेजों के विरुद्ध उनके संघर्ष और अंग्रेजी राज में उनके शोषण का वृत्तान्त प्राय: नहीं है। फिर भी यह विवरण महत्त्वपूर्ण है और यह हिन्दी पाठकों को इस तथ्य के प्रति सजग करता है कि भारत का काफी हिस्सा भिन्न सामाजिक अवस्था में रहता है और वह भी भारत का अंग है। कुछ लेखकों ने शेष भारतीय समाज से आदिवासियों के समाज की तुलना भी की और कुछ बातों में आदिवासियों की प्रथाओं को अनुकरणीय पाया। इन लेखकों का ध्यान अमरीका के आदिवासियों की ओर भी गया जिन्हें यूरोपवासियों ने या तो मार डाला था या बंजर इलाकों में खदेड़ दिया था।

मई, 1915 की 'सरस्वती' में द्वारिकानाथ मैत्र ने 'क्रम-विकास' शीर्षक निबन्ध में अमरीकी आदिवासियों के बारे में लिखा : "योरप के जो मनुष्य पहले-पहल अमरीका गए, उन्होंने वहाँ बहुत अत्याचार प्रारम्भ किये। उनके डर से अमरीका के आदिम निवासी जंगलों में भाग गए। बहुतों का कथन है कि इन यूरोप वालों के अत्याचारों से ही आदिम निवासियों की संख्या कम हो गई।"

इसी तरह 'पृथिवी प्रदक्षिणा' में शिवप्रसाद गुप्त ने इनके बारे में लिखा : "नियागरा नाम इरोकोइस भाषा से लिया गया है। यह भाषा इसी नाम की पुरानी जाति की थी जिसे पुराने समय में यूरोप-निवासी लुटेरों ने नष्टप्राय कर डाला।"

रामनारायण शर्मा उन थोड़े-से भारतवासियों में होंगे जिन्हें अमरीकी आदिवासियों से मिलने और उनके रहन-सहन को नजदीक से देखने का अवसर मिला था। अक्टूबर, 1913 की 'सरस्वती' में उनका लेख 'ब्रिटिश गायना के जंगलों में भ्रमण' छपा था। यहाँ के जंगलों में घूमते हुए उन्हें एक जाति मिली जिसे उन्होंने साउथ अमरीकन इंडियन या बक कहा है। इनमें से कुछ ने अंग्रेजों का रहन-सहन और ईसाई धर्म अपना लिया था। ज्यादातर लोग वन्य जीवन बिताते थे। इनके घुमन्तू जीवन का यह हाल था कि "ये लोग एक ही स्थान में बहुत दिन तक नहीं वास करते। दो-तीन साल में एक स्थान की भूमि जब कम उपजाऊ हो जाती है तब ये लोग उसे छोड़कर अन्य जगह जा बसते हैं।" ये लोग शान्तिप्रेमी थे। न आपस में लड़ाई-झगड़ा करते थे, न दूसरों से लड़ते थे। शायद इसीलिए ये मारे गए। स्वाभाविक ही था कि "ये लोग सभ्यतायुक्त बस्तियों से घृणा करते हैं।" इनके शारीरिक गठन के बारे में बताया है कि ये नेपाल या बर्मा के लोगों से मिलते-जुलते हैं। कद नाटा, रंग भूरा, चेहरा चौड़ा, पेट निकला हुआ और सूरत भोली-भाली थी। स्त्री और पुरुष बाल-बच्चों समेत एक ही छप्पर के नीचे सोते थे। (इस तरह घुमन्तू जीवन बितानेवाले, सामूहिक रूप से एक ही स्थान पर सोनेवाले कबीले भारत में भी हैं या कुछ वर्ष पहले तक थे।) इनके चरित्र के बारे में लेखक ने लिखा है : "इनमें व्यभिचार बहुत ही कम है। यद्यपि सभ्य जाति के लोग इनकी स्त्रियों और लड़कियों

के साथ जब-तब दुराचरण करते हैं, किन्तु ये लोग उसे बुरा नहीं समझते। ये प्रकृति के निष्कलंक संतान हैं। इनको पाप-दोष छूकर भी नहीं गया।"

अक्टूबर, 1915 की 'सरस्वती' में अमरीकी आदिवासियों पर वीरसेन सिंह का अमरीका से भेजा हुआ लेख छपा : "उत्तरी अमरीका में शीपोहो-कानुमा-कोहकी नामक जाति'। इसका आधार किसी अमरीकी लेखक का निबन्ध है। रेड इंडियन जनों के स्वाधीनता-संग्राम के बारे में लिखा है : "अपनी जन्मभूमि की रक्षा के लिए ये लोग खूब लड़े थे और अब भी कभी-कभी लड़ जाए करते हैं। पर सूर्य के सामने दीपक का प्रकाश नहीं होता। बहुत-से इसी तरह लड़-भिड़कर मर गए। बचे-बचाये थोड़े से रह गए हैं।" इनकी स्त्रियों के बारे में लिखा है : "जब स्त्रियाँ नहाने जाती हैं, रखवाले धनुष-वाण लेकर [तालाब के चारों तरफ की ऊँची] दीवार से कुछ दूर बैठते हैं। गर्मियों में हर रोज स्नान होता है। यहाँ पुरुष नहीं जा सकते। यह केवल बच्चों और स्त्रियों के लिए है। स्त्रियाँ शायद नंगी होकर नहाती हैं और खूब जलक्रीडा करती हैं।" ब्रिटिश गायना के आदिवासियों से भिन्न ये लोग आपस में बहुत लड़ते थे और काफी पुरुष मारे जाते थे। अमरीकियों ने इनके हाथ शराब बेचकर उन्हें और भी बर्बाद किया था।

'सरस्वती' में कुछ लेख अफ्रीकी कबीलों के बारे में भी छपे थे। मई, 1911 के अंक में जूलू लैंड अफ़रीका की 'असभ्य जूली जाति' लेख प्रकाशित हुआ। लेख के साथ लेखक का नाम नहीं है, सम्पादक का लिखा हुआ होगा। लेख के साथ जूलू स्त्री-पुरुषों के अनेक चित्र दिये हुए हैं। इनकी वीरता के बारे में कहा गया है : "जूली लोग बड़े बहादुर और युद्ध-विद्या में निपुण होते हैं। ये लोग पैदल ही युद्ध करते हैं। तीर-कमान, भाला, ढाल, तलवार, गदा आदि इनके मुख्य अस्त्र-शस्त्र हैं।" ये लोग अंग्रेजों से निरन्तर युद्ध करते रहे थे। 'इनके सरदार डेनी जूलू का नाम पाठकों ने अखबारों में पढ़ा होगा। अभी कुछ ही समय हुआ, उसने बगावत करके अँगरेजी गवर्नमेंट को तंग किया था। पर अन्त में वह पकड़ा गया और उसे सजा हुई।" इस लेख के अन्तिम वाक्य में न्याय और भाषण-स्वाधीनता के बारे में बताया गया है : "यहाँ खुली अदालत में न्याय होता है और सबको बोलने की स्वतंत्रता दी गई है।"

यहाँ एक प्रश्न मन में उठता है, अमरीका में अनेक आदिवासी जनों और उनकी सभ्यताओं का नाश यूरोपवालों ने कर दिया, भारत में वे ऐसे ही कबीलों का अस्तित्व नहीं मिटा पाए। अंग्रेजी राज कायम होने से पहले जिन इलाकों में आदिवासी रहते थे, बाद को उन्हीं इलाकों में वे रहते रहे। क्या भारत में आकर अंग्रेज, या उनसे पहले पुर्तगाली, अधिक दयावान हो गए थे? अमरीका में जहाँ बस चला, सभ्य और अर्द्धसभ्य, सभी तरह के कबीलों का उन्होंने नाश किया। पर भारत में जो जातियाँ सभ्य अवस्था में रहती थीं, उनका नाश तो वे कर ही नहीं पाए। जो कबीले अर्द्धसभ्य अवस्था में रहते थे, उनका नाश भी वे नहीं कर पाए। अमरीकी

आदिवासियों और भारतीय आदिवासियों की स्थिति का अन्तर आकस्मिक नहीं है। यहाँ सभ्य अवस्था में रहनेवाली जातियाँ अपनी स्वाधीनता के लिए लड़ीं। बंगाल, पंजाब, महाराष्ट्र, कर्णाटक आदि प्रदेशों में अंग्रेजों से निरन्तर युद्ध हुए। अंग्रेजों या स्पेनवासियों या पुर्तगालियों को जैसे उत्तरी, दक्षिणी अमरीका में फतह हासिल हो गई, वैसे उन्हें इस भारत देश में फतह हासिल नहीं हुई। यदि इन विभिन्न प्रदेशों की जातियाँ अंग्रेजों से न लड़तीं तो भारतीय आदिवासियों की स्थिति कुछ दूसरी होती। वे भी अपनी स्वाधीनता के लिए लड़े किन्तु उनका संघर्ष उन्हें बचा न पाता, यदि शेष भारत के लोगों ने भी अंग्रेजों से लोहा न लिया होता। ऐतिहासिक दृष्टि से आदिवासियों का संघर्ष भारतीय जनता के स्वाधीनता-संग्राम का अभिन्न अंग रहा है, इस बात से इनकार नहीं किया जा सकता। प्रतिक्रियावादियों का प्रयत्न यही रहा है कि इतिहास के इस तथ्य को भुला दिया जाए और आदिवासी भारत को शेष भारत से अलग कर दिया जाए।

जिस समय यूरोप के जमींदार और व्यापारी संसार के नये-नये क्षेत्रों में फैलने लगे, उस समय विभिन्न महाद्वीपों के आदिवासी सामाजिक विकास की विभिन्न मंजिलों में थे। इनमें कुछ लोग घुमन्तू जीवन बितानेवाले थे—जैसे ब्रिटिश गायना के आदिवासी, और कुछ ऐसे गण-समाज थे जो सामन्ती व्यवस्था में प्रदेश कर रहे थे—जैसे जूलू। इसीलिए जूलू लोगों में 'लड़के लड़कियों की शादी उनके माता-पिता के अधीन है' और इनके यहाँ "राजा वंशपरम्परा के अनुसार ही होते हैं।" अफ्रीका और अमरीका के अलावा आदिवासी समाजों की एक लम्बी शृंखला प्रशान्त महासागर के द्वीपों में फैली हुई थी। अफ्रीकी और अमरीकी आदिवासियों की अपेक्षा प्रशान्त महासागर के इन गण-समाजों से भारतीय जनता का निकट सम्बन्ध रहा है जिस पर अभी बहुत कम ध्यान दिया गया है। सितम्बर, 1911 की 'सरस्वती' में इन पर लेख छपा : 'प्रशान्त महासागर के टापुओं की कुछ असभ्य जातियाँ'। इसके साथ लेखक का नाम नहीं है और इसे आदिवासी गण-समाजों के प्रति द्विवेदी जी की समाजशास्त्रीय दिलचस्पी का प्रमाण मानना चाहिए। ऐसे अन्य लेखों की तरह यह भी सचित्र है। इस लेख के चित्रों की विशेषता यह है कि इसमें नग्न स्तनोंवाली दो सुन्दर युवतियों के चित्र दिये गए हैं। पृष्ठ 441 के सामने जिस युवती का चित्र है, बताया न जाए कि किस समाज या प्रदेश की है तो लोग उसे किसी रोमन युवती का चित्र समझ सकते हैं। ब्रिटिश गायना के शान्तिप्रेमी आदिवासियों के विपरीत अनेक पॉलीनीशियन गण-समाजों में नर-भक्षण की प्रथा प्रचलित थी। पहले किसी समय ये "कमजोर बच्चों और बुड्ढों को, गले में फाँसी लगाकर, मार डालते थे। अपने समाज में निर्बल मनुष्यों को जीता रखना ये लोग अपनी तौहीन समझते थे।" पश्चिमी सभ्यता के सम्पर्क का एक परिणाम यह हुआ कि "इनमें नई-नई बीमारियाँ फैलीं और इनकी जनसंख्या निरन्तर घटने लगी, पर

बीमारी के अलावा, इनकी संख्या की कमी के और भी कई कारण हैं।" द्विवेदी जी का यह भी विचार था कि यूरोपवालों के संसर्ग से ये दुराचरण सीख गए हैं, पहले सदाचरणशील थे। ये खेती करते थे, पेड़ की छाल कूटकर कपड़ा भी बनाते थे। फावड़ा-कुदाली पत्थर से बनाते थे, धनुषबाण और भाले से युद्ध करते थे। "इनकी स्त्रियाँ भी कमर के ऊपर का सर्वांग खुला रखती हैं।" केरल और पॉलीनेशिया की स्त्रियों की इस प्रथा का एक ही स्रोत हो तो आश्चर्य नहीं। बोगेनविली टापू के निवासी नर-भक्षण के विशेषज्ञ थे। "अपरिचित आदमी उनसे भागे नहीं बचता। पकड़कर उसे ये फौरन खा जाते हैं। लडाकू ऐसे होते हैं कि पड़ोस के टापुओं पर अकारण चढ़ाई करके वहाँ वालों के सिर काट लाते हैं। मनुष्य मारना और मारकर खा जाना इनके लिए खेल है।" भारतीय काव्यों में राक्षसों की जो कहानियाँ लिखी गई हैं, वे निराधार नहीं हैं।

यूरोपवासी जातियों के विश्वव्यापी प्रसार के सामने अमरीका, अफ्रीका और प्रशान्त महासागर के द्वीपों में जो आदिवासी बच रहे, उनकी तुलना में भारतीय आदिवासी गण-समाज अधिक सभ्य थे। भारतीय सामन्तवाद वैसा हिंसक नहीं था जैसा आधुनिक पूँजीवाद। इसलिए ये गण-समाज वनों और पर्वतों में अपनी रक्षा कर सके और शताब्दियों तक अपनी निवासभूमि में जीवन बिता सके। इसके सिवा सामन्ती व्यवस्था में जीवन बितानेवाली जातियों के सम्पर्क में आने से इन्होंने भारतीय संस्कृति के बहुत-से तत्त्व अपनाये। यूरोपवासियों का प्रवेश होने के बाद इनमें से अनेक गण-समाज उनसे वीरतापूर्वक लड़े। अंग्रेजी राज कायम होने के बाद इनकी दशा ज्यादा खराब हुई, जनसंख्या घटने लगी और साहूकारों-महाजनों ने इनका शोषण आरम्भ किया।

दिसम्बर, 1908 की 'सरस्वती' में बदरीदत्त पांडे का सचित्र लेख 'जौनसार-बावर' छपा। यहाँ की स्त्रियों के बारे में लिखा है : "यहाँ पर्दा नहीं है। स्त्रियों को बड़ी स्वतंत्रता है, विधवा-विवाह भी प्रचलित है। व्यभिचार यहाँ बहुत है।" सामन्ती समाज में व्यभिचार और सदाचार के दो विभाग कर दिये जाते हैं। व्यभिचार के लिए वेश्याएँ और रखैलें होती हैं, सदाचार के लिए एक और अनेक विवाहिता गृह-लक्ष्मियाँ। दोनों ही स्थितियों में नारी पराधीन होती है, वेश्या कम, गृहलक्ष्मी अधिक। ऐसे समाज का व्यक्ति जब गण-समाज में स्त्रियों को स्वाधीन देखता है तो उसे सहज ही सदाचार से अधिक व्यभिचार दिखाई देता है। उक्त प्रदेश के लोगों पर संतराम का लेख 'किन्नर जाति' दिसम्बर, 1915 की 'सरस्वती' में प्रकाशित हुआ। सामन्ती व्यवस्था में रहनेवाली स्त्रियों से स्वाधीन किन्नर स्त्रियों की तुलना करते हुए संतराम ने लिखा : "इस प्रान्त की स्त्रियाँ हमारी स्त्रियों के सदृश्य परावलम्बिनी नहीं; वे पुरुषों से बढ़कर काम करती हैं। पुरुष केवल हल जोतते हैं। शेष काम—बीज डालना, निकाई करना, काटना, माड़ना इत्यादि—स्त्रियाँ ही करती

हैं।...स्त्रियाँ यहाँ की स्वतंत्र कमाई करती हैं, इसलिए विवाह हो जाने पर भी, पुरुष स्त्री पर अत्याचार नहीं कर सकता। यदि पति पतित हो जाए, व्यभिचारी हो जाए, अथवा स्त्री पर अत्याचार करे तो पत्नी उसका परित्याग कर देती है।"

फरवरी, 1907 की 'सरस्वती' में सीताराम सिंह ने अपनी प्रत्यक्ष जानकारी के आधार पर 'आसाम की नग्न नागा जाति' शीर्षक लेख लिखा। सीताराम सिंह भारतीय फौज में थे और उनकी सोलहवीं राजपूत पलटन बहुत दिनों तक मणिपुर में रही। "अतएव हमें नागाओं के रूप-रंग, आचार-विचार, और व्यवहार आदि को देखने का प्रत्यक्ष मौका मिला।" मणिपुर के समाज पर भारतीय सामन्ती संस्कृति का विशेष प्रभाव पड़ा था। यहाँ के लोग अपनी उत्पत्ति महाभारत के अर्जुन से मानते थे। पहले ये लोग अपने मुर्दे जमीन में गाड़ते थे और मारे गए शत्रुओं के सिर काटकर घर लाते थे। बहुत-सी बातों में नागा प्रभाव बना रहा। वे सिर के बाल कूकी नागाओं की तरह बाँधते थे, उन्हीं की तरह कपड़े पहनते थे। "मनीपुर के राजा जब राजसिंहासन पर बैठते हैं तब नागों की ही पोशाक पहनकर बैठते हैं। राजा के महलों में एक घर उसी फैशन का बना होता है जिस फैशन के घर नागों के होते हैं। जब राजा बाहर निकलता है तब मनीपुरी सिपाही नागों ही से अस्त्र-शस्त्र बाँधकर उसके साथ रहते हैं।"

सीताराम सिंह को इस बात का श्रेय है कि फौज में रहते हुए भी उन्होंने किसी समाजशास्त्री की तरह नागा लोगों के रहन-महन और रीति-रिवाजों का अध्ययन किया। लेख के साथ जो चित्र छपे हैं, वे भी सम्भवत: उन्हीं के खींचे होंगे। द्विवेदी जी को श्रेय इस बात का है कि उन्होंने फौज में ऐसा व्यक्ति ढूँढ़ निकाला जो हिन्दी लिख सकता था और जिसके पास आवश्यक बातें देखनेवाली दृष्टि थी। ऐसे प्रत्यक्षदर्शी लेखक से सम्पर्क कायम करना और उससे लेख प्राप्त करना उनकी बहुत बड़ी सम्पादकीय सफलता थी।

कृष्ण-पूजक मणिपुरियों की रासलीला देखकर सीताराम सिंह ने लिखा था : "इनकी रासलीला की पोशाक बड़ी ही सुन्दर होती है। सलमे सितारे के लाल और हरे रंग के साटन के कपड़े पहनकर जब ये लोग रास करते हैं तब बड़ा आनन्द आता है। राधा के घाघरे पर शीशे के बेशुमार छोटे-छोटे टुकड़े या सितारे जड़े रहते हैं और कृष्ण के कपड़ों में भी। सामने परदे पर झूठा काम रहता है। सिर पर मोरपंख का जो मुकुट रहता है, वह खूब सजा हुआ होता है।"

सीताराम सिंह फौजी आदमी थे, कसरत-कुश्ती के प्रेमी रहे होंगे। मणिपुरियों के स्वस्थ सुगठित शरीर की उन्होंने प्रशंसा की : "देखने से मालूम होता है मानो इन लोगों ने खूब कसरत करके अपने बदन को बनाया है।" तुलनीय है इनकी स्थिति से अमरीका और प्रशान्त महासागर के उन आदिवासियों की स्थिति जिन्हें यूरोप के सौदागरों ने ह्विस्की और सिफलिस के तोहफे भेंट किये थे।

असम प्रदेश के पहाड़ी हिस्से में रहनेवाले नागाओं के बारे में सीताराम सिंह ने लिखा : "इनका रंग गोरा और बदन दोहरा और मजबूत होता है।" भारत में काले आदमियों के अलावा गोरे भी रहते थे। यूरोपवालों के आने पर ही यहीं के निवासियों ने पहले-पहल गोरा रंग नहीं देखा। सीताराम सिंह ने बताया कि नागाओं की अनेक जातियाँ यानी कबीले हैं। उन्होंने उनके शादी-ब्याह, मृत्यु-जन्म आदि से सम्बन्धित रस्मों का वर्णन किया। उनकी स्त्रियों के बारे में लिखा : "नागों की स्त्रियों में व्यभिचार बहुत ही कम है। यदि व्यभिचार साबित हो जाए तो व्यभिचारी आदमी का सिर ये काट देते हैं, पर स्त्री का नहीं। व्यभिचारिणी स्त्री हजार में भी एक न मिलेगी। यदि क़ोई दूसरे की स्त्री को भगा ले जाए तो आजकल के कानून के मुताबिक ले जानेवाले को स्त्री की दुगनी कीमत, अर्थात् दो भैंस की जगह चार भैंस इत्यादि देनी पड़ती है। पर ऐसा बहुत ही कम होता है।" इस तरह का आचार-व्यवहार न तो सामन्ती समाज में दिखाई देता है, न पूँजीवादी समाज में। सभ्य कहलानेवाले समाजों के लिए ऐसे आदिवासी समाजों से सीखने के लिए अनेक बातें हैं, समाजवादी व्यवस्था में रहनेवालों के लिए भी।

जुलाई, 1909 की 'सरस्वती' में मध्य प्रदेश के गोंड जनों पर शिवप्रसाद शर्मा का लेख 'बैगा जाति के अनार्य' प्रत्यक्ष अनुभव के आधार पर लिखा गया है। विन्ध्याचल और सतपुड़ा में गोंड बसते हैं। बैगा जाति अमरकंटक के पहाड़ों में रहती है। ये गाँवों में नहीं रहते, जंगलों में झोपड़े बनाकर चार-छह कुटुम्ब एक साथ रहते हैं। इन लोगों ने लोहे को उपयोग में लाना अच्छी तरह नहीं सीखा। इनके हथियार कुल्हाड़ी और तीर-कमान हैं। (जैसे महाकाव्यों में परशु और धनुषबाण भारतीय वीरों के हैं।) "तीर चलाने में ये बड़े ही सिद्धहस्त होते हैं। ये अपने निशाने को कभी नहीं चूकते।" खेती करने की रीति यह है कि कुल्हाड़ी से जंगल काट डालते हैं। जब लकड़ियाँ सूख जाती हैं तब उनमें आग लगा देते हैं। राख में बीज डाल देते हैं और वर्षा होने पर अंकुर निकल आते हैं। इस तरह जंगल जलाकर खेती करने की प्रथा भारत के पूर्वी प्रदेशों में रहने वाले वन्य समाजों में भी प्रचलित रही है।

इनके स्वास्थ्य और शारीरिक गठन के बारे में शिवप्रसाद शर्मा ने लिखा है : "इन लोगों का कद यद्यपि विशेष लम्बा नहीं होता तो भी ये बड़े बलवान् होते हैं और जंगल पहाड़ों में निडर फिरा करते हैं।" इनके जादूगर होने की धारणा का खंडन करते हुए इनके चरित्र के बारे में लेखक ने बताया है : "और लोग समझते हैं कि ये बड़े जादूगर हैं और दूसरे लोगों पर टोना कर दिया करते हैं। पर मुझे इस पर विश्वास नहीं। क्योंकि मैं स्वयं अमरकंटक गया हूँ और वहाँ इन लोगों से बातचीत की है। ये लोग बड़े सीधे सच्चे और मिहनती होते हैं। परन्तु ये मिलते कम हैं। यदि इनके साथ कोई थोड़ा भी सख्ती का व्यवहार करे तो ये उसके पूरे दुश्मन हो जाते हैं और फिर उसकी जान लिये बिना नहीं रहते। यदि इन्हें शिक्षा दी जाए

तो सम्भव है, इनकी जंगली आदतें छूट जाएँ और ये थोड़ा-बहुत सभ्य हो जाएँ। शिक्षा विभाग के अधिकारियों को इस पर ध्यान देना चाहिए।"

भारतीय आदिवासियों पर जिसने भी अपने अनुभव के आधार पर कुछ लिखा है, उसने उनके चरित्र की प्रशंसा की है। शरीर बलवान्, मन निडर और सच्चा—ये गण-समाज के गुण हैं जो सामन्ती व्यवस्था में दुर्लभ हो जाते हैं और पूँजीवादी व्यवस्था में और भी दुष्प्राप्य हो जाते हैं। आदिवासियों को शिक्षित करना जरूरी है पर इस तरह कि उनके वे पुराने गुण बने रहें और वे आधुनिक सभ्यता के नाम पर ठगविद्या न सीख लें। यह तभी सम्भव है जब ठगों को उनसे दूर रखा जाए। यदि इस देश में शीघ्र समाजवादी व्यवस्था कायम नहीं होती और पूँजीपतियों को—सूदखोर साहूकारों और जमींदारों को—छूट मिलती है कि आदिवासियों के श्रम का निर्बन्ध शोषण करें, तो भारत के लिए आदिवासी-समस्या अत्यन्त जटिल हो जाएगी।

अक्बूबर, 1915 की 'सरस्वती' में चाईबासा के धनीराम बली ने अपने अनुभव के आधार पर कोल समाज पर लेख लिखा : 'हो-जातीय एक नया सम्प्रदाय'। लेखक ने बताया है कि आरम्भ में कोल लोग जंगलों में रहते थे और वन्य जीवन बिताते थे। जब से ये घर बनाने और कपड़े पहनने लगे, तब से 'हो' कहलाने लगे। "इनकी भाषा में 'हो' मनुष्य को कहते हैं।"

ये सिंहभूमि जिले में अधिक पाए जाते हैं। बाजार जाते हैं तो दल बाँधकर। स्त्रियाँ भी इकट्ठी होकर बाजार जाती हैं। स्त्रियाँ स्वाधीन हैं। "युवक-युवतियाँ कभी-कभी एक साथ परस्पर हाथ मिलाये बाजारों में चलती हैं। ब्याह-शादी के अवसर पर भोज होता है, लोग शराब पीते हैं और नाचते गाते हैं।...सारी युवतियाँ एक साथ मिलकर मंडप में घूमती और नाचती हैं। आदमी वंशी, मादल (एक प्रकार का ढोलक), नक्कारा, झाँझ और घंटी बजाते और स्त्रियों के बीच में नाचते हैं। कभी-कभी युवतियों के संग युवक भी मिलकर नाचने लगते हैं। शादी खतम होने के बाद वर और कन्या को उसी मंडप में थोड़ी देर नाचना पड़ता है।"

इस 'हो' जाति में एक नये सम्प्रदाय का जन्म हुआ जिसने शराब पीना छोड़ दिया और गेरुये वस्त्र पहनने लगा। कुछ लोग कोट-पाजामा भी पहनते थे। इनकी स्त्रियाँ गेरुये रंग की साड़ी पहनती थीं। भाषा-सम्बन्धी स्थिति यह थी : "ये बोलचाल की हिन्दी समझ सकते है और हिन्दी में अपना मनोभाव भी किसी तरह प्रकट कर सकते हैं। आश्चर्य की बात यह है कि इनके मंत्रों में संस्कृत, हिन्दी, बंगला, ओड़िया, अंग्रेजी आदि कई भाषाओं के शब्द मिले हैं। पर इनमें से किसी ने इन भाषाओं को नहीं सीखा।"

जनवरी, 1916 की 'सरस्वती' में नानकमता, नैनीताल के श्यामसुन्दर वर्मा का 'थारू जाति' शीर्षक लेख छपा है। यह लेख भी प्रत्यक्ष जानकारी के आधार पर लिखा गया है। लेखक ने बताया है कि थारू जाति जिला नैनीताल की पूर्वी तराई में

बसती है। हिन्दू लोग इन्हें अंत्यज मानते थे। इसके जवाब में थारू लोगों ने ब्राह्मणों को अछूत घोषित कर दिया था। सामन्ती समाज के पुरोहित वर्ग की संस्कृति से एक गण-समाज की टक्कर होने पर उस गण-समाज द्वारा आत्मसम्मान की रक्षा का यह अनुपम उदाहरण है। थारू लोगों का कहना था कि "इनके पूर्वजों के साथ बाह्मणों ने विश्वासघात किया जिसके कारण यवनों से इनकी हार हुई और ये लोग घने जंगलों में जा छिपे। तभी से ये अपना कोई भी काम ब्राह्मणों से नहीं कराते। ब्राह्मणों के हाथ का भोजन क्या, उनके छुए हुए कच्चे घड़े का पानी भी ये नहीं पीते।"

इनकी स्त्रियों की स्थिति यह है : "इस जाति में पर्दे का रिवाज नहीं। स्त्रियों को पूर्ण स्वतंत्रता है। वे चाहें तो पति का त्याग करके दूसरे के घर जा सकती हैं। दूसरे से विवाह का व्यय ले लिया जाता है।" यद्यपि जब स्त्री-पुरुष झुंड के झुंड मछलियाँ मारने जाते हैं तब गालियाँ बकते हैं और होली में असभ्य गीत गाते हैं, फिर भी "थारू लोग ईमानदार, सच्चे और सीधे-सादे हैं। इन्हें छल-कपट नहीं आता। पर अब नई शिक्षा और संगति से शायद इनका स्वभाव बदल जाए।" अनेक लेखकों की तरह श्यामसुन्दर वर्मा को भी भय है कि आधुनिक सभ्यता के सम्पर्क से इन वनवासी समाजों को लाभ न होगा।

इस तरह के लेख अन्य भारतीय गण-समाजों पर भी प्रकाशित हुए। हिन्दी की आधुनिक पत्रिकाओं, साप्ताहिक पत्रों आदि को देखने से लगता है कि आदिवासी भारत की जनता की ओर शिक्षितजनों का ध्यान अब कम जाता है। द्विवेदी जी ने इस सम्बन्ध में जो निबन्ध प्रकाशित किये, उनमें किसी गम्भीर समाजशास्त्रीय विवेचन का प्रयत्न नहीं है। किन्तु इन परिचयात्मक लेखों का अपना महत्त्व है। इन लेखों के प्रकाशित होने से शिक्षितजनों ने देखा, एक भारत और है जिसकी चर्चा उनके साहित्य में, राजनीतिक लेखन में कम होती है। इन गण-समाजों की व्यवस्था दूसरे ढंग की है। ये अधिकतर वन्य जीवन बिताते हैं, सभ्यता में पिछड़े हुए हैं, फिर भी इनमें अनेक गुण ऐसे हैं जिन्हें अधिक सभ्य कहलानेवाले लोग अपनाएँ तो उन्हें लाभ होगा। महावीरप्रसाद द्विवेदी को यह दृष्टिकोण आदिवासियों के प्रति साम्राज्यवादियों के हिंसक दृष्टिकोण से—साहूकारों के निर्दय शोषक दृष्टिकोण से—ठीक उल्टा था।

7. नवजागरण और शिक्षा-प्रसार

समस्त ज्ञान और संस्कृति का आधार साक्षरता है। प्राथमिक और माध्यमिक शिक्षा का सामान्य प्रसार है। जब तक लोगों का विश्वास था कि वर्ण-व्यवस्था के अनुसार पढ़ना-लिखना थोड़े-से आदमियों का काम है, तब तक इस संस्कृति का आधार भी संकीर्ण बना रहा। किन्तु नई सामाजिक चेतना इस स्थिति से संतुष्ट न थी। व्यापक सामाजिक परिवर्तन के लिए शिक्षा-प्रसार अत्यन्त आवश्यक था। 'सरस्वती' के

अंकों में द्विवेदी जी ने निरक्षरता पर अनेक बार लिखा। उनका ध्यान विशेष रूप से गाँवों में फैली हुई निरक्षरता की ओर जाता था। मई, 1915 की 'सरस्वती' में उन्होंने टिप्पणी लिखी : 'भारत में शिक्षा की दशा'। गाँवों में मदरसे बहुत कम हैं, जितने हैं, उनमें बहुत कम लड़के जाते हैं। सरकार हर आदमी के पीछे, जनसंख्या को देखते, आठ आने भी खर्च नहीं करती। "यह स्थिति बहुत ही शोकजनक है। चाहिए था कि प्रारम्भिक शिक्षा मुफ्त और अनिवार्य कर दी जाती। पर वह तो दूर रहा, फीस लेकर भी और अपने बच्चों को शिक्षा देना या न देना माता-पिता की इच्छा पर छोड़कर भी, शिक्षा-प्राप्ति का यहाँ यथेष्ट सुभीता नहीं।" अन्य देशों से तुलना करते हुए द्विवेदी जी ने बताया कि आगे बढ़े हुए देशों की तुलना में यहाँ मूर्खता का राज्य है। कहा जाता था कि पैसे की कमी है, पर कालेजों और स्कूलों के लिए इमारतें बनवाने पर बहुत-सा धन व्यर्थ नष्ट किया जाता था। 'शिक्षालय शिक्षादान के लिए हैं, भवन-निर्माण-कला के नमूने दिखाने के लिए नहीं।" प्राचीन भारत में इन बड़ी-बड़ी इमारतों के बिना भी शिक्षा दी जाती थी। अंग्रेजी राज में उच्च वर्गों के थोड़े-से छात्रों को ध्यान में रखकर शिक्षा की व्यवस्था की गई थी। इस नीति का विरोध करते हुए द्विवेदी जी ने लिखा : "हमें पक्के स्कूल और मदरसे न चाहिए; हमें फूल-बाग न चाहिए, हमें पोलो और क्रिकेट के मैदान न चाहिए। चाहिए हमें शिक्षा, जो इनके बिना भी दी जा सकती है।"

द्विवेदी जी ने शिक्षा-प्रसार के बारे में जो विचार गद्य में प्रकट किये, उन्हें सनेही ने पद्यबद्ध किया। पुरानी शिक्षा-पद्धति की तत्कालीन हीन दशा का चित्रण करते हुए मई, 1915 की 'सरस्वती' में प्रकाशित 'देहातियों की शिक्षा' में उन्होंने लिखा :

'ऊनामासी धम्म' लगे बालक गण रटने,
उनकी मेधा-शक्ति लगी क्रम क्रम से घटने।
प्यौंचा ख्यौंचा सिर्फ कभी थे बिकट पहाड़े,
कैथी, मुड़िया लिखी शुद्ध-लिपि-वर्ण बिगाड़े।
अर्द्ध-दग्ध से हो गये पेट पाल लेने लगे,
किसी तरह से जगत् में समय ढाल लेने लगे।

उधर मुसलमानों में प्रचलित संकीर्ण शिक्षा-पद्धति का यह हाल था :

कहीं मौलवी लोग फ़ारसी लगे पढ़ाने,
आमद आया, रफ़्त गया की मश्क़ बढ़ाने।
बच्चे रटने लगे करीमा ख़ालिक़ बारी,
पढ़ा गुलिस्ताँ कभी रहा यदि यह क्रम जारी।
अन्य विषय का नाम भी लेने लगे न चूक से,
इतना ही पढ़कर रहे बने कूप-मंडूक से।

निष्कर्ष यह कि शिक्षा-पद्धति चाहे हिन्दुओं की हो, चाहे मुसलमानों की :

और काम सब भूलकर पेट भरा खाऊ बने,
कुल के कुल इस भाँति से बछिया के ताऊ बने।

गाँवों में शिक्षा की उपेक्षा का वर्णन करते हुए सनेही निःशुल्क शिक्षा के बारे कहते हैं :

शिक्षा हो अनिवार्य, फ़ीस से पीछा छूटे,
करे वार सरकार मूर्खता का गढ़ टूटे।
बालकगण को मिले लाभदायक शिक्षाएँ,
जो भविष्य में काम निरन्तर उनके आयें।
हाथ बढ़ाने के लिए शिक्षित-दल आगे बढ़ें,
तो ग्रामों में बेलि यह शिक्षा की मँडये चढ़े।

शिक्षा और संस्कृति के क्षेत्र में अंग्रेज शासकों का प्रयत्न यह था कि यहाँ के विभिन्न धर्मों को माननेवालों के बीच खूब विद्वेष फैलाया जाए और ऐसी संस्कृति का विकास न होने दिया जाए जिसमें विभिन्न सम्प्रदायों के लोग भागीदार हों। बेकन, लौक, न्यूटन, डार्विन के देश से आए हुए साम्राज्यवाद के प्रतिनिधि धार्मिक अन्धविश्सों के परम समर्थक और वैज्ञानिक चिन्तन के घोर विरोधी थे। यहाँ दो सबसे बड़े सम्प्रदाय हिन्दुओं और मुसलमानों के थे। उन्होंने मुसलमानों को अलग संस्कृति, अलग भाषा में दीक्षित करने का पूरा प्रयत्न किया। उन्होंने नियम बनाया कि जहाँ भी 20 मुसलमान लड़के पढ़ना चाहेंगे, "वहाँ एक इसलामिया स्कूल खोल दिया जाएगा। ऐसे स्कूलों में अध्यापक भी मुसलमान ही होंगे...संयुक्त प्रान्तभर के लिए एक सुशिक्षित मुसलमान इन्स्पेक्टर रक्खा जाएगा। प्रत्येक कमिश्नरी में एक मुसलमान डेप्यूटी इन्स्पेक्टर इस निमित्त रक्खा जाएगा कि वह कमिश्नरी भर के इसलामिया स्कूलों की देखभाल करे और उनकी संख्या बढ़ावे। प्रान्तभर के लिए 11 मुसलमान सज्जनों की मकतब-कमिटी डाइरेक्टर साहब बनावेंगे। ('शिक्षा विभाग के नवीन नियमों पर विचार', लेखक : अध्यापक, 'सरस्वती', अगस्त, 1913)

अंग्रेजों की भेद-नीति यहाँ जाहिर हो जाती है। उनके अपने देश में एक ही ईसाई धर्म वाले प्रोटेस्टेंटों ने रोमन कैथलिकों पर जो अत्याचार किये थे, उन्हीं के अनुरूप वे भारत में दो सम्प्रदायों के लोगों को भिड़ाने की नीति पर चल रहे थे। 'सरस्वती' के लेखक ने मुसलमानों में शिक्षा-प्रचार की ओर विशेष ध्यान देने की नीति पर प्रसन्नता प्रकट की किन्तु लिखा कि "जिस प्रकार 20 मुसलमान बालकों के मिलने पर इसलामिया स्कूल खुल सकते हैं, उसी प्रकार अछूत जातियों के बालकों के लिए भी स्कूल खोले जा सकते हैं। हाँ, राजनैतिक दृष्टि से इन लोगों

को शिक्षा देना उतना उपकारी नहीं समझा जाएगा जितना कि मुसलमानों को शिक्षा देना।" शिक्षा-विभाग के नवीन नियमों पर विचार करनेवाले अध्यापक को अवश्य ही इस बात का ज्ञान था कि यदि अंग्रेज मुसलमानों में शिक्षा-प्रचार की ओर अधिक ध्यान दे रहे हैं तो इसमें प्रच्छन्न राजनीतिक स्वार्थ है।

वेद पढ़ने का अधिकार मुसलमानों को न था। हिन्दुओं में अछूतों और सभी वर्णों की स्त्रियों को वेद पढ़ने की मनाही थी। द्विवेदी जी मुसलमानों, अछूतों, स्त्रियों—सभी में शिक्षा-प्रसार के समर्थक थे। स्त्री-शिक्षा पर 'सरस्वती' में आए, दिन लेख प्रकाशित होते थे। विभिन्न देशों के नारी-जागरण में कैसी प्रगति हो रही है, इसका परिचय वे देते थे। स्त्रियों और अछूतों की तरह भारतीय समाज का एक अंग वे गण-समाज थे जिन्हें आदिवासी कहा जाता है। भारत के इस उपेक्षित भाग की जानकारी करानेवाले अनेक लेख 'सरस्वती' में प्रकाशित हुए। भारत के नवनिर्माण का अर्थ है, सामन्ती व्यवस्था के अवशेषों को समाप्त करके स्त्रियों, अछूतों, मुसलमानों, अन्य मतावलम्बियों को मिलाकर वैज्ञानिक दृष्टि वाले नये समाज का निर्माण, और इस नवीन भारत में उन कबीलों का भी महत्त्वपूर्ण स्थान होगा जो सामन्ती व्यवस्था में पूरी तरह कभी शामिल नहीं हुए। यह तभी सम्भव होगा जब शिक्षा-प्रसार का कार्य उच्च और मध्य वर्ग के थोड़े-से लोगों तक सीमित न रहेगा। देश की बहुसंख्यक जनता निरक्षर थी। उसके लिए ऊँची शिक्षा पाने का सवाल ही न था। सबसे पहले आवश्यक यह था कि जनसाधारण की निरक्षता दूर की जाए। द्विवेदी जी ने 'संयुक्त प्रान्त में शिक्षा' शीर्षक टिप्पणी में लिखा : "पक्की शिक्षा दीजिए, पर साथ ही निरक्षरता कम करने के साधनों को भी बढ़ाते जाइए। जिस गाँव में 100 आदमी रहते हैं, उसमें पक्की शिक्षा पाए हुए केवल 11 आदमियों से अवशिष्ट 89 का काम नहीं चल सकता। वे यदि कच्ची ही शिक्षा पावें और अपने घर का हिसाब रखने और पत्र लिखने-पढ़ने योग्य हो जाएँ तो यह इतना ही लाभ उनके लिए बहुत समझिए...सरकार का यह कर्तव्य होना चाहिए कि प्रजा की शिक्षा का वह पूरा-पूरा प्रबन्ध करे, एक आदमी को भी अशिक्षित न रहने दे, शिक्षा के साधन सबके लिए सुलभ कर दे।" ('सरस्वती', मार्च, 1915) ये बातें अंग्रेज सरकार से कही गई थीं। उन्हें आज देशी सरकार के सामने भी दोहराया जा सकता है। द्विवेदी जी ने जनसाधारण के प्रति जो रुख अपनाया था, उसी के अनुकूल उन्होंने अपनी शिक्षा-नीति निर्धारित की थी और अंग्रेजों की नीति की आलोचना की थी। इस शिक्षा-नीति के दो छोर थे : एक ओर निरक्षरता दूर करके सामान्य शिक्षा का प्रसार; दूसरी ओर, पढ़े-लिखे लोगों में वैज्ञानिक चिन्तन का प्रसार।

वैज्ञानिक विषयों पर प्रकाशित होनेवाले निबन्धों का एक पक्ष पारिभाषिक शब्दावली का है। इनमें अंग्रेजी के सैकड़ों शब्दों के हिन्दी पर्याय मिल जाएँगे

जिनकी जानकारी न होने से दिल्ली में अनेक विद्वान् शब्द-निर्माण के कारखाने में वर्षों तक कमाई करते रहे।

महावीरप्रसाद द्विवेदी के समय शिक्षा का माध्यम अंग्रेजी हो या भारतीय भाषाएँ हों, यह पहले से चला आता विवाद और तीव्र हो उठा था। अंग्रेज शासकों का यह तर्क था कि भारतीय भाषाओं में न तो वैज्ञानिक पुस्तकें हैं, न वैज्ञानिक शब्दावली है, न ये भाषाएँ वैज्ञानिक शिक्षा का माध्यम बनने के योग्य हैं। इस सन्दर्भ में महावीरप्रसाद द्विवेदी के समकालीन हिन्दी लेखक इस आरोप का उत्तर देने के लिए प्रयत्नशील थे। इसीलिए 'विश्व प्रपंच' की भूमिका में रामचन्द्र शुक्ल ने लिखा कि उनके कार्य से हिन्दी में पारिभाषिक शब्दावली की कमी कुछ तो पूरी होगी। वर्तमान पूँजीवादी व्यवस्था के सूत्रधार हिन्दी पर वही आरोप लगाते हैं जो महावीरप्रसाद द्विवेदी के समय अंग्रेज शासक उस पर लगाते थे। भाषा और साहित्य के नाम पर पिछले 25 साल में कोई ठोस काम किये बिना ही पैसा कमाने के लिए जो अनेक उद्योग कायम हुए, उनमें शब्द-निर्माण उद्योग सर्वोपरि हैं। जैसे मुनाफाखोर व्यापारी निरन्तर कीमतें बढ़ाता हुआ भी ग्राहक से कहता है, मैं आपकी सेवा कर रहा हूँ, वैसी ही नौकरशाही के चाकर शब्द-व्यवसायी इधर का माल उधर करते हैं और कहते हैं, पुरानी शब्दावली संकीर्ण थी, हम जो शब्द गढ़ रहे हैं, वे राष्ट्रीय हितों के अनुकूल हैं।

महावीरप्रसाद द्विवेदी और उनके समकालीन लेखकों ने न केवल वैज्ञानिक विचारधारा का प्रसार किया वरन् हिन्दी में वैज्ञानिक शब्दावली को लोकप्रिय बनाया, हिन्दी गद्य को वैज्ञानिक चिन्तन के लिए पुष्ट किया।

हिन्दी नवजागरण की कुछ अपनी विशेषताएँ हैं।

भारतेन्दु हरिश्चन्द्र से लेकर महावीरप्रसाद द्विवेदी तक हिन्दी जागरण के नव सूत्रधार पुराने चर्खे-कर्घे वाले भारत का स्वप्न नहीं देखते। वे देश में आधुनिक उद्योग-धन्धों के विकास के पक्षपाती हैं। गांधीवादी विचारधारा से हिन्दी नवजागरण का यह भेद उल्लेखनीय है। स्वाधीन भारत का विकास उद्योगीकरण के साथ हो रहा है और अब चर्खे-कर्घे वाले भारत की बातें करनेवाले थोड़े-से लोग रह गए हैं जो समाज के विकास को प्रभावित करने में पूर्णत: असमर्थ सिद्ध हुए हैं। इससे पता चलता है कि भारतेन्दु हरिश्चन्द्र, महावीरप्रसाद द्विवेदी और उनके सहयोगियों ने विकास की जो दिशा निर्दिष्ट की थी, वह सही थी। कुछ समय के लिए अतीतोन्मुखी विचारधारा हावी होती दिखाई दी, किन्तु यह स्थिति थोड़े समय के लिए थी। दरअसल राष्ट्रीय स्वाधीनता-आन्दोलन के नेतृत्व ने इस नीति को कभी पूर्णत: स्वीकार नहीं किया।

उद्योगीकरण के लिए वैज्ञानिक शिक्षा अनिवार्य है। हिन्दी नवजागरण के सूत्रधारों में महावीरप्रसाद द्विवेदी वैज्ञानिक दृष्टि, वैज्ञानिक प्रशिक्षण की आवश्यकता के

प्रति सबसे अधिक सचेत हैं। किन्तु यह शिक्षा केवल औद्योगिक उन्नति के लिए आवश्यक नहीं है। वह शताब्दियों से चली आती हुई रूढ़ियों की जड़ काटने के लिए, इतिहास और मानव-सम्बन्धों को सही-सही समझने के लिए, प्रकृति के रहस्य जानने के लिए आवश्यक है। महावीरप्रसाद द्विवेदी इस वैज्ञानिक शिक्षा के साथ प्राचीन भारतीय संस्कृति का सम्बन्ध स्थापित करते हैं। रूढ़िवादी दृष्टि का खंडन करते हुए वह प्राचीन उपलब्धियों का पुनर्मूल्यांकन करते हैं। यह नवजागरण अतीत के प्रति भावुकता, पुनरुत्थानवाद और रहस्यवाद की दृष्टि नहीं अपनाता। इसीलिए हिन्दी में अद्वैतवाद, उपनिषदों और रवीन्द्रनाथ के रहस्यवाद की चर्चा 1920 से पहले कम होती है। हिन्दी नवजागरण मूलत: बुद्धिवादी और रहस्यवाद-विरोधी है। कुछ समय के लिए रहस्यवादी धारणाएँ उस पर हावी होती दिखाई देती हैं पर पूरी तरह नहीं। प्रेमचन्द अपनी जगह अडिग रहते हैं और उनका साहित्य अनेक महारथियों के सम्मिलित कृतित्व से बढ़कर है। नये रहस्यवाद का मूल स्रोत बंगाल है। उद्योगीकरण और आधुनिक विज्ञान का विरोध करनेवाली विचारधारा का स्रोत गुजरात है। आधुनिक विज्ञान के प्रति नकारात्मक दृष्टिकोण दोनों जगह है। महावीरप्रसाद द्विवेदी के नेतृत्व में हिन्दी नवजागरण इन दोनों प्रदेशों के बीच, अपनी विशेषता की रक्षा करता हुआ आगे बढ़ता है।

19वीं सदी के उत्तरार्द्ध में और 20वीं सदी के प्रारम्भिक दशकों में समाज-सुधार के आन्दोलन अनेक प्रदेशों में चालू हुए। इनके समान हिन्दी नवजागरण भी समाज का ढाँचा बदलना चाहता है। पुराने रीति-रिवाजों, संस्कारों और समाज के पुराने ढाँचे को कायम रखनेवाले सामन्ती तत्त्व थे जिनका संरक्षक अंग्रेजी राज था। इसलिए सामन्त वर्ग से टक्कर लिये बिना समाज-सुधार की योजनाएँ पूरी न हो सकती थीं। अनेक प्रदेशों में समाज-सुधार के ये प्रयत्न पुराने सामन्ती अवशेष कायम रखते हुए, अंग्रेजी राज का समर्थन करते हुए, अपने लक्ष्य की ओर बढ़ते हैं। हिन्दी प्रदेश में समाज-सुधार के ये आन्दोलन प्रखर रूप से सामन्त-विरोधी हैं, इसके साथ अंग्रेजों की संरक्षक भूमिका के विरोधी हैं। इसका श्रेष्ठ निदर्शन प्रेमचन्द का साहित्य है।

स्पष्ट है कि हिन्दी नवजागरण का महत्त्व केवल हिन्दी प्रदेश के लिए नहीं है। उसकी उपर्युक्त विशेषताएँ सारे देश के लिए महत्त्वपूर्ण हैं। वर्तमान बुद्धिजीवी वर्ग जितना ही किसान जनता से अलग-थलग रहता है, शहर में रहते हुए मजदूर वर्ग से कटा रहता है, उतना ही वह हिन्दी नवजागरण का महत्त्व समझने में असमर्थ दिखाई देता है। जितना ही विज्ञान-विरोधी, प्रगति-विरोधी शक्तियों के मुकाबले में हिन्दी प्रदेश की जनता संगठित होगी और नई समाज-रचना की ओर बढ़ेगी, उतना ही महावीरप्रसाद द्विवेदी और उनके सहयोगियों के कार्य का जातीय और राष्ट्रीय महत्त्व उजागर होगा।

3

भारत की भाषा-समस्या

1. भारतीय भाषाओं के अधिकारों के लिए संघर्ष

1919 में नरसिंह अइयर मद्रास की लेजिस्लेटिव कौंसिल के सदस्य थे। उसमें उन्होंने अपना भाषण तमिल में शुरू किया। "इस पर आनरेबल मिस्टर राजगोपालाचार्य्य ने उन्हें टोका और एतराज किया। इस मामले में गवर्नर साहब के राजगोपालाचार्य का साथ देने पर आनरेबल मिस्टर नरसिंह अइयर और गवर्नर के बीच कुछ वाद-विवाद हो गया। मिस्टर अइयर ने अपनी मातृभाषा में भाषण करने का आग्रह किया। गवर्नर साहब के मना करने पर वे बैठ गए, परन्तु उस समय अँगरेजी में सम्भाषण करने से अइयर महोदय ने इनकार कर दिया।"

इस दिलचस्प घटना का 'हवाला विविध' विषय के अन्तर्गत अप्रैल, 1919 की 'सरस्वती' में छपा है। यद्यपि स्वाधीनता-प्राप्ति से बहुत पहले तमिलनाडु के अंग्रेजी-प्रेमी राजनीतिज्ञ हिन्दी के दबाव की शिकायत करने लगे थे, पर असलियत यह थी कि मद्रास में, वहाँ की विधान सभा में, उस जमाने के अति सीमित मताधिकार के आधार पर निर्वाचित एक सदस्य को तमिल में बोलने से रोका गया था। भारत के भावी गवर्नर जनरल राजगोपालाचार्य ने उस समय अंग्रेजी का विरोध नहीं किया, तमिल पर अंग्रेजी के दबाव की चर्चा नहीं की, वरन् उन्होंने तमिल-विरोध में पहल की, अंग्रेज गवर्नर ने उनका साथ दिया। अइयर महाशय को बाध्य किया गया कि वह या तो अंग्रेजी में बोलें या फिर बैठ जाएँ।

मद्रास की विधान सभा में तमिल बोलना नई बात रही होगी पर संयुक्त प्रान्त में हिन्दी बोलना वैसा अनोखा काम न था। इस घटना पर 'सरस्वती' की टिप्पणी इस प्रकार है : "जब संयुक्त प्रदेशादि और प्रान्तों की कानून बनानेवाली काउंसिलों में मेम्बर अपनी मातृभाषा में सम्भाषण कर सकते हैं तो फिर बेचारे मदरास काउंसिल के मेम्बर ही इस अधिकार से क्यों वंचित रक्खे जाएँ? काउंसिलों के मेम्बरों के बढ़ाए जाने की आशा की जा रही है। मेम्बर भी अनेक समुदायों से चुने जा सकेंगे। उनके प्रतिनिधियों को अँगरेजी ही में भाषण करने के लिए कैसे विवश किया जा सकेगा?"

यहाँ तमिल के व्यवहार के लिए जो तर्क दिया गया है, वह ध्यान देने योग्य है। विधान सभाएँ अभी बहुत संकुचित आधार पर बनी हैं। जब इनके सदस्यों की संख्या बढ़ेगी जब सदस्य केवल उच्च वर्गों से नहीं, अनेक समुदायों से चुने जाएँगे, तब उन्हें अंग्रेजी में भाषण करने के लिए कैसे विवश किया जाएगा? आशय यह कि जैसे-जैसे जनतंत्र का विकास होगा, वैसे-वैसे विधान सभाओं में अंग्रेजी की जगह देशीभाषा का व्यवहार करना ही होगा। किन्तु भारतीय जनता को जनतंत्र की शिक्षा देनेवाले अंग्रेज क्या कहते थे? उनका कहना था, तमिल-प्रेमी सज्जन या तो अंग्रेजी बोलें या चुप रहें। और उस समय राजगोपालाचार्य जैसे भावी हिन्दी-विरोधी नेता क्या कहते थे? वे कहते थे, तमिल-प्रेमी अइयर महाशय को अंग्रेजी ही बोलनी चाहिए।

इस घटना से कुछ वर्ष पहले भारत के वायसराय ने युद्ध के दौरान एक सभा में जब गांधी जी को आमंत्रित किया तो उन्होंने यह शर्त रखी कि वह यानी महात्मा गांधी हिन्दी ही में बोलेंगे। वायसराय ने जब उनकी यह शर्त मान ली, तभी गांधी जी उस सभा में शामिल हुए। राजगोपालाचार्य यदि नरसिंह अइयर का विरोध करने के बदले उनका साथ देते तो इसमें सन्देह नहीं कि उस समय की मद्रास विधान सभा में न केवल तमिल वरन् अन्य द्रविड़ भाषाओं के व्यवहार का भी चलन हो जाता। राजगोपालाचार्य ने तमिल के विरोध में अंग्रेजी का समर्थन करके न केवल अपनी भाषा का, वरन् अन्य सभी द्रविड़ भाषाओं का घोर अहित किया। इस स्थिति में अंग्रेजी के विरुद्ध जिस व्यक्ति ने तमिल का समर्थन किया, वह हिन्दी की प्रतिनिधि पत्रिका के सम्पादक महावीरप्रसाद द्विवेदी थे। (इस समय 'सरस्वती' पर उनके नाम के साथ देवीप्रसाद शुक्ल का नाम भी छपता था। पर यह टिप्पणी द्विवेदी जी की लिखी हुई है, यह बात उनकी भाषा-सम्बन्धी अन्य टिप्पणियाँ देखने से समझ में आ जाएगी।)

उन दिनों भारत में दो ही व्यक्ति थे जो अंग्रेजी की जगह राजभाषा, केन्द्रीय भाषा अथवा सम्पर्क भाषा के रूप में अखिल भारतीय व्यवहार के लिए हिन्दी का समर्थन कर रहे थे, और इसके साथ-साथ प्रदेशिक स्तर पर अंग्रेजी के विरुद्ध भारतीय भाषाओं के व्यवहार का समर्थन कर रहे थे : एक थे महात्मा गांधी और दूसरे महावीरप्रसाद द्विवेदी। पर भारतीय रंगमंच पर गांधी जी के आने से बहुत पहले महावीरप्रसाद द्विवेदी भाषा-समस्या पर वैज्ञानिक और जनतांत्रिक दृष्टि से अपने विचार प्रकट कर चुके थे। आगे चलकर गांधी जी ने कांग्रेस के प्रादेशिक संगठन प्रमुख भाषाओं के आधार पर खड़े किये और अंग्रेजों के बनाये हुए प्रान्तों की सीमाओं पर उन्होंने ध्यान न दिया। केवल हिन्दी-भाषी प्रदेश इस नीति का अपवाद था। आगे चलकर जिन लोगों ने भाषाओं के आधार पर प्रान्तों या राज्यों के पुनर्गठन का आन्दोलन चलाया, उन्होंने भी इसी तरह हिन्दी प्रदेश को अपवाद मान लिया।

द्विवेदी जी को इस बात का श्रेय है कि उन्होंने जाति और राष्ट्र के सम्बन्ध को समझा। इस देश में अनेक भाषाएँ बोलनेवाली जातियाँ रहती हैं। ये वर्ण-व्यवस्था

वाली जातियाँ नहीं हैं, ये उस अर्थ में जातियाँ हैं जिस अर्थ में भारतेन्दु हरिश्चन्द्र ने 'जातीय संगीत' निबन्ध में जातीय शब्द का प्रयोग किया था। द्विवेदी जी से पहले श्यामसुन्दर दास जब 'सरस्वती' के सम्पादक थे, तब उसके लेखों में 'जाति' शब्द का प्रयोग इसी अर्थ में किया गया था। जनवरी, 1902 के अंक में कार्तिक प्रसाद का लेख छपा था : 'महाराष्ट्रीय जाति का अभ्युदय'। उसमें बताया गया है : "तेजस्वी मरट्ठों के देश में रामदास स्वामी के उपदेशों को सुन वीर जाति शीघ्र ही चैतन्य हो उठी।" द्विवेदी जी ने इसी परम्परा में जाति शब्द का अनेक बार व्यवहार किया। कानपुर के तेरहवें साहित्य सम्मेलन की स्वागतकारिणी समिति के सभापति की हैसियत से उन्होंने 1923 में जो भाषण किया था, उसमें जाति, जातीय, जातीयता आदि शब्दों का बहुत स्पष्ट और सार्थक प्रयोग हुआ है। भारत की भाषाएँ चिरकाल से अपनी-अपनी भूमिका लिये हुए हैं : "इन भाषाओं के अन्तस्तल तक में इनके प्रान्तवासियों तक की जातीयता प्रविष्ट हो गई है।" इन जातीय भाषाओं और उनके साहित्य के बारे में द्विवेदी जी उसी भाषण में उक्त वाक्य के बाद कहते हैं : "अतएव इनका परित्याग न तो सम्भव है और न श्रेयस्कर ही है। ये सब बनी रहें, इनकी समुन्नति होती जाए; इनके साहित्य की श्रीसम्पन्नता बढ़ती जाए—देश का कल्याण इसी में है। परन्तु साथ ही एक ऐसी भाषा की आवश्यकता है, और बहुत बड़ी आवश्यकता है, जिसकी सहायता से सभी प्रान्तों के वासी अपने विचार अन्य प्रान्तवासियों पर प्रकट कर सकें।" (द्विवेदी जी का यह भाषण उनके निबन्ध-संग्रह 'साहित्यालाप', पटना, 1959, में देखा जा सकता है।)

द्विवेदी जी यहाँ जातीय भाषाओं की बात कहते हैं और उनके बोलनेवालों के बीच सम्पर्क भाषा के रूप में हिन्दी के व्यवहार की सलाह देते हैं। आगे साहित्य की चर्चा करते हुए कहते हैं : "जिस जाति विशेष में साहित्य का अभाव या उसकी न्यूनता आपको देख पड़े, आप यह निःसन्देह निश्चित समझिए कि वह जाति असभ्य किंवा अपूर्ण सभ्य है। जिस जाति की सामाजिक अवस्था जैसी होती है, उसका साहित्य भी ठीक वैसा ही होता है। जातियों की क्षमता और सजीवता यदि कहीं प्रत्यक्ष देखने को मिल सकती है तो उनके साहित्य रूपी आईने ही में मिल सकती है। इस आईने के सामने जाते ही हमें यह तत्काल मालूम हो जाता है कि अमुक जाति की जीवनी शक्ति कितनी या कैसी है और भूतकाल में कितनी और कैसी थी। इस उद्धरण से जाति शब्द के अर्थ और प्रयोग के बारे में कोई शंका न रहनी चाहिए।

द्विवेदी जी का उक्त भाषण 1923 का है। इससे बहुत पहले 1903 में जब वह 'सरस्वती' के सम्पादक बने ही थे, उन्होंने सितम्बर-नवम्बर, 1903 के अंकों में 'देशव्यापक भाषा' शीर्षक लेख 'श्री सयाजी विजय' नामक पत्र के मराठी लेख के आधार पर लिखा था। इसमें उन्होंने गुजराती, बंगला, मराठी आदि भाषाएँ बोलनेवालों से हिन्दी को देशव्यापी भाषा के रूप में अपनाने का आग्रह करते हुए

अन्य भाषाओं के अधिकारों की भी चर्चा की थी और कहा था : "फिर, इसकी आवश्यकता भी नहीं कि और लोग अपनी अपनी भाषा को बिलकुल ही भूल जावैं। उनमें वे कोई पुस्तक ही न लिखें, उनमें वे अपने विचार ही न प्रकट करैं। वे यह सब कर सकते हैं। देश-व्यापक भाषा के लिए केवल इतना ही आवश्यक है कि इस विस्तीर्ण देश में जितनी भिन्न-भिन्न भाषाएँ प्रचलित हैं, उनके उत्तमोत्तम ग्रंथों का प्रतिबिम्ब देश-व्यापक भाषा में उतारा जावे। किसी भाषा का कोई भी ग्रंथ हो, उसकी प्रतिमा हिन्दी में आनी चाहिए। ऐसा किये बिना उन ग्रंथों का सार्वत्रिक प्रचार न होगा। ऐसा किये बिना ज्ञानवृद्धि न होगी। प्रत्येक मनुष्य को अपनी-अपनी भाषा के साहित्य के साथ-साथ हिन्दी के साहित्य के उत्कर्ष के लिए हृदय से प्रयत्न करना चाहिए। हिन्दी पढ़ने का प्रचार सब कहीं होना चाहिए। हिन्दी में अच्छे-अच्छे समाचार-पत्र सब प्रान्तौं से निकलने चाहिए। ऐसा होने से हिन्दी की शीघ्र ही उन्नति होगी। और वह सुगमता से देश-व्यापक भाषा हो सकैगी।"

इस उद्धरण से ज्ञात होगा कि जब 1919 में द्विवेदी जी ने अंग्रेजी के विरुद्ध तमिल की हिमायत की और 1923 में सभी प्रान्तीय भाषाओं में जातीय साहित्य रचने का तथा हिन्दी को देशव्यापी सम्पर्क भाषा बनाने पर जोर दिया, तब वह सुसंगत रूप से एक पूर्वनिर्धारित नीति पर चल रहे थे। जाति और राष्ट्र का सम्बन्ध अब भी बहुत लोगों की समझ में नहीं आता। बहुत-से हिन्दी-प्रेमी भारत की अन्य जातीय भाषाओं का महत्त्व नहीं समझते। अहिन्दी-भाषी जातियों के बहुत-से लोग राष्ट्रभाषा हिन्दी का महत्त्व नहीं समझते। और हिन्दी स्वयं एक जाति-विशेष की भाषा है, यह बात और भी कम लोगों की समझ में आती है।

द्विवेदी जी अंग्रेजी के विरुद्ध देशी भाषाओं की हिमायत करने का कोई भी अवसर हाथ से जाने नहीं देते। मद्रास विश्वविद्यालय में दीक्षान्त समारोह हुआ। उसमें सर एच्. स्टुअर्ट ने अपने भाषण में भारतीय भाषाओं को शिक्षा का माध्यम बनाने की बात कही। द्विवेदी जी ने फरवरी, 1916 की 'सरस्वती' में विविध विषय के अन्तर्गत टिप्पणी लिखी : 'मातृभाषा के द्वारा शिक्षा की महत्ता—एक सरकारी अफसर की राय'। दीक्षान्त भाषण की चर्चा करते हुए उन्होंने लिखा : "मदरास-प्रान्त में कई करोड़ आदमी तामील और तैलंगी भाषाएँ बोलते हैं। वही उनकी मातृभाषाएँ हैं। उन सबको कुछ थोड़ी-सी प्रारम्भिक शिक्षा छोड़कर अन्य सारी शिक्षा अँगरेजी भाषा ही के द्वारा मिलती है। यह बात आश्चर्य में डालने वाली है।...अँगरेजी भाषा सीखने की आवश्यकता है जरूर, तथापि इससे मातृभाषा में शिक्षा प्राप्त करने की महत्ता कम नहीं हो सकती।"

दिसम्बर, 1915 में महात्मा गांधी ने सूरत जिले में संग्रामपुर के जैन विद्यार्थियों द्वारा स्थापित किये हुए पुस्तकालय का उद्घाटन किया। उस अवसर पर एक विद्यार्थी ने अग्रेजी में भाषण किया, दूसरे ने अंग्रेजी में निबन्ध पढ़ा। पर गांधी जी गुजराती में

बोले। गांधी जी ने कहा : "जो युवक यह कहते हैं कि हम अपने विचार मातृभाषा द्वारा नहीं प्रकट कर सकते, उनसे मैं यही निवेदन करूँगा कि आप मातृभाषा के लिए भार-रूप हैं। मातृभाषा की अपूर्णता दूर करने के बदले उसका अनादर करना—उससे हाथ ही धो बैठना—किसी सच्चे सपूत को शोभादायक नहीं।...मैं आशा करता हूँ कि यहाँ बैठे हुए समस्त विद्यार्थी यह प्रतिज्ञा करेंगे कि निरुपाय दशा के सिवा और कभी भी हम अपने घर पर अँगरेजी न बोलेंगे।" सूरत से मणिभाई व्यास द्वारा प्रस्तुत किया हुआ विवरण द्विवेदी जी ने मार्च, 1916 की 'सरस्वती' में छापा। ये बातें उनकी विचारधारा के पूर्णत: अनुकूल थीं।

सितम्बर, 1917 की 'सरस्वती' में द्विवेदी जी ने नाधवराव सप्रे का लेख 'राष्ट्रीयता की हानि का कारण' प्रकाशित किया। इसमें पी.जे. मेहता की अंग्रेजी पुस्तक का हवाला देते हुए भारतीय भाषाओं को शिक्षा का माध्यम बनाने के बारे में लिखा गया है : "लेखक को इस बात का विश्वास है कि जब तक हिन्दुस्तान के विद्यार्थियों को स्वाभाविक और प्राकृतिक रीति से, अर्थात् उनकी मातृभाषा के द्वारा शिक्षा न दी जाएगी तब तक भारतीय राष्ट्र स्वराज्य पाने के योग्य नहीं हो सकता। इसीलिए उन्होंने अपनी पुस्तक को स्वराज्य-पुस्तक-माला का प्रथम पुष्प माना है।"

इसी अंक में 'विविध विषय' के अन्तर्गत एक टिप्पणी में वायसराय चेम्सफोर्ड की आलोचना की गई है। प्रश्न वही भारतीय भाषाओं को शिक्षा का माध्यम बनाने का है। टिप्पणी का शीर्षक है : 'मध्यमा शिक्षा किस भाषा में दी जाए'? इस बार गुजरात के बदले यह प्रश्न दक्षिण भारत में उठाया गया था। "एक मदरासी सज्जन ने बड़े लाट की काउंसिल में यह तजवीज पेश की कि मध्यमा शिक्षा देशीय भाषाओं के द्वारा दी जाए।" यह बात युद्ध शुरू होने से पहले की है। सरकार ने कहा कि युद्ध समाप्त होने पर उस पर विचार किया जाएगा। किन्तु युद्ध समाप्त होने से पहले ही वायसराय ने शिमला में एक सभा की। इसमें विभिन्न प्रान्तों से शिक्षा-विभाग के निर्देशक, कुछ कर्मचारी, कुछ विशेषज्ञ बुलाए गए।

इस सभा में चेम्सफोर्ड ने कहा : "अँगरेजी तो अब पढ़े-लिखे भारतवासियों की राष्ट्रभाषा (Lingua Franca) हो गई है, अथवा होने की तैयारी में है। इस दशा में अँगरेजी की जगह देशी भाषाओं को देना, इस समय, विचार-क्षेत्र के बाहर की बात मालूम होती है।" भारत के उदारपंथी पूँजीवादी नेता अंग्रेज वायसराय की यही बात दोहराते थे। 1947 के बाद नये भारत के नये नेता, जो उतने उदारपंथी नहीं थे, राष्ट्र-भाषा के रूप में अंग्रेजी को मान्यता देते आए हैं। चेम्सफोर्ड के जमाने में अंग्रेजी भारतवासियों की राष्ट्रभाषा हो गई है अथवा होने की तैयारी में है। 1947 के बाद यह विकल्प दूर हो गया। 'अथवा' का प्रश्न नहीं रह गया; कार्य-रूप में भारत की राष्ट्रभाषा अंग्रेजी बन गई। उसका व्यवहार न केवल अखिल भारतीय सेवाओं में होता है, वरन् लोक सभा तथा भारत की राजनीतिक पार्टियों के अखिल भारतीय

कार्थ में होता है, यहाँ तक कि मजदूरों की अखिल भारतीय सभा के केन्द्रीय दफ्तर का कामकाज अंग्रेजी में होता है।

प्रादेशिक स्तर पर भारतीय भाषाओं का व्यवहार और अखिल भारतीय स्तर पर राष्ट्रभाषा हिन्दी का व्यवहार, ये दोनों चीजें एक दूसरे से जुड़ी हुई हैं। यदि अखिल भारतीय उद्योग-धन्धों, व्यापार, बैंकों, राजनीतिक दलों, विश्वविद्यालयों आदि की मुख्य भाषा के रूप में अंग्रेजी का व्यवहार होता है, तो सरकारी और गैरसरकारी नौकरियों के लिए और सभी तरह के सामाजिक-सांस्कृतिक कार्यों के लिए अंग्रेजी का व्यवहार होना अनिवार्य है।

वायसराय की कौंसिल में देशी भाषाओं को शिक्षा का माध्यम बनाने की बात एक तरफ उठाकर रख दी गई, इस बात पर विचार होने लगा कि बच्चों को अंग्रेजी कब सिखाई जाए! द्विवेदी जी ने लिखा : "गवर्नमेंट की आज्ञा है कि 13 वर्ष की उम्र तक अंग्रेजी की पढ़ाई का आरम्भ न किया जाए। पर हमारे अनेक देशभक्त, जिनमें शायद कुछ स्वराज्य के झंडेधारी भी हों, कहते हैं—नहीं, नौ ही वर्ष की उम्र से उसका आरम्भ होना चाहिए!"

द्विवेदी जी ने बहुसंख्यक जनता को शिक्षित करने की नीति अपनाई थी। विभिन्न प्रदेशों की यह जनता अपनी-अपनी भाषाओं के माध्यम से ही शिक्षित हो सकती थी। द्विवेदी जी ने कहा कि शिक्षित होने का अर्थ अंग्रेजी भाषा का ज्ञान नहीं है। यह बात आगे चलकर अनेक शिक्षा-सम्बन्धी जाँच समितियों ने दोहराई। 1917 में द्विवेदी जी ने यह बात साफ-साफ और तीखे ढंग से लिखी थी : "अच्छा, शिक्षा के मानी क्या? अँगरेजी भाषा में धड़ल्ले के साथ बोलना और लिखना आ जाना ही क्या शिक्षा है? यदि शिक्षा का यही अर्थ है तो लड़कों के दिमाग में अनेक अटपटे विषय ठूँसने की शिक्षा क्यों दी जाती है? और, क्या इन बातों का जान लेना केवल अँगरेजी भाषा ही के द्वारा सम्भव है? केवल भाषा की दृष्टि से यदि अँगरेजी पढ़ाई जाए और यदि इन विषयों का ज्ञान लड़कों की भाषा में कराया जाए तो क्या शिक्षा अधूरी रह जाए?" आज अनेक विशेषज्ञ इस बात पर जोर देते हैं कि अंग्रेजी सिखाना है तो वह भाषा की दृष्टि से सिखाई जाए, बी.ए. में शेक्सपियर के नाटक पढ़ाना जरूरी नहीं है; जिस उद्देश्य के लिए और जिस क्षेत्र में अंग्रेजी का जितना व्यवहार करना हो, उसी को ध्यान में रखकर भाषा की दृष्टि से अंग्रेजी पढ़ानी चाहिए। पर इस नीति पर आचरण अभी तक नहीं होता। अंग्रेजी-प्रेमी भारतवासी इस मामले में अंग्रेजों के भी कान काटते हैं। द्विवेदी जी ने पूछा था : "तीस करोड़ भारतवासियों की ज्ञान-वृद्धि क्या इन अँगरेजी के मुट्ठीभर शुद्ध लेखकों ही से हो जाएगी?" अन्त में अंग्रेजी राज से निराश होकर उन्होंने लिखा : "लक्षणों से तो यही मालूम होता है कि घर के धान भी पयाल में जाना चाहते हैं। इस दशा में जब तक हम लोग स्वयं ही अपने उद्योग से, अपने स्कूल खोलकर, अपने मन की शिक्षा न देंगे तब

तक यथेष्ट उद्धार की आशा नहीं।" गांधी जी के प्रयत्न से इस तरह के स्कूल भी खोले गए और रवीन्द्रनाथ ठाकुर ने शान्तिनिकेतन में विश्वभारती की स्थापना की, पर इन सबको अंग्रेजी-प्रधान शिक्षा-व्यवस्था डकार गई या फिर देश के जीवन पर इनका प्रभाव नगण्य रहा।

दिसम्बर, 1917 की 'सरस्वती' में द्विवेदी जी ने प्रेमवल्लभ जोशी का लेख 'हिन्दी साहित्य की उन्नति के उपाय' प्रकाशित किया। इसमें प्रादेशिक भाषाओं के बारे में लेखक ने लिखा था : "यदि हिन्दी राष्ट्रभाषा बना दी गई तो भी प्रान्तीय भाषाएँ भारत से उठ थोड़े ही जाएँगी। प्रान्तों के सब कान प्रान्तीय भाषाओं में होंगे। सिर्फ राष्ट्रीय सर्वव्यापक कार्य राष्ट्रीय भाषा में किये जाएँगे। अन्य देशों में ऐसा ही होता है।" यद्यपि राष्ट्रभाषा हिन्दी के समर्थक यह बात निरन्तर दोहराते आए हैं, फिर भी अंग्रेजी-प्रेमी भारतवासी यही कहते आए हैं कि हिन्दी के राष्ट्रभाषा होते ही प्रान्तीय भाषाओं का नाश हो जाएगा। जैसे अंग्रेजी राज में मुट्ठीभर अंग्रेजी पढ़े-लिखे लोग सभी प्रदेशों पर शासन करते थे, वैसे ही इनके विचार से मुट्ठीभर हिन्दी जाननेवाले लोग सारे-सारे देश पर हुकूमत करेंगे। इसके आगे वह कुछ सोच ही नहीं सकते। स्वयं अहिन्दी प्रदेशों में जनतंत्र का विकास वहाँ अंग्रेजी का प्रभुत्व हटने से ही सम्भव है, यह बात उनकी समझ में नहीं आती। देखने में यही आता है कि जो लोग राष्ट्रीय स्तर पर हिन्दी के व्यवहार के विरोधी हैं, वे प्रादेशिक स्तर पर अपनी मातृभाषा के व्यवहार के भी विरोधी हैं।

कलकत्ते में एक पुस्तकालय ने अपना वार्षिक अधिवेशन किया। इसमें प्रमथनाथ चौधरी ने इस बात पर जोर दिया कि विश्वविद्यालय में सभी विषयों की शिक्षा बँगला माध्यम से दी जाए। उन्होंने कहा : "जब तक विद्यालयों में बंग-भाषा का पूर्ण प्रवेश न हो जाएगा और जब तक सारे शिक्षणीय विषय उसी भाषा में न सिखाये जाएँगे तब तक बंग-भाषा अपनी यथार्थ मर्यादा और प्रतिष्ठा न प्राप्त कर सकेगी...एक समय था जब अंग्रेजी पढ़े-लिखे शिक्षित बंगाली बँगला लिखना तो दूर रहा, बँगला में बातचीत करना तक हीनता-सूचक और मानहानिकर समझते थे।" इस अधिवेशन के सभापति आशुतोष मुखर्जी थे। उन्होंने चौधरी के भाषण पर अपना संतोष प्रकट किया। मातृभाषा की उपेक्षा के बारे में द्विवेदी जी ने लिखा : "आरम्भ में सभी अनुन्नत भाषाओं की यही दशा होती है। जिस अँगरेजी भाषा का आसन आज इतना ऊँचा है, उसकी भी, किसी समय, यही दशा थी। वह भी गवारों की भाषा समझी जाती थी। इसी से लार्ड बेकन को अपनी विज्ञान-विषयक पुस्तक—Novum Organum—लैटिन में लिखनी पड़ी थी। पर यह अवस्था बहुत दिनों तक नहीं रहती। जैसे-जैसे लोगों को अपनी भाषा की उन्नति से होनेवाले लाभों का ज्ञान होता जाता है, वैसे ही वैसे उनके पूर्वविचार बदलते जाते हैं। बेचारी हिन्दी की भी इस समय वही दशा है जो किसी समय अँगरेजी

और बँगला की थी।" ('सरस्वती', जनवरी, 1918; 'विविध विषय' के अन्तर्गत 'मातृभाषा के द्वारा शिक्षा-विस्तार की आवश्यकता')

भाषा के मामले में यहाँ विकासवादी दृष्टि से सही विचार किया गया है। जो भाषा आज ऐसी प्रभुत्वसम्पन्न दिखाई देती है, वह पहले ऐसी नहीं थी। जो भाषा प्रमुत्वहीन और दरिद्र दिखाई देती है, वह आगे ऐसी न रहेगी। बेकन ने लैटिन में पुस्तक लिखकर अंग्रेजी भाषा का भविष्य न समझने की भूल प्रदर्शित की। अंग्रेजी में लिखे हुए निबन्धों से ही उसकी कीर्ति आज भी बनी हुई है। इन निबन्धों का अनुवाद स्वयं द्विवेदी जी ने किया था। अंग्रेजी भाषा से कभी अंग्रेज भी घृणा करते थे, यह बात अंग्रेजी के बहुत कम भारतीय विद्वानों को मालूम है। इसका उल्लेख द्विवेदी जी की सूक्ष्म विवेचक दृष्टि का प्रमाण है। हिन्दी के भविष्य के प्रति उनके मन में जो सुदृढ़ आस्था थी, उसका सम्बन्ध उनकी विकासवादी विचारधारा से भी है। और उन द्वन्द्वात्मक भौतिकवादियों को क्या कहा जाए जो विकास सिद्धान्त तो मानते हैं किन्तु अंग्रेजी की वर्तमान प्रभुता से अभिभूत हैं और हिन्दी के उज्ज्वल भविष्य का दृश्य न तो उन्हें दिखाई देता है, न उसके लिए वे प्रयत्नशील हैं!

उक्त अधिवेशन में आशुतोष मुखर्जी ने कहा कि स्कूलों में जो विषय पढ़ाये जाते हैं, वे सब बँगला के माध्यम से पढ़ाये जाने चाहिए और कालेजों में भी धीरे-धीरे बँगला का प्रचार बढ़ाना चाहिए, अंग्रेजी सिर्फ भाषा की दृष्टि से पढ़ानी चाहिए। इस पर द्विवेदी जी ने लिखा : "कलकत्ता विश्वविद्यालय के भूतपूर्व सूत्रधार की यह सम्मति बड़े महत्त्व की है। पर इस प्रान्त के सुशिक्षितों और शिक्षा-विभाग के अधिकारियों पर शायद ही इसका कुछ असर हो।"

अप्रैल, 1901 की 'सरस्वती' में रामनारायण मिश्र का लिखा हुआ महादेव गोविन्द रानाडे का संक्षिप्त जीवन-चरित छपा था। मराठीभाषियों ने अपनी भाषा और साहित्य के उत्थान के लिए जो प्रयत्न किया था, उसे हिन्दी के जागरूक लेखक ध्यान से देख रहे थे, अपने प्रदेश के लोगों को उससे सीखने और अपनी भाषा की उन्नति करने के लिए वैसा ही प्रयत्न करने की सलाह दे रहे थे। इस लेख से यह भी पता चलता है कि भारतीय भाषाओं को दबाकर उन पर विदेशी भाषा लादने की नीति पर अंग्रेज किस तरह चल रहे थे और शिक्षा तथा संस्कृति के क्षेत्र में किस तरह खुला हस्तक्षेप कर रहे थे। मिश्र जी ने लिखा था : "सन् 1870 से पूर्व बम्बई विश्वविद्यालय में बी.ए., एम.ए. के विद्यार्थी संस्कृत, फारसी, महाराष्ट्री, गुजराती और कनाड़ी भाषा में परीक्षा दे सकते थे और भारतवर्ष के कतिपय विख्यात सज्जन रानाडे की भाँति महाराष्ट्री अथवा गुजराती लेकर बी.ए. पास हुए थे। परन्तु पीछे सन् 1870 में देशी भाषा यूनिवर्सिटी परीक्षाओं से निकाल दी गई। यद्यपि सर रेमन्ड वेस्ट और डाक्टर विलसन ऐसे महानुभावों ने देशी भाषाओं का पक्ष लिया था, पर दो-तीन सभासदों के अधिक वोट से भाषा के विरोधियों

की जय हुई।" मैकाले के बाद देशी भाषाओं के ऊपर अंग्रेजी लादने का प्रयत्न निरन्तर होता रहा। इस प्रयत्न में तुरन्त सफलता नहीं मिल गई। मैकाले की नीति के विरुद्ध सबसे तीव्र संघर्ष महाराष्ट्र में हुआ। भारत की भाषा-समस्या की चर्चा में राजा राममोहन राय का नाम अक्सर लिया जाता है और कहा जाता है कि वह अंग्रेजी भाषा को शिक्षा का माध्यम बनाने के समर्थक थे। किन्तु इस प्रसंग में महाराष्ट्र का नाम शायद ही कभी लिया जाता हो। अंग्रेजी राज की प्रगतिशीलता और अंग्रेजी भाषा की आवश्यकता के कायल जितने बुद्धिजीवी आज हैं, उतने बीसवीं सदी के आरम्भ में न थे। इतिहास के प्रति ईमानदारी का तकाजा है कि महाराष्ट्र के बुद्धिजीवियों ने अपनी भाषा की प्रतिष्ठा के लिए जो संघर्ष किया, उसे हिन्दी बुद्धिजीवी कृतज्ञतापूर्वक स्मरण करें। मराठी-भाषी जनता अपनी राज्यसत्ता स्थापित कर चुकी थी, मराठी भाषा उसके राज्य की राजभाषा रहती आई थी। यह भाषा राजभाषा बनने के योग्य नहीं है, वह उच्च शिक्षा का माध्यम नहीं बन सकती, यह बात महाराष्ट्र में और महाराष्ट्र के बाहर भी कोई समझदार आदमी स्वीकार न कर सकता था। पर अंग्रेजों ने और उनके अनुयायियों ने यही प्रचार मराठी भाषा, और उसके साथ, समस्त भारतीय भाषाओं के खिलाफ किया। इसलिए भाषा-सम्बन्धी संघर्ष स्वाधीनता-आन्दोलन का अत्यन्त महत्त्वपूर्ण अंग बना। महाराष्ट्र के लोगों ने मराठी के लिए जो संघर्ष किया, वह केवल अपनी भाषा के लिए नहीं, वह अन्य भारतीय भाषाओं के लिए भी संघर्ष था।

"सन् 1888 में पुन: इस विषय पर विचार हुआ कि प्रत्येक बी.ए. के विद्यार्थी को निज भाषा का ज्ञान होना चाहिए और एक प्रबन्ध देशीय भाषा में लिखना परीक्षाओं में आवश्यक होना चाहिए। सिनेट ने यह प्रस्ताव फिर अस्वीकार किया और सन् 1893 में पुन: यह यूनिवर्सिटी के सम्मुख उपस्थित किया गया और पुन: इसकी पराजय हुई।" इस संघर्ष में रानाडे की भूमिका यह थी, बार-बार पराजय हुई, "पर रानाडे महाशय ने सन् 1900 में पुन: इस पर विवाद छेड़ा और विचारशील पुरुषों की सम्मति अपनी ओर कर ली। तब यूनिवर्सिटी ने इस प्रस्ताव को एक सब-कमेटी में विचारार्थ उपस्थित किया।" यहाँ भाषा और साहित्य के विकास का प्रश्न पेश किया गया। भारतीय भाषाओं में समुचित उपयोगी साहित्य का अभाव है, यह तर्क हिन्दी के विरुद्ध निरन्तर दिया जाता रहा है; वह मराठी के विरुद्ध भी दिया गया। मिश्र जी ने इस प्रसंग में लिखा : "विरोधी लोग यह कहते थे कि देशी भाषा में उपयोगी साहित्य का अभाव है और जो कुछ है भी, वह पद्य में है, गद्य के ग्रंथ बहुत कम हैं। रानाडे महाशय ने एक बड़े सारगर्भित व्याख्यान में यह कहा कि जिस दोष के कारण मरहट्टी और गुजराती यूनिवर्सिटी में जारी नहीं की जाती, वह दोष संस्कृत साहित्य में भी वर्तमान है, अर्थात् गद्य के ग्रंथों की न्यूनता। इसके साथ ही इन्होंने यह भी सिद्ध किया कि देशी भाषा का साहित्य भी ऐसा ही उपयोगी

है, जैसा संस्कृत का। उन्होंने ऐसी पुस्तकों की सूची दी, जो एम.ए. तक पढ़ाई जा सकें। विरोधियों का मुखमर्दन हुआ और रानाडे की जय हुई, पर काल ने उनको इसका सुख न भोगने दिया।" रानाडे का देहान्त हो गया पर सेनेट में देशी भाषाओं को शिक्षा का विषय बनानेवाला प्रस्ताव पास हो गया। जिस समय देववाणी और उसके साहित्य के सामने विद्वान् आधुनिक भाषाओं और उनके साहित्य को तुच्छ समझते थे, उस समय यह कहना कि देशी भाषा का साहित्य भी ऐसा ही उपयोगी है, जैसा संस्कृत का, बुद्धिमत्ता का ही नहीं, साहस का भी काम था। यह नवजातीय जागरण का एक प्रमाण था।

रानाडे के जीवन से हिन्दी-भाषी क्या सीखें, इस बारे में मिश्र जी कहते हैं : "पाठकवृन्द! विशेष कर पश्चिमोत्तर देश निवासी सज्जन! क्या आपके चित्त में यह इच्छा उत्पन्न नहीं होती कि इस प्रान्त में भी एक रानाडे ऐसे सज्जन उत्पन्न हों और अंग्रेजी शिक्षा पानेवालों की रुचि हिन्दी भाषा और साहित्य की ओर आकर्षित करें? जब लौं कालेजों में भाषा की शिक्षा देने का प्रबन्ध, जैसा बम्बई में हुआ है, न होगा। अंग्रेजी शिक्षित मंडली में हिन्दी साहित्य के प्रेमी बिरले ही मिलेंगे।" नागरी प्रचारिणी सभा के अनुसंधान कार्य का जिक्र करने के बाद कहते हैं : "अब एक ऐसे महानुभाव की आवश्यकता है जो यूनिवर्सिटी में इस विषय पर विवाद छेड़ें कि क्यों देशी भाषा भी संस्कृत के नाईं एम.ए. तक न पढ़ाई जाए, जबकि उचित ग्रंथ प्राप्त होते हैं।" इस तरह का संघर्ष विश्वविद्यालयों के बाहर ही अधिक चला और उसके नेता थे महावीरप्रसाद द्विवेदी।

उत्तर भारत की भाषाओं तथा हिन्दी से भिन्न अन्य भारतीय भाषाओं के इतिहास से द्विवेदी जी की दिलचस्पी का प्रमाण अप्रैल, 1908 की 'सरस्वती' में उनका तमिल-सम्बन्धी उल्लेख है। 'द्रविड़ देश की पुरानी सभ्यता' शीर्षक टिप्पणी उन्होंने मलाबार क्वार्टरली रिव्यू पत्रिका में एक लेख पढ़कर लिखी थी। इसमें उन्होंने लेखक का यह मत उद्धृत किया कि दक्षिण भारत में आर्यों के प्रवेश से पहले ही द्रविड़ जनों ने सभ्यता में प्रगति कर ली थी : "अर्थात् उनकी प्राचीन शिक्षा-सभ्यता आर्यों की कृपा या संघर्ष का फल नहीं।" इसके बाद उन्होंने लिखा कि द्रविड़ भाषाओं में तमिल सबसे पुरानी है। उसके प्राचीन काव्यों पर संस्कृत का प्रभाव नहीं है। उसके छंद भी अपने हैं। इस सिलसिले में द्विवेदी जी ने एक अन्य लेखक कृष्णस्वामी आयंगर के लेख का हवाला दिया जिनके अनुसार 200 ईसवी के बाद जब दक्षिण में आन्ध्र लोगों का आधिपत्य था, तब तमिल भाषा ने बड़ी उन्नति की। हिन्दी में दक्षिण भारत की भाषाओं से परिचित होने का यह प्राथमिक प्रयास है।

1914 में तमिल भाषा का प्रसिद्ध वृहत् कोश छपने लगा, तब इसका परिचय देते हुए द्विवेदी जी ने अगस्त, 1944 की 'सरस्वती' में एक लम्बी टिप्पणी लिखी। इसमें उन्होंने बताया कि मद्रास की सरकार स्वयं इस कोश की रचना कर रही

है। इस काम के लिए उसने एक लाख रुपये खर्च करने की मंजूरी दी है। मद्रास विश्वविद्यालय के अधिकारियों की देखरेख में कोश का काम हो रहा है। इसके लिए तमिल के पुराने कोश इकट्ठे किये गए हैं। ग्रंथों से शब्द छाँटे जा रहे हैं। "कोई साढ़े तीन हजार पारिभाषिक शब्दों के अर्थ और उनके प्रयोगों के उदाहरण लिखे जा चुके हैं। ये शब्द दूसरे कोशों में नहीं मिलते। अब तक 31 हजार के ऊपर स्लिपें लिखी जा चुकी हैं। प्रत्येक स्लिप (कागज के टुकड़े) पर एक-एक शब्द लिखा गया है। काग़ज के यही टुकड़े वर्ण-क्रमानुसार रखकर शब्दों का सम्पादन किया जाएगा। इस कार्य का आरम्भ हुए डेढ़ वर्ष से ऊपर हो चुका। अब तक 15 हजार रुपया इस काम में खर्च हुआ है, परन्तु वर्णमाला का पहला अक्षर भी सम्पूर्णता को नहीं पहुँचा। इससे सूचित होता है कि पूरे कोश के निर्माण में एक लाख से अधिक रुपया खर्च होगा।"

कोश के कुछ अंश प्रकाशित हुए थे। उन्हें देखकर कुछ विद्वानों ने यह राय दी कि कोश का सम्पादन योग्यतापूर्वक नहीं हो रहा है। द्विवेदी जी ने आशा प्रकट की कि इन सम्मतियों से सरकार और कोश के सम्पादक लाभ उठाएँगे। इन सम्पादकों में जे.एस. चैंडलर नाम के पादरी भी थे। वह सम्पादक-समिति के अध्यक्ष थे। "वे लंका गए थे। वहाँ तामील भाषा के कुछ विशेष शब्द बोले जाते हैं। उनका उन्होंने वहाँ संग्रह किया है। अब, सुनते हैं, वे छुट्टी लेकर विलायत जाएँगे और इंग्लैंड तथा योरप के अन्य देशों में तामील भाषा के जो विशेषज्ञ हैं, उनकी सलाह लेंगे।"

इस कोश का निर्माण तमिल जाति के सांस्कृतिक इतिहास की महत्त्वपूर्ण घटना है। तमिल-भाषियों में उस समय जो जातीय चेतना थी, वह इस कोश के प्रति विद्वानों की अभिरुचि द्वारा व्यक्त हुई। उस समय भी तमिल भाषा के अध्ययन ने अन्तरराष्ट्रीय रूप ले लिया था। दूरंदेश अंग्रेज तमिल भाषा के सम्बन्ध में जिस नीति पर चल रहे थे, हिन्दी के सम्बन्ध में उनकी नीति उससे एकदम भिन्न थी। यद्यपि तमिलनाडु में अंग्रेजी का प्रभाव अन्य प्रदेशों से कम नहीं था, फिर भी अंग्रेज यह जानते थे कि तमिल भाषा को धुरी बनाकर द्रविड़ संस्कृति के अलगाव का जितना ही प्रचार किया जाएगा, उतना ही भारतीय जनता को विभाजित करने में उन्हें सुविधा होगी। दूसरे महायुद्ध के बाद अंग्रेज और अमरीकी विद्वानों का वैसा ही प्रयास बहुत स्पष्ट दिखाई दे रहा है।

अंग्रेजी ने सभी भारतीय भाषाओं के अधिकार छीने हैं, इसलिए अपने अधिकारों के लिए किसी एक भाषा के संघर्ष से अन्य भाषाओं को सहायता मिलती थी। द्विवेदी जी इस तरह के संघर्षों का समर्थन करते थे। गांधी जी भारतीय भाषाओं के व्यवहार के प्रबल समर्थक थे। उन्हें हिन्दी बोलने पर ही नहीं, गुजराती का व्यवहार करने पर भी धक्के खाने पड़े थे। इसका वर्णन जनवरी, 1918 की 'सरस्वती' में 'गांधी जी के मातृभाषा-प्रेम का एक उत्कृष्ट उदाहरण' शीर्षक टिप्पणी में किया गया है।

इस टिप्पणी के आरम्भ में पहले मातृभाषा और राष्ट्रभाषा, इन दोनों के सम्बन्ध पर ध्यान देना चाहिए। द्विवेदी जी ने लिखा है : "गांधी जी मातृभाषा के कितने प्रेमी और हिन्दी-प्रचार के कितने पक्षपाती हैं, यह बात उनके लेखों और वक्तृताओं से अच्छी तरह प्रकट है। इस बात को वे देशोद्धार और देशोन्नति का प्रधान साधन समझते हैं। यही राय अन्य अनेक देशभक्तों की है। पर औरों की राय से गांधी जी की राय बहुत महत्त्व रखती है; क्योंकि गांधी जी के जितने काम होते हैं, उनके गम्भीर विचारों के निष्कर्ष के आधार पर होते हैं। बिना खूब गहरा विचार किये, बिना दूर तक सोचे, बिना परिणाम पर अच्छी तरह ध्यान दिये, वे न कोई राय ही कायम करते हैं और न कोई काम ही करते हैं। इसी से उन्हें अपने प्रयत्नों और उद्योगों में कामयाबी होती है। वे बड़े विवेकशील हैं। अतएव जब वे यह कहते हैं कि देश के पुनरुद्धार की चेष्टा करनेवालों को मातृभाषा का पक्षपाती और प्रेमी होना चाहिए, तब मन यही कहता है कि उनका कथन अवश्य ही सच होगा।"

गांधी जी के मातृभाषा-प्रेम से द्विवेदी जी को कष्ट नहीं होता। वे इस बात का प्रचार नहीं करते कि गुजराती बन्धुओं के भातृभाषा से राष्ट्रभाषा का अहित होगा। इसके विपरीत वे गांधी जी के गुजराती-प्रेम को हिन्दी-भाषियों के लिए अनुकरणीय उदाहरण बनाकर प्रस्तुत करते हैं। गांधी जी ने गुजराती भाषा में जेल के अपने अनुभवों का वर्णन करते हुए एक पुस्तक लिखी थी। उसमें एक घटना का वर्णन इस प्रकार है : "निष्क्रिय प्रतिरोध के कारण जब वे एक बार दक्षिणी अफ़रीका के एक जेल में थे तब उन्हें उनकी धर्मपत्नी की बीमारी का सूचक तार मिला। यदि वे जुरमाना अदा कर देते तो उन्हें जेल से छुटकारा मिल जाता और वे अपने घर जाकर अपनी पत्नी के औषधोपचार आदि का प्रबन्ध कर सकते। पर ऐसा करना उन्होंने अपने सिद्धान्त के प्रतिकूल समझा। अतएव जेलर की आज्ञा प्राप्त करके अपनी पत्नी को उन्होंने गुजराती में एक पत्र लिखा। इस पत्र को देखकर जेलर चौंका, क्योंकि वह उसे पढ़ न सका। खैर, उसे तो उसने जाने दिया, पर हिदायत की कि गांधी जी अपने अगले पत्र अंग्रेजी में लिखें। गांधी जी ने कहा, मेरे हाथ के गुजराती पत्र, इस बीमारी की दशा में मेरी पत्नी के लिए दवा का काम देंगे। इस कारण, आप मुझे गुजराती में ही लिखने की आज्ञा दीजिए। पर जेलर ने न माना। फल यह हुआ कि गांधी जी ने अंग्रेजी में लिखने से इनकार कर दिया। मेरी रोगाक्रान्त और आसन्न-मरण पत्नी को मेरे पत्र मिलें चाहे न मिलें, पर मैं अंग्रेजी में उन्हें पत्र न लिखूँगा। ऐसे दृढ़-प्रतिज्ञ और ऐसे मातृभाषा-भक्त को इन्दौर के आठवें सम्मेलन ने अपना सभापति बनाकर बहुत ही अच्छा किया है।" गांधी जी का यह उदाहरण अब भी अनुकरणीय है। यदि लोक सभा के हिन्दी-भाषी सदस्य इस बात पर अड़ जाएँ कि वे अपनी जातीय भाषा हिन्दी में ही बोलेंगे तो इस जातीय भाषा को राष्ट्रभाषा बनते देर न लगे। अन्य भाषा-भाषियों को अपनी जातीय भाषाओं

का व्यवहार करने की छूट दी जाए। असल बात यह है कि हिन्दी-भाषी नेतागण स्वयं अंग्रेजी भाषा का दबाव स्वीकार करते हैं।

राष्ट्रभाषा के साथ अन्य भारतीय भाषाओं के महत्त्व पर जोर देते हुए, माधव-राव सप्रे ने 'राष्ट्रीयता की हानि का कारण' लेख ('सरस्वती', 1917) में कहा था : "अंग्रेजी भाषा के अधिक प्रचार और देशी भाषाओं के अनादर से राष्ट्रीयता की जो हानि हो रही है, उसका पूरा-पूरा वर्णन करना कठिन है।" इसीलिए अंग्रेजी की जगह भारतीय भाषाओं को शिक्षा का माध्यम बनाना जरूरी था। यहाँ कहीं भी यह नहीं कहा गया कि अंग्रेजी का स्थान केवल हिन्दी ले; यह संघर्ष अंग्रेजी के विरुद्ध समस्त भारतीय भाषाओं का संघर्ष था। इसलिए आगे कहा : "जब तक अंग्रेजी भाषा का अनावश्यक महत्त्व न घटाया जाएगा और जब तक शिक्षा का द्वार देशी भाषाओं को बनाकर वर्तमान शिक्षा-पद्धति में उचित परिवर्तन न किया जाएगा तब तक ऊपर लिखी गई बुराइयों से हमारा छुटकारा नहीं हो सकता।"

देशी भाषाओं को उचित अधिकार देने के विरोध में अधिकतर अंग्रेज और कुछ भारतवासी भी यह कहते थे कि इन भाषाओं में पढ़ने-पढ़ाने लायक किताबें नहीं हैं। भारतीय भाषाओं में उच्च शिक्षा के उपयुक्त पाठ्य-सामग्री तभी तैयार होगी जब अनेक विषयों के विद्वान् अंग्रेजी में लिखना छोड़कर इन भाषाओं पर कृपा करेंगे। इसलिए माधवराव सप्रे ने लिखा : "संसार के अग्रगण्य वैज्ञानिकों में भारतवर्ष के सुप्रसिद्ध अध्यापक जगदीश चन्द्र वसु भी हैं। वे अपने सभी आविष्कारों का वर्णन अँगरेजी भाषा में करते हैं और ग्रंथ-लेखन भी उसी भाषा में। यदि वे बँगला भाषा का उपयोग करने लगें तो देशी भाषाओं में वैज्ञानिक ग्रंथों का आंशिक अभाव दूर हो सकता है।"

भारत में अब भी उच्च कोटि के विद्वान् अपने उच्च विचार प्रकट करने के लिए विश्वभाषा अंग्रेजी का सहारा लेते हैं। न केवल भौतिक विज्ञान वरन् सामाजिक विज्ञान के विद्वान् भी इसी भाषा का व्यवहार करते हैं। वे समझते हैं कि अंग्रेजी में लिखे बिना न तो राष्ट्रीय स्तर पर और न अन्तरराष्ट्रीय स्तर पर अन्य सहयोगी विद्वान् उनके विचारों से परिचित हो सकेंगे। इसलिए भारतीय भाषाएँ अभी कविता, कथा-साहित्य आदि के लिए ही उपयुक्त समझी जाती हैं, यद्यपि यहाँ भी एक समुदाय ऐसा है जो हिन्दुस्तान के कुलियों, मजदूरों और किसानों के बारे में अपनी रचनात्मक प्रतिभा का प्रदर्शन अंग्रेजी में करता है। विज्ञान की किताबें लिखी जाती हैं तो अधिकतर वे अंग्रेजी भाषा के आधार पर स्कूलों और कॉलेजों के छात्रों को ध्यान में रखकर लिखी जाती हैं। प्रथम महायुद्ध के समय से अनेक भारतीय लेखक इस बात के लिए आन्दोलन करते आए हैं कि वैज्ञानिक पुस्तकें इस देश की भाषाओं में लिखी जाएँ। वह संघर्ष अभी समाप्त नहीं हुआ। उसे और भी तीव्र रूप में चलाना आवश्यक है। यहाँ केवल इस बात पर जोर देना है कि महावीरप्रसाद द्विवेदी, माधवराव सप्रे, महात्मा गांधी आदि लेखक और राजनीतिज्ञ समस्त भारतीय भाषाओं के अधिकारों

के लिए लड़ रहे थे—केवल हिन्दी के अधिकारों के लिए नहीं, केवल हिन्दी को राष्ट्रभाषा बनाने के लिए नहीं।

यूरोप की भाषाओं ने लम्बे संघर्ष के बाद अपने अधिकार प्राप्त किये हैं, उनका वह उदाहरण इस देश के लिए अनुकरणीय है, इस बात से महावीरप्रसाद द्विवेदी और उनके सहयोगी परिचित थे। विश्वभाषा अंग्रेजी का प्रचार और व्यवहार करनेवाले लोग या तो इस बात को जानते नहीं या उसे जान-बूझकर छिपाते हैं। माधवराव सप्रे उसी लेख में रूसी भाषा का उदाहरण देते हुए कहते हैं : "किसी समय रूस में उच्च वैज्ञानिक शिक्षा, जर्मन और फ्रेंच भाषाओं के द्वारा, दी जाती थी। परन्तु अब वहाँ यह बात नहीं है। सन् 1880 ईसवी में एक प्रोफेसर ने रूसी भाषा में वैज्ञानिक शिक्षा देना आरम्भ किया। दूसरे प्रोफेसरों ने भी उसका अनुकरण किया। फल यह हुआ कि अब रूसी भाषा बोलनेवाले रूस के समस्त प्रान्तों में वैज्ञानिक शिक्षा रूसी भाषा ही के द्वारा दी जा रही है।"

रूसी भाषा यूरोप की भाषा है। उसकी स्थिति एशिया की भाषाओं से भिन्न हो सकती है पर जापानी भाषा एशिया की भाषा ही है। उसका उदाहरण एशिया के देश भारत के लिए अनुकरणीय था और है। रूस के बाद जापान की चर्चा करते हुए सप्रे जी ने लिखा : "जापान के विश्वविद्यालयों का भी यही हाल है। वहाँ कठिन से कठिन और गहन से गहन महत्त्वपूर्ण विषयों पर व्याख्यान जापानी भाषा में ही होते हैं। जापानी भाषा का साहित्य थोड़े समय पहले ऐसा था कि उसकी तुलना भारतीय देशी भाषाओं के साहित्य से करना उसको सम्मान देना कहा जा सकता है। ऐसी अवस्था में भारतवासी ही अपनी मातृभाषा में शिक्षा पाने से क्यों वंचित रहें?" ये सारी बातें बीसवीं शताब्दी के प्रथम चरण में जितना उपयोगी और युक्तिसंगत थीं, उतना ही इस शताब्दी के अन्तिम चरण में हैं। भारतेन्दु हरिश्चन्द्र के समय से देशी भाषाओं को शिक्षा का माध्यम बनाने, उनमें वैज्ञानिक साहित्य रचने, हर सामाजिक-सांस्कृतिक स्तर पर उनका व्यवहार करने का आन्दोलन शुरू हुआ; एक शताब्दी बीत गई और वह आन्दोलन अभी अपनी आखिरी मंजिल तक नहीं पहुँचा। इस देश के सांस्कृतिक विकास की गति कितनी धीमी है, उपर्युक्त तथ्य से यह बात स्पष्ट हो जाएगी।

राष्ट्रभाषा और समस्त भारतीय भाषाओं के अधिकारों का संघर्ष मिला-जुला था। यह संघर्ष राष्ट्रीय स्वाधीनता के संघर्ष से जुड़ा हुआ था। राष्ट्रीय स्वाधीनता-आन्दोलन के प्रमुख नेता महात्मा गांधी थे। राष्ट्रभाषा के सबसे समर्थ प्रचारक महात्मा गांधी थे। समस्त भारतीय भाषाओं के व्यवहार के प्रबल पक्षपाती महात्मा गांधी थे। उनके नेतृत्व में राष्ट्रभाषा, जातीय भाषा और राष्ट्रीय स्वाधीनता, इन तीनों के लिए चलाए जानेवाले संघर्ष मिलकर एक हो गए थे। भारतीय मजदूर-आन्दोलन के क्रान्तिकारी और गैरक्रान्तिकारी नेता अनेक बातों में पूँजीवादी नेताओं से पीछे हैं। गांधी जी की उक्त भूमिका पर ध्यान देने से यह बात उनकी समझ में आ सकती है।

महावीरप्रसाद द्विवेदी स्वयं सात भाषाएँ जानते थे—हिन्दी, उर्दू, संस्कृत, गुजराती, मराठी, बँगला और अंग्रेजी। कुछ भाषाएँ और जानते रहे हों तो मैं कह नहीं सकता। इन सात भाषाओं के ज्ञान के तो अनेक प्रमाण मौजूद हैं। 'सरस्वती' के अनेक अंकों में गुजराती और मराठी भाषाओं में लिखी पुस्तकों की आलोचनाएँ छपी हैं। बँगला के कवि माइकेल मधुसूदन दत्त पर द्विवेदी जी का लम्बा लेख 'सरस्वती' के दो अंकों में छपा था। उनकी प्रेरणा से मैथिलीशरण गुप्त ने इन महाकवि के 'मेघनाद-वध' तथा अन्य काव्यों का अनुवाद किया। जनवरी, 1904 की 'सरस्वती' में रानी लक्ष्मीबाई पर मराठी लेखक दत्तात्रेय की पुस्तक की आलोचना करते हुए द्विवेदी जी ने लिखा था : "जिनको मराठी में अभ्यास नहीं है उनको, हम, अकेली एक यह पुस्तक पढ़ने के लिए, मराठी सीखने की सिफरिश करते हैं।" राष्ट्रभाव हिन्दी के प्रचारक महावीरप्रसाद द्विवेदी अन्य भारतीय भाषाओं से हमें इस प्रकार प्रेम करना सिखाते हैं। इस प्रसंग में रामानन्द चटर्जी के सम्पादन में प्रकाशित होनेवाली पत्रिका 'चतुर्भाषी' का उल्लेख भी करना चाहिए। द्विवेदी जी ने 'सरस्वती' में 'देशव्यापक भाषा' शीर्षक जो लेख लिखा था, उसका सारांश बँगला पत्रिका 'प्रवासी' में छपा था। अंग्रेजी भाषा को माध्यम बनाये बिना भारतीय भाषाओं में आदान-प्रदान सम्भव है और होता था, यह तथ्य उसका प्रमाण है। उस समय हिन्दी के लेख का सारांश बँगला में छापना बहुत स्वाभाविक कार्य था। 'प्रवासी' के सम्पादक इलाहाबाद-निवासी रामानन्द चटर्जी थे। द्विवेदी जी से जितना बन पड़ता था, उतना स्वयं हिन्दी के माध्यम से अन्य भाषाओं की गतिविधि का परिचय देते थे। रामानन्द चटर्जी के बारे में द्विवेदी जी ने लिखा था : "आपकी विद्वत्ता, आपका साहित्यानुराग, आपकी बहुदर्शिता नि:सीम है।"

इनके सम्पादन में 'चतुर्भाषी' के प्रकाशन की योजना का स्वागत करते हुए द्विवेदी जी ने लिखा था : "सम्वाद बहुत ही आनन्ददायक है; बहुत ही उत्साहवर्द्धक है, यों कहना चाहिए कि देवनागरी अक्षरों के व्यापक प्रचार का पहला सोपान है। मार्च से एक 'चतुर्भाषी' पुस्तक निकलनेवाली है। यह त्रैमासिक होगी। इसमें इस देश की चार प्रसिद्ध भाषाओं में लेख रहैंगे—बँगला, मराठी, गुजराती और हिन्दी। भाषाएँ पृथक्-पृथक् होंगी; परन्तु लिपि सबकी रहैगी नागरी।" इससे मिलता-जुलता प्रयास पिछले दिनों विनोबा भावे ने किया है। महात्मा गांधी, महावीरप्रसाद द्विवेदी, रामानन्द चटर्जी की उसी परम्परा के अनुरूप विनोबा जी का यह प्रयास है। उसके सफल होने में ही और समय लगेगा, आज की अपेक्षा बहुत अधिक प्रयत्न करना होगा, पर वह सफल अवश्य होगा। इस प्रयत्न का महत्त्व लोग तब समझेंगे जब अंग्रेजी का वर्तमान प्रभुत्व खत्म होगा। अभी तो रोमन लिपि में भारतीय भाषाएँ लिखने की बात कही जा सकती है, नागरी में उन्हें लिखने की बात नहीं। 'चतुर्भाषी' वाली टिप्पणी के अन्त में द्ववेदी जी ने लिखा था : "'चतुर्भाषी' एक नई चीज

है। वह देश के सर्वव्यापक कल्याण का अंकुर-रूप है। अतएव उसके विषय में उदासीनता दिखलाना मानौं स्वदेश से शत्रुता करना है।" इन वाक्यों से ज्ञात होता है कि द्विवेदी जी जानते थे कि ऐसे प्रयास का सफल होना कितना कठिन है। यहाँ यह भी उल्लेखनीय है कि इसके हिन्दी विभाग के सम्पादन का भार राधाकृष्ण दास ने ('बनारस के बाबू राधाकृष्ण ने') स्वीकार किया था। बँगला और हिन्दी लेखकों के सहयोग की दिशा में यह प्रथम प्रयास था। और वह असफल हुआ।

2. राष्ट्रभाषा के लिए संघर्ष

बँगला, गुजराती, तमिल आदि भाषाओं को शिक्षा का माध्यम बनाने और अन्य स्तरों पर उनका व्यवहार करने के लिए जहाँ भी प्रयत्न हो रहे थे, महावीरप्रसाद द्विवेदी ने हिन्दी की ओर से उनका निरन्तर समर्थन किया। किन्तु इन प्रयत्नों में प्रादेशिक भाषाप्रेमियों को सफलता न मिली। इसका एक कारण यह था कि प्रादेशिक भाषाओं के अधिकारों के लिए तब तक संघर्ष सफल न हो सकता था जब तक साथ-साथ केन्द्र से अंग्रेजी को हटाने का प्रयत्न न किया जाए। यद्यपि अनेक प्रदेशों में हिन्दी को राष्ट्रभाषा बनाने के लिए आवाज सुनाई दी, पर यह आवाज धीमी थी। केवल गांधी जी ने इस बात को अच्छी तरह समझा कि जब तक हिन्दी को राष्ट्रभाषा बनाने के लिए जोरदार आन्दोलन न होगा, तब तक गुजराती और बँगला आदि भाषाओं को उनके अधिकार प्राप्त न होंगे। इसलिए गांधी जी ने प्रयत्न किया कि सबसे पहले उस राष्ट्रीय संस्था के भीतर से अंग्रेजी निकाली जाए जो अंग्रेजी राज खत्म होने पर शासन की बागडोर सँभालने को तैयार हो रही थी। पर यहाँ गांधी जी को कांग्रेस के ही भीतर अहिन्दी-भाषी नेताओं के घोर विरोध का सामना करना पड़ा। इनमें दक्षिण भारत के नेता सबसे आगे थे। इस सन्दर्भ में यह बात ध्यान देने की है कि इन नेताओं को अंग्रेजी के दबाव की शिकायत नहीं थी। उस समय सरकारी या गैरसरकारी तौर पर हिन्दी को राष्ट्रभाषा बनाने के लिए कोई प्रस्ताव पास न हुआ था। पर राष्ट्रीय संस्था के दक्षिण भारतीय हिन्दी-भाषी नेता अंग्रेजी छोड़ने को तैयार न थे। वह स्थिति अभी तक बनी हुई है।

फरवरी, 1917 की 'सरस्वती' में द्विवेदी जी ने एक टिप्पणी लिखी : 'कांग्रेस में हिन्दी'। दिसम्बर, 1916 में कांग्रेस का 31वाँ अधिवेशन लखनऊ में हुआ। इसके सभापति आम्बिकाचरण मजूमदार के अंग्रेजी भाषण का हिन्दी अनुवाद भी प्रकाशित हुआ (जैसे अंग्रेजी में बने हुए स्वाधीन भारत के संविधान का हिन्दी अनुवाद भी प्रकाशित हुआ।)। कांग्रेस के अधिवेशन में कई भाषण हिन्दी में हुए (जैसे लोक सभा में कुछ भाषाण हिन्दी में हो जाते हैं)। द्विवेदी जी ने उन वक्ताओं को प्रशंसा और स्तुति का पात्र बतलाया जो मातृभाषा न होने पर भी देशहित के नाते हिन्दी का प्रचार चाहते थे। इनमें गांधी जी और दादा साहब खापर्डे मुख्य थे। गांधी जी

ने वायसराय को तो राजी कर लिया था कि उनके यानी गांधी जी के हिन्दी बोलने पर पाबन्दी न लगाई जाएगी। पर कांग्रेस अधिवेशन में उनके लिए हिन्दी बोलना सुगम न हुआ। द्विवेदी जी के शब्दों में : "भारतीय कुलियों को विदेश भेजना बन्द करने के विषय में गांधी जी ने एक प्रस्ताव कांग्रेस में उपस्थित किया। आपकी हार्दिक इच्छा थी कि आप हिन्दी में भाषण करें। आपने हिन्दी में भाषण आरम्भ भी कर दिया था। इतने में मदरासी प्रतिनिधियों की ओर से आवाज आई : 'English please' अर्थात् अँगरेजी में बोलिए। उत्तर में गांधी जी बोले, "आपकी आज्ञा मुझे स्वीकार है। पर एक शर्त है। अगले साल की कांग्रेस तक आपको यह Lingua Franca (अर्थात राष्ट्रभाषा हिन्दी) अवश्य सीख लेनी चाहिए। देखिए, इसमें गलती या लापरवाही न हो''

वह वर्ष अभी तक नहीं आया जब गांधी जी को राष्ट्रपिता कहनेवाले राष्ट्रीय संस्था के सभी सदस्य उनके आदेश का पालन करने लगे हों।

'सरस्वती' के इसी अंक में एक अन्य टिप्पणी है : 'एक-भाषा और एक-लिपि पर गांधी जी के विचार'। इसमें तीन बातें मुख्य हैं : पहली यह कि गांधी जी ने हिन्दी प्रचारक तैयार करने और उन्हें अहिन्दी प्रान्तों में भेजने पर जोर दिया। उन्होंने कहा : "सम्मेलन यदि अन्य भाषा-भाषी प्रान्तों में आदमी भेजे तो बहुत-से लोग हिन्दी सीख जाएँ। आप बाहर जाकर लोगों को हिन्दी सिखाइए तथा और आवश्यक कार्य उचित रूप से कीजिए।" यह कार्य गांधी जी के जीवनकाल में हुआ। उसके बाद प्रचार सभाएँ अधिकाधिक सरकारी या अर्द्धसरकारी संस्थाएँ बनती चली गईं। इन्हीं की एक मिसाल दक्षिण भारत हिन्दी प्रचार सभा का आगरा केन्द्र है जो सरकारी केन्द्रीय हिन्दी संस्थान बन गया। राजनीतिक पार्टियों ने भाषा-समस्या पर अलग-अलग दृष्टिकोणों से हल्ला बहुत मचाया पर गांधी जी की तरह उनमें से किसी ने गैरसरकारी स्तर पर हिन्दी प्रचारक तैयार नहीं किये।

दूसरी बात यह कि उस समय भी ऐसा कहनेवालों की कमी नहीं थी कि न तो हिन्दी भाषा सीखने लायक है और न उसके साहित्य में कोई चीज पढ़ने लायक है। आगे चलकर स्वयं गांधी जी ने हिन्दी को समृद्ध करने पर जोर देते हुए कहा कि हिन्दी में रवीन्द्रनाथ ठाकुर जैसे साहित्यकार नहीं हैं। पर उससे पहले एक भाषा और एक लिपि प्रचार परिषद के लखनऊ अधिवेशन में अध्यक्ष-पद से भाषण करते हुए उन्होंने कहा था : "लोग कहते हैं कि हिन्दी में कुछ नहीं है—हिन्दी साहित्य खोखला है—अतएव अँगरेजी बिना काम नहीं चल सकता। कभी-कभी तो अँगरेजी न जानने के कारण लोगों को वृथा ही कष्ट उठाना पड़ता है। यह मैं भी मानता हूँ। यहाँ तक कि मुझ जैसे लोगों को, हिन्दी का व्यवहार करने के कारण—हिन्दी बोलने के कारण—रेलवे इत्यादि में धक्के भी खाने पड़ते हैं। पर काम करनेवाले इन बातों की परवा नहीं करते। अँगरेजी से हिन्दी कितनी ही पीछे क्यों न हो, हमें

उसका गौरव बढ़ाना ही पड़ेगा।" गांधी जी की बाद में कही हुई बात का जवाब उनकी यह पहले कही हुई बात है।

अंग्रेजों के सामने हिन्दी बोलना सम्भव है या नहीं?—इस बारे में गांधी जी का कहना था : "सरकारी काउंसिलों में अँगरेजी की पूछ है—उसी का विशेष आदर है। लोग कहते हैं कि वाइसराय इत्यादि अँगरेजी के अतिरिक्त और कोई भाषा नहीं समझते। अतएव अँगरेजी का ही उपयोग करना आवश्यक है। पर मैं कहता हूँ कि यदि मैं बोलना जानता हूँ और मेरे कथन में कोई बात ऐसी है जिससे वाइसराय लाभ उठा सकें तो अवश्य ही मेरी बातें, हिन्दी में होने पर भी, सुनेंगे। आपको जरा दृढ़ता और मनोयोग से काम लेना चाहिए। आत्मावलम्ब किये बिना कोई काम सिद्ध नहीं होता।"

राष्ट्रीय संस्थाओं के नेताओं ने इस दृढ़ता का परिचय नहीं दिया। कम्युनिस्ट पार्टी की पचासवीं सालगिरह के अवसर पर दिल्ली में आयोजित सभा में अध्यक्ष डाँगे ने अंग्रेजी में भाषण किया और महामंत्री राजेश्वर राव ने हिन्दी में। आखिर देश में अंग्रेजी के साथ हिन्दी को भी समानान्तर जगह देने की बात है। तब इसकी झलक मजदूर-आन्दोलन में क्यों न दिखाई दे?

इस सारी परिस्थिति में यह बात बहुत महत्त्वपूर्ण है कि साम्राज्य-विरोधी पार्टियाँ अपना अखिल भारतीय कार्य किस भाषा में करती हैं। यही पार्टियाँ स्वाधीन भारत का लोकतंत्र चलाती हैं, फिर यह काम चाहे शासक दल के रूप में हो, चाहे विरोधी दल के रूप में। इसलिए कांग्रेस के भीतर से अंग्रेजी निकालने का अभियान बहुत महत्त्वपूर्ण था। पी.जे. मेहता की अंग्रेजी पुस्तक के आधार पर माधवराव सप्रे ने 'राष्ट्रीयता की हानि का कारण' शीर्षक जो निबन्ध सितम्बर, 1917 की 'सरस्वती' में लिखा था, उसमें उन्होंने यह महत्त्वपूर्ण बात कही थी : "यदि हमारी राष्ट्रीय संस्थाएँ सफल होना चाहती हैं तो उन्हें देशी भाषाओं का उपयोग अवश्य करना ही पड़ेगा।" उन्होंने इस बात पर शोक प्रकट किया कि गत पचास वर्षों से "हमारी सभी सार्वजनिक संस्थाओं की भाषा अँगरेजी हो गई है। यह नहीं कि हम केवल इंडियन नेशनल कांग्रेस में ही अँगरेजी भाषा का उपयोग करते हैं; बल्कि हम अपने स्थानीय और प्रान्तीय, सामाजिक, धार्मिक, औद्योगिक आदि सभी कार्यों में उसी का व्यवहार करते हैं।" इन सभी क्षेत्रों में कांग्रेस ने अपनी नीति से जनता को प्रभावित किया था। इसलिए यदि वह अपने भीतर अंग्रेजी का व्यवहार करे, तो इस नीति का प्रभाव अन्य क्षेत्रों पर पड़ेगा ही।

3. हिन्दी प्रदेश की भाषा-समस्या

'चतुर्भाषी' वाली टिप्पणी में द्विवेदी जी ने नागरी लिपि के प्रचार का स्वागत करते हुए हिन्दी भाषा के बारे में लिखा था : "और ऐसा समय भी कदाचित् आवै, जब

इस प्रान्त के अँगरेजी और फारसीबाज विद्वानों के द्वारा हेय, निर्जीव और अनुपयोगी समझी गई, यह हमारी त्यक्तप्राय हिन्दी देश की व्यापक भाषा हो जाए।" द्विवेदी जी ने जिन अंग्रेजी और फारसीबाज विद्वानों का जिक्र किया है, वे अहिन्दी प्रदेशों में ही नहीं थे, उनकी काफी बड़ी संख्या हिन्दी प्रदेश में थी। अन्य भाषाओं की तुलना में हिन्दी-भाषी प्रदेश की कुछ खास समस्याएँ थीं। यहाँ हिन्दी भाषा अनेक अन्तर्विरोधों का सामना कर रही थी जिनमें कुछ तो अन्य प्रदेशों में भी थे, शेष केवल इस प्रदेश में थे। वे इस प्रकार हैं :

(क) *अंग्रेजी से अन्तर्विरोध :* अन्य प्रदेशों की तरह यहाँ भी अंग्रेजी के मुकाबले हिन्दी भाषा तुच्छ समझी जाती थी। हिन्दी को केवल राष्ट्रभाषा के रूप में नहीं, जातीय भाषा के रूप में भी अंग्रेजी से अपना अधिकार प्राप्त करना था।

(ख) *फारसी से अन्तर्विरोध :* अन्य प्रदेशों की अपेक्षा यह अन्तर्विरोध यहाँ अधिक प्रखर था। मुगल साम्राज्य की राजधानी, आगरा या दिल्ली, हिन्दी प्रदेश में थी। मुगल साम्राज्य की राजभाषा का केन्द्र हिन्दी प्रदेश में था। केन्द्र से दूर पड़नेवाले प्रान्त भी फारसी से प्रभावित हुए थे किन्तु हिन्दी प्रदेश की अपेक्षा कम। उन्नीसवीं सदी में अभी फारसी का पुराना राजभाषा वाला गौरव समाप्त न हुआ था। महावीरप्रसाद द्विवेदी को बचपन में फारसी की भी शिक्षा दी गई थी और उनकी प्रौढ़ता के समय तक बहुत-से लोगों के लिए शिक्षित होने का मतलब था : फारसी का ज्ञान। इसलिए फारसीबाज विद्वान् हिन्दी को गँवारों की भाषा कहकर उससे घृणा करते थे।

(ग) *उर्दू से अन्तर्विरोध :* राजभाषा फारसी के प्रभाव में हिन्दी की एक शैली—अथवा एक बोली—उर्दू का विकास हुआ। किसी जातीय भाषा का ऐसा विभाजन भारत के किसी अन्य प्रदेश में नहीं हुआ। बहुत दिनों तक उर्दू-प्रेमी विद्वान् हिन्दी को भाषा रूप में स्वीकार ही न करते थे। उनके लिए जातीय भाषा कहो तो, और राष्ट्रभाषा कहो तो, केवल एक भाषा का अस्तित्व था, और वह थी उर्दू।

(घ) *ब्रजभाषा से अन्तर्विरोध :* अनेक शताब्दियों से हिन्दी प्रदेश में ब्रजभाषा साहित्य का मुख्य माध्यम होती आई थी। उसके समानान्तर नगरों में खड़ी बोली हिन्दी का प्रसार होता रहा। यह हिन्दी आधुनिक गद्य की भाषा बनी पर पद्य में ब्रजभाषा का व्यवहार होता रहा। ऐसी स्थिति अन्य प्रदेशों में, कम-से-कम इस पैमाने पर, नहीं थी।

(ङ) *जनपदीय उपभाषाओं से अन्तर्विरोध :* हिन्दी प्रदेश भारत के अन्य सभी जातीय प्रदेशों से क्षेत्रफल और जनसंख्या में बड़ा है। इस प्रदेश में जनपदीय उपभाषाओं की संख्या सबसे अधिक है और इनमें अनेक

उपभाषाओं का साहित्य बहुत समृद्ध है। इन जनपदीय उपभाषाओं को जातीय भाषा हिन्दी से अलग करने, हिन्दी जनता के विकास को रोकने, उसकी जातीय एकता को भीतर में तोड़ने से प्रयत्न 1857 से लेकर अब तक बराबर होते आए हैं।

(च) *संस्कृत से अन्तर्विरोध :* वैसे तो भारत की सभी भाषाएँ देववाणी संस्कृत की पुत्रियाँ कही जाती हैं पर हिन्दी इनमें सबसे बड़ी पुत्री मानी जाती है। संस्कृत के विद्वान् हिन्दी को देववाणी के मुकाबले तुच्छ समझते रहे हों तो आश्चर्य नहीं। उनके लिए हिन्दी की कोई अपनी जातीय विशेषताएँ नहीं हैं। उसे समृद्ध करने के लिए जो बात सर्वाधिक उपयोगी मानी जाती थी, वह यह कि उसमें संस्कृत शब्दों का जोरों से व्यवहार हो।

(छ) *बंगला से अन्तर्विरोध :* बंगाल के विद्वानों ने बोलचाल की बँगला छोड़कर अति संस्कृतगर्भित बँगला को साहित्य की भाषा बनाया था। यह उदाहरण हिन्दी-भाषियों के सामने था और वह अनुकरणीय नहीं था। इसका अर्थ यह हुआ कि संस्कृत ही नहीं, उसके साथ बँगला के अवांछित प्रभाव से हिन्दी के जातीय स्वरूप की रक्षा करना यहाँ की विशेष समस्या थी। इससे मिलती-जुलती समस्या उड़िया और असमिया जैसी भाषाओं के लिए थी पर मराठी या तमिल जैसी भाषाओं के लिए नहीं।

(ज) *हिन्दी के स्वरूप-निर्धारण की समस्या :* उक्त अनेक समस्याओं के फलस्वरूप शब्द-भंडार, व्याकरण, वर्तनी आदि के विचार से यहाँ हिन्दी का जातीय स्वरूप स्थिर करने की भी एक समस्या थी।

महावीरप्रसाद द्विवेदी ने इन सभी समस्याओं पर विचार किया और लिखा। उनका विवेचन गम्भीर, तर्कसंगत और जनता के हित में है। इन सारी समस्याओं से वर्तमान भारत का सम्बन्ध बहुत स्पष्ट है। जो लोग नये भारत का निर्माण करने को उत्सुक हैं, वे पहले द्विवेदी जी का विवेचन समझ लें, फिर नवनिर्माण के कार्य में लगें तो अच्छा है।

(क) पहली समस्या : अंग्रेजी से अन्तर्विरोध

द्विवेदी जी के लिए अंग्रेजी भाषा सभी भारतीय भाषाओं पर लादी हुई भाषा है। जनता से पूछकर उसकी इच्छा से, अथवा उसके हित में, उसे सर्वोपरि स्थान नहीं दिया गया। समस्त भारतीय भाषाओं के अधिकारों को पैरों तले कुचलकर, अंग्रेज शासक वर्ग के हित में वह उन पर लादी गई है। द्विवेदी जी हिन्दी के जातीय अधिकारों के लिए जो भी संघर्ष करते हैं, वह समस्य भारतीय भाषा के अधिकारों का संघर्ष बन जाता है। जुलाई, 1921 का लेख 'विदेशी गवर्नमेंट और स्वदेशी भाषाएँ' का शीर्षक ही सूचित करता है कि सरकारी नीति का विरोध करते हुए उनकी दृष्टि केवल एक

देशी भाषा पर नहीं है, समस्त देशी भाषाओं पर है। (देखें, 'साहित्यालाप', खड्गविलास प्रेस, पटना, 1929, पृ. 209)

द्विवेदी जी यह बात अच्छी तरह जानते हैं कि शासक जातियाँ दूसरों को गुलाम बनाये रखने के लिए उनकी भाषाओं का नाश करती हैं, उनकी भाषाओं के व्यवहार पर प्रतिबन्ध लगाती हैं, उन्हें अपनी भाषा सीखने और उसका व्यवहार करने को बाध्य करती हैं। कानपुर साहित्य सम्मेलन वाले अपने वक्तव्य में वे पूछते हैं : "विजित देशों पर विजेता क्यों अपनी भाषा का भार लादते हैं? आस्ट्रिया के जिन प्रान्तों पर इटली का अधिकार हो गया है, वहाँ छल, बल और कौशल से क्यों इटालियन भाषा ठूँसी जा रही है? क्यों अभी उसने उस दिन जर्मन अफसरों और कर्म्मचारियों को यह आज्ञा दी थी कि रूर प्रान्त में फ्रांस वालों के कहने से, खबरदार, अपनी भाषा छोड़कर फ्रांस की भाषा का कदापि व्यवहार न करना? मुँह से जो शब्द निकालना, जर्मन भाषा ही के निकालना?" इन प्रश्नों का उत्तर वे यह देते हैं : "इसका एकमात्र कारण स्वराज्य और स्वभाषा का घना सम्बन्ध है। यदि भाषा गई तो अपनी जातीयता और अपनी सत्ता भी गई ही समझिए। बिना अपनी भाषा की नींव दृढ़ किये स्वराज्य की नींव नहीं दृढ़ हो सकती। जो लोग इस तत्त्व को समझते हैं, वे मर मिटने तक अपनी भाषा नहीं छोड़ते। दक्षिणी अफरीका में, अपने अस्तित्व के नाश का अवसर आ जाने पर भी, बोरों ने अपनी भाषा को अपने से अलग न किया; हजार प्रयत्न करने पर भी उन्होंने वहाँ विदेशी भाषा के पैर नहीं जमने दिये। जिनमें राष्ट्रीयता का भाव जागृत है, जो जातीयता के महत्त्व को समझते हैं, जो एकता के जादू को जानते हैं, वे प्राण रहते कभी अपनी भाषा का त्याग नहीं करते; कभी उसके पोषण और परिर्वतन [परिवर्धन] के काम से पीछे नहीं हटते; कभी दूसरों की भाषा को अपनी भाषा नहीं बनाते। जिन्दा देशों में यही होता है। मुर्दा और पराधीन देशों की बात मैं नहीं कहता; उन अभागे देशों में तो ठीक इसका विपरीत ही दृश्य देखा जाता है।"

यहाँ बहुत स्पष्ट शब्दों में मातृभाषा के व्यवहार का राजनीतिक महत्त्व व्यक्त किया गया है। अंग्रेजों से जहाँ बन पड़ा, उन्होंने विजित समुदायों का नाश किया। जहाँ यह न बन पड़ा, वहाँ उनकी भाषाओं का नाश किया। जहाँ यह भी न बन पड़ा, वहाँ छल, बल और कौशल से राजभाषा, सम्पर्क भाषा अथवा सांस्कृतिक भाषा के रूप में अंग्रेजी रायज करके उनकी भाषा की जड़ खोदते रहे।

इस देश में ऐसे काफी लोग हैं जो नवउपनिवेशवाद का विरोध करते हैं, जो कहते हैं कि भारत जैसे स्वाधीन देशों पर अमरीका जैसा साम्राज्यवादी देश अपना राजनीतिक-आर्थिक प्रभुत्व कायम करने के लिए अप्रत्यक्ष तरीके अपनाता है, पुराने साम्राज्यवादियों की तरह सीधे हुकूमत न करके दन्द-फन्द से नवस्वाधीन देशों को अपने जाल में फँसाता है। अब प्रश्न यह है कि नवउपनिवेशवाद के प्रसार में अंग्रेजी

भाषा की भूमिका क्या है? यह बात कोई रहस्य नहीं है कि विदेशी सरकारें यहाँ अंग्रेजी के प्रचार-प्रसार के लिए लाखों रुपये खर्च कर रही हैं। ये सरकारें वही हैं जो नवउपनिवेशवाद की सूत्रधार हैं। ठीक जैसे स्वाधीनता-प्राप्ति से पहले अंग्रेजी का दबाव प्रत्यक्ष साम्राज्यवादी शासन का अभिन्न अंग था, वैसे ही स्वाधीनता-प्राप्ति के बाद अंग्रेजी का प्रचार और प्रसार नवउपनिवेशवाद का अभिन्न अंग है। छल, बल, कौशल और दन्द-फन्द के तरीके सतह के ऊपर नहीं दिखाई देते। लगता ऐसा है कि हिन्दी और अहिन्दी भाषियों की लड़ाई की वजह से अंग्रेजी यहाँ जमी हुई है; बात इससे ठीक उल्टी है। यहाँ नवउपनिवेशवाद के प्रसार के लिए हिन्दी और अहिन्दी भाषियों को लड़ाया जाता है और इस लड़ाई का एक ही समाधान सुझाया जाता है कि अंग्रेजी को और भी मजबूती से अपनी जड़ें जमाये रहने दो। अगर यहाँ के प्रदेश—हिन्दी और अहिन्दी ही नहीं, बंगाल और असम, गुजरात और महाराष्ट्र—आपस में लड़ते हैं तो इससे साम्राज्यवाद को लाभ होता है। यदि ये अंग्रेजी के सहारे आपस में शान्ति कायम रखते हैं, अपनी भाषाओं के ऊपर अंग्रेजी को जगह देते हैं, तो इस तरह भी, शिक्षा-संस्कृति आदि के माध्यम से, अपना प्रभाव विस्तार करने में साम्राज्यवाद को सुविधा होती है। जो लोग अपने व्यवहार से जातीय अथवा राष्ट्रीय स्तर पर अंग्रेजी भाषा को प्रतिष्ठित रखने में सहायक होते हैं, वे मुँह से उपनिवेशवाद का चाहे कितना विरोध करें, यथार्थ में वे उसके सहायक हैं। द्विवेदी जी ने पूछा था : "क्या इस पृथ्वी की पीठ पर एक भी देश ऐसा है जहाँ शासन-सम्बन्धी स्वराज्य तो है, पर मातृभाषा सम्बन्धी स्वराज्य नहीं?" जो लोग समझते हैं कि शासन-सम्बन्धी स्वराज्य है, वे जरा ठहरकर गम्भीरतापूर्वक इस प्रश्न पर विचार करें।

जब भारत स्वाधीन नहीं था, जब यहाँ साम्राज्यवाद का प्रत्यक्ष शासन था, उस समय द्विवेदी जी अंग्रेजी पढ़ने-पढ़ाने के बारे में, शासकवर्ग से ठीक विपरीत दिशा में विचार करते हुए, यह प्रतिपादित करते थे कि अंग्रेजों को यहाँ राज करना है तो वे हमारी भाषाएँ सीखें; हम उनकी भाषा क्यों सीखें? 'विदेशी गवर्नमेंट और स्वदेशी भाषाएँ' शीर्षक लेख में वे कहते हैं : "यदि कोई जाति या देश किसी अन्य जाति या देश पर अधिकार कर ले और उसे अपने शासन में रखना चाहे तो उसे चाहिए कि वह शासित देश पर की शासित जाति में दूधमिश्री की तरह मिल जाए। तभी उसका अधिकार उस देश पर स्थायी या बहुकालव्यापी हो सकेगा, अन्यथा नहीं। क्योंकि किसी देश पर किसी अन्य देश का शासन सर्वथा अस्वाभाविक है।" भारत पर तुर्कों ने आक्रमण किया, वे यहाँ की जातियों में घुल-मिल गए, तुर्की यहाँ कभी राजभाषा न रही। फारसी यहाँ की राजभाषा हुई, पर जिन लोगों ने उसे इस पद पर बिठाया, उनकी मातृभाषा फारसी नहीं थी। अंग्रेजों का हाल इससे उल्टा है। द्विवेदी जी कहते हैं : "इस देश के भिन्न-भिन्न

प्रान्तों में भिन्न-भिन्न भाषाएँ प्रचलित हैं। शासक शुरू-शुरू में उनसे प्राय: सर्वथा अनभिज्ञ रहते हैं।...इस कारण हम लोगों की दृष्टि में वे अपने को उपहास का पात्र मानते हैं। पर अपने अधिकार के मद में मत्त होने अथवा अपनी जाति की श्रेष्ठता के नशे से बेहोश होने के कारण वे उस उपहास की परवा नहीं करते।" द्विवेदी जी उन लोगों पर नहीं हँसते जिन्हें अंग्रेजी नहीं आती या जो गलत अंग्रेजी बोलते हैं। उन्हें हँसी अंग्रेजों पर आती है जो भारतीय भाषाएँ बोल नहीं सकते या बोलते हैं तो गलत बोलते हैं।

आगे कहते हैं : "यदि ये लोग हमारी भाषा सीखते तो हम बिना विशेष परिश्रम और खर्च के अपनी ही भाषा द्वारा विशेष ज्ञान सम्पादन करके शासन-सम्बन्धी बहुत कुछ ज्ञान कर सकते। परन्तु ये ऐसा नहीं कर सकते। ये प्राय: सारे शासन-कार्य अपनी अंग्रेजी ही भाषा में करते हैं। इसी से कचहरियों, दफ़्तरों, स्कूलों और कालेजों आदि में नौकरी पाने के उद्देश्य से हमें भी अंग्रेजी भाषा पढ़नी पड़ती है। इससे इन्हीं का सुभीता है, हमारा नहीं। इस सुभीते की माया का ओर-छोर नहीं।"

लेख के अन्त में कहते हैं : "अधिकारियों को चाहिए कि वह खुद हमारी भाषाएँ सीखें और हमारी ही भाषाओं में हमें सभी प्रकार की शिक्षा देने की योजना करें। यदि वे किसी कारण से ऐसा नहीं कर सकते तो हमें अपना काम आप ही करने के लिए मैदान साफ कर दें। हर बात के लिए हम कब तक विलायत की दौड़ लगाते रहेंगे?" आखिरी प्रश्न का सम्बन्ध विलायत के उच्च शिक्षा-केन्द्रों से है। किसी भी पेशे में उच्च स्थान पाने के लिए विलायत जाकर इन केन्द्रों में शिक्षा पाना जरूरी था। स्वाधीन भारत में जैसे अंग्रेजी का प्रभुत्व बढ़ा है, वैसे ही इन विदेशी शिक्षा-केन्द्रों का महत्त्व भी बढ़ा है।

जनवरी, 1908 में द्विवेदी जी ने एक लेख लिखा : 'भारतीय भाषाएँ और अंग्रेज'। (ये सब लेख 'साहित्यालाप' में संकलित हैं।) इस लेख में हिन्दुस्तानियों की सीखी हुई अंग्रेजी और अंग्रेजों की सीखी हुई हिन्दुस्तानी का तुलनात्मक वर्णन किया गया है। अंग्रेजों को भारत पर राज करना है तो वे यहाँ की भाषा सीखें, उसी नीति के अनुरूप वे लेख की शुरुआत यों करते हैं : "अँगरेज लोग इस बात पर अक्सर दिल्लगी उड़ाया करते हैं कि हिन्दुस्तानियों को अच्छी अँगरेजी लिखना और बोलना नहीं आता। अँगरेजी अखबारों में बहुधा 'बाबू इँगलिश' अर्थात् बाबू लोगों की अँगरेजी की दिल्लगी रहती है। अँगरेजी के समान अपूर्ण, अनियमित और उच्चारण-नियम-हीन विदेशी भाषा में यदि इस देशवाले अँगरेजों ही की वैसी विज्ञता न प्राप्त कर सकें तो विशेष आश्चर्य की बात नहीं। आश्चर्य की बात तो यह है कि अँगरेजों में आज तक हिन्दी भाषा का एक भी अच्छा विद्वान् नहीं हुआ। जो विद्वान् माने जाते हैं, वे भी हिन्दी लिखते घबराते हैं। अँगरेजों का इस देश से सम्बन्ध हुए दो सौ वर्ष हो गए, परन्तु इतने दिनों में कितने अँगरेजों ने हिन्दुस्तानी

भाषा में लिख-पढ़ लेने लायक विज्ञता प्राप्त की?" यहाँ पंडित महावीरप्रसाद द्विवेदी ने अंग्रेजों की हेकड़ी का जवाब राष्ट्रीय आत्मसम्मान के अनुरूप दिया है।

अंग्रेजी भाषा में हिन्दुस्तानियों की महारत के बारे में लिखा है : "अँगरेजी भाषा बहुत क्लिष्ट है। उसका व्याकरण और उच्चारण बिलकुल ही वाहियात और अनियमित है। तिस पर भी सैकड़ों हिन्दुस्तानी विद्वानों ने अँगरेजी में बड़ी-बड़ी किताबें लिखी हैं। उनको देखकर अँगरेज विद्वान् तक चकित होते हैं...परन्तु कितने साहब ऐसे हैं जो हिन्दुस्तान की भाषाओं में अखबार या पुस्तकें लिखते हों या पढ़े-लिखे हिन्दुस्तानियों के सामने व्याख्यान देते हों? यदि वे इस देश भर में कहीं एक-दो हों भी तो वे न होने के बराबर हैं। बीम्स हार्नली और ग्राउन (ग्राउज) साहब आदि हिन्दी के बहुत बड़े जानने वाले माने जाते हैं परन्तु हिन्दी में उन्होंने कितनी किताबें लिखी हैं? जो कुछ हिन्दी के विषय में उन्होंने लिखा है, प्राय: सभी अँगरेजी में।"

विद्वानों के अलावा सरकारी अफसरों को हिन्दी सीखनी चाहिए, इस बारे में द्विवेदी जी आगे कहते हैं : "यदि और लोग हिन्दुस्तानी भाषा न सीखें तो न सही, पर जिन अफसरों को हिन्दुस्तानियों से दिन-रात काम पड़ता है, उन्हें तो ज़रूर ही सीखनी चाहिए, विशेष करके जिले के हाकिमों को।" कलकत्ते के एक हाकिम से किसी ने कहा, इस जमीन पर मेरा चिरदिन से कब्जा है। साहब ने कहा, चिरदिन को हाजिर किया जाए! खबर कलकत्ते के अंग्रेजी अखबार में छपी। द्विवेदी जी ने नतीजा निकाला : "साहब लोगों को चाहिए कि जरा अपनी तरफ एक नजर देखकर तब बाबुओं की अँगरेजी पर हँसे। बाबू लोगों की अँगरेजी उस हिन्दी से हजार दर्जे अच्छी होती है जो साहब लोग अपने दरजी, भिश्ती, बहरा और खानसामा से बोलते हैं।" झाँसी में अँगरेजी फौज की बहुत बड़ी छावनी थी। उस शहर में रहकर कोई भी हिन्दुस्तानी साहबों की खानसामा हिन्दी—और खानसामा लोगों की अंग्रेजी—से परिचित हुए बिना न रह सकता था। फिर तार बाबू को तो रेलवे की नौकरी में साहबों से—और नीम साहबों से—काम पड़ा ही करता था।

पराधीन जाति में अक्सर एक समुदाय ऐसा पैदा हो जाता है जो विदेशी भाषा के प्रभुत्व से आतंकित होकर अपनी ही भाषा से घृणा करने लगता है। विदेशी भाषा का व्यवहार करके वह विजेता प्रभुओं का पिछलगुआ बनकर आत्मगौरव का अनुभव करता है। 'सरस्वती' के लेखों में भारतीय भाषाओं के प्रति घृणा के इस भाव का बार-बार उल्लेख हुआ है। दिसम्बर, 1919 के अंक में 'विदेशी भाषा का प्रभाव' शीर्षक लेख छपा है। इसके लेखक कामताप्रसाद गुरु कहते हैं : "राजनैतिक कारणों में मुख्यत: विदेशी राज-शासन है। इसके वशीभूत होकर लोगों को कभी-कभी इच्छा से और बहुधा विवशता से विदेशी भाषा सीखनी पड़ती है। इस अवस्था का सबसे बुरा परिणाम तो यह होता है कि लोग अपनी भाषा की ओर उदासीन होकर धीरे-धीरे उसका तिरस्कार करने लगते हैं और अन्त में उसे

भूल जाने में अथवा उसे गँवारी बोली समझने में अपना गौरव मानने लगते हैं। ये लोग अपने को एक अलग जाति समझकर दूसरों को हीन और तुच्छ भी समझने लगते हैं।" ऐसे लोग हिन्दी-भाषी प्रदेश में काफी थे। इसका एक परिणाम यह हुआ कि अन्य प्रदेशों की अपेक्षा हिन्दी-भाषी प्रदेश में यहाँ की जातीय भाषा उपेक्षित रही। यहाँ के विश्वविद्यालयों में हिन्दी का प्रवेश सबसे पीछे हुआ। अन्य प्रदेशों के विश्वविद्यालयों में वहाँ की भाषाओं का प्रवेश पहले हुआ। कानपुर सम्मेलन वाले वक्तव्य में द्विवेदी जी ने इस स्थिति के बारे में कहा था : "बड़ी कठिनता से हाईस्कूलों के आठवें दरजे तक तो हिन्दी को किसी तरह दाद मिल गई है, पर आगे नहीं। बम्बई विश्वविद्यालय में मराठी साहित्य की उच्च शिक्षा का प्रबन्ध है; मदरास विश्वविद्यालय में तामील और तैलगू भाषाओं का निर्बाध प्रवेश है, कलकत्ता विश्वविद्यालय में भी बंगला-भाषा का साहित्य उच्च आसन पर आसीन है—उसमें तो हिन्दी-साहित्य के प्रवेश का द्वार खुल गया है—पर, जिन अभागे संयुक्त-प्रान्तों की भाषा हिन्दी अथवा हिन्दुस्तानी है, उनके विश्वविद्यालय में वह अछूत जातियों की तरह अस्पृश्य मानी जाती है। उसके तो नाम ही से कुछ सदाशय देश-बन्धुओं के मुँह से 'दूर्-दूर्' की आवाज निकला करती है। उन्हें तो आठवें दरजे तक भी हिन्दी का प्रवेश खटकता है; उनकी सम्मति से उसके प्रवेश से अँग्ररेजी भाषा की शिक्षा में विघ्न उपस्थित होता है। सुदूरवर्ती और द्राविड़-भाषा-भाषी मदरास-प्रान्त के माध्यमिक दरजों (Intermediate Classes) में तो हिन्दी पढ़ाई जाए—ऐच्छिक विषयों में उसके अध्ययन की भी स्वीकृति वहाँ का विश्वविद्यालय दे दे—पर अपने ही घर में, अपने ही प्रान्त में, बेचारी हिन्दी धसने तक न पावे। अपनी भाषा के साहित्य का इतना निरादर और इसके साथ इतना अन्याय क्या किसी और भी देश अथवा इसी देश के क्या किसी और भी प्रान्त में देखा जाता है?"

अन्य प्रदेशों से हिन्दी प्रदेश की भाषायी स्थिति किस तरह भिन्न है, इसे आप यहाँ अच्छी तरह देख लें। अन्य प्रदेशों में यहाँ की भाषाओं का साहित्य विश्वविद्यालयों में पढ़ाया जाता था पर हिन्दी प्रदेश में हिन्दी साहित्य को विश्वविद्यालयों में स्थान न मिला था। यहाँ तक कि अन्य प्रदेशों में हिन्दी साहित्य को उच्च शिक्षा का विषय मान लिया गया था पर हिन्दी प्रदेश में उसे यह मान्यता न मिली थी। इसका मुख्य कारण हिन्दी प्रदेश पर अंग्रेजों का विशेष कृपाभाव था। 1857 में उन्होंने देख लिया था कि कौन-सा प्रदेश उनके लिए सबसे खतरनाक है। इसलिए उन्होंने व्यवस्थित ढंग से इस प्रदेश को दबाये रखने के लिए ऐसी नीति अपनाई जो अन्य प्रदेशों में उनकी नीति से कुछ भिन्न थी। इस नीति का एक पक्ष यहाँ की जातीय भाषा को विघटित करना, उसे उच्च शिक्षा के केन्द्रों से बाहर रखना था, और यथासम्भव उसे स्कूलों की पढ़ाई में भी शिक्षा का माध्यम बनने से रोकना था। गौण कारण यह था कि अंग्रेजों को इस प्रदेश में अपना एक स्वामिभक्त समुदाय पैदा करने में अधिक

सफलता मिली, दूसरे प्रदेशों की अपेक्षा यहाँ का समुदाय कुछ अधिक ही असंस्कृत था। बंगाल के जमींदारों की तुलना में अवध के ताल्लुकेदार जितने स्वामिभक्त थे, उतने ही अशिक्षित और हिन्दी ज्ञान से खारिज भी थे। इसीलिए जिन विश्वविद्यालयों पर इनका प्रभाव था, उनमें हिन्दी का प्रवेश सबसे पीछे हुआ।

द्विवेदी जी ने उसी व्यक्तव्य में आगे कहा : "इलाहाबाद-विश्वविद्यालय के जिन सेनेटरों को इन प्रान्तों की भूमि अपने ऊपर धारण करती है और जिनके बूटों की ठोकरें खाया करती है, उनकी इस उदारता के लिए उन्हें अनेक धन्यवाद! जिस भाषा को उन्होंने अपनी माँ से सीखा, जिसकी कृपा से ही वे अँगरेजी भाषा के पारगामी पंडित बने, और जिसकी बदौलत ही अब भी उनके गार्हस्थ्य जीवन-सम्बन्धी सारे काम चलते हैं, उसी के साथ उनके इस सलूक का दृश्य मनुष्यों ही के नहीं, देवताओं के भी देखने योग्य हैं! भगवान्, आप तो करुणासागर कहाते हैं। इन प्रान्तों ने ऐसा कौन-सा घोर पाप किया जो आप इन मातृभाषा-भक्तों के हृदयों में आत्मगौरव और आत्माभिमान का न सही, करुणा तक का उद्रेक नहीं करते?...भाइयो, यदि और कहने से कुछ भी सहायता न मिले तो आप ही इलाहाबाद विश्वविद्यालय के कर्णधारों की मोहनिद्रा भंग करने की चेष्टा कीजिए।"

इलाहाबाद विश्वविद्यालय में हिन्दी का प्रवेश रुका रहा तो इसके लिए हिन्दी-भाषी जनता भी जिम्मेदार है। वह ऐसे सामन्तों, अर्द्धसामन्तों को बर्दाश्त करती आई थी जो उसको हर तरह से दबाने के अलावा उसकी भाषा और साहित्य की जड़ें भी खोद रहे थे। द्विवेदी जी ने इलाहाबाद विश्वविद्यालय के बारे में जो कुछ कहा था, उससे मिलती-जुलती बात 'सुधा' की टिप्पणी में निराला ने लखनऊ विश्वविद्यालय के बारे में लिखी थी। 1943 में मेरे लखनऊ विश्वविद्यालय छोड़ने तक वहाँ हिन्दी का अलग विभाग न बना था और सन् '34 में जब मैंने एम.ए. की परीक्षा दी थी, तब तक इस परीक्षा के लिए वहाँ हिन्दी विषय स्वीकृत न हुआ था। स्वाधीनता-प्राप्ति के बाद ऐसे प्रधानाचार्यों और कुलपतियों की कमी नहीं रही जो हिन्दी को शिक्षा का माध्यम बनने से रोकने में अपनी सारी ताकत लगाते रहे हैं। शिक्षा-जगत् में अमरीकी प्रभाव फैलाने के विश्वस्त माध्यम रहे हैं, यह बात आकस्मिक नहीं है। हिन्दी राष्ट्रभाषा न बनने पाए, हिन्दी प्रदेश के विश्वविद्यालयों में उसे उचित स्थान न मिले, इसके लिए साम्राज्यवादी निरन्तर प्रयत्नशील रहे हैं।

हिन्दी प्रदेश में एक नया विश्वविद्यालय कायम हुआ : बनारस हिन्दू विश्वविद्यालय। इस हिन्दू विश्वविद्यालय से बड़ी आशा थी कि हिन्दी वहाँ शिक्षा का माध्यम बनेगी। इसके लिए अन्य प्रदेशों के विद्वानों ने भी आन्दोलन किया। इनमें महाराष्ट्र के गणेश गंगाधर जांभेकर नाम के सज्जन थे जिन्होंने अगस्त, 1916 की हिन्दुस्तानी रिव्यू पत्रिका में इस विषय पर लेख लिखा था। इसका हवाला देते हुए द्विवेदी जी ने अक्टूबर, 1916 की 'सरस्वती' में टिप्पणी लिखी और लेख की बातों

का समर्थन करते हुए यह मार्मिक वाक्य लिखा : "यह हिन्दू विश्वविद्यालय हिन्दी विश्वविद्यालय होना चाहिए।" पर अलीगढ़ मुस्लिम विश्वविद्यालय के मुकाबले में यह हिन्दू विश्वविद्यालय तो रहा, हिन्दी विश्वविद्यालय आज तक न बना। इस तरह अंग्रेजी से अपने मुख्य अन्तर्विरोध का सामना करते हुए हिन्दी को अपनी अधिकार-भूमि के एक-एक पग के लिए विकट संघर्ष करना पड़ा। इस संघर्ष के एक सूत्रधार थे महावीरप्रसाद द्विवेदी।

(ख) दूसरी समस्या : फारसी से अन्तर्विरोध

जिन लोग की मातृभाषा फारसी थी, उन्होंने दिल्ली पर हुकूमत नहीं की। तुर्कों, पठानों और भारतीय सामन्तों ने उसे राजभाषा के रूप में अपनाया था। हिन्दी प्रदेश की भाषा को दो साहित्यिक अथवा शिष्ट भाषाओं में विभाजित करने का साधन फारसी थी। उर्दू-प्रेमियों की ओर से हिन्दी के प्रति समय-समय पर जो घृणा का भाव प्रदर्शित किया जाता था, उसकी जड़ में राजभाषा फारसी के अतीत गौरव का भाव था। इसलिए फारसी से हिन्दी के पुराने अन्तर्विरोध को, फारसी की ऐतिहासिक भूमिका को समझ लेना चाहिए। 1903 में लिखे हुए 'हिन्दी भाषा और उसका साहित्य' निबन्ध में द्विवेदी जी इस विषय में कहते हैं : "1600 ईसवी के पहले जो मुसलमान कवि हुए हैं, उन्होंने हिन्दी ही में कविता की है; फारसी के छंद:शास्त्र के अनुकूल प्राय: एक भी छंद उन्होंने नहीं लिखा। जब से टोडरमल ने लगान-सम्बन्धी नये नियम प्रचलित किये और हिन्दू अधिकारियों को फारसी पढ़ने के लिए विवश किया, तभी से फारसी शब्द हमारी लिखित भाषा और हमारी बोली में अधिकता से प्रयुक्त होने लगे। मुसल्मानों के सम्पर्क से यद्यपि फारसी शब्द बोलचाल में पहले से भी आने लगे थे, तथापि उनका प्राचुर्य टोडरमल ही के समय से हुआ। अतएव यह कहना चाहिए कि विशेष करके फारसी शब्दों के प्रयोक्ता हिन्दू ही हैं। अब भी हम देखते हैं कि जब अँगरेजी पढ़े-लिखे इस देश के लोग अपनी भाषा बोलते हैं, तब वही अँगरेजी शब्दों का अधिक प्रयोग करते हैं। हिन्दी बोलते समय अँगरेज लोग बहुत ही कम अँगरेजी काम में लाते हैं। यदि उनको कोई हिन्दी शब्द स्मरण नहीं आता तभी वे, विवश होकर, हिन्दी बोलते समय, अपनी भाषा का शब्द कहकर अपने मन का भाव प्रकट करते हैं। विद्वानों का मत है कि पहले-पहल मुसल्मान फारसी मिली हुई हिन्दी बहुत कम बोलते थे। परन्तु जब से हिन्दुओं ने फारसी पढ़ना आरम्भ किया और बोलचाल में वे फारसी शब्द प्रयोग करने लगे तब से मुसल्मान भी हिन्दुओं की उस ओर प्रवृत्ति देख उसी प्रकार की भाषा अधिक प्रयोग में लाने लगे। इससे यह फल निकला कि फारसी मिली हुई हिन्दी (अर्थात् उर्दू) की उत्पत्ति में पहले-पहल हिन्दुओं की भी सहायता रही है।" (देखें, 'साहित्यालाप'; तथा सरस्वती, फरवरी-मार्च, 1903)

इस देश में ऐसे लोगों की कमी नहीं जो हिन्दी-उर्दू विवाद को साम्प्रदायिक रूप देकर हिन्दी जाति की एकता को भीतर से तोड़ते हैं। वे इस तथ्य को गुप्त रखते हैं कि मुगल-शासन में हिन्दू सामन्त भी साझीदार थे। यही कारण है कि फारसी अपनाने में हिन्दुओं की भूमिका यथेष्ट महत्त्वपूर्ण थी। इस तथ्य को कुछ उर्दू-प्रेमी दो भिन्न जातियों के मिलन का सहज परिणाम बतलाते हैं। उनकी निगाह में मुसलमानों की मातृभाषा फारसी थी और भारत में हिन्दी से घुलमिल जाने पर उर्दू का विकास हुआ। पहली बात तो यह कि अधिकांश आक्रमणकारियों की भाषा तुर्की थी या उससे पहले अरबी थी या एक जमाने में पश्तो थी। दूसरी बात यह कि हिन्दू और मुसलमान सामन्तों ने एक विदेशी भाषा फारसी को भारत की राजभाषा बनाया था। और तीसरी बात यह कि उर्दू का अभ्युदय और विकास मुगल साम्राज्य के पतनकाल में होता है, तुर्कों के आक्रमण के समय में नहीं। नवाबों के जमाने में होता है, अंग्रेजों के जमाने में होता है, अकबर के जमाने में नहीं।

द्विवेदी जी ने इतिहास के प्रति जो वैज्ञानिक दृष्टिकोण अपनाया था, उसी के अनुरूप उन्होंने फारसी की भूमिका का यह विश्लेषण किया है। यह विश्लेषण साम्प्रदायिकता से मुक्त और कितना तथ्यपरक है, यह इसी से विदित होता है कि उर्दू के विकास में द्विवेदी जी हिन्दुओं की भूमिका पर जोर देते हैं। अखिल भारतीय प्रगतिशील लेखक संघ के महामंत्री डॉ. अब्दुल अलीम, जब वह मुसलिम विश्वविद्यालय के कुलपति न हुए थे, उर्दू के विकास के बारे में ऐसी ही बातें कहते थे। इसका प्रमाण 1938 के 'इंडियन लिटरेचर' में प्रकाशित उनका लेख है।

भारत में अंग्रेजी राज के फैलने के समय फ़ारसी का पुराना राजभाषा वाला वैभव कुछ-कुछ बना हुआ था। जैसे अंग्रेजों ने यहाँ के सामन्तों से गठबन्धन किया, वैसे ही उन्होंने पुरानी राजभाषा फारसी से हाथ मिलाया। 1857 के बाद उन्होंने सामन्तों और जमींदारों को अपनी कठपुतली बनाकर रखा, वैसे ही उन्होंने नवाबों की उस बोली को सभ्यता का प्रतीक माना जिसमें फारसी शब्दों की भरमार थी। अंग्रेजों के पाले हुए नवाब फारसी के दृष्टिकोण से जब हिन्दी पर विचार करते थे, तब वह उन्हें निरी गँवारों की भाषा जान पड़ती थी। इस तरह के नवाब उनकी कौंसिलों के सदस्य होते थे। ऐसे ही एक नवाब अब्दुल मजीद नाम के थे। हिन्दी के विरोध में इन्होंने जो कुछ कहा था, उसका आभास अप्रैल, 1917 में लिखे हुए द्विवेदी जी के लेख 'काउंसिल में हिन्दी' से मिलता है । (देखें : 'साहित्यालाप') इस लेख में द्विवेदी जी कहते हैं : "हिन्दी (देवनागरी) लिपि में जो अपने विचार प्रकट करे, वह गँवार, नवाब साहब ही ऐसा कह सकते हैं। यदि यही बात है तो बिहार, मध्य प्रदेश और मध्य भारत में जितने नाजिर, पेशकार, महाफिज दफ्तर, वकील, मुख्तार, मास्टर और इन्स्पेक्टर कचहरियों और स्कूलों में देवनागरी लिपि लिखते हैं, वे सभी गँवार ठहरे!!! हिन्दी लिपि लिखनेवालों को हमारे मुसलमान भाई किसी

समय पहले शायद गँवार समझते रहे हों, पर अब तो वे गँवार नहीं समझे जाते। अतएव आपको भी अब पुराने विचार बदल डालने चाहिए।"

बहुत-से उर्दू-प्रेमी विद्वान यह विश्वास करते हैं कि हिन्दुओं और मुसलमानों के मेल से उर्दू भाषा बनी। वे इस प्रश्न पर विचार नहीं करते कि दो सम्प्रदायों के मेल से बनने वाली इस भाषा के लिए फारसी लिपि का ही व्यवहार क्यों किया गया? एक मिली-जुली लिपि भी गढ़ लेते! बीसवीं सदी में जो उर्दू-प्रेमी फारसी लिपि से परेशान हुए और जो सचमुच हिन्दुओं और मुसलमानों की एक ही मिली-जुली भाषा का विकास देखना चाहते थे, वे रोमन लिपि अपनाने को तो तैयार थे, पर नागरी लिपि किसी भी शर्त पर स्वीकार करने को तैयार न थे। इस प्रवृत्ति के दो-एक अपवाद भी हुए, पर वे नहीं के बराबर थे। उर्दू को अपनी लिपि फारसी से मिली, जैसे हिन्दी से उसे अपना अलगाव—शब्दभंडार के विचार से—फारसी से मिला। पुरानी राजभाषा फारसी का मोह अब भी इतना प्रबल है कि उर्दू प्रेमी उस लिपि को छोड़ने को तैयार नहीं, भले ही वे उर्दू भाषा को विशुद्ध भारतीय उपज सिद्ध करने का प्रयत्न करते रहें।

नवाब अब्दुल मजीद मर गए। उनका प्रतिनिधित्व आगे चलकर रघुपति सहाय फिराक ने किया।

(ग) तीसरी समस्या : उर्दू से अन्तर्विरोध

फारसी के राजभाषा रहने के कारण पहले कचहरियों में फारसी लिपि का ही चलन था। हिन्दी प्रदेश में इस लिपि के साथ-साथ या उसके स्थान में नागरी लिपि के चलन के लिए प्रबल आन्दोलन हुआ। किसी सभा का नाम नागरी प्रचारिणी सभा रखा जाए, इसी से विदित होता है कि अपनी लिपि के लिए इस प्रदेश की जनता को कैसा विकट संघर्ष करना पड़ा। बंगाल जैसे प्रदेश में बँगला लिपि के लिए ऐसा संघर्ष नहीं हुआ यद्यपि उस प्रदेश की आधी जनता मुसलमान थी। सिन्ध प्रदेश में फारसी या अरबी लिपि स्वीकार कर ली गई थी, उसमें थोड़ा-बहुत परिवर्तन किया गया पर भाषा वही रही। कश्मीर में फारसी लिपि अपनाई गई। पंजाब में सिख-सम्प्रदाय ने गुरुमुखी लिपि के लिए संघर्ष किया और उसे नष्ट होने से बचा लिया, पर फारसी लिपि का पंजाब में व्यापक चलन हुआ : पंजाबी के लिए कम, अधिकतर उर्दू के लिए। कल्पना कीजिए कि हिन्दी प्रदेश में नागरी लिपि के लिए संघर्ष न हुआ होता तो उत्तर भारत की क्या स्थिति होती। महाराष्ट्र, गुजरात और बंगाल छोड़कर उत्तर भारत में समस्त हिन्दी-भाषी प्रदेश में तथा पंजाबी, डोगरी, सिन्धी आदि भाषाओं के प्रदेशों में फारसी लिपि का ही आधिपत्य होता। निस्सन्देह उदारपंथी उर्दू-प्रेमी और अनेक प्रगतिशील विचारक यह कहते कि फारसी लिपि का यह आधिपत्य हिन्दू-मुस्लिम जनता की एकता का प्रतीक है।

कचहरियों में नागरी लिपि का प्रवेश भी हुआ तो उस लिपि में जो कुछ लिखा जाता था, वह फारसी के ज्यादा नजदीक था, हिन्दी से बहुत दूर। द्विवेदी जी ने कचहरियों में फारसी लिपि के प्रेमियों के बारे में लिखा : "उन्होंने अपनी पूर्वपरिचित भाषा और टेढ़ी-मेढ़ी लिपि लिखना न छोड़ा। यदि किसी ने इस आज्ञापत्र के अनुसार देवनागरी लिपि से काम लेना भी चाहा तो उदारता के इन अवतारों में से अधिकांश ने उसके मार्ग में बबूल के बड़े-बड़े काँटे बखेरने से हाथ न हटाया। यदि ये लोग अपने कर्तव्य का पालन करते तो करोड़ों आदमियों को लाभ पहुँचता। अब तक वे देवनागरी ही में कचहरी का काम करने लग जाते और सम्मन, इत्तिलानामे आदि पढ़ाने के लिए उन्हें कोसों न दौड़ना पड़ता। उर्दू की तरह वे हिन्दी (देवनागरी) में भी लिखे जाते। अभी तो सम्मनों की देवनागरीवाली फर्द बहुधा कोरी ही रह जाती है। अभी उस दिन हमने एक ऐसा सम्मन देखा जो छपा देवनागरी में था, पर खानापुरी की गई थी फारसी-लिपि में!" ('कौंसिल में हिन्दी')

द्विवेदी जी यहाँ उर्दू को निकालने की बात नहीं कहते, वे कहते हैं, उर्दू की तरह सरकारी कागज-पत्र हिन्दी में भी लिखे जाएँ। पर हिन्दी प्रदेश के सांस्कृतिक विकास को रोकने का एक तरीका था, नागरी लिपि के व्यवहार को यथासम्भव रोकना। अंग्रेज अफसर आम तौर से फारसी लिपि का पक्षपात करते थे। मार्च, 1914 के लेख 'मर्दुम शुमारी की रिपोर्ट में हिन्दी-उर्दू' में द्विवेदी जी ने इस पक्षपात के बारे में लिखा : "रिपोर्ट तैयार करनेवाले सुपरिंटेंडेंट साहब न मालूम क्यों उर्दू भाषा और फारसी अक्षरों की तरफ कुछ झुके हुए मालूम होते हैं!... आप कहते हैं कि नागरी और फारसी लिपि जाननेवालों में 56 फीसदी आदमी ऐसे हैं जो देवनागरी की अपेक्षा फारसी लिपि अधिक अच्छी लिख सकते हैं।" उर्दू का एक खास दायरा कचहरियों में था। इसके बारे में द्विवेदी जी ने लिखा : "कचहरी के कर्मचारी अर्जीनवीस, मुख्तार और वकीलों के मुहर्रिर लड़कपन से यही भाषा और यही लिपि लिखते आते हैं। यही लोग इस भाषा और इस लिपि के विशेष प्रेमी हैं। पर ये लोग भी अब हिन्दी सीखते जाते हैं, और, आशा है, अगली मर्दुम शुमारी में हिन्दी भाषा और नागरी लिपि के प्रचाराधिक्य के और भी अधिक प्रमाण मिलेंगे।"

नवम्बर, 1904 में द्विवेदी जी ने एक दिलचस्प लेख लिखा था : 'पठानी सिक्खों पर नागरी।' ('साहित्यालाप' में संकलित) इस लेख में उन्होंने बताया कि शहाबुद्दीन गोरी से लेकर इब्राहीम लोदी तक "पठानों ही के विजयक्षेत्र कुरुक्षेत्र पर मुगल महीप बाबर द्वारा उनके पतन तक की राजमुद्राओं पर नागरी अक्षर छपे हुए हैं", और "मुसलमान बादशाहों में नागरी अक्षरों का प्रचार महमूद गजनवी के समय से है।" दरअसल तुर्कों, पठानों आदि के शासनकाल में हिन्दी जनता को, फारसी के राजभाषा होने पर भी नागरी के लिए, वैसा संघर्ष नहीं करना पड़ा, जैसा अंग्रेजों के

जमाने में। इन्होंने उर्दू-प्रेमियों का ऐसा दल तैयार किया जो मुसलमानों द्वारा नागरी लिपि के व्यवहार से पूरी तरह अपरिचित था। सम्प्रदायवादी मुसलमानों को समझाया गया कि इस्लाम ने काफिरों के मुल्क पर फतह पाई, फिर वे उनकी नागरी लिपि का व्यवहार कैसे करते? यदि बंगाल के मुसलमान बँगला लिपि का व्यवहार करते थे तो वे अच्छे मुसलमान न थे।

कभी एक शब्द प्रचलित था : भाखा। संस्कृत के 'भाषा' शब्द का रूप 'भाखा'। तुलसीदास ने इस शब्द का व्यवहार किया है, संस्कृत से भाखा की भिन्नता जताने के लिए। आगे चलकर फारसी-प्रेमी इस शब्द का व्यवहार हिन्दी का मजाक उड़ाने के लिए करने लगे। उर्दू के समर्थ गद्य लेखक मुहम्मद हुसैन आजाद भाखा के मुकाबले फारसी या उर्दू को हर जगह श्रेष्ठ मानने को तैयार न थे। द्विवेदी जी ने उनके ग्रंथ 'आबेहयात' से विस्तृत उद्धरण देकर दिखाया, किस तरह उर्दू क्रमश: भाखा से दूर होती गई। आजाद ने लिखा था : "बाज अशखास यह भी कहते हैं कि खाली भाषा (भाखा) में कुछ मजा नहीं है।" मजा न होने का कारण यह था कि फारसी के शब्द सुनने में अच्छे लगते थे, हिन्दी के शब्द नेटिव और गँवार थे। यह कारण न था कि हिन्दी के शब्द समझ में न आते थे। समझ में खूब आते थे किन्तु फारसी के वैभव के आगे वे फीके लगते थे। उर्दू में मतरूकात का लम्बा सिलसिला चला और हिन्दी के शब्द गँवरपन की निशानी समझकर निकाले गए। सवाल यह नहीं था कि संस्कृत के तत्सम रूपों का चलन उर्दू में हो या न हो, सवाल यह था कि सैकड़ों तद्भव शब्दों का व्यवहार उर्दू में हो या न हो। उर्दू लिखने-बोलनेवाले यह शिकायत बराबर करते रहे हैं कि हिन्दी में संस्कृत के तत्सम रूपों का व्यवहार होता है। पूछा जा सकता है कि उर्दू में फारसी के कितने शब्दों के तद्भव रूपों का चलन हुआ? शायद एक का भी नहीं।

अनेक भाषाएँ प्राचीन भाषाओं से भाषातत्त्व ग्रहण करती हैं। हिन्दी और अन्य भारतीय भाषाएँ संस्कृत से ग्रहण करती हैं, अंग्रेजी लैटिन और ग्रीक से ग्रहण करती हैं। उर्दू के लिए ऐसी प्राचीन भाषा केवल फारसी नहीं थी, मुसलमानों की धर्मभाषा अरबी भी थी। आजाद के जमाने में उर्दू पर अरबी का प्रभाव आज की अपेक्षा कम था। दरअसल मुगल बादशाहों के जमाने की फारसी में उतनी अरबी नहीं थी जितनी आजकल की उर्दू में है। लगभग सारी पारिभाषिक शब्दावली अरबी के आधार पर गढ़ी जाती है। इस व्यापार को हिन्दुओं और मुसलमानों के मिलन का सहज परिणाम बताया जाता है। अरबी के कितने शब्दों के तद्भव रूप उर्दू में प्रचलित हुए? जो ध्वनियाँ लाख प्रयत्न करने पर हिन्दुस्तानियों के मुँह से नहीं निकलतीं, जैसे थ्वाद वर्ण से व्यक्त होनेवाली ध्वनि, वहाँ मजबूरी है, वर्ना ऐन, ग़ैन, क़ाफ आदि का यथासम्भव सही उच्चारण करने में उर्दू-प्रेमियों ने कुछ उठा नहीं रखा। ये ध्वनियाँ किसी भारतीय भाषा में नहीं हैं। किन्तु मुश्तर्का जबान उन्हें

किसी कीमत पर छोड़ने को तैयार नहीं हैं। ये ध्वनियाँ भाखा में नहीं हैं। तब भाखा देहातियों की जबान तो लगेगी ही! लेकिन आज़ाद कहते हैं, आज एक शख़्स आया था, या कहें, एक मनुष्य आया था, तो दोनों यकसाँ हैं। उर्दू वालों को मनुष्य अच्छा नहीं लगता। यह बात नहीं कि इस शब्द का अर्थ न जानते हों। आज़ाद कहते हैं : "यह भी तो हो सकता है कि हम बचपन से शख़्स सुनते हैं। इसलिए हमें मनुष्य या मानुस नामानूस (नापसन्द) मालूम होता है। इसी तरह और अल्फ़ाज हैं जिनकी तादात शुमार से बाहर हो गई है।"

भारत की बहुसंख्यक किसान-जनता से कटकर, संकुचित सामाजिक आधार वाला, एक छोटा-सा पतनशील सामन्ती वर्ग बोलचाल की भाषा से ऐसे शब्द निकाल रहा था, जो उसे सुनने में किसानों की याद दिलाते थे, और कुछ दिन में ऐसे शब्दों की तादाद शुमार से बाहर हो गई। इनमें ऐसे शब्द भी थे जो खुद मतरूक थे लेकिन बहुत जगह दूसरे शब्दों के साथ इस मजबूती से बँधे हुए थे कि मुहावरों में उस गंठबन्धन को तोड़ना किसी के वश में न था। आज़ाद ने मिसाल दी कि मानुस तो मतरूक हो गया लेकिन भला मानुस अपनी जगह कायम रहा। ऐसे ही बन्धु शब्द मतरूक हुआ, पर भाई-बन्द में वह तद्भव-रूप धारण करके बना रहा। इससे आजाद ने एक बहुत महत्त्वपूर्ण नतीजा निकाला। वह यह : "जो कुछ जिस जमाने में रवाज हो गया, वही फ़सीह हो गया। एक जमाना आएगा कि हमारे मुहाविरे को लोग बेमुहाविरे कहकर हँसेंगे।" यह जमाना लगभग आ पहुँचा है। जिस सामाजिक आधार पर भाखा से अलग उर्दू का विकास हुआ, वह अब लगभग समाप्त हो गया है। इसलिए जिस मुहावरे को लोग सभ्यता की निशानी समझते थे, वह अब हँसने की चीज बन गया है।

उर्दू पर ईरानी भाषा और संस्कृति का रंग तेजी से चढ़ा। आजाद कहते हैं, अगर यह आँखों में सुरमा जैसा या मुँह पर उबटने के रंग जैसा होता तो उससे खूबसूरती बढ़ जाती। "मगर अफसोस कि उसकी शिद्दत ने हमारे कूबत-बयान की आँखों को सख्त नुकसान पहुँचाया और जुबान की ख़याली बातों से फ़कत तौहमत का स्वाँग बना दिया। नतीजा यह हुआ कि भाषा और उर्दू में जमीन-आसमान का फ़र्क़ हो गया।" बहुत-से लोग समझते हैं कि यह फर्क कायम रहना चाहिए, फर्क हो गया तो इसलिए कि हिन्दी वालों ने फारसी के प्रचलित शब्द निकालकर उनकी जगह संस्कृत के कठिन शब्द भर दिये! पर आजाद उस जमाने में 'आबेहयात' लिख रहे थे जब अनेक देशभक्त उर्दू लेखक उर्दू कविता को, और उसके साथ उर्दू भाषा को, फारसी के, और पुराने रीतिवाद के, प्रभाव से मुक्त करने की जबर्दस्त कोशिश कर रहे थे। आजाद के अलावा इस तरह के दूसरे महान् लेखक मौलाना हाली थे। उन्होंने उर्दू कविता के संकुचित सामाजिक आधार और उसकी संकुचित सांस्कृतिक पृष्ठभूमि की बड़ी तीखी आलोचना की थी। अंग्रेजों ने भाषा के मामले में अपनी

साम्प्रदायिक नीति क्रमशः व्यापक बनाई। इसकी पहली मंजिल है फोर्ट विलियम कालेज की स्थापना से लेकर गदर तक। दूसरी मंजिल है गदर के बाद से 1920 में स्वाधीनता-आन्दोलन की शुरुआत होने तक। तीसरी मंजिल है सन् '20 के बाद से पाकिस्तान की स्थापना होने तक। और इसकी चौथी मंजिल है पाकिस्तान के बनने से लेकर बँगला देश के अलग स्वाधीन राष्ट्र बनने तक। इस मंजिल के बाद बहुत-से लोगों की समझ में आने लगा है कि उर्दू सभी मुसलमानों की भाषा नहीं है। बँगला भाषा तथा बँगला जातीयता के उत्थान का जबर्दस्त प्रभाव सिन्ध जैसे प्रदेशों पर पड़ा। वे भी अपनी जातीय भाषा और जातीय संस्कृति की सुरक्षा और विकास के लिए आन्दोलन करने लगे। इनके साथ पटानों, बलूचियों और पंजाबियों में भी भाषा-प्रेम जाग्रत् हुआ और यह समस्या सामने आई कि पाकिस्तान में उर्दू किन लोगों की भाषा है। वहाँ का शासक वर्ग बार-बार धर्म की दुहाई देकर उर्दू के झंडे के नीचे विभिन्न जातियों के, विभिन्न भाषाएँ बोलनेवाले, मुसलमानों को एक करने के लिए जी तोड़ कोशिश कर रहा है, और साम्राज्यवाद अपनी पुरानी नीति के अनुसार उसकी पूरी मदद कर रहा है, पर जातीय समस्या हल करने में उसे सफलता नहीं मिल रही, और न मिल सकती है।

आजाद ने उर्दू के संकुचित होते हुए आधार को देखा था। बोलचाल की भाषा से उसके बढ़ते हुए अलगाव पर दुखी होकर लिखा था : "फकत एक वहमी नजाकत और फर्जी लताफ़त पैदा हो गई कि जिसे मुहालात (मुश्किलों का) मजमूआ कहना चाहिए। लेकिन अफ़सोस यह है कि बजाय इसके कि कलाम उनका ख़ास व आम के दिलों पर तासीर करे, वह मुस्तैद लोगों की तबा-आजमाई के लिए एक दक़ीक़ मुअम्मा और अवाम के लिए एक अजीब गोरख-धन्दा तैयार हो गया। और जवाब उनका यह है कि कोई समझे तो समझे, जो न समझे, वह अपनी जेहालत के हवाले।" उर्दू की बहुत-सी बातों पर गर्व करते हुए आजाद यह भी अनुभव करते हैं कि बुजुर्गों ने "एक कुदरती फूल को जो अपनी खुशबू से महकता और रंग से लहकता था, मुफ्त हाथ से फेंक दिया। वह क्या है? कलाम का असर और इजहार असलियत।" उर्दू का सामाजिक आधार कैसे नष्ट हो रहा था, इसके बारे में आजाद ने लिखा है : "दिल्ली बर्बाद, लखनऊ वीरान। दोनों के सनदी अशख़ास कुछ पेवन्द जमीन हो गए। कुछ दरबदर ख़ाक बसर। अब जैसे और शहर वैसे ही लखनऊ। जैसे छावनियों के बाजार, वैसे ही दिल्ली। बल्कि उससे भी बदतर। कोई शहर ऐसा नहीं रहा जिसके लोगों की जुबान अमूमन सनद के क़ाबिल हो।"

उर्दू का संकीर्ण सामाजिक आधार मिट रहा था पर उसे बनाये रखने में अंग्रेजों ने अपनी कोशिश जारी रखी। भोपाल, रामपुर और हैदराबाद जैसी रियासतों में उर्दू के नये केन्द्र कायम हुए। इनके अलावा कचहरियों में अरबी-फारसी से लदी हुई भाषा को बहुत बड़ा प्रश्रय मिला।

उर्दू-हिन्दी की समस्या का विश्लेषण किस रीति से किया जाए? जो लोग धर्म के आधार पर हिन्दी-उर्दू को अलग करते हैं, वे न तो हिन्दुओं की अनेक प्रादेशिक भाषाओं की तरफ ध्यान देते हैं, न मुसलमानों की प्रादेशिक भाषाओं की ओर। साम्प्रदायिकता चाहे हिन्दुओं की हो, चाहे मुसलमानों की, वह भाषा को धर्म के साथ जोड़ती है और इसके जातीय आधार को अस्वीकार करती है। इसलिए वह चाहे जितना राष्ट्रीय एकता की बात करे, वह अपनी नीति से राष्ट्रीय विघटन को ही बढ़ावा देती है। वह जितना ही जातीय भाषाओं के अस्तित्व को अस्वीकार करती है, उतना ही इन भाषाओं के बोलने वाले अपने अधिकारों के लिए लड़ते हैं। धर्म को राष्ट्रीय एकता का आधार बनाने पर एक मंजिल ऐसी आती है जब यह आधार टूट जाता है और टूटे बिना रह नहीं सकता। तब यदि राष्ट्रीय एकता का पुष्ट आधार नहीं है, तो वह राष्ट्रीय एकता निराधार होकर टूटेगी ही। पाकिस्तान में यही हुआ। पहले धर्म के आधार पर सम्प्रदायवादियों ने पाकिस्तान का अलग राष्ट्र बनाया, वहाँ जातीय भाषाओं के अस्तित्व से इनकार किया। नतीजा यह हुआ कि बँगला देश पाकिस्तान से टूटकर अलग हुआ। यह सही है कि बंगला देश में सम्प्रदायवाद अभी मर नहीं गया। साम्राज्यवाद और चीन जैसे उसके नये सहयोगी उसे जिलाए रखने की भरपूर कोशिश कर रहे हैं पर इतिहास की गति साम्राज्यवाद को पुष्ट नहीं कर रही है। वह भीतर से टूट रहा है और पराधीन देशों की जनता अनेक महाद्वीपों में जबर्दस्त प्रहार करके उसे बाहर से तोड़ रही है। साम्राज्य-विरोधी क्रान्ति के साथ-साथ सामन्त-विरोधी क्रान्ति भी सम्पन्न हो रही है। साम्राज्यवाद की मदद न मिलने पर सम्प्रदायवाद एक दिन भी जिन्दा नहीं रह सकता।

यह बहुत जरूरी है कि जो लोग स्वयं को साम्प्रदायिकता-विरोधी, साम्राज्य-विरोधी, प्रगतिशील विचारक मानते हैं, वे हिन्दी-उर्दू की समस्या को सही वैज्ञानिक ढंग से समझें। जब वे उर्दू को हिन्दुओं और मुसलमानों के मेल से बनी हुई भाषा कहते हैं, तब वे धर्म को वैसे ही भाषा का आधार मानते हैं, जैसे अन्य सम्प्रदायवादी। अन्तर केवल इतना है कि सम्प्रदायवादी उर्दू या हिन्दी का सम्बन्ध केवल एक धर्म से जोड़ते हैं, ये उदारपंथी लोग उर्दू का सम्बन्ध दो धर्मों से जोड़ते हैं। भाषा के जातीय आधार को दोनों ही अस्वीकार करते हैं। दोनों ही के लिए भारत में जो मुसलमान आए, उनकी एक ही भाषा थी, एक ही संस्कृति थी। ऐसे प्रगतिशील विचारक उदारपंथी पूँजीवादियों से एक कदम भी आगे नहीं बढ़ पाते। भारत में उदारपंथी पूँजीवादी विचारधारा साम्प्रदायिकता को रोकने में पहले भी असमर्थ रही है, आगे भी असमर्थ रहेगी।

सन् '24 में किसानों के संगठन पर द्विवेदी जी ने जब अपना लेख लिखा था, तब साम्प्रदायिक कार्यवाही शुरू हो गई थी। गांधी जी का असहयोग आन्दोलन असफल हो गया था अथवा हिन्दी प्रदेश के किसानों को अपने आन्दोलन की सीमाएँ पार करते

देखकर गांधी जी ने स्वयं उसे रोक दिया था। इस हालत में अंग्रेजों ने साम्प्रदायिक संगठनों को खूब बढ़ावा दिया। जहाँ अकाल और दुर्भिक्ष में लाखों आदमी असहाय मरते थे, वहाँ उन्होंने यह स्थिति पैदा कर दी कि हजारों हिन्दू और मुसलमान धर्म के नाम पर एक दूसरे का नाश करने लगे। द्विवेदी जी ने किसानों के संगठन वाले लेख में भारतवासियों की आपसी फूट का चित्रण इस प्रकार किया था : "संगठन की महिमा जानकर भी हम लोग, भारतवासी, दुर्भाग्य तथा अन्य कई कारणों से भी, फूट का शिकार हो रहे हैं। हिन्दू मुसलमानों से फूटकर अलग रहना चाहते हैं, मुसलमान हिन्दुओं से। यहीं तक नौबत रहती तो बात बहुत न बिगड़ती। यहाँ तो एक धर्मावलम्बी आपस में लड़ते-झगड़ते और एक-दूसरे का सिर फोड़ते हैं। शिया-सुन्नी की नहीं पटती, ब्राह्मण-अब्राह्मण की नहीं पटती, शाक्त-शैव की नहीं पटती। इस पारस्परिक संघर्षण और फूट से अपनी ही नहीं, सारे देश और समाज की हानि हो रही है। इधर हमारी इस मूर्खता और दुर्बलता की बदौलत चैन की वंशी और लोग ही बजा रहे हैं।" (उप., पृ. 169) द्विवेदी जी ने शिक्षित जनों का आह्वान किया कि वे आगे बढ़कर अशिक्षित जनता को एकता और संगठन का महत्त्व सिखाएँ।

किन्तु पढ़े-लिखे लोगों में अंग्रेज ऐसे गुट तैयार कर रहे थे जो जनता को अन्धविश्वासों से मुक्त करने के बदले उसे और धर्मान्ध बनाएँ। अंग्रेजों की शिक्षा-नीति का उद्‌देश्य हुकूमत चलाने के लिए सिर्फ क्लर्क पैदा करना नहीं था। वह बात पुरानी हो चुकी थी। जैसे-जैसे साम्राज्यवाद का भीतरी संकट गहरा होता जाता था, वैसे-वैसे उसकी शिक्षा-नीति और भी प्रतिक्रियावादी होती जाती थी। शिक्षा द्वारा सिर्फ क्लर्क पैदा करना पुराने विक्टोरियन युग की बातें थीं। एकाधिकारी पूँजीवाद के आधुनिक काल में शिक्षा का प्रमुख उद्‌देश्य ऐसे राजनीतिज्ञ उत्पन्न करना था जो विभिन्न प्रकार से ब्रिटिश हितों की रक्षा करें। इनमें सबसे ऊपर नम्बर था सम्प्रदायवादियों का।

द्विवेदी जी ने उस निबन्ध में साम्प्रदायिकता के प्रसार से खिन्न होकर लिखा था : "विवेक, दूरदर्शिता, हिताहित-विचार की शक्ति शिक्षितों में ही अधिक होनी चाहिए और शिक्षित मनुष्य ही संगठन की महिमा अधिक समझ सकते हैं। परन्तु दैवदुर्विपाक से यहाँ के अनेक सुशिक्षित भी स्वार्थ और धर्मान्धता के शिकार हो रहे हैं।" (उप., पृ. 169-70) किसानों के संगठन की चर्चा करते समय द्विवेदी जी को धर्मान्धता याद आए, यह बात आकस्मिक नहीं थी। हिन्दुस्तान की बहुसंख्यक किसान जनता स्वाधीनता-आन्दोलन में सिमट न आए, इसीलिए धर्मान्धता का प्रचार किया जा रहा था। यह प्रचार अखबारों और व्याख्याओं तक सीमित न रहकर हिन्दू-मुसलिम दंगों का रूप ले रहा था। ये दंगे कुछ दिन तक बन्द रहते और उसके बाद पहले से ज्यादा बड़े पैमाने पर भड़क उठते। इनकी परिणति 1947 के विराट् जनसंहार में हुई। पढ़े-लिखे लोगों में बहुत-से उदार विचारों के देशभक्त असहाय होकर इन्हें देखते रहते, खेद प्रकट करते, जनता से शान्त रहने की अपीलें करते,

प्रस्ताव पास करते, फिर भी दंगों को रोक न पाते। इन दंगों का एक ही इलाज था—किसानों का संगठन। पूर्वी बंगाल, पश्चिमी पंजाब, सिन्ध, सीमान्त प्रदेश उद्योगधन्धों से हीन, पुरानी सामन्ती व्यवस्था को सुरक्षित बनाये हुए, अंग्रेजी राज के प्रमुख सामाजिक आधार थे। वही इस देश के विभाजन के आधार बने। इस विभाजन को रोकने, साम्प्रदायिक दंगों को बंद करने, अंग्रेजी राज के सामाजिक आधार को नष्ट करने का एक ही तरीका था—किसानों का देशव्यापी संगठन। भारत जैसे देश में साम्राज्य-विरोधी आन्दोलन तभी पूरी तरह सफल हो सकता था जब वह सामन्त-विरोधी भी हो यानी किसानों को राजाओं, जमींदारों और महाजनों की गुलामी से मुक्त करे। भारत के स्वाधीन होने के 28 वर्ष बाद बंगला देश में जैसे हत्याकांड हुए हैं, उनका कारण भी किसान-आन्दोलन की वही पुरानी कमजोरी है। इस देश में क्रान्तिकारी लफ्फाजी की कमी नहीं है पर पाकिस्तान ही नहीं, भारत में किसान भी ज्यादातर असंगठित हैं। भारत में सामाजिक परिवर्तन केवल श्रमिक संगठनों के सहारे नहीं किये जा सकते। वैसे श्रमिक भी अनेक संगठनों में विभाजित हैं और बहुत-से श्रमिक ऐसे हैं जो किसी संगठन में नहीं हैं। जब तक मजदूरों का सुदृढ़ संगठन नहीं किया जाता, जब तक इनके साथ देश के बहुसंख्यक किसान संगठित नहीं होते तब तक इस देश के सामाजिक विकास की समस्या हल नहीं हो सकती, तब तक हिन्दी-उर्दू की समस्या भी हल नहीं हो सकती।

कोई भी भाषा हो, उसे बोलनेवाला समुदाय किसी विशेष सामाजिक गठन के अन्तर्गत होगा। हो सकता है, यह गठन गण-समाज के रूप में हो, जैसेकि बहुत-से कबीले भारत में अब भी हैं। यह भी हो सकता है कि यह सामाजिक गठन जाति के रूप में हो, जैसेकि मराठी-भाषियों या तमिल-भाषियों की एक जाति है। इसलिए उर्दू के उद्भव और विकास पर विचार करते हुए प्रश्न यह करना चाहिए कि भारत में जो मुसलमान आए, वे किन कबीलों के थे, किन कौमों के थे; अरबी, फारसी, तुर्की, पश्तो आदि भाषाओं में कौन-सी भाषाएँ बोलते थे और जिन हिन्दुओं में वे घुल-मिल गए, उनकी भाषाएँ कौन-सी थीं।

बहुत-से हिन्दी-प्रेमी, और उनसे भी ज्यादा उर्दू-प्रेमी, समझते हैं कि हिन्दी या उर्दू किसी प्रदेश की भाषा नहीं है, वह सारे देश की भाषा है। ऐसे लोग न तो अपनी भाषा का जातीय स्वरूप समझते हैं और न उससे अलग दूसरी भाषाओं का जातीय स्वरूप समझते हैं। इस गलत समझ से दो तरह के गलत नतीजे निकलते हैं। यदि हिन्दी या उर्दू प्रादेशिक भाषा नहीं है तो अन्य सभी भारतीय भाषाएँ उसकी बोलियाँ हैं और धीरे-धीरे उनका व्यवहार बन्द हो जाएगा, लोग तमिलनाडु या महाराष्ट्र में वैसे ही हिन्दी या उर्दू बोलेंगे, जैसे बिहार या उत्तर प्रदेश में। भारत की विभिन्न भाषाएँ बोलनेवाले लोगों के बीच वैमनस्य बढ़ाने का यह सबसे अच्छा तरीका है। यदि दूसरी भाषाएँ बोलनेवाले कहें कि उन पर जबर्दस्ती हिन्दी या उर्दू लादी जा रही है

और इस नीति का उद्‌देश्य उनकी भाषाओं का नाश करना है, तो इसमें बेजा क्या है? यदि हिन्दी या उर्दू किसी प्रदेश की भाषा नहीं है, किसी जाति की भाषा नहीं है, तो इन दोनों की एकता या अलगाव का आधार क्या है? यदि एकता है तो इसलिए कि दो धर्मों के लोग आपस में मिल गए, और अलगाव है तो इसलिए कि वे आपस में नहीं मिले। जो लोग हिन्दी या उर्दू को किसी प्रदेश की भाषा नहीं मानते, उसका जातीय रूप स्वीकार नहीं करते, वे धर्म को भाषाओं का आधार मानते हैं : हिन्दू और मुसलमान दो कौमे हैं, उनके दो धर्म हैं, वे दो जातियाँ हैं, ऐसी जातियाँ हैं जो धर्म के आधार पर बनी हैं। ऐसी हालत में या तो देश का विभाजन हो (और यह हो चुका है) या निरन्तर हिन्दू-मुस्लिम् दंगे हों (यह भी होता रहा है) या विभाजित राष्ट्र के दो हिस्से आपस में युद्ध करे (यह भी हो चुका है और चूँकि युद्ध के लिए सहायता दूसरे देशों से लेनी होती है, इसलिए ऐसे युद्ध से लाभ भी उन्हीं को होता है)। इसलिए धर्म के आधार पर भाषाओं का आपसी सम्बन्ध समझने के बदले थोड़ा जातीयता वाले सिद्धान्त की ओर ध्यान देना चाहिए। इस दिशा में महावीरप्रसाद द्विवेदी भाषावैज्ञानिक चिन्तन के अग्रदूत हैं।

कौंसिल में हिन्दी वाले लेख में वह हिन्दी या उर्दू के प्रादेशिक रूप पर जोर देते हुए कहते हैं : "यदि उर्दू भारत की राष्ट्र-भाषा (Lingua Franca) है तो उसके लिए इसी प्रान्त के मुसलमान क्यों इतना शोर मचाते हैं? हिन्दुओं का तो जिक्र ही नहीं और प्रान्तों के अधिकांश मुसलमान भी तो ऐसा नहीं करते। इस प्रान्त के अपढ़ गँवारों की भाषा उर्दू होना तो दूर की बात है, बंगाल, मदरास, और बम्बई प्रान्त के शिक्षित मुसलमान भी उर्दू नहीं बोलते। वे सब अपने प्रान्त की बोली या भाषा बोलते हैं। यही हाल इस प्रान्त के देहाती मुसलमानों का भी है। इसके लिए प्रमाण की जरूरत नहीं। चाहे जिस मौजे में चले जाइए, मुसलमानों की बोली में फ़ारसी-अरबी के क्लिष्ट शब्द कहीं ढूँढ़े न मिलेंगे। और जिस भाषा में इस तरह के शब्दों की भरमार नहीं, वह हिन्दी के सिवा और कुछ नहीं। यही इस प्रान्त की प्रधान भाषा है।"

यहाँ द्विवेदी जी विभिन्न प्रान्तों के मुसलमानों की अलग-अलग भाषाओं का स्पष्ट उल्लेख करते हैं। यह बात ग्रियर्सन जैसे भाषाविज्ञानियों के प्रचार से सर्वथा उल्टी है। मुसलमान विभिन्न जातियों के अन्तर्गत नहीं हैं, धर्म के आधार पर उन सबकी एक भाषा है, इस धारणा को फैलाने में ग्रिर्यसन की प्रमुख भूमिका थी। उर्दू एक प्रदेश की भाषा है, इसलिए देहात में हिन्दू और मुसलमानों की भाषा में कोई अन्तर नहीं है। हिन्दी-उर्दू की मूल एकता का आधार यह जातीय एकता है। यदि कोई कहे कि किसान तो अपनी ग्रामीण बोलियाँ बोलते हैं, तो उससे उलटकर यह पूछना उचित होगा कि ये बोलियाँ धर्म के आधार पर कहाँ विभाजित होती हैं? यदि बोली के स्तर पर भेद नहीं है तो भाषा के स्तर पर हिन्दुओं और मुसलमानों में क्यों भेद हो? फिर भारत जैसे देश की बहुसंख्यक जनता गाँवों में रहती है। नतीजा यह

निकला कि शहरी हिन्दी और उर्दू का भेद बहुसंख्यक जनता का भेद नहीं है, वह थोड़े से शहरी लोगों का भेद है।

'मर्दुम शुमारी की हिन्दुस्तानी भाषा' शीर्षक लेख उन्होंने 1923 में लिखा (देखें : 'साहित्यालाप') इसमें वह यह तथ्य स्पष्ट करते हैं कि भारत में जब मुसलमान आए, तब विभिन्न प्रदेशों में यहाँ की जातियाँ अपनी-अपनी भाषाएँ बोलती थीं। द्विवेदी जी ने लिखा : "आठ-नौ सौ वर्ष हुए, जब पहले-पहल मुसलमानों ने इस देश में कदम रखा था। धीरे-धीरे वे इस देश के अधीश्वर हो गए। उस समय इस देश के निवासी न गूँगे थे और न बिना भाषा ही के थे। उनकी भी अपनी निज की भाषा थी; अथवा यों कहना चाहिए कि प्रत्येक प्रान्त में एक-एक प्रधान भाषा बोली जाती थी और इन भाषाओं के बोलनेवालों की संख्या भी करोड़ों थी। उधर मुसलमान उनके मुकाबले में बहुत ही थोड़े थे। फ़ी एक लाख भारतवासियों के पीछे मुसलमान शायद एक सौ से भी कम ही रहे होंगे। अतएव एक लाख के सुभीते के लिए एक सौ को चाहिए था कि वे उन एक लाख मनुष्यों की भाषा और लिपि सीखते और उन्हीं का प्रचार करते। परन्तु उन्हें अपनी भाषा इतनी प्यारी थी कि उन्होंने उसे न छोड़ा। उल्टा यहाँ के लाखों आदमियों को अपनी भाषा और अपनी लिपि सीखने के लिए मजबूर किया।"

यहाँ ध्यान देने की मुख्य बात यह है कि जब मुसलमान इस देश में आए तब प्रत्येक प्रान्त में वहाँ की एक प्रधान भाषा बोली जाती थी। ये भाषाएँ आज भी बनी हुई हैं। इन भाषाओं के प्रदेशों में वहाँ के मुसलमान इन्हीं भाषाओं का व्यवहार करते हैं। उतर भारत में कश्मीरी, सिन्धी, पंजाबी, बँगला आदि भाषाओं को साहित्यिक रूप देने में मुसलमान कवियों की भूमिका प्रमुख रही है। इस तथ्य से इस धारणा का खंडन हो जाता है कि यहाँ के विजेता मुसलमानों ने लाखों भारतवासियों को अपनी भाषा और लिपि सीखने पर मजबूर किया।[1] केन्द्र या सूबों में जहाँ भी फारसी राजभाषा बनाई गई, वहाँ वह विजेता मुसलमानों की—तुर्कों या पठानों की—मातृभाषा नहीं थी। इससे एक दूसरा नतीजा निकलता है कि इतिहास में हम जितना ही पीछे की तरफ चलते हैं, उतना ही हिन्दी-उर्दू का भेद कम दिखाई देता है। 'कौंसिल में हिन्दी' लेख में द्विवेदी जी कहते हैं : "सौ वर्ष पूर्व की उर्दू वैसी भाषा न थी, जैसी आजकल की है। हिन्दी भी पहले की जैसी नहीं। पहले तो हिन्दी-उर्दू में बहुत ही कम अन्तर था। जब से मुसलमान उर्दू में अरबी-फारसी के शब्दों का मिश्रण बढ़ाने लगे, अतएव जब से वह साधारण हिन्दुओं की समझ में कम आने लगी, तभी से वह हिन्दी से दूर जा पड़ी और तभी से हिन्दी में संस्कृत-शब्दों के मेल की प्रवृत्ति बढ़ी। सच तो यह है कि आपकी उर्दू कोई जुदा भाषा ही नहीं। वह केवल हिन्दी है। हिन्दी व्याकरण की सहायता के बिना उर्दू का एक भी वाक्य नहीं बोला जा सकता। वर्तमान उर्दू में एक सौ पचास वर्ष पहले की लिखी हुई एक भी पुस्तक नहीं।"

1. इस सन्दर्भ में देखें : परिशिष्ट 3

यदि पुरानी उर्दू में अरबी-फारसी के शब्द बहुत कम हैं, तो इसका मतलब है कि हिन्दी प्रदेश के मुसलमानों ने यहाँ हिन्दी वैसे ही अपनाई थी, जैसे बंगाल में वहाँ के मुसलमानों ने बँगला अपनाई थी। वह जातीय एकता, अलगाव पैदा होने पर भी एक स्तर पर अभी अटूट बनी हुई है। हिन्दी और बँगला का व्याकरण एक नहीं है पर हिन्दी-उर्दू का व्याकरण एक है। उर्दू के सर्वनाम और क्रियापद एक ही हैं। दो भिन्न भाषाओं में मूल शब्द-भंडार की ऐसी एकता कभी नहीं होती। पश्तो और फारसी के सर्वनाम और क्रियापद भिन्न हैं, पर हिन्दी-उर्दू के सर्वनाम और क्रियापद एक ही हैं। और जो बहुत-सी शब्दावली सामान्य है, उसकी चर्चा यहाँ अनावश्यक है। जो भेद है, वह असामान्य शब्दावली का है। एक तरफ उर्दू में अरबी-फारसी के शब्दों का मिश्रण बढ़ने लगा, दूसरी तरफ हिन्दी में संस्कृत शब्दों के मेल की प्रवृत्ति बढ़ी। यह भेद भाषा के असामान्य स्तर पर होता है, इसलिए वह दूर भी किया जा सकता है।

यदि उर्दू अलग जातीय भाषा नहीं है तो वह है क्या? हिन्दी के विद्वान् बहुधा उर्दू को हिन्दी की एक शैली कहते हैं। द्विवेदी जी ने एक लेख में उसे हिन्दी की बोली कहा है। बोली शब्द का यह प्रयोग आधुनिक भाषाविज्ञान के प्रचलित पारिभाषिक मुहावरे के (यानी अंग्रेजी में लिखे जानेवाले भाषाविज्ञान के मुहावरे के) अधिक अनुकूल हैं। इस मुहावरे में डायलेक्ट या बोली शब्द किसी तरह की हीनता का सूचक नहीं है। जब व्याकरण मूलत: एक हो, पर शब्द-भंडार में यथेष्ट अन्तर हो, तब बोली शब्द का प्रयोग अधिक समीचीन है। 'मर्दुम शुमारी की रिपोर्ट में हिन्दी-उर्दू' लेख में द्विवेदी जी ने लिखा है : "अब माननीय मुंशी असगर अली खाँ साहब कृपा करके देखें कि जिस हिन्दी का अस्तित्व तक वे नहीं क़बूल करते, उसी हिन्दी को इन प्रान्तों की गवर्नमेंट यहाँ की प्रधान भाषा मानती है। मुंशी जी की प्यारी उर्दू, या हिन्दुस्तानी, उसकी एक बोली मात्र है।"

फरवरी-मार्च, 1903 की 'सरस्वती' में उन्होंने 'हिन्दी भाषा और उसका साहित्य' लेख लिखा था। जो लोग भी हिन्दी-उर्दू की बुनियादी एकता स्वीकार करते हैं, उनके लिए यह लेख युगान्तरकारी महत्त्व का है। इसमें वह फारसी के प्रयोग और क्रमश: उर्दू के अलगाव के बारे में कहते हैं : "विद्वानों का मत है कि पहले-पहल मुसल्मान फारसी मिली हुई हिन्दी बहुत कम बोलते थे।" इसका मतलब है, उनकी भाषा जो भी रही हो, वे हिन्दी प्रदेश में हिन्दी बोलते थे अथवा किसी जनपद की उपभाषा बोलते थे।[1] उर्दू का अलगाव तब शुरू हुआ जब हिन्दुओं ने फारसी पढ़ना शुरू किया और बोलचाल में फारसी शब्द प्रयोग करने लगे। फारसी लिपि का व्यवहार हिन्दी के लिए होता था या नहीं, यह बात गौण है। द्विवेदी जी के शब्दों में : "किसी भाषा की लिपि का उत्पन्न होना गौण विषय है, मुख्य विषय स्वयं उस भाषा का उत्पन्न होना है।"

1. इस प्रसंग में देखें : परिशिष्ट 3

इस कारण फारसी लिपि में लिखे जाने से उर्दू भिन्न भाषा नहीं हो जाती। जब हिन्दी में फारसी के छंदों का चलन हुआ और उसमें फारसी के शब्द भरे जाने लगे, तब "हिन्दी की एक शाखा हिन्दी से अलग होकर, और फारसी के शब्दों को अपना साथी बनाकर, उसी भाषा के छंदोरूपी वस्त्र धारण करके पद्य के आकार में प्रकट हुई।" युगान्तरकारी बात यह नहीं है। युगान्तरकारी बात यह है कि हिन्दी साहित्य के प्रसंग में द्विवेदी जी उर्दू साहित्य का भी विवेचन करते हैं। कहते हैं : "उर्दू के सम्बन्ध में हमको, यहाँ पर, कुछ विस्तार करना पड़ा। यह विषय विचारणीय था; इसीलिए हिन्दी साहित्य के अन्तर्गत हमको यहाँ पर इतना कहना पड़ा। उर्दू का साहित्य भी एक प्रकार, हिन्दी ही का साहित्य है। अतएव आगे चलकर, हमको इस साहित्य पर अभी कुछ और लिखना पड़ेगा।"

हिन्दी साहित्य की तत्कालीन स्थिति पर विचार करने के बाद द्विवेदी जी कहते हैं : "इस निबन्ध को समाप्त करने के पहले हिन्दी की शाखा उर्दू के साहित्य के विषय में भी हम कुछ कहना आवश्यक समझते हैं।" जातीय साहित्य पर विचार करने का यह सही तरीका है। यह दुर्भाग्य की बात है कि हिन्दी और उर्दू साहित्य के इतिहास अलग-अलग लिखे जाने लगे और द्विवेदी जी ने हिन्दी साहिय के प्रसंग में उर्दू साहित्य की चर्चा को अनिवार्य बताते हुए जो रास्ता दिखाया था, उस पर हमारे इतिहासकार नहीं चले। द्विवेदी जी ने उर्दू साहित्य के बारे में यहाँ बहुत संक्षेप में जो कुछ लिखा है, उसमें किसी तरह का मौलिक विवेचन नहीं है। वह अंश हिन्दी पाठकों को उर्दू साहित्य से परिचित कराने के लिए लिखा गया है। इस निबन्ध में हिन्दी साहित्य के अन्तर्गत उर्दू साहित्य को भी रखा गया है, यही उसका ऐतिहासिक महत्त्व है। कुछ बातें उल्लेखनीय हैं। द्विवेदी जी ने उर्दू साहित्य के विकास में गोलकुंडा और बीजापुर के लेखकों और कवियों के योगदान का उल्लेख किया है। उन्होंने इनकी पद्य रचनाओं के साथ जहाँ-तहाँ इनकी गद्य रचनाओं के भी नाम दिये हैं। 18वीं सदी में वली दिल्ली आए और वहाँ 'उन्होंने फारसी के कवियों की उक्तियों को उर्दू में लिखना आरम्भ किया।' फारसी कविता का अनुकरण औरंगजेब के जमाने में शुरू हुआ, इस बात पर ध्यान देना चाहिए। औरंगजेब से पहले सूफियों पर कोई पाबन्दी न लगाई गई थी और इन लोगों ने विभिन्न प्रदेशों में, वहाँ की लोकभाषाओं में, बड़ी सुन्दर रचनाएँ की थीं। सूफियों का सबसे बड़ा भक्त उदार-हृदय दारा था। औरंगजेब ने राजपूत सामन्तों की सहायता से जब दारा को हराया, तब सूफियों के विरुद्ध अभियान चलाया गया और उनमें से न जाने कितने कवि, विद्वान् और महात्मा मौत के घाट उतार दिये गए। औरंगजेब ने लोकभाषाओं में रचनाएँ करनेवाले सूफी कवियों का दमन किया, मुल्ला-मौलवी वर्ग की धार्मिक कट्टरता को उभारा और इसके साथ फारसी भाषा के व्यवहार और उसके अनुकरण को प्रोत्साहन दिया। वली ने फारसी के कवियों की उक्तियों को

उर्दू में लिखना शुरू किया। पतनशील सामन्तवाद ईरानी संस्कृत की नकल करने के अलावा कोई नया सांस्कृतिक कार्य करने के योग्य न रह गया था।

उर्दू साहित्य का संक्षिप्त परिचय देने के बाद द्विवेदी जी उर्दू कविता की सीमाओं के बारे में लिखते हैं : "उर्दू की कविता में नूतनता बहुत ही कम है। वही-वही बातैं बार-बार कही जाती हैं। प्रत्येक कवि बहुधा एक ही विषय का पिष्टपेषण करता है और पुरानी उक्तियों को नये प्रकार पर कहने का यत्न करके प्राय: हत सफल होता है। बड़ी-बड़ी मसनवियों में भी कथा-प्रसंग का विचार कम, परन्तु कहने की प्रणाली और अलंकारों की योजना का विचार अधिक रहता है। संस्कृत के समान फारसी भाषा का साहित्य विस्तृत नहीं है। अतएव फारसी कवियों की प्रणाली और उनकी विचार-परम्परा, जिसका अनुसरण उर्दू कवि करते हैं, कहाँ तक नूतनता रख सकती है?"

संस्कृत की तरह फारसी में एक दरबारी काव्य-परम्परा है, और दूसरी रीति-विरोधी, दार्शनिक, रहस्यवादी आदि। फारसी की सूफी कविता बहुत ऊँचे दरजे की है और यूरोप की भाषाओं की बहुत कम रहस्यवादी कविता उससे टक्कर ले सकती है। इस महान् सूफी काव्य का प्रभाव भारत की लोकभाषाओं में काव्य रचनेवाले सूफी कवियों पर तो पड़ा लेकिन दरबारी कवि उससे प्राय: अछूते रहे। उन्होंने ईरान की रीतिवादी कविता की नकल की, जैसे ब्रजभाषा के नायिका-भेदी कवियों ने संस्कृत के रीतिवादी काव्य की नकल की। उर्दू में जो कवि इस रीतिवादी फारसी कविता के प्रभाव से बचे, वे सूफी कवियों की पुरानी लोकवादी परम्परा निबाहते रहे। इन्हीं में आगरे के नजीर थे। द्विवेदी जी ने इनके बारे में पूछा : "नजीर के जोगीनामा, कौड़ीनामा, चूहानामा, बनजारेनामा को कौन नहीं जानता?" यानी नजीर इतने लोकप्रिय कवि हैं कि उनका विशेष परिचय देना आवश्यक नहीं है। इस लोकप्रियता का कारण वही सूफी कवियों की पुरानी लोकवादी परम्परा है जिसे औरंगजेबशाही ने मिटाने में कुछ कसर न उठा रखी थी और जिसके मिटाये जाने पर दक्खिन के वली दिल्ली में आकर उर्दू में फारसी कवियों की नकल करने लगे।

उर्दू फारसी से शब्द लेती है, हिन्दी संस्कृत से। जनपदीय उपभाषाओं से इन दो भाषाओं के सम्बन्ध पर द्विवेदी जी कहते हैं : "उर्दू चाहै जितनी सरल हो, उसमें कुछ-न-कुछ फारसी शब्दों का मेल होता ही है। इन प्रान्तों के ग्रामीण और साधारण मनुष्य संस्कृत के कम कठिन शब्द चाहै समझ भी लें, परन्तु फारसी को वे नहीं समझ सकते। क्योंकि फारसी विदेशी भाषा है; और संस्कृत, फिर भी, इस देश की भाषा है।" कुल मिलाकर यह बात सही है। अनेक शताब्दियों तक राजभाषा रहने के कारण सैकड़ों फारसी शब्द जनपदीय उपभाषाओं में, अधिकतर अपने तद्भव रूपों में घुल-मिल गए हैं। उर्दू इन तद्भव रूपों को स्वीकार नहीं करती। फारसी

उसी परिवार की भाषा है जिसकी एक भाषा संस्कृत है; उत्तर भारत में हिन्दी, मराठी आदि सभी आर्य परिवार की भाषाएँ हैं। बीसवीं सदी के दूसरे-तीसरे चरणों में यहाँ मुख्य अन्तर्विरोध संस्कृत और फारसी का न रह गया वरन् संस्कृत और अरबी का हो गया। अरबी बिलकुल दूसरे परिवार की भाषा है और जब आधुनिक फारसी और तुर्की बोलनेवालों ने अपनी भाषाओं का जातीय स्वरूप पहचाना, तब उन्होंने उससे अरबी तत्त्व निकालना शुरू किया। पर इस देश के उर्दू-प्रेमियों ने उन्हीं दोनों अरबी शब्दों की भरमार करके उर्दू भाषा का विकास किया। यह सब होने पर भी उर्दू का बुनियादी ढाँचा अब भी वही है, जो हिन्दी का है।

महावीरप्रसाद द्विवेदी ने अनेक लेखों में हिन्दी-उर्दू की मूल एकता पर जोर दिया। उनकी यह कार्रवाई अंग्रेजों की नीति के विरुद्ध थी। कुछ अंग्रेज ऐसे जरूर थे जो उर्दू के विरोध में हिन्दी का समर्थन करते थे पर ऐसे बहुत कम थे जो हिन्दी-उर्दू की एकता पर बल देते हों। 'देशव्यापक भाषा' लेख सितम्बर-अक्टूबर, 1903 की 'सरस्वती' में छपा था। इसमें हिन्दी का जातीय क्षेत्र यह बताया गया है : "संयुक्त प्रान्त, मध्य प्रदेश, मध्य भारत, राजपूताना और बिहार की भाषा हिन्दी है। पंजाब में जो भाषा बोली जाती है, वह भी हिन्दी ही है, क्योंकि उर्दू कोई भिन्न भाषा नहीं। वह हिन्दी ही की एक शाखा है। हिन्दी का और उर्दू का व्याकरण एक ही है। फारसी और अरबी के शब्दों की प्रचुरता होने से उर्दू उन लोगों की समझ में अच्छी तरह नहीं आ सकती जिनको इन दो भाषाओं के शब्दों का थोड़ा-बहुत ज्ञान नहीं है। उर्दू की यदि यह कठिनता निकाल दी जावै तो उसमें और बोलचाल की साधारण हिन्दी में कुछ भी अन्तर न रहै। इसलिए उर्दू को हिन्दी ही समझना चाहिए।"

इस तरह उर्दू की कठिनता निकालकर द्विवेदी जी उसे बोलचाल की साधारण हिन्दी के स्तर पर ले आना चाहते हैं। साम्राज्यवादियों की नीति इससे एकदम उल्टी थी। यदि बोलचाल के स्तर पर इन दोनों की एकता मजबूत होती, तो वे हिन्दी-उर्दू के भेद को हिन्दू-मुस्लिम सम्प्रदायों का भेद बनाकर इस देश को भीतर से तोड़ने का कुचक्र कैसे चलाते? भारत में हिन्दी-भाषी प्रदेश इतना बड़ा प्रदेश है कि यहाँ की राजनीति सारे देश को प्रभावित करती है। इस प्रदेश में साम्प्रदायिकता की आग भड़काकर अंग्रेजों ने बंगाल और पंजाब का विभाजन किया और इसके साथ सारे देश का विभाजन किया। हिन्दी प्रदेश का विभाजन नहीं हुआ पर यह प्रदेश अनेक प्रान्तों में पहले से ही विभाजित था और अनेक राज्यों में अब भी विभाजित है। भाषावार राज्य बनाने का सिद्धान्त केवल एक भाषा पर लागू नहीं किया जाता, और वह है हिन्दी। इसके अलावा यहाँ की जातीय भाषा, हिन्दी और उर्दू के दो साहित्यिक रूपों में, विभाजित थी और अब भी है। कल्पना कीजिए कि उर्दू के तमाम लेखक मलिक मोहम्मद जायसी, रहीम, रसखान या नजीर अकबराबादी की राह पर चले हैं। तब हमारी जातीय भाषा और साहित्य का स्वरूप क्या होगा? जो

ताकत एक ही जातीय सांस्कृतिक विकास में लगनी चाहिए थी, वह विभाजित होकर आपस में टकराती रही। और विचार कीजिए, यदि विशाल हिन्दी प्रदेश में इस तरह की टक्कर होगी तो सारा देश—पाकिस्तान समेत यह भूखंड—कैसे प्रगति करेगा? इसलिए हिन्दी-उर्दू का अलगाव जितना ही कम होता है, हमारी जातीय भाषा और उसके साहित्य का स्वरूप जितना ही एकताबद्ध और सुदृढ़ होता है, उतना ही समस्त हिन्दी प्रदेश की जनता के जातीय विकास का मार्ग प्रशस्त होता है, उतना ही राष्ट्रीय एकता मजबूत होती है। इस दृष्टि से द्विवेदी जी ने हिन्दू-उर्दू की एकता पर जो बल दिया, वह जातीय और राष्ट्रीय महत्त्व का कार्य है।

हिन्दी-उर्दू के भाषागत झगड़े की तरह साहित्य-क्षेत्र में भी शासक वर्ग का प्रयास यही था कि एक दूसरे से सीखने के बदले हिन्दी-उर्दू के लेखक आपस में उलझते रहें। द्विवेदी जी इसके विपरीत दोनों को नजदीक लाने, एक दूसरे से सीखने की नीति पर चल रहे थे।

'सरस्वती' के सबसे लोकप्रिय कवि थे मैथिलीशरण गुप्त। उनकी सबसे लोकप्रिय कृति थी : 'भारत-भारती'। 'भारत-भारती' की मूल प्रेरणा का स्रोत थी मौलाना हाली की कविता-पुस्तक 'मुसद्दस'। इस पुस्तक के प्रशंसक महावीरप्रसाद द्विवेदी और उनके मित्र पद्मसिंह शर्मा, दोनों थे। इन दोनों की प्रेरणा से मैथिलीशरण गुप्त ने 'भारत-भारती' लिखी थी।

'सरस्वती' के अनेक अंकों में द्विवेदी जी ने उर्दू की कविताएँ छापी थीं, यथा नवम्बर, 1913 की 'सरस्वती' में 'एक बुलबुल की फ़रियाद—पिंजड़े में' कविता छपी है। यह 'पंजाब के मदरसों में प्रचलित, उर्दू की एक टेस्ट बुक (टेक्स्ट बुक) से' ली गई है। कविता यों शुरू होती है :

आता है याद मुझको गुजरा हुआ जमाना।
वह झाड़ियाँ चमन की वह मेरा आशियाना।

इसका अन्त इस प्रकार होता है :

आजाद मुझको कर दे ओ क़ैद करनेवाले।
मैं बेजबां हूँ क़ैदी तू छोड़कर दोआ ले।

सम्भव है, मैथिलीशरण गुप्त की कविता 'पंजरबद्ध कीर' इसीके अनुकरण पर लिखी गई है। उर्दू कविता कब लिखी गई थी, ठीक मालूम नहीं। यदि गुप्त जी की कविता पहले लिखी गई हो तो दोनों में विषय की समानता उल्लेखनीय होगी। द्विवेदी जी और प्रेस के मालिकों ने कविता पसन्द की पर उसे छापने में खतरा था, इसलिए उसे रोक रखने का फैसला किया गया। उर्दू में वैसी ही कविता पंजाब की पाठ्य-पुस्तक में आ गई और द्विवेदी जी ने उसे 'सरस्वती' में उद्धृत कर दिया। जब हम उर्दू कविता

के सीमित विषयों और उस पर ईरानी प्रभाव की चर्चा करें—और यह चर्चा उचित है—तब हमें उर्दू की राष्ट्रीय और प्रगतिशील काव्यधारा भी याद रखनी चाहिए।

जिस समय हैदराबाद में उस्मानिया विश्वविद्यालय खोला जानेवाला था, उस समय द्विवेदी जी ने जुलाई, 1917 की 'सरस्वती' में 'उस्मानिया विश्वविद्यालय' शीर्षक टिप्पणी लिखकर उर्दू को उच्च शिक्षा का माध्यम बनाने की योजना का स्वागत किया। टिप्पणी के आरम्भ में उन्होंने इस प्रवाद का उल्लेख किया कि हिन्दी में पढ़ने लायक पुस्तकें नहीं हैं, अत: वह उच्च शिक्षा का माध्यम नहीं बन सकती। उर्दू में भी आधुनिक ज्ञान-विज्ञान की पुस्तकों का अभाव है। तब उसे भी उच्च शिक्षा का माध्यम न बनाना चाहिए! इस सन्दर्भ में निजाम के प्रयत्न को सराहते हुए द्विवेदी जी ने लिखा : "हैदराबाद के निजामशाह, ऐसी ऐसी कल्पनाओं को मिथ्या सिद्ध करने ही के लिए, शायद अपने यहाँ एक नया विश्वविद्यालय खोलने जाते हैं। इस विश्वविद्यालय में उर्दू भाषा के द्वारा शिक्षा दी जाएगी। अँगरेजी भी पढ़ाई जाएगी, पर उस भाषा का ज्ञान मात्र सम्पादन करने के लिए। साथ ही अरबी और फारसी भाषाओं की भी शिक्षा दी जाएगी। सम्भव है, संस्कृत भी पढ़ाई जाए। हिन्दी और उर्दू एक ही भाषा है। भेद केवल कुछ शब्दों का है। यदि उर्दू में विश्वविद्यालय की शिक्षा दी जा सकेगी तो हिन्दी में भी दी जा सकेगी। प्रबन्ध करने और उत्साह तथा उत्तेजना देने से यदि उर्दू में आवश्यक पाठ्य-पुस्तकें तैयार हो सकती हैं तो हिन्दी में क्यों नहीं हो सकतीं? संसार में है ऐसी कौन-सी चीज जो श्रमसाध्य और उद्योग-साध्य न हो? हिन्दी की अपेक्षा उर्दू का साहित्य बहुत अधिक उन्नत नहीं। इस दशा में, आशा है, उसमानिया विश्वविद्यालय खुल जाने पर, हिन्दी को हेय समझनेवाले अँगरेजीदाँ हिन्दुओं की आँखें कुछ-कुछ खुल जाएँ।"

यहाँ दृष्टिकोण उर्दू के प्रति द्वेष का नहीं है, उससे सीखने का है, हिन्दी को विकसित करने का है। भले उर्दू में अरबी-फारसी के शब्द अधिक हों पर है तो वह एक भारतीय भाषा। अंग्रेजों का एक वफादर सामन्त अंग्रेजी के मुकाबले उर्दू को शिक्षा का माध्यम बनाने का स्वप्न देख रहा था, पर हिन्दी को हेय समझनेवाले प्रगतिशील अंग्रेजीदाँ हिन्दुओं की स्थिति दूसरी थी। माधवराव सप्रे ने सितम्बर, 1917 की 'सरस्वती' में लिखा था : "हिन्दू विश्वविद्यालय ने भी अँगरेजी ही के द्वारा शिक्षा देने का निश्चय करके भारतीयजनों के हृदयों पर कठोर आघात किया है।"

निजाम की सहायता से उर्दू का एक महाकोश तैयार हुआ था : "फरहंग आसफिया'। नवम्बर, 1911 की 'सरस्वती' में इस पर टिप्पणी लिखते हुए द्विवेदी जी ने उर्दू के प्रति वैसा ही दृष्टिकोण अपनाया, जैसा उसमानिया यूनिवर्सिटी के प्रति ऊपर हम देख चुके हैं। टिप्पणी के आरम्भ में उन्होंने कोश-निर्माण के महत्त्व के बारे में लिखा : "किसी भाषा का सर्वगुण-सम्पन्न कोश बनाना बड़ी योग्यता, बड़ी विद्वत्ता, बड़ी खोज और बड़े परिश्रम का काम है।" तमिल भाषा के कोश के

बारे में उन्होंने जो कुछ लिखा, उसे याद करें तो कोश-निर्माण के प्रति उनकी गहरी दिलचस्पी का अनुमान हो जाता है। टिप्पणी लिखते समय उन्हें स्वभावत: 'हिन्दी शब्दसागर' याद आता है। वह अभी निर्माण-प्रक्रिया में था। हिन्दी के विद्वान्, इस कार्य में, उर्दू के विद्वानों से पीछे थे। द्विवेदी जी ने लिखा : "हिन्दी का भी एक बहुत बड़ा कोश बन रहा है। इस परिश्रम-साध्य काम को कई सज्जन मिलकर कर रहे हैं। देखिए, यह कोश कब बनकर प्रकाशित होता है और हिन्दी के पंडितों को कहाँ तक पसन्द आता है। उर्दू में इस तरह का कोश प्रकाशित हुए कई साल हुए। उसका नाम है : 'फरहंग आसफिया'।"

इसके निर्माता दिल्ली के मौलवी सैयद अहमद थे। द्विवेदी जी ने उनकी लिखी पुस्तकों में रसखान, रीति बखान और नारी कथा का नाम लिया है। मौलवी सैयद अहमद हिन्दी भाषा और साहित्य से परिचित थे। उन्होंने कोश-निर्माण-कार्य 1868 ई. में शुरू किया, 1892 में समाप्त किया, 1901 में वह प्रकाशित हुआ। इसके प्रकाशन की कठिनाइयाँ निजाम की सहायता से दूर हुईं। कोश निजाम को समर्पित किया गया, उनके नाम के अनुसार उसका नामकरण हुआ। निजाम के अलावा कई राजाओं और नवाबों ने कोश-निर्माण के लिए मौलवी सैयद अहमद को पुरस्कार दिया। टिप्पणी के अन्त में द्विवेदी जी ने लिखा : "मौलवी साहब का जीवन-चरित गत दिसम्बर के 'अदीब' में प्रकाशित हुआ है। हिन्दी-कोश का काम करनेवाले महाशय, यदि उचित समझें तो, इस जीवन-चरित को एक बार पढ़ जाएँ और, आवश्यक समझें तो, 'फरहंग आसफिया' की भी एक कापी मँगाकर उसे देख जाएँ।"

'हिन्दी शब्दसागर' में उर्दू की जो शब्द-राशि है, उसे देखने से अनुमान होता है कि इस कोश के निर्माता 'फरहंग आसफिया' से परिचित थे। उन्होंने हिन्दी-उर्दू को मूलत: एक ही भाषा मानकर उर्दू की शब्द-सम्पदा 'हिन्दी शब्दसागर' में रखी, यह द्विवेदी जी की भाषा-सम्बन्धी नीति के अनुकूल था।

[इस प्रसंग में द्विवेदी जी की वह टिप्पणी स्मरणीय है जो फरवरी, 1907 की 'सरस्वती' में हिन्दी कोश के अभाव के बारे में प्रकाशित हुई थी। इसमें उन्होंने लिखा था : "हिन्दी भाषा में एक अच्छे शब्दकोश का बड़ा अभाव है। खेद का स्थान है कि किसी उत्साही पुस्तक प्रकाशन ने इस ओर अभी तक पूरा ध्यान नहीं दिया है।" अंग्रेजी के छोटे-बड़े कोशों का उल्लेख करने के बाद उन्होंने 'ऑक्सफोर्ड डिक्शनरी' की चर्चा की जो तब तक पूरा न हुआ था। इसके अलावा ज़ोजफ राइट की 'डायलेक्ट डिक्शनरी' का जिक्र भी उन्होंने किया जिसमें 'एक लाख शब्द हैं और उनके प्रयोगों के पाँच लाख उदाहरण हैं।' यह सब हिन्दी के विद्वानों को अपने कर्तव्य के प्रति सजग करने के लिए उन्होंने लिखा था।]

हिन्दुओं और मुसलमानों को मिलाने और हिन्दी-उर्दू का भेद मिटाने के प्रयत्न पूँजीवादी नेताओं ने भी किये हैं पर जैसे राजनीति में ये प्रयत्न असफल हुए, वैसे

ही भाषा और साहित्य के क्षेत्र में भी वे असफल हुए। ऐसी समस्याएँ साम्प्रदायिक अनुपात के बारे में समझौता करने से हल नहीं होतीं। हिन्दी-उर्दू का जातीय क्षेत्र एक है। ये दो जातियों की या दो सम्प्रदायों की या दो भिन्न जातीय प्रदेशों की भाषाएँ नहीं हैं। इसलिए सबसे पहले जातीय आधार पर इनकी बुनियादी एकता पहचानना जरूरी है।

द्विवेदी जी जातीय एकता के विचार से एक लिपि के चलन पर जोर देते हुए कहते हैं : "मुसल्मान नागरी अक्षरों के विरोधी हैं; परन्तु यदि वे इसको अपना देश समझते हैं और इसमें सजीवता लाकर हिन्दुओं के साथ-साथ अपना भी कल्याण करना चाहते हैं, तो उनको विरोध छोड़ देना चाहिए। दस ही पन्द्रह दिन में वे नागरी अक्षर सीख सकते हैं और उन अक्षरों में छपी हुई सरल पुस्तकें और समाचार-पत्र पढ़ सकते हैं। इन प्रान्तों के मदरसों में तो गवर्नमेंट ने फारसी अक्षरों के साथ नागरी अक्षर भी सिखलाये जाने का नियम कर दिया है अतएव मुसल्मानों को नागरी अक्षर पढ़ने और शुद्ध हिन्दी बोलने तथा लिखने में अब बहुत ही कम कठिनाई पड़ैगी।"

ब्रिटिश साम्राज्यवादी एक तरफ अपनी पूरी ताकत से साम्प्रदायिक भेदभाव को बढ़ावा दे रहे थे, दूसरी ओर वे जब-तब हिन्दी-उर्दू को साम्प्रदायिक प्रश्न बनाने पर अफसोस भी जाहिर कर देते थे। 'मर्दुम शुमारी की हिन्दुस्तानी भाषा' शीर्षक लेख में द्विवेदी जी ने ऐसे लोगों से पूछा है : "जब आप मुसलमानों के लिए शिक्षा का अलग प्रबन्ध करते हैं, जब आप उनके और हिन्दुओं के लिए कौंसिलों में कुर्सियों की संख्या अलग-अलग निर्दिष्ट करते हैं, जब आप डिप्टी कलक्टरी के उम्मीदवारों में भी धार्मिक बाँट-चूँट किया करते हैं तब आप भाषा-विषयक विवाद से क्यों इतना घबराते हैं? एक विषय में तो एकाकार, अन्य विषयों में विभेद-योजना! आपकी यह नीति साधारण जनों की समझ में तो आती नहीं, असाधारणों की समझ में चाहे भले ही आ जाए।" साम्राज्यवादी भेदनीति की यह खरी आलोचना है। यह तो हुई शत्रु की भेदनीति। हिन्दी-भाषियों को इस स्थिति में क्या करना चाहिए? इस प्रश्न का उत्तर द्विवेदी जी ने हिन्दी साहित्य सम्मेलन के मंच से अपने कानपुर वाले भाषण में इस प्रकार दिया : "अभी-अभी मैं उस लिपि की सदोषता का उल्लेख कर चुका हूँ जिसमें अरबी, फारसी और तुर्की भाषाएँ लिखी ज़ाती हैं [तुर्की के लिए कमाल पाशा ने रोमन लिपि का चलन किया है]। उर्दू भी उसी में लिखी जाती है, पर उसके दोषपूर्ण होने के कारण हमें उसका उपहास न करना चाहिए और घृणा तो उससे कभी करनी ही नहीं चाहिए। हिन्दू और मुसल्मान इस देशरूपी शरीर की आँखें हैं। एक आँख के विकृत होने से क्या कोई उसे निकाल बाहर करता है? क्या कोई उससे नफरत करता है? इसमें सन्देह नहीं कि हिन्दी ही हमारी जातीय भाषा और देवनागरी ही हमारी जातीय

लिपि है अथवा हो सकती है। दिन-पर-दिन इनके विस्तार की वृद्धि देखकर वे लोग भी इनकी उपयोगिता और देश-व्यापक होने की योग्यता के कायल होते जा रहे हैं जिनका सम्बन्ध इनसे बहुत दूर का है अथवा है ही नहीं तथा, जहाँ तक हो सके, हमें अपने मुसल्मान भाइयों की भाषा और लिपि भी सीखनी चाहिए। बिना ऐसा किये पारस्परिक प्रेम, ऐक्य और घनिष्ठता की संस्थापना नहीं हो सकती। जब हम हजारों कोस दूर रहनेवाले विदेशियों की—अँगरेज, फ्रेंच और जर्मन लोगों की—भाषाएँ सीखते हैं तब कोई कारण नहीं कि हम उनकी भाषा और लिपि न सीखें जो हमारे पड़ोसी हैं, जिनका और हमारा भाग्य एक ही सूत्र से बँधा हुआ है और जिनका और हमारा चोली-दामन का साथ है। मेरा तो यह विचार है कि हमें उर्दू, फारसी ही नहीं, हो सके तो अरबी भाषा का भी ज्ञान-सम्पादन करना चाहिए, क्योंकि उसके साहित्य में अनन्त ज्ञानराशि भरी हुई है और ज्ञान चाहे जहाँ मिलता हो, उसकी प्राप्ति प्रयत्नपूर्वक करना ही मनुष्य का कर्तव्य है। परन्तु इससे यह मतलब नहीं कि हम अपनी भाषा और अपनी लिपि सीखने और उसे उन्नत करने के कर्तव्य की अवहेलना करें। नहीं, हमें पहले उनको आयत्त करके तब अन्य भाषाएँ सीखनी चाहिए। चूँकि हिन्दी ही भारत की व्यापक भाषा हो सकती है और अपने प्रान्तों के निवासियों में अधिक संख्या उसी के ज्ञाताओं की है, इसलिए उसका प्रचार बढ़ाने और सरकारी दफ्तरों में उसी की प्रवेश-प्राप्ति के लिए चेष्टा भी करनी चाहिए।"

द्विवेदी जी ने ये बातें 1923 में कही थीं जब असहयोग आन्दोलन समाप्त हो गया था और देश में हिन्दू-मुस्लिम वैमनस्य तेजी से बढ़ता हुआ खूनी दंगों का रूप ले रहा था। अंग्रेजों की भाषानीति इस वैमनस्य को तेज करने और दंगों की आग भड़काने की थी। द्विवेदी जी इससे ठीक उल्टी नीति पर चलते हैं। वे हिन्दू-मुस्लिम एकता पर जोर देते हैं और हिन्दुओं से उर्दू-फारसी ही नहीं, अरबी भी सीखने के लिए कहते हैं। वे सारे प्रश्न पर जातीय दृष्टि से विचार करते हैं। हिन्दी ही हमारी जातीय भाषा है और देवनागरी ही हमारी जातीय लिपि है। इनका निरन्तर प्रचार करना है। सबसे पहले जातीय भाषा, अंग्रेजी समेत और सब भाषाएँ बाद को। यह जातीय भाषा देश-व्यापक भाषा बनेगी यानी हिन्दी जातीय भाषा होने के साथ-साथ राष्ट्रभाषा भी है। अपने प्रान्तों के निवासियों में अर्थात् हिन्दी प्रदेश के निवासियों में अधिक संख्या उसी के ज्ञाताओं की है। सबसे पहले हिन्दी को अपनी स्थिति इस जातीय प्रदेश में सुदृढ़ करनी है। जिनका सम्बन्ध हिन्दी भाषा और नागरी लिपि से दूर का है अथवा नहीं है, वे इनकी उपयोगिता मानने लगे हैं। ऐसे लोगों की संख्या प्रेम और सद्भाव से बढ़ानी चाहिए।

इन बातों में, आज के सन्दर्भ में, केवल एक बात और जोड़ना उचित होगा। वह यह है कि हिन्दी प्रदेश के शिक्षित जनों को भारत के अन्य परिवारों की

कम-से-कम एक भाषा अवश्य सीखनी चाहिए। इस देश को पहचानने और स्वयं अपनी भाषा के विकास को जानने के लिए यह कार्य आवश्यक है। उससे राष्ट्रीय एकता मजबूत होगी, वह अलग से।

हिन्दी-उर्दू के अन्तर्विरोध से निपटने के लिए द्विवेदी जी ने उसी वक्तव्य में मुसलमानों को लक्ष्य करके ये बातें कहीं : "यद्यपि कुछ मुसल्मान भाइयों की प्रवृत्ति हिन्दी भी सीखने की ओर हो रही है—कुछ इने-गिने सज्जनों ने तो संस्कृत का भी ज्ञान प्राप्त कर लिया है—तथापि, बड़े खेद की बात है, वे साधारणत: हमारी भाषा और हमारी लिपि की ओर पूर्ववत् ही उदासीन हैं; अधिकांश तो उसके प्रचार और उसकी उन्नति के मार्ग में विघ्न-बाधाएँ तक उपस्थित करते हैं, विरोध करना तो कुछ बात ही नहीं। परन्तु यदि वे अनुचित पक्षपात छोड़कर, अपने जनसमुदाय और अपने देश के हानि-लाभ का विचार करेंगे तो उन्हें ज्ञात हो जाएगा कि इस विषय में उनकी उदासीनता और उनका विरोधभाव हम दोनों ही के हित का विघातक है। वे अपनी लिपि और जिसे वे अपनी भाषा कहते हैं, उसकी उन्नति खुशी से करें; पर साथ ही हिन्दी भाषा और देवनागरी लिपि को भी यथाशक्ति सीखना उन्हें अपना कर्तव्य समझना चाहिए। सैकड़ों साल से लाखों हिन्दू उर्दू ही नहीं, फारसी तक पढ़ते चले आ रहे हैं और अब भी पढ़ते-लिखते हैं। इस दशा में क्या उनका भी यह कर्तव्य न होना चाहिए कि वे हमारी भाषा और हमारी लिपि सीखें? यदि वे, अभाग्यवश, अपने इस कर्तव्यपालन से पराङ्मुख रहने ही में अपना कल्याण समझें तो भी हमें उनकी लिपि का परित्याग न करना चाहिए। उससे घृणा तो कदापि करनी ही नहीं चाहिए। उनकी उर्दू कोई जुदा भाषा नहीं। वह भी हिन्दी ही है। यदि कुछ अन्तर है तो केवल इतना ही कि उसमें अरबी, फारसी के शब्दों का सम्मिश्रण कहीं कम और कहीं अधिक रहता है। बस, और कुछ नहीं।"

1923 से अब तक इस परिस्थिति में काफी परिवर्तन हुआ है। अंग्रेजों के विदा होने के बाद ऐसे मुसलमानों की संख्या तेजी से बढ़ी है जो नागरी लिपि और हिन्दी भाषा से अच्छी तरह परिचित हैं। हिन्दी के मुसलमान अध्यापक अब अनेक प्रदेशों और अनेक विद्यालयों में मिल सकते हैं। मुसलमान हिन्दी लेखकों की संख्या बढ़ रही है। ऐसी किताबें सैकड़ों हैं जो उर्दू में लिखी गईं, फिर नागरी लिपि में छपीं—कभी अनुवादित होकर, कभी ज्यों-की-त्यों। फिल्म और रेडियो के माध्यम से निरन्तर बोलचाल की भाषा का प्रसार हुआ। वहाँ लिपि का सवाल न था, भाषा केवल सुनी जाती थी। यदि श्रमिक आन्दोलन हिन्दी प्रदेश की जातीय समस्या ठीक-ठीक समझकर भाषा के बारे में सही नीति पर चले तो शासक वर्ग चाहे जो अड़चनें डालें, हमारी जातीय भाषा और संस्कृति का विकास बहुत तेजी से हो सकता है। द्विवेदी जी अलगाव की स्थिति अस्थायी मानते थे, एकता वाला

आधार ही उनके लिए स्थायी था। सन् '23 में तत्कालीन परिस्थिति से निराश न होकर उन्होंने इस स्थायी आधार पर अस्थायी भेद दूर करने का प्रयत्न किया, जातीय एकता और जातीय भाषा के प्रचार, प्रसार और विकास का मार्ग प्रशस्त किया, यह उनकी दूरदर्शिता का प्रमाण है और सिद्ध करता है कि वे हमारे प्रदेश के महान् जातीय पथदर्शक और समर्थ नेता थे।

(घ) चौथी समस्या : ब्रजभाषा से अन्तर्विरोध

किसी भी अन्य प्रदेश में कोई जनपदीय उपभाषा साहित्य में इस मजबूती से न जमी हुई थी, जैसे हिन्दी प्रदेश में ब्रजभाषा जमी हुई थी। 19वीं सदी से पहले वह साहित्य की ही नहीं, संगीत की भाषा भी थी। उसे दरबारों में ही नहीं, संन्यासियों और संतों के यहाँ भी आदर प्राप्त था। उसने अन्य प्रदेशों की भाषाओं को प्रभावित ही नहीं किया, उन प्रदेशों के अनेक कवियों ने, जिनमें संत और सामन्त दोनों शामिल थे, उसे अपने काव्य की भाषा बनाया। उसमें रचे हुए गीत अब भी सारे भारत में, और भारत के बाहर भी, लोकप्रिय हैं। आधुनिक हिन्दी के विकास में साहित्य की भूमि से इस भाषा को हटा देना आसान नहीं था और बहुतों को यह कार्य अनावश्यक भी लगता था। परन्तु जैसे-जैसे हिन्दी प्रदेश में व्यापारी पूँजीवाद का प्रसार हुआ, इंग्लैंड और यूरोप के लिए यहाँ कपड़ा तैयार किया जाने लगा, कातने-बुनने के पुराने साधन बने रहने पर भी उत्पादन मुनाफे के लिए होने लगा, विदेश के अलावा भारत के ही अन्य प्रदेशों से व्यापार बढ़ा, वैसे-वैसे बड़ी-बड़ी मंडियाँ आबाद हुईं, जनपदों के बीच बड़े-बड़े शहर उठ खड़े हुए और इन शहरों की भाषा ब्रजभाषा नहीं, खड़ी बोली हिन्दी थी। विभिन्न जनपदों की जनता को नये आर्थिक विकास के साथ जो भाषा मिला रही थी, पुराना अलगाव दूर करके एक नई जाति के गठन में साधन बन रही थी, वह खड़ी बोली थी। स्वाभावत: जनपदीय उपभाषाएँ इस जातीय भाषा की तुलना में गौण स्थान ग्रहण करती जा रही थीं। यह प्रक्रिया अंग्रेजी राज कायम होने से पहले भी सम्पन्न होती रही थी। ब्रज जनपद का सबसे बड़ा शहर आगरा था। हरियाणा की बाँगरू बोली को जहाँ आधुनिक हिन्दी या उर्दू का रूप मिला, वह शहर दिल्ली न था वरन् आगरा था। आगरे में ब्रजभाषा की अनेक विशेषताएँ अपने भीतर समेटकर दिल्ली और मेरठ की बाँगरू बोली हिन्दी-उर्दू बनी। हिन्दी-उर्दू का पुराना गद्य-पद्य, उसके लेखक चाहे हिन्दू हों चाहे मुसलमान, और वह चाहे दिल्ली में लिखा गया हो, चाहे बीजापुर में, ब्रजभाषा का गहरा प्रभाव लिये है। भारतेन्दु हरिश्चन्द्र से पहले हिन्दी गद्य का यथेष्ट विकास हो चुका था। उन्होंने हिन्दी साहित्य को नई राष्ट्रीय और जनवादी दिशा की ओर प्रेरित किया। उनके समय में अनेक लेखक यह अनुभव करने लगे थे कि गद्य की भाषा खड़ी बोली हो और पद्य की भाषा ब्रज हो, यह स्थिति हानिकारक है और ज्यादा दिन चलने की नहीं है, किन्तु

उन्हें लगता था कि ब्रजभाषा की मिठास खड़ी बोली में नहीं आ सकती, इसलिए गद्य में खड़ी बोली का व्यवहार हो और पद्य में ब्रजभाषा का। अनेक लेखकों ने इस नीति का विरोध किया किन्तु उनका प्रयत्न सफल न हुआ। साहित्य में ब्रजभाषा की जगह हिन्दी को प्रतिष्ठित करने का काम द्विवेदी जी ने किया।

उल्लेखनीय है कि पहले द्विवेदी जी स्वयं ब्रजभाषा में कविता लिखते थे। उदाहरण के लिए उनकी 'भारत दुर्भिक्ष' कविता 11 मार्च, 1897 के 'हिन्दोस्थान' में प्रकाशित हुई थी (और 'काव्य मंजूषा' में संकलित है)। यह ब्रजभाषा में लिखी गई है और उसकी विषयवस्तु वैसी ही है, जैसी भारतेन्दु-युगीन बहुत-सी कविताओं की होती थी :

हे रघुराज! लाज भारत की आज रहै किहि भाँती,
अति विकराल काल की भीषण भेरी सुनी न जाती।
नाती पूत मीत ममता तज भये सुजाति कुजाती,
हाहाकार सुनत लोगन के काकी फटै न छाती?
गली गली कंगाल पेट पर हाथ दोउ धरि धावैं;
अन्न अन्न पानी पानी कहि शोर प्रचंड मचावैं।
बालक, युवा, जरठ, नारी, नर, भूख भूख कहि गावैं;
अविरल अश्रुधार आँखिन ते बारम्बार बहावैं।

यही नहीं, उन्होंने 'सरस्वती' में ब्रजभाषा की बहुत-सी कविताएँ छापी भी थीं। पर साहित्यिक जीवन के आरम्भ से वे इस सारी समस्या पर औरों की अपेक्षा ज्यादा गहराई से सोचने लगे थे। उनके 'सरस्वती' का सम्पादक बनने से पहले ही यह पत्रिका पद्य में ब्रजभाषा की जगह खड़ी बोली को स्थापित करने का आन्दोलन करने लगी थी। श्रीधर पाठक इस समय खड़ी बोली के प्रमुख कवि थे। श्यामसुन्दर दास सम्पादित जून, 1901 की 'सरस्वती' ने इस विषय में लिखा था : "खड़ी बोली की कविता के विषय में कुछ लिखते ही पंडित श्रीधर पाठक का नाम स्मरण हो आता है। इसमें सन्देह नहीं है कि मुजफ्फरपुर के बाबू अयोध्याप्रसाद जी ने भाषा के इस सुधार पर बहुत कुछ जोर दिया और अभी तक वे इस उद्योग में लगे हुए हैं। पर इस अभाव की पूर्ति व्यर्थ की लिखा-पढ़ी से न हो सकेगी जब तक प्रतिभाशाली कविगण सुन्दर मनोहर कविता करके हिन्दी-प्रेमियों को उसका रसास्वादन न करावेंगे और दूसरे कवियों को कविता करने का मार्ग न दिखावेंगे। क्या पंडित श्रीधर पाठक, पंडित महावीरप्रसाद द्विवेदी तथा अन्य कविगण इस ओर ध्यान न देंगे और क्या यह उद्योग अनुचित होगा कि प्रारम्भिक पाठ्य-पुस्तकों में खड़ी बोली की कविता ही से पद्यभाग सुशोभित रहे? हमारी प्रार्थना है कि वे लोग इस ओर ध्यान दें जिन्होंने हिन्दी का बीड़ा उठाया है और जो इस कार्य को करना

अपना परम कर्तव्य मानते हैं। आग्रह, ईर्ष्या, अथवा द्वेष से काम न चलेगा। जो वास्तव में उचित है, उसी की ओर ध्यान रहना चाहिए।"

'सरस्वती' के सम्पादक बनने से पहले हिन्दी कवियों में श्रीधर पाठक के बाद महावीरप्रसाद द्विवेदी का नाम लिया जाने लगा था। जिन्होंने हिन्दी का बीड़ा उठाया था, उनमें तो वे थे ही। अयोध्याप्रसाद जैसे लोगों ने खड़ी बोली के लिए आन्दोलन किया और श्रीधर पाठक ने कविता भी लिखी थी पर अभी प्रतिभाशाली कवियों द्वारा आधुनिक हिन्दी में सुन्दर मनोहर कविता न रची गई थी। 'सरस्वती' सम्पादक ने जातीय विकास को ध्यान में रखते हुए बड़ी दूरदर्शिता की बात कही थी कि प्रारम्भिक पाठ्य-पुस्तकों में खड़ी बोली की कविता ही रखी जाए। अहिन्दी-भाषियों को हिन्दी पढ़ाने के सिलसिले में इस समस्या पर विचार हुआ है कि उन्हें केवल आधुनिक हिन्दी की कविता पढ़ाई जाए या ब्रजभाषा, अवधी आदि की रचनाएँ भी पढ़ाई जाएँ? जहाँ मुख्य लक्ष्य भाषा सिखाना है, वहाँ आधुनिक हिन्दी की रचनाएँ पढ़ाना ही उचित है।

जुलाई, 1901 की 'सरस्वती' में रघुनाथप्रसाद की कविता 'लखनऊ वर्णन' ब्रजभाषा में है। उसी अंक में महावीरप्रसाद द्विवेदी का 'कवि-कर्तव्य' लेख है जहाँ वे हिन्दी साहित्य के विकास के बारे में अपना कार्यक्रम प्रस्तुत करते हैं। इसमें उन्होंने पद्य की भाषा के बारे में लिखा है : "गद्य और पद्य की भाषा पृथक्-पृथक् न होनी चाहिए। यह एक हिन्दी ही ऐसी भाषा है जिसके गद्य में एक प्रकार की और पद्य में दूसरे प्रकार की भाषा लिखी जाती है। सभ्य समाज की जो भाषा हो, उसी भाषा में गद्य-पद्यात्मक साहित्य होना चाहिए। गद्य का प्रचार हिन्दी में थोड़े दिन से हुआ है। पहले गद्य न था, भाषा का साहित्य केवल पद्यमय था। गद्य साहित्य की उत्पत्ति के पहले पद्य में ब्रजभाषा ही का सार्वदेशिक प्रयोग होता था। अब कुछ अन्तर होने लगा है। गद्य की, इस समय, उन्नति हो रही है; अतएव अब यह सम्भव नहीं कि गद्य की भाषा का प्रभाव पद्य पर न पड़े। जो प्रबल होता है, वह निर्बल को अवश्य अपने वशीभूत कर लेता है। यह बात भाषा के सम्बन्ध में भी तद्वत् पाई जाती है। 50 वर्ष पहले के कवियों की भाषा इस समय के कवियों की भाषा से मिलाकर देखिए। देखने से तत्काल विदित हो जाएगा, कि आधुनिक कवियों पर बोलचाल की हिन्दी भाषा ने अपना प्रभाव डालना आरम्भ कर दिया है; उनकी लिखी ब्रजभाषा की कविता में बोलचाल (खड़ी बोली) के जितने शब्द और मुहाविरे मिलैंगे, उतने 50 वर्ष पहले के कवियों की कविता में कदापि न मिलैंगे। यह निश्चित है कि किसी समय बोलचाल की हिन्दी भाषा, ब्रजभाषा की कविता के स्थान को अवश्य छीन लेगी। इसलिए कवियों को चाहिए कि क्रम-क्रम से वे गद्य की भाषा में भी कविता करना आरम्भ करैं। बोलना एक भाषा और कविता में प्रयोग करना दूसरी भाषा, प्राकृतिक नियमों के विरुद्ध है। जो लोग हिन्दी ही बोलते

हैं और हिन्दी ही के गद्य-साहित्य की शुश्रूषा करते हैं, उनके पद्य में ब्रज की भाषा का आधिपत्य बहुत दिन तक नहीं रह सकता।"

द्विवेदी जी को पूरा विश्वास है कि निकट भविष्य में गद्य की तरह पद्य में भी खड़ी बोली प्रतिष्ठित होगी। इस विश्वास का कारण उस ऐतिहासिक प्रक्रिया का ज्ञान है जिसके अन्तर्गत बोलचाल की खड़ी बोली साहित्य की ब्रजभाषा को निरन्तर प्रभावित करती जा रही है। इसके अतिरिक्त वह यह भी बहुत अच्छी तरह समझते हैं कि गद्य में एक भाषा और पद्य में दूसरी भाषा का चलन अप्राकृतिक व्यापार है। इस अन्तर्विरोध के खत्म होने पर ही जातीय साहित्य पूरी शक्ति से विकसित हो सकेगा। उर्दू पद्य में खड़ी बोली पहले प्रतिष्ठित हो चुकी थी। आधुनिक हिन्दी उर्दू से अपना अन्तर्विरोध तब तक दूर न कर सकती थी जब तक वह स्वयं अपने भीतर का गद्य-पद्य वाला अन्तर्विरोध दूर न करे। उर्दू से भिन्न हिन्दी का प्रसार, जातीय भाषा के रूप में उसका गठन, राष्ट्रभाषा के रूप में उसका प्रचार, आधुनिक जीवन के अनुकूल हिन्दी कविता का विकास—ये सारी बातें पद्य में ब्रजभाषा की जगह खड़ी बोली के व्यवहार से जुड़ी हुई थी। इस दृष्टि से द्विवेदी जी ने हिन्दी पद्य में खड़ी बोली को प्रतिष्ठित कराने के लिए जो प्रयत्न किया, वह ऐतिहासिक महत्त्व का है।

यह कार्य दो-चार दिन में सम्पन्न होनेवाला नहीं था। उसे सम्पन्न कराने वाले सूत्रधार में यथेष्ट धैर्य भी दरकार था। यह धैर्य महावीरप्रसाद द्विवेदी में था। उन्होंने 'सरस्वती' में ब्रजभाषा की कविताएँ भी छापीं, इसके साथ निरन्तर खड़ी बोली के नये प्रतिभाशाली कवियों की तलाश में रहे। उन्होंने स्वयं भी खड़ी बोली में काफी कविताएँ लिखीं। 'सरस्वती' में प्रकाशित शेष गद्य के अनुपात में उनका अपना लिखा हुआ गद्य जितना था, उसकी तुलना में 'सरस्वती' में प्रकाशित पद्य के अनुपात में उनका स्वरचित पद्य बहुत कम था। 'सरस्वती' में छद्म नामों से उन्होंने गद्य ज्यादा लिखा, पद्य कम लिखा। इसका कारण यह हो सकता है कि वे समझ गए थे कि वे मूलत: गद्यकार हैं, कवि नहीं। फरवरी-मार्च, 1903 की 'सरस्वती' में, 'हिन्दी भाषा और उसका साहित्य' निबन्ध में उन्होंने लिखा : "कुछ दिन से हिन्दी के लेखकों का ध्यान पद्य की भाषा की ओर गया है। अब तक हिन्दी का पद्य ब्रजभाषा ही में था। अब बोलचाल की भाषा में भी कविता होने लगी है। इस विषय की ओर पहले-पहल बाबू अयोध्याप्रसाद का ध्यान गया। बोलचाल की भाषा में कविता अवश्य होनी चाहिए। कोई कारण नहीं देख पड़ता कि हम लोग बोलैं एक भाषा और कविता करैं दूसरी भाषा में। बातचीत के समय जो जिस भाषा में अपने विचार प्रकट करता है, वह यदि उसी भाषा में कविता भी करे तो और भी उत्तम हो। ब्रजभाषा बहुत काल से कविता में प्रयोग होती आई है। अतएव एकबारगी उसका परित्याग नहीं किया जा सकता। क्रम-क्रम से बोलचाल की भाषा में गद्य का प्रचार

होना उचित है। यदि नये प्रकार की कविता से लोगों का भली भाँति मनोरंजन हुआ तो, काव्य में ब्रजभाषा का प्रचार किसी दिन आप ही उठ जावैगा। और सम्भव है कि शीघ्र ही किसी दिन ऐसा हो; क्योंकि एक अथवा दो जिले की भाषा पर देश भर के निवासियों का प्रेम बहुत दिन तक नहीं रह सकता।"

अन्तिम वाक्य का आशय यह है कि ब्रजभाषा का स्थान अब बोली अथवा उपभाषा मात्र का रह गया है। विभिन्न जनपदों में जातीय भाषा हिन्दी का व्यवहार सबसे पहले नगरों में और उसके बाद गाँवों में भी फैलता जा रहा था। इसीलिए द्विवेदी जी कहते हैं कि बातचीत के समय लोग जिस भाषा का व्यवहार करते हैं, उसी में उन्हें कविता भी लिखना चाहिए। उनके धैर्य का प्रमाण उनका यह वाक्य है कि एकबारगी ब्रज भाषा का परित्याग नहीं किया जा सकता। यह बात उस स्थापना से बिलकुल भिन्न है जिसके अनुसार खड़ी बोली में सरस कविता हो ही नहीं सकती।

1926 तक वह परिस्थिति बिलकुल बदल गई थी जिसमें द्विवेदी जी ने 'सरस्वती' का सम्पादन आरम्भ किया था। 'कवि सम्मेलन' शीर्षक लेख में उन्होंने लिखा : "ब्रजभाषा की कविता के पक्षपातियों को जानना चाहिए कि अब उसका समय गया। उसका तिरोभाव अवश्यम्भावी है। अब वह पुरानी प्राकृत भाषाओं के काव्य और साहित्य की तरह केवल पुस्तकों ही में पाई जाएगी। समय को उसकी चाह नहीं। यह बात हम प्रत्यक्ष देख रहे हैं। सौ में कठिनता से कहीं दस कविताएँ अब ब्रजभाषा में लिखी जाती होंगी। उष:काल के तारों के सदृश्य जो अल्पसंख्यक कवि अब भी उसे अपनाये हुए हैं, उनका भी अब लोप होनेवाला है। समय-प्रवाह किसी के रोके नहीं रुक सकता। उसके वेग के सामने हठ, दुराग्रह, अन्धभक्ति नहीं ठहर सकती।" यहाँ भी द्विवेदी जी ऐतिहासिक विकास को ध्यान में रखकर यह विश्वास प्रकट करते हैं। उन्होंने विकासवादी सिद्धान्त कितनी अच्छी तरह समझा था और समकालीन समस्याओं पर किस खूबी से लागू किया था, इसका प्रमाण ब्रजभाषा के सम्बन्ध में 1901 और 1926 के उनके उल्लेख हैं।

ब्रजभाषा को साहित्य में प्रतिष्ठित रखने के अनेक प्रयत्न हुए। प्रसिद्ध है कि दुलारेलाल भार्गव को ब्रजभाषा में लिखी हुई दोहावली पर 2000 रुपयों का 'देव-पुरस्कार' मिला था। दुलारेलाल भार्गव लखनऊ में रहते थे, खड़ी बोली हिन्दी के मुख्य प्रकाशक थे, देव-पुरस्कार देनेवाले ओरछा के राजा थे और ओरछा बुन्देलखंड में है। ओरछा नरेश की सहायता से बनारसीदास चतुर्वेदी ने जनपद-आन्दोलन चलाया था जिसकी एक माँग यह थी कि बुन्देलखंड को संयुक्त प्रान्त से अलग करके एक नया सूबा बनाया जाए। यह अलगाव की माँग हिन्दी जनता की जातीय एकता में वैसे ही बाधक थी, जैसे पद्य में ब्रजभाषा का व्यवहार। सामन्ती तत्त्व और हिन्दी साहित्य में रीतिवादी रूढ़ियाँ इस विघटन को बढ़ावा दे रही थीं। अब देव-पुरस्कार कायम है या नहीं, किसी को दिया जाता है या नहीं, यह बात नगण्य है। अग्रगण्य

बात यह है कि जब से मथुरा में आकाशवाणी का केन्द्र खुला और ब्रजभाषा में लिखी हुई कविताएँ आग्रहपूर्वक प्रसारित की जाने लगीं, तब से आगरे के अनेक हिन्दी कवि मथुरा रेडियो के लिए खास तौर से ब्रजभाषा में कविताएँ तैयार करने लगे। उधर सुनीतिकुमार चाटुर्ज्या की प्रेरणा से साहित्य अकादमी हिन्दी प्रदेश की प्रत्येक जनपदीय उपभाषा को, पुरस्कारों के सहारे, स्वतंत्र जातीय भाषाओं का दर्जा देने पर तुली हुई है। ब्रज का अलग प्रदेश बने, इसका आन्दोलन भी समय-समय पर चलाया जाता है। इस तरह हिन्दी और ब्रजभाषा का पुराना अन्तर्विरोध हिन्दी और जनपदीय उपभाषाओं के अन्तर्विरोध में घुल-मिल गया है।

मार्च, 1913 की 'सरस्वती' में बदरीनाथ भट्ट का लेख 'खड़ी बोली की कविता' प्रकाशित हुआ था। वह दूसरे साहित्य सम्मेलन के विवरण से उद्धृत किया गया था। साहित्य में खड़ी बोली की पुरानी रचनाओं का उल्लेख करने के साथ-साथ भट्ट जी ने इसमें उस लोकसाहित्य पर विस्तार से ध्यान दिया जो खड़ी बोली में रचा गया था और रचा जा रहा था। खड़ी बोली के इस लोकसाहित्य—अधिकतर अपढ़ जनता में लोकप्रिय होनेवाले साहित्य—का केन्द्र ब्रज जनपद था। जो लोग समझते हैं कि खड़ी बोली हिन्दी जनपदों की भाषाओं पर जबरन लादी जा रही थी, वे अति साधारण जनता में इस लोकसाहित्य के प्रसार पर ध्यान दें। भट्ट जी के लेख का वह महत्त्वपूर्ण अंश इस प्रकार है :

'गत वर्ष के सम्मेलन के लिए प्रेषित निबन्ध में पंडित श्रीधर पाठकजी ने आगरा इत्यादि नगरों में होनेवाले 'भगत' नामक तमाशे का जिक्र किया है। इसमें सन्देह नहीं कि 'भगत' के कारण इन शहरों में क्या, दूर-दूर खड़ी बोली की कविता लोकप्रिय हो सकी है। भगत की कविता कहीं-कहीं बहुत अच्छी पाई जाती है। इसी तरह आगरे में ख्यालबाजी भी होती थी जो कि अब दिन-पर-दिन कम होती जाती है। मुशायरे की तरह बहुत-से लोग ख्याल बनाकर उसी वक्त कहते हैं और कोई-कोई पहले बनाये हुए भी गाते हैं। इनमें नामी ख्यालबाज कभी-कभी एक दूसरे पर कटाक्ष भी करते हैं, जिनका उत्तर उनका प्रतिद्वन्दी उन्हें वहीं और ख्याल में ही दे देता है। इसी तरह इधर की तरफ 'खंड' भी होते हैं। ये इतने जोशीले होते हैं कि इनके गाने वालों में कभी-कभी लड़ाई और मारपीट तक की नौबत आ जाती है। इनकी कविता भी अधिकतर विशुद्ध खड़ी बोली होती है। उच्च भावों से भरी अत्यन्त मनोरंजक तथा वीर-रस-प्रधान कथाएँ इनमें पाई जाती हैं, जैसे—'अमरसिंह राठौड़', 'दयाराम गूजर' इत्यादि पर शोक है कि कोई नागरी प्रचारणी सभा इधर ध्यान नहीं देती। इसलिए इस विषय के बहुत-से ग्रंथ अप्रकाशित ही पड़े हैं। इन ग्रंथों का मिलना कठिन नहीं है। इनके प्रकाशित हो जाने से हिन्दी-संसार का बड़ा लाभ होगा। 'खंड' अभी तक लिखे भी नहीं गए हैं, बल्कि लोगों को यों ही याद हैं। इनके लिखने वालों की मेहनत वसूल हो जाने में कोई सन्देह नहीं। आजकल

की कितनी ही कविताओं से इन अर्द्ध-शिक्षित क्या, करीब-करीब अशिक्षित लोगों की कविता में अच्छे भाव तथा अच्छी भाषा पाई जाती है। ये कब से बनते आते हैं सो किसी को नहीं मालूम। लिखित पुस्तकें तो बहुत-सी नष्ट हो गईं और बहुत-सी होती जाती हैं; यदि इनका शीघ्र ही उद्धार न किया गया तो हिन्दी-संसार इन्हें खो बैठेगा। सर्वसाधारण को इनकी भगतें कितनी पसन्द हैं और उनके चित्त पर इनका कितना प्रभाव पड़ता है, इसका अनुमान वही कर सकता है जिसने या तो भगत देखी हो या पुस्तकें पढ़ी हों—हमारे पास लल्लूजी लाल के वंशज मन्नूलालजी द्वारा भगत के लिए रचे गए 'सीताराम-चरित्र' नामक खड़ी बोली के एक प्रकाशित नाटक के कुछ अंश हैं। इनमें से एकाध उदाहरण देते हैं :

(1) जनक की सभा में रामचन्द्र-लक्ष्मण का आना इस प्रकार वर्णित है :

उसी वक्त दरम्यान सभा के
राजकुँवर दोनों आये।
जों तारों के बीच चन्द दो
जोति, छटा, छवि से छाये॥

(2) बाणासुर का वचन रावण प्रति :

वाणासुर सुनकर कहै, सुन रावण दससीस।
यार सभा से उठ चलो, (नहिं) होय तुम्हारी खीस॥
होय तुम्हारी खीस सुनो
दससीस बीस भुज भारी।
शिव पिनाक नहिं उठै, कटैगी
आखिर नाक तुम्हारी॥
चुपके ही उठ चलो सभा से
मानो बात हमारी।
लाज शरम रह जाए इसी में
मत बजवावो तारी॥

(3) जयमाल डालने का वर्णन :

विजय माला लेकर चली, सिया सखिन के संग।
रंगभूमि में उस समय, बरस रहा रस रंग॥
बरस रहा रस रंग सिया ने
कर सरोज लेकर वर माल।
राघोजी के उर पहिराई
प्रेम फंद का पड़ गया जाल॥

सखियाँ कहैं राम पद परसो
डरपै सुधि कर गौतम बाल।
प्रीति अलौकिक देखि सिया की
मन में विहँसे राम दयाल॥

(4) परशुराम का वर्णन (सखियाँ राम से कहती हैं) :

तुम तपसी इसको कहो, हब्शी हमें लखाय।
राक्षस सा आता चला, देखो श्री रघुराय॥
राक्षस सा आता है सामने
देखो श्री रघुकुल मणिराय।
तुम तपसी कैसे बतलाओ
हमको हब्शी पड़ै लखाय॥
धरा कंध पर फरसा इसके
ब्रह्म राक्षस जाना जाए।
व्याकुल विकल कहैं सब सखियाँ
यह जम आज सबों को खाय॥

कितना स्वाभाविक वर्णन है, इसका अनुमान आपकी मर्मज्ञता पर ही छोड़ते हैं। उपर्युक्त उदाहरणों में हमने अपनी तरफ से जरा भी हस्तक्षेप नहीं किया है, मूल पाठ को कहीं जरा भी नहीं बदला है। इससे भी अच्छे-अच्छे उदाहरण दिये जा सकते हैं।

हम लोग हिन्दी को राष्ट्रभाषा बनाना चाहते हैं। इसीलिए इसके बहुत-से भक्त कविता करना भी आवश्यक समझते हैं। पर इन बेचारे स्वांग और भगत वालों ने (जिनमें कि संगतराश, कुम्हार, कोली, पंसारी आदि भी हैं) न तो कभी राष्ट्रभाषा किस चिड़िया का नाम है, इस पर ही विचार किया और न खड़ी बोली का साहित्य बढ़ाने ही की इच्छा से काव्यरचना की। किन्तु इसलिए कि एक तो ब्रजभाषा से खड़ी बोली में लिखना उनके लिए आसान था और दूसरे, इन लोगों की भाषा जो खड़ी बोली थी, वही आगरे भर की थी और वही सबकी समझ में आसानी से आ जाती थी। फिर भी इनकी सीधी-सादी प्रभाव भरी ऐसी-ऐसी कविताओं को देखकर हृदय में एक अद्भुत भाव उत्पन्न होता है। 'शीला', 'ऊषा' आदिक कितने ही ऐसे नाटक पड़े हैं जिनसे आप लोग बिलकुल ही अपचित हैं। अतएव निवेदन है कि कोई सभा एक कमेटी संगठित कराकर और उसके द्वारा ऐसे ग्रंथों को छपाकर हिन्दी के सच्चे उपकार करने की ओर ध्यान दे। हाथरस आगरे के बहुत पास है। वहाँ भी ऐसी ही कितनी ही पुस्तकें मिल सकती हैं। वहाँ के उदाहरण पंडित श्रीधर पाठकजी गत वर्ष दे ही चुके हैं। अतएव उनके देने की आवश्यकता नहीं है।"

श्रीधर पाठक ने इस लोक-साहित्य के संग्रह पर जोर दिया था, वही बात भट्ट जी ने कही। पर किसी संस्था ने यह काम पूरा नहीं किया। भट्ट जी आगरे के रहनेवाले थे। उनका कहना था कि इन स्वांग और भगत लिखनेवालों की भाषा पूरे आगरे शहर की भाषा थी। यह भाषा ब्रज नहीं, खड़ी बोली थी। हमारी जातीय भाषा हिन्दी के प्रसार में ब्रजक्षेत्र के लोक-कवियों ने महत्त्वपूर्ण योगदान किया। इस सारी ऐतिहासिक प्रक्रिया को उलटकर कुछ लोग चाहते हैं कि ब्रजभाषा को हिन्दी से स्वतंत्र भाषा का दर्जा दिया जाए।

(ङ) पाँचवीं समस्या : जनपदीय उपभाषाओं से अन्तर्विरोध

जनपदीय उपभाषाएँ भारत की प्रत्येक भाषा के जातीय क्षेत्र में हैं। ढाका की बँगला कलकत्ते की बँगला से जितना भिन्न है, उतना भोजपुरी या राजस्थानी आधुनिक हिन्दी से भिन्न नहीं हैं। भारत के बाहर अंग्रेजी, रूसी, फ्रांसीसी आदि भाषाओं के जातीय क्षेत्र में इसी तरह उपभाषाएँ विद्यमान हैं। अंग्रेजी राज में अंग्रेजों की भाषानीति के मुख्य प्रचारक, उनके मुख्य भाषा-विज्ञानी सिद्धान्तकार ग्रियर्सन थे। इन्होंने भारतीय भाषाओं का सर्वेक्षण कराया था, यानी ब्रिटिश सरकार ने जो सर्वेक्षण कराया था, उसका सूत्रधार उसने ग्रियर्सन को बनाया था। इन्होंने किसी भी अन्य जातीय प्रदेश की उपभाषाओं को उतना महत्त्व न दिया था, जितना हिन्दी प्रदेश की उपभाषाओं को। 1857 के बाद अंग्रेजों ने इस प्रदेश के बारे में जो नीति अपनाई थी, ग्रियर्सन का भाषा-सम्बन्धी विवेचन उसका अनिवार्य परिणाम था। द्विवेदी जी यह भेद-नीति कुछ समय बाद समझे। उनकी एक छोटी-सी पुस्तक है : 'हिन्दी भाषा की उत्पत्ति'। यह 1907 में प्रकाशित हुई थी। इसका मुख्य आधार ग्रियर्सन का विवेचन है। भाषा-सर्वेक्षण का काम अभी पूरा न हुआ था पर मुख्य-मुख्य बातें प्रकाशित हो चुकी थीं। इस समय द्विवेदी जी यह समझते थे कि अंग्रेजों ने जैसे भौतिक विज्ञान में प्रगति की है, वैसे ही वे भाषाविज्ञान में प्रगति कर रहे हैं। समाजशास्त्र के लिए जो काम हर्बर्ट स्पेन्सर ने किया था, शायद वही काम भाषाविज्ञान के लिए—भारतीय भाषाओं के सन्दर्भ में—ग्रियर्सन कर रहे थे। ग्रियर्सन का एक आविष्कार बिहारी भाषा थी। इस सम्बन्ध में द्विवेदी जी ने 'हिन्दी भाषा की उत्पत्ति'। (इंडियन प्रेस, प्रयाग) में लिखा था : "एक नई बात और जो मालूम हुई है, वह यह है कि जो हिन्दी बिहार में बोली जाती है, उसका जन्म-सम्बन्ध बँगला से अधिक है, हम लोगों की हिन्दी से कम। बँगला और उड़िया भाषाओं की तरह बिहारी हिन्दी का निकट सम्बन्ध मागध अपभ्रंश से है, पर हमारी पूर्वी हिन्दी का अर्द्ध-मागध अपभ्रंश से। बिहारी हिन्दी का सम्बन्ध तो और भी दूर का है।" (पृ. 5)

किन्तु कुछ दिन बाद ग्रियर्सन की भेद-नीति वह अच्छी तरह समझ गए। जनवरी, 1917 की 'सरस्वती' में विविध विषय के अंतर्गत 'बंगाल और बिहार की भाषा'

शीर्षक टिप्पणी में उन्होंने लिखा : "डाक्टर ग्रियर्सन की राय है कि मागधी प्राकृत से चार भाषाएँ उत्पन्न हुईं—बिहारी, बँगला, उड़िया और आसामी। आप बिहार की भाषा को हिन्दी नहीं कहते, बिहारी कहते हैं। इसलिए कि उसकी प्रकृति हिन्दी से भिन्न है, वह बँगला से अधिक मिलती है, हिन्दी से कम। यह दुःख की बात है। बिहार वालों की भाषा की उत्पत्ति चाहे जिस भाषा से हो और उसकी प्रकृति चाहे जैसी हो, बात यह है कि इस समय के शिक्षित और अधिकांश अशिक्षित बोलते कैसी भाषा हैं। यदि उनकी वर्तमान साधु अथवा ग्राम्य भाषा अधिकांश में हिन्दी से मिलती हो तो बँगला बोलनेवालों को कोई अधिकार नहीं कि वे उसे अपनी भाषा की तरफ खींचने की चेष्टा करें।"

द्विवेदी जी ने यहाँ साधु भाषा और ग्राम्य भाषा, दो तरह की भाषा की बात की है। यह साधु भाषा वही है जिसे अन्यत्र उन्होंने जातीय भाषा कहा है, और ग्राम्य भाषाएँ वही हैं जिन्हें इस पुस्तक में जनपदीय उपभाषाएँ कहा गया है। यदि यह मान लिया जाए कि बिहार में जितनी जनपदीय उपभाषाएँ हैं, वे स्वतंत्र जातीय भाषाएँ हैं, तो भी उन सबको बिहारी भाषा कैसे कहा जा सकता है? मगही, मैथिली और भोजपुरी—बिहार की ये तीन जनपदीय उपभाषाएँ हैं। इनमें भोजपुरी क्षेत्र बिहार और उत्तर प्रदेश (भूतपूर्व संयुक्त प्रान्त) में बँटा हुआ है। यदि भोजपुरी को बिहारी भाषा कहा जाए, तो यह बिहारी भाषा जितना बिहारी है, उतना ही उत्तरप्रदेशी भी है। बिहारी नाम की कोई भाषा नहीं है, फिर भी ग्रियर्सन का अनुसरण करते हुए अनेक देशी-विदेशी विद्वान् इस भाषा का उल्लेख करते आए हैं। बिहार की जनपदीय उपभाषाओं को चाहे कुल मिलाकर बिहारी भाषा की संज्ञा दी जाए, चाहे उन्हें अलग-अलग देखा जाए, मुख्य बात यह थी कि वे हिन्दी की अपेक्षा बँगला भाषा के अधिक समीप मानी गई थीं। इससे जो लक्ष्य सिद्ध होता था, वह बनारस से लेकर पटना और दरभंगा तक एक विशाल क्षेत्र को हिन्दी प्रदेश से अलग कर देना था।

1923 में द्विवेदी जी ने 'मर्दुम शुमारी की हिन्दुस्तानी भाषा' लेख में ग्रियर्सन को भेद-भाव का भक्त बहुत सही कहा है। बोली और जातीय भाषा के सम्बन्ध की चर्चा करते हुए उन्होंने बताया कि एक ही जिले में 2-4 कोस के फासले पर बोली में अन्तर पड़ जाता है। बोली के इस तरह बदलने को भाषा का बदलना मान लिया जाए, "तो कहीं-कहीं हर जिले में दो-दो, तीन-तीन बोलियों या भाषाओं की कल्पना करनी पड़े।" इस तरह की कल्पना आगे चलकर वैज्ञानिक भौतिकवाद के नाम पर राहुल सांकृत्यायन ने प्रस्तुत की और बनारसीदास चतुर्वेदी, शिवदानसिंह चौहान जैसे कुछ लोगों ने इस विघटन-आन्दोलन का समर्थन किया।

द्विवेदी जी ने ग्रियर्सन और उनके अनुयायियों को याद दिलाया कि भाषा और बोली का यह सम्बन्ध कुछ भारत की विशेषता नहीं है, वैसा भेद इंग्लैंड में भी है।

उन्होंने लिखा : "बोली में जैसे यहाँ, थोड़ी-थोड़ी दूर पर, अन्तर हो गया है, वैसे ही इंग्लैंड में भी हो गया है। यह बात मर्दुम शुमारी के सुपरिंटेंडेंट स्वयं भी स्वीकार करते हैं। पर वहाँ अंग्रेजों की अंग्रेजी ही बनी हुई है। उसमें भेद-कल्पना नहीं की गई।" अंग्रेज जैसे व्यापार-सम्बन्धी नियमों में भेदभाव करते थे, विलायत का माल हिन्दुस्तान में आए तो एक तरह के नियम, हिन्दुस्तान का माल विलायत जाए, तो दूसरी तरह के नियम, वैसे ही वह भाषाशास्त्र में भी भेदभाव कर रहे थे। इंग्लैंड की एक ही जातीय भाषा थी—अंग्रेजी, भले ही भाषाविज्ञान की दृष्टि से वेल्स की भाषा उससे कोसों दूर हो। इसके विपरीत हिन्दी प्रदेश में अनेक जातीय भाषाएँ थीं, भले ही अपने शब्द-भंडार, वाक्य-विन्यास आदि के विचार से वे एक दूसरे के अत्यन्त समीप हों। ग्रियर्सन का भाषाशास्त्र उसी ब्रिटिश कूटनीति का प्रसार कर रहा था जो अपना चमत्कार राजनीति में दिखा रही थी। भाषाशास्त्र की इस राजनीति की आलोचना सबसे पहले महावीरप्रसाद द्विवेदी ने की। अंग्रेजी में भेद-कल्पना नहीं की गई, "तथापि इस देश की सरकार के द्वारा नियत किये गए डाक्टर ग्रियर्सन ने यहाँ की भाषाओं की नाप-जोख करके संयुक्त प्रान्त की भाषा को 4 भागों में बाँट दिया है : (1) माध्यमिक पहाड़ी, (2) पश्चिमी हिन्दी, (3) पूर्वी हिन्दी और (4) बिहारी। आपका वह बाँट-चूँट वैज्ञानिक कहा जाता है और इसी के अनुसार आपकी लिखी हुई भाषा विषयक (Linguistic Survey) रिपोर्ट में बड़े-बड़े व्याख्यानों, विवरणों और विवेचनों के अनन्तर इन चारों भागों के भेद समझाए गए हैं। पर भेदभाव के इतने बड़े भक्त डाक्टर ग्रियर्सन ने भी इस प्रान्त में 'हिन्दुस्तानी' नाम की एक भी भाषा को प्रधानता नहीं दी।"

हिन्दुस्तानी भाषा के नाम पर अंग्रेज जातीय भाषा के रूप में हिन्दी का विकास रोकने का एक और प्रयत्न कर रहे थे : एक ओर संस्कृत की भाषा-सम्पदा, दूसरी ओर ब्रजभाषा-अवधी आदि में लिखे हुए हिन्दी साहित्य की विरासत, तीसरे जनपदीय उप-भाषाओं के भाषातत्त्व—इन तीनों से कटकर जिस हिन्दुस्तानी भाषा के विकास का वे समर्थन करना चाहते थे, वह जातीय जीवन के इतना प्रतिकूल थी कि उनके प्रयास का असफल होना अनिवार्य था। इसी तथ्य की ओर हिन्दुस्तानी भाषा की आलोचना करते हुए द्विवेदी जी ने संकेत किया था। सम्भवत 1923 तक ग्रियर्सन के ग्रंथ की भूमिका प्रकाशित न हुई थी। उसमें हिन्दुस्तानी भाषा का उल्लेख कई जगह है। द्विवेदी जी ने हिन्दी के विकास को रोककर उसकी जगह हिन्दुस्तानी चलाने, तथा हिन्दी को भीतर से तोड़कर चार हिस्सों में बाँटने की नीतियों की आलोचना एक साथ करते हुए लिखा : "जरा दिल्लगी तो देखिए। उधर तो सरकार ही के एक बहुत बड़े कर्म्मचारी, डाक्टर ग्रियर्सन, जो भाषाओं के तत्त्वदर्शी समझे जाते हैं, एक के बदले यहाँ 4-4 भाषाओं का अस्तित्व स्वीकार करते हैं; इधर सरकार ही के अन्यतम कर्मचारी, मर्दुम शुमारी के सुपरिंटेंडेंट, एडी साहब, हिन्दी और

उर्दू, इन दो भाषाओं का भी भेद दूर करके एक 'हिन्दुस्तानी' ही रखना चाहते हैं। अब किसकी बात ठीक मानी जाए या किसकी तारीफ की जाए—डाक्टर साहब की या एडी साहब की?"

मतलब यह कि हिन्दी को भीतर से तोड़ो, भीतर से न बने तो बाहर से तोड़ो और सबसे अच्छा यह कि दोनों तरफ से हमला एक साथ करो। जनपदीय उपभाषाओं को हिन्दी से अलग करो और हिन्दी के ऐतिहासिक सहज विकास को हिन्दुस्तानी के जरिये रोको। इस नीति का जिस व्यक्ति ने सबसे सजग रूप में विरोध किया, उसका नाम महावीरप्रसाद द्विवेदी था।

1926 में द्विवेदी जी ने 'कवि सम्मेलन' शीर्षक निबन्ध लिखा। इसमें उन्होंने जनपदीय उपभाषाओं को शिक्षा का माध्यम बनाने और हिन्दी को छिन्न-भिन्न करने का पुन: विरोध किया। जातीय जीवन-प्रवाह की अदम्य शक्ति पर अपना पूर्ण विश्वास व्यक्त करते हुए उन्होंने लिखा : "समय प्रवाह किसी के रोके नहीं रुक सकता। उसके वेग के सामने हठ, दुराग्रह, अन्धभक्ति नहीं ठहर सकती। सभी समझदार मनुष्य इस बात को हृदयंगम कर सकते हैं। अतएव दो-चार या दस-पाँच सज्जनों के प्रयत्न से ब्रजभाषा की शिक्षा के लिए यदि स्कूल और कालेज खुलें भी तो वे बहुत दिनों तक टिकने के नहीं। यदि ब्रजमंडल में वहाँ की भाषा या बोली सिखाने और उसके साहित्य की शिक्षा देने के लिए स्कूल, कालेज या विश्वविद्यालय खोला जाए तो अन्यान्य प्रान्त या मंडल भी वैसा ही कोई शिक्षालय खोलने का आग्रह क्यों न करें? तब तो बुंदेलखंड के लिए बुंदेलखंडी भाषा का, बैसवारे के लिए बैसवारी का, मारवाड़ के लिए मारवाड़ी का और मिथिला के लिए मैथिली का भी एक स्कूल, कालेज या विश्वविद्यालय खुलना चाहिए। तब तो खूब तरक्की होगी। भिन्न-2 भाषाओं के प्रचाराधिक्य से एकता और एक राष्ट्रीयता की वृद्धि खूब ही होगी!"

हिन्दी प्रदेश की एकता का प्रश्न प्रादेशिक प्रश्न मात्र नहीं है, वह जातीय प्रश्न के अलावा राष्ट्रीय प्रश्न भी है। इस देश की विभिन्न जातीय भाषाओं को मिलानेवाली, उनके बोलनेवालों के बीच सम्पर्क के काम आनेवाली एक ही भाषा है—हिन्दी। इस हिन्दी को भीतर से विघटित कर दो, उसका जातीय विकास छिन्न-भिन्न कर दो, तो राष्ट्रीय एकता का माध्यम अपने-आप नष्ट हो जाएगा। यह बात द्विवेदी जी ने बहुत-साफ-साफ 1926 में देख ली थी। आज यह रहस्य किसी से छिपा नहीं है कि जो लोग केन्द्रीय राजभाषा के रूप में हिन्दी का विरोध करते हैं, वही हिन्दी प्रदेश की जनपदीय उपभाषाओं को हिन्दी से अलग करके उन्हें स्वतंत्र जातीय भाषाएँ घोषित करते हैं।

द्विवेदी जी ने बिहारी बोलियों के अलगाव का विरोध किया। ब्रज, बुन्देलखंडी आदि के अलगाव का भी विरोध किया। उनकी अपनी बोली बैसवाड़ी थी। इसके बारे में उनकी क्या राय थी? प्रथम महायुद्ध छिड़ने से पहले बैसवाड़ी के एक

समर्थक इस बात का प्रयत्न कर रहे थे कि अवध में हिन्दी की जगह बैसवाड़ी को शिक्षा का माध्यम बनाया जाए। इनके प्रयत्न पर फरवरी, 1914 की 'सरस्वती' में द्विवेदी जी ने एक टिप्पणी लिखी : 'अपनी बोली पर प्रेम की पराकाष्ठा'। इसमें उन्होंने लिखा : "सूबे अवध के एक अँगरेजीदाँ शास्त्री आजकल इन प्रान्तों की कौंसिल के एक मेम्बर के बेतरह पीछे पड़े हुए हैं। वे उनसे कौंसिल में एक प्रस्ताव इस विषय का उपस्थित कराना चाहते हैं कि यहाँ के मदरसों में जिन पुस्तकों की भाषा हिन्दी या हिन्दुस्तानी है, उनकी भाषा अवधी या बैसवाड़ी कर दी जाए। वे इस प्रस्ताव की पुष्टि इस तरह करते हैं :

"यह भाषा बड़े महत्त्व की है। संस्कृत से इसका घनिष्ठ सम्बन्ध है। सैकड़ों कवियों ने इसमें कविता की है। मर्य्यादा पुरुषोत्तम भगवान् रामचन्द्र की भाषा यही थी। यदि दो जिलों में बोली जानेवाली मैथिली कोई जुदा भाषा हो सकती है तो 12 जिलों में बोली जानेवाली बैसवाड़ी जुदा भाषा क्यों नहीं? मैथिली में विद्यापति ने कविता की है, बैसवाड़ी में परमभक्त गोस्वामी तुलसीदास ने। तुलसीदास का देश-विदेश में अधिक मान है या विद्यापति का? जिस भाषा में आल्हा की नई-नई पुस्तकें लाखों आदमी पढ़ते और गाते हैं, उसका महत्त्व दो ही एक अखबारों में लिखी जानेवाली मैथिली से सौ-दो सौ गुना अधिक है या नहीं?

'देखें, शास्त्रीजी का प्रयत्न कब और कहाँ तक सफल होता है। ये प्रत्येक वंग-भाषाभाषी जिले और कसबे में बैसवाड़ी-भाषा-प्रचारिणी सभाएँ और स्कूल भी खोलना चाहते हैं। यहाँ तक कि सिकिम और भूटान की भाषाओं पर ये छापा मारना चाहते हैं। इस तरकीब से ये बँगला आदि के प्रचार की बढ़ती रोककर उस पर बैसवाड़ी का रोब जमाना चाहते हैं और उसी को राष्ट्रभाषा बना डालने का पक्का इरादा रखते हैं। कुछ लोग इन्हें शेखचिल्ली का चचा समझते हैं, पर उनके हास-परिहास की इन्हें जरा भी परवा नहीं। ये अपनी उद्‌देश्य-सिद्धि के प्रयत्न के अड्डे पर दृढ़तापूर्वक अड़े ही हुए हैं।"

तो द्विवेदी जी को बैसवाड़ी से ऐसा मोह नहीं है कि ब्रज, बुन्देलखंडी या मैथिली के प्रति एक नीति अपनाएँ, और बैसवाड़ी के प्रति दूसरी। इन शास्त्रीजी में और राहुल जी में अन्तर यह था कि राहुलजी जनपदीय भाषा को उसके जनपद तक सीमित रखते थे, उनके लिए राष्ट्रभाषा हिन्दी ही थी, पर इन शास्त्री जी के लिए बैसवाड़ी का प्रसार हिन्दी-भाषी प्रदेश में ही नहीं, अहिन्दी प्रदेशों में भी होना चाहिए था और उसी को राष्ट्रभाषा बनना चाहिए था। द्विवेदी जी की निगाह में वह अड्डे पर बैठे हुए ऐसे शेखचिल्ली हैं जो सामाजिक विकास की दिशा बिलकुल नहीं पहचानते। उनके इस प्रयत्न पर द्विवेदी जी की टिप्पणी से यह मालूम हो जाता है—हिन्दी और जनपदीय उपभाषाओं का अन्तर्विरोध काफी महत्त्वपूर्ण समस्या बना हुआ था। यह समस्या अनेक प्रकार से सामने आती थी।

अक्टूबर, 1916 की 'सरस्वती' में एक टिप्पणी है : 'बनारस के संस्कृत कालेज की कुछ पुरानी बातें'। ये बातें 19वीं सदी की हैं। 1845 ईसवी में डाक्टर बैलनटाइन संस्कृत कॉलेज के प्रधान अध्यापक नियुक्त हुए। उनसे किसी ने शिकायत की कि आपके कॉलेज के विद्यार्थी हिन्दी लिखना नहीं जानते। उस समय तक ग्रियर्सन के भाषाशास्त्र का विकास न हुआ था पर सामग्री मौजूद थी। डॉक्टर बैलनटाइन ने एक मेधावी छात्र को बुलाकर उससे हिन्दी के बारे में पूछा। उसने कहा : "आप हिन्दी कहते किसे हैं? यहाँ सैकड़ों बोलियाँ हैं। वे सभी हिन्दी कही जा सकती हैं। हिन्दी का कोई व्याकरण या शैली भी तो हो। यदि आप शुद्ध हिन्दी लिखाना चाहते हैं तो हमें फारसी और अरबी भी पढ़नी पड़ेगी। तभी तो हम जान सकेंगे कि अमुक शब्द फारसी या अरबी का है। अतएव वह हिन्दी में न आना चाहिए। बिना ऐसा किये विशुद्ध हिन्दी कोई कैसे लिख सकेगा? अभी तो हम सिर्फ इतना ही कह सकते हैं कि अमुक शब्द संस्कृत है और अमुक नहीं है। जो नहीं है, वह अंग्रेजी, फारसी, अरबी, पोर्चुगीज आदि किसी भी भाषा का हो सकता है।"

जब आदमी देववाणी के शिखर पर चढ़कर हिन्दी की ओर दृष्टिपात करता है, तब उसे हिन्दी देहाती बोलियों का समूह जान पड़ती है जहाँ न हिन्दी का कोई व्याकरण है और न शैली, और शुद्ध हिन्दी लिखना तो कोई जानता ही नहीं। जब भूतपूर्व राजभाषा फारसी के मीनार पर चढ़कर कोई हिन्दी पर निगाह डालता है, तो उसे भी वह गँवारों की जबान जान पड़ती है। जब विश्वभाषा अंग्रेजी के आकाश से कोई हिन्दी की जमीन देखता है तो वह पूरबी, पछाहीं, पहाड़ी, मैदानी, बहुत-से हिस्सों में बँटी हुई दिखाई देती है। हिन्दी और जनपदीय उपभाषाओं के अन्तर्विरोध का ऐसा ही महत्त्व है। वह अन्य अन्तर्विरोधों से जुड़ा हुआ है, उन्हें पुष्ट करता है और स्वयं भी अन्न-रस ग्रहण करता है। किन्तु ये जनपदीय उपभाषाएँ हिन्दी की शक्ति का अक्षय स्रोत भी हैं।

इस प्रसंग में यह कहना भी उचित और आवश्यक है कि द्विवेदी जी सम्भवत: पहले व्यक्ति हैं जिन्होंने ग्रियर्सन के नमूनों के सही न होने के बारे में हिन्दी में कुछ लिखा था। अब तो आये-दिन देश-विदेश के विद्वान् गियर्सन के विवरण के वैज्ञानिक न होने की शिकायत करते हैं। विस्तृत भाषा-सर्वेक्षण के अभाव में फिर भी वे ग्रियर्सन का ही सहारा लेते हैं। उनकी शिकायत नमूनों को वैज्ञानिक रीति से प्रस्तुत न करने के बारे में है। वे नमूने ही गलत हैं, इसकी ओर उनका ध्यान कम ही जाता है। मई, 1905 की 'सरस्वती' में द्विवेदी जी ने 'पूर्वी हिन्दी' शीर्षक लेख लिखा। बैसवाड़ी के प्रसंग में उन्होंने लिखा कि ग्रियर्सन ने फतेहपुर की बोली को बैसवाड़ी के अंतर्गत रखा था, "परन्तु हम अपने अनुभव से कह सकते हैं कि बैसवारे की और फतेहपुर की बोली में अन्तर है।" फिर बैसवाड़ी

के नमूनों के बारे में कहते हैं : "हमारी जन्मभाषा बैसवारी ही है। इसीलिए हमने औरों की अपेक्षा उसी के नमूनों का विशेष विचार किया। इससे हमारा यह सिद्धान्त हुआ कि जिन लोगों ने डाक्टर साहब को ये नमूने भेजे हैं या तो उनका इस प्रान्त से बहुत ही कम सम्बन्ध था, या उन्होंने ठीक-ठीक नमूने एकत्र करने की ओर यथोचित ध्यान ही नहीं दिया। क्योंकि नमूनों में फरक जान पड़ता है।" उन्होंने बैसवाड़ी के अलावा अन्य बोलियों के नमूनों पर राय नहीं दी पर सावधान कर दिया है कि "सम्भव है, इस प्रकार की गड़बड़ और बोलियों के नमूने देने में भी हुई हो!"

फतेहपुर की तरह प्रतापगढ़ जिले की बोली के बारे में ग्रियर्सन के मत से द्विवेदी जी सहमत नहीं हैं। लिखा है : "डाक्टर साहब कहते हैं कि रायबरेली जिले में वही बोली बोली जाती है जो प्रतापगढ़ जिले के पश्चिम में बोली जाती है। फरक इतना ही है कि रायबरेली की बोली में उर्दू के शब्द और मुहाविरे अधिक हैं, क्योंकि यह जिला लखनऊ से मिला हुआ है। डाक्टर साहब की इस राय से हम सहमत नहीं हैं। रायबरेली का जो भाग प्रतापगढ़ से मिला हुआ है, उसकी बोली में विशेष अन्तर नहीं है। परन्तु रायबरेली जिले के और भागों की बोली पश्चिमी प्रतापगढ़ की बोली से बहुत अधिक भेदभाव रखती है।"

किसी भी बोली के नमूने इकट्ठा करते समय इस बात का ध्यान रखना जरूरी होता है कि बोली के प्रमुख केन्द्र कौन-से हैं। भाषा-सर्वेक्षण में इस सिद्धान्त का ध्यान हमेशा न रखा गया था। इस दोष की आलोचना करते हुए द्विवेदी जी ने लिखा था : "रायबरेली बैसवारे का केन्द्र है। इससे साहब को चाहिए था कि यहाँ की बोली के विषय में वे अधिक छानबीन करते। जिले के हाकिमों ने न मालूम किस आधार पर उन्हें लिख दिया कि प्रतापगढ़ और रायबरेली की बोली प्राय: एक-सी है। हम अपने घर में रायबरेली की बोली कोई 37 वर्ष से बोलते हैं। अतएव हम अपने तजुर्बे और अपनी निज की गवाही के आधार पर कह सकते हैं कि डाक्टर साहब की राय सही नहीं है। डाक्टर साहब को इस विषय में इतना भ्रम हो गया है कि उन्होंने रायबरेली, अर्थात् बैसवारी बोली के केन्द्रस्थल, का एक भी नमूना देने की जरूरत नहीं समझी। पश्चिमी प्रतापगढ़ की जिस बोली को उन्होंने रायबरेली की भी बोली बतलाई है, उसका उन्हीं का दिया हुआ नमूना नीचे देकर हम उसके बराबर-बराबर उसका सही रूप देते हैं। पाठक देख लें कि दोनों में कितना अन्तर है।" नमूना देने के बाद द्विवेदी जी ने लखनऊ जिले की बोली के बारे में लिखा : "यही दशा लखनऊ के जिले की बोली की भी है। उसके नमूने साहब ने हिन्दी लिपि में नहीं दिये, क्योंकि वे उर्दू में लिखाकर साहब के पास भेजे गए थे। आपने उनका रूपान्तरण अंग्रेजी लिपि में ही देकर संतोष किया है। पंडित श्याम बिहारी मिश्र लखनऊ जिले के

रहनेवाले हैं। साहब के दिये हुए एक नमूने को अब 'मिश्र जी' के नमूने से मिलाइए।" मिश्र जी का नमूना देने के बाद द्विवेदी जी ग्रियर्सन के नमूने में गलत शब्द और गलत वाक्यों के अलावा उसमें 'वाक्यों का क्रम भी' गलत पाते हैं। यदि अवध के जिलों की बोलियों के नमूने देने में ऐसी गलतियाँ हुई थीं तो देश के अन्य भागों की बोलियों के बारे में भी गलतियाँ हुई होंगी। सर्वेक्षण का कार्य अत्यन्त कठिन है, यह मानते हुए वह कहते हैं : "हमारी समझ में हिन्दुस्तान की सब बोलियों के ठीक-ठीक नमूने कोई नहीं दे सकता। एक जिले में कई प्रकार की बोलियाँ बोली जाती हैं। दो-दो, चार-चार कोस पर बोलियाँ बदली हैं। उनका भेद-भाव कोई कहाँ तक बतलावैगा?"

इससे सर्वेक्षण की व्यर्थता सिद्ध नहीं होती, सिद्ध होती है बोलियों के नमूनों के लिए उचित केन्द्र चुनने की आवश्यकता।

(च) छठी समस्या : संस्कृत से अन्तर्विरोध

यह अन्तर्विरोध बहुत पुराना है। देववाणी के प्रेमियों का बस चलता तो लोकभाषाओं को उभरने ही न देते। फिर भी देववाणी की जगह भक्तकवियों ने लोकभाषाओं को प्रतिष्ठित किया। आधुनिक काल में जब भाषाविज्ञान-सम्बन्धी छानबीन होने लगी, तब नये सिरे से लोकभाषाओं को संस्कृत की पुत्रियाँ कहकर उनके जातीय विकास को यथासम्भव संस्कृत के अनुकूल बनाने का प्रयत्न किया जाने लगा। संस्कृत के पंडितों को यह समझाना मुश्किल है कि इन लोकभाषाओं की अपनी जातीय विशेषताएँ हैं। महावीरप्रसाद द्विवेदी उन आदि भाषाशास्त्रियों में हैं जो यह बात बहुत अच्छी तरह जानते थे कि हिन्दी का अपना रास्ता है और उसे उसी रास्ते पर चलना चाहिए। कानपुर साहित्य सम्मेलन वाले भाषण में उन्होंने कहा था : "हिन्दी का घनिष्ठ सम्बन्ध संस्कृत से है। कोई तो संस्कृत को उसकी माता या मातामही बताते हैं, कोई प्राकृत को। कुछ विद्वान् उसके सम्बन्ध-सूत्र को खींचकर वैदिक संस्कृत तक पहुँचा देते हैं। अस्तु। संस्कृत, वैदिक संस्कृत और प्राकृत चाहे उसकी माता हों चाहे मातामही, चाहे और कुछ, इस निर्णय का अधिकारी मैं नहीं और न इसका निर्णय करने या इस विषय में शास्त्रार्थ करने की शक्ति ही मुझमें है। मेरा तो निवेदन इतना ही है कि संस्कृत और प्राकृत से घनिष्ठ सम्बन्ध रखने पर भी, हिन्दी भिन्न भाषा है और भिन्न होने के कारण वह उन भाषाओं से अपनी निज की कुछ विशेषता रखती है। इससे संस्कृत या संस्कृत व्याकरण के नियमों पर, आँख मूँदकर, चलने के लिए बाध्य नहीं।"

इस देश में ऐसे लोगों की कमी नहीं जो हिन्दी को समृद्ध करने का एक ही उपाय जानते हैं कि उसमें संस्कृत की सारी शब्द-सम्पदा तो समेट ही ली जाए, इसके अलावा संस्कृत भाषातत्त्वों के आधार पर उसमें ऐसे नये शब्द गढ़े जाएँ जो

संस्कृत वालों की समझ में भी न आएँ। इस प्रवृत्ति के विरोध में द्विवेदी जी की स्थापना यह थी कि हिन्दी की अपनी निज की कुछ विशेषता है।

संस्कृत से हिन्दी का सम्बन्ध केवल ऐतिहासिक भाषाविज्ञान का ऐसा विषय नहीं है जिसका हिन्दी लिखनेवालों के व्यवहार से कोई सम्बन्ध न हो। पग-पग पर हिन्दी लेखक नई-नई समस्याओं के सामने आने पर संस्कृत की ओर देखते थे कि वहाँ क्या हुआ है। संस्कृत के प्रति अंधभक्ति के कारण वे स्वयं संस्कृत का विकास समझने में असमर्थ थे। एक प्रश्न यह था कि हिन्दी शब्दों के साथ विभक्तियाँ जोड़कर लिखी जाएँ या हटाकर? इस सम्बन्ध में कानपुर वाले अपने उसी वक्तव्य में द्विवेदी जी ने कहा था : "जिस शब्द के साथ जिस विभक्ति का योग होता है, वह उसी का अंश हो जाती है, इसमें सन्देह नहीं। पर क्या इसी कारण से वैयाकरणों को यह हुक्म देने का अधिकार प्राप्त हो जाता है कि विभक्तियों को शब्दों से जोड़कर ही लिखो; उनके बीच जरा भी कोरी जगह अर्थात् 'स्पेस' न छोड़ो? क्या संस्कृत व्याकरण में भी कोई नियम ऐसा है? अनन्तकाल से संस्कृत भाषा लिखने में विभक्तियाँ ही नहीं, बड़े-बड़े शब्द, वाक्य, श्लोक और सतरें की सतरें तक मिलाकर ही लिखी जाती रही हैं और अब भी पुरानी चाल के पंडितों के हाथ से लिखी जाती हैं। क्या इसके लिए भी संस्कृत व्याकरण में कोई नियम है? क्या इस तरह की संलग्नता से संस्कृत भाषा में कुछ विशेषता आ गई? क्या उसकी उन्नति और साहित्य-वृद्धि का कारण यह संलग्नता भी मानी जा सकती है? अथवा क्या इससे उसे कुछ हानि पहुँची? क्या उसका विकास या उन्नति बन्द हो गई? यही हाल अरबी, फारसी और उर्दू का भी है। यह तो कोई व्याकरण की बात नहीं; केवल सुभीते या परिपाटी की बात है।"

जो पंडित और कुछ करने में असमर्थ थे, वे विभक्तियाँ जोड़ने का पक्ष लेकर घनघोर युद्ध करते रहे। द्विवेदी जी ने अरबी-फारसी के मुकाबले उर्दू का उदाहरण बहुत अच्छा दिया है। अरबी और फारसी, संस्कृत की तरह संश्लेषणात्मक भाषाएँ हैं, जहाँ विभक्तियाँ मूल शब्द से संयुक्त होती हैं। हिन्दी-उर्दू इनकी तुलना में विश्लेषणात्मक भाषाएँ हैं जहाँ विभक्तियाँ मूल शब्द से वियुक्त होती हैं। अत: यह प्रश्न केवल सुभीते या परिपाटी का नहीं था, व्याकरण का भी था, और इस सम्बन्ध में द्विवेदी जी स्वयं आगे कहते हैं : "संस्कृत में भ्याम्, भ्य: (भ्यस्), भि: भिस्) आदि विभक्तियाँ लगने पर, शब्दों में कई प्रकार के विकार उत्पन्न हो जाते हैं, उनका रूप कुछ का कुछ हो जाता है; विभक्तियाँ उनका अंश हो जाती हैं; वे उनसे पृथक् रही नहीं सकतीं। इस कारण संलग्नता की बात संस्कृत के लिए तो ठीक ही है, पर हिन्दी को भी उसी नियम से जकड़ने की क्या आवश्यकता? संस्कृत के कोश आप ढूँढ़ डालिए, भ्याम, भ्य: आदि विभक्तियाँ उनमें, पृथक् शब्दों के रूप में, कहीं न मिलेंगी। वे पृथक् शब्द नहीं मानी गई हैं। पर हिन्दी का

कोई भी प्रतिष्ठित कोश—पादरी बेट तक का—आप उठा लीजिए। उसमें को, के, से, में आदि का निर्देश आपको, स्वतंत्र शब्दों की तरह किया गया, मिलेगा। अतएव यदि कुछ लेखक, हिन्दी में, विभक्तियों को अलग लिखें तो क्या कोई बहुत बड़ी अभावनीय या अस्वाभाविक बात हो जाए? क्या ऐसा करने से हिन्दी की उन्नति में बाधा उपस्थित हो सकती है? यह व्याकरण का विषय नहीं, यह तो रूढ़ि का—परिपाटी का, लिखने के ढंग का—विषय है। शब्द अलग-अलग होने से पढ़ने में सुभीता होता है; भ्रम की सम्भावना कम रह जाती है।"

यहाँ मुख्य तर्क यह है कि हिन्दी में विभक्ति-शब्द स्वतंत्र हैं, संस्कृत में उनका स्वतंत्र अस्तित्व नहीं है। हिन्दी में शब्दों को अलग-अलग लिखने का चलन है और छापेखाने का काम शब्दों को अलग लिखने की पद्धति को पुष्ट करता है। इसलिए हिन्दी के विभक्ति शब्द यदि स्वतंत्र हैं—अथवा संस्कृत की तुलना में स्वतंत्र हैं—तो उन्हें अलग लिखना ही उचित है। इसी तरह एक प्रश्न हिन्दी में संस्कृत शब्दों के शुद्ध उच्चारण का था। हिन्दी प्रदेश में—ब्रज से लेकर मिथिला तक की जनपदीय उपभाषाओं में—तालव्य श् का अभाव है। संस्कृत के प्रभाव से लिखित हिन्दी में तालव्य श् का निरन्तर व्यवहार होता है और बोलचाल में भी पढ़े-लिखे लोग प्रयत्न करते हैं कि तालव्य श् का ही उच्चारण करें। किन्तु अक्सर देखा जाता है कि संस्कृत के आचार्य भी तालव्य श् को दन्त्य स् के समान बोलते हैं। जब वे संस्कृत पढ़ते हैं, तब ऐसा होता है और अंग्रेजी बोलते हैं, तब भी ऐसा ही होता है। हिन्दी की तुलना में लिखित बँगला ने अधिक तत्सम शब्दावली अपनाई है। किन्तु वहाँ दन्त्य स् का नितान्त अभाव है। संस्कृत के स् और श् दोनों तालव्य हो गए हैं। सम्भव है, हिन्दी में इसी तरह केवल दन्त्य स् रह जाता किन्तु यहाँ फारसी और उसके बाद उर्दू का बड़ा रोबदाब था और इन दोनों के लिए स् और श् का भेद सभ्य उच्चारण की कसौटी है। शायद इसलिए यहाँ दन्त्य स् का वैसा प्राधान्य नहीं हुआ, जैसा परिनिष्ठित बँगला में तालव्य श् का हुआ। कुछ लोग बोलने के अलावा लिखने में भी कभी-कभी तालव्य की जगह दन्त्य स् का प्रयोग करते थे। इस सम्बन्ध में कानपुर वाले वक्तव्य में द्विवेदी जी ने यह कहा था :

"'श्याम' शब्द संस्कृत भाषा का है जिसमें तालव्य श है। वह ज्यों का त्यों हिन्दी में आ गया है, अर्थात् वह तत्सम शब्द है। अब कल्पना कीजिए कि श्याममनोहर नाम के किसी एक लेखक ने, अपने नाम के पूर्वार्द्ध श्याम में, तालव्य श् के बदले दन्त्य स् लिख दिया। यह देखकर हिन्दी के समालोचक बिगड़ उठे और लगे उसकी खबर लेने। उन्होंने दन्त्य स् का प्रयोग अशुद्ध ठहराया। उनकी यह पकड़ सर्वथा उचित है। और भी यदि दो चार भूले-भटके लेखक इस शब्द में दन्त्य स् का प्रयोग करें तो उनका भी वह प्रयोग अवश्य ही अशुद्ध माना जाएगा। परन्तु यदि श्याममनोहर के सैकड़ों अनुयायी उत्पन्न हो जाएँ और वे भी, जानबूझकर,

तालव्य के स्थान में दन्त्य ही स् लिखने लगें तो क्या हो? तो क्या वह शब्द तब भी अशुद्ध माना जा सकेगा? यदि माना जाए तो कहना पड़ेगा कि हिन्दी भाषा मर गई! तो यह समझना होगा कि वाग्धारा का प्रवाह सेवक है और व्याकरण उसका स्वामी। परन्तु यह बात नितान्त अस्वाभाविक और बेजड़ है। व्याकरण तो वाग्धारा का दास है। स्वामित्व उसके भाग्य में कहाँ?"

व्याकरण और भाषा के प्रवाह का महत्त्वपूर्ण सम्बन्ध यहाँ सामने आया है। उस पर कुछ कहने के पहले मूर्धन्य ष् के प्रयोग के बारे में दो-एक बातें कहना प्रासंगिक है। फारसी में मूर्धन्य ष् नहीं है, उर्दू में भी नहीं है। हिन्दी के शिष्ट उच्चारण में अधिकतर तत्सम शब्दों के मूर्धन्य ष् की जगह तालव्य श् ही सुनाई देता है। अपरिनिष्ठित उच्चारण में मूर्धन्य ष् और तालव्य श्, दोनों ही दन्त्य सकार बन जाते हैं। हिन्दी की अधिकांश जनपदीय उपभाषाओं की प्रवृत्ति यही है।

तत्सम शब्दों के तद्भव उच्चारण के समर्थन में द्विवेदी जी ने उर्दू की मिसाल भी दी है। उन्होंने बताया है कि संस्कृत शब्दों के अलावा अरबी-फारसी शब्दों के भी तद्भव उच्चारण प्रचलित हैं। 'उर्दू और आजाद' लेख में उन्होंने उर्दू की इस विशेषता के बारे में लिखा है : "कुछ लोगों का खयाल है कि अरबी, तुर्की और फारसी का कोई शब्द यदि हिन्दी में लिखा जाए तो उसका उच्चारण ठीक वैसा ही होना चाहिए, जैसा कि उन भाषाओं में होता है यह बात भाषाविज्ञान के नियमों के सर्वथा खिलाफ है। यदि ऐसा हो सकता तो आज संस्कृत और प्राकृत के हजारों शब्दों की मिट्टी उर्दू में जो खराब हो रही है, वह न होती। इस उर्दू ने अरबी, फारसी और तुर्की के भी अनन्त शब्दों को तोड़-मरोड़कर अपना-सा कर लिया है।...अन्य भाषाओं के शब्द जब किसी भाषा में आते हैं तब वे जिस रूप में उस भाषा में लिखे जाने लगते हैं, वही रूप उनका हो जाता है। उर्दू में संस्कृत, फारसी, अरबी और तुर्की के जो शब्द, बिगड़े हुए रूप में प्रचलित हैं, उन्हें अशुद्ध ठहराने की शक्ति किसी में नहीं। ठीक यही बात हिन्दी भाषा में व्यवहृत विदेशी शब्दों के लिए कही जा सकती है।"

हिन्दी में तत्सम रूप अपनाए जाएँ, इस पर विद्वानों ने बड़ा जोर दिया है; इनका चलन तद्भव रूपों में हो, यह कहनेवाले बहुत ही कम हैं। उर्दू ने यदि अरबी, फारसी शब्दों के तद्भव रूप वैसे ही अपनाए होते, जैसे उसने संस्कृत शब्दों के तद्भव रूप अपनाए हैं, तो उसकी शक्ति अजेय होती और तब हिन्दी-उर्दू का भेद भी पैदा न होता। किन्तु उर्दू संस्कृत शब्दों के प्रति एक तरह की नीति बरतती है, अरबी-फारसी शब्दों के प्रति दूसरी नीति। दुर्भाग्य से हिन्दी में तद्भवीकरण की प्रवृत्ति बन्द हो गई और बहुधा पुराने तद्भवों की जगह तत्सम रूप प्रतिष्ठित किये गए। इसका मुख्य कारण वही प्रवृत्ति है—लोकभाषाओं को यथासम्भव देववाणी के अनुरूप बनाना।

दिसम्बर, 1915 की 'सरस्वती' में 'भारत-मित्र' से एक लम्बा लेख उद्धृत किया गया। इस लेख में मिश्रबंधु-विनोद की आलोचना की गई है। द्विवेदी जी ने हिन्दी नवरत्न की आलोचना की थी, मिश्रबन्धु-विनोद की यह आलोचना उन्हें पसन्द आई। पसन्द आने का एक कारण यह भी था कि आलोचना में व्याकरण-सम्मत भाषा लिखने का आग्रह था। पर 'भारत-मित्र' का लेखक हिन्दी को तत्सम रूपों से भर देने के पक्ष में नहीं है। आलोचना के अन्त में उसने तद्भव शब्दों के व्यवहार के प्रति निरन्तर बढ़ती हुई उपेक्षा की ओर ध्यान दिलाया है। एक बात उसने बड़ी सूझ-बूझ की कही है। वह यह कि हिन्दी में तत्सम शब्दों का व्यवहार बँगला के प्रभाव से बढ़ रहा है, संस्कृत के प्रभाव से नहीं। हिन्दी गद्य के विकास के लिए 'भारत-मित्र' के लेखक की चेतावनी सामयिक थी। उसकी ओर कम ही लोगों ने ध्यान दिया। स्वाधीनता-प्राप्ति के बाद हिन्दी में तत्सम शब्दों का व्यवहार और भी बढ़ा है। अब इसका कारण न तो बँगला प्रभाव है, न संस्कृत प्रभाव, वरन् अंग्रेजी का प्रभाव है। वाक्य-रचना अंग्रेजी की, शब्दावली संस्कृत की।

इस लेख में कहा गया है : "आजकल तद्भव शब्दों का प्रयोग हिन्दी में बहुत कम होता है। इसका एक कारण तो यह है कि वर्तमान हिन्दी लेखकों में पुराने साहित्य से परिचय रखनेवालों की संख्या नगण्य है और साहित्य का ज्ञान हुए बिना भांडार छूँछा रहा जाता है। इसलिए तद्भव शब्दों का प्रयोग करने में वे असमर्थ रहते हैं। दूसरा कारण अन्य भाषाओं का हिन्दी पर प्रभाव है। जिस समय अरबी-फारसी के विद्वानों ने हिन्दी लिखी, उस समय भापा में उक्त भाषाओं के शब्दों का विशेष प्रयोग हुआ। संस्कृतज्ञ पंडितों ने संस्कृतसम और कभी-कभी संस्कृत शब्दों का प्रयोग बहुतायत से किया और जब बँगला पुस्तकों का उत्थान हिन्दी में होने लगा और क्रिया-विभक्ति बदलने तक ही भाषान्तरकारों ने अपने कर्तव्य की इतिश्री समझी, तब संस्कृत शुद्ध शब्द ही नहीं, अशुद्ध शब्द भी हिन्दी में घुसने लगे। मराठी से उल्था करनेवालों ने 'चालू', 'लागू' जैसे शब्दों को हिन्दी में ला घुसेड़ा। बँगला-भाषा की पुस्तकों से हिन्दी को आश्रय अवश्य मिला, पर भाषा की आत्मा दब गई। जिसे मिश्रबन्धु हिन्दी पर संस्कृत का आक्रमण कहते हैं, वह वास्तव में संस्कृत का नहीं, बँगला का है। इससे हिन्दी की रक्षा होनी चाहिए।"

यहाँ कुछ बातें विशेष ध्यान देने योग्य हैं। पुराना साहित्य पढ़ना बहुत जरूरी है। इसे पढ़े बिना कोई लेखक हिन्दी की शब्द-सम्पदा न पहचानेगा। यह सम्पदा संस्कृत की नहीं है, हिन्दी की है; शब्द-भंडार को भरने का तरीका संस्कृत शब्दों की भरमार करना नहीं है, तद्भव शब्दों का व्यवहार है। अच्छा हिन्दी लेखक वह नहीं है जो बहुत-से तत्समों से वाक्य-रचना करता है; अच्छा लेखक वह है जो तद्भव शब्दों के प्रयोग में समर्थ है। हिन्दी में तद्भवों के प्रयोग में कमी और

तत्समों के प्रयोग में अधिकता के अनेक कारण हैं। अरबी-फारसी के विद्वानों ने इन भाषाओं के तत्सम रूपों का व्यवहार किया। इस शुद्ध उर्दू का प्रभाव हिन्दी पर यह पड़ा कि लोग उसे भी शुद्ध बनाने लगे और शुद्धता का पहला लक्षण था तद्भव की जगह तत्सम की प्रतिष्ठा। हिन्दी लिखनेवालों में विद्वानों की कमी नहीं थी। केवल हिन्दी पढ़कर कोई विद्वान् होता नहीं था, विद्वान् होने का मतलब संस्कृत का विद्वान् होना था। जब इतने परिश्रम से विद्या सीखी थी, तब उसका प्रर्दशन भाषा में होना ही चाहिए था। बँगला उपन्यासों के अनुवाद के अलावा मौलिक गद्य-लेखन भी बँगला भाषा की तत्समवादी वृत्ति से प्रभावित हो रहा था। एक सामाजिक कारण यह था कि अभिजात वर्ग और नवशिक्षित जन, सुसंस्कृत बनने के फेर में भाषा को जनसाधारण की बोलचाल से दूर हटाते जा रहे थे। ऐसी स्थिति में यदि 'चालू' और 'लागू' जैसे शब्द मराठी से हिन्दी में आए, तो यह अच्छा हुआ, भाषा समृद्ध हुई, और अब किसी को ध्यान भी नहीं कि ये शब्द कहीं बाहर से आए होंगे। कुल मिलाकर 'भारत-मित्र' के लेख की चेतावनी अत्यन्त सामयिक थी और उसका महत्त्व वर्तमान हिन्दी के सन्दर्भ में किसी तरह कम नहीं हुआ।

अनेक आधुनिक भाषाविज्ञानी यह मानते हैं कि पाणिनि का व्याकरण संस्कृत भाषा का विवरण मात्र प्रस्तुत करता है; वह लोगों से यह नहीं कहता कि भाषा का व्यवहार अमुक रीति से करो। इस सन्दर्भ में भाषाविज्ञानियों का उद्देश्य चाहे जितना शुभ हो, और भले ही स्वयं पाणिनि ने लोगों को शुद्ध भाषा सिखाने के लिए व्याकरण न लिखा हो, पर व्यवहार में इस व्याकरण का उपयोग शुद्ध और अशुद्ध के विवेक के लिए किया जाता रहा है। भाषा का जैसा व्यवहार होता है, उसे देखकर इस व्यवहार के नियमों का पता लगाना एक तरह के वैयाकरणों का काम है। दूसरी तरह के वैयाकरण वे होते हैं जो व्यवहार तो देखते हैं, पर नियम उसे परिनिष्ठित करने के लिए बनाते हैं। ऐसे व्याकरण नियामक होते हैं, विवरणात्मक नहीं। व्यवहार की भाषा उच्चारण, शब्द-भंडार, वाक्य-रचना, भाषा के प्रत्येक स्तर पर विकल्पों से भरी होती है। पाणिनि के व्याकरण में विकल्पों की संख्या कम-से-कम है। जिस भाषा का वह व्याकरण लिख रहे हैं, उसकी तुलना में वैदिक भाषा विकल्पों से भरी हुई है। इन विकल्पों को यथासम्भव दूर करके ही वैदिक भाषा पाणिनि के समय में संस्कृत बनी। उसे परिनिष्ठित करके संस्कृत रूप देना उस युग की आवश्यकता भी थी। द्विवेदी जी के सामने हिन्दी को परिनिष्ठित रूप देने की समस्या थी। स्वभावत: इसके लिए आदर्श व्याकरण संस्कृत का था।

द्विवेदी जी के लिए प्रसिद्ध है कि वह लोगों की भाषा में गलतियाँ निकालते थे। जिनकी रचनाएँ छापते थे, उनकी भाषा में जहाँ जरूरी समझते थे, परिवर्तन

करते थे। निस्सन्देह वह भाषा को परिनिष्ठित रूप देना चाहते थे, पर उनकी नीति का आधार हिन्दी प्रदेश के शिक्षित जनों का व्यवहार था। जहाँ वह देखते थे कि व्यवहार में एक से अधिक रूप प्रचलित हैं, वहाँ वह एक ही रूप चलाने का आग्रह न करते थे। उनकी सम्पादकीय नीति जो भी रही हो, उनका यह सिद्धान्त पूर्णत: बुद्धि-सम्मत है कि व्याकरण को शिष्ट जनों के व्यवहार का अनुसरण करना चाहिए। उसी वक्तव्य में वह आगे कहते हैं : "व्याकरण का काम सिर्फ इतना ही है कि लोग जैसी भाषा बोलें या लिखें, उसकी वह संगति मात्र लगा दे; उसके नियम मात्र वह बता दे। उसे यह कहने का कोई अधिकार नहीं कि तुम इसी तरह बोलो, या इसी तरह लिखो, या इस शब्द का प्रयोग इसी लिंग में करो। इस तरह का विधान करनेवाला व्याकरण कौन है? उसे तो शिष्ट लेखकों और वक्ताओं की आज्ञा के पालन मात्र का काम सौंपा गया है।"

द्विवेदी जी नियामक व्याकरण का पक्ष नहीं लेते, वह विवरणात्मक व्याकरण का समर्थन करते हैं। यदि एक से अधिक रूपों का व्यवहार होता हो, तो उसके बारे में उनका कहना है कि "दोनों प्रकार के प्रयोगों को वह साधु प्रयोग माने—वह कहे कि श्याम भी ठीक है और स्याम भी। अप्रयोग तभी तक माना जा सकता है जब तक भ्रम या अज्ञान के वशवर्ती होकर, कुछ ही जन किसी शब्द, वाक्य, मुहावरे आदि को, प्रचलित रीति के प्रतिकूल, बोलते या लिखते हैं। परन्तु यदि धीरे-धीरे सैकड़ों मनुष्य उसी तरह लिखने लगते हैं तब वह अप्रयोग नहीं रह जाता, तब तो वह भी साधु प्रयोग हो जाता है।" भाषा में कौन-सा प्रयोग साधु है, कौन-सा असाधु, यह बात किसी नियम द्वारा सदा के लिए निश्चित नहीं कर दी जाती। व्याकरण के नियम परिवर्तनशील हैं क्योंकि स्वयं भाषा, उस भाषा के व्यवहार के तौर-तरीके परिवर्तनशील हैं। यह दृष्टिकोण न केवल संस्कृत के उन पंडितों के दृष्टिकोण से भिन्न है जो समझते हैं कि पाणिनि से पहले की संस्कृत, और उनके बाद की संस्कृत, दोनों ही अष्टाध्यायी के नियमों से अनुशासित हैं, वरन् उन आधुनिक भाषाविज्ञानियों के दृष्टिकोण से भी भिन्न है जो परिवर्तनशील व्यवहार से नियमों का उद्‌भव होते न देखकर अपरिवर्तनशील नियमों से व्यवहार का उद्‌भव होते देखते हैं। ये आधुनिक भाषाविज्ञानी उसी कोटि के भाववादी (आइडियलिस्ट) विचारक हैं जिस कोटि के नियामक व्याकरणवादी संस्कृत के रूढ़िवादी पंडित हैं। द्विवेदी जी ने जैसे इतिहास के प्रति वैज्ञानिक दृष्टि अपनाई थी, जो मूलत: वस्तुवादी (मैटीरियलिस्ट) है, वैसे ही उन्होंने भाषा और व्याकरण के प्रति वस्तुवादी दृष्टिकोण अपनाया है जो तथाकथित 'भाषाविज्ञान' से अधिक वैज्ञानिक है।

विकल्पों के उदाहरण देते हुए वह उस वक्तव्य में कहते हैं : "हिन्दी में वही शब्द पुंल्लिंग (संस्कृत, पुंल्लिंग) माना जाता है। क्योंकि अधिकतर बोलने

और लिखने वाले उसे उसी लिंग में व्यवहार करते हैं। परन्तु यदि जिले के जिले और प्रान्त के प्रान्त उसे स्त्रीलिंग में व्यवहार करें—और मैं सुनता हूँ कि बिहार प्रान्त में हजारों आदमी ऐसा करते भी हैं—तो वह उभयलिंगी हो जाएगा। न तो देहली, आगरे, लखनऊ, कानपुर और बनारस वालों ही को भगवती वाग्देवी ने इस बात का इजारा दे रक्खा है कि लिंग निश्चय करने के वही अधिकारी हैं, और न किसी वैयाकरण ही को इस तरह का कोई अनुशासन पत्र उससे मिला है। जिस शब्द का प्रयोग जिस लिंग में लोग करेंगे, वह उसी लिंग का समझा जाएगा। यदि दोनो लिंगों में वह बोला जाता होगा तो वह उभयलिंगी हो जाएगा।"

हिन्दी की जनपदीय उपभाषाएँ निरन्तर जातीय भाषा को प्रभावित करती रही हैं। यहाँ देहली की जबान आदर्श मानकर सारे विकल्प रद्द कर दिये जाएँ, यह स्थिति न थी। यदि हिन्दी की तरह उर्दू भी स्वयं को इन जनपदीय उपभाषाओं से प्रभावित होने देती, तो उसमें भी रूपों की विविधता ज्यादा होती, वैकल्पिक प्रयोग अधिक होते, एक ही शहर के प्रयोगों को आदर्श मानकर अन्य सभी विकल्पों को खत्म करने की प्रवृत्ति न होती। दरअसल दिल्लो में भी जनसाधारण की भाषा कुछ दूसरी ही थी, जैसेकि कारखानों में काम करनेवाले मजदूरों की भाषा, जिसे करखनदारी बोली कहा जाता था। उर्दू के लिए जिस भाषा को आदर्श माना गया था, वह दिल्ली के कुछ मोहल्लों की, शरीफजादों की बोली थी। विशाल हिन्दी प्रदेश में उर्दू जातीय भाषा के रूप में स्थिर न रही, इसका एक कारण शरीफजादों की बोली को निर्विकल्प रूप में जातीय भाषा बनाने का प्रयास था।

द्विवेदी जी ने हिन्दी व्याकरण के प्रति संस्कृत की व्याकरण-रूढ़ियों से मुक्त होकर नया दृष्टिकोण अपनाया, यह स्पष्ट है। पर उन्होंने संस्कृत से वैकल्पिक प्रयोग दिखाकर यह सिद्ध किया कि देववाणी भी उतना नियमबद्ध नहीं है जितना कुछ पंडित समझते हैं। 'पति' शब्द पुंल्लिंग और स्त्रीलिंग, दोनों है। 'दिव्य' शब्द पुंल्लिंग और नपुंसक लिंग, दोनों है। 'साधु' शब्द विशेषण है, अव्यय है, पुल्लिंग है, स्त्रीलिंग है। "संस्कृत में एक शब्द है : 'दार'। वह जब दर्ज या छेद के अर्थ में आता है तब तो पुल्लिंग होता ही है; पर जब स्त्री या पत्नी के अर्थ में आता है तब भी पुंल्लिंग ही बना रहता है और इतनी विशेषता या विलक्षणता और भी धारण कर लेता है कि बहुवचन बनकर वह दारा: हो जाता है। इस दशा में चाहे वह एक ही पत्नी का बोधक क्यों न हो, अपना बहुत्व वह नहीं छोड़ता। अब, कहिए, वैयाकरण बेचारे किस-किस शब्द के लिंग-निर्देश की भूलें बतावेंगे। सच तो यह है कि ये भूलें नहीं। बोलने और लिखनेवालों ने जिस शब्द का प्रयोग जिस लिंग में जिस तरह किया है, वैयाकरणों ने केवल उसका उल्लेख कर दिया है—केवल उन प्रयोगों की संगति लगाकर उन्हें नियमबद्ध कर दिया है।"

इस तरह द्विवेदी जी संस्कृत को निर्विकल्प भाषा नहीं मानते। उसी सविकल्प मार्ग पर हिन्दी व्याकरण को चलने की प्रेरणा देते हैं।

(छ) सातवीं समस्या : बँगला से अन्तर्विरोध

उत्तर भारत की जो दो भाषाएँ हिन्दी से बहुत ज्यादा मिलती-जुलती हैं, वे गुजराती और बँगला हैं। जैसा घनिष्ठ सम्बन्ध ब्रजभाषा और गुजराती का है, वैसा ही सम्बन्ध मैथिली और बँगला का है। हिन्दी प्रदेश के सीमान्तों पर जो जनपद हैं, उनकी उपभाषाओं से पड़ोसी भाषाओं का ऐसा नजदीकी सम्बन्ध होना स्वाभाविक है। इससे मिलता-जुलता सम्बन्ध हरियाणा की बाँगरू का पंजाबी से है। गुजरातियों ने यह नहीं कहा कि ब्रजभाषा गुजराती की बोली है और इसलिए ब्रज जनपद गुजरात में शामिल किया जाना चाहिए। किसी ने पंजाब में बाँगरू को पंजाबी की बोली कहा हो, ऐसा भी सुनने में नहीं आया। पर मैथिली, और इसके अलावा भोजपुरी और मगही को भी हिन्दी से अलग करके बँगला भाषा के प्रभाव-क्षेत्र में लाने का निरन्तर प्रयास होता रहा है। बंगाल के जनेक बुद्धिजीवी उड़िया और असमिया भाषाओं का स्वतंत्र अस्तित्व स्वीकार न करते थे। उसी तरह वे भोजपुरी, मगही, मैथिली को हिन्दी प्रदेश के अन्तर्गत देखना पसन्द न करते थे। जनवरी, 1917 की 'सरस्वती' में 'बंगाल और बिहार की भाषा' टिप्पणी में द्विवेदी जी ने बँगला पत्र 'प्रवासी' के सम्पादक की राय पर टीका-टिप्पणी की थी। सम्पादक ने लिखा था कि बँगला बिहार की भाषा हो, यह सम्भव नहीं, पर वहाँ लोग बँगला साहित्य के प्रचार का प्रयत्न अवश्य करें। इस पर द्विवेदी जी ने लिखा : "यदि पिछली बात बंगाली करें तो बिहार वालों की कोई हानि नहीं। बिहार वाले ही क्यों, अन्य प्रान्त वाले भी तो स्वयं ही बँगला-साहित्य से परिचय प्राप्त करने का प्रयत्न वृद्धिगत कर रहे हैं। बँगला के उन्नत साहित्य से लाभ उठाना अन्य प्रान्त वालों का काम ही है पर गड़े मुर्दे उखाड़ने की हमें कोई जरूरत नहीं दिखाई देती। बिहारी यदि कहें कि मागधी हमारे देश की पुरानी भाषा है, बँगला उसी से उत्पन्न है, अतएव उत्पत्ति के लिहाज से बिहारी हिन्दी ही प्रधान ठहरी, इस दशा में स्वाभाविक यही था कि वंग देशवासी बिहारियों ही की भाषा को अधिक मान देते। पर उन्होंने ऐसा नहीं किया, अपनी भाषा को मान दिया।"

द्विवेदी जी ऐतिहासिक भाषाविज्ञान के नाम पर दो भाषाएँ बोलनेवालों के बीच फूट डालने के प्रयत्न की आलोचना करते हैं। उनकी टिप्पणी के आरम्भ में ग्रियर्सन का उल्लेख है। उसके अन्त में उन्होंने लिखा है : "इस तरह की चर्चा से उन्नत भाषा-भाषियों के हृदय में अहम्भाव की उत्पत्ति हो सकती है, जो एकता की वर्द्धक नहीं, विघातक है। उड़िया और आसामी भाषाएँ तो बँगला से बिहारी हिन्दी की भी अपेक्षा अधिक मिलती हैं। उनके सम्बन्ध में ऐसी चर्चा कभी नहीं हुई। फिर बिहारी

हिन्दी के विषय में ही क्यों? यों ही बंगालियों और बिहारियों में सद्भाव नहीं। भाषा का पचड़ा छेड़कर उस बुरे भाव की वृद्धि करना उदारतासूचक नहीं।"

भाषाविज्ञान के नाम पर जातीय विद्वेष बढ़ाने की सम्भावना के प्रति द्विवेदी जी ने जनता को सावधान किया है। इस विद्वेष के बीज ग्रियर्सन ने बोये थे। इस सन्दर्भ में द्विवेदी जी का यह प्रश्न अत्यन्त सारगर्भित है कि उड़िया और असमिया बँगला के बहुत नजदीक हैं, उनके सम्बन्ध में ऐसी चर्चा क्यों नहीं होती? बंगाल के जो बुद्धिजीवी बिहार को बँगला के प्रभाव-क्षेत्र में शामिल करना चाहते थे, वे ग्रियर्सन की नीति का ही अनुसरण कर रहे थे।

यह पूछा जा सकता है कि यदि मैथिली, मगही आदि बँगला से स्वतंत्र हैं तो वे हिन्दी से भी स्वतंत्र क्यों नहीं हैं? इसका उत्तर यह है कि इनका हिन्दी से सम्बन्ध वैसा ही है, जैसा बंगाल की बोलियों का परिनिष्ठित बँगला से है। उदाहरण के लिए ढाका या चटगाँव क्षेत्रों की बँगला कलकत्ते की बँगला से जितना भिन्न है, उतना पटना या मुजफ्फरपुर की हिन्दी इलाहाबाद की हिन्दी से भिन्न नहीं है।

बँगला-हिन्दी के अन्तर्विरोध का एक उदाहरण नवम्बर, 1916 की 'सरस्वती' में 'विचार विमर्श' टिप्पणी में देखा जा सकता है। (यह टिप्पणी 'समालोचना समुच्चय' नाम के संग्रह, इलाहाबाद, 1930 में दी हुई है।) बंगाल में भारतीय साहित्य और लेखकों के बारे में एक सन्दर्भ-पुस्तक प्रकाशित हुई। इसके सम्पादक ने इस पुस्तक में बँगला भाषा और साहित्य की श्रेष्ठता और हिन्दी भाषा और साहित्य की हीनता प्रतिपादित की। द्विवेदी जी ने लिखा कि बँगला भाषा ने बड़ी उन्नति की है, उसके एक लेखक को नोबेल पुरस्कार मिला है; बँगला की प्रशंसा में अत्युक्ति हो, फिर भी क्षम्य है। पर यह केवल बँगला साहित्य की सन्दर्भ-पुस्तक नहीं है। "इस दशा में नाचीज हिन्दी की विशेष खबर न ली जाती तो हर्ज की बात न थी। मराठी, गुजराती और तामील आदि भाषाओं पर कुछ पते की बातें लिखना था। पर नहीं लिखा।" सम्पादक ने लिखा था कि हिन्दी साहित्य की दशा अभी अस्थिर है, यथा एक ही शब्द भिन्न-भिन्न लेखकों द्वारा भिन्न-भिन्न प्रकार से लिखा जाता है। यह सम्मति दरअसल भाषा पर दी गई थी यद्यपि नाम साहित्य का लिया गया था। द्विवेदी जी ने कहा कि यह बात अंशत: सच है पर ऐसी भूलें बँगला में भी होती हैं और उनके बारे में बँगला पत्रिकाओं में लेख छपे हैं। इससे बँगला शैली अनिश्चित नहीं हो जाती। अमरीकी भी बहुत-से अंग्रेजी शब्दों को दूसरे ढंग से लिखते हैं। यह तो भाषा की सजीवता का प्रमाण है। सन्दर्भ-ग्रंथ के सम्पादक ने बँगला साहित्य की प्राचीनता पर गर्व प्रकट किया था। द्विवेदी जी ने कहा : "पचास वर्ष पहले बँगला की क्या दशा थी, इस पर विचार कीजिए, तब हिन्दी की हीनता मानिए।" सम्पादक को इस बात पर विशेष आपत्ति थी कि हिन्दी को राष्ट्रभाषा बनाने के लिए प्रयत्न हो रहे थे। इस सिलसिले में द्विवेदी जी की सम्मति इस तरह प्रस्तुत

की गई थी मानो द्विवेदी जी हिन्दी को राष्ट्रभाषा बनाने के विरोधी हों! द्विवेदी जी ने इसका संयत भाव से खंडन किया। उन्होंने कहा कि सम्पादक ने उनका कोई वाक्य उद्धृत नहीं किया, केवल यह आरोप लगाया है कि 'सरस्वती'-सम्पादक की राय में बँगला, मराठी और गुजराती जैसी समुन्नत भाषाएँ भी देश की व्यापक भाषाएँ नहीं बन सकतीं, तब हिन्दी उस स्थान का दावा कैसे करेगी, जिसके बोलनेवालों में पढ़े-लिखे लोग उसके प्रति उदासीन हैं और उससे घृणा करते हैं? द्विवेदी जी ने अपनी टिप्पणियों में ऐसे पढ़े-लिखे लोगों को फटकारा था, यह न कहा था कि हिन्दी राष्ट्रभाषा न बने।

जब से राष्ट्रभाषा का प्रश्न सामने आया, तब से इस बात पर बराबर बहस होती रही कि कौन-सी भाषा का साहित्य समृद्ध है और कौन-सी भाषा का दरिद्र। यही बात कभी-कभी भाषा के लिए कही जाती है कि कौन-सी भाषा समृद्ध या विकसित है और कौन-सी भाषा दरिद्र और अविकसित। यह बात कहनेवाले अपने मन में बहुत-साफ नहीं समझते कि जब वे भाषा की बात कहते हैं तब उनका आशय साहित्य से होता है और जब सहित्य की बात करते हैं तब कभी-कभी उनका आशय पारिभाषिक शब्दावली से होता है। होना यह चाहिए कि हम भाषाओं के आपसी सम्बन्धों को पहचानें और उनमें लिखे हुए साहित्य को अखिल भारतीय परिप्रेक्ष्य में देखें। होता इसका उल्टा है। लोग किसी प्राचीन प्राकृत अपभ्रंश से अपनी भाषा का सम्बन्ध तो जोड़ेंगे, भले ही वह प्राकृत अपभ्रंश अधिकतर उनकी कल्पना की उपज हो किन्तु पड़ोसी भाषा से उसका सम्बन्ध न देखेंगे। वैसे ही साहित्य-चर्चा में संस्कृत और अंग्रेजी के प्रभावों पर मोटे-मोटे ग्रंथ लिखेंगे किन्तु एक भाषा का साहित्य दूसरी भाषा के साहित्य से किस तरह सम्बद्ध है, इसे प्राय: अनदेखा रहने देंगे। राष्ट्रभाषा का व्यवहार विभिन्न प्रदेशों की जनता की सामाजिक आवश्यकता है। वह साहित्य-प्रेमियों के रसबोध की तृप्ति का साधन नहीं है। जो लोग राष्ट्रभाषा के प्रश्न से साहित्य की समृद्धि या दरिद्रता का प्रश्न जोड़ देते हैं, वे जाने-अनजाने जातीय विद्वेष को बढ़ावा देते हैं। भारत में अंग्रेजी राज के प्रसार से पहले जातीय विद्वेष विदेशी आक्रमणकारियों का सहायक था। अंग्रेजी राज के दिनों में यही जातीय विद्वेष उसे कायम रखने का साधन बना। अंग्रेजी राज के विरुद्ध संघर्ष करते हुए भारतीय जनता ने जिस हद तक राष्ट्रीय एकता सुदृढ़ की, उस हद तक जातीय विद्वेष भी कम हुआ। भारत के स्वाधीन होने के बाद जिस हद तक जातीय विद्वेष बढ़ा है, उस हद तक राष्ट्रीय एकता कमजोर हुई है और भारत पर साम्राज्यवादी दबाव बढ़ा है। जातीय विद्वेष भारत को कमजोर बनाने, उस पर साम्राज्यवादी दबाव बढ़ाने का कारगर साधन है। हिन्दी के राष्ट्रभाषा बनने, उसके विकसित या अविकसित होने, उसके साहित्य के समृद्ध या दरिद्र होने के प्रश्न को इसी सन्दर्भ में देखना चाहिए। यहाँ महावीरप्रसाद द्विवेदी हमारे सही मार्गदर्शक

हैं। वह बँगला साहित्य की प्रगति का अभिनन्दन करते हैं किन्तु हिन्दी भाषा और साहित्य पर अनुचित आक्षेपों का उत्तर भी देते हैं।

साहित्य की समृद्धि के बारे में उसी 'विचार विमर्श' टिप्पणी में उन्होंने कहा था : "साहित्य का श्रीसम्पन्न होना ही राष्ट्रभाषा होने की योग्यता का परिचायक नहीं।" उन्होंने यूरोप में फ्रांसीसी भाषा के प्रसार का उल्लेख किया और कहा कि इसका अर्थ यह नहीं कि वहाँ की अन्य भाषाएँ दरिद्र हैं।

बँगला में नगेन्द्र नाथ वसु ने विश्वकोश लिखा था। फिर इसे हिन्दी में प्रकाशित करने की योजना बनाई। इसके प्रकाशकों ने द्विवेदी जी को लिखा कि हिन्दी में इस कोश की बिक्री आदि उनकी सम्मति पर बहुत-कुछ निर्भर है; यदि वह उसके गुणों की चर्चा सार्वजनिक रूप से करेंगे तो हिन्दी में उसकी खपत अच्छी होगी। द्विवेदी जी ने 'हिन्दी विश्वकोश' शीर्षक लेख लिखा (देखें : 'समालोचना समुच्चय') और बताया कि 'उसमें प्रान्तिकता अवश्य है' पर हजार गलतियाँ हों तो भी वह उपयोगी है। अनेक भाषागत भूलों का उल्लेख करने के साथ-साथ कुछ विषयगत भूलों के बारे में उन्होंने लिखा कि कोश में कही हुई बातें (यथा अँगरखे के बारे में) बंगाल के लिए सही हो सकती हैं, पर 'सारे भारत या हिन्दी-भाषी लोगों के लिए नहीं।"

बंगाल के कुछ बुद्धिजीवियों के हिन्दी-विरोधी दृष्टिकोण की आलोचना द्विवेदी जी ने अनेक बार की। यहाँ यह कहना आवश्यक है कि बंगाल के अनेक साहित्यकारों ने न केवल सद्भावना का परिचय दिया, वरन् उन्होंने हिन्दी में बहुत-कुछ लिखा भी और राष्ट्रभाषा के रूप में हिन्दी का प्रचार किया। बंगाल, तमिलनाडु, महाराष्ट्र—ये तीन प्रदेश ऐसे हैं, जिनमें जातीय भावना का प्रसार पहले हुआ। यह जातीय भावना ऐतिहासिक रूप से अनिवार्य है, इसे बहुत-से हिन्दी-भाषी नहीं जानते। बंगाल के एक बुद्धिजीवी श्यामाप्रसाद गांगुली ने न केवल बँगला जातीयता को पहचाना था वरन् हिन्दी जातीयता को भी उन्होंने पहचाना और उसका समर्थन किया था। उन्होंने नवम्बर, 1911 के मॉडर्न रिव्यू में लिखा था : "यदि विच्छिन्न होकर विभिन्न प्रशासकीय विभागों के अन्तर्गत रहना बंगालियों के लिए बुरा है, तो इसी तरह हिन्दुस्तानियों, मराठों और उड़िया लोगों के लिए भी विच्छिन्न होकर विभिन्न प्रशासकीय विभागों के अन्तर्गत रहना बुरा होगा। संयुक्त प्रदेश के हिन्दुस्तानी पंजाब के दिल्ली विभाग के हिन्दुस्तानियों से, बिहार, छोटानागपुर के एक हिस्से और मध्य प्रदेश के हिन्दुस्तानियों से अगल रखे गए हैं।" गांगुली ने नये और पुराने अलगाव में भेद किया। बंगाल का विभाजन ताजा था, हिन्दुस्तानियों तथा अन्य लोगों का अलगाव की हालत में रहते आना पुरानी बात थी। किन्तु बंगालियों की तरह हिन्दुस्तानियों का भी एक जातीय समुदाय है, यह बात उनके मन में बहुत साफ थी। उन्होंने बंगाल की एकता के प्रश्न को अखिल भारतीय

परिप्रेक्ष्य में देखा। भारत में जिस जाति को भी प्रशासकीय ढंग से विभाजित किया गया है, उसकी एकता का समर्थन बंगालियों को करना चाहिए, उन्होंने यह कहा। उन्होंने लिखा था : "किसी भी प्रदर्शन से अधिक महत्त्वपूर्ण यह होगा कि बंगभंग प्रश्न को हम और ऊँचे धरातल पर ले जाएँ और एक बंगाली प्रश्न को भारतीय प्रश्न बना दें। यदि हम समग्र बंगाली जनता के प्रशासकीय एकीकरण की समस्या को इस वृहत्तर समस्या से मिला दें कि भाषा के आधार पर भारत के प्रशासकीय विभाग (अर्थात् प्रान्त) बनने चाहिए तो उपर्युक्त उद्‌देश्य सिद्ध हो सकता है। बंगाल के वर्तमान विभाजन में तब्दीली इस तरह की नीति का आवश्यक अंग होगी।"

यह बात जितना 1911 में सही थी, उतना ही 1976 में सही है। पुनर्गठित भारत का यही रूप इस देश की जनता के हित में है और उसके ऐतिहासिक विकास के अनुरूप है।

बंगला-भाषी जाति और हिन्दी-भाषी जाति का एक अन्तर्विरोध दूसरे ढंग का था। 19वीं सदी में बँगला भाषा के साहित्यिक रूप में संस्कृत की तत्सम शब्दावली की बेहद भरमार हुई। अनेक विद्वानों ने इसका विरोध किया किन्तु व्यापक प्रवृत्ति यही थी। 19वीं सदी की हिन्दी भाषा इस तत्समीकरण की प्रवृत्ति से मुक्त है। 20वीं सदी में 1920 से पहले तक यह प्रवृत्ति जोर नहीं पकड़ पाती किन्तु सन् '20 के बाद हिन्दी में यह प्रवृत्ति व्यापक रूप धारण करती है और इसका बहुत बड़ा कारण बँगला साहित्य का प्रभाव है। इसलिए यह समझना चाहिए कि सन् '20 से पहले और बाद को हिन्दी के अनेक लेखक जो बँगला की रहस्यवादी कविता का विरोध करते हैं, उसमें बुद्धिवाद के समर्थन के अलावा हिन्दी के जातीय स्वरूप की रक्षा का भाव भी निहित है।

(ज) आठवीं समस्या : हिन्दी का स्वरूप-निर्धारण

भाषा का परिनिष्ठित रूप सामाजिक विकास की एक ऐतिहासिक आवश्यकता है। अनेक भाषाविज्ञानी कहते हैं, यदि दो-दो, चार-चार कोस पर बोली बदलती है, तो भाषा की यही सहज स्थिति है; इसे बदलने का, परिनिष्ठित भाषा का व्यापक प्रसार करने का प्रयत्न अनावश्यक है। किन्तु वे स्वयं जिस भाषा में यह सब कहते और लिखते हैं, वह दो-दो, चार-चार कोस पर बदलनेवाली किसी अपरिनिष्ठित बोली में नहीं होता, वरन् विशाल जातीय प्रदेश की परिनिष्ठित भाषा में होता है। किसी प्रदेश का राजकाज उसकी भाषा में चलाना हो, तो वह दो-दो, चार-चार कोस पर बदलनेवाली अनेक बोलियों में न चलाया जाएगा। यही बात शिक्षा, उद्योग, व्यापार आदि के क्षेत्रों पर लागू होती है। हिन्दी के साथ विशेष समस्या यह थी कि उसे अपना जातीय स्वरूप ही स्थिर न करना था वरन् इस जातीय स्वरूप के माध्यम से सारे देश के लिए राष्ट्रभाषा का कार्य भी करना था। मान लीजिए, हिन्दी का

कोई परिनिष्ठित स्वरूप नहीं है, अनेक प्रकार की हिन्दी का चलन है, तब दूसरे प्रदेशों के लोग इनमें से कौन-सी हिन्दी सीखें? हिन्दी का जातीय स्वरूप जितना ही अनिश्चित और अनिर्धारित रहता है, उतना ही जातीय विकास में बाधा पड़ती है, उतना ही राष्ट्रीय एकीकरण में बाधा पड़ती है। इससे सिद्ध है कि द्विवेदी जी ने हिन्दी को परिनिष्ठित रूप देने का जो प्रयत्न किया, वह जातीय और राष्ट्रीय महत्त्व का कार्य है।

इस सन्दर्भ में पहला प्रश्न : हिन्दी को कहाँ तक संस्कृतगर्भित किया जाए? द्विवेदी जी कहते हैं कि हिन्दी की अपनी विशेषता है, इसलिए उस पर संस्कृत का व्याकरण न लादना चाहिए। यानी हिन्दी के प्रयोगों के बारे में जहाँ शंका हो, वहाँ उसका समाधान हिन्दी की अपनी विशेषता को ध्यान में रखकर करना चाहिए। 'गया' क्रियारूप का स्त्रीलिंग 'गयी' लिखा जाए या 'गई'? द्विवेदी जी कानपुर वाले वक्तव्य में कहते हैं : "हिन्दी के कुछ हितैषी चाहते हैं कि क्रियाओं के रूपों में सादृश्य रहे, वे किसी-न-किसी नियम के अधीन जरूर रहें। एक उदाहरण लीजिए। वे कहते हैं कि 'जाना' धातु का, भूतकाल में, पुंल्लिंग रूप होता है 'गया'। अतएव स्त्रीलिंग में वह होना चाहिए 'गई' अर्थात् इस 'गयी' में अकेली ई-कार ही न रहे, य् अर्थात् यकार को भी वह अपने साथ रखे। 'गया' का उद्‌भव हुआ है 'जाना' धातु से। उस 'जाना' में न ग-कार ही है और न य-कार ही। सो 'गया' में 'जाना' धातु के दोनों वर्णों का सर्वथा लोप हो जाना तो उन्हें सह्य है, पर 'गया' के स्त्रीलिंग में यदि यकार का लोप कर दिया जाए तो वह उन्हें सह्य नहीं! कुछ लोग तो इसके भी आगे जाते हैं। वे 'लिया' और 'दिया' के रूप, स्त्रीलिंग में, 'ली' और 'दी' न लिखकर 'लिई' और 'दिई' लिखने की सलाह देते हैं। और एक सज्जन ने तो, कुछ समय तक, इस सलाह को कार्य में परिणत भी कर दिखाया है। यह बात इतनी ही नहीं; इसके भी बहुत आगे बढ़ गई है। सरलता के कुछ पक्षपातियों की राय तो यह है कि क्रियाओं को लिंगभेद के झमेले से एकदम ही मुक्त कर देना चाहिए, जिससे बंगालियों, मदरासियों और महाराष्ट्र देश के वासियों को हिन्दी सीखने में सुभीता हो और महीने ही दो महीने में वे हमारी भाषा के सुपंडित हो जाएँ। वैसे तमिल, मराठी आदि भाषाएँ क्रियापदों में लिंग-भेद के झमेले से मुक्त नहीं है। बँगला और मलयालम की स्थिति भिन्न है। यहाँ भी द्विवेदी जी व्यवहार को कसौटी मानते हैं।

हिन्दी का व्याकरण, संस्कृत से भिन्न, उसका अपना स्वतंत्र व्याकरण हो, यह एक बात हुई। व्याकरण के अलावा शब्द-भंडार में हिन्दी किस सीमा तक तत्सम शब्दों का व्यवहार करे?—अन्य समस्याओं की तरह इस समस्या पर भी वह जनसाधारण में शिक्षा-प्रसार की दृष्टि से विचार करते हैं। हिन्दी को समृद्ध होकर ग्रंथालयों की शोभा नहीं बढ़ाना है, उसे विशाल हिन्दी प्रदेश में शिक्षा का कारगर माध्यम बनना है। यहाँ साहित्य-रचना का उद्‌देश्य भी गौण है। मुख्य उद्‌देश्य है

जनजागरण : जनता का सामाजिक और सांस्कृतिक अभ्युत्थान। इसलिए द्विवेदी जी बार-बार सरल हिन्दी लिखने पर जोर देते हैं जिसका मतलब है, संस्कृत शब्दों के अनावश्यक व्यवहार से हिन्दी को बचाना।

दूसरा प्रश्न हिन्दी-उर्दू का सम्बन्ध क्या हो? क्या शुद्ध हिन्दी लिखी जाए जिसमें यावनी भाषा का एक भी शब्द न हो? द्विवेदी जी हिन्दी-उर्दू को एक ही भाषा मानते हैं। उनके लिए शुद्ध भाषा लिखने का मतलब अरबी-फारसी के प्रचलित शब्दों का बहिष्कार नहीं है। यह नीति भी वे उसी जनसाधारण में शिक्षा-प्रसार के उद्देश्य के अनुरूप निर्धारित करते हैं। उन्होंने इस नीति के बारे में कालिदास कपूर को लिखा था : "उर्दू भिन्न भाषा नहीं। अरबी-फारसी के जो शब्द प्रचलित हैं, उन्हें हिन्दी ही के शब्द समझता हूँ। मेरे लेख इस बात के प्रमाण हैं। पहले लोग निन्दा करते थे। कहते थे, यह हिन्दी को बिगाड़ रहा है, पर अब नहीं बोलते। और लोग भी 'सरस्वती' की अब नकल करने लगे हैं।" (यह पत्र 15-2-18 का है और अप्रैल, 1942 की 'सरस्वती' में उद्धृत है।)

अंग्रेजों का यह प्रयास था कि हिन्दी-उर्दू में ज्यादा से ज्यादा भेद पैदा किया जाए, उर्दू को मुख्यत: मुसलमानों की भाषा और हिन्दी को केवल हिन्दुओं की भाषा बनाया जाए। इस नीति के विरोध में द्विवेदी जी इस भेद को यथासम्भव कम करने के पक्ष में थे और हिन्दी-उर्दू को मूलत: एक ही भाषा मानते थे। इसके सिवा वह यह भी जानते थे कि भाषा जड़ और स्थिर वस्तु नहीं है, समय की गति के साथ उसमें परिवर्तन होते हैं। इसलिए एक ओर वह अरबी-फारसी के शब्द भर देने के विरोधी थे, दूसरी ओर हिन्दी के जातीय स्वरूप की रक्षा करते हुए वह उसमें बोलचाल के अरबी-फारसी शब्द ले लेने के पक्ष में थे। यह भाषा के क्षेत्र में सही साम्राज्य-विरोधी वैज्ञानिक नीति थी।

द्विवेदी जी के समय में, और उससे पहले भी, अनेक भारतीय भाषाओं को अंग्रेजी प्रभावित करने लगी थी। इसका बहुत स्थूल उदाहरण उस तरह की भाषा में दिखाई देता था जिसमें वाक्य-रचना देशी होती थी और शब्दावली आधी देशी, आधी विदेशी होती थी। इस तरह की हिन्दी का विरोध काफी सफल रहा। अंग्रेजी के ऐसे प्रभाव को देख लेना आसान था। किन्तु दूसरी तरह का प्रभाव अंग्रेजी के मुहावरों आदि के अनुवाद से उत्पन्न होता था। ऐसा प्रभाव 1947 से पहले अपेक्षाकृत कम था, 1947 के बाद यह प्रभाव तेजी से बढ़ा। द्विवेदी जी के समय में यह प्रभाव बहुत-कुछ अनुवादों तक सीमित था। अप्रैल, 1914 की 'सरस्वती' में 'हिन्दू विश्वविद्यालय का खर्रा' शीर्षक टिप्पणी छपी। इसमें उस हिन्दी की कड़ी आलोचना है जो अंग्रेजी का भद्दा अनुवाद मात्र होती है। इसमें उन्होंने लिखा : "गर्भगत हिन्दू विश्वविद्यालय के खर्रे की एक कापी किसी ने हमारे पास भेज देने की कृपा की है। उसे हमने पढ़ा है, पर उसके कितने ही अंश हमारी समझ में न

आए।" सन् '14 में ऐसी भी हिन्दी लिखी जा सकती थी जों 'सरस्वती'-सम्पादक, संस्कृत, मराठी, गुजराती, बँगला के विद्वान् महावीरप्रसाद द्विवेदी की समझ में न आए। यह भाषा उस सरकारी हिन्दी का आदि रूप है जो पिछले 20-25 वर्षों में दिल्ली की टकसाल में ढाली जाती रही है। खैर, सरकारी हिन्दी तो खुले खजाने अनुवादित हिन्दी है, भाषा को समृद्ध करने का तरीका ही उसके पास यह है कि अंग्रेजी शब्दों के हिन्दी प्रतिरूप इकट्ठे करे या गढ़े। मूल भाषा अंग्रेजी है; जिस भाषा को समृद्ध किया जा रहा है, वह अंग्रेजी से अनुवाद का माध्यम मात्र है।

पर प्रश्न केवल सरकारी हिन्दी का नहीं है। हिन्दी के बहुत-से लेखक, कवि और कथाकार भी, आलोचक सबसे ज्यादा, जाने में या अनजाने में अंग्रेजी शब्दावली, मुहावरों और वाक्य-विन्यास तक की नकल करते हैं। हिन्दी के अटपटे होने का यह मुख्य कारण है। अपच तत्सम शब्दावली ही हिन्दी के जातीय कलेवर को नष्ट नहीं करती, वाक्य-विन्यास की नकल उसकी अन्तरात्मा को भ्रष्ट करती है। इस खतरे की तरफ अपनी उस टिप्पणी में महावीरप्रसाद द्विवेदी ने लोगों को सावधान किया था। लिखा था : "इसकी भाषा इतनी क्लिष्ट, इतनी बेमुहाविरा और इतनी अपरिचित है कि बहुत कम लोग इस खर्रे का मतलब समझ सकेंगे।" इसका कारण यह है : "यह विधान अँगरेजी खर्रे का शाब्दिक अनुवाद है। शाब्दिक अनुवाद ही नहीं, इसमें अँगरेजी के ढंग की तद्वत नकल की गई है। इसी से इसकी भाषा, इसकी वाक्यावली, इसकी शैली सभी दुरूह हो गई है। अतएव हमारी समझ में तो इस खर्रे का हिन्दी में प्रकाशन ही व्यर्थ हो गया है।" द्विवेदी जी ने स्वयं बेकन के निबन्धों और मिल की 'लिबर्टी' नामक पुस्तक का अनुवाद किया था। वे अनुवाद करने के विरोधी नहीं थे। अच्छी पुस्तकों और लेखों का अनुवाद प्रकाशित करना शिक्षा-प्रसार के लिए वह आवश्यक समझते थे। अनुवाद की कठिनाइयों से भी वह परिचित थे। पर यदि अनुवाद में हिन्दी भाषा का स्वरूप ही बदल जाए, तो उससे लाभ ही क्या?

आजकल हिन्दी में शैलीतात्त्विक विवेचन की धूम है, अनेक नये-पुराने साहित्यकारों की भाषा पर न जाने कितने निबन्ध और ग्रंथ प्रकाशित हो चुके हैं, और न जाने कितने शोध-ग्रंथ अप्रकाशित पड़े हैं। भाषा के शैलीतात्त्विक विवेचकों की अपनी भाषा अक्सर अंग्रेजी का अनुवाद होती है। ये लोग द्विवेदी जी के दो वाक्यों पर ध्यान दें। हिन्दू विश्वविद्यालय का खर्रा अंग्रेजी का शाब्दिक अनुवाद ही नहीं था, उसमें अंग्रेजी के 'ढंग' की भी नकल की गई थी। इस 'ढंग' का मतलब क्या है, यह अगले वाक्य से स्पष्ट हो जाता है। अंग्रेजी के ढंग की नकल करने के कारण भाषा की 'वाक्यावली' और 'शैली' सभी दुरूह हो गई हैं। द्विवेदी जी यहाँ वाक्य-विन्यास की ओर संकेत कर रहे हैं। विन्यास के बदल जाने पर, शब्दावली हिन्दी की रहे तो भी भाषा का स्वरूप बदल जाता है। शैलीतात्त्विक विवेचन साहित्य

और भाषा की समालोचना के लिए कोई फालतू और बेकार चीज नहीं है। पर वह सार्थक तभी है जब उससे हिन्दी के जातीय स्वरूप को समझने में, उस स्वरूप की रक्षा करने में सहायता मिले।

एक बार हम यहाँ फिर देखते हैं कि अंग्रेजी से हिन्दी का अन्तर्विरोध उसके विकासपथ में नई-नई समस्याएँ खड़ी करता है। स्वाधीनता-प्राप्ति के बाद इस देश में अंग्रेजी की स्थिति क्या होगी, इसके बारे में द्विवेदी जी ने कानपुर वाले वक्तव्य में कहा था : "मैं तो यहाँ तक समझता हूँ कि स्थिति बदलने पर भी राजनैतिक कारणों का दबाव दूर होने पर भी—अँगरेजी भाषा और उसके साहित्य की शिक्षा की शायद फिर भी आवश्यकता बनी रहे।" उन्होंने यह बात इस विचार से कही थी कि आधुनिक ज्ञान-विज्ञान से परिचय पाने के लिए अंग्रेजी पढ़ना-पढ़ाना जरूरी होगा। परन्तु उन्होंने यह कल्पना न की थी कि अंग्रेजी यहाँ राजकाज की ही नहीं, सांस्कृतिक आदान-प्रदान की भी मुख्य भाषा बनी रहेगी। यही नहीं, पहले की अपेक्षा उसका व्यवहार और बढ़ेगा और हिन्दी के लेखक अनुवादों में ही नहीं, अपनी मौलिक रचनाओं में भी अंग्रेजी के मुहावरों और वाक्य-रचना की भद्दी नकल करेंगे। इसलिए उनकी भाषा-सम्बन्धी नीति का विवेचन करते हुए, हिन्दी गद्य के सन्दर्भ में, अंग्रेजी के अवांछित प्रभाव की ओर ध्यान देना आवश्यक है।

यहाँ 'सरस्वती' में द्विवेदी जी की भाषा-परिष्कार की नीति के बारे में कुछ बातें कहना चाहिए। इस भाषा-परिष्कार को द्विवेदी जी का मुख्य कार्य माना गया है। यह उनका महत्त्वपूर्ण कार्य है, इसमें सन्देह नहीं, पर इस महत्त्व को ऐतिहासिक परिप्रेक्ष्य में देखना चाहिए। सबसे पहले इस बात पर ध्यान देना चाहिए कि सन् 1900 के आसपास जैसी हिन्दी बालमुकुन्द गुप्त लिख रहे थे, या 'सरस्वती' में श्यामसुन्दर दास लिख रहे थे, अथवा 1903 में जब द्विवेदी जी 'सरस्वती' के सम्पादक बने, उसके बाद जैसी हिन्दी बालकृष्ण भट्ट लिख रहे थे, या जैसी हिन्दी समकालीन 'मर्यादा' जैसी पत्रिका में लिखी जाती थी, उससे द्विवेदी जी की हिन्दी बहुत भिन्न नहीं है। यदि द्विवेदी जी के गद्य के नमूने समकालीन हिन्दी के नमूनों के साथ रख दिये जाएँ तो दोनों का भेद पहचानना मुश्किल होगा। इसका मतलब यह है कि 1903 से पहले हिन्दी भाषा काफी परिनिष्ठित हो चुकी थी और उसमें कोई युगान्तरकारी परिवर्तन न तो आवश्यक था, न सम्भव था।

दूसरी बात यह कि स्वयं द्विवेदी जी की भाषा जैसी 1900 या 1903 में है, वैसी 1915 या 1919 में नहीं है।

द्विवेदी जी के गद्य का सबसे पुराना नमूना जो मुझे मिला है, वह 1898 का है। मार्च, 1898 की 'नागरी प्रचारिणी पत्रिका' में 'विद्याध्ययन' शीर्षक उनका लेख प्रकाशित हुआ था। शीर्षक के नीचे पाद-टिप्पणी में लिखा है : 'लार्ड बेकन के अँगरेजी निबंध का अनुवाद।' लेख यों शुरू होता है : "विद्याध्ययन से मन मुदित

होता है, बात्‌चीत में विशेष शोभा आती है, और योग्यता भी बढ़ती है। ऐकान्तावस और निष्कार्य दशा में विद्याध्ययन का मुख्य उपयोग तद्वारा आनन्द प्राप्त करने में होता है। सम्भाषण के समय उसका मुख्य उपयोग कथन को अलंकृत करने में होता है और सारासार विचारपूर्वक कामकाज की व्यवस्था करने लिए उसका मुख्य उपयोग व्यवहारदक्षता सम्पादन करने में होता है। अनुभव से जिन्होने चातुर्यता प्राप्त की है वह कामकाज अवश्य करते हैं और एक-एक बात का अलग-अलग विचार करके बहुधा अच्छे प्रकार भी करते हैं परन्तु सामान्यत: योग्यायोग्य को समझना, अनेक उपयोगी युक्ति प्रयोग करना और प्रत्येक भाग को सुव्यवस्थित रखना विद्वानों ही का काम है।"

'बात' का त् हलन्त है। 'एकान्त' का एकार 'ऐकार' है (छपा है 'ऐकान्तावस'); चातुर्य की जगह 'चातुर्यता' है, 'जिन्हो' पर बिन्दी नहीं है, व्यवहार के आरंभ में बकार है। तत्सम शब्दावली की प्रधानता है, वाक्य लम्बे हैं और सुगठित नहीं हैं। द्विवेदी जी जो हिन्दी लिख रहे हैं, उसमें हिन्दीपन कम है। इसका एक कारण यह भी है कि वह अनुवाद कर रहे हैं और यह साफ मालूम होता है कि उनके लिए अभी यह काम अटपटा है। इसके बाद दो ही तीन साल में उनकी गद्य-शैली काफी परिवर्तित और परिष्कृत हो जाती है। इसके बाद क्रमश: उनका गद्य एक ही दिशा में विकसित हो जाता है; उनका प्रयत्न है कि गद्य की भाषा बोलचाल की भाषा के निकट आए, यथासम्भव उससे मिल जाए, और बोलचाल की भाषा भी ऐसी हो कि साधारण पढ़े-लिखे लोग उसे समझ सकें।

द्विवेदी जी अपने प्रयोगों के प्रति दिन-पर-दिन सतर्क होते जाते हैं और बहुत जगह उनमें परिवर्तन करते हैं। उनके प्रारम्भिक लेखों में जहाँ बहुवचन के साथ 'चाहिए' का प्रयोग होता है, वहाँ वह 'ए' पर बिन्दी लगा देते हैं, जैसे पुस्तकें 'चाहिएं'। यह बिन्दी वाला प्रयोग 'सम्पत्तिशास्त्र' में है और 'सरस्वती' में प्रकाशित अनेक लेखों में है। इसी तरह सकैंगे, चलैंगे आदि रूपों में एकार की जगह वह 'ऐकार' का प्रयोग करते हैं। बालमुकुन्द गुप्त ने इस ऐकार का मजाक उड़ाया था! यह द्विवेदी जी के ही गद्य की विशेषता न थी, अन्य कई लेखकों के गद्य में भी ऐसे कई प्रयोग मिलते हैं। इस तरह के प्रयोग द्विवेदी जी ने बदल दिये। इसी तरह 'ही' का प्रयोग है। बाद में उन्होंने 'ही' को मानक रूप माना, 'हीं' को त्याग दिया।

तीसरी बात यह कि द्विवेदी जी का व्यवहार सदा उनके सिद्धान्तों के अनुरूप न होता था। सिद्धान्त-रूप में वह तद्‌भव रूपों के व्यवहार का समर्थन करते थे पर व्यवहार में कभी-कभी वह तत्सम रूप अधिक अपनाते थे। भारतेन्दु-युग के गद्य और द्विवेदी जी के गद्य में मुख्य अन्तर तद्‌भव रूपों को लेकर है। भारतेन्दु-युग में नये तद्‌भव रूप गढ़ने का काम न बन्द हो गया था। वहाँ पुराने तद्‌भव रूपों का प्रयोग जोरों पर है, नये तद्‌भव रूप भी रचे जाते हैं और गद्य की भाषा पुरानी साहित्यिक

ब्रजभाषा तथा समकालीन जनपदीय उपभाषाओं के बहुत नजदीक है। द्विवेदी जी के समय में नये तद्भव रूप बनाना बन्द हुआ, पुराने तद्भव रूपों के प्रयोग में कमी हुई, बहुत जगह परिचित तद्भवों का पुराना तत्सम रूप दिया गया (जैसे दुबे को द्विवेदी किया गया), पुरानी ब्रजभाषा से आधुनिक हिन्दी का फासला बढ़ा, परिनिष्ठित हिन्दी अपनी जनपदीय उपभाषाओं से दूर जाने लगी। कुल मिलाकर यह प्रवृत्ति हिन्दी के लिए हानिकर थी। द्विवेदी जी संस्कृत के ही नहीं, अरबी-फारसी के शब्दों को भी शुद्ध लिखने की ओर ध्यान देते थे। जियादह, तअल्लुक़ेदार, रियाआ आदि रूप उनके लेखों में दिखाई देते हैं। जिन ध्वनियों को उर्दू के ऐन, ग़ैन, क़ाफ़ आदि वर्णों द्वारा व्यक्त किया जाता है, वे हिन्दी के ध्वनितंत्र के लिए अजनबी हैं और उनका उच्चारण पढ़े-लिखे लोगों के लिए भी कठिन है। इस तरह की वर्तनी न तो हिन्दी के जातीय स्वरूप के विकास में सहायक थी, और न वह हिन्दी को परिनिष्ठित रूप दे सकती थी। आधुनिक हिन्दी में, लिखने या बोलने में, इन ध्वनियों का व्यवहार अब प्राय: नहीं होता।

कुछ बातें ऐसी हैं जिनका सम्बन्ध केवल छापे से है। द्विवेदी जी हाइफन का प्रयोग बहुत ज्यादा करते हैं, आधुनिक हिन्दी में इसका प्रयोग कम कर दिया गया है। 1920 के पहले की हिन्दी पत्रिकाओं में भी इसका प्रयोग कम ही होता था। फिर भी द्विवेदी जी ने हिन्दी को परिनिष्ठित रूप दिया, यह बात सही है।

4. भाषा की अनस्थिरता

परिनिष्ठित हिन्दी के इतिहास में अनस्थिरता-सम्बन्धी विवाद का महत्त्व अन्यतम है। नवम्बर, 1905 की 'सरस्वती' में द्विवेदी जी ने 'भाषा और व्याकरण' शीर्षक लेख में हिन्दी के प्रयोगों में एकरूपता लाने पर जोर दिया और हिन्दी में किसी अच्छे सर्वसम्मत व्याकरण के अभाव पर खेद प्रकट किया। इस लेख में उन्होंने भाषा के चिन्तनीय प्रयोगों के उदाहरण अनेक नये-पुराने लेखकों से दिये और इनमें उन्होंने सबसे पहले एक वाक्य भारतेन्दु हरिश्चन्द्र का भी दिया। इस लेख में उन्होंने 'अनस्थिरता' और 'अनस्थिर' शब्दों का प्रयोग किया। इस पर बालमुकुन्द गुप्त ने आत्माराम के नाम से द्विवेदी जी की तीखी आलोचना की और उनसे अनस्थिरता शब्द सिद्ध करने को कहा। इस सिलसिले में काफी वाद-विवाद चला और अनेक लेखकों ने उसमें भाग लिया। कुल मिलाकर हिन्दी के विकास पर इस वाद-विवाद का प्रभाव अच्छा पड़ा। कौन सही था और कौन गलत, इस बात की विस्तार से छानबीन न करके यह देखना चाहिए कि हिन्दी के विकास की दृष्टि से इसमें कौन-सी बातें महत्त्वपूर्ण थीं और हैं। इस विाद-विवाद के सिलसिले में द्विवेदी जी ने फरवरी, 1906 की 'सरस्वती' में उसी शीर्षक से फिर एक लेख प्रकाशित किया। इन दोनों लेखों पर एक साथ ही विचार करना उचित है।

इन लेखों का एक पक्ष सैद्धान्तिक है और दूसरा पक्ष व्यावहारिक। सैद्धान्तिक पक्ष में भाषा की परिवर्तनशीलता, बोलचाल की भाषा और लिखित भाषा, भाषा की स्थिरता और अस्थिरता, व्याकरण की आवश्यकता और अनावश्यकता आदि विषयों पर विचार किया गया है। ये सारी बातें आज भी विचारणीय हैं। इन पर विदेश के भाषा-वैज्ञानिक बहुत-कुछ लिख रहे हैं किन्तु हिन्दी में इनकी चर्चा अपेक्षाकृत कम होती है। द्विवेदी जी ने इन विषयों पर जो कुछ लिखा था, वह 19वीं सदी के भाषाविज्ञान के आधार पर लिखा था। भाषाविज्ञान के प्रति उनकी अभिरुचि गहरी थी और उनकी जानकारी यथेष्ट थी, इसमें सन्देह नहीं। दूसरा पक्ष व्यावहारिक है जहाँ उन्होंने हिन्दी में अनियंत्रित प्रयोग-विविधता की आलोचना की है। यहाँ वह किसी की सहायता के बिना हिन्दी की तत्कालीन अवस्था को समझने और सुधारने का प्रयत्न करते दिखाई देते हैं।

उन्होंने बौप, मैक्समूलर, ह्विटन की पुस्तकों का उल्लेख किया है। भारतीय भाषाविज्ञानियों में कलकत्ते के सतीशचन्द्र विद्याभूषण के बँगला लेखों का जिक्र किया है। यह सामग्री पढ़ने के बाद उन्होंने भाषा की परिवर्तनशीलता पर अपने विचार प्रकट किये। जैसे संसार में दिन-रात परिवर्तन हुआ करता है, वैसे ही भाषा में भी परिवर्तन होता है। "जो भाषा सौ वर्ष पहले थी, वह अब नहीं है। जो अब है, वह आगे न रहेगी। देश, काल और मनुष्य की स्थिति के अनुसार उसमें रदबदल हुआ ही करता है और बराबर हुआ ही करेगा।" भाषा-सम्बन्धी परिवर्तनशीलता का सिद्धान्त द्विवेदी जी के विकास-सिद्धान्त के अनुकूल है और उसी का एक अंग है। भाषा में परिवर्तन मनुष्य की स्थिति के अनुसार होता है। 'जैसे-जैसे मनुष्य की स्थिति में परिवर्तन होता है, वैसे ही वैसे भाषा में भी परिवर्तन होता है। भाषा मनुष्य की सहचारिणी है। यदि मनुष्य अपनी स्थिति में परिवर्तन होना रोक दे तो भाषा में परिवर्तन होना आप ही रुक जाए। पर यह बात मनुष्य के वश की नहीं।" बोलचाल की भाषाएँ जल्दी बदलती हैं। जंगली और असभ्य लोगों की भाषाएँ और भी जल्दी बदलती हैं। उन्होंने मैक्समूलर की पुस्तक 'साइंस ऑफ लैंग्वेज' में पढ़ा था कि साइबेरिया, अफ्रीका और स्याम के जंगली आदमियों की भाषाओं का रूप दो ही तीन पीढ़ियों में बदल जाता है। उन्होंने एक फ्रांसीसी पादरी की पुस्तक में उत्तरी अमरीका के आदिवासियों की भाषा के बारे में पढ़ा कि वहाँ एक गाँव की भाषा दूसरे गाँव की भाषा से नहीं मिलती, यहाँ तक कि प्रत्येक कुटुम्ब की भाषा में भी थोड़ा-बहुत अन्तर होता है। इन बातों की पुष्टि बीसवीं सदी के अन्य लोगों ने भी की किन्तु परिवर्तनशीलता की भी सीमा होती हैं। द्विवेदी जी ने अवश्य हो उसी पादरी के आधार पर लिखा है : "वहाँ की भाषा में प्रतिदिन परिवर्तन होता है।"

एक अन्य लेखक का हवाला देते हुए कहते हैं कि पॉलीनीशियन लोगों की भाषा बहुत ही अनस्थिर है। और उन पर डॉक्टर रे ने जो पुस्तक लिखी है, उसमें भाषा की अनस्थिरता के बड़े ही आश्चर्यजनक उदाहरण दिये हैं। इनकी तुलना में

सभ्य जातियों की भाषा कुछ अधिक स्थिर है। ग्रीस, रोम और हिन्दुस्तान की प्राचीन भाषाएँ अब केवल प्राचीन पुस्तकों में रह गई हैं। चौसर की भाषा शेक्सपियर के समय में बदल गई थी और शेक्सपियर की भाषा अब नहीं है। इसी तरह ऋग्वेद, रघुवंश और रासो की भाषा बदल गई है। "भाषा की अनस्थिरता प्राकृतिक है। भाषा को स्थिर कर देना मनुष्य के हाथ में नहीं। जिन नियमों के अनुसार मनुष्यों के शरीर में खून का दौरान होता है या जिन नियमों के अनुसार सूर्य और चन्द्र आदि ग्रह, उपग्रह अपनी-अपनी कक्षा में घूमते हैं, उनको बदल देना जैसे मनुष्य के लिए असम्भव है, वैसे ही भाषा की परिवर्तनशीलता के नियमों को बदल देना भी असम्भव है।"

यदि भाषा की परिवर्तनशीलता प्राकृतिक नियम है, तो उसे स्थिरता प्रदान करने का प्रयत्न अप्राकृतिक माना जाएगा। द्विवेदी जी कहते हैं कि ऐसा प्रयत्न अप्राकृतिक तो है ही। "भाषाओं का लिपिबद्ध होना, उनका लिखा जाना—एक अस्वाभाविक घटना है—एक आकस्मिक बात है। जितनी भाषाएँ—जितनी बोलियाँ—दुनिया में हैं, उनकी अधिक संख्या अब तक लिपिबद्ध नहीं हुई। प्राकृतिक उद्देश्य यह नहीं कि जो भाषा बोली जाए, वह लिखी भी जाए। मध्य एशिया, आफरीका, अमरीका और पालीनेशिया में मनुष्य-भाषा अब तक अपने प्राकृतिक रूप में विद्यमान है। यहाँ पर उसकी अनस्थिरता और परिवर्तनशीलता को देखकर आश्चर्य होता है।" द्विवेदी जी के सामने भाषा की विविधता दो स्तरों पर है : एक है देशगत स्तर, दूसरा है कालगत स्तर। इन दोनों को अलग करके देखना आवश्यक है। हिन्दी के सन्दर्भ में द्विवेदी जी जिस अनस्थिरता पर विचार कर रहे हैं, वह देशगत है। उनका उद्देश्य हिन्दी को कालगत स्थायित्व प्रदान करना भी है किन्तु गौण रूप से। मुख्य रूप से वह समकालीन हिन्दी की प्रयोग-विविधता की जगह एकरूपता लाना चाहते हैं।

तब व्याकरण की भूमिका क्या है? कहते हैं : "व्याकरण भाषा की वृद्धि का अवरोधक है। वह भाषा की सजीवता का नाश करनेवाला है। भाषाओं के भी जीवन की सीमा होती है। वे भी उत्पन्न होकर बढ़ती हैं और प्रतिकूल समय आते ही नाश को प्राप्त हो जाती हैं। जो भाषा उन्नति कर रही है—बढ़ रही है—उसमें व्याकरण की पख लगाना मानो उसकी बाढ़ को रोक देना है। व्याकरण एक प्रकार की बेड़ी है। भाषा के पैरों से उसका योग होते ही भाषा बेचारी भयभीत होकर जहाँ की तहाँ रह जाती है। उसकी सारी संचरणशीलता चली जाती है। इस कारण, बोलने की भाषा को व्याकरण की शृंखला से बाँधने की जरूरत नहीं। उसे यथेच्छ संचरण करने देना चाहिए। और उसका व्याकरण बन भी नहीं सकता। क्योंकि जो भाषा परिवर्तनशील है, उसका व्याकरण बनावेगा कोई कितनी दफा? जो प्रयोग, या जो वाक्य, या जो मुहाविरा आजकल व्याकरण-सिद्ध और सर्वसम्मत है, वही कुछ काल बाद निषिद्ध माना जाएगा। तो क्या उस समय फिर एक नया व्याकरण बनैगा? नहीं, यदि इस तरह नए-नए व्याकरण बनते रहैंगे तो अनन्त व्याकरणों की जरूरत होगी।"

द्विवेदी जी के सामने एक ही प्रकार के व्याकरण हैं जो शुद्ध और अशुद्ध प्रयोगों में भेद करके शुद्ध भाषा बोलने और लिखने के बारे में निर्णय देते हैं। इसलिए यह समझते हैं कि व्याकरण भाषा पर लादी हुई कोई बाहरी चीज है। लेख के आरम्भ में उन्होंने भाषा की व्याख्या करते हुए लिखा है : "शब्दों के समूह का नाम भाषा है। शब्दों के उत्पन्न होने के बाद व्याकरण उत्पन्न होता है। पहले शब्द, तब अनुशासन—पहले साहित्य, तब व्याकरण।" कोई भी भाषा व्याकरणहीन नहीं होती और भारत के कुछ प्राचीन भाषाविज्ञानी शब्द और वाक्य में वाक्य को ही आदि-तत्त्व मानते थे। अब इस मत के माननेवाले बहुत-से आधुनिक भाषाविज्ञानी हैं। द्विवेदी जी के सामने व्याकरण का वही रूप है जो लिखित भाषा को अनुशासित करता है। अनुशासन शब्द की व्याख्या उन्होंने दूसरे ढंग से की है। इस व्याख्या के अनुसार शब्दों का प्रयोग पहले है, व्याकरण बाद को। किन्तु वाक्य-रचना के बिना शब्दों का प्रयोग होगा कैसे? अभी विवरणात्मक भाषा-विज्ञान का जन्म नहीं हुआ। द्विवेदी जी कहते हैं : "पाणिनि का एक सूत्र है—'अथशब्दानुशासनम्'। इसका नाम है अधिकारसूत्र। यहाँ 'अनुशासन' में जो 'अनु' उपसर्ग है, वह इस बात को सूचित करता है कि शब्दों के अनन्तर उनका शासन किया गया है; अर्थात् पाणिनि ने सदा के लिए यह शब्दशास्त्र नहीं बनाया; किन्तु उनके समय तक शब्दों के जैसे प्रयोग होते थे, उन्हीं का उन्होंने अनुधावन किया है—उन्हीं के प्रयोग-सम्बन्धी नियम उन्होंने बना दिये।" शब्द और वाक्य का वैसा ही परस्पर सम्बन्ध है, जैसा व्यक्ति और समाज का। एक के बिना दूसरे का अस्तित्व नहीं है।

द्विवेदी जी आगे व्याकरण की जो परिभाषा देते हैं, वह शब्द और वाक्य के इसी सम्बन्ध की ओर संकेत करती है। उनके अनुसार : "व्याकरण वह शास्त्र है जिसमें शब्दों और वाक्यों के परस्पर सम्बन्ध के अनुसार अपेक्षित अर्थ के जानने के नियम होते हैं : अथवा यों कहिए कि जिसके पढ़ने से ठीक-ठीक लिखना और बोलना आता है।" यहाँ शब्दों और वाक्यों के परस्पर सम्बन्ध पर जोर है। व्याकरण शब्दों को वाक्यों के सन्दर्भ में ही देखता है, उनसे स्वतंत्र नहीं, यद्यपि उनकी सत्ता सापेक्ष रूप में स्वतंत्र होती है। उसी तरह वाक्य शब्दहीन नहीं होते यद्यपि उनका ढाँचा सापेक्ष रूप में शब्दों से स्वतंत्र होता है।

द्विवेदी जी के लिए व्याकरण की आवश्यकता ठीक-ठीक लिखने और बोलने के लिए है। पर उन्हें ध्यान है कि गाँव के लोग व्याकरण नहीं पढ़े होते, फिर भी वे एक दूसरे की बात समझ लेते हैं। स्त्रियाँ और बालक थोड़ा-सा पढ़ना-लिखना सीखकर "बिना व्याकरण पढ़े ही, पत्र लिखने लगते हैं और उनके लिखने का मतलब हम लोग समझ लेते हैं।" इसका अर्थ यह हुआ कि ये लोग किन्हीं नियमों के अनुसार लिखते और बोलते हैं। ये नियम किसी पुस्तक में लिखे नहीं गए, और लिखे गए हों तो उन्होंने उन्हें पढ़ा नहीं, फिर भी वे एक दूसरे की बात अच्छी तरह समझ लेते

हैं। यदि द्विवेदी जी अपने गाँव के दस आदमियों की बोली के नमूने इकट्ठा करते, और उनकी तुलना किन्हीं दस लेखकों की हिन्दी से करते, तो यह तथ्य तुरत स्पष्ट हो जाता कि उनके गाँव के लोगों की बोली में वह अनस्थिरता नहीं है जो लेखकों की हिन्दी में है। इससे एक परिणाम तो यह निकलता कि गाँव के लोगों की भाषा व्याकरणहीन नहीं होती। दूसरा परिणाम यह निकलता है कि यह भाषा उतनी अनस्थिर नहीं है जितनी वह अपने लेख में उसे मान रहे थे। तीसरा परिणाम यह निकलता है कि हिन्दी भाषा विभिन्न जनपदों में अभी फैल रही थी। इन जनपदों के लोग अपनी-अपनी उपभाषाओं के साथ उसे जातीय भाषा के रूप में सीख रहे थे। इसलिए भाषा की अनस्थिरता अर्थात् प्रयोग-विविधता उस स्थिति में अनिवार्य थी। यह स्थिति हिन्दी के साथ उर्दू में भी थी। इस सन्दर्भ में उन्होंने मोहम्मद हुसैन आजाद का हवाला सही दिया था कि उर्दू में बहुत जल्दी तब्दीली हो रही है। जातीय भाषा का हिन्दी रूप विभिन्न जनपदों में व्यापक स्तर पर अपनाया जा रहा था। यदि उर्दू इसी तरह व्यापक स्तर पर अपनाई गई होती, तो उसमें और भी अधिक प्रयोग-विविधता दिखाई देती।

द्विवेदी जी एक मिसाल यह देते हैं कि वाक्य में शब्द का स्थान कहीं भी हो, वाक्य समझ में आ जाता है। गोदुग्ध, दूध गाय का, गाय का दूध—इन तीनों प्रयोगों का अर्थ समझ में आता है और बात समझ में आ जाए तो 'व्याकरण अपने घर बैठा रहै'। पहले तो 'दूध गाय का' आम प्रयोग नहीं है, और 'गोदुग्ध' शैली विशेष में ही प्रयुक्त होगा; दूसरे, प्रयोग-विविधता की सीमाएँ हैं। 'गाय का दूध' की जगह 'दूध की गाय' कोई नहीं कहता यद्यपि अंग्रेजी में 'दूध की गाय' का शब्दश: अनुवाद करने पर जो अर्थ प्राप्त होता है, वह 'गाय का दूध' ही है। सिद्ध हुआ कि गाय का दूध एक नियम के अनुसार है, दूध का गाय (या दूध की गाय) दूसरे नियम के अनुसार।

दूसरी मिसाल वह गाँव की बोलियों की देते हैं। एक प्रान्त के लोग कहते हैं—हम जे बात नांई जानत। दूसरे प्रान्त के कहते हैं—हम इस बात को नहीं जानते। तीसरे प्रान्त के कहते हैं—हम यह बात नहीं जानित। द्विवेदी जी कहते हैं, ये तीनों प्रयोग अपने-अपने प्रान्त में शुद्ध हैं : 'और व्याकरण के अनुसार शुद्ध हैं', यानी अलिखित व्याकरण के अनुसार बुन्देलखंडी और अवधी के वाक्य शुद्ध हैं। इसका अर्थ यह भी है कि बोली के स्तर पर अनस्थिरता नहीं है। फिर भी इन तीनों वाक्यों के सन्दर्भ में व्याकरण आवश्यक है, इसलिए कि "ये वाक्य अपने से भिन्न प्रान्त वालों की दृष्टि में जरूर खटकते हैं। अतएव व्याकरण की आवश्यकता सिर्फ इसलिए है कि नियम-रचना के द्वारा सब प्रान्तों के लिए वह एक ही भाषा संगठित करै।" व्याकरण की आवश्यकता व्यापक स्तर पर विभिन्न बोलियों के बीच प्रयुक्त होनेवाली भाषा को एकरूपता प्रदान करने के लिए है। बोलियों का अपना-अपना व्याकरण है, भले ही वह लिखा न गया हो। इन बोलियों के बीच जातीय भाषा के रूप में हिन्दी का विकास हो रहा है। विभिन्न जनपदों में एक-सी भाषा गठित करने के लिए व्याकरण

आवश्यक है। अनस्थिरता जनपदीय बोलियों में नहीं है, अनस्थिरता जातीय भाषा में है क्योंकि विभिन्न जनपदों के लोग उसे अपना रहे हैं और अपनी उपभाषाओं की तुलना में वह उन्हें अटपटी जान पड़ती है। इसलिए व्याकरण आवश्यक है। जातीय भाषा का विकास अप्राकृतिक नहीं है। उसके बिना जातियों का निर्माण नहीं हो सकता। इस जातीय भाषा को एकरूपता प्रदान करना सामाजिक आवश्यकता को पूरा करना है। यह ऐतिहासिक अनिवार्यता है जो लिखित व्याकरण द्वारा सम्पन्न हो सकती है, उसके बिना भी। यूरोप के भाषाविज्ञानियों ने द्विवेदी जी के समय तक इस समस्या पर बहुत कम लिखा था; जातीय निर्माण-प्रक्रिया पर उनका लेखन अब भी बहुत कम है और जो है, वह काफी दोषपूर्ण है। जातीय निर्माण की प्रक्रिया द्विवेदी जी के सामने स्पष्ट नहीं है, तो इसमें आश्चर्य नहीं है।

व्याकरण को सहज भाषा-प्रवाह का अवरोधक मानने के साथ द्विवेदी जी लिखित भाषा की आवश्यकता के बारे में कहते हैं : "पर जो भाषा लिखी जाती है, उसकी बात दूसरी है। जिस भाषा में बड़े-बड़े इतिहास, काव्य, नाटक, दर्शन, विज्ञान और कला-कौशल से सम्बन्ध रखनेवाले महत्त्वपूर्ण ग्रंथ लिखे जाते हैं, उसका शृंखलाबद्ध होना बहुत जरूरी है।" यह बात सही है। लिखित भाषा के बिना दीर्घकाल तक मनुष्य अपना अनुभव सँजोकर नहीं रख सकता, यद्यपि जहाँ लिखित भाषाएँ नहीं हैं, वहाँ बहुत-सा अनुभव लोगों को कंठस्थ रहता है, और लिखित भाषा प्राप्त हो जाने पर भी लोग वेद, कुरान, व्याकरण, कोश और काव्य के काव्य रट डालते हैं। भाषा की एकरूपता लिखित साहित्य के लिए ही आवश्यक नहीं होती। जातीय भाषा एक ही रूप में बोली जाए, यह भी आवश्यक होता है। द्विवेदी जी एक पीढ़ी से दूसरी पीढ़ी तक भाषा को स्थिरता प्रदान करने के बारे में सोचते हैं। व्याकरण के बिना यदि लिखित भाषा अपनी परिवर्तनशीलता न रोकेगी, तो इससे समाज की हानि होगी, लोग पुरानी भाषा समझ ही न पाएँगे, अत: उस भाषा में संचित ज्ञान से वे वंचित हो जाएँगे। यहाँ देशगत विविधता को कालगत विविधता से मिला देने के कारण अनावश्यक रूप से उलझाव पैदा हुआ है।

संस्कृत के समान पालि और प्राकृत भाषाओं के भी व्याकरण लिखे गए थे पर संस्कृत के समान इन भाषाओं का व्यवहार न हुआ। इसका कारण द्विवेदी जी की समझ में यह है कि "ये अशिक्षित और ग्राम्य लोगों की भाषाएँ थीं। उनका व्याकरण अपूर्ण है। उनमें कई एक वर्ण ही नहीं हैं। इसीलिए वे चिरकाल तक सजीव दशा में नहीं रहीं।" यहाँ द्विवेदी जी पालि और प्राकृत के बारे में प्रचलित धारणाएँ व्यक्त कर रहे हैं। ये धारणाएँ अब तक निर्मूल नहीं हुई हैं। पर कुछ वर्णों के अभाव से उन भाषाओं का चलन बंद हुआ, यह बात अब कोई न कहेगा। तमिल की बहुत-सी ध्वनियाँ संस्कृत में नहीं हैं और संस्कृत की बहुत-सी ध्वनियाँ तमिल में नहीं हैं। इससे इन भाषाओं की स्थिरता-अनस्थिरता पर कोई प्रभाव नहीं पड़ता।

कालगत स्थिरता द्विवेदी जी के लिए गौण विषय है। उनके विवेचन का लक्ष्य है व्यापक भाषा की देशगत एकरूपता। भाषा की सजीवता की व्याख्या करते हुए कहते हैं : "लिखित भाषा की सजीवता का सबसे बड़ा लक्ष्य यह है कि वह अधिक दूर तक व्यापक है। जो भाषा जितनी ही अधिक व्यापक होती है, जिस भाषा का प्रचार जितने ही अधिक प्रान्तों में होता है, जो भाषा जितनी ही अधिक लोगों की समझ में आती है, वह भाषा उतनी ही अधिक सजीव समझी जाती है।"

यहाँ उनकी निगाह हिन्दी पर है। यह भाषा अनेक प्रान्तों में व्यापक रूप से व्यवहार में आ रही है। इसलिए उसमें एकरूपता लाना आवश्यक है। कालगत स्थिरता उनके लिए गौण है, इसका प्रमाण यह है कि वह व्याकरण को दीर्घकाल के लिए अचल और स्थिर नहीं मानते। भाषा बदलती है तो उसके साथ व्याकरण भी बदलेगा, इस तर्क-योजना के अनुरूप वह कहते हैं : "जब भाषा अनस्थिर है, और जब व्याकरण भाषा का शासन करने के लिए उसके बाद बनता है तब व्याकरण को हमेशा के लिए बनाया गया कहना कहाँ तक ठीक है, इसका फैसला हम इस लेख के पढ़नेवालों ही पर छोड़ते हैं। हमारी समझ में तो जो लोग व्याकरण को हमेशा के लिए बनाया गया मानते हैं, वे अपने को पढ़े-लिखे आदमियों की दृष्टि में उपेक्षा का पात्र बनाते हैं।"

द्विवेदी जी के सामने आदर्श व्याकरण संस्कृत का है। संस्कृत किस तरह की भाषा है? उसकी परिवर्तनशीलता से उसके व्याकरण का सम्बन्ध किस प्रकार का है? —इन प्रश्नों का उत्तर देते हुए वह कहते हैं : "वह लिखित भाषा है। किसी समय यह बोली भी जाती रही होगी। पर जब से वह व्याकरण के दृढ़तम नियमों से प्रतिबद्ध हुई, तब से वह स्थिर हो गई। इसका फल यह हुआ कि हम आज उसे प्राय: उसी रूप में देखते हैं जिस रूप में यह कई हजार वर्ष पहले थी।"

फिर आगे कहते हैं : "पाणिनि के पहले भी अनेक व्याकरण थे—उन्होंने शाकटायन, शाकल्य आदि कई वैयाकरणों के मत खुद भी लिखे हैं, और यदि संस्कृत भाषा बोल-चाल की भाषा बनी रहती तो और भी कितने ही व्याकरण बन जाते, और दो-एक बने भी हैं। जिस समय जैसी भाषा होती है, वैसा ही व्याकरण बनता है। उसके बदल जाने पर, परिवर्तित भाषा का वह पूरे तौर पर शासन नहीं कर सकता। उसके लिए व्याकरण के भी परिवर्तित नियमों की जरूरत होती है। हाँ, जिस भाषा से उस व्याकरण का सम्बन्ध है, वह यदि पुस्तकादि में बनी है तो उसके लिए वह जरूर काम आता है। इस अर्थ में यदि वह नित्य माना जाए तो माना जा सकता है, अन्यथा नहीं। व्याकरण गणितशास्त्र नहीं है जिसके सिद्धान्त सदा एक से और निर्विवाद बने रहें। यह कैसे सम्भव है कि भाषा बदल जाए, पर व्याकरण पूर्ववत् बना रहे? यदि ऐसा होता तो पाणिनि को वैदिक भाषा के लिए अलग नियम न बनाने पड़ते और अँगरेज विद्वानों को शेक्सपियर के ग्रंथों के पढ़ने

में सुभीता होने के लिए जुदा व्याकरण की रचना न करनी पड़ती। यह एक ऐसी स्थूल बात है कि इस विषय में अधिक लिखना व्यर्थ समय नष्ट करना है। यदि भाषा अनस्थिर है तो व्याकरण भी अनस्थिर है। जो इस बात के कायल नहीं, वे इस समय भी रासो की भाषा लिख सकते हैं।"

द्विवेदी जी के लिए संस्कृत का व्याकरण आदर्श व्याकरण है, पर संस्कृत भाषा आदर्श भाषा नहीं है क्योंकि यह बोलचाल की भाषा न रह गई थी, वह पुस्तकों के भीतर सीमित रही (अथवा पंडितों के शास्त्रार्थ के काम आती रही)। हिन्दी के लिए वह इस स्थिति की कामना नहीं करते। हिन्दी का व्याकरण हजारों साल तक भाषा को स्थिर और अपरिवर्तित बनाये रखने के लिए न होगा। मुख्य प्रश्न देशगत स्तर पर भाषा को एकरूपता प्रदान करने का है। स्वयं संस्कृत का विकास हुआ है, उसमें परिवर्तन हुए हैं। इसीलिए वैदिक भाषा से बाद की संस्कृत में अन्तर था। व्याकरण परिवर्तनशील है, यह बात भले ही स्थूल हो, पर बहुत-से लोगों की समझ में—खास तौर से वैयाकरणों की समझ में—अब भी यह नहीं आती। व्याकरण के प्रति यह दृष्टिकोण अपनाने के लिए द्विवेदी जी को क्रान्तिकारी विचारक कहना उचित होगा।

जातीय भाषा के रूप में हिन्दी का विकास होगा। जनपदीय उपभाषाओं से इस जातीय भाषा का सम्बन्ध क्या होगा? क्या उन उपभाषाओं को जातीय भाषा का अपभ्रंश कहा जाएगा? द्विवेदी जी इस प्रश्न का उत्तर इस प्रकार देते हैं : "प्रान्तिक बोलियाँ शहर और साहित्य की भाषा का अपभ्रंश नहीं। उनको अपभ्रंश समझना भूल है। उनकी उत्पत्ति स्वाभाविक है। उनके शब्द-समूह और भाव-व्यंजक शक्ति का विस्तार साहित्य की भाषा की अपेक्षा भी अधिक हैं। वे साहित्य की भाषा की सहायक हैं; वे उसके कलेवर की पोषक हैं; उसके प्रभुत्व और विस्तार को कम करनेवाली नहीं। इन्हीं प्रान्तीय भाषाओं में से कोई एक भाषा अनेक प्राकृतिक कारणों से, साहित्य की भाषा हो जाती है। पहले की अपेक्षा मनुष्य उसे अधिक काम में लाने लगते हैं। और विद्वान् उसी में अपने विचारों को लिपिबद्ध करना आरम्भ कर देते हैं।"

यहाँ जनपदीय उपभाषाओं से जातीय भाषा के सम्बन्ध का विवेचन वैज्ञानिक ढंग से किया गया है। यहाँ जो स्थापनाएँ प्रस्तुत की गई हैं, उनका महत्त्व आज भी बना हुआ है। दरअसल यह महत्त्व अभी भाषाविज्ञानियों की समझ में नहीं आया। यदि प्रान्तिक बोलियाँ शहर और साहित्य की भाषा का अपभ्रंश नहीं हैं, तो हिन्दी, बँगला, मराठी आदि भाषाएँ संस्कृत की पुत्रियाँ अथवा पौत्रियाँ कैसे हो गईं? द्विवेदी जी का ध्यान बैसवाड़ी और हिन्दी के सम्बन्ध पर रहा होगा जब उन्होंने बोली के शब्द-समूह और भाव-व्यंजक शक्ति के विस्तार को साहित्य की भाषा की अपेक्षा अधिक बताया। जनपदीय उपभाषाएँ साहित्य की भाषा की सहायक हैं। जातीय भाषा का विकास अप्राकृतिक नहीं है। प्राकृतिक कारणों से, अर्थात् नैसर्गिक सामाजिक कारणों से, अनेक जनपदीय भाषाओं में से कोई एक जातीय भाषा बन जाती है।

वह केवल साहित्य की भाषा नहीं होती। पहले की अपेक्षा मनुष्य उसे अधिक काम में लाने लगते हैं, उसका व्यवहार अधिक व्यापक हो जाता है। इसके साथ विद्वान् भी उसमें अपने विचार लिपिबद्ध करना आरम्भ कर देते हैं। इसलिए हिन्दी और ब्रजभाषा, हिन्दी और भोजपुरी, हिन्दी और मैथिली में कोई आन्तरिक विरोध नहीं है। हिन्दी जातीय भाषा है, ये उपभाषाएँ उसके कलेवर की पोषक हैं। जिन जनपदों में इनका व्यवहार होता आया है, वहीं के नगरों में, उद्योग-धन्धों में, कचहरी-अदालत और विद्यालयों में, मनुष्य पहले की अपेक्षा हिन्दी भाषा अधिक काम में लाने लगे हैं। इसीलिए आधुनिक हिन्दी के तीन-चौथाई लेखक अवध समेत पूर्वी प्रदेशों के हैं। जो लोग इन जनपदीय उपभाषाओं को स्वतंत्र जातीय भाषाएँ मानते हैं, वे समस्त हिन्दी जनता का जातीय जीवन छिन्न-भिन्न करते हैं और 100 वर्ष में हिन्दी लेखकों ने जो प्रगति की है, उस पर पानी फेरते हैं। इसलिए इस सन्दर्भ में द्विवेदी जी ने जो कुछ लिखा, उस पर बहुत ध्यान से विचार करना चाहिए।

भाषा और व्याकरण के जिन अनेक पक्षों पर द्विवेदी जी विचार कर रहे हैं, वे नये हैं। मैक्समूलर आदि की पुस्तकों से उन्होंने जो सहायता ली है, वह हिन्दी की तत्कालीन स्थिति को ध्यान में रखते हुए सैद्धान्तिक विवेचन में बहुत सहायक नहीं होती। हिन्दी से उसकी जनपदीय बोलियों का सम्बन्ध किस तरह का हो, जातीय भाषा के रूप में हिन्दी का विकास नैसर्गिक है या कृत्रिम, उसमें एकरूपता लाना आवश्यक है या नहीं, हिन्दी का व्याकरण जातीय भाषा को एकरूपता प्रदान कर सकता है या नहीं, यह व्याकरण भाषा को अपरिवर्तनशील और जड़ तो न बना देगा—ये सारे प्रश्न व्यावहारिक हैं। इनका सम्बन्ध हिन्दी की तत्कालीन स्थिति से है और इनका उत्तर किसी भाषाशास्त्र की पुस्तक में पहले से लिखा हुआ विद्यमान न था।

भाषा और व्याकरण वाले निबन्धों का दूसरा पक्ष प्रयोग-सम्बन्धी है। अनेक उदाहरण देकर द्विवेदी जी ने बताया कि अनेक लेखकों में ही प्रयोग-भिन्नता नहीं है, वरन् एक ही लेखक में इस तरह की भिन्नता दिखाई देती है। "एक लेखक लिखता है : 'जिनने', 'उनने', 'इनने'; दूसरा लिखता है : 'जिन्होंने', 'उन्होंने', 'इन्होंने'। एक लिखता है : 'वह ही'; दूसरा लिखता है : 'वही' और 'वो ही'। एक लिखता है : 'वे जाएँ', दूसरा लिखता है : 'वे जाएँ'। जो लेखक एक जगह पर लिखता है : 'वह काम इस तरह हो', वह जरा दूर आगे चलकर लिखता है : 'वह काम इस तरह होवे'। इस अनस्थिरता का कहीं ठिकाना है! यदि इस तरह के प्रयोग सर्वसम्मति से उभयमुखी मान लिए जाएँ तो कुछ बात ही नहीं; अन्यथा इनमें से एक प्रकार छोड़ देना चाहिए।"

कुछ अन्य उदाहरणों में प्रयोग-विविधता के नमूने इस प्रकार हैं : "यह... मेरे पुत्र...से ऐसा अनुचित सम्बन्ध कर लिए है"; "सर हेनरी काटन ने जो कुछ भारतवर्ष का इकानामिक प्राब्लेम पर लिखा है"; "मेरे याद दिलीप भूपति गये"; "वह रिपोर्ट हमको देखने में नहीं आई"; "हमको वह फर्मा नहीं देखने में आया";

"उनका रचा हुआ कई एक ग्रंथ पढ़ने का संयोग पड़ा है"; "बाबू साहिब ने...कई एक दोहा बना दिये थे"—इस तरह के उदाहरण देखकर कोई भी स्वीकार करेगा कि यहाँ एकरूपता आवश्यक है। दरअसल यहाँ प्रयोग-विविधता नहीं है; ये ऐसे दोष हैं, जो 1900 से पहले की परमार्जित हिन्दी में भी अक्षम्य समझे जाते। द्विवेदी जी ने भारतेन्दु हरिश्चन्द्र से अनेक उदाहरण दिये हैं जिनसे दरअसल भाषा की अनस्थिरता सिद्ध नहीं होती, केवल यह सिद्ध होता है कि भारतेन्दु अपना लिखा हुआ फिर से दोहराते नहीं थे, अधिक-से-अधिक ये भूलें उनकी लापरवाही का नतीजा है। उन्होंने एक जगह लिखा : "एक दिन शिकार खेलने में राजा ने अपनी पाँचों उँगली की परछांई वररुचि को दिखलाया।" दूसरी जगह उन्होंने लिखा : "वररुचि ने अपनी दो उँगलियों की परछांई ऊपर से दिखाई।" भोजपुरी क्षेत्र के होने के कारण भारतेन्दु की हिन्दी में स्त्रीलिंग-पुंल्लिंग क्रियारूपों में अस्थिरता है। यथा—राजा ने वररुचि की बड़ा स्तुति किया, राजा ने ब्राह्मण को मारने की आज्ञा किया, भालू ने कुँवर की रक्षा किया। किन्तु हरिश्चन्द्र सही प्रयोग भी करते थे, जैसे द्विवेदी जी के उदाहरणों में, जरासन्ध ने उग्रसेन के पास अँगीठी भेजी, नगर में आकर एक पाठशाला स्थापित की, पाठशाला धूमधाम से चल निकली।

यदि बात इतनी ही होती तो शायद इतना वितंडावाद न उठ खड़ा होता। हिन्दी प्रयोगों में एकरूपता लाना जरूरी था, इस बात को लेकर द्विवेदी जी से पहले हिन्दी में काफी चर्चा हो चुकी थी। किन्तु उनके लेख से बहुत लोग अप्रसन्न हुए। लेख में जो सैद्धान्तिक बातें कही गई थीं और दूसरे लेख में आगे फिर कही गईं, इस अप्रसन्नता के कारण उनकी ओर लोगों का ध्यान कम गया। मुख्य प्रश्न यह हो गया कि ये दूसरों की भाषा सुधारने चले हैं, इन्हें खुद भी भाषा लिखना आता है या नहीं? द्विवेदी जी ने अनस्थिरता शब्द का प्रयोग किया था और बालमुकुन्द गुप्त ने इसी पर ध्यान केन्द्रित करके पूछा कि यह शब्द कैसे सिद्ध होगा?

इस विवाद के लिए अंशत: द्विवेदी जी उत्तरदायी थे। पहले वाले निबन्ध में उन्होंने सबसे पहला उदाहरण भारतेन्दु हरिश्चन्द्र से दिया था। उन्होंने यह वाक्य उद्धृत किया था : "मेरी बनाई वा अनुबादित वा संग्रह की हुई पुस्तकों को श्री बाबू रामदीनसिंह 'खड्ग विलास' के स्वामी का कुल अधिकार है और किसी को अधिकार नहीं कि छापै।" इसमें पुस्तकों के साथ 'को' के प्रयोग पर द्विवेदी जी ने आपत्ति की। इसके सिवा अन्तिम शब्द 'छापै' के पहले सर्वनाम 'उन्हें' या 'उनको' का प्रयोग आवश्यक बताया। इस तरह की भूल छापे वालों की असावधानी का परिणाम भी हो सकती है, यह मानने के बाद उन्होंने अनुवादित में 'ब' की ओर ध्यान दिलाया। लिखा : "पर जिस पुस्तक की पीठ पर यह नोटिस छपी है, उसके नाम 'वकरी विलाप' की बकरी में 'ब' की जगह 'व' हो गया है। 'ब' और 'व' में भेद है। यदि भेद न होता तो एक के बदले दो वर्णों की जरूरत ही क्या थी?"

यहाँ व्यंग्य के लिए इतनी बढ़िया सामग्री थी कि बालमुकुन्द गुप्त उसका उपयोग न करते तो यह भी अक्षम्य अपराध होता। द्विवेदी जी ने जिन मुख्य बातों पर ध्यान केन्द्रित करना उचित था, उनके साथ ऐसी साधारण बातें मिला दी थीं कि लेख के मूल उद्देश्य का आँखों से ओझल हो जाना अनिवार्य था। वह यदि समकालीन लेखकों की रचनाओं से ऐसे उदाहरण देते तो लोग बुरा न मानते। पर उन्होंने उदाहरण चुने सबसे पहले भारतेन्दु हरिश्चन्द्र से, फिर शिवप्रसाद से, फिर राधाचरण गोस्वामी और काशीनाथ खत्री से। लोगों को ऐसा लगा कि वह भारतेन्दु हरिश्चन्द्र और उनके समकालीन साहित्यकारों पर आक्रमण कर रहे हैं। इसलिए जब बालमुकुन्द गुप्त ने द्विवेदी जी पर आक्रमण किया, तब उनके साथ हिन्दी के बहुत-से लेखक हो गए और बालमुकुन्द गुप्त के लेखों में केवल उनका अपना रोष नहीं वरन् साधारण हिन्दी पाठकों का रोष भी व्यक्त हुआ। द्विवेदी जी के लेखों से स्पष्ट है कि बहुत-से लोगों ने उनके पास भी विरोध प्रकट करते हुए पत्र भेजे।

द्विवेदी जी यदि भारतेन्दु हरिश्चन्द्र की गद्य-लेखन-कला का पहले मूल्यांकन करते और उसके बाद उनके प्रयोगों के दोष दिखाते तो लोग बुरा न मानते। तब वे दोष चन्द्रमा में कलंक जैसे दिखाई देते। पर जिस ढंग से उन्होंने लिखा, उससे कलंक ही प्रमुख हो गया, चन्द्रमा का प्रकाश पीछे पड़ गया। दूसरे लेख में उन्होंने भारतेन्दु हरिश्चन्द्र को बहुत बड़ा लेखक कहकर उनकी प्रशंसा की, पर वह सब नाकाफी था। यह उन्होंने दूसरे लेख में लिखा, पहले में नहीं। इसके सिवा भारतेन्दु हरिश्चन्द्र, राधाचरण गोस्वामी, बालमुकन्द गुप्त आदि के गद्य और द्विवेदी जी के गद्य में भेद है। यह भेद गद्य की कलात्मक शैली को लेकर है। वह गम्भीर विवेचनात्मक गद्य लिखते हैं किन्तु इस तरह के गद्य में और उनके साधारण गद्य में भी हिन्दी भाषा की खूबियों की वह पहचान नहीं है जो भारतेन्दु हरिश्चन्द्र या बालमुकन्द गुप्त के गद्य में है। व्याकरण की बहुत-सी बातें भाषा के प्रति सूक्ष्म संवेदनशीलता से जानी जाती हैं, संस्कृत व्याकरण या किसी भी व्याकरण को आधार बनाने पर समझ में नहीं आतीं। द्विवेदी जी समर्थ मेधावी लेखक थे किन्तु हिन्दी गद्य का सौन्दर्य देखना हो तो भारतेन्दु और उनके समकालीन लेखकों के पास ही जाना होगा।

बालमुकन्द गुप्त ने द्विवेदी जी द्वारा 'को' के अत्यधिक प्रयोग पर आपत्ति की थी। द्विवेदी जी ने नियम-सा बना लिया था कि कर्म के साथ 'को' जोड़ेंगे ही। दूसरे लेख के अन्त में उनका एक वाक्य है : "एक बात को सुनकर हमारी तबियत बहुत खुश हुई।" 'को' के प्रयोग पर वह अड़े रहे। गुप्त जी ने उनके ऐकार के प्रयोग की ओर भी ध्यान दिलाया था। यहाँ द्विवेदी जी ने अपनी चाल छोड़ने का वादा किया। लिखा : "हमारे जुबांदाँ समालोचक फ़रमाते हैं कि पंजाब, युक्तप्रदेश, दिल्ली, आगरा, काशी, पटना के लेखक 'करें', 'हमें' बोलते और लिखते हैं, 'करैं', 'सकैं' नहीं। बेहतर है, हम अपनी देहाती चाल को छोड़ने की कोशिश करेंगे, पर आप भी

थोड़ी-सी उदारता दिखाइए।" उदारता यह कि गुप्त जी सहानुभूती, अप्रम्पार, स्मर्ण आदि लिखना छोड़ें। 'करैं' आदि में ऐकार का प्रयोग भारतेन्दु हरिश्चन्द्र करते थे, द्विवेदी जी के समकालीन और बहुत-से लेखक भी करते थे, इस बात की ओर ध्यान दिलाना उचित ही था। द्विवेदी जी ने इस विवाद के बाद ऐकार की जगह एकार लिखनेवाली पद्धति अपनाई। इस वाद-विवाद से अनेक हिन्दी लेखक अपने प्रयोगों के प्रति अधिक सतर्क हुए। स्वयं द्विवेदी जी अपने गद्य-लेखन के प्रति और अधिक सचेत हुए। निराला के साहित्यिक जीवन में जो महत्त्व 'भावों की भिड़न्त' लेख का था, उससे मिलता-जुलता महत्त्व द्विवेदी जी के जीवन में अनस्थिरता वाले विवाद का हुआ। उनके सम्पादन-कार्य को अभी दो ही साल बीते थे। यह विवाद उनके सम्पादकीय जीवन के प्रारम्भिक वर्षों में हुआ, यह अच्छा हुआ। 1905 के बाद 'सरस्वती' की भाषा वैसी ही नहीं रहती, जैसी वह 1905 से पहले थी।

पहले वाले लेख में 'जब तब' और 'जो तो' के प्रयोग के बारे में द्विवेदी जी ने लिखा था : "हिन्दी में 'जब', 'तब' और 'जो' (यदि), 'तो' के प्रयोग में भी बड़ा गड़बड़ है।" (पता नहीं, यहाँ 'गड़बड़' शब्द उन्होंने पुंल्लिंग माना है या यह छापे की भूल है! इसी लेख में उन्होंने एक वाक्य लिखा है : "विचार न करने से भाषा में बेतरह गड़बड़ पैदा हो जाएगी।") 'जब', 'जो' आदि के प्रयोगों के बारे में उन्होंने ग़ालिब का एक वाक्य उद्धृत किया है : "यह कह सकते हो, हम दिल में नहीं हैं; पर यह बतलाओ कि जब दिल में तुम्हीं तुम हो तो आँखों से निहां क्यों हो?" यहाँ द्विवेदी जी को 'जब' के साथ 'तो' के प्रयोग पर आपत्ति थी। यहाँ जब कालवाचक नहीं है, इसलिए तो का प्रयोग ठीक मानना चाहिए। पर द्विवेदी जी का मत था कि 'जब' के साथ 'तब' का प्रयोग निश्चित कर दिया जाए और 'जो' के साथ 'तो' का। यहीं भाषा के प्रति संवेदनशीलता की परख होती है। हिन्दी में 'यदि' के अर्थ में 'जो' का प्रयोग बहुत ही कम होता है। हिन्दी प्रयोगों को स्थिर करने में उर्दू गद्य से काफी सहायता ली जा सकती थी और बालमुकुन्द गुप्त ने यही किया था किन्तु द्विवेदी जी ने अपने इन दो लेखों में—अवश्य ही अपना पक्ष मजबूत करने के विचार से—उर्दू के बारे में कुछ कटु बातें लिखीं, यथा : "हिन्दी में जो सजीवता है, वह उसे संस्कृत और प्राकृत से मिली है, अरबी-फारसी से नहीं। पर जिस हिन्दी के टुकड़े खाकर उर्दू जिन्दा है उसी हिन्दी को अब उर्दू के द्वार पर भीख माँगने, उसके सेवकों की बोली की नकल करने—देहली-आगरे जाना होगा! देखें, इन जुबांदानों की बदौलत उसकी क्या क्या गति होती है।"

उर्दू की सजीवता का आधार फारसी नहीं है, बोलचाल की हिन्दी है। हिन्दी की सजीवता का आधार संस्कृत और प्राकृत नहीं हैं। हिन्दी उनसे भिन्न और स्वतंत्र भाषा है और यह बात द्विवेदी जी से ज्यादा अच्छी तरह उस समय और कोई न जानता था। अनस्थिरता के प्रयोग के बारे में उन्होंने बहुत सही लिखा था : "संस्कृत

व्याकरण से यदि वह अशुद्ध है तो हुआ करे; हम संस्कृत नहीं किन्तु हिन्दी लिख रहे हैं।" कुछ लोग अनस्थिरता शब्द संस्कृत व्याकरण से सिद्ध कर रहे थे। द्विवेदी जी ने ऐसे वैयाकरणों का मजाक उड़ाते हुए कहा कि संस्कृत व्याकरण में मालिक, मौलाना, पाकेट आदि को शुद्ध साबित करने की शक्ति है, उसके लिए अनस्थिरता को शुद्ध साबित करना कौन बड़ी बात है? इसलिए उन्होंने पाठकों को सावधान किया : "पर हम अपने वाचकों से प्रार्थना करते हैं कि संस्कृत के बखेड़े में न पड़कर अनस्थिरता को वे 'अनमिल', 'अनहित', 'अनरीति', 'अनमोल', 'अनगैरी', 'अनदेखी' और 'अनसुनी' की तरह का हिन्दी शब्द समझें।" यानी अनस्थिर शब्द भारतेन्दु हरिश्चन्द्र और बालमुकुन्द गुप्त की गद्य-परम्परा के ही अधिक अनुकूल था, द्विवेदी जी की शुद्धतावादी पद्धति के कम अनुकूल था। (अरबी के 'अ' के नीचे वह बिन्दी लगाते ही हैं, कन्नौज के 'क' के नीचे भी उन्होंने नुक्ता लगाया है। मार्च, 1906 की 'सरस्वती' में प्रतापनारायण मिश्र पर लेख में; नवम्बर, 1906 के अंक में 'वि़विध विषय' में।) उनकी यह बात बिलकुल सही है : "हिन्दी में व्यवहृत शब्दों को संस्कृत बनाने की चेष्टा करने से लिखनेवालों का एक मिनट भी काम नहीं चल सकता।" हिन्दी को राष्ट्रभाषा बनाने के नाम पर उसे संत्कृतगर्भित करने की जो प्रवृत्ति जोर पकड़ती गई, उसका पूर्वाभास द्विवेदी जी के लेख में है। हिन्दी को दीर्घकाल तक स्थायी बनाने के लिए उन्होंने सलाह दी कि उसकी रचना व्याकरण-विरुद्ध न हो, साथ ही "उसमें सिर्फ ऐसे-ऐसे शब्दों का प्रयोग हो जो विशेष व्यापक हों अर्थात् जिन्हें अधिक प्रान्तों के आदमी समझ सकें। देशभर में एक ही भाषा होगी या नहीं, होगी तो कब होगी, यह निश्चयपूर्वक नहीं कहा जा सकता। परन्तु जब तक हिन्दी को अधिक व्यापक बनाने में लाभ हो, इस बात को सभी स्वीकार करेंगे। अतएव हिन्दी के साहित्य में प्रान्तज और क्षण-भंगुर शब्दों का आना अच्छा नहीं।" निस्सन्देह वह संस्कृत के सरल शब्द लेने पर जोर देते हैं और विदेशी शब्दों का प्रयोग बुरा नहीं है, यह मानते हैं। पर संस्कृत के शब्द, अपने तत्सम रूप में भी, विभिन्न भाषाओं में भिन्न अर्थों के सूचक होते हैं। द्विवेदी जी को यह बात नापसन्द है। इस सन्दर्भ में उन्होंने लिखा : "कुछ शब्द ऐसे हैं जिनका संस्कृत में कुछ अर्थ है, पर हिन्दी में वे दूसरे ही अर्थ में प्रयुक्त होते हैं। ऐसे शब्द सर्वथा त्याज्य हैं। बाधित, निर्भर, आन्दोलन और कटिबद्ध आदि शब्द इसी कक्षा के हैं।...ऐसे शब्दों का प्रयोग एकदम बन्द हो जाना चाहिए।" किन्तु ऐसे शब्दों का प्रयोग बन्द हुआ न हिन्दी में, न भारत की अन्य भाषाओं में। यहाँ भाषा के प्रति संवेदनशीलता वैयाकरण का साथ नहीं दे रही। द्विवेदी जी ने अपने बारे में लिखा था : "हम स्वयं भी बहुधा व्याकरण-विरुद्ध लिख जाते हैं। इसका कारण यह है कि व्याकरण की तरफ लोगों का ध्यान ही कम है।" आगे उन्होंने फिर सफाई दी : "हम वैयाकरण नहीं; और न किसी पंडित या अपंडित समाज में वैयाकरण कहलाए जाने की हमें महत्त्वाकांक्षा

है। सम्भव है हम इसी नोट में कितने ही शब्द और वाक्य व्याकरण-विरुद्ध लिख गए हों।" पर यह सब लिखने का कुछ भी असर उनके विरोधियों पर न हुआ। इसका कारण था। किसी की भी भाषा हो, स्वयं द्विवेदी जी की या अन्य किसी की, उसे जिस व्याकरण से वह अनुशासित करना चाहते थे, वह भाषा पर शासन करनेवाला व्याकरण था, अनुशासन का अर्थ कुछ भी किया जाए। यह मानते हुए कि हिन्दी संस्कृत से भिन्न भाषा है, उन्होंने यह प्रस्ताव किया कि 'हिन्दी की उत्पत्ति संस्कृत से है। इसलिए हमको यथासम्भव संस्कृत व्याकरण की सहायता से उसे नियंत्रित करना चाहिए।" संस्कृत व्याकरण की सहायता से हिन्दी प्रयोग नियंत्रित नहीं किए जा सकते। द्विवेदी जी जिस तरह के व्याकरण की माँग कर रहे थे, वह मुख्यत: शासक व्याकरण था। उनकी यह धारणा अन्य उल्लेखों से भी प्रकट होती है। 'जो' और 'तब' के प्रयोग के बारे में कहते हैं : "भाषा की यह अनस्थिरता बहुत ही हानिकारिणी है। क्या ये सभी मुहाविरे हैं और सभी शुद्ध हैं? यदि ऐसा ही है तो यह कहना चाहिए कि हिन्दी शब्द-समूह में विलक्षण ग़दर हो रहा है और जिसे जहाँ जगह मिलती है, वह वहीं स्थान दबा बैठता है।"

द्विवेदी जी समझते थे कि हिन्दी में गदर मचा हुआ है और यहाँ शान्ति स्थापित करना उनका काम है। पर उनकी यह भूमिका सभी लोग स्वीकार करने को तैयार न थे। वाद-विवाद के दौरान थोड़ा-बहुत कीचड़ भी उछाला गया, साड़ी और लहँगे की बातें हुईं, पर कुल मिलाकर यह बहस लाभदायक थी। हिन्दी को परिनिष्ठित रूप देना एक ऐतिहासिक आवश्यकता को पूरा करना था। वह आवश्यकता इस रूप में पूरी हुई कि हिन्दी लेखक अपनी भाषा के प्रति अधिक सतर्क रहने लगे। बालमुकुन्द गुप्त हिन्दी को परिनिष्ठित रूप देने की आवश्यकता बहुत अच्छी तरह समझते थे पर भारतेन्दु हरिश्चन्द्र की आलोचना से क्रुद्ध होकर उन्होंने द्विवेदी जी के कार्य के उस पक्ष को आँखों से ओझल हो जाने दिया। जब वाद-विवाद शान्त हो गया तब कानपुर जाकर उन्होंने द्विवेदी जी के चरण छुए। यह द्विवेदी जी के प्रति, उनके ब्राह्मण होने के कारण, श्रद्धा का प्रदर्शन न था। द्विवेदी जी ने व्याकरण-चर्चा नि:स्वार्थ भाव से की थी और उनका कार्य महत्त्वपूर्ण था, गुप्त जी द्वारा उनकी चरण-वन्दना इस तथ्य की स्वीकृति थी। गुप्त जी के देहान्त के बाद रायकृष्णदास ने द्विवेदी जी से पूछा कि सबसे अच्छी हिन्दी कौन लिखता है तो द्विवेदी जी ने कहा : "अच्छी हिन्दी बस एक व्यक्ति लिखता था—बालमुकुन्द गुप्त।" यह एक प्रतिद्वन्द्वी के प्रति उदारता का अतिरंजित प्रदर्शन नहीं था; यह भारतेन्दु-युगीन गद्य-परम्परा के महत्त्व की स्वीकृति थी जिसके एक यशस्वी प्रतिनिधि बालमुकुन्द गुप्त थे।

4

साहित्य-समालोचना और रीतिवाद-विरोधी अभियान

1. साहित्य का जातीय स्वरूप

अब आलोचना क्षेत्र में द्विवेदी जी के साहित्य-सम्बन्धी विचारों पर ध्यान देना चाहिए। आरम्भ में ही यह कह देना उचित होगा कि द्विवेदी जी सीमित अर्थ में साहित्यकार नहीं हैं। उनका उद्‌देश्य हिन्दी प्रदेश में नवीन सामाजिक चेतना का प्रसार करना है। इस उद्‌देश्य की सिद्धि के लिए वह समाज-विज्ञान, प्रकृति-विज्ञान, दर्शनशास्त्र और साहित्य—इन सभी के विकास के लिए प्रयत्न करते हैं। साहित्य उनमें से एक है; शिक्षा-प्रसार के लिए आवश्यक अन्य विषय उसके अन्तर्गत नहीं हैं। महावीरप्रसाद द्विवेदी की भूमिका एक महान् शिक्षक की भूमिका है, केवल साहित्यकार की नहीं।

जैसे समाजशास्त्र और इतिहास पर लिखते हुए द्विवेदी जी और उनके सहयोगियों ने वैज्ञानिक दृष्टिकोण अपनाया, वैसे ही साहित्य-सम्बन्धी निबन्धों और टिप्पणियों में उन्होंने रूढ़ि-विरोधी आधुनिक दृष्टिकोण अपनाया। जैसे वे विज्ञान-सम्बन्धी लेखों द्वारा पुराने विचार बदलकर नई सामाजिक चेतना का प्रसार करना चाहते थे, वैसे ही साहित्य द्वारा वे जनता के पुराने संस्कार बदलकर उसका मानस नये साँचे में ढालना चाहते थे। कलात्मक साहित्य उनके लिए व्यापक शिक्षा-प्रसार का एक अंग था, उसकी अपनी विशेष समस्याएँ थीं, विकास का अपना मार्ग था, पर उसका उद्‌देश्य समाज-निरपेक्ष कला की साधना नहीं था। द्विवेदी जी के आलोचनात्मक कार्य को उनके व्यापक शिक्षा-सम्बन्धी कार्य के अभिन्न अंग के रूप में देखना चाहिए।

जैसे भाषा के बारे में द्विवेदी जी हिन्दी के जातीय स्वरूप की चर्चा करते हैं, वैसे ही हिन्दी साहित्य के जातीय स्वरूप के प्रति भी वह अत्यन्त जागरूक हैं। जो लोग कला की एकान्त साधना पर जोर देते हैं या उसके शाश्वत मूल्यों पर ही ध्यान केन्द्रित करते हैं, उनकी समझ में यह बात जरा मुश्किल से आती है कि साहित्य का जातीय स्वरूप भी होता है। जैसे किसी भाषा के बोलनेवालों के अस्तित्व के बिना उस भाषा के अस्तित्व की कल्पना नहीं की जा सकती, वैसे

ही उस भाषा के माध्यम से साहित्य रचने, उसे पढ़ने और सुननेवालों के समुदाय के बिना उस साहित्य की कल्पना नहीं की जा सकती। बँगला, मराठी, तमिल आदि भाषाएँ बोलनेवाले समुदाय आधुनिक जातियाँ हैं। इन भाषाओं में रचा हुआ साहित्य उनका जातीय साहित्य है। जैसे अनेक जातियों से मिलकर भारत राष्ट्र बना है, वैसे ही विभिन्न भाषाओं के जातीय साहित्य से मिलकर भारतीय बना है। जातीय साहित्य की अनेक सामान्य राष्ट्रीय विशेषताएँ हैं, वैसे ही अनेक उसकी अपनी जातीय विशेषताएँ हैं। भारतीय साहित्य का एक अभिन्न अंग हिन्दी-भाषी जनता का आधुनिक जातीय साहित्य है।

जाति और साहित्य के सम्बन्ध पर द्विवेदी जी ने कानपुर वाले वक्तव्य में कहा था : "जाति विशेष के उत्कर्षापकर्ष का, उसके उच्च-नीच भावों का, उसके धार्मिक विचारों और सामाजिक संघटन का, उसके ऐतिहासिक घटनाचक्रों और राजनैतिक स्थतियों का प्रतिबिम्ब देखने को यदि कहीं मिल सकता है तो उसके ग्रंथ साहित्य ही में मिल सकता है। सामाजिक शक्ति या सजीवता, सामाजिक अशक्ति या निर्जीवता और सभ्यता तथा असभ्यता का निर्णायक एक मात्र साहित्य है। जिस जाति विशेष में साहित्य का अभाव या उसकी न्यूनता आपको देख पड़े, आप यह निस्सन्देह निश्चित समझिए कि वह जाति असभ्य किंवा अपूर्ण सभ्य है। जिस जाति की सामाजिक अवस्था जैसी होती है, उसका साहित्य भी ठीक वैसा ही होता है। जातियों की क्षमता और सजीवता यदि कहीं प्रत्यक्ष देखने को मिल सकती है तो उनके साहित्य-रूपी आईने ही में मिल सकती है।" समाज और साहित्य के गहरे सम्बन्ध पर द्विवेदी जी बार-बार जोर देते हैं। यह समाज आज जिस रूप में गठित है, उसका नाम है जाति। इसलिए जाति-विशेष के साहित्य का अध्ययन किसी समाज-विशेष के सन्दर्भ में ही हो सकता है। साहित्य में सामाजिक अवस्था प्रतिबिम्बित होती है, किन्तु साहित्य निष्क्रिय, तटस्थ प्रतिबिम्ब नहीं है। सामाजिक विकास में, जातियों के इतिहास में, उसकी क्रान्तिकारी भूमिका होती है।

उसी वक्तव्य में साहित्य की क्रान्तिकारी भूमिका के बारे में द्विवेदी जी कहते हैं : "आँख उठाकर जरा और देशों तथा और जातियों की ओर तो देखिए। आप देखेंगे कि साहित्य ने वहाँ की सामाजिक और राजकीय स्थितियों में कैसे-कैसे परिवर्तन कर डाले हैं; साहित्य ही ने वहाँ समाज की दशा कुछ की कुछ कर दी है; शासन प्रबन्ध में बड़े-बड़े उथल-पुथल कर डाले हैं, यहाँ तक कि अनुदार धार्मिक भावों को भी जड़ से उखाड़ फेंका है। साहित्य में जो शक्ति छिपी रहती है, वह तोप, तलवार और बम्ब के गोलों में भी नहीं पाई जाती। योरप में हानिकारिणी धार्मिक रूढ़ियों का उत्पादन साहित्य ही ने किया है; जातीय स्वातंत्र्य के बीज उसी ने बोये हैं, व्यक्तिगत स्वातंत्र्य के भावों को भी उसी ने पाला, पोसा और बढ़ाया है; पतित देशों का पुनरुत्थान भी उसी ने किया है। पोप की प्रभुता को किसने

कम किया है? फ्रांस में प्रजा की सत्ता का उत्पादन और उन्नयन किसने किया है? पदाक्रान्त इटली का मस्तक किसने ऊँचा उठाया है? साहित्य ने, साहित्य ने, साहित्य ने। जिस साहित्य में इतनी शक्ति है, जो साहित्य मुर्दों को भी जिन्दा करनेवाली संजीवनी औषधि का आकर है, जो साहित्य पतितों को उठाने वाला और उत्थितों के मस्तक को उन्नत करनेवाला है, उसके उत्पादन और संवर्द्धन की चेष्टा जो जाति नहीं करती, वह अज्ञानान्धकार के गर्त में पड़ी रहकर किसी दिन अपना अस्तित्व ही खो बैठती है। अतएव समर्थ होकर भी जो मनुष्य इतने महत्त्वशाली साहित्य की सेवा और अभिवृद्धि नहीं करता अथवा उससे अनुराग नहीं रखता, वह समाजद्रोही है, वह देशद्रोही है, यह जातिद्रोही है, किंबहुना वह आत्मद्रोही और आत्महंता भी है।"

हिन्दी में आत्महंता लोगों की कमी नहीं है। हम देश और जाति के अंग हैं। देश-विरोधी, जाति-विरोधी दृष्टि का अर्थ है : आत्मद्रोही, आत्महंता दृष्टि। वे तमाम लोग जो समाज से कटकर व्यक्तित्व-विकास की साधना में लगे हैं, वे क्रमश: व्यक्तित्व-शून्यता की ओर बढ़ते गए हैं। उनका साहित्य रूढ़ियों की आवृत्ति मात्र होता गया है। ये रूढ़ियाँ कहीं नई हैं, कहीं पुरानी; कहीं देशी हैं, कहीं विदेशी।

जाति या समाज गतिरुद्ध, रूढ़िबद्ध, जड़ इकाई नहीं है। वह परिवर्तनशील, विकासमान, अवरोध पैदा करनेवाली, और अवरोधों को हटानेवाली इकाई है। यूरोप की हानिकारक धार्मिक रूढ़ियाँ समाज की ही देन थीं। पोप की प्रभुता उसे समाज से ही प्राप्त हुई थी। फ्रांस का अभिजात शासक वर्ग फ्रांसीसी जाति का ही अंग था। किन्तु पोप की प्रभुता, धार्मिक रूढ़ियाँ, फ्रांसीसी अभिजात वर्ग की प्रभुसत्ता समाज के विकास-पथ में जबर्दस्त रुकावटें बन गई थीं। समाज के अन्य अंगों ने इन अवरोधों को दूर किया। इस संघर्ष में साहित्य तटस्थ नहीं रहता। या तो वह रूढ़िवादियों का साथ देता है या रूढ़ि-विरोधियों का। जो साहित्य गतिरुद्ध, प्रतिक्रियावादी, प्रगति-विरोधी वर्गों का साथ देता है, वह स्वयं अशक्त और निर्जीव हो जाता है। इसके विपरीत जो साहित्य सामाजिक परिवर्तन करनेवाले क्रान्तिकारी वर्गों का साथ देता है, उनका मार्गदर्शन करता है; उन्हें संगठित होने में, दृढ़तापूर्वक अपना संघर्ष चलाने में सहायता देता है, वह समर्थ और जीवन्त होता है। वह साहित्य के जातीय स्वरूप की रक्षा करते हुए उसे विकसित करता है।

हिन्दी साहित्य, विशेष कर हिन्दी आलोचना की एक जातीय परम्परा है। यह कितनी ओजस्वी, आन्तरिक तेज से कितनी दीप्त, नये जीवन की चुनौती को कितने साहस से स्वीकार करती है, इसे हिन्दी पाठक द्विवेदी जी के उद्धृत वक्तव्य में देखें। यहाँ रसनिष्पत्ति की बात नहीं है, कला की समाजविमुख साधना की बात नहीं है, भारतीय संस्कृति के नाम पर यूरोप की प्रगतिशील विचारधारा के विरोध

और हानिकारक धार्मिक रूढ़ियों के समर्थन की बात नहीं है। यहाँ एक सतर्क, जागरूक दृष्टि का परिचय मिलता है जो अपनी जातीय विशेषताएँ पहचानकर, जहाँ से भी ज्ञान मिले, वहाँ से उसे प्राप्त करके, जातीय जीवन को बदलने, उसे नया आधुनिक रूप देने में विश्वास करती है। यह हिन्दी की आधुनिक गौरवशाली परम्परा है जो हमें विरासत में महावीरप्रसाद द्विवेदी से मिली है।

साहित्य के जातीय स्वरूप को पहचानने, आलोचना में उस पर बल देनेवाले द्विवेदी जी अकेले नहीं हैं। मई, 1904 की 'सरस्वती' में रामचन्द्र शुक्ल का लेख छपा है : 'साहित्य'। इसमें भाषा, जाति और साहित्य के सम्बन्धों पर वह कहते हैं : "किसी भाषा के शब्दों के भाव और रूप, और उसे बोलनेवाली जाति के स्वभाव और आशय, में जो सम्बन्ध है, वह प्रत्यक्ष है। बहुतेरे लोग भाषा का उसी प्रकार प्रयोग करते हैं, जैसाकि वे होता हुआ देखते हैं। प्रतिभाशाली पुरुष उसका प्रयोग तो करता है, किन्तु उसे अपने आशय के अधीन रखता है और उसे एक निराले ढंग पर ले चलता है। कल्पना-समूह, विचार-माला, अनुभव और उत्साह इत्यादि जो उसके चित्त में उत्पन्न होते हैं, उन्हीं को वह अपनी भाषा में व्यक्त करता है। उसकी भाषा वैसी ही बहुरूपिणी है, जैसे उसकी आन्तरिक क्रियाएँ हैं। क्रियाएँ वास्तव में उसकी छाया के सदृश हैं। जैसे उसकी कल्पना निज की है, उसके विचार उसके निज के हैं, वैसे ही उसकी भाषा या स्टाइल भी उसकी निज की है।

"'विचार' और 'वाणी' एक दूसरे से पृथक् नहीं किये जा सकते। गोस्वामी तुलसीदास जी कहते हैं : "गिरा अर्थ जल बीचि सम, कहियत भिन्न न भिन्न'। वे एक ही वस्तु के दो विभाग हैं। विचार और कल्पना भाषा द्वारा प्रगट किये जाते हैं। यही साहित्य है।...जिस प्रकार अग्नि से प्रकाश का जुदा होना असम्भव है, उसी प्रकार 'वाणी' या भाषा के बिना 'विचार' का होना असम्भव है।"

आजकल कुछ आलोचक साहित्य की विषयवस्तु की विवेचना से बचने के लिए केवल भाषा की चर्चा करना यथेष्ट समझते हैं। वे यह तर्क भी देते हैं कि साहित्य में विषयवस्तु को भाषा से अलग नहीं किया जा सकता, इसलिए भाषा की चर्चा करना ही काफी है। इसके विरोध में कहा जा सकता है कि जब दोनों में इतना घनिष्ठ सम्बन्ध है, तब विषयवस्तु की चर्चा भी पर्याप्त हो सकती है; चर्चा के लिए भाषा ही क्यों चुनी गई? कारण यह है कि ऐसे लोगों के लिए भाषा और विषयवस्तु का प्रगाढ़ सम्बन्ध साहित्य की विषयवस्तु, उसकी भाव-विचार-सम्पदा को नकारने के लिए है। वे यांत्रिक दृष्टि से भाषा का रूपात्मक विवेचन करते हैं। भाषा विचार-शून्य, भाव-शून्य विशुद्ध रूप कभी नहीं होती, इसलिए इनका रूप-विवेचन, भाषा की दृष्टि से भी, अधूरा और एकांगी होता है। विचार और वाणी अभिन्न रूप से सम्बद्ध हैं। वे एक ही वस्तु नहीं हैं। इसलिए

दोनों की अभिन्नता पहचानते हुए आलोचना में दोनों का विश्लेषण करना चाहिए।

आधुनिक भाषाएँ जातीय भाषाएँ हैं। इन भाषाओं के शब्द, भाव और रूप, उन जातियों के स्वभाव के अनुरूप होते हैं। यदि विचार और वाणी में घनिष्ठ सम्बन्ध है तो जातीय भाषा जातीय विचारों, जातीय भावों से भी सम्बद्ध होगी। जातीय विचार और भाव सामान्य और विशेष, दोनों होते हैं। सामान्य भाव और विचार अन्य जातियों के भावों और विचारों से मिलते हैं; जो विशेष हैं, वे उस जाति का अपना स्वभाव व्यक्त करते हैं। किन्तु साहित्य ऐसे भावों और विचारों को व्यक्त नहीं करता जो सारी जाति में व्यापक तो हों पर न तो मौलिक हों, न उत्कृष्ट हों। इसलिए शुक्ल जी कहते हैं कि प्रतिभाशाली पुरुष भाषा को अपने अधीन रखते हैं और उसे निराले ढंग पर ले चलते हैं। जातीय विशेषताओं की रक्षा करते हुए वे मौलिक और उत्कृष्ट साहित्य रचते हैं।

रामचन्द्र शुक्ल ने लगभग उसी समय लिखना शुरू किया जिस समय द्विवेदी जी ने सम्पादन-भार सँभाला। शुक्ल जी की आलोचना द्विवेदी-युग की देन है। दोनों भाषा और साहित्य का जातीय स्वरूप पहचानते हैं। हिन्दी साहित्य को दोनों ही रीतिकालीन रूढ़ियों से मुक्त करने को उत्सुक हैं और साहित्य और समाज का गहरा सम्बन्ध दोनों के विवेचन का मूल सिद्धान्त है।

2. साहित्य की परम्परा

अंग्रेजी राज में सामन्ती अवशेषों को नई जिन्दगी मिली। इसी के अनुरूप साहित्य में सामन्तवादी रूढ़ियाँ काफी दिनों तक मजबूत बनी रहीं। अंग्रेज भारत को सभ्य बनाने आए थे, उसकी सांस्कृतिक विरासत को कोई गर्व करने की चीज न समझते थे। अनेक भारतीय विद्वानों ने, और अनेक पाश्चात्य विद्वानों ने भी संस्कृत साहित्य पर बहुत-कुछ लिखा और इस तरह भारत को असंस्कृत और असभ्य कहने की साम्राज्यवादी परम्परा का खंडन किया। जनवरी, 1902 की 'सरस्वती' में भवभूति पर अपने लेख के आरम्भ में द्विवेदी जी ने लिखा : "प्राचीन कवियों, पंडितों और नाटककारों के विषय में 'हिन्दी प्रदीप' को छोड़कर हिन्दी के अनुरागी प्राय: कभी कुछ लिखते ही नहीं। हिन्दी का साहित्य इस प्रकार के निबन्धों से शून्य-सा हो रहा है।" द्विवेदी जी ने संस्कृत साहित्य पर स्वयं बहुत-कुछ लिखा और दूसरों से भी लिखाया। यह कार्य अधिकतर परिचयात्मक है, फिर भी इस तरह के आलोचनात्मक निबन्ध रस और अलंकार के पुराने विवेचन से मुक्त हैं। इस दिशा में जर्नादन भट्ट के निबन्ध उल्लेखनीय हैं। अन्य लेखकों की अपेक्षा द्विवेदी जी संस्कृत साहित्यकारों के काल-निर्धारण की ओर अधिक ध्यान देते हैं। हिन्दी में ऐसा इतिहासपरक विवेचन कम हुआ है। उसके सिवा पुराने काव्यों में सामाजिक रीतियों और धार्मिक आचार-विचार के चित्रण से उन्हें

बहुत दिलचस्पी थी। 'नैषध-चरित' पर उन्होंने जो कुछ लिखा, वह इसका प्रमाण है। वेदों की कविता उन्हें अच्छी लगती थी किन्तु वहाँ उनका मन न रमता था। घोर तार्किक होने पर भी वह अत्यन्त भावुक थे और उनके वैष्णव संस्कार उन्हें भागवत अथवा स्तुतिपरक रचनाओं की ओर ठेलते थे। उदात्त वैदिक काव्य और इसके साथ रामायण-महाभारत के महाकाव्यों से उन्हें उतना आनन्द नहीं मिला। यहाँ निराला और महावीरप्रसाद द्विवेदी के भावबोध का अन्तर दिखाई देने लगता है। उनसे पहले स्वयं भारतेन्दु और उनके समकालीन बालकृष्ण भट्ट की रचनाओं में संस्कृत साहित्य के प्रति बड़ी जागरूकता दिखाई देती है। द्विवेदी जी इसी कार्य को और आगे ले चलते हैं। प्रसाद, निराला और पंत की रचनाओं में संस्कृत साहित्य प्रमुख प्रेरक शक्ति बन जाता है। छायावाद पर बँगला साहित्य के प्रभाव की चर्चा बहुत हुई है, विश्लेषण कम हुआ है, और संस्कृत साहित्य के प्रभाव की चर्चा और विश्लेषण नहीं के बराबर है। किन्तु भारतेन्दु से लेकर निराला तक हिन्दी काव्य के नये अभ्युत्थान में भारत का प्राचीन साहित्य ऐसी प्रेरकशक्ति रहा है, जिस पर ध्यान न देने से हम साहित्य की विकास-प्रक्रिया समझ नहीं सकते। यहाँ भी हम द्विवेदी-युग को भारतेन्दु-युग और छायावाद के बीच की महत्त्वपूर्ण कड़ी के रूप में देख सकते हैं।

हिन्दी कवियों में, द्विवेदी जी, भक्त कवियों और नायिका-भेदी रीतिवादी कवियों को एक दूसरे से अलग करके देखते थे। 1912 में उन्होंने मिश्रबन्धुओं की पुस्तक 'हिस्ट्री नवरत्न' की आलोचना 'सरस्वती' के जनवरी और फरवरी के दो अंकों में प्रकाशित की। इसमें उन्होंने तुलसीदास ही नहीं, सूरदास को भी रीतिवादी कवियों से अलग किया और देव-बिहारी-मतिराम की तुलना में उन्होंने न केवल तुलसीदास-सूरदास को श्रेष्ठ बताया वरन् हिन्दी प्रदेश में नवजागरण के अग्रदूत भारतेन्दु हरिश्चन्द्र को भी इनसे ऊँचा स्थान दिया। आधुनिक हिन्दी साहित्य रीतिवादी परम्परा के विरोध में, साहित्य में उसे निर्मूल करके ही विकसित हो सकता था। इस धारा के समानान्तर और उसके विरोध में शक्तिशाली भक्तिकाव्य का प्रसार हो चुका था। इसके बाद उन्नीसवीं शताब्दी के उत्तरार्द्ध में भारतेन्दु हरिश्चन्द्र ने आधुनिक साहित्य का सूत्रपात किया। जो लोग 20वीं सदी में रीतिवाद का विरोध कर रहे थे, उनके लिए यह स्वाभाविक था कि वे संत कवियों और भारतेन्दु हरिश्चन्द्र से अपना सम्बन्ध जोड़ें। परम्परा का विवेकपूर्ण मूल्यांकन कैसे करना चाहिए, किन प्राचीन बातों को अपनाना चाहिए और किनका विरोध करना चाहिए, इसकी बहुत अच्छी मिसाल द्विवेदी जी की लिखी हुई 'हिन्दी नवरत्न' की यह समालोचना है।

लेख के आरम्भ में उन्होंने अंग्रेजी के इन विद्वानों द्वारा हिन्दी लिखने का स्वागत किया। श्यामबिहारी मिश्र एम.ए. थे और सुखदेव (शुकदेव) बिहारी मिश्र बी.ए. थे। तीसरे बड़े भाई गणेश बिहारी के नाम के साथ कोई डिगरी नहीं थी। द्विवेदी

जी ने मिश्रबन्धुओं के साहस की भी प्रशंसा की कि उन्होंने तुलसीदास के काव्य में अनेक दोष दिखाए। स्वयं अपने व्यवहार का स्मरण करके उन्होंने लिखा : "जो मनुष्य समाज के भय की परवा न करके अपने मन की बात कह डालने से नहीं हिचकता, उसके मानसिक बल और वीरत्व की जितनी प्रशंसा की जाए, कम है। जिस समाज में विचार-स्वातंत्र्य नहीं, वह चिरकाल तक जीवित नहीं रह सकता। और, जिस साहित्य में स्वतंत्र-विचारपूर्ण पुस्तकें नहीं, वह कभी उन्नत नहीं हो सकता।" द्विवेदी जी के ये शब्द जितना भारतीय रूढ़िवाद के विरुद्ध हैं, उतना ही अंग्रेजी राज के विरुद्ध भी। मतभेद इस बात को लेकर नहीं है कि तुलसीदास के काव्य में दोष दिखाए गए, मतभेद इस बात को लेकर है कि कवियों का श्रेणी-विभाजन किसी वैज्ञानिक आधार पर नहीं किया गया। पुस्तक में जिन कवियों की चर्चा है, उन्हें रत्न माना गया है : "परन्तु इस श्रेणी का लक्षण क्या है, यह उन्होंने नहीं बताया।" रत्नों में भी कुछ बड़े रत्न हैं, कुछ छोटे। तुलसी, सूर और देव—ये सबसे बड़े रत्न हैं। मध्य कोटि में बिहारी, भूषण और केशव हैं। निम्न कोटि में मतिराम, चन्द और हरिश्चन्द्र हैं। कोई रत्न बड़ा है, कोई छोटा, इसका कारण नहीं बताया गया। द्विवेदी जी पूछते हैं : "अब, यदि, कोई और विद्वान् देव की पुस्तकों को विचारपूर्वक पढ़कर यह निश्चय करे कि उनका दरजा बाबू हरिश्चन्द्र से भी नीचे है तो उसके और प्रस्तुत लेखकों के निश्चय की जाँच किस तरह की जाए और दोनों पक्षों में से बात किसकी मानी जाए?"

इसके बाद यूरोप के कवियों की चर्चा करते हुए, उनके साथ संस्कृत के महाकवियों का उल्लेख करके द्विवेदी जी ने हिन्दी में सूरदास और तुलसीदास के महत्त्व के बारे में यह घोषणा की : "होमर और वर्जिल, शेक्सपियर और मिल्टन, व्यास और वाल्मीकि, कालिदास और भवभूति का अपने-अपने साहित्य में जो स्थान है, सूर और तुलसी का प्राय: वही स्थान हिन्दी में है। अथवा यह कहना चाहिए कि सूर और तुलसी हिन्दी में प्राय: उसी आदर की दृष्टि से देखे जाते हैं जिस दृष्टि से कि ये उल्लिखित कवि संस्कृत और अँगरेजी आदि भाषाओं में देखे जाते हैं। जिन सूर और तुलसी के ग्रंथों की पूजा झोपड़ियों से लेकर राज-प्रासादों तक में होती है, जिनके कविता-कुसुमों को छोटे से लेकर बड़े तक, सादर अपने सिर पर धारण करते हैं; जिनकी उच्च भावपूर्ण उक्तियाँ पापियों को पुण्यात्मा और अधार्मिकों को धार्मिक बनाने का सामर्थ्य रखती हैं; जिनके सदुपदेश और सरस पद्य सुनकर दुराचारी भी सदाचारी हो जाते हैं और पाषाण हृदयों के भी हृदय पिघल उठते हैं; उन्हीं से देव कवि को रत्तीभर भी कम न समझना कदापि युक्तिसंगत नहीं माना जा सकता। जिसने उच्च भावों का उद्बोधन नहीं किया है; जिसने समाज, देश या धर्म को अपनी कविता द्वारा विशेष लाभ नहीं पहुँचाया; जिसने मानव-चरित्र को उन्नत करने योग्य सामग्री से अपने काव्यों को अलंकृत

नहीं किया, वह भी यदि महाकवि या कवि रत्न माना जा सकेगा तो प्रत्येक देश क्या, प्रत्येक प्रान्त में भी, सैकड़ों महाकवि और कविरत्न निकल आवेंगे।"

इस तर्क-योजना में विशुद्ध कला के लिए कहीं भी स्थान नहीं है। जोर इस बात पर है कि कविता समाज और व्यक्ति को बदलने का बहुत बड़ा साधन है। जो कविता केवल मनोरंजन का साधन है, वह उस पहली प्रकार की कविता का मुकाबला कर ही नहीं सकती। यहाँ यूरोप और ब्रिटेन के प्रगतिशील कवियों और आलोचकों की स्थिति से महावीरप्रसाद द्विवेदी और उनके सहयोगियों की स्थिति तुलना करने योग्य है और यह तुलना हमारे लिए काफी शिक्षाप्रद है। ब्रिटेन में फ्रांसीसी राज्यक्रान्ति के बाद और औद्योगिक क्रान्ति के दौरान रोमांटिक कवियों ने अठारहवीं सदी के रीतिवाद का विरोध किया। यह विरोध 16वीं-17वीं सदियों में शेक्सपियर और मिल्टन जैसे कवि, अपने काव्य द्वारा, इससे पहले कर चुके थे। हिन्दी में तुलसीदास, सूरदास, जायसी और कबीर जैसे कवि रीतिवाद से भिन्न काव्य की एक समर्थ परम्परा स्थापित कर चुके थे। इंग्लैंड में शेक्सपियर और मिल्टन का जो महत्त्व कोलरिज और कीट्स के लिए था, हिन्दी के नवजागरण काल में वही महत्त्व आधुनिक कवियों के लिए इस भक्ति काव्य-परम्परा का था। अन्तर यह था कि ब्रिटेन में कवियों को अपनी राष्ट्रीय स्वाधीनता के लिए संघर्ष न करना था। हिन्दी कवियों की अभी राष्ट्रीय स्वाधीनता प्राप्त करनी थी। उनके लिए राष्ट्रीय आत्मसम्मान के प्रतीक तुलसी और सूर जैसे कवि थे, दरबारी कवि नहीं। इंग्लैंड के रोमांटिक कवियों को अपने देश में अभी जनतांत्रिक स्वाधीनता के लिए संघर्ष करना था। राज्यसत्ता भूस्वामी वर्ग के हाथ में थी। सामान्य जनता मताधिकार से वंचित थी। ब्रिटेन का जनतंत्र वास्तव में जमींदार-तंत्र था। रोमांटिक कवियों ने, इनमें सबसे अधिक शेली ने, इस तंत्र के विरुद्ध तीव्र संघर्ष किया था। इस जमींदार-तंत्र को बहुत बड़ा समर्थन पुरोहितों के संगठित समुदाय से प्राप्त होता था। इसीलिए सभी रोमांटिक कवि न्यूनाधिक मात्रा में धार्मिक रूढ़ियों का विरोध करते हैं, उनका तगड़ा झुकाव भौतिकवाद और अनीश्वरवाद की ओर है। महावीरप्रसाद द्विवेदी की सामजिक चेतना की तुलना 19वीं सदी के पाश्चात्य प्रगतिशील प्रचारकों की सामाजिक चेतना से की जाए, तो देखा जाएगा कि बीसवीं सदी का आरम्भ होते-होते हिन्दी बुद्धिजीवियों की सामाजिक चेतना तेजी से बदल रही है और पूर्ववर्ती पाश्चात्य विचारकों की चेतना के समानान्तर आगे बढ़ रही है। यही कारण है कि इतिहास और समाजशास्त्र के विवेचन में द्विवेदी जी की विचारधारा इतनी आधुनिक और वैज्ञानिक दिखाई देती है, और दार्शनिक विषयों का विवेचन वह नवीन बुद्धिवादी तार्किक दृष्टि से प्रस्तुत करते हैं। यह स्थिति दर्शन और इतिहास के क्षेत्रों में ही नहीं है, इनके साथ साहित्य के क्षेत्र में भी वही चेतना सक्रिय है।

अंग्रेजी के रोमांटिक कवियों ने शेक्सपियर और मिल्टन से नाता जोड़ा और यूनान के प्राचीन काव्य को अपने लिए आदर्श माना। ब्रिटेन का रीतिवाद भी प्राचीन काव्य की चर्चा करता था किन्तु उसकी दृष्टि संकीर्ण और सीमित थी, वह उसके मानवतावाद की थाह लेने में असमर्थ था। इसके साथ ही रोमांटिक कवियों ने उस काव्य-शास्त्र का टाट उलट दिया जिसे सबसे पहले अरस्तू ने प्रतिपादित किया था और जिसे लैटिन काव्य-शास्त्रियों ने पुष्पित और पल्लवित किया था। इसी तरह आधुनिक हिन्दी साहित्यकारों ने कालिदास, भवभूति आदि संस्कृत कवियों का पुनरुद्धार किया और रीतिवादी काव्यशास्त्र का टाट उलट दिया। यह कार्य आंशिक रूप से द्विवेदी-युग में, शेष छायावादी और प्रगतिवादी युगों में सम्पन्न हुआ। इससे निष्कर्ष यह निकलता है कि साहित्य में जो रीतिवाद-विरोधी क्रान्ति शुरू हुई, उसका पहला चरण है द्विवेदी-युग, और उसी का विकास छायावाद और प्रगतिवाद में होता है। ये तीनों युग एक दूसरे से भिन्न हैं, साथ ही एक दूसरे के पूरक भी हैं। द्विवेदी-युग की भूमिका आधुनिक साहित्य का मार्ग प्रशस्त करनेवाले अग्रदल की भूमिका है। स्वभावत: जो लोग साहित्य में प्रगतिशील चेतना के विरोधी हैं, वे द्विवेदी-युग को केवल इति-वृत्तात्मक कहकर छुट्टी पा लेते हैं, उनके लिए छायावाद किशोर मन का कल्पना-विलास मात्र है और प्रगतिवाद ने तो साहित्य का सत्यानाश ही कर दिया। स्वभावत: अंग्रेजी के रोमांटिक कवियों का प्रगतिशील पक्ष इनकी आँखों से ओझल रहता है।

भारतेन्दु हरिश्चन्द्र के समय में हिन्दी-भाषियों के एक विशिष्ट इकाई होने की चेतना साहित्य में झलकने लगी है। महावीरप्रसाद द्विवेदी के समय में विशाल हिन्दी जाति अपनी निगूढ़ अव्यक्त शक्ति पहचान रही थी। यही नहीं कि हम क्या थे और क्या हो गए हैं, वरन् यह भी कि हम क्या हो सकते हैं, जातीय उन्मेष की यह प्रबल भावना महावीरप्रसाद द्विवेदी और उनके सहयोगियों को निरन्तर प्रेरित करती है। रीतिवाद के विरोध में तुलसी और सूर का महत्त्व घोषित करते हुए महावीरप्रसाद द्विवेदी अपने गद्य में एक नई तेजस्विता का परिचय देते हैं, उसका यही कारण है।

भक्तिकाव्य और रीतिकाव्य की परम्पराएँ कैसे एक दूसरे से टकराती हैं, सूर और तुलसी के साथ देव और मतिराम का नाम लिखना क्यों बहुत बड़ा साहित्यिक अपराध है, इसका ज्ञान द्विवेदी जी के निम्नलिखित विवेचन से होता है : "हिन्दी में यदि कोई कविरत्न कहे जाने योग्य कवि या महाकवि हुए हैं तो वे सूर और तुलसी ही हैं। रस भाव, अलंकार, छंद:शास्त्र और नायिका-भेद के परिज्ञान से मनुष्य-जाति का बहुत ही कम उपकार हो सकता है। इन विषयों पर दो-एक छोटी-मोटी पुस्तकें लिखनेवाले मतिराम जैसे कवि भी यदि रत्न-श्रेणी में परिगणित हो सकेंगे तो यही कहना पड़ेगा कि 'रत्न' शब्द अपने ठीक अर्थ में

नहीं व्यवहृत हुआ। कहीं उससे हीरे का अर्थ लिया गया, कहीं केवल काँच का। मतिराम, देव और भूषण चाहे जितने अच्छे कवि रहे हों, पर क्या उनके ग्रंथ उतने ही महत्त्वपूर्ण हैं जितने कि सूर और तुलसी के? फिर, वे सूर और तुलसी की श्रेणी की सीमा के भीतर किस तरह आ सकते हैं? सूर और तुलसी के ग्रंथों में कुछ विशेषता अवश्य है, जिसके कारण उनका इतना अधिक प्रचार और इतना अधिक आदर है। और, देव तथा मतिराम आदि के ग्रंथों में तदपेक्षा कुछ हीनता अवश्य है, जिससे उनका इतना प्रचार और आदर नहीं। अतएव ये सब एक श्रेणी के कवि नहीं हैं।"

इस उद्धरण में दूसरा वाक्य विशेष ध्यान देने योग्य है। इसमें रस, भाव, अलंकार, छंदशास्त्र और नायिका-भेद—इन पाँच चीजों का नाम एक साथ लिया गया है। इन पाँचों को मिलाकर रीतिवादी शास्त्र का निर्माण हुआ था। रस और अलंकार वाला काव्य-कौशल साहित्य के विकास में आड़े आ रहा था। द्विवेदी जी के निबन्धों में इस ओर संकेत मात्र है। पुराने काव्यशास्त्र से क्या लें और क्या छोड़ें, इसका विस्तृत विवेचन रामचन्द्र शुक्ल ने किया। अलंकार वहीं तक स्वीकार किये जाने चाहिए जहाँ तक वे भावोत्कर्ष में सहायक होते हैं। जहाँ तक रस का सम्बन्ध है, वह स्थिर, अपरिवर्तनशील, सामाजिक सन्दर्भ से विच्छिन्न, भावों के संचरण पर निर्भर नहीं है; लोक-हृदय में लीन होने का नाम रस दशा है।

उर्दू कवि ब्रजनारायण चकबस्त ने उर्दू कवियों की प्रशंसा करते हुए 'हिन्दुस्तान रिव्यू' में एक निबन्ध लिखा था। इसमें रीतिवादी कवियों की जो प्रशंसा की गई थी, उसका खंडन करते हुए एच. एल. सी. नाम से किन्हीं सज्जन ने लेख प्रकाशित किया। इसका काफी अंश द्विवेदी जी ने 'हिन्दी नवरत्न' की आलोचना में उद्धृत किया। इस उद्धरण में रीतिवादी संकीर्णता की तीव्र आलोचना करते हुए पूछा गया था कि जवानी का नशा खत्म होने पर जब संसार की कठोर वास्तविकता से सामना होता है, तब जीवन की समस्याओं से निपटने के लिए क्या ये कवि कोई समाधान प्रस्तुत करते हैं? इस तरह हिन्दी और उर्दू, दोनों की रीतिवादी परम्पराओं का विरोध साथ-साथ चल रहा था। द्विवेदी जी ने एच. एल. सी. के विचारों से सहमति प्रकट करते हुए लिखा : "उनका कथन लेखकों के महाकवि मतिराम आदि के विषय में भी पूरे तौर पर घटित हो सकता है। उन्होंने मनुष्य-समाज को उन्नत करने, अलौकिक आनन्द देनेवाले दृश्य दिखाने और प्राकृतिक नियमों का उद्घाटन आदि करने के विषय में भी कुछ किया? नहीं, तो फिर वे महाकवि, कविरत्न और परमोत्तम कवि होने के कैसे अधिकारी माने जा सकते हैं?" देव, मतिराम आदि लेखकों के महाकवि हैं, जनता के महाकवि तो सूर और तुलसी हैं। रीतिवादी काव्यशास्त्र की जगह साहित्य में नई दृष्टि अपेक्षित है जो मनुष्य समाज को उन्नत करे, प्राकृतिक नियमों का उद्घाटन करे और अलौकिक आनन्द

के दृश्य दिखाए। अंग्रेजी में जो व्यंजना एक्सटैसी की है, उससे मिलती-जुलती व्यंजना अलौकिक आनन्द की है। ब्रिटेन के रीतिवादी कवि इस एक्सटैसी का निरन्तर उल्लेख करते थे पर उससे दूर ही रहते थे; वैसे ही हिन्दी के काव्यशास्त्री लोकोत्तर आनन्द की बात निरन्तर करते थे, पर यह आनन्द बहुत ही संकीर्ण मनोरंजन (अथवा ऐन्द्रिय उद्दीपन) में सीमित हो गया था।

रीति-विरोधी दृष्टि के कारण द्विवेदी जी भारतेन्दु हरिश्चन्द्र को किसी भी रीतिवादी कवि से नीचे स्थान देने को तैयार न थे। मिश्रबन्धुओं ने हरिश्चन्द्र के बारे में लिखा था : "हम भाषा के नौ प्रसिद्ध और सर्वोत्तम कवियों में इनको भी समझते हैं।" इस पर द्विवेदी जी मिश्रबन्धुओं को ललकारते हुए कहते हैं : "समझिए। पर समझना एक बात है, समझाना दूसरी बात। यदि आपकी यह इच्छा हो कि आपकी बात और भी कोई मान ले तो हिन्दी के इतिहास में आप इस बात को युक्ति और तर्क द्वारा सिद्ध कीजिए कि कैसी और कितनी उत्तमता के कारण आपने मतिराम को भी रत्न समझा और हरिश्चन्द्र को भी? जिन हरिश्चन्द्र ने भिन्न-2 विषयों के कितने ही गद्य, पद्यात्मक काव्य, नाटक और इतिहास आदि लिखे और जिनकी बदौलत हिन्दी भाषा ने एक नया रूप पाया, वे भी रत्न! और, पुराने पंथ के पथिक, नायिका-भेद आदि पर बहुत ही कम उपयोगी ग्रंथ लिखनेवाले मतिराम और देव भी रत्न! रत्न शब्द की इससे अधिक अवहेलना हो सकती है? लेखकों के अनुसार 'प्रतिनिधि' कवि होकर भी बेचारे हरिश्चन्द्र नवरत्न की लघुत्रयी ही में नहीं पटके गए थे; किन्तु मतिराम महाराज के आसन से भी नीचे उतार दिये गए!!! मध्यत्रयी और लघुत्रयी में लेखकों ने कवियों को उनकी योग्यता के अनुसार ही आगे-पीछे रखा है; और लघुत्रयी में हरिश्चन्द्र ने सबके अन्त में स्थान पाया है। अर्थात् वे नवरत्न के निकृष्ट रत्न हैं। इस स्थान-दान में निर्दिष्ट कवियों को लेखकों ने दृढ़तापूर्वक उत्तमता में एक दूसरे के आगे-पीछे पाया है। उत्तमता और योग्यता का ऐसा ज्ञान किस प्रकार की परीक्षा से लेखकों के हृदय में दृढ़ हुआ, यह वही जानते होंगे।"

समूचे लेख में हरिश्चन्द्र-सम्बन्धी यह विवेचन अपने तेजस्वी गद्य के कारण वैसे ही अलग दिखाई देता है, जैसे पहले तुलसी और सूर-सम्बन्धी उल्लेख। दोनों की ऊर्जा का स्रोत एक ही है : जातीय उत्थान का भाव। ये दरबारी कवि हिन्दी नवजागरण के विधायक हरिश्चन्द्र का मुकाबला करेंगे? छि:, और द्विवेदी जी की व्यंग्यपूर्ण शैली अपने जौहर दिखाना शुरू करती है।

मिश्रबन्धुओं ने उत्तम शब्द का बहुत प्रयोग किया था। इस प्रयोग पर तुलसीदास के प्रसंग में द्विवेदी जी ने यह लिखा था : "लेखकों ने इस पुस्तक में 'उत्तम' शब्द का बेहद व्यय किया है—व्यय क्या, अपव्यय कहना चाहिए। किसी-किसी पृष्ठ पर तो वह तीन-तीन, चार-चार दफे आ गया है। उदाहरण के लिए भूमिका ही के उनतीसवें पृष्ठ पर उसका प्रयोग पाँच दफे हुआ है। उत्तम, उत्तमतर, परमोत्तम,

सर्वोत्तम, उत्तमोत्तम, अति-उत्तम इत्यादि अनेक रूपों में वह इस पुस्तक में प्रयुक्त हुआ है। इस कारण इस शब्द की अर्थ-मर्य्यादा अनेक स्थलों में नष्ट हो गई है। लेखकों की राय में : 'नेवाज, हरिकेश और लाल परमोत्तम कवि थे'। आलम, शेख, गञ्जन आदि भी 'परमोत्तम कवि' थे। दत्त, सदल, बेनी आदि भी 'बहुत उत्तम कवि' थे। इस पर भी—'भाषा बहुत ही उत्तम' लिखने और 'उत्तम कबित्त और सवैया बनाने' के कारण मतिराम को लेखकों ने महाकवि बनाकर उन्हें 'नवरत्न' की पदवी दे दी और नेवाज आदि के 'परमोत्तम कवि' होने पर भी उन्हें नवरत्न में रखने लायक न समझा।...भूमिका के छब्बीसवें पृष्ठ पर लेखक महाशयों ने लिखा है—'उत्तम कवि भी बहुत हुए पर बहुत ही अच्छे कवियों का एक प्रकार से अभाव सा रहा'। इससे ठीक-ठीक कोई यह नहीं कह सकता कि उनके 'उत्तम' और 'बहुत ही अच्छे' में परस्पर कितना भेद है और कौन विशेषण कितनी अच्छाई और उत्तमता का सूचक है। उनके लिखने के ढंग से तो यही जान पड़ता है कि बिना विशेष सोच-विचार के उन्होंने उस पुस्तक में छोटे-बड़े, कवि, महाकवि, महात्मा और तदितर—सभी के लिए मनमानी 'उत्तम', 'परमोत्तम' और 'उत्तमोत्तम' विशेषणों का प्रयोग किया है।"

कुछ साल पहले 'हंस' में 'स्वर्ण-किरण' और 'स्वर्ण-धूलि' नामक पुस्तकों की आलोचना प्रकाशित हुई थी। उसमें कुछ शब्दों के प्रयोग की ओर ध्यान आकर्षित किया गया था। इस तरह का विवेचन कुछ लोगों को नापसन्द था। द्विवेदी जी ने 'हिन्दी नवरत्न' की आलोचना में 'उत्तम' शब्द के प्रयोग का जो विवेचन किया है, 'हंस' वाली आलोचना इस विवेचन के अनुरूप है, उसे द्विवेदी जी के विवेचन का अनुकरण कहा जाए तो उचित होगा। 'हिन्दी नवरत्न' की आलोचना लिखते-लिखते द्विवेदी जी को यह उत्तम शब्द हठात् याद आ जाता है, अथवा यों कहें कि उसका प्रयोग इतना अधिक हुआ है कि उसे अनदेखा करना असम्भव था। लिखा है : "लेखकों की राय में—समस्त 'बालकांड उत्तमोत्तम बन पड़ा है' और अयोध्याकांड की—'रचना अन्य कांडों से इतनी उत्तमतर है कि इसकी प्रशंसा करने के लिए कोश में शब्द नहीं'। अन्त में, 64 पृष्ठ पर, आप लोगों ने अयोध्याकांड को पहला और बालकांड को दूसरा नम्बर दिया है। सो यहाँ पर आपका 'उत्तमतर' शब्द 'उत्तमोत्तम' से भी बढ़ गया! 'उत्तमोत्तम' शब्द सर्वोत्तम का बोधक होकर भी उसे 'उत्तमतर' से हार माननी पड़ी!"

द्विवेदी जी ने व्यापक स्तर पर हिन्दी नवरत्न की शैली और शब्द-प्रयोग की आलोचना की है। वह अपना ध्यान केवल उत्तम शब्द पर केन्द्रित करके नहीं रह गए। सारे विवेचन में उनका उद्देश्य यह है कि भाषा नपी-तुली और तर्कसंगत हो। जहाँ विचारों में धुँधलापन होगा, वहाँ भाषा में इस धुँधलेपन की छाया दिखाई देगी। उनके भाषा-सम्बन्धी विवेचन का आधार अर्थ-विचार है। वह शब्दों की अर्थवत्ता

पर निरन्तर ध्यान देते हैं, फिर इन शब्दों का प्रयोग चाहे गद्य में हुआ हो, चाहे पद्य में। रीतिवाद का विरोध, भक्तिकाव्य का समर्थन शुक्ल जी की आलोचना का मुख्य उद्‌देश्य बना।

3. 'सरस्वती' और भारतेन्दु-युग

आधुनिक साहित्य के विकास का सूत्रधार बनने के लिए यह आवश्यक था कि द्विवेदी जी उस साहित्य की जानकारी प्राप्त करें जो उनके 'सरस्वती' का सम्पादक बनने से पहले 20-25 साल में लिखा गया था। भाषा-परिष्कार की बात इतनी ज्यादा की गई है कि भारतेन्दु-युग से द्विवेदी-युग का घनिष्ठ सम्बन्ध ओझल हो गया है। उस युग के बिना द्विवेदी जी के कार्य की कल्पना नहीं की जा सकती। फरवरी-मार्च, 1903 की 'सरस्वती' में प्रकाशित 'हिन्दी भाषा और उसका साहित्य' लेख में द्विवेदी जी ने भारतेन्दु-युग का मूल्यांकन इन शब्दों में किया था : "आधुनिक काल में जो कुछ उन्नति हिन्दी की हुई, उसके विशेष कारण पंडित वंशीधर बाजपेयी, बाबू हरिश्चन्द्र, राजा शिवप्रसाद और पंडित प्रतापनारायण इत्यादि प्रसिद्ध लेखक हैं। जीवन-चरित, नाटक, समालोचना, मासिक पुस्तक और समाचार इत्यादि लिखना बाबू हरिश्चन्द्र ही ने हम सबको सिखलाया। जो कुछ इस समय देख पड़ता है, उसका सूत्रपात प्राय: उन्हीं ने किया।" यहाँ आदि सूत्रधार हरिश्चन्द्र हैं, महावीरप्रसाद द्विवेदी उनके विनम्र अनुवर्ती। यह विनम्रता उन्हें शोभा देती है।

बालमुकुन्द गुप्त से भाषा-सम्बन्धी विवाद का एक परिणाम यह हुआ कि मार्च, 1906 की 'सरस्वती' में भारतेन्दु हरिश्चन्द्र और प्रतापनारायण मिश्र के चित्र छपे और प्रतापनारायण मिश्र पर द्विवेदी जी का एक लम्बा लेख प्रकाशित हुआ। यह लेख गौरीशंकर भट्ट और लक्ष्मीधर वाजपेयी द्वारा लिखे हुए प्रतापनारायण मिश्र के जीवन-चरित पर आधारित है। इसकी सामग्री का उपयोग 'अपने तौर पर' करते हुए द्विवेदी जी ने अपने लेख में 'आवश्यकता के अनुसार, यथाज्ञान और यथामति, और-और बातें भी' लिखीं। इसमें उन्होंने प्रतापनारायण मिश्र के बारे में जो कुछ लिखा है, उससे भारतेन्दुकालीन लेखकों के भावबोध से द्विवेदी जी के भावबोध का अन्तर दिखाई देता है। अन्तर विचारधारा में नहीं है, अन्तर है भाषा और साहित्य की परख में। अपने युग के अनेक लेखकों की तरह प्रतापनारायण मिश्र भी भारतेन्दु के भक्त थे। हरिश्चन्द्र के प्रति प्रतापनारायण का भक्तिभाव द्विवेदी जी की समझ में नहीं आता। हरिश्चन्द्र पर प्रतापनारायण मिश्र ने उर्दू में जो कविता लिखी थी, उसके बारे में वह कहते हैं : "अपनी कविता में इन्होंने बाबू हरिश्चन्द्र की बहुत तारीफ की है", पर इतना लिखना काफी न समझकर उन्होंने लेख का एक अंश इसी पक्ष पर लिखा और उसका उपशीर्षक दिया : 'हरिश्चन्द्र पर भक्ति'।

द्विवेदी जी इस भक्ति के बारे में कहते हैं : "हरिश्चन्द्र पर प्रतापनारायण की अपूर्व भक्ति थी। उनका 'कविवचन-सुधा' पढ़ते ही पढ़ते हिन्दी पर ये अनुरागशील थे। हरिश्चन्द्र की इन्होंने बहुत तारीफ की है। 'ब्राह्मण' में कई जगह मिश्र महाराज ने हरिश्चन्द्र को ऐसे-ऐसे विशेषण दिये हैं जो सिर्फ बहुत बड़े-बड़े महात्माओं ही को दिये जाते हैं। इन्होंने उनके हाथ तक जोड़े हैं। यह बात, उस समय, किसी-किसी को अच्छी नहीं लगी। इससे इन पर आक्षेप भी हुए। आक्षेपों का इन्होंने यथामति उत्तर भी दिया।" ये सब रूढ़िवादी लोग थे जो बनिए के आगे किसी ब्राह्मण का हाथ जोड़ना भारतीय संस्कृति का पतन समझते थे। प्रतापनारायण मिश्र हिन्दी और हिन्दुस्तान के साथ 'हिन्दू' शब्द भी जोड़ते थे और अपने पत्र का नाम उन्होंने 'ब्राह्मण' रखा था। इस ऊपरी आवरण के नीचे उनके हृदय में विशुद्ध मानव-प्रेम की ज्योति दीप्त थी। वहाँ ऊँच-नीच के भेदभाव जलकर भस्म हो गए थे। भारतेन्दु के प्रति उनका श्रद्धाभाव राधाचरण गोस्वामी के श्रद्धाभाव से तुलनीय है। उस समय के जितने जागरूक और समर्थ लेखक थे, भारतेन्दु के प्रति सभी का लगभग ऐसा भाव था। वह भारतेन्दु बने ही इस श्रद्धा के आधार पर थे।

द्विवेदी जी ने कल्पना की कि हरिश्चन्द्र ने प्रतापनारायण की तारीफ कर दी, इसलिए वह उनके मुरीद बन गए। कहते हैं : "हरिश्चन्द्र ने जब से प्रतापनारायण की 'प्रेम पुष्पावली' की तारीफ की, तब से इनका उत्साह बहुत बढ़ गया। हरिश्चन्द्र की आलोचना गोया उनके सुलेखक और सुकवि होने की एक शिलालिखित सर्टीफिकेट हो गई। उसका उल्लेख करके इन्होंने कई दफे अपने ही मुँह अपनी तारीफ की। हरिश्चन्द्र के मरने पर इन्होंने 'शोकाश्रु' नामक लम्बी कविता 'ब्राह्मण' में प्रकाशित की। उसमें इन्होंने बाबू साहब के गुण गाते आकाश-पाताल एक कर दिया। हरिश्चन्द्र को इन्होंने 'पूज्यपाद' तक कहा है; अपने कई ग्रंथों के आदि में 'हरिश्चन्द्राय नमः' लिखा है। उनके मरने पर इन्होंने 'हरिश्चन्द्र सम्वत्' लिखना तक शुरू कर दिया था।" द्विवेदी जी की निगाह में प्रतापनारायण मिश्र ने यह सब लिखकर घोर अपराध किया था। पर यह भी सम्भव है कि इस तरह स्वयं को हरिश्चन्द्र के प्रति अर्पित करके प्रतापनारायण मिश्र ने हिन्दी के साथ तादात्म्य स्थापित किया था, इसके लिए बाद की पीढ़ियाँ उनकी निन्दा करने के बदले उनका सम्मान करेंगी।

प्रतापनारायण मिश्र हरिश्चन्द्र की तारीफ करने के अलावा अपनी तारीफ भी काफी करते थे। द्विवेदी जी को जैसे हरिश्चन्द्र की तारीफ पसन्द नहीं थी, वैसे ही प्रतापनारायण की अपने मुँह की हुई तारीफ भी उन्हें पसन्द नहीं थी। 'संगीत शाकुन्तल' में 'आप अपने रूप आदि की तारीफ में कहते हैं।' चार दोहे उद्धृत करने के बाद : "नाटक की प्रस्तावना में कवि का अपने ही मुँह अपनी तारीफ करना अनुचित नहीं। पर, यहाँ, पंडित प्रतापनारायण ने मतलब से कुछ जियादह अपनी

तारीफ कर डाली है। ऊपर के अवतरण के आगे भी आपने अपनी तारीफ की है और अपने को 'पंडित-वर' लिखा है। 'परमरसिक', 'सहृदय' और 'नवरस-सिद्ध' इत्यादि विशेषण तो ठीक ही हैं पर 'सुघर-रूप' में विलक्षणता है।" पाद-टिप्पणी में इंशा अल्ला खाँ की आत्मश्लाघा को और भी बड़ी बताकर द्विवेदी जी ने अपनी आलोचना को नर्म बनाया किन्तु उसी प्रसंग में उन्होंने मूल लेख में आगे लिखा : "आत्मश्लाघा को लोगों ने बुरा माना है। यद्यपि संस्कृत के किसी-किसी कवि ने आत्मश्लाघा की है, पर कालिदास के सदृश विश्वमान्य कवि ने नम्रता ही दिखलाई है। प्रतापनारायण संस्कृत कवि श्रीहर्ष और जगन्नाथराम के स्कूल के थे। उन्हें अपने को 'प्रसिद्ध प्रतापनारायण' लिखे बिना कल ही न पड़ती थी। उनकी किताबों के ऊपर तक 'प्रसिद्ध' शब्द विराजमान है। 'ब्राह्मण' में कई जगह इन्होंने अपने मुँह अपनी और अपने पुस्तकों की बड़ाई की है। अपनी 'प्रेम-पुष्पावली' के ऊपर आपने एक लेख 'ब्राह्मण' में अपनी ही कलम से लिखकर उसकी खूब तारीफ की है। इनके लेख ही इनकी प्रसिद्धि के लिए काफी थे। खुद ही अपने को 'प्रसिद्ध' लिखने से इनकी प्रसिद्धि शायद ही अधिक हुई हो।"

प्रसिद्धि न हुई हो तो निन्दा भी नहीं हुई। प्रतापनारायण मिश्र के प्रेमी स्वभाव की निर्मलता जाननेवाले लोग उनकी इन तमाम गर्वोक्तियों को उस बहुरुपिये कलाकार की एक अदा समझकर प्रसन्न होते थे। द्विवेदी जी ने अपने मुँह अपनी तारीफ नहीं की पर उनमें अहंकार की मात्रा भारतेन्दु-युग के लेखकों से कुछ अधिक ही थी।

प्रतापनारायण का एक नाम प्रेमदास था। 'प्रेम के आप बहुत बड़े पूजक थे। इसी से आपने अपने नामों में एक नाम 'प्रेमदास' भी रक्खा था।" इसी कारण उन्हें सामाजिक रूढ़ियों की चिन्ता न थी। "प्रतापनारायण को सामाजिक बन्धनों की परवा बहुत कम थी। इस विषय में विधि-निषेध-सम्बन्धी जो नियम प्रचलित हैं, उनकी पाबन्दी के वे कायल न थे।" इसी तरह वह धार्मिक रूढ़ियों के प्रभाव से मुक्त थे, भले ही उनके पत्र का नाम 'ब्राह्मण' रहा हो। द्विवेदी जी ने बहुत सही लिखा है : "सामाजिक बन्धनों की तरह धार्मिक बन्धनों के भी वे बहुत अधिक वशीभूत न थे। धर्मान्धता उनमें न थी। आपके सिद्धान्त थे : 'प्रेम एव परोधर्म्मः' और 'शत्रोरपि गुणा वाच्या दोषा वाचा गुरोरपि'। किसी विरोधी धर्म्म से उन्हें आन्तरिक घृणा न थी। वे आर्य्यसमाज, ब्रह्म-समाज, धर्म्मसमाज, सब कहीं अक्सर चले जाते थे।" यह बहुत बड़ी बात थी और द्विवेदी जी ने स्वयं इस उदार चेतना का प्रसार किया।

प्रतापनारायण मिश्र की कुछ बातें निराला से मिलती-जुलती थीं। उन्हें प्रदर्शन से घृणा थी। एक दिन सादी पोशाक में वह अपनी मित्र-मंडली में बैठे थे। कोट-बूट पहने एक महाशय इनसे मिलने आए। बोले : "हम पंडित प्रतापनारायण से मिलना

चाहते हैं।" इस पर पंडित जी ने जवाब दिया : "भाई, उनसे मिलै की खातिर पन्द्रह रुपैय्या का एकु टिकट लेइ का परत है तब उइ मिलति हैं।" उनकी एक और विशेषता से निराला की याद आती है। द्विवेदी जी उनके स्वभाव का वर्णन करते हुए कहते हैं : "प्रतापनारायण अव्वल नम्बर के काहिल थे। उनके बैठने तक की जगह में कूड़े का ढेर लगा रहता था। अखबार, चिट्ठियाँ, कागज बिखरे पड़े रहते थे। उनके यहाँ आने-जाने वाले उनके मित्र अगर उन्हें उठाकर जगह को साफ कर देते थे तो कर देते थे। खुद प्रतापनारायण ने शायद ही कभी उनको उठाकर यथास्थान रक्खा हो।" जो सफाईपसन्द साहित्यकार निराला की गन्दगी पर नाक-भौं सिकोड़ते हैं, वे प्रतापनारायण मिश्र के स्वभाव का उक्त विवरण पढ़कर दोनों का तुलनात्मक अध्ययन कर लें। एक बात और। दोनों ही चिट्ठियों का जवाब तब देते थे जब उनका मन होता था। द्विवेदी जी का सारा जीवन, सारा समय नियमबद्ध था। इसलिए प्रतापनारायण मिश्र उनके लिए एक अद्भुत जीव थे, जैसे अद्भुत जीवों का जिक्र वह अपनी विज्ञान-सम्बन्धी टिप्पणियों में करते थे। 'लोगों की चिट्ठियों तक का उत्तर ये बहुधा नहीं देते थे।' इससे अधिक आश्चर्य की बात और क्या हो सकती थी? 'को सारेन की खैंहसि माँ परै।'—प्रतापनारायण मिश्र का इतना कहना काफी था!

द्विवेदी जी ने उनकी कविताओं की तारीफ ठंढे-ठंढे की है। 'ब्राडला स्वागत' कविता का 'लोगों ने बड़ा आदर किया। इंग्लैंड तक में उसकी समालोचना हुई।' 'तृप्यन्ताम्' विनोदात्मक कविता है : "पर उपदेशपूर्ण है। उसमें देश-दशा का अच्छा चित्र है। 'लोकोक्तिशतक' भी अच्छी कविता है।" किन्तु उनकी अवधी में लिखी हुई कविता द्विवेदी जी को बहुत पसन्द आई। यहाँ उनकी आलोचना का स्वर बदल जाता है। लिखा है : "अपने लेखों और चिट्ठियों में ये कभी-कभी बैसवारे की अपनी ठेठ देहाती बोली के वाक्य लिख दिया करते थे। उनमें अपूर्व रस भरा रहता था। इस तरह की देहाती बोली में इन्होंने कुछ कविता भी की है।" 'बुढ़ापा' कविता से काफी अंश उद्धृत करने के बाद खड़ी बोली हिन्दी के परम प्रेमी द्विवेदी जी कहते हैं : "जिन लोगों का यह खयाल है कि किसी विशेष प्रकार की भाषा या बोली में ही अच्छी और सरस कविता हो सकती है, वे देखैं कि महागँवारी बोली में भी रसवंती कविता हो सकती है। पर, हाँ, कवि प्रतिभावान् होना चाहिए।" और 'बुढ़ापा' कविता कैसी है? 'इस कविता में बुढ़ापे का बहुत ही अच्छा फोटो है। कविता खूब सरस है।" क्या इस तरह की कविताएँ उनकी और भी हैं? हैं। उन्होंने 'आल्हा तक में कविता की है और वह भी सरस और हृदयहारिणी है। कानपुर के दंगल पर उन्होंने एक पुस्तक ही लिख डाली है। इस पुस्तक में आदि से अन्त तक आल्हा ही है। इसके सिवा, कानपुर पर भी आल्हा छंद में आपने कविता की है।"

द्विवेदी जी परमभक्त थे और युवावस्था में कोकशास्त्र-विशेषज्ञ रह चुके थे। जब प्रतापनारायण मिश्र ने एक पादरी को समझाया कि संसार का प्रथम ग्रंथ कोकशास्त्र है, तब उस घटना का स्मरण करके द्विवेदी जी मन-ही-मन खूब हँसे होंगे। अपने गद्य में हँसी रोकते हुए वह उस घटना का उल्लेख करना नहीं भूले : "प्रतापनारायण जी बाजारों में धर्मशिक्षा देनेवाले पादरियों से बहुत उलझा करते थे और उनको खूब छकाते थे। उनकी तर्क-शक्ति खूब प्रबल थी। एक बार आप कह बैठे कि दुनिया की प्रथम पुस्तक कोकशास्त्र है! पादरी के प्रश्न पर आपने इस शास्त्र के सिद्धान्तों का परिचय देकर बहुत-से सामान्य धर्म, कर्म उसी के अन्दर कह सुनाये। यह सब सुनकर पादरी साहब बहुत ही छके।"

मिश्र जी के गद्य का स्तर कैसा था? 'ब्राह्मण' पत्र में जो लेख निकलते थे, उनका महत्त्व क्या था? उत्तर है : "'ब्राह्मण' के जमाने में हिन्दी की तरफ लोगों का ध्यान नया ही नया गया था। इससे मासिक पुस्तकों में जैसे लेख होने चाहिए, वैसे बहुत कम लेख 'ब्राह्मण' में निकले। हमने इस पत्र के पहले तीन साल के सब अंक देख डाले, पर इतिहास, जीवन-चरित, विज्ञान, पुरातत्त्व अथवा और कोई मनोरंजक या लाभदायक शास्त्रीय विषय पर कोई अच्छे लेख हमें न मिले। इसमें पंडित प्रतापनारायण का दोष कम था, समय का अधिक।" यानी प्रतापनारायण मिश्र ने अपनी सम्पादन-कला उन आदर्शों के अनुरूप न ढाली थी जो महावीरप्रसाद द्विवेदी को प्रिय थे। इन आदर्शों के अनुरूप पत्रिका निकालना सही था, यह 'सरस्वती' की लोकप्रियता से जाहिर होता है। पर यह आवश्यक नहीं कि हर कलाकार आदर्श सम्पादक हो। मिश्र जी ने जो कुछ लिखा है, वह सब स्वयं जीवन्त इतिहास है और उनके चरित की छाप उनके हर वाक्य पर है। उनके गद्य के बारे में द्विवेदी जी की राय है : "प्रतापनारायण की हिन्दी खूब मुहावरेदार होती थी। वे अपने लेखों में कहावतें बहुत लिखते थे। पर शब्द-शुद्धि की तरफ उनका खयाल कम था।" भाषा की अनस्थिरता यहाँ भी द्विवेदी जी को परेशान करती है। सावधानी से अध्ययन देखने पर गलतियाँ रह गई होंगी, द्विवेदी जी यह सम्भावना यहाँ भी स्वीकार करते हैं। प्रतापनारायण संस्कृत के वाक्य भी व्याकरण-विरुद्ध लिखते थे जिन्हें देखकर उनकी 'संस्कृतज्ञता के विषय में शंका होने लगती है।' कुछ ऐसा ही हाल तुलसीदास का भी था। मिश्र जी ने संस्कृत में कविता की थी, और कविता भी कैसी? संस्कृत में लावनी लिखी थी! 'वह यद्यपि निर्दोष नहीं है तथापि बुरी भी नहीं है।' मिश्र जी ने देववाणी को लोकवाणी के वस्त्र पहनाए थे। इतने से संतोष न हुआ तो फारसी में भी कविता लिखी। एक लेख अंग्रेजी में भी 'ब्राह्मण' में छपा। लेख बेगार पर था। अंग्रेज उसे पढ़ लें, शायद इसलिए उसे अंग्रेजी में प्रकाशित किया। 'पता लगाने से मालूम हुआ कि वह मिशन स्कूल के अध्यापक बाबू नन्हेंमल का लिखा हुआ था।'

सारांश यह कि तर्कशास्त्र, व्याकरण और हर तरह की नियमबद्धता से प्रतापनारायण मिश्र का मन मुक्त था। कालाकांकार में राजा रामपालसिंह के 'हिन्दोस्थान' में सहायक सम्पादक के काम पर गए थे। "परन्तु उनके स्वभाव में स्वच्छंदता अधिक थी। इस कारण वे बहुत दिनों तक वहाँ नहीं रह सके। उन्हें वहाँ से वापस आना पड़ा।" यह स्वच्छंदता उनके व्यक्तित्व का मुख्य गुण थी। असुरक्षित जीवन बिताते रहने पर भी उनकी जिन्दादिली का जवाब नहीं था। इसीलिए "प्रतापनारायण के लेखों में मनोरंजकता की मात्रा खूब होती थी। हास्य-रस के लाने का जहाँ पर जरा भी मौका होता था, वहाँ वे उसे हाथ से न जाने देते थे।...प्रतापनारायण के कोई-कोई लेख व्यंग्य से बेतरह भरे हुए होते थे। उन्होंने एक दफा भंगड़ और फक्कड़ का किस्सा उत्तर-प्रत्युत्तर के रूप में लिखा था। वह साद्यन्त विकट व्यंग्यों से पूर्ण है। हँसी-दिल्लगी के लेख लिखकर ग्राहकों को रिझाना इन्हें खूब आता था।" इस पर भी ग्राहक पत्र की कीमत वक्त पर न देते थे : 'बहुतेरे तो देते ही न थे।' आर्थिक तंगी में पत्र निकालते हुए घाटा उठाकर भी जो आदमी इतना प्रसन्न रहता था और दूसरों को प्रसन्न कर सकता था, उसके जीवट की जितनी तारीफ की जाए, थोड़ी है। जब पैर जमाने का मौका मिला तो जल्दी ही भाग खड़े हुए। कालाकांकर में बालमुकुन्द गुप्त उनके सम्पर्क में आए और वह उन्हें भारतेन्दु-यूनिवर्सिटी का ग्रैजुएट बना गए! द्विवेदी जी यह सोचकर कष्ट पाते थे कि बालमुकुन्द गुप्त खुद देहाती, उनके गुरु प्रतापनारायण मिश्र वज्र देहाती, फिर भी वह द्विवेदी जी को देहाती कहकर उन पर हँसते थे! भारतेन्दु-युग के लेखकों पर इन दिनों द्विवेदी जी ने जो कुछ लिखा, उस पर अनस्थिरता वाले विवाद की छाया है, यह इस लेख के निम्नलिखित वाक्य से स्पष्ट हो जाता है : "कालाकांकर में इनकी संगति से एक ऐसे सज्जन ने हिन्दी सीखी, जिसने खुद देहाती होकर भी, और जिसकी बदौलत उसने हिन्दी सीखी, उसकी जन्मभूमि देहात में थी, यह जानकर भी, देहातियों ही की सिखलाई हुई हिन्दी में देहातियों की निन्दा करके अच्छा नाम पैदा किया है।"

द्विवेदी जी के लेख के सबसे अच्छे अंश संस्मरणात्मक हैं। ऐसे अंश उनके अन्य लेखों में भी हैं, यथा उनके बाल्यकाल के अर्द्धविक्षिप्त प्रतिभाशाली कवि पंडित का संस्मरण। पर हर्बर्ट स्पेन्सर के अध्ययन के कारण उन्हें संस्मरण लिखने का समय कम ही मिलता था। मिश्र जी के बारे में लिखा है : "आपने अपने बैठने के कमरे का नाम रक्खा था 'ब्राह्मण-कुटीर'। पर बैठते आप वहाँ बहुत कम थे। एक दिन जब हम आपसे मिलने गए, आप वहीं हमको मिले। दीवार पर एक इकतारा टँगा था। हमारे साथ एक और सज्जन थे। उन्होंने उस इकतारे को उठाकर छेड़ना शुरू किया। कोई दो मिनट बाद प्रतापनारायण से न रहा गया। उन्होंने उसे उनके हाथ से छीन लिया। आपने कहा—'यहि तना नहीं बजावा जात'।

यह कहकर आप खड़े हो गए और उसे बजाते हुए लावनी गाने लगे।" उस घटना का स्मरण हो आता है जब भारतेन्दु हरिश्चन्द्र लावनी-बाजों की मंडली में बैठकर ढोलक पर लावनी गाने लगे थे। हरिश्चन्द्र और प्रतापनारायण जैसे लेखकों का कुछ ऐसा ही सम्बन्ध लोक-संस्कृति से था। यह कल्पनातीत है कि द्विवेदी जी लावनी-बाजों की मंडली में बैठकर लावनी गाने लगें। इसलिए आश्चर्य नहीं कि वह प्रतापनारायण मिश्र से दो बार मिले : "पर हमें अफसोस है, एक दफा भी उनसे साहित्य-विषयक बातें अच्छी तरह न हुईं।" बात यह है कि प्रतापनारायण मिश्र के इकतारा बजाने का ढंग कुछ दूसरा था।

प्रतापनारायण मिश्र अपने जमाने के हिप्पी थे। गोरा रंग, बड़ी नाक, सिर पर लम्बे बाल, दाढ़ी बढ़ी हुई, कमर कुछ झुकी हुई, नहाने से परहेज—कहीं पढ़ा था कि कालाकांकर में उनके मित्र जबर्दस्ती उन्हें उठाकर—एक ने टाँगें पकड़ीं, दूसरे ने सिर थामा, इस तरह—गंगा में फेंक देते थे। पर नशे के नाम पर ज्यादा से ज्यादा भाँग, और कम-से-कम नास, इन्हीं से संतोष करते थे। द्विवेदी जी ने इनके नास लेने के बारे में लिखा है : "हम दो दफे इनसे मिले। दोनों दफे इनके लम्बी डाढ़ी देखी। इनको नास सूँघने का व्यसन था। इनकी नाक दिनभर नास फाँका करती थी। इससे इनकी डाढ़ी और मूँछों के बालों पर भी थोड़ा बहुत नास छाया रहता था।"

इनसे नितान्त भिन्न कोटि का व्यक्तित्व बालकृष्ण भट्ट का था।

अगस्त, 1906 की 'सरस्वती' में द्विवेदी जी ने 'हिन्दी प्रदीप' शीर्षक लेख लिखा और उसके सम्पादक बालकृष्ण भट्ट का चित्र छापा। अब सन्देह नहीं रह जाता कि अनस्थिरता वाले विवाद के बाद द्विवेदी जी भारतेन्दुकालीन लेखकों अथवा भारतेन्दु-सम्प्रदाय के लेखकों के पुनर्मूल्यांकन में लगे थे। 'हिन्दी प्रदीप' की सामग्री उनके सम्पादकीय आदर्शों के अधिक अनुरूप थी। इसलिए इनके बारे में उन्होंने अधिक प्रसन्नतापूर्वक लिखा : "जब से 'हिन्दी प्रदीप' साहित्य-विषयक मासिक-पत्र हुआ, तब से उसमें अनेक उपयोगी और मनोहर लेख निकले हैं। प्राचीन संस्कृत-कवियों के जीवन-चरित लिखने में यह पत्र अद्वितीय है...इसके कुछ बहुत ही अच्छे लेखों की नामावली हम नीचे देते हैं...प्राचीन देश, नगर, नदी, पर्वतों आदि का वर्णन भी 'प्रदीप' में निकल चुका है। 'नृपति-चरितावली' नामक लेखमाला में इस देश की छोटी-बड़ी रियासतों का हाल भी छप चुका है। हँसी-दिल्लगी की बातें भी इसमें कभी-कभी रहती हैं। इसके पुराने अंकों में 'परसन' नाम के एक लेखक के लेख बहुत ही हास्यरस-पूर्ण हैं। भट्ट जी के लेख प्राय: नये होते हैं। किसी की छाया या अनुवाद नहीं।" द्विवेदी जी ने अच्छे लेखों की नामावली में चार नाटकों के नाम दिये हैं, तीन उपन्यासों के नाम हैं। सात कविता-सम्बन्धी लेखों के नाम दिये जिनमें एक का शीर्षक है : 'उपयुक्त क्रिया', और दूसरे का : 'उपयुक्त विशेषण'।

द्विवेदी जी ने लिखा है : "जब से 'हिन्दी प्रदीप' साहित्य-विषयक मासिक-पत्र हुआ'—इसका आशय यह है कि पहले वह राजनीतिक विषयों पर अधिक लिखता था। बालकृष्ण भट्ट 19वीं सदी के लेखकों में सर्वाधिक क्रान्तिकारी विचारों के थे। यदि यह देखना हो कि 1857 के असफल प्रयत्न के बाद स्वाधीनता की चेतना मद्धिम न हुई थी, तो 'हिन्दी प्रदीप' के लेख देखना चाहिए। 'हिन्दी प्रदीप' के जन्म और प्रकाशन से हरिश्चन्द्र का प्रत्यक्ष सम्बन्ध था।

इलाहाबाद के छात्रों ने 'हिन्दी-वर्द्धिनी' सभा स्थापित की थी। इस सभा के सदस्यों ने 5-5 रुपये के हिस्से बनाकर कुछ रुपया इकट्ठा किया और एक पत्र निकालने का निश्चय किया। "उसी समय बाबू हरिश्चन्द्र अपने किसी निज के काम से प्रयाग गए थे। वहाँ हिन्दी-वर्द्धिनी-सभा के मेम्बरों की उत्कट वासना हिन्दी की ओर देख वे बड़े प्रसन्न हुए और आप भी उसके मेम्बर हो गए। पत्र निकालने में यथासाध्य सहायता देने के लिए आपने अभिवचन दिया और 'कविवचन-सुधा' के बहुत-से ग्राहकों की नामावली भेज दी।"

यह पत्र हिन्दी का साधारण साहित्यिक पत्र नहीं था। हिन्दी में वह क्रान्तिकारी राजनीतिक पत्रकारिता का अग्रदूत था। उसकी कठिनाइयों की कल्पना की जा सकती है। द्विवेदी जी को उसके राजनीतिक दृष्टिकोण से पूर्ण सहानुभूति थी, यह उनके विवरण से ज्ञात होता है। सरकार के विरुद्ध न लिखना चाहिए था, ऐसा संकेत भी उन्होंने एक बार नहीं किया। इसके विपरीत सरकारी कोपदृष्टि से भयभीत होकर हिन्दी-वर्द्धिनी सभा के जो सदस्य अपने बचाव की कोशिशें करने लगे, द्विवेदी जी ने उन पर व्यंग्य किया है। अंग्रेजी राज में प्रेस की स्वाधीनता का विवरण इस प्रकार है :

"सितम्बर, 1877 से 'हिन्दी प्रदीप' निकलना शुरू हुआ। परन्तु 'मूँड़ मुड़ाते ही ओले पड़े' की मसल खूब ही चरितार्थ हुई। उसी समय प्रेस-ऐक्ट का जन्म हुआ। 'हिन्दी प्रदीप' में कई लेख ऐसे निकले कि वह स्थानीय कर्मचारियों की आँख का काँटा हो गया। साल में कई बार मजिस्ट्रेट साहब के यहाँ उसके मैनेजर और सम्पादक की तलबी बराबर होती गई। यह तमाशा देख जो लोग चन्दा देकर इसके मेम्बर हुए थे, उन्होंने अपने रुपये से हाथ धोया। 'हिन्दी प्रदीप' की शिरकत से वे दस्तबरदार हुए। अपनी उन्नति के आगे हिन्दी की उन्नति का उत्साह भंग हो गया। कोई-कोई तो स्वदेश और स्वभाषा के इतने प्रेमी निकले कि पाँच रुपये देकर 'हिन्दी प्रदीप' का शेयर लेना उन्होंने बहुत बड़ा अपराध समझा। वे सोचने लगे कि इस पाप का प्रायश्चित्त किस तरह हो जो आगे कभी किसी के मुँह से यह न निकल जाए कि छात्र-दशा में ये भी हिन्दी के हितैषी थे और एक ऐसे पत्र में शरीक थे जो गवर्नमेंट के खिलाफ लेख लिखने में बदनाम था। अस्तु यह तै पाया कि पत्र बन्द कर दिया जाए।"

भट्ट जी का इरादा कुछ दूसरा था। उनके लेख अनेक पत्रिकाओं में छपते थे जिनमें एक 'कविवचन-सुधा' भी थी। उन्हें बराबर इस बात का ध्यान रहता था कि उनके लिखने के कारण दूसरों पर सरकार की कोपदृष्टि न पड़े। द्विवेदी जी के शब्दों में : "भट्ट जी तो चाहते ही थे कि कोई ऐसा पत्र मिल जाता तो उसमें अपनी इच्छानुसार लिखा करते। अतएव 'हिन्दी प्रदीप' को सर्वथा बन्द होते देख उसका कुल भार उन्होंने अपने ऊपर ले लिया और धड़ल्ले के लेख आप उसमें लिखने लगे।" एक बार हिन्दुओं और मुसलमानों के बीच झगड़ा होने पर इन्होंने जो लेख लिखा, उससे काफी तनातनी रही। जहाँ भी अन्याय दिखाई देता था, भट्ट जी उसका विरोध करते थे। परिणाम यह कि "उनके तीव्र लेखों के कारण अप्रसन्न होकर शहर के कुछ लोगों ने बदमाशों को उनके पीछे लगा दिया था जिन्होंने भट्ट जी को बहुत तंग किया।" इलाहाबाद के अंग्रेजी साप्ताहिक 'इंडियन यूनियन' ने भट्ट जी की सहायता की। अनेक कठिनाइयाँ आईं पर 'हिन्दी प्रदीप' के लेखों का ढंग भट्ट जी ने नहीं बदला। राजकीय विषयक लेख वे बराबर लिखते ही गए। 13 वर्ष तक "'हिन्दी प्रदीप' इसी ढंग पर चलता रहा। एक-से-एक कड़े लेख निकलते रहे।" इस लम्बे संघर्ष के बाद "'हिन्दी प्रदीप' केवल साहित्य और समाज-विषयक पत्र कर दिया गया।" इसका एक कारण यह भी था कि भट्ट जी की आँखें जवाब दे रही थीं। घाटा तो उठाना ही पड़ा। बीच में नागरी प्रचारिणी सभा, काशी से कुछ सहायता मिली थी। द्विवेदी जी ने 'सरस्वती' के माध्यम से लोगों से उसके ग्राहक बनने की अपील की। उसका वार्षिक चन्दा कुल एक रुपया ग्यारह आने था, और यह मासिक पत्र था जिसके हर अंक में लगभग 24 पृष्ठ होते थे। द्विवेदी जी ने भट्ट जी के धैर्य और विद्याप्रेम की प्रशंसा करते हुए उनसे प्रार्थना की कि जिन विषयों पर वह अक्सर लिखा करते हैं, उनमें समय के अनुसार कुछ परिवर्तन करना चाहिए। सम्भव है, इसका आशय यह हो कि ब्रजभाषा का समर्थन छोड़कर वह खड़ी बोली कविता के विकास में योगदान करें और संसार की वैज्ञानिक प्रगति से नाता जोड़ें।

अपने समय के अधिकांश लेखकों की तरह बालकृष्ण भट्ट धार्मिक रूढ़िवाद से मुक्त थे। द्विवेदी जी ने उनकी न्यायप्रियता और उदारता के बारे में लिखा : "इसके सम्पादक में न्यायप्रियता का गुण सबसे बढ़कर है। अपनी समझ के मुताबिक जो उचित और न्याय्य होता है, वही आप लिखते हैं। इनके लेखों से यह नहीं मालूम होता कि आप किस सम्प्रदाय या पंथ के हैं। कभी आप आर्य्य-समाज के अनुयायियों की सी बातें करने लगते हैं, कभी सनातन धर्म्मियों की सी। बाल-विवाह के आप बेहद खिलाफ हैं। कुछ न कुछ आप इस पर लिखा ही करते हैं।" भट्ट जी की इस उदारता के प्रति, नवीन चेतना के लिए उनके साहसपूर्ण संघर्ष के प्रति, द्विवेदी जी के हृदय का सम्मान उनके इन वाक्यों से

प्रकट होता है : "यदि यह पत्र किसी और भाषा में निकलता होता तो इसकी रजत-जुबिली हो गई होती। पर अभागी हिन्दी के यह भाग्य कहाँ? 'प्रदीप' किसी तरह चलता है, यही गनीमत है।"

सुदीर्घ संघर्षमय साहित्यिक जीवन का अन्त हुआ। भट्ट जी इलाहाबाद में रहते थे और भारतेन्दु-युग के यही ऐसे लेखक थे जिनसे द्विवेदी जी मिला करते थे। ऊपर से देखने में द्विवेदी जी रूखे-सूखे तर्कशास्त्री-से लगते हैं पर वह बहुत ही भावुक-हृदय थे और भट्ट जी के देहान्त से उन्हें गहरी ठेस लगी। अगस्त, 1914 की 'सरस्वती' में उनका चित्र उन्होंने फिर प्रकाशित किया। उन पर जो सम्पादकीय टिप्पणी उन्होंने लिखी, उससे भट्ट जी ही नहीं, स्वयं उनके अपने चरित्र की कुछ ऐसी विशेषताएँ प्रकट होती हैं जो साधारणत: आँखों से ओझल रहती हैं। द्विवेदी जी ने बड़ी ही आत्मीयता से लिखा : "भट्ट जी, तुम्हारे शरीर-त्याग का समाचार सुनकर बड़ी व्यथा हुई। उस व्यथा की इयत्ता हम किस प्रकार बतावें! हमारा कंठ रुँधा हुआ है, हमारे नेत्र साश्रु हैं, हमारा शरीर अवसन्न है।" इसे जरा भी अतिरंजित न मानना चाहिए। उनकी दशा शब्दश: ऐसी ही हुई होगी। "इलाहाबाद में तुम्हारे रहते, वहाँ जाने पर, यह जन तुम्हारे दर्शनों से बहुधा वंचित नहीं हुआ। अपने आने की सूचना भी, वह, प्राय: दो दिन पहले ही, तुम्हें देता रहा है। इसलिए कि तुम मकान ही पर मिलो और तुम्हारा गिलौड़ीदान भी भरा हुआ मिले। तुम्हारी इच्छा न रहते भी तुम्हारे पान हम तुम्हारे पानदान से निकालकर खा गए। कितनी ही दफे मिठाई और फल तुमसे बलवत् मँगवाकर हमने खाये। और भी न मालूम कितनी तकलीफें तुम्हें दीं। तुम्हें चिढ़ाने में, तुम्हें खिझाने में, तुम्हारे मुख से निकले हुए निर्भर्त्सना-वाक्य सुनने में सुख था। इसी से तुमको हम दिक़ करते थे; 'बालाचिरं चुम्बिता' की याद दिलाकर तुम्हारी कटूक्तियाँ सुनते थे; तरह-तरह की वक्रोक्तियाँ कहकर तुम्हारे क्षणिक, नहीं, कृतक कोप की वृद्धि करते थे। इससे अपूर्व मनोरंजन होता था—एक अनिर्वचनीय सुखानुभव होता था। तुममें हमारी भक्ति थी। इससे तुम हमारी वह सारी धृष्टता क्षमा करते थे; हम पर कृपा करते थे; हमसे स्नेह रखते थे। यही कारण है जो आज हम तुम्हारे लिए 'त्वंकार' का प्रयोग कर रहे हैं। इस त्वंकार के रस से तुम खूब अभिज्ञ थे। इसी से आज हमने 'आप' का बहिष्कार कर दिया है। भट्ट जी, अब वे सरस कथाएँ और पुराने कवियों की वे हृदय-रंजिनी उक्तियाँ कहाँ सुनने को मिलेंगी? तुम तो चल दिये!"

उनकी हिन्दी-सेवा का स्मरण करते हुए द्विवेदी जी ने लिखा : "संस्कृत के सुपंडित—कायस्थ-पाठशाला में संस्कृत के प्रोफेसर—होकर भी तुमने हिन्दी का आश्रय दिया। अँगरेजी से अभिज्ञ होने पर भी तुमने हिन्दी का अनादर नहीं किया। 'हिन्दी प्रदीप' को निकालकर, बहुत कुछ कष्ट उठाने पर भी, तुमने उसे बन्द नहीं किया। तीस-बत्तीस वर्ष तक उसे निकालते चले गए। इससे बढ़कर मातृभाषा-प्रेम

और क्या हो सकता है?" उनके कष्टों के बारे में लिखा : "प्रोफेसरी से पृथक् होने पर भी तुमने हिन्दी की सेवा नहीं छोड़ी। पंगु हो जाने पर भी तुम उसी में निरत रहे। यहाँ तक कि नेत्रों के धोखा देने पर भी तुम उस व्रत के व्रती बने ही रहे।"

ये सब लोग उस समय के उच्चवर्ग से बहिष्कृत थे, वैसे ही जैसे सामन्ती व्यवस्था में संन्यासी समाज से बाहर रहते थे। अन्तर यह था कि संन्यासी पूजे जाते थे—भट्ट जी जैसे लोग उपेक्षित थे, और आज भी विश्वविद्यालयों के आचार्य-दल में, और सामान्य हिन्दी लेखक-पाठक-समुदाय में, उपेक्षित हैं। आधुनिक हिन्दी साहित्य के निर्माताओं की उपेक्षा का अर्थ है, अपने साहित्य के भविष्य की उपेक्षा।

नवम्बर-दिसम्बर, 1906 की 'सरस्वती' में काशीनाथ खत्री पर रामचन्द्र शुक्ल का लेख प्रकाशित हुआ। काशीनाथ खत्री भारतेन्दु-युग के महत्त्वपूर्ण लेखक थे। शुक्ल जी ने इनके साहित्य के रीति-विरोधी पक्ष पर ध्यान दिया और लिखा : "यद्यपि स्वर्गीय बाबू काशीनाथ खत्री उन लोगों में थे जो हिन्दी के बुरे दिनों में खड़े हुए थे, पर उनकी लेखनी की चाल और लोगों से निराली थी। न तो उसके मार्ग में नवोढ़ाओं की सोंधाहट ही आती थी, न परकीयाओं के कटाक्ष ही बरसते थे—न दूतियों की दौड़धूप ही दिखाई देती थी, न चारों ओर कमल ही खिले रहते थे जिन पर गूँजते-गूँजते बेचारे भौंरों का मुँह सूज आता था, और न मलयालिन ही हर समय था जो किसी को तो प्रेमरस में घड़ियों झुमाता और किसी को जलाकर एक बारगी खाक ही कर डालता था।"

शुक्ल जी रीतिवादियों पर आक्रमण का कोई अवसर हाथ से जाने न देते थे। इस तरह के आक्रमण में वह व्यंग्य से काम लेते थे। किन्तु भारतेन्दुकालीन लेखकों के व्यंग्य-विनोद का विवेचन उन्होंने बहुत सहानुभूति से नहीं किया। काशीनाथ खत्री की कविता के प्रति निष्ठा, सदाचार और लोकहित के प्रति आस्था की प्रशंसा तो करते हैं पर उनके नाटकों का उल्लेख करके चुप रह जाते हैं। इनके 'ग्राम पाठशाला' और 'निकृष्ट नौकरी' नाटक 'हरिश्चन्द्र चन्द्रिका' में छपे थे। उस पत्रिका में उनके और लेख भी निकले थे। नीति, धर्म, समाज और स्वदेशहित पर लिखने की ओर इनका ध्यान अधिक था, यह कहने के बाद शुक्ल जी भारतेन्दु-युग के बारे में कहते हैं : "उस समय तो लोग प्राय: हँसी-दिल्लगी की लच्छेदार बातों तथा अनुप्रासांकित-प्रलम्ब-शब्दवल्लरी ही की ओर अधिक अनुराग दिखाते थे।" भारतेन्दु हरिश्चन्द्र से इनके सम्बन्ध की चर्चा शुक्ल जी ने द्विवेदी जी के ढंग से की है : "बाबू हरिश्चन्द्र इनके लेखों का बड़ा आदर करते थे। पर सच पूछिए तो यह कोई बड़ी बात भी न थी, क्योंकि वे निरादर ही किसके लेखों का करते थे। वहाँ किसी ने हिन्दी के लिए लेखनी उठाई कि भारतेन्दु जी ने उसे सिर-माथे पर बैठाया।" भारतेन्दु हरिश्चन्द्र अपनी प्रशंसा बेहिसाब न बाँटते थे, इस तथ्य की पुष्टि शुक्ल जी ने अगले ही वाक्य में कर दी है : "उन्हीं महानुभाव की उदारता ने देखते-देखते उनकी आँखों

के सामने ही ऐसे-ऐसे पुरुष खड़े कर दिये जिनकी कीर्त्ति सदा हिन्दी भाषा के साथ उसके पथ पर प्रकाश डालती चलेगी।" (यदि वह बेहिसाब तारीफ बाँटते तो तारीफ पानेवालों की कीर्ति अमर कैसे हो जाती?) फिर प्रतापनारायण मिश्र द्वारा हरिश्चन्द्र के प्रमाणपत्र का हवाला देने की बात याद करके वाक्य यों पूरा किया है : "और जो अपनी प्रशंसा में अधिक यही कह सकते थे कि 'श्रीमुख जासु सराहना, कीन्हीं श्री हरिश्चन्द्र'।" स्वयं को विज्ञापित करने के साथ वह अपनी पुस्तकों का विज्ञापन भी करते थे : "अपनी पुस्तकों का विज्ञापन देने में आप कभी नहीं चूकते थे।" उन्होंने द्विवेदी जी के ढंग पर उनकी भाषा के अनेक दोष भी दिखाए हैं।

भारतेन्दु-युग के एक समर्थ गद्य लेखक और प्रगतिशील पत्रकार, 'सार सुधानिधि' के सम्पादक दुर्गाप्रसाद मिश्र थे। जनवरी 1911 की 'सरस्वती' में द्विवेदी जी ने इन पर एक लेख लिखा था। लेख से मालूम होता है कि उनसे द्विवेदी जी का घनिष्ठ परिचय था। उनके स्वभाव के बारे में लिखा है : "बड़े मधुरभाषी, बड़े मिलनसार, बड़े शिष्टाचार-परायण थे। हँसमुख और विनोदशील भी आप बड़े थे। कई दफे हमें आपके दर्शनों का सौभाग्य प्राप्त हुआ। हर दफे जी यही चाहता था कि इनके पास बैठे ही रहें।"

मिश्र जी के पितामह जम्मू के निवासी थे। बचपन में उन्होंने डोगरी, हिन्दी और बँगला भाषाओं का अध्ययन किया था। काशी में संस्कृत पढ़ी और कलकत्ते में अंग्रेजी। जब काशी से 'कविवचन-सुधा' प्रकाशित हुई, तब उसके एक संवाददाता दुर्गाप्रसाद मिश्र थे। जब पटना से 'बिहार बन्धु' प्रकाशित होने लगा, तब वह उस पत्र से भी सम्बद्ध रहे। 'भारत-मित्र' का प्रकाशन भी इन्हीं ने आरम्भ किया था। फिर सदानन्द मिश्र के कहने से इन्होंने 'सार सुधानिधि' निकाला। सालभर चलने के बाद जब यह पत्र बन्द हो गया तब "सन् 1880 में केवल अपने बाहुबल के आश्रय पर 'उचित वक्ता' पत्र प्रकाशित करना आरम्भ किया। 'उचित वक्ता' ने हिन्दी-सृष्टि में एक नया कर्तब कर दिखलाया। इस पत्र में गूढ़ राजनैतिक विषयों पर पंडित जी के हँसी-दिल्लगी भरे लेख सर्वप्रिय और प्रभावजनक होते थे।" भारतेन्दु-युग के पत्रकारों की ऐसी ही परम्परा थी।

जम्मू के राजा ने इन्हें अपने यहाँ बुलाकर "शिक्षा विभाग के सर्वोच्च पद पर नियत किया परन्तु थोड़े ही दिनों के बाद राज्य प्रबन्ध में कुछ गड़बड़ देखकर इन्होंने वहाँ रहना उचित न समझा और इस्तीफा देकर वहाँ से चले आए।" किन्तु सामन्ती व्यवस्था में पीड़ित जम्मू की प्रजा के प्रति उनकी सहानुभूति समाप्त नहीं हुई। उस समय अंग्रेजी राज के विरुद्ध तो लोग लिखते थे पर देशी राजाओं के अत्याचारों के विरुद्ध लिखने का साहस कम ही लोगों को होता था। ऐसे साहसी लोगों में दुर्गाप्रसाद मिश्र थे। लेख में बताया गया है : "जंबू राज्य सें पीड़ित एक स्वदेशीय पुरुष के कहने से इन्होंने, 'उचित वक्ता' में जंबू राज्य के रहस्यों को प्रकाशित

करना आरम्भ किया; परन्तु इससे जब जंबू की शासन-प्रणाली पर कुछ भी प्रभाव न पड़ा तब इन्होंने देशवासियों के एक दल के सहित उस समय हिन्दुस्तान में आए हुए पार्ल्यामेंट के मेम्बर मिस्टर ब्रैडला से मुलाकात की और अपने देशवासियों का दु:ख सुनाया। उन्होंने विलायत जाकर इनकी बड़ी तारीफ की और पार्ल्यामेंट में जंबू राज्य की बातें पेश करके उनका सुधार करवाया।"

मिश्र जी से सम्बन्धित विवरण में 'बिहार बन्धु' पत्रिका का नाम आया है। इसके सम्पादक केशवराम भट्ट पर युगलकिशोर अखौरी का लेख मई, 1909 की 'सरस्वती' में प्रकाशित हुआ। भट्ट जी की मातृभाषा मराठी थी पर इनका जन्म पटना में हुआ था। कुछ दिन वह कलकत्ते में रहे। जब 'बिहार बन्धु' निकला तब "भट्ट जी के सहपाठी मुंशी हसन अली नामक एक मुसलमान नवयुवक उसके सम्पादक हुए।" 1875 ईसवी में भट्ट जी ने 'बिहार बन्धु' का सम्पादन शुरू किया। वह अध्यापन-कार्य के साथ सम्पादन-कार्य करते थे। 'बिहार बन्धु' में धारावाहिक रूप से उनका लिखा हुआ व्याकरण प्रकाशित हुआ। 'बिहार बन्धु' का उद्देश्य बिहार में हिन्दी का प्रचार करना था। इस कार्य में उसके सम्पादक भट्ट जी को यथेष्ट सफलता मिली। इनके हिन्दी व्याकरण के बारे में युगलकिशोर अखौरी ने लिखा है : "क्रिया-भाग छोड़कर अन्य विषय बड़ी खूबी से लिखे गए हैं। उदाहरण में केवल खड़ी बोली के शब्द और वाक्य दिये गए हैं। भट्ट जी अंग्रेजी, संस्कृत और हिन्दी तो पूर्ण रूप से जानते ही थे। इनका हिन्दी व्याकरण पढ़ने से इनकी फारसी और उर्दू की अभिज्ञता सूचित होती है।" भट्ट जी शुद्ध हिन्दी के कायल न थे। इन्होंने 'शमशाद सौसन' नाम का नाटक लिखा था। इन्हें अभिनय-कला से प्रेम था। इनके उस नाटक का अभिनय भी सफलतापूर्वक किया गया। उसके बारे में लेखक ने बताया है : "इसकी प्रशंसा वर्तमान हिन्दी के आचार्य भारतेन्दु हरिश्चन्द्र ने भी अपने नाटक निबन्ध में की है। इसका अभिनय भट्ट जी के समय में ही कई जगह हुआ था। अब भी हुआ करता है।"

इस प्रकार हिन्दी के पुराने साहित्यकारों पर अनेक लेख प्रकाशित करके द्विवेदी जी ने 'सरस्वती' के पाठकों को भारतेन्दु-युग की उपलब्धियों से परिचित कराया।

4. रीतिवाद-विरोधी अभियान की भूमिका

आधुनिक हिन्दी साहित्य के विकास के लिए सबसे पहले यह आवश्यक था कि उसे पुराने दरबारी काव्य की रूढ़ियों से मुक्त किया जाए। मुख्यत: ये रूढ़ियाँ चार थीं। पहली रूढ़ि यह कि सरस कविता ब्रजभाषा में ही हो सकती है और गद्य में जिस भाषा का व्यवहार होता है, वह स्वभावत: नीरस है। दूसरी रूढ़ि यह कि शृंगार रस सभी रसों में श्रेष्ठ है और नायिका-भेदी साहित्य में इसका पूर्ण विकास हुआ है। तीसरी रूढ़ि समस्या-पूर्ति की थी। कवियों को पहले से कोई समस्या दे दी जाती

थी और उस पर कबित्त या सवैया बनाकर वे अपनी प्रतिभा का चमत्कार दिखाते थे। चौथी रूढ़ि रस और अलंकारों को लेकर थी, विशेष कर अलंकारों को लेकर। द्विवेदी जी ने इन चारों रूढ़ियों के विरुद्ध जमकर संघर्ष किया और लगातार 20 वर्षों तक किया। यह संघर्ष कई मोर्चों पर था। एक मोर्चा आलोचना का था जिसमें खड़ी बोली के समर्थक पद्य में इस भाषा के व्यवहार का समर्थन करते थे और ब्रजभाषा के पक्षपातियों को अपनी बात समझाने का प्रयत्न करते थे। दूसरा मोर्चा काव्य-रचना का था जहाँ अपने व्यवहार से उन्हें सिद्ध करना था कि खड़ी बोली में मधुर कविता हो सकती है।

ब्रजभाषा और खड़ी बोली के अन्तर्विरोध के बारे में पहले लिखा जा चुका है। यहाँ दो-एक अन्य बातों की ओर ध्यान देना काफी होगा। ब्रजभाषा की जगह खड़ी बोली को प्रतिष्ठित करने के संघर्ष में द्विवेदी जी ने दूरदर्शिता, धैर्य और समझबूझ का परिचय दिया। वह जानते थे कि यह समस्या एक दिन में हल नहीं हो सकती। लेखक और पाठक अपने अनुभव से ही बहुत-सी बातें सीखेंगे। उन्होंने 'सरस्वती' में ब्रजभाषा में लिखी हुई कविताएँ ही नहीं छापीं, उन्होंने ब्रजभाषा के समर्थन में लेख भी छापे और कभी-कभी दूसरी पत्रिकाओं से भी ऐसे लेख उद्धृत किये। इसका एक उदाहरण मार्च, 1913 की 'सरस्वती' में है। इस्में उन्होंने बालकृष्ण भट्ट का लेख 'शब्द की आकर्षणशक्ति' छापा है। यह लेख नागरी प्रचारिणी पत्रिका से उद्धृत किया गया है। बालकृष्ण भट्ट भारतेन्दु-युग के तेजस्वी गद्य-लेखक और प्रगतिशील विचारक थे। व्यक्तिगत स्तर पर उनसे द्विवेदी जी का गहरा स्नेह-सम्बन्ध था। द्विवेदी जी भारतेन्दु-युग के साहित्यकारों का आदर करते थे, यह हम ऊपर देख चुके हैं। अब यह देखना चाहिए कि आदर करते हुए भी वह इन साहित्यकारों की कुछ बातें कैसे अमान्य करते हैं जिनसे साहित्य की प्रगति में बाधा पड़ती थी।

भारतेन्दु हरिश्चन्द्र और उनके समकालीन प्राय सभी प्रसिद्ध लेखकों ने ब्रजभाषा के व्यवहार का समर्थन किया था। इन्हीं में भट्ट जी भी थे। यह कोई प्रगतिशील धारणा नहीं थी जिसे स्वीकार किया जाए। इसका खंडन आवश्यक था। पर भट्ट जी दरबारी कविता के प्रेमी नहीं थे। वह सरल हृदय, भक्त आदमी थे, साथ ही राजनीति में उग्र विचारों के पोषक थे। अपने उक्त लेख में उन्होंने भक्ति और सरल हृदय पर काफी लिखा है। पद्य में ब्रजभाषा का व्यवहार केवल रीतिवादियों को प्रिय नहीं था, वह रीति-विरोधियों को भी प्रिय था। इसलिए समस्या और भी पेचीदा हो गई थी। भट्ट जी ने अपने लेख के अन्त में लिखा था : "अब तर्क मन में यह उठता है कि शब्दों में इतनी मिठास और आकर्षणशक्ति के रहते भी खड़ी बोली में कविता की मोहिनी मूर्ति का दर्शन क्यों नहीं होता? खड़ी बोली के पक्षपाती इसे रसीली बनाने को सब-सब यत्न करते हैं पर रस के अम्बोद की पूर्ण वृष्टि एक ओर रही उस अलौकिक रस का कहीं एक छींटा भी नहीं आता। एक बात मन में

आती है। बहुत-से पढ़ने वाले इसमें सहमत न होंगे, लाचारी है। रुखाई का रूप उर्दू की तुकबन्दी में, जिसकी खड़ी बोली नकल कर रही है उसमें सरसता का वैसा ही अभाव है, जैसा मरुभूमि में जल के एक बिन्दु का; तब रस के उद्‌गार हमारे पुराने कवि सूर, तुलसी, बिहारी, भूषण आदि कवियों की कविता में भी आनन्द तो दूर रहा। इसी से हम कहते हैं कि पद्यमयी 'सरस्वती' को अछूती ही रखना उचित है।"

इस तरह के विचार जातीय साहित्य के विकास में बहुत बड़ी रुकावट थे। द्विवेदी जी ने 'सरस्वती' में इस लेख के बाद ही 'खड़ी बोली की कविता' शीर्षक लेख प्रकाशित किया। इसके लेखक बदरीनाथ भट्ट हैं और लेख खड़ी बोली के समर्थन में है। यह भी 'सरस्वती' के लिए न लिखा गया था, दूसरे साहित्य सम्मेलन के विवरण से उद्धृत किया गया है। इस निबन्ध में भट्ट जी ने ब्रजभाषा और उसके काव्य की प्रशंसा की है। लिखा है कि हिन्दी ब्रजभाषा के काव्य-ग्रंथ निकाल दिये जाएँ तो वस्तुत: हिन्दी भाषा हिन्दी भाषा न रहे। फिर कहते हैं कि अब ब्रजभाषा के दिन बीत गए। संस्कृत की तरह उसका आदर तो करना चाहिए, 'पर उसे राष्ट्रभाषा बनाने की और नायिका-भेद और अलंकारशास्त्र बढ़ाने की चिन्ता छोड़ देनी चाहिए।" जातीय भाषा के रूप में खड़ी बोली के व्यापक व्यवहार की चर्चा करते हुए बदरीनाथ भट्ट ने लिखा है : "खड़ी बोली का बन्द खुल गया है। उसका विकट प्रवाह अब रोका नहीं रुक सकता। अतएव जो सज्जन इस ओर से उदासीन हैं, उन्हें उचित है कि इस ओर भी अपनी कृपादृष्टि रक्खें।"

ब्रजभाषा के अधिकांश समर्थक न तो भक्त थे, न देशभक्त। बालकृष्ण भट्ट भले ही भक्ति और देशभक्ति का समन्वय कर सकें, पर व्यवहार में देखा जाता था कि ब्रजभाषा कविता में नायिका-भेद और अलंकार प्रदर्शन का बोलबाला था। 'सरस्वती' के उसी अंक में सम्पादक ने इस बारे में लिखा था : "क्या हमारी भाषा के कवि भी नायिका-भेद और समस्या-पूर्ति को छोड़कर निजभाषा की वास्तविक उन्नति पर ध्यान देंगे?"

दिलचस्प बात है कि मिश्रबन्धुओं ने समस्या-पूर्ति की आलोचना करते हुए 'सरस्वती' के एक लेख में स्वच्छंद काव्य की बात की थी। श्यामबिहारी मिश्र और सुखदेव बिहारी मिश्र का लेख 'हिन्दी काव्य' 'सरस्वती' के कई अंकों में छपा था। इसकी एक किस्त अप्रैल, 1901 की 'सरस्वती' में है। कानपुर के समस्या-पूर्ति वाले समाजों की आलोचना करते हुए मिश्रबन्धु कहते हैं : "कविता तो स्वच्छंदता बिना उत्तम बन ही नहीं सकती। आपने कह दिया कि 'केहि कारन सुन्दरि रूप ढर्यो', या 'केहि कारन कौन निकाली है जाली?" अथवा 'कीकर पतान में' इत्यादि, पर इन पर क्या उत्तम कविता हो सकती है? माना कि अच्छी समस्याएँ भी दी जा सकती हैं और कभी-कभी दी भी जाती हैं, पर एक तो जिस समाज से कहिए, उसी में दी हुई अधमाधम समस्याएँ हम बता दें और दूसरे

जैसाकि हम ऊपर कह चुके हैं, उत्तमोत्तम समस्या की पूर्ति करने में भी वही पराधीनता है जो अधम से अधम की पूर्ति में।

"इस प्रणाली में जो लोग पड़ जाते हैं, उनकी एक बात पर हमें आश्चर्य-सा होता है कि वे यदि अपने इच्छानुसार कोई स्वच्छंद कबित्त भी निर्माण करने बैठते हैं, तो प्राय: देखा गया है कि वे एक न एक समस्या पहिले अवश्य सोच लेते हैं और फिर उसी की पूर्ति में प्रवृत्त हो जाते हैं! इसका कारण यही है कि चिर अभ्यास से स्वच्छंद काव्य की बात ही वे भूल जाते हैं और बिना कोई समस्या स्थिर कर लिये वे महाशय एक कबित्त तक कठिनाई से निर्माण कर सकते हैं। बलिहारी इस दासत्व की!!"

दासत्व बनाम स्वच्छंदता! रीतिवाद बनाम छायावाद! मिश्रबन्धुओं की स्थापना उनकी अपनी व्यावहारिक आलोचना से आगे है, और वह द्विवेदी-युग की सामान्य काव्य-दृष्टि से आगे है। कविता के लिए स्वच्छंदता आवश्यक है। रीतिवादी बन्धनों से उसका सहज प्रवाह रुक जाता है। यदि कवि को पहले से समस्या देना उसकी स्वच्छंदता पर रोक लगाना है तो उससे यह कहना कि इस विषय पर लिखो, इस विषय पर न लिखो, उसी तरह उसकी स्वच्छंदता पर रोक लगाना है। महावीरप्रसाद द्विवेदी कवियों को विषय बताकर उनसे कविताएँ लिखाते थे। छायावादी कवियों का तर्क यह था कि कवि अपनी अनुभूति के प्रति सच्चा रहेगा, इसके अलावा वह कोई बन्धन स्वीकार न करेगा। नई कविता लिखनेवाले और उसके समर्थक यही तर्क दोहराते हैं यद्यपि वे खुद को और दूसरों को समझाते यह हैं कि वे छायावाद के विरोधी हैं।

महावीरप्रसाद द्विवेदी ने, और उनसे पहले भारतेन्दु हरिश्चन्द्र ने नये विषयों पर लिखने का आह्वान करके कवियों का उपकार किया। साहित्यकारों की सामाजिक चेतना के विकास और परिष्कार के लिए यह कार्य आवश्यक था। अनुभव केवल व्यक्तिगत स्तर पर नहीं होता, सामाजिक स्तर पर भी होता है। इस अनुभव के प्रति यदि अल्पसंख्यक लेखक ही सचेत हैं, तो उनका कर्तव्य है कि विरोध की चिन्ता न करके वे शेष बहुसंख्यक लेखकों को इस नये सामाजिक अनुभव के प्रति सचेत करें। समस्या-पूर्ति के बन्धन कवियों को चमत्कारवादी दायरे में बन्द कर देते थे। नवीन विषय-सम्बन्धी निर्देश उन्हें इस दायरे से बाहर निकालते थे। जहाँ स्वच्छंदता है, वहाँ उसकी सीमा भी है; बन्धनहीन निरपेक्ष स्वच्छंदता रूमानी कल्पना मात्र है।

5. रीतिवाद-विरोधी अभियान और महावीरप्रसाद द्विवेदी

जून, 1901 की 'सरस्वती' में द्विवेदी जी का 'नायिका-भेद' शीर्षक लेख प्रकाशित हुआ। इसमें उन्होंने रीतिवाद का सम्बन्ध सीधे राजदरबारों से जोड़ा है। लिखा है : "राजाश्रय मिलने की देरी, राजा जी को सब प्रकार की नायिकाओं के रसास्वादन का आनन्द चखाने के लिए कविजी को देरी नहीं। 10 वर्ष की अज्ञात-यौवना से लेकर 50 वर्ष की प्रौढ़ा तक के सूक्ष्म से सूक्ष्म भेद बतलाकर और उनके हाव,

भाव, विलासादि की सारी दिनचर्या वर्णन करके ही कविजन संतोष नहीं करते थे। व्यभिचार में सुकरता होने के लिए दूती कैसी होनी चाहिए; मालिन, नाइन, धोबिन इत्यादि में से इस काम के लिए कौन सबसे अधिक प्रवीण होती है, इन बातों का भी वे निर्णय करते थे। नायक के सहायक बिट और चेटक आदि का भी वर्णन करने से वे नहीं चूकते थे। इस प्रकार की पुस्तकों अथवा कविताओं का बनना अभी बन्द नहीं हुआ, वे बराबर बनती जाती हैं। तथापि पहिले बहुत बनती थीं, इसीलिए हमने भूतकाल का प्रयोग किया है।"

रामचन्द्र शुक्ल की रीति-विरोधी आलोचना से इस विवेचन का कितना गहरा सम्बन्ध है, यह ऊपर की पंक्तियाँ पढ़ते ही स्पष्ट हो जाएगा। हिन्दी आलोचना के विकास में द्विवेदी जी मार्गदर्शक का कार्य कर रहे हैं। नायिका-भेद से समस्या-पूर्ति वाली परम्परा कैसे अभिन्न रूप में जुड़ी हुई है, इस पर उन्होंने लिखा : "समस्या-पूर्ति करनेवाले कवि-समाजों और कवि-मंडलों का तो नायिका-भेद जीवन-सर्वस्व हो रहा है। सुनते हैं, 'सुकवि-सरोज-विकास' में भी नायिका-भेद ही है। नवोढ़ा और विश्रब्ध नवोढ़ाओं ही की कृपा से हमारी भाषा की कविता-लता सूखने नहीं पाई, कविजन अब तक उसे अपने काव्य-रस से बराबर सींच रहे हैं और मुग्धमति युवक उसकी शीतल छाया में शयन करके विषयाकृष्ट हो रहे हैं।"

नायिका-भेद की परम्परा बहुत पुरानी थी और व्यापक थी। पुरानी इसलिए कि उसका उद्‌भव संस्कृत में हुआ था : ब्रजभाषा में इससे सम्बन्धित साहित्य बहुत बड़े परिमाण में रचा गया था और वह गाँवों तक में प्रचलित था। नायिका-भेदी साहित्य इस बात की बहुत अच्छी मिसाल है कि कोई परम्परा बहुत प्राचीन हो और व्यापक तथा लोकप्रिय भी हो, तो भी उसका मूलोच्छेद आवश्यक हो सकता है। द्विवेदी जी ने उक्त निबन्ध में लिखा था : "आश्चर्य इस बात का है कि इस भेद-भक्ति के प्रतिकूल आज तक किसी ने चकार तक मुख से नहीं निकाला। प्रतिकूल कहना तो दूर रहा, नायिकाओं की नई-नई चेष्टा वर्णन करनेवालों को प्रोत्साहन और पुरस्कार दिया गया है।" इससे विदित होगा कि नायिका-भेद का विरोध करके द्विवेदी जी ने साहस का काम किया था।

नायिका-भेदी परम्परा की प्राचीनता के बारे में द्विवेदी जी ने लिखा था : "ऋषियों के बनाये संस्कृत-ग्रंथों तक में नायिकाओं के भेद कहे गए हैं, परन्तु पद्‌माकर और मतिराम आदि के ग्रंथों का-सा विस्तृत विभाग वहाँ नहीं है। नायिकाओं की भेद-भक्ति हमारे यहाँ बहुत प्राचीन काल से चली आई है। कालिदास के काव्यों में भी नायिकाओं के नाम पाए जाते हैं।" 'रघुवंश' के पाँचवें सर्ग से कुछ पंक्तियाँ उद्धृत करने के बाद वह कहते हैं : "यहाँ खंडिता नायिका का नाम आया है। संस्कृत में ऐसी अनेक पुस्तकें हैं जिनमें नायिकाओं की विभाग-परम्परा और उनके लक्षणों का विवरण है।" 'दशरूपक' और 'साहित्य-दर्पण' इत्यादि में प्रसंगवश इस विषय का

विचार भी हुआ है। भानुदत्त की 'रसमंजरी' इसी विषय पर है और इसमें नायिकाओं के 1152 भेद बताये गए हैं!

ब्रजभाषा की पुस्तकें इस विषय में संस्कृत को बहुत पीछे छोड़ आई। लिखा है : "इस विषय में भाषा की पुस्तकों का प्राचुर्य देखकर यही कहना पड़ता है कि इस महा-अनुपयोगी और महा-सत्यानाशी नायिका-भेद में संस्कृत कवियों की अपेक्षा भाषा के कवियों और भाषा की कविता के प्रेमियों की सविशेष रुचि रहती आई है।"

इस परम्परा की व्यापकता का प्रमाण यह है : "नगरों की बात जाने दीजिए, छोटे-छोटे ग्रामों तक में, साठ-साठ वर्ष के खूसट बुड्ढों को भी नायिका-भेद की चर्चा करते और ज्ञात-यौवना और अज्ञात-यौवना के अन्तर के तारतम्य पर वक्तृता देते हमने अपनी आँखों देखा है!" सामाजिक व्यवस्था में जैसे ऊँच-नीच का भेदभाव भारतीय सामन्तवाद के पतन का मुख्य लक्षण था, वैसे ही साहित्य में नायिका-भेद इस सामन्तवादी संस्कृति के ह्रास का मुख्य लक्षण था। भारतीय जनता के मानस में वह घुन की तरह लगा हुआ उसे क्षीण कर रहा था। उसे स्थायी बनाने के लिए स्थायी संचारी भावों वाला एक विशाल काव्यशास्त्र मौजूद था। किसकी मजाल थी कि इस काव्यशास्त्र के विरुद्ध चूँ भी करे? नायिका-भेद रस-विशेष के अन्तर्गत था। यह रस शृंगार था। नायिकाओं के भेद-उपभेद न भी किये जाएँ, तो भी शृंगार रस के प्रति अतिशय भक्ति साहित्य को भीतर से खोखला करने के लिए काफी थी। द्विवेदी जी के शब्दों में : "नायिकाएँ ही शृंगार रस की अवलम्बन हैं, और शृंगार रस ही सब रसों का राजा है। राजा का जीवन ही जब इन नायिकाओं पर अवलम्बित है तब कहिए, क्या भाषा साहित्य में इनकी इतनी प्रतिष्ठा न हो? इनकी कीर्ति का कीर्तन करके क्यों कविजन अपनी वाणी को सफल न करें? और इन्हीं की बदौलत नाना प्रकार के पुरस्कार पाकर क्यों न वे अपने को कृतकृत्य मानैं?"

प्रश्न शृंगार रस को साहित्य से खदेड़ देने का नहीं था, प्रश्न उसे मर्यादित करने का था। संस्कृत और उसके बाद ब्रजभाषा में शृंगार रस की अतिशयता का कारण यह था कि हिन्दी प्रदेश के जनपदों में भारतीय सामन्तवाद के मुख्य केन्द्र थे। ये केन्द्र अन्य प्रदेशों के छोटे-बड़े केन्द्रों को प्रभावित करते थे। इससे यह परिणाम भी निकलता है कि अखिल भारतीय नवजागरण के लिए सबसे पहले और सबसे अधिक प्रयत्न हिन्दी प्रदेश में करना आवश्यक था। अन्य भाषाओं से हिन्दी की तुलना करते हुए, और हिन्दी में इस ह्रासकालीन संस्कृति का सर्वाधिक प्रसार देखकर, द्विवेदी जी ने लिखा था : "हिन्दी के समान बँगला, मराठी, गुजराती भाषाएँ भी संस्कृत से निकली हैं, परन्तु इन भाषाओं में नायिकाओं का कहीं भी उतना साम्राज्य नहीं जितना हिन्दी में है। हिन्दी में इनका आधिक्य क्यों? जान पड़ता है, और कहीं भी ठहरने के लिए सुखदायी स्थान न पाकर विचारे नायिका-भेद ने, विवश होकर, हिन्दी का आश्रय लिया है।"

जिस देश में एक ओर योग, ब्रह्मचर्य, संन्यास और अद्वैतवाद की चर्चा थी, उसी में इनके समानान्तर शृंगार की यह नायिका-भेदी अतिशयता भी थी। जैसे सामन्ती समाज ने वर्ण-व्यवस्था द्वारा श्रम-विभाजन कर लिया था, वैसे ही संस्कृत में उसने योग और ब्रह्मचर्य थोड़े-से संन्यासियों के लिए आरक्षित कर लिया था और शासक वर्ग के लिए नायिकाओं की चर्चा सुरक्षित कर ली थी।

इस तरह के साहित्य का ह्रासकालीन रूप यह था : "अब देखिए, इस प्रकार की पुस्तकों में लिखा क्या रहता है। लिखा रहता है परकीया (परस्त्री) और वेश्याओं की चेष्टा और उनके घृणित कृत्यों के लक्षण और उदाहरण। परकीया के अन्तर्गत अविवाहित कन्याओं के पापाचरण की कथा!। पुरुष मात्र में पतिबुद्धि रचने वाली कुलटा स्त्रियों के निर्लज्ज और निर्गल प्रलाप!!! और भी अनेक बातें रहती हैं। विरह-निवेदन करने अथवा परस्पर मेल करा देने के लिए दूत और दूतियों की योजना का वर्णन रहता है; वेश्याओं को बाजार में बिठलाकर उनके द्वारा हजारों के हृदय हरण किये जाने की कथा रहती है; परकीओं के द्वारा, कबूतर के बच्चे की-सी कूजित मिष, पुरुषों को आह्वान करने की कहानी रहती है। कहीं कोई नायिका अँधेरे में यमुना के किनारे दीख जा रही है; कहीं कोई चाँदनी में चाँदनी ही के रंग की साड़ी पहनकर, घर से निकल, किसी लता-मंडप में बैठी हुई किसी की मार्ग-प्रतीक्षा कर रही है; कहीं कोई अपनी सास को अन्धी और अपने पति को विदेश गया बतलाकर द्वार पर आए हुए पथिक को रात भर विश्राम करने के लिए प्रार्थना कर रही है; कहीं कोई, अपने प्रेम-पात्र के पास गई हुई सखी के लौटने में विलम्ब होने से कातर होकर, आँसुओं की धारा से आँखों का काजल बहा रही है!!! यही बातें विलक्षण विलक्षण उक्तियों के द्वारा, इस प्रकार की पुस्तकों में विस्तारपूर्वक लिखी गई है।"

द्विवेदी जी की दृष्टि में हिन्दी साहित्य में इस तरह की पुस्तकों का होना कलंक है, लज्जा की बात है। वे कवियों को इस बात के लिए धन्यवाद देते हैं कि उन्होंने नायिकाओं की तरह नायकों के भी सैकड़ों भेद नहीं किये हैं। नायिका-भेद की आलोचना करते हुए उन्होंने इस परम्परा की जड़ें संस्कृत साहित्य में दिखाईं। इसी तरह अलंकार-शास्त्र के दोष वह संस्कृत में भी देखते हैं। 'उपमा' शीर्षक लेख में (देखें : निबन्ध-संग्रह 'संचयन', प्रयाग) अप्पय दीक्षित की चर्चा करते हुए कहते हैं कि उन्होंने उपमा के बहुत-से भेद और उपभेद किये हैं; परिणाम यह कि "बेतरह बात का बतंगड़ किया है, जिसे देखकर अक्ल चकरा जाती है।" जिसे देखकर अक्ल चकरा जाए, उसे काव्य का गुण तो नहीं कहा जा सकता, पर द्विवेदी जी कहते हैं कि इसे दोष न समझना चाहिए क्योंकि 'उस जमाने में यह गुण समझा जाता था'। 'प्राचीन समीक्षा शैली' ('संचयन' में संकलित) में वह अप्पय दीक्षित की फिर चर्चा करते हैं किन्तु यहाँ उनके प्रति अधिक सहानुभूति दिखाते हुए

पंडितराज जगन्नाथ की नुक्ताचीनी करते हैं। संस्कृत के छात्रों और अध्यापकों पर पंडितराज के 'रस-गंगाधर' का काफी रौब है। द्विवेदी जी के अनुसार यहाँ पंडितराज ने "अपने पूर्ववर्ती पंडितों के सिद्धान्तों की खूब ही जाँच की है और अपनी बुद्धि का निराला ही चमत्कार दिखाने की चेष्टा की है।" पंडितराज ने अप्पय दीक्षित के कुछ प्रयोगों की निन्दा की थी। इनमें एक शब्द था—'पुरत:'। द्विवेदी जी की समझ में जगन्नाथ पंडित की आलोचना में काफी अहंकार-प्रदर्शन था : "मैं तो मैं, दूसरा कौन इस विषय का ज्ञाता हो सकता है!" पुरत: का प्रयोग कालिदास आदि में दिखाकर द्विवेदी जी पंडितराज को इस तरह स्मरण करते हैं : 'वाह रे वैयाकरण! धन्य रे अलंकारशास्त्री!' पंडितराज जगन्नाथ 'पंडितों के राज राजेश्वर' हैं। किसी कवि की प्रशंसा करें तो इसे उनकी कृपा समझना चाहिए। कालिदास ने पुरत: का प्रयोग उसी अर्थ में किया जिस अर्थ में अप्पय दीक्षित कर रहे थे। द्विवेदी जी ने लिखा कि 'पंडितराज के भक्तिभाजन महाकवि कालिदास' ने भी ऐसा प्रयोग किया है। वह चाहते तो अपनी व्यंग्यपूर्ण शैली से संस्कृत काव्यशास्त्र की और तीखी आलोचना कर सकते थे पर इसकी आवश्यकता न थी। आलोचना के नये विकास की दिशा की ओर उन्होंने संकेत मात्र किया था।

रीतिवाद का गहरा सम्बन्ध अलंकारशास्त्र से है। सामन्ती व्यवस्था के ह्रासकाल में अलंकरणप्रियता बेहद बढ़ जाती है। स्थापत्य, संगीत आदि सभी कलाओं में यह प्रवृत्ति देखी जाती है। कविता की भाषा जब तक इस अलंकरण की प्रवृत्ति से मुक्त न हो, तब तक वह नये विचारों और भावों की वाहक बनकर अपनी व्यंजना-शक्ति का परिष्कार नहीं कर सकती। 'कवि-कर्तव्य' निबन्ध में द्विवेदी जी कहते हैं : "कविता करने में, हमारी समझ में, अलंकारों को बलात् लाने का प्रयत्न न करना चाहिए।" अलंकरण-प्रवृत्ति की यह आलोचना रीतिवादी काव्यशास्त्र की व्यापक आलोचना का ही अंग है। संस्कृत में बहुत-से अच्छे काव्य हैं; उसमें लक्षण ग्रंथ लिखे जाएँ तो लिखे जाएँ, "परन्तु हिन्दी भाषा में सत्काव्यों का प्राय: अभाव होने के कारण अलंकार और रस-विवेचन के झगड़ों से जटिल ग्रंथों के बनने की हम कोई आवश्यकता नहीं देखते। 'हेला'-हाव का लक्षण और उसका चित्र देखने से क्या लाभ? अथवा दीपक अलंकार के सूक्ष्म से भी सूक्ष्म भेदों के जानने का क्या उपयोग है? हिन्दी में ऐसे कितने काव्य हैं जिनमें ये सब भेद पाए जाते हैं?"

यदि पूछा जाए कि क्या हिन्दी में ऐसे काव्य रचे जाएँ जिनमें ये सब विद्यमान हों, तो द्विवेदी जी का उत्तर है, ऐसे ग्रंथों की उपयोगिता नहीं है। हमें न लक्षण ग्रंथ चाहिए, न उनके अनुरूप रचे हुए काव्य।

लक्षण ग्रंथों के अनुरूप रचा हुआ एक काव्य भारवि का 'किरातार्जुनीय' था। द्विवेदी जी ने हिन्दी गद्य में इसका अनुवाद किया था जो इंडियन प्रेस से 1917 में प्रकाशित हुआ था। इसकी भूमिका में भारवि के समय आदि की चर्चा

के साथ द्विवेदी जी ने इस काव्य के गुण-दोषों का विवेचन किया है। यह विवेचन संस्कृत काव्य में रीतिवादी धारा की आलोचना बन गया है। भारवि अच्छे कवि थे, यह तो इसी से प्रमाणित है कि उनका काव्य अनुवाद के योग्य समझा गया। पर रीतिवादी प्रभाव से उसमें जो दोष पैदा हुए, वे इस कारण और भी आसानी से समझ में आ जाते हैं।

सबसे पहले द्विवेदी जी इस काव्य की कथावस्तु के गठन पर विचार करते हैं। लक्षण ग्रंथों के प्रभाव से इस गठन में अनावश्यक विस्तार का दोष उत्पन्न हुआ है। द्विवेदी जी कहते हैं : "'किरातार्जुनीय' में जिस कथा का वर्णन है, उसे भारवि ने महाभारत के वन-पर्व से लिया है। पर उसका ढाँचा मात्र लिया है। उसमें उन्होंने मनमाना फेरफार किया है। महाकाव्य के सारे लक्षण लाने के लिए उन्होंने उसका विस्तार खूब ही बढ़ाया है। उस पर यथेच्छ पालिश की है और बेहद नमक-मिर्च लगाया है। ऐसा करने के लिए उन्हें पूर्ण अधिकार था। पर उनसे इस अधिकार का थोड़ा-सा दुरुपयोग हो गया है। हाँ, एक बात अवश्य है। वह यह कि दुरुपयोग आजकल की दृष्टि से दिखाई देता है, भारवि के समय की दृष्टि से नहीं। क्योंकि उस समय की दृष्टि से आजकल की दृष्टि में बहुत अन्तर हो गया है।" यह रीतिवादी दृष्टि और रीतिवाद-विरोधी आधुनिक दृष्टि का अन्तर है।

अलंकारशास्त्र के कारण अनावश्यक विस्तार अनिवार्य हो गया, इसी विषय पर आगे कहते हैं : "भारवि को लिखना था महाकाव्य। पर कथानक उन्होंने ऐसा चुना जिसके विस्तार के लिए यथेष्ट सुभीता न था। महाकाव्य में सर्ग भी बहुत-से होने चाहिए और दिन-रात, सूर्य्य-चन्द्रमा, जंगल-पहाड़, नदी-तड़ाग, जल-विहार, वन-विहार, सुरा-पान आदि का वर्णन भी आना चाहिए। अलंकारशास्त्र के आचार्य्यों की इसी आज्ञा का परिपालन करने के लिए भारवि को मतलब से अधिक बातें लिखनी पड़ी हैं और विस्तार भी इतना बढ़ाना पड़ा है कि किसी-किसी विषय की कविता पढ़ते-पढ़ते जी ऊब जाता है।" आशय यह है, वर्णन ऐसा होना चाहिए कि यथार्थ जीवन के अनुरूप हो, पढ़ने में स्वाभाविक जान पड़े। पहले जो चमत्कार समझा जाता था, वह द्विवेदी जी के लिए ऊब पैदा करनेवाला दोष है। उदाहरण देते हुए कहते हैं : "अप्सराएँ कहाँ तो अर्जुन को लुभाने गई थीं, कहाँ शराब के नशे में चूर होकर वहाँ जंगल में मंगल करने लगीं। एक सर्ग का सर्ग अप्सराओं के मार्ग-क्रमण के वर्णन में खर्च कर दिया। एक शरदृतु के वर्णन में और एक हिमालय के वर्णन में। चौदहवें सर्ग में जो युद्ध का आरम्भ हुआ तो अठारहवें में जाकर वह समाप्त हुआ। पूरे पाँच सर्ग में युद्धवर्णन!"

उपर्युक्त दोष का सम्बन्ध अलंकारशास्त्र से जोड़ते हुए द्विवेदी जी ने फिर उसी बात पर जोर दिया है : "आलंकारिकों की आज्ञा के पाश में फँसने के कारण ही भारवि को कथा का अस्वाभाविक विस्तार करना पड़ा और ऐसी-ऐसी विशेषताएँ

रखनी पड़ीं जिनसे काव्यानन्द की प्राप्ति में कमी आ जाती है। कालिदास के काव्यों में ये दोष नहीं। उनमें अप्रासंगिक विस्तार होने ही नहीं पाया।"

भारवि के काव्य का सबसे बड़ा गुण अर्थगौरव है। द्विवेदी जी ने इस सम्बन्ध में भारवि के बारे में चली आती हुई पुरानी धारणा की पुष्टि की है : "इस काव्य की यह बहुत बड़ी विशेषता है कि इसके थोड़े शब्दों से बहुत अर्थ निकलता है और वह अर्थ भी कभी-कभी बड़े मार्के का होता है।...उनके छोटे-छोटे अनुष्टुप छंदों में भी विपुल अर्थ भरा हुआ है।" किन्तु काव्य के इस गुण से अनुवादक को काफी कष्ट मिला। इस कष्ट के बारे में द्विवेदी जी ने लिखा है : "'किरातार्जुनीय' की इस विशेषता के कारण हमें बहुत तंग होना पड़ा है। पहले तो भारवि का आशय समझने ही में बहुधा-बहुत सिरखपी करनी पड़ी है। उसे हिन्दी में स्पष्टतापूर्वक लिखने में तो जो श्रम पड़ा है, उसे हमीं जानते हैं।" इस कठिनाई के कारण द्विवेदी जी उन आलोचकों से सहमत नहीं हैं जिनके विचार से भारवि का काव्य प्रसादगुण-पूर्ण है। उनका कहना है कि उनके काव्य में इस गुण का नितान्त अभाव नहीं है : "पर भारवि की अधिकतर उक्तियों का आशय बिना थोड़ा-सा विचार किये ध्यान में नहीं आता। इसी से टीकाकार मल्लिनाथ ने भारवि के काव्य की उपमा नारिकेल फल, अर्थात् नारियल से दी है।...नारियल जब तक तोड़ा नहीं जाता तब तक उसका रस पीने को नहीं मिलता। इसी तरह भारवि की कविता का भाव जब तक खूब विचारपूर्वक हृद्गत नहीं किया जाता तब तक उससे रसानन्द की प्राप्ति नहीं होती।...भारवि की कविता सरस अवश्य है पर उसका रस बहुधा गूढ़ और कठोर पदों के भीतर छिपा हुआ है। इसी से उसकी प्राप्ति में देर लगती है। और, इसी से यह समष्टि-रूप में प्रसादगुण-पूर्ण नहीं कही जा सकती।" अर्थगूढ़ता कभी केवल चमत्कार-प्रदर्शन के लिए होती है। इसके विपरीत अर्थ-घनत्व के कारण भी ऐसी गूढ़ता उत्पन्न होती है। यदि जिस अनुभव का वर्णन किया जा रहा है, यह असाधारण है, तो भाषा के प्रयोग में काफी परिवर्तन करना होता है। इस तरह की अर्थगूढ़ता निराला के काव्य में है।

रीतिवादी चमत्कारप्रियता का विशिष्ट उदाहरण भारवि का चित्र-काव्य है। ऐसा काव्य लिखने में दिमाग को काफी कसरत करनी पड़ती है किन्तु इससे काव्य में विचारतत्त्व समृद्ध नहीं होता। इस सन्दर्भ में द्विवेदी जी ने लिखा है : "एक सर्ग का सर्ग तो भारवि को केवल चित्र-काव्य-रचना-विषयक अपना चातुर्य्य दिखाने ही के लिए लिखना पड़ा। पन्द्रहवें सर्ग में उन्होंने विलक्षण-विलक्षण श्लोक लिख डाले हैं। कहीं गोमूत्रिकाबन्ध, कहीं अर्धभ्रमक, कहीं सर्वतोभद्र, कहीं एकाक्षर पाद, कहीं एकाक्षर श्लोक, कहीं द्वयक्षर श्लोक, कहीं निरौष्ठ्य, कहीं पादान्तादि यमक, कहीं पादादि यमक, कहीं-कहीं प्रतिलोमानुलोम-पाद, कहीं प्रतिलोमानुलोमार्द्ध। एक श्लोक तो आपने ऐसा लिख दिया है जिसके भिन्न-भिन्न तीन अर्थ होते हैं। एक में केवल नकार ही का खर्च आपने किया है।

यथा :

न नोननुन्नो नुन्नोनो नाना नानानना ननु।
नुन्नोऽनुन्नो ननुन्नेनो नानेना नुन्ननुन्ननुत्॥

हल् तकार को आप अक्षर न समझिए। ऐसे काव्य में अन्य हल् अक्षर आ जाने से एकाक्षरता के लक्षण में व्याघात नहीं आता।" इस तरह के श्लोक भी लिखे जाते थे, उन्हें देखे बिना विश्वास न होगा। इस चमत्कारवाद की आलोचना आवश्यक थी क्योंकि अलंकारशास्त्र के प्रभाव के कारण "सब प्रकार के वर्णन करना और कठिन से कठिन शब्द-चित्र लिख डालना, अब भी पुराने ढंग के कितने ही पंडितों की दृष्टि में दोष नहीं, प्रशंसा ही की बात है।"

'काव्यप्रकाश' जैसे ग्रंथों में अन्य कवियों के साथ भारवि के काव्य के दोष दिखाये गए हैं : "तथापि वे उतने नहीं खटकते जितने क्लिष्ट से क्लिष्ट शब्दचित्र और कथा के अनावश्यक विस्तार खटकते हैं।" दूसरे शब्दों में 'काव्यप्रकाश' के रचनाकार की दृष्टि से काव्य के अनेक वास्तविक दोष ओझल रह गए हैं।

द्विवेदी जी ने भारवि का एक श्लोक उद्धृत किया है जिसके चारों चरण एक-से हैं। एक ही पंक्ति चार बार लिखी गई है, अर्थ उसका चार तरह का है। द्विवेदी जी के अनुसार : "मालूम नहीं, इस तरह के चित्रकाव्य की रचना में भारवि को कितना प्रयास करना पड़ा होगा। ऐसे श्लोकों ने भावार्थ लिखने में हमारा तो नाकों दम कर दिया।"

भारवि ने नीति-सम्बन्धी बहुत-सी पंक्तियाँ लिखी हैं। उपदेशप्रेमी द्विवेदी जी को यह बात पसन्द आनी चाहिए थी पर उन्होंने उसका उल्लेख इस प्रकार किया है :

"नीति तो उनकी रग-रग में घुसी थी। जहाँ कहीं मौका मिला है, वहाँ वे नीति की बात कहे बिना नहीं रहे। शृंगार, वीर, शान्त आदि रसों की कविता तक में उन्होंने बीच-बीच में नीति के वचन कह दिये हैं।" अर्थात् उनकी नीति-सम्बन्धी उक्तियाँ अप्रासंगिक भी होती हैं।

'किरातार्जुनीय' में चरित्र-चित्रण स्वाभाविक है। उसमें भ्रातृप्रेम, पतिप्रेम, सेव्य-सेवकधर्म के भी 'अच्छे नमूने' देखने को मिलते हैं। किसी भी विषय का वर्णन करने में कवि सिद्धहस्त हैं किन्तु भारवि में कुछ गुण ऐसे हैं जो रीतिवादी कवियों में कम मिलते हैं। उन्हें राजनीति और कूटनीति का ज्ञान था, वह अच्छे नैयायिक भी थे। द्विवेदी जी का विचार है कि वह स्वयं बहुत अच्छे वक्ता रहे होंगे। अपने काव्य में जिस पात्र की वक्तृता प्रस्तुत करते हैं, वह इतनी प्रभावशाली होती है कि पाठक को अपने साथ बहा ले जाती है। "जब किरात अपने पक्ष का समर्थन करने लगता है तब जी यही कहता है कि अर्जुन से इसकी बातों का उत्तर न बन पड़ेगा। पर अर्जुन का अखंडनीय कथन सुनते ही उन्हीं का पक्ष प्रबल मालूम होने लगता है। इससे सिद्ध है कि भारवि बड़े ही अच्छे वक्ता थे।"

इस प्रकार द्विवेदी जी ने भारवि की आलोचना विवेकपूर्ण ढंग से की है। ऐसे कवि को रीतिवाद से प्रभावित होने के कारण उन्होंने आदि से अन्त तक दोषपूर्ण नहीं मान लिया। अन्य पुराने कवियों की तरह भारवि के काव्य में भी जहाँ-तहाँ "शृंगारिक वर्णन बहुत ही खुले शब्दों में है। वहाँ हमने कुछ कमी भी कर दी है। मूल के आशय को या तो हमने घुमा-फिरा कर और ही तरह लिख दिया है या उसका कुछ अंश छोड़ ही दिया है।" उनका विचार है कि इस परिवर्तन के कारण पुस्तक पढ़ते समय 'किसी को संकोच होने का डर नहीं।'

यहाँ यह कह देना उचित है कि द्विवेदी जी शृंगार रस मात्र के विरोधी नहीं हैं। संस्कृत में कालिदास आदि शृंगार रस के कवि उन्हें प्रिय थे। भागवत में भक्ति के साथ शृंगार रस भी प्रचुर मात्रा में विद्यमान था। इस सन्दर्भ में, नायिका-भेद वाले लेख में उन्होंने लिखा था : "कृष्ण, राधा, गोपिका, वृन्दावन, यमुना, कुंजकुटीर आदि ने नायिका-भेद के वर्णन में विशेष सहायता पहुँचाई है; परन्तु यदि कोई यह कहै कि, यह भेद-वर्णन राधा-कृष्ण के उपासना-तत्त्व से सम्बन्ध रखता है तो उसका कथन कदापि मान्य नहीं हो सकता। नायिकाओं में 'सामान्या' एक ऐसा भेद है जिससे कृष्ण का कोई सम्पर्क नहीं, और नायिका-भेद के आचार्यों ने कृष्ण की नायिकाओं के भेद नहीं किये, किन्तु सामान्य रीति से नायिका मात्र की भेद-परम्परा बतलाई है। अतएव कृष्ण के उपासकों के लिए इस विषय से कृष्ण का सम्बन्ध न बतलाना ही अच्छा है।"

शृंगार रस का प्रसार इतना व्यापक था कि एक कोटि का भक्ति-भाव भी उसमें डूब गया था। ब्रजभाषा के काव्य में यह बताना हमेशा आसान नहीं होता कि नायिका-भेद की धारा कहाँ समाप्त होती है और भक्ति की धारा कहाँ शुरू होती है।

1926 के 'कवि सम्मेलन' शीर्षक लेख में द्विवेदी जी ने साहित्य में शृंगार रस तथा अश्लीलता के प्रश्न पर विचार करते हुए लिखा था : "अश्लीलता उसे कहते हैं जिसे सुनकर श्रोता के हृदय में जुगुप्सा, घृणा और विशेष संकोच के भावों का उदय हो।...कविताओं में अनेक रसों की योजना हो सकती है। महिलाओं से क्या कह दिया गया था कि शृंगार रस की कविताएँ न पढ़ी जाएँगी? स्त्रियाँ स्वभाव ही से लज्जालु होती हैं, पुरुषों के सामने और भी अधिक। ऐसी दशा में शृंगार की उक्ति सुनकर यदि उन्हें संकोच मालूम हो तो आश्चर्य नहीं। अतएव कवि सम्मेलनों में उन्हें जाना ही नहीं चाहिए। कुछ भी हो, कवियों का मुँह नहीं बन्द किया जा सकता। कवय: किं न जल्पंति। जिसकी खुशी हो, उनकी कविता सुने : जिसकी न हो, न सुने।

"शृंगार रस होने ही से कविता अश्लील नहीं हो जाती। यदि ऐसा होता तो कालिदास की क्या गति होती? उनके तो प्राय: सभी काव्य और सभी नाटक पढ़ने योग्य न समझे जाते। उनमें तो बीच-बीच, वीर, शान्त और करुण रस के प्रवाह में

भी भंगार रस के भँवर उठा करते हैं...फिर भला श्रीकृष्ण की लीलाभूमि वृन्दावन, में शृंगार रस की कविता के श्रवण से यदि किसी को उद्वेग होगा तो श्रीमद्‌भागवत की कथा किसका आश्रय लेगी?"

'नायिका-भेद' वाले लेख के तुरत बाद 'सरस्वती' के उसी अंक में उनकी 'सुरम्य रूपे! रसराशि रंजते!" आदि प्रसिद्ध कविता छपी है। इस कविता की प्रसिद्धि का कारण यह नहीं है कि वह बहुत अच्छी कविता है वरन् यह है कि उसमें द्विवेदी जी के काव्यबोध की सीमाएँ बहुत साफ दिखाई देती हैं। एक तो इसका छंद संस्कृत का है; दूसरे, भाषा तत्समप्रधान है; तीसरे, संस्कृत पद्धति से ह्रस्व वर्णों को आवश्यकतानुसार दीर्घ पढ़ने का आग्रह है, यथा : 'अहो महामोह! प्रचंडता तव' में अन्तिम शब्द तवा की तरह पढ़ना आवश्यक है। चौथी बात यह कि कविता में आलोचनात्मक निबन्धों की तरह तत्कालीन साहित्य की समस्याओं का विवेचन अधिक है, भावावेश का अभाव है। यह कविता अंग्रेज कवि टॉमस ग्रे की एक कविता के अनुकरण पर लिखी गई है, जिसमें इंग्लैंड में कविता के ह्रास पर खेद प्रकट किया गया है। इंग्लैंड में कविता का जन्म होने और वहाँ से फिर उसके गायब होने के बारे में द्विवेदी जी ने लिखा है :

हुआ पुनर्जन्म फिरंग देश में;
परन्तु सो भी कुछ काल के लिए।
पता वहाँ भी मिलता नहीं हमें;
बता कहाँ है अब तू मनोरमे!

यह बात ग्रे ने अपने समय को देखते हुए कही थी और वह उसी काल के सन्दर्भ में किसी हद तक सत्य थी। किन्तु 19वीं सदी की विशद काव्य-रचना के बाद यह बात 20वीं सदी में सार्थक नहीं थी। जैसाकि वह गद्य लेखों में करते हैं, यहाँ भी मूलत: विवेचन अपने देश की परिस्थितियों को ध्यान में रखकर करते हैं। इसलिए उनके गद्य के साथ इस पद्य को भी स्मरण करना आवश्यक है। संस्कृत कवियों में वह कालिदास, भवभूति और श्रीहर्ष को याद करते हैं किन्तु इनके बाद कविता का जन्म फिरंग देश में हो जाता है। तुलसीदास और सूरदास छूट गए हैं। ग्रे ने जहाँ ग्रीक और लैटिन कवियों का उल्लेख किया था, वहाँ द्विवेदी जी ने संस्कृत कवियों का नाम लिया है। किन्तु इसके बाद कविता का जन्म महान् महाराष्ट्र और विशाल वंग में होता है। हिन्दी की स्थिति यह है :

सदा समस्या सबको नई नई
सुनाय कोई कवि पाय पूर्तियाँ।
तुझे उन्हीं में अनुरक्त मान, वे
विरक्त होते नहिं; हा रसज्ञता!

इस तरह उन्होंने समस्या-पूर्ति वाली पद्धति की आलोचना की। इसके साथ उन्होंने बहुत ज्यादा अलंकार सजाने और तुकबन्दी को ही कविता मानने की आलोचना भी की।

जो आन्दोलन उन्होंने 1901 में शुरू किया था, उस पर 1926 में उन्होंने फिर निगाह डाली। 25 साल के संघर्ष के बाद भी समस्या-पूर्ति वाली परम्परा समाप्त न हुई थी वरन् कुछ और व्यापक ही हो गई थी। नायिका-भेद वाली परम्परा अवश्य कुछ कमजोर हुई थी। कवि सम्मेलनों का चलन हुआ और इनसे समस्या-पूर्ति वाली कविताओं को नया जीवन प्राप्त हुआ। 1926 में द्विवेदी जी ने 'कवि सम्मेलन' शीर्षक लेख (देखें : 'साहित्यालाप') में 20 साल पहले की स्थिति को याद करते हुए लिखा : "कोई 20 वर्ष पहले समस्यापूरक कवियों पर कुछ लोग व्यंग्य वाक्यों के बौछार करते थे। समस्या-पूर्तियों से भरी हुई मासिक पुस्तकों की भी हँसी उड़ाई जाती थी। पर अब उर्दू के कवियों और मुशायरों की देखादेखी हिन्दी के भी कवियों के खूब सम्मेलन हो रहे हैं और समस्या-पूर्तियों का भी तूफान-सा आ रहा है। कालेजों और स्कूलों के सालाना जलसों में, छात्रालय में, नुमायशों में, डिस्ट्रिक्ट बोर्डों और कहीं-कहीं म्यूनिसिपैलिटियों के अधिवेशनों तक में कवियों की कविताधारा प्रवाहित की जाती है। साहित्य सम्बन्धिनी सभाओं और कवियों के स्वनिर्मित मंडलों तथा परिषदों में तो कविता-पाठ और समस्या-पूर्ति के बहाने भगवती वाग्देवी इतना प्रबल पराक्रम दिखाती हुई पधारती हैं कि प्रलयकाल की आँधी का जैसा दृश्य उपस्थित हो जाता है। उपहार और पुरस्कार का लालच इस झंझावात के वेग को और भी बढ़ा देता है।"

साहित्य में यह संघर्ष कई तरह के उतार-चढ़ाव के साथ वर्षों तक चला। लोगों के संस्कारों और उनकी अभिरुचि को बदलना कितना कठिन होता है, वह इस संघर्ष के इतिहास से जाना जाता है। किन्तु ये संस्कार, शाश्वत नहीं थे, परिवर्तनशील थे। छायावाद ने समस्यापूरक रचनाओं को और भी हास्यास्पद बना दिया। प्रगतिवाद ने उन्हें जगह न दी। इस तरह द्विवेदी-युग में और उसके बाद साहित्य की नई सामन्त-विरोधी परम्परा का विकास हुआ।

6. रीतिवाद-विरोधी अभियान और मैथिलीशरण गुप्त

द्विवेदी जी के साथ रीतिवाद-विरोधी अभियान के प्रसंग में मैथिलीशरण गुप्त का भी उल्लेख होना चाहिए। वे द्विवेदी-युग के समर्थ गद्य-लेखक और आलोचक थे।

गणेशशंकर विद्यार्थी पर उनका संस्मरण लेख उनके कलात्मक गद्य का सुन्दर नमूना है। 'काव्य प्रभाकर' की आलोचना उनके विवेचनात्मक गद्य की मिसाल है। जगन्नाथप्रसाद भानु की पुस्तक 'काव्य प्रभाकर' की आलोचना उन्होंने 1912 में 'सरस्वती' के अप्रैल और मई के दो अंकों में की थी। इसमें उन्होंने नायिका-भेद के बारे में लिखा है : "इस मयूख के अन्त में आपने एक नया काम किया है। वह

यह कि आपने 'दादरों में समस्त नायिका-भेद' वर्णन किया है। और इस काम की आलोचना भी आपने स्वयं कर दी है। आप लिखते हैं : 'बात पुरानी होने पर भी आप लोगों के सम्मुख बिलकुल नवीन रीति से उपस्थित की जाती है। उसे पढ़कर आप देखेंगे कि रेत में से सोना निकाला गया है—अर्थात् मृतिका में से मणि का अन्वेषण किया गया है।' साधु भाई! पाठकों को आपके दादरे पढ़ने से कुतूहल होगा। अतएव, इच्छा न रहते भी, मैं इस 'मृत्तिका में मणि के अन्वेषण' का नमूना नीचे दिखलाता हूँ। परन्तु मैं सिर्फ 4-6 मणियों का ही परिचय दूँगा। यदि इतने से पाठकों का कुतूहल न शान्त हो तो मैं लाचार हूँ। लीजिए :

'गोरा गाल तिल काला मुनइयाँ ने क्या जादू डाला' [नायिका]

'सवतिया काहे को जरी जाए' [प्रेमगर्विता]

'कुआँ पानी न जैहौं नजर लागे'
'बलम कजरौटी लइयो रे ये नैना बिगरे जाएँ' [रूपगर्विता]

'आली री बरतोर भयो है' [अज्ञातयौवना]

'काय रँगरेजा रँगी मोरी अँगिया' [ज्ञातयौवना]

"बस, अब और नहीं। पाठक इतने से ही इस रेत में से निकाले गए सोने की उत्तमता की जाँच कर लें! इसकी मैं और समालोचना नहीं करना चाहता, भानुजी स्वयं ही इसकी आलोचना कर चुके हैं। यदि दादरों में नायिका-भेद का वर्णन किया जा सकता है तो क्या फाग में नहीं? फिर उसे क्यों आपने छोड़ दिया? ग़जलों और ठुमरियों में भी तो नायिका-भेद कहा जा सकता है। कहा किस राग-रागिनी या छंद में नहीं जा सकता? परन्तु क्या इस विषय की इन चीजों से भी हिन्दी साहित्य को भरना इष्ट समझा जा सकता है?"

इस प्रकार पुराना काव्यशास्त्र और उस शास्त्र के नये नमूने द्विवेदी-युग के आलोचकों के लिए व्यंग्य-विनोद की सामग्री बन गए थे। ये काव्यशास्त्र-लेखक जितना ही मौलिक चिन्तन में अक्षम थे, उतना ही इनका अहंकार-प्रदर्शन विराट् था। 'काव्य प्रभाकर' को उसके लेखक ने ही 'साहित्य-विषयक सर्वांगपूर्ण और सटीक अपूर्व काव्य-ग्रंथ' कहा था। मैथिलीशरण गुप्त ने बड़े मीठे ढंग से अहंकार-प्रदर्शन की चमक-दमक उतार दी। जगन्नाथप्रसाद ने वर्तमान काल में काव्य की अवनति के कारण बताते हुए 'अलंकार प्रकाश' से वाक्य के वाक्य उठाकर अपनी पुस्तक में रख लिये थे। इस पर गुप्त जी ने लिखा : "दो लेखकों के भाव कभी-कभी परस्पर लड़ जाते हैं सही, पर कहीं-कहीं, सब कहीं नहीं।" (भावों के लड़ जाने की बात सुनकर तुरन्त एक लेख की याद आती है जिसका शीर्षक है : 'भावों की भिड़न्त'। यह लेख छद्म नाम से 'प्रभा' में प्रकाशित हुआ

था। यदि किसी को दुविधा हो कि यह मैथिलीशरण गुप्त का लिखा हुआ था या नहीं, तो वह उनके नाम से प्रकाशित 'काव्य प्रभाकर' की आलोचना पढ़ ले।)

आलोचना में जिन बातों की चर्चा होनी चाहिए थी, वे गुप्त जी के अनुसार ये हैं : "काव्य का प्राचीन इतिहास, वर्तमान समय में काव्यावनति का कारण, काव्य से लाभ और काव्य-निर्माण के कारण इत्यादि।" इनमें अन्तिम विषय बहुत दिलचस्प है, काव्य-निर्माण के कारण। बहुत दिनों बाद हिन्दी कवि और आलोचक रचना-प्रक्रिया की ओर ध्यान दे रहे थे। यूरोप और भारत, दोनों जगह का काव्यशास्त्र काव्य-रचना को कौशल मानता था। इसके विरोध में जब-जब रोमांटिक कवियों और आलोचकों ने काव्य-प्रेरणा की चर्चा की, तो उन्होंने कौशल को गौण बताया और प्रतिभा अथवा भावावेश को मुख्य कारण माना। मैथिलीशरण गुप्त ने अपनी उक्त आलोचना में मराठी लेखक चिपलूनकर का जिक्र किया है। 'काव्य प्रभाकर' के लेखक ने चिपलूनकर की इस बात का खंडन किया था कि काव्य के लिए शक्ति का होना मुख्य है। मैथिलीशरण गुप्त ने लिखा कि कन्हैयालाल पोद्दार ने भी 'अलंकार प्रकाश' में कुछ ऐसा ही लिखा था। यानी सभी रीतिवादी आचार्य अभ्यास पर जोर देते थे। आगे गुप्त जी कहते हैं : "भानु जी अभ्यास को प्रधानता देते हैं। पर मेरी राय में कविता विशेष कर शक्ति या प्रतिभा पर ही अवलम्बित रहती है। अभ्यास तो होता ही है; पर यदि प्रतिभा नहीं है तो कवि होना कठिन ही नहीं, असम्भव है। और, प्रतिभा ईश्वरदत्त होती है। वह उत्पाद्या भी होती है, पर असल असल ही है। असल और नकल में बड़ा भेद है। जो लोग प्रतिभावान् होते हैं, उन्हें अनायास हो निपुणता प्राप्त हो जाती है। वे थोड़े ही में बहुत कुछ कर दिखलाते हैं। अतएव यदि पंडित विष्णु शास्त्री चिपलूनकर महाशय ने कविता के लिए प्रतिभा ही को प्रधानता दी तो यह सर्वथा उचित है। हमारे आचार्यों ने भी प्रतिभा को ही प्रधानता दी है। प्रतिभा को उन्होंने पहले लिखा है, निपुणता और अभ्यास को पीछे। किसी-किसी ने तो स्पष्ट भी कह दिया है—'कवित्वं जाएते शक्तेः।'

इस लेख में गुप्त जी ने संस्कृत के आचार्यों को अपने पक्ष में माना है। एक सीमा तक यह बात उचित है क्योंकि संस्कृत में सारी काव्य-चर्चा रूढ़िवादी नहीं है, परन्तु संस्कृत में रीतिवाद भी है, अलंकारशास्त्र भी है। गुप्त जी इनकी आलोचना करने से बचते हैं। लिखा है : "अलंकार-शास्त्र वादग्रस्त विषय है। कोई किसी अलंकार को अलंकारत्व ही नहीं देता। कोई किसी के किये हुए लक्षण को लक्षण ही नहीं समझता।" हिन्दी और संस्कृत का अन्तर दिखलाते हुए कहते हैं : "परन्तु संस्कृत में अलंकारों के भेदों का वर्णन नहीं किया गया। ऐसा करने से विस्तार बहुत हो जाता।" महावीरप्रसाद द्विवेदी की आलोचना इससे अधिक व्यापक है।

दिसम्बर, 1914 की 'सरस्वती' में मैथिलीशरण गुप्त का लेख 'हिन्दी कविता किस ढंग की हो?" प्रकाशित हुआ। यह लेख रीतिवाद-विरोधी अभियान का ही अंश है। चन्दबरदाई के 'रासो' से शुरू होनेवाली हिन्दी काव्य-परम्परा को गौरवशाली बताने के बाद वह नायिका-भेदी साहित्य-रचना के समय इस परम्परा के ह्रास की चर्चा करते हैं। इस ह्रास-काल में भाषा परिष्कृत हुई, अलंकृत हुई : "और इतनी कर्ण-मधुर बन गई कि आज भी हममें से बहुत लोग उसी में कविता करने का आग्रह करते हैं।" पर इस मधुरता में कृत्रिमता भी शामिल थी और इस कृत्रिमता का कारण उसका संकुचित जीवन-अनुभव है। रीतिवादी काव्य-भाषा के लिए गुप्त जी कहते हैं : "नूपुरों का रव ही उसमें अधिक सुन पड़ता है; और तरह की ध्वनियाँ कम सुनाई देती हैं। उसमें आवेग हो सकता है, पर संयम नहीं। असंयम अवश्य है। ऊपर से वह मधुर अवश्य हुई, पर उसके भीतर ही भीतर एक ऐसी चीज है जो हृदय को अवश कर देती है। उससे हमारी नाड़ियों में जीवनीशक्ति नहीं दौड़ती। हाँ, रक्त-संचालन का वेग वह अवश्य बढ़ा देती है। शब्द-सम्बन्धिनी विभूति उसमें अवश्य है, पर उच्च भावों की सहानुभूति विरल है। लोकानुभूति तो और भी विरल है। फिर कहिए, कोरी विभूति को लेकर क्या करें? आप बड़े सम्पत्तिशाली हैं, परन्तु यदि जनसाधारण के साथ आपके हृदय में सहानुभूति नहीं तो उस सम्पत्ति से उन्हें क्या लाभ? इसी कारण से हमारी कविता का सम्बन्ध सर्वसाधारण के साथ न रह सका।"

गुप्त जी यहाँ दो बातों पर जोर देते हैं। एक तो यह कि रीतिवादी कविता का सामाजिक आधार अत्यन्त संकुचित है। नई कविता को अपना सम्बन्ध सर्वसाधारण से जोड़ना है। दूसरी बात यह कि रीतिवादी काव्य का भाषा-सौन्दर्य निर्जीव किस्म का है। माधुर्य के साथ ओज भी होना चाहिए। निराला कविता में माधुर्य के साथ इसी ओज-गुण की प्रतिष्ठा करते हैं। कविता में उच्च भावों की सहानुभूति आवश्यक है। सहानुभूति शब्द का प्रयोग कुछ वर्ष पहले कुछ आधुनिक हिन्दी आलोचकों ने इससे मिलते-जुलते अर्थ में किया है। गुप्त जी उनसे पहले इस शब्द पर अधिकार जमा चुके हैं। उनकी लोकानुभूति लोकहृदय में लीन होनेवाली दशा के समान है। राष्ट्रीयता का प्रथम उत्थान जनसाधारण को भूला नहीं है। उनकी सहायता के बिना यह उत्थान सम्भव ही न होता। कविता का सम्बन्ध सर्वसाधारण से होना चाहिए, यह प्रगतिवादी स्थापना भी है।

तुलसीदास, नन्ददास, सूरदास आदि भक्त कवियों की रचनाएँ स्वाभाविक और सरल हैं, उनके भाव 'सर्वकालीन और व्यापक हैं', अपने आराध्य के साथ उनकी 'एकान्त सहानुभूति है।' रीतिवादी कवि शृंगार रस में ही उलझकर रह गए। उनसे पहले भी कवियों ने शृंगार रस का वर्णन किया था पर उन्होंने जीवन की और बातों की ओर भी ध्यान दिया था। ब्रजभाषा में वीररस की कविता है, पर रीतिवादी

ढंग से वीररस की कविता भी लिखी जा सकती है। ऐसी कविता का सामाजिक आधार संकुचित होता है। वीररस की रीतिवादी कविता की तीखी आलोचना करते हुए गुप्त जी कहते हैं : "कितने ही कवियों ने अपने आश्रय-दाताओं के विषय में वीररस की कविता की है, पर वे प्राय: शब्दाडम्बर के पीछे ही पड़े रहे हैं। उनकी भाषा बनावटी है। कानों को कोंचने वाली परुष पदावली उसमें अधिक दिखाई देती है, पर हृदय को उत्तेजित करनेवाली सामग्री बहुत कम। वही बाह्याडम्बर, वही घटाटोप और वही कृत्रिमता! उनके वीरों के कार्य्य कौतूकी वीरों के से कार्य जान पड़ते हैं। शस्त्रों की झंकार आपको बहुत सुन पड़ेगी, पर क्या हृदय की वास्तविक हुंकार भी सुनाई देगी? बहुत कम। वीरों का शारीरिक संघर्ष भी बहुत मिलेगा, पर उनके भीतरी भावों का घात-प्रतिघात केवल कभी-कभी। उनमें कौशल हो तो हो, पर सरलता और अकृत्रिमता नहीं। वाक्य-विन्यास हो, पर स्वाभाविकता नहीं। इसी से जीवनीशक्ति भी नहीं।"

हिन्दी आलोचना रीतिवाद को संकुचित इसलिए नहीं मानती कि उसमें केवल शृंगार रस है। रस कोई भी हो, दृष्टि वही रीतिवादी है, सामाजिक आधार सर्वत्र संकुचित है। इस कृत्रिम वीररस की कविता के मुकाबले गुप्त जी आल्हा-जैसे लोककाव्य का समर्थन करते हैं।

प्रश्न है, भूषण की कविता यथार्थपरक है या नहीं? गुप्त जी कहते हैं : "शिवराज भूषण को पढ़कर चित्त चमत्कृत होने के सिवा क्या और भी कुछ होता है? कम-से-कम मुझे तो इसका अनुभव नहीं। कविता तो भावों की प्रकाशक होती है। उसका सम्बन्ध कानों से कम, हृदय से ही अधिक है। 'मणिमय महल शिवराज के इमि राजगढ़ महँ राज हीं'—कहने की अपेक्षा शिवाजी का चरित्र-वर्णन करके उनके हार्दिक भावों को सर्वसाधारण के सामने उपस्थित करना भूषण का काम था। उन्हें ऐसा करने का सुयोग भी था और ऐसा करने की शक्ति भी उनमें थी। पर उन्होंने ऐसा न किया, यह उनका अभाग्य है, शिवाजी का अभाग्य है और सबसे अधिक हमारे साहित्य का अभाग्य है। पर बात यह है कि वह जमाना ही और था। लोग रूढ़ि और अन्ध-परम्परा के दास थे। इसी से शायद भूषण जैसे कवियों का ध्यान भावमयी कविता लिखने की ओर नहीं गया।"

भूषण की यह आलोचना आंशिक रूप में सही है। वह निस्सन्देह रीतिवादी परम्परा से प्रभावित थे किन्तु उनकी कविता हमेशा इस परम्परा के बन्धन स्वीकार नहीं करती। औरंगजेबी कट्टरता और कुशासन के प्रति जनता के क्षोभ और आक्रोश की बड़ी समर्थ अभिव्यक्ति उनकी कविता में है। यही कारण है कि साधारणजन अन्य पचीसों कवियों की वीररसपूर्ण कविता भूल गए, उन्हें केवल भूषण ही वीररस के अप्रतिम कवि के रूप में याद रहे। उनकी भाषा ब्रजभाषा की लीक छोड़कर खड़ी बोली के बहुत निकट आती है और वीररस के साथ

व्यंग्य का मिश्रण उन्हें रसवादी कवियों से कुछ दूर हटा ले जाता है। ऐसी कविता परिमाण में कम है पर जितनी है, वह भूषण को अमर कवि बनाने के लिए काफी है। फिर भी समूची रीतिवादी कविता पर विचार करें तो वीररस के सम्बन्ध में गुप्त जी की आलोचना सही है।

रीतिवाद के परम प्रेमी एक आधुनिक हिन्दी आलोचक 'दद्दा' के भी परम भक्त थे। रीतिवादी कवियों में देव उन्हें विशेष प्रिय रहे हैं। उनके लिए यह जानना रोचक होगा कि देव तथा अन्य रीतिवादी कवियों के बारे में मैथिलीशरण गुप्त उर्फ दद्दा की राय क्या थी। उसी निबन्ध में उन्होंने लिखा था : "देव उच्च श्रेणी के कवि थे अथवा यह कहना चाहिए कि उनमें उच्च श्रेणी की कवित्व-शक्ति थी। पर क्यों उनकी कविता का प्रचार तुलसीदास की कविता के समान न हुआ?" इसलिए न हुआ कि दरबारी प्रभाव के कारण अपनी कवित्व-शक्ति का पूर्ण उपयोग करके वह उच्च श्रेणी की कविता न लिख पाए। उन्हीं की बिरादरी के अन्य कवि "मतिराम आदि में भी अच्छी कवित्व-शक्ति थी, पर क्यों रहीम की रचना के समान यह सर्वसाधारण तक न पहुँच सकी?" गुप्त जी इसका उत्तर देते हैं कि कवियों ने चमत्कार पर ध्यान दिया, कविता के अंग-वर्णन में शक्ति लगा दी। "इसी से सर्वसाधारण से उसका सम्बन्ध न रहा।" गुप्त जी जगह-जगह इन सर्वसाधारण को ले आते हैं मानो काव्यशास्त्र के सहृदय मर्मज्ञों की जगह वह अपढ़ गँवारों को प्रतिष्ठित करना चाहते हों। रसवाद के आधुनिक भाष्यकारों के लिए सर्वसाधारण की यह चर्चा रस-भंग करनेवाली है। पर क्या किया जाए? उस समय दद्दा की विचारधारा ऐसी ही थी कि वह कविता उनके लिए किसी काम की न थी जिसे पढ़कर "थोड़े से विद्वज्जन भले ही अपना मनोरंजन कर लें पर सर्वसाधारण को उससे बहुत कम लाभ" पहुँचे।

रीतिवाद से मुक्त होकर बँगला कविता ने थोड़े ही समय में बड़ी प्रगति की। हिन्दी-भाषियों को पड़ोसी भारतीय भाषा के साहित्य से शिक्षा ग्रहण करनी चाहिए। बंगाल के "कवियों ने थोड़े ही समय में 'मेघनाद-वध', 'वृत्र-संहार' और 'पलाशिर युद्ध' जैसे काव्य-ग्रंथ लिख डाले हैं। यही नहीं, श्री रवीन्द्रनाथ ठाकुर ने अपने कवित्व-बल से सारे सभ्य संसार को चकित करके दिखला दिया है कि यदि भारतीय कवित्व-शक्ति का प्रयोग उचित रीति पर हो तो अब भी उसकी समता कोई देश नहीं कर सकता। उद्योग करने से हम भी ऐसा ही कर सकते हैं। परन्तु हम तो अभी यही विचार रहे हैं कि हिन्दी कविता किस ढंग की हो! खैर, यह भी गनीमत है।" हिन्दी में सामन्ती रूढ़ियाँ बहुत मजबूती से जड़ जमाये हुए थीं। राजनीतिक परिस्थितियाँ ऐसी थीं कि भारत की सबसे बड़ी जाति को विभाजित और पिछड़ा हुआ रखने में साम्राज्यवाद का हित था। इसके अलावा ब्रजभाषा-प्रेमी, निराला की कविता दरकिनार, मैथिलीशरण गुप्त की कविता भी सुनने को तैयार न थे।

कविता किस ढंग की हो, इस विषय का विवेचन ब्रजभाषा-खड़ी बोली-विवाद के उल्लेख के बिना अधूरा रहता। साहित्य के सामने युग ने कई तरह की चुनौतियाँ पेश कर दी थीं। हिन्दी आलोचना और हिन्दी कविता ने इन चुनौतियों का सामना किया। ब्रजभाषा-सम्बन्धी विवाद की चर्चा में गुप्त जी का आशावादी स्वर सुना जा सकता है : "राष्ट्रीयता और व्यापकता के लिहाज से बोलचाल की भाषा में कविता लिखना विशेष उपयोगी है। खुशी की बात है कि इसका प्रचार दिनोंदिन बढ़ रहा है और इसके विरोधियों की संख्या घट रही है। जो लोग 'खड़ी बोली' को कविता के योग्य नहीं समझते और पुरानी भाषा में ही—जिसे खड़ी बोली वाले चाहें तो खड़ी बोली कह सकते हैं—कविता किये जाने का आग्रह करते हैं, वे सच पूछिए तो, हमारी राष्ट्र-भाषा के जानी दुश्मन हैं। वे उस पर व्यर्थ दोषारोपण करके उसकी योग्यता में बट्टा लगाने की चेष्टा करते हैं। परन्तु, जैसा ऊपर कहा गया है, प्रसन्नता की बात है कि ऐसे लोगों की संख्या घट रही है और बोलचाल की भाषा की कविता दिनोंदिन अपनी लोकप्रियता सिद्ध कर रही है।"

निबन्ध के आखिरी पैराग्राफ में अतुकान्त कविता का समर्थन किया गया है। इसके बिना यह कैसे विदित होता कि निबन्ध-लेखक महावीरप्रसाद द्विवेदी का शिष्य है? "हमारी भाषा में कुछ दिनों से बेतुकी कविता भी होने लगी है। ऐसी कविता यद्यपि अभी बहुत थोड़ी प्रकाशित हुई है, किन्तु यह बात भावी अभ्युदय की सूचक है। अतएव ऐसी कविता लिखने वालों को उत्साह मिलना चाहिए?... तुकहीन कविता यदि कानों को खटके तो उसे कानों का ही विकार समझना चाहिए।"

द्विवेदी जी के प्रभाव से रीति-विरोधी अभियान में ऊँची उड़ती हुई एक पताका अतुकान्त कविता की भी थी।

7. तुकान्त-अतुकान्त छंद-विधान

'साहित्य' वाले लेख में शुक्ल जी ने प्रयोगों की स्वच्छंदता की चर्चा की है। इस प्रयोगशीलता के अन्तर्गत नया छंद-विधान भी है। रीतिवादी कवि काव्यरूपों के भक्त थे किन्तु यह आश्चर्य की बात है कि जिन छंदों का वे अधिकतर प्रयोग करते थे, वे सीमित थे। नये छंद-विधान की कल्पना 'विनय-पत्रिका' के बाद मानो समाप्त हो गई थी। इस क्षेत्र में नये-नये प्रयोगों की शुरुआत भारतेन्दु-युग में हो चुकी थी, द्विवेदी-युग में इस प्रवृत्ति का विकास और तेजी से हुआ। इस दिशा में भी श्रीगणेश द्विवेदी जी ने किया। जुलाई, 1901 की 'सरस्वती' में प्रकाशित 'कवि-कर्तव्य' निबन्ध में चार शीर्षकों के अन्तर्गत विषय-विवेचन किया गया है। इनमें सबसे पहले है छंद। छंद वाले अनुभाग में द्विवेदी जी शुरुआत यहाँ से करते हैं : "गद्य और पद्य, दोनों ही में कविता हो सकती है।" बात पुरानी थी पर लोग भूल गए थे। पद्य-रचना पर बहुत जोर था। इसलिए द्विवेदी जी कहते हैं : "यह

समझना अज्ञानता की पराकाष्ठा है कि जो कुछ छंदोबद्ध है, सभी काव्य है। कविता का लक्षण जहाँ कहीं पाया जाता है, चाहै वह गद्य में हो चाहै पद्य में, वह काव्य है। लक्षणहीन होने से कोई भी छंदोबद्ध लेख काव्य नहीं कहलाये जा सकते और लक्ष्यणयुक्त होने से सभी गद्यबन्ध काव्यकक्षा में सन्निविष्ट किये जा सकते हैं।"

छंदों के सम्बन्ध में पहली स्थापना यह है कि वे काव्य-रचना के लिए अनिवार्य नहीं हैं। द्विवेदी जी मुक्त छंद की बात नहीं, उससे कुछ आगे बढ़कर छंदमुक्त काव्य का अनुमोदन करते हैं।

दूसरी स्थापना यह है कि छंद यान्त्रिक ढाँचा नहीं है। उसका सम्बन्ध मनुष्य की रागवृत्ति से है। वैसे तो सिद्ध कवि किसी भी छंद का प्रयोग करें, उनकी कविता अच्छी होती है पर सामान्य नियम यह है कि छंद-योजना विषय के अनुकूल होनी चाहिए। कहते हैं : "जैसे समय-विशेष में राग-विशेष के गाए जाने से चित्त अधिक चमत्कृत होता है, वैसे ही वर्णन के अनुकूल वृत्त प्रयोग करने से कविता के आस्वादन करनेवालों को अधिक आनन्द मिलता है।" संस्कृत कवियों ने ऋतुओं का वर्णन प्राय: उपजाति में, नीति का वंशस्थ में, चन्द्रोदयादि का रथोद्धता में, वर्षा और प्रवास का मन्दाक्रान्ता में; स्तुति, यश, शौर्य का शार्दूलविक्रीड़ित और शिखरिणी में किया है। पंत जी ने 'पल्लव' की भूमिका में जिस तरह भाव-संयोजन से छंद-विधान का सम्बन्ध जोड़ा है, उसकी बानगी यहाँ द्विवेदी जी के लेख में है : "तोटक में वे रूखे अक्षरवाले ही शब्द रखते थे; क्योंकि ऐसे अक्षरवाले शब्दों से संगठित हुआ तोटक, ताल की द्रुतगति के समान, मन को सविशेष आनन्दित करता है।"

यहाँ वाल्मीकि-व्यास का छोटा-सा अनुष्टुप और तुलसीदास की उससे भी छोटी चौपाई याद आती है। एक ही छंद में 100 छंदों का चमत्कार इन प्रतिभाशाली कवियों ने दिखाया है।

इसके बाद नवीन छंदों के प्रयोग के बारे में कहते हैं : "हम समझते हैं कि दोहा, चौपाई, सोरठ, घनाक्षरी, छप्पय और सवैया आदि का प्रयोग हिन्दी में बहुत हो चुका। कवियों को चाहिए कि यदि वे लिख सकते हैं तो इनके अतिरिक्त और-और छंद भी वे लिखा करैं। हम यह नहीं कहते कि ये छंद नितान्त परित्यक ही कर दिये जावैं। हमारा अभिप्राय यह है कि इनके साथ-साथ संस्कृत काव्यों में प्रयोग किये गए वृत्तों में से दो-चार उत्तमोत्तम वृत्तों का भी हिन्दी में प्रचार किया जाए।" यह सलाह उन कवियों के लिए है जो हर तरह के छंद लिखने में समर्थ हैं। जो घनाक्षरी और दोहा-चौपाई छोड़कर और किसी छंद में कुछ लिख ही नहीं सकते, उन्हें अपने उन्हीं छंदों का व्यवहार करना चाहिए।

उर्दू में जिन छंदों का व्यवहार होता है, उनके बहिष्कार की सलाह नहीं दी गई। लिखा है : "आजकल के बोलचाल की हिन्दी (खड़ी बोली) की कविता उर्दू

के से एक विशेष प्रकार के छंदों में अधिक खुलती है; अत: ऐसी कविता लिखने में तदनुकूल छंद प्रयुक्त होने चाहिए।"

द्विवेदी जी पाठकों को सावधान करते हैं कि छंद रचना मुख्य नहीं है, मुख्य है कविता। कविता सरस होनी चाहिए। कुछ लोगों को एक ही तरह का छंद सध जाता है। 'तुलसीदास ने चौपाई और विहारीलाल ने दोहा लिखकर ही इतनी कीर्ति सम्पादन की है।" इसी तरह भवभूति की 'शिखरिणी' और कालिदास की 'मन्दाक्रान्ता' प्रसिद्ध हैं।

इसके बाद द्विवेदी जी अतुकान्त कविता की बात करते हैं। यह उनका प्रिय विषय है और इसके लिए उन्होंने लगातार आन्दोलन किया। 1901 वाले लेख में इस आन्दोलन की शुरुआत दिखाई देती है। इस लेख में वह कहते हैं : "हमारा यह मत है कि पादान्त में अनुप्रासहीन छंद भी भाषा में लिखे जाने चाहिएं। इस प्रकार के छंद जब संस्कृत, अँगरेजी और बँगला में विद्यमान हैं, तब कोई कारण नहीं, कि हमारी भाषा में वे न लिखे जावें। संस्कृत ही हिन्दी की माता है। संस्कृत का सारा कविता-साहित्य इस तुकबन्दी के बखेड़े से बहिर्गत है। अतएव इस विषय में यदि हम संस्कृत का अनुकरण करैं तो सफलता की पूरी-पूरी आशा है। अनुप्रासयुक्त पादान्त सुनते-सुनते हमारे कान उस प्रकार की पंक्तियों के पक्षपाती हो गए हैं। इसीलिए अनुप्रासहीन रचना अच्छी नहीं लगती। बिना तुकवाली कविता के लिखने अथवा सुनने का अभ्यास होते ही वह भी अच्छी लगने लगैगी, इसमें कोई सन्देह नहीं।"

अनुप्रासों का सम्बन्ध अलंकारशास्त्र से जोड़ते हुए वह कहते हैं : "अनुप्रास और यमक आदि शब्दाडम्बर कविता के आधार नहीं हैं जो उनके न होने से कविता निर्जीव हो जावै या उसे कोई अपरिमेय हानि पहुँचै। कविता का अच्छा और बुरा होना विशेषत: अच्छे अर्थ और रस-बाहुल्य पर अवलम्बित है। परन्तु अनुप्रासों के ढूँढ़ने का प्रयास उठाने में समर्पक शब्द न मिलने से अर्थांश की हानि हो जाए करती है जिससे कविता की चारुता नष्ट हो जाती है। अनुप्रासों का विचार न करने से कविता लिखने में सुकरता और मनोऽभिलषित अर्थ को व्यक्त करने में विशेष कठिनाई भी नहीं पड़ती। अतएव पादान्त में अनुप्रासहीन छंद भाषा में लिखे जाने की बड़ी आवश्यकता है।"

इस तरह के तर्क अंग्रेजी में ब्लैंक वर्स के समर्थन में कभी दिये गए थे। बँगला में अतुकान्त छंदों का प्रयोग हो चुका था। हिन्दी में ब्रजभाषा काव्य-प्रेमियों के लिए यह सब नया-नया था। द्विवेदी जी ने संस्कृत कवियों के उदाहरण का सहारा लिया। वे लोग अतुकान्त कविता लिखते थे, तब हिन्दी में वैसी कविता क्यों न लिखी जाए? उन्होंने शुरू में अतुकान्त कविता के लिए संस्कृत छंदों के प्रयोग की सलाह दी। फिर तुकान्त कविता के प्रेमियों को याद करके उन्होंने

लिखा : "किसी भी प्रचलित परिपाटी का क्रमभंग होता देख प्राचीनों के पक्षपाती बिगड़ खड़े होते हैं और नवीन संशोधन के विषय में नाना प्रकार की कुचेष्टा और दोषोद्भावना करने लगते हैं। हमको आशंका है कि इस विषय में भी किसी-किसी का मत हमारे मत के प्रतिकूल होगा। परन्तु कुछ दिनों में हमारे प्रतिपक्षियों को इस नवीन सूचना की उपयोगिता स्वीकार करके, अपने मत को उन्हें अवश्यमेव भ्रान्तिमूलक मानना पड़ेगा। इसका हमको दृढ़ विश्वास है। अत: इस विषय में यदि कोई कुछ प्रतिकूल भी कहै तो भी उसके कहने की ओर नयननिक्षेप न करना चाहिए। हमारा यह कथन नहीं कि पादान्त में अनुप्रासवाले छंद नितान्त लिखे ही न जाए करैं। हमारा कथन इतना ही है कि इस प्रकार के छंदों के साथ अनुप्रासहीन छंद भी लिखे जावैं। बस।"

द्विवेदी जी के इस मत का महत्त्व तो इसी से प्रकट है कि उनकी बहुत-सी बातें आगे चलकर निराला ने दोहराईं और निराला के बाद उन्हें नई कविता के लेखकों ने दोहराया। वास्तव में द्विवेदी जी के तर्कों की राह अतुकान्त छंद से खत्म न होती थी, उसकी आखिरी मंजिल थी मुक्त छंद। 1901 में उन्हें इस बात का दृढ़ विश्वास होना कि अतुकान्त कविता लिखी जाएगी, उनके दूरदर्शी चिन्तन का प्रमाण है। उनमें यह विश्वास इसलिए पैदा हुआ था कि वह देख रहे थे कि दूसरी भाषाओं में क्या हो रहा है, विशेष रूप से अंग्रेजी और बँगला में क्या हो चुका है और क्या हो रहा है इसलिए उन्हें प्राचीनता के पक्षपातियों के बिगड़ खड़े होने की जरा भी चिन्ता न थी। आधुनिक हिन्दी साहित्य तीव्र संघर्ष का सामना करते हुए आगे बढ़ रहा था। ब्रजभाषा काव्य के विशाल परिमाण के आगे आधुनिक हिन्दी कविता वैसे ही क्षुद्र लगती थी, जैसे ग्रीक और लैटिन काव्य के मुकाबले शेक्सपियर से पहले की अंग्रेजी कविता। इस समय द्विवेदी जी ने जातीय भाषा और साहित्य की विकासधारा पहचानकर उसके निर्माण में सूत्रधार का काम किया। उनकी-सी दृढ़ इच्छाशक्ति वाला व्यक्ति हिन्दी को सुलभ हुआ, यह हमारा सौभाग्य था।

जुलाई, 1903 की 'सरस्वती' में जब माइकेल मधुसूदन दत्त पर उनका लेख प्रकाशित हुआ, तब उन्होंने अतुकान्त छंद रचना पर फिर जोर दिया। मधुसूदन दत्त उनके प्रिय कवि थे। उनके उदात्त काव्य का ओजगुण और उनकी अतुकान्त छंद-रचना उन्हें विशेष प्रिय थी। हिन्दी कवियों को अन्य भारतीय भाषाओं के काव्य से कैसे सीखना चाहिए (बात सीखने की है, नकल करने की नहीं), इसका उदाहरण मधुसूदन दत्त के प्रसंग में अतुकान्त छंद की चर्चा है। कहते हैं : "मधुसूदन के समय तक बँगला में अमित्राक्षर छंद नहीं लिखे जाते थे। हमारे दोहा, चौपाई, छप्पय और घनाक्षरी आदि के समान उसमें विशेष करके पयार, त्रिपदी और चतुष्पदी आदिक ही छंद प्रयोग किये जाते थे। लोगों का यह अनुमान था कि बँगला में अमित्राक्षर

छंद हो ही नहीं सकते। इस बात को माइकेल ने निर्मूल सिद्ध कर दिया। वे कहते थे कि बँगला भाषा संस्कृत से उत्पन्न हुई है; अतएव संस्कृत में यदि इतने सरस और हृदयग्राही अमित्राक्षर छंद लिखे जाते हैं तो बँगला में भी वे अवश्य लिखे जा सकते हैं। इसको उन्होंने 'मेघनाद-वध' लिखकर प्रमाणित कर दिया। इस प्रकार के छंदों में इस अपूर्व वीर रसात्मक काव्य को लिखकर मधुसूदन ने वंग भाषा के काव्य-जगत् में एक नये युग का आविर्भाव कर दिया। तब से लोग उनका अनुकरण करने लगे और आज तक बँगला में अनेक अमित्राक्षर छंदोबद्ध काव्य हो गए। जब इस प्रकार के छंद बँगला में लिखे जा सकते हैं, और बड़ी योग्यता से लिखे जा सकते हैं, तब उनका हिन्दी में भी लिखा जाना सम्भव है। लिखने वाला अच्छा और योग्य होना चाहिए।"

द्विवेदी जी के इन विचारों की प्रतिध्वनि मैथिलीशरण गुप्त के लेखों में सुनाई देती है। 'काव्य प्रभाकर' की आलोचना में उन्होंने इस धारणा का खंडन किया कि छंद कविता का एक अंग है। पहले कभी ऐसा कहा गया तो उस समय साहित्य की स्थिति दूसरी थी। "पहले गद्य का कम प्रचार था। पद्य ही की अधिकता थी। अतएव उस समय किसी ने छंद को भी कविता का एक अंग कह दिया हो तो क्या आजकल भी वही बात कहते चले जाना चाहिए?" इस प्रश्न का आशय यह है कि छंदहीन कविता भी सम्भव है। यह आशय इस वाक्य से स्पष्ट है : "पद्य के बिना कविता सर्वांगपूर्ण हो ही नहीं सकती—यह कहना, मेरी राय में तो, भ्रमात्मक जरूर है।" विश्वनाथ ने कहा था : वाक्यम् रसात्मकम् काव्यम्। 'काव्य प्रभाकर' के लेखक इस बात को प्रमाण मानते हैं। गुप्त जी इस पर टिप्पणी करते हैं : "पर इसमें भी वाक्य ही का प्रयोग है, छंद का नहीं।" निष्कर्ष यह कि छंद-मुक्त कविता सम्भव है।

तुकान्त छंदों पर आक्रमण गुप्त जी ने 'मेघनाद-वध' के अपने अनुवाद की भूमिका में किया। द्विवेदी जी की प्रेरणा से उन्होंने नवीनचन्द्र सेन के 'पलाशिर युद्ध' और मधुसूदन दत्त के 'वीरांगना' काव्यों का अनुवाद किया था। ये अनुवाद अतुकान्त छंद में थे। बँगला का पयार छंद 14 वर्णों का था, गुप्त जी ने घनाक्षरी का पूर्वार्द्ध अलग करके 15 वर्णों की पंक्ति को अपने अतुकान्त छंद का आधार बनाया। निराला ने इसी घनाक्षरी के चरणों को अपने वर्णिक मुक्त छंद का मूलाधार माना था। जब निराला ने यह मुक्त छंद लिखा तब बड़ा शोर हुआ कि छंदशास्त्र का सत्यानाश हुआ जा रहा है, पर इस तरह का शोर बहुत पहले शुरू हो चुका था जब महावीरप्रसाद द्विवेदी के प्रभाव से अनेक कवियों ने अतुकान्त छंदों में कविताएँ लिखी थीं। इससे पहले इस तरह का शोर बँगला में सुनाई दिया था जब मधुसूदन दत्त ने अतुकान्त छंद में कविताएँ लिखना शुरू किया था। हिन्दी के रूढ़िवादी पचास साल बाद हिन्दी में उसी शोरगुल की आवृत्ति कर रहे थे जिसे

उनके बंगाली और अग्रज समानधर्मा उनसे पहले कर चुके थे। निराला बँगला की नकल करते हैं, यह बहुतों ने कहा। निराला के विरोधी बंगाल के रूढ़िवादियों की नकल कर रहे हैं, यह किसी ने न कहा! 'मेघनाद-वध' के अनुवाद की भूमिका पढ़ते समय पग-पग पर लगता है कि हम निराला के विरोध की कहानी पढ़ रहे हैं। इससे दो परिणाम निकलते हैं। पहला यह कि रूढ़ियों के विरुद्ध संघर्ष अखिल भारतीय स्तर पर हो रहा था और यहाँ बँगला साहित्य इस संघर्ष में अन्य भाषाओं के साहित्य से आगे था। दूसरा परिणाम यह कि द्विवेदी-युग में रूढ़िवाद से जो संघर्ष हुआ था, उसकी परिणति निराला के संघर्ष में होती है, वह संघर्ष निराला से शुरू नहीं होता। पुन: छायावादी साहित्य उस विकास की अगली कड़ी है जो द्विवेदी-युग में शुरू होता है।

अपनी भूमिका में गुप्त जी बँगला और हिन्दी काव्यों की छंद-सम्बन्धी स्थितियों की तुलना करते हुए कहते हैं : "हिन्दी में अतुकान्त कविता का कुछ-कुछ प्रचार हो चला है, परन्तु शायद अब भी एक बड़ा समुदाय उसे पढ़ने के लिए प्रस्तुत नहीं। अभ्यास से ही उसकी ओर लोगों की रुचि बढ़ेगी। बंग भाषा-भाषियों ने भी पहले इस काव्य का आदर न किया था। बात यह है कि एक प्रकार की कविता सुनते-सुनते जिनके कान अभ्यस्त हो रहे हैं, उन्हें तद्-विपरीत रचना अवश्य खटकेगी। यह स्वाभाविक है। बँगाल की बात ही क्या, जिस मिल्टन कवि के आदर्श पर मधुसूदन ने इस तरह की कविता लिखी है, सुना है, पहले-पहल अँगरेजी के साहित्य-सेवियों ने उसका भी विरोध किया था।" बात सही है। अठारहवीं सदी का अंग्रेजी रीतिवाद मिल्टन-काव्य का परम विरोधी है; इस विरोध में अतुकान्त छंद का विरोध शामिल है। मिल्टन से पहले इस छंद का चमत्कार शेक्सपियर अपने नाटकों में दिखा चुके थे। मिल्टन के बाद वह चमत्कार पुन: रोमांटिक कवियों की रचनाओं में दिखाई दिया; जिन्होंने रीतिवाद के साथ अतुकान्त छंद के विरोध को भी समाप्त कर दिया। इन कवियों पर मिल्टन और शेक्सपियर, दोनों का प्रभाव था। यहाँ बँगला और हिन्दी का रीति-विरोधी संघर्ष यूरोप के रीति-विरोधी संघर्ष से मेल खाता है। आज संसार के देशों में आदान-प्रदान इतना बढ़ गया है कि इस तरह का संघर्ष—यथा अस्तित्ववाद और मार्क्सवाद का संघर्ष—अनेक भाषाओं में विश्व पैमाने पर चलता है।

गुप्त जी प्रश्न करते हैं : "वह खटक दूर कैसे हुई?" उत्तर देते हैं : "अभ्यास से—इस तरह की कविता की बार-बार आवृत्ति करने से। इस विषय में माइकेल मधुसूदन दत्त का यही कहना था।" लखनऊ विश्वविद्यालय में अंग्रेजी के अध्यापक आर. एल. एम. ब्रैंडर ब्रिटेन के प्रसिद्ध छंदशास्त्र-विशेषज्ञ सेंट्सबरी के शिष्य थे। उनका कहना था कि ब्रिटेन में मिल्टन का अतुकान्त छंद पढ़ने की तमीज केवल दो व्यक्तियों को थी : एक उनके गुरु को और दूसरे स्वयं उनको। गुरु स्वर्ग चले गए

थे और ब्रैंडर भारत चले आए थे। इस तरह ब्रिटेन में मिल्टन का महाकाव्य पढ़ने की तमीज वाला कोई व्यक्ति न रह गया था। जब उनकी निगाह में ब्रिटेन का यह हाल था तब पराधीन दरिद्र भारत के लोग मिल्टन का काव्य क्या खाकर समझने का दावा कर सकते थे? इसलिए ब्रैंडर क्लास में कुछ देर तक आँखें बन्द किये हुए, कुछ देर तक आँखें खोले हुए, बड़े धार्मिक भाव से, श्रद्धा सहित, 'पैराडाइज लौस्ट' के अंशों की आवृत्ति करते, उसके बाद इधर-उधर की बातें करते जिनका न मिल्टन से कोई सम्बन्ध होता था, न साहित्य से। उनसे पहले अंग्रेजी भाषा के मर्मज्ञ माइकेल मधुसूदन दत्त कह चुके थे कि इस तरह की कविता बार-बार आवृत्ति करने से ही अच्छी लगेगी!

गुप्त जी एक घटना का उल्लेख करते हैं। मधुसूदन दत्त के मित्र राजनारायण बसु ने उनसे छंद की गठन-प्रणाली के बारे में पूछा। उन्होंने उत्तर दिया : "इसमें पूछने और बताने की कोई बात नहीं। इसकी आवृत्ति ही सब बातें बता देगी। जो इसे हृदयंगम करना चाहें, वे बार-बार पढ़ें। बार-बार आवृत्ति करने पर जब उनके कान दुरुस्त हो जाएँगे तब वे समझेंगे कि अमित्राक्षर क्या वस्तु है।" निराला भी लगभग यही बातें कहते थे और ऐसा उन्होंने लिखा भी है। मधुसूदन दत्त अतुकान्त छंद के लेखक थे, मुक्त छंद के नहीं। फिर भी जहाँ अतुकान्त छंद में, समान संख्या वाले वर्णों की पंक्तियों में, यति का स्थान बदलता रहेगा, वहाँ पंक्तियाँ टूटकर मुक्त छंद की ही तरह छोटी-बड़ी हो जाएँगी। यह बात मधुसूदन दत्त से अधिक मिल्टन के काव्य में दिखाई देती है। गुप्त जी के अनुसार : "यति के सम्बन्ध में उन्होंने [दत्त ने] कहा था कि जहाँ-जहाँ अर्थ की पूर्णता और श्वास का पतन हो, वहीं-वहीं इसकी यति समझनी चाहिए।" यदि यह न बताया जाए कि यह वाक्य अतुकान्त छंद के बारे में लिखा गया है तो लोग यही समझेंगे कि यह बात मुक्त छंद के बारे में कही गई है। निराला ने ही नहीं, 'पल्लव' की भूमिका में सुमित्रानन्दन पंत ने भी मुक्त छंद के बारे में यही बात कही थी।

नाटककार दीनबन्धु मित्र ने एक विद्वान् को 'मेघनाद-वध' पढ़कर सुनाया तो विद्वान् ने कहा : "आप कौन-सा काव्य पढ़ रहे हैं? यह तो बहुत ही सुन्दर है। यह पुस्तक तो वह पुस्तक नहीं जान पड़ती!" इसी तरह निराला ने अनेक साहित्यकारों को अपने मुक्त छंद के पाठ से मुग्ध किया था। उनकी इच्छा थी कि उस छंद में लिखी हुई कविताएँ महावीरप्रसाद द्विवेदी को सुनाएँ। पता नहीं, उनकी यह इच्छा पूरी हुई कि नहीं, पर 'पंचवटी प्रसंग' पढ़कर द्विवेदी जी ने इस छंद का स्वागत किया था और निराला से उस छंद में और कविताएँ लिखने को भी कहा था। निराला ने मैथिलीशरण गुप्त को भी अपना मुक्त छंद वाला काव्य कलकत्ते में सुनाया था। गुप्त जी ने उसे बहुत पसन्द किया था, यह समाचार निराला ने महावीरप्रसाद द्विवेदी को लिख भेजा था, और उसका उल्लेख उन्होंने 'पंत जी और पल्लव' शीर्षक निबन्ध

में भी किया है। अतुकान्त छंद और मुक्त छंद, जब दोनों ही घनाक्षरी के आधार पर रचे गए हों, तो उनकी गति में समानता होना स्वाभाविक है। गुप्त जी ने निराला का मुक्त छंद पसन्द किया तो यह स्वाभाविक था। गुप्त जी के मित्र मुंशी अजमेरी ने भी निराला का मुक्त छंद सुनकर उसकी प्रशंसा की थी पर उनका विचार था कि इस छंद में और गद्य में कोई अन्तर नहीं है। उन्हीं जैसे किसी विद्वान् ने अतुकान्त छंद के बारे में भी ऐसी राय दी थी।

गुप्त जी भूमिका में कहते हैं : "हिन्दी के एक विद्वान् ने लिखा है कि 'जिन लोगों को अनुप्रास का प्रतिबन्ध बाधा देता है, उन्हें पद्य लिखने का साहस ही क्यों करना चाहिए? वे गद्य ही क्यों न लिखें। अर्थ और भाव को बिगाड़ना तो दूर, अनुप्रास उल्टा उसे बनाते हैं और नई सूझ पैदा करते हैं', इत्यादि।"

इससे भी ज्ञात होता है कि जो बात मुक्त छंद के विरोध में कही जा सकती है, वह अतुकान्त छंद के बारे में भी कही जा सकती है, विशेष कर तब, जब इस अतुकान्त छंद में मात्रा गिनने की कोई पाबन्दी न हो; संस्कृत की तरह गणों के आधार पर ह्रस्व-दीर्घ वर्ण सजाने की व्यवस्था न हो।

गुप्त जी दूसरी कोटि के विद्वानों की बात कहते हैं : "एक दूसरे विद्वान् ने अपनी वक्तृता में कहा है, 'अच्छा साहब, बेतुकी ही कहिए पर उसमें सार भी तो हो।" वक्ता के कहने का ढंग स्पष्ट बता रहा है कि वह ऐसी कविता से भड़कता है। यदि उसमें कुछ सार हो तो उसे सुनना ही पड़ेगा। मतलब यह कि मीठे के लिए जूठा खाना पड़ेगा। अमित्राक्षर छंद के विषय में हिन्दी के कुछ विद्वानों की ऐसी ही राय है।" जो लोग मुक्त छंद से भड़कते थे, वे यह भी कहते थे कि भाव और विचार की दृष्टि से कविताएँ ऊटपटाँग हैं, उनसे कोई मतलब नहीं निकलता। यही बात अतुकान्त छंदों में लिखी हुई कविताओं के बारे में ब्रजभाषा काव्य के प्रेमी पाठकों ने कही थी। निराला के मुक्त छंद को लोगों ने रबड़ छंद, केचुआ छंद कहा, उसकी नकलें कीं, स्वांग बनाया। और ठीक इसी तरह, इससे बहुत पहले, 'मेघनाद-वध' की छीछालेदर की गई थी। उसकी नकल उतारते हुए 'छछूँदर वध' काव्य लिखा गया था!

बंगाल और भारत में स्वामी रामकृष्ण परमहंस की भूमिका किस सीमा तक क्रान्तिकारी थी, इसका अनुमान इस बात से लग सकता है कि वह माइकेल मधुसूदन दत्त के काव्य के प्रशंसक थे। गिरीशचन्द्र घोष ने अपने नाटकों में मुक्त छंद का प्रयोग किया था जिससे निराला के मुक्त छंद का सीधा सम्बन्ध है। रामकृष्ण परमहंस गिरीशचन्द्र घोष के भी प्रशंसक थे। मजे की बात यह है कि ये दोनों लेखक शराब पीने के लिए वैसे ही बदनाम थे, जैसे निराला, यद्यपि इनकी तुलना में निराला कम ही पीते थे, पर निराला की शराब को लेकर हिन्दी के सदाचारी समालोचकों-सम्पादकों ने न जाने कितने तरकश खाली कर दिये!

रामकृष्ण परमहंस ने मधुसूदन दत्त के बारे में जो कुछ कहा था, वह सब हिन्दी प्रदेश में निराला के विरोधियों से कहा जा सकता था, अब भी कहा जा सकता है। गुप्त जी के शब्दों में परमहंस का कथन यह था : "तुम्हारे देश में यह एक अद्‌भुत प्रतिभाशाली पुरुष उत्पन्न हुआ था। 'मेघनाद-वध' जैसा काव्य तुम्हारी बंग भाषा में तो है ही नहीं, भारतवर्ष में भी इस समय ऐसा काव्य दुर्लभ है। तुम्हारे देश में यदि कोई नया काम करता है तो तुम उसकी हँसी उड़ाकर उसका अपमान करते हो, यह नहीं देखते कि वह क्या कहता है और क्या करता है। जिस किसी ने पहले की तरह कुछ न किया, लोग उसी के पीछे पड़ जाते हैं। इसी 'मेघनाद-वध' काव्य को, जो बंग भाषा का मुकुटमणि है, अपदस्थ करने के लिए 'छछूँदर वध' काव्य लिखा गया! तुम जो कर सको, करो। परन्तु इससे क्या होता है? इस समय यही 'मेघनाद-वध' काव्य हिमालय पर्वत की तरह आकाश भेद कर खड़ा है। जो लोग इसके दोष दिखाने में ही व्यस्त थे, उनके आक्षेप कहाँ उड़ गए? जिस नूतन छंद में और जिस ओजस्विनी भाषा में मधुसूदन अपना काव्य लिख गए हैं, उसे साधारणजन क्या समझेंगे?"

'मेघनाद-वध' पर विदेशी प्रभाव, छंद-रचना से लेकर कथावस्तु के गठन तक, स्पष्ट है। रामकृष्ण परमहंस भारतीय संस्कृति के प्रतिनिधि महापुरुष थे। उन्होंने इस विदेशी प्रभाव के कारण 'मेघनाद-वध' का बहिष्कार नहीं किया। ईश्वरचन्द्र विद्यासागर संस्कृत के महान् पंडित थे और बँगला भाषा तथा साहित्य के आधुनिक उत्थान में उनका योगदान अपूर्व था। पहले वह अतुकान्त छंद के पक्ष में न थे किन्तु 'मेघनाद-वध' पढ़कर उन्होंने अपनी राय बदल दी और गुप्त जी के शब्दों में : "वे मधुसूदन के एकान्त पक्षपाती हो गए थे।" इससे भी दिलचस्प बात यह है कि वह स्वयं नास्तिक थे किन्तु रामकृष्ण परमहंस का परम सम्मान करते थे, उसी अनुपात में रामकृष्ण परमहंस उनसे स्नेह करते थे। संस्कृति का विकास रूढ़ियों की जड़ पूजा से नहीं होता, उदारता और विकास की नई दिशाएँ पहचानने से होता है।

हिन्दी में तुकान्त कविता की परम्परा शताब्दियों से चली आ रही थी पर बीसवीं सदी के आरम्भ में महावीरप्रसाद द्विवेदी इस रूढ़ि को तोड़ने पर जोर दे रहे थे। 'मेघनाद-वध' के अनुवाद की भूमिका में गुप्त जी ने द्विवेदी जी की स्थापनाओं का अनुमोदन करते हुए लिखा : "जो लोग यह कहते हैं कि अनुप्रास नई सूझ पैदा करते हैं, वे कृपा कर इस विषय में फिर विचार करें। अनुप्रास नई सूझ पैदा करते हैं, यह कहना किसी कवि का अपमान करना है। वे यह कहते कि अनुप्रास का बन्धन कवि को बाधा नहीं दे सकता, तब भी एक बात थी; परन्तु क्या वास्तव में ऐसा ही है? इसे भुक्तभोगी ही जान सकते हैं कि कभी तुक के कारण कितनी कठिनाई उठानी पड़ती है। जिनका काफिया तंग नहीं होता, निस्सन्देह वे भाग्यवान

हैं; परन्तु वे भी यह मानने के लिए तैयार न होंगे कि अनुप्रास के कारण हमें नई सूझ होती है। जो लोग ऐसा मानते हों, वे दया के पात्र हैं। क्योंकि अनुप्रास की कृपा से उन बेचारों को भाव सूझ जाता है।...बहुधा ऐसा होता है कि अनुप्रास के लिए भाव भी बदल देना पड़ता है। शब्दों के तोड़-मरोड़ की तो कोई बात ही नहीं। कभी-कभी अनावश्यक और अनर्थक पद का प्रयोग करने के लिए भी विवश होना पड़ता है। यह कविता के लिए ठीक प्रतिकूल होता है। जो बात गौण होती है, उसे प्रधानता देनी होती है और जो प्रधान होती है, उसे गौण बनना होता है। कवि के स्वाभाविक धाराप्रवाह को धक्का लगता है कि सारा रस चल-विचल हो जाता है। कवि जिस शब्द का प्रयोग करना चाहता है, उसके बदले, लाचार होकर, उसे दूसरा शब्द रखना पड़ता है।"

गुप्त जी ने अपने भुक्तभोगी होने की बात लिखी है। सचमुच तुक मिलाने में उनसे ज्यादा परिश्रम शायद ही किसी दूसरे हिन्दी कवि ने किया हो और तुकबन्दी के कारण जिन विवशताओं का सामना करने की उन्होंने चर्चा की है, वे सब उनके काव्य में बिखरी पड़ी हैं। पर उनकी आलोचनात्मक दृष्टि इन खामियों को पहचानती है।

आलोचक मैथिलीशरण गुप्त कवि मैथिलीशरण गुप्त से दस कदम आगे बढ़कर कहते हैं : "सच तो यह है कि तुक एक कृत्रिमता है। जहाँ तक कानों का सम्बन्ध है, वह भले ही अच्छी मालूम हो, किन्तु हृदय हिला देनेवाली वस्तु दूसरी ही होती है। जो अतुकान्त कविता को बेतुकी कहकर उसकी हँसी उड़ाते हैं, उन्हें याद रखना चाहिए कि वाल्मीकि, व्यास और कालिदास ने तुकबन्दी नहीं की! जब से शब्दालंकारों की ओर लोग झुक पड़े तब से कविता में कृत्रिमता और आडम्बर का समावेश हुआ। महाकवि मिल्टन ने भी तुकबन्दी नहीं की। माइकेल मधुसूदन दत्त के सामने आदर्श थे ही; फिर भी क्यों 'झूठे सुहाग' में अपनी कविता-कामिनी को भुलाते? उन्होंने देखा कि मित्राक्षर छंद के कारण कविता के स्वाभाविक प्रवाह को धक्का लगता है। प्रत्येक चरण के अन्त में श्वास पतन के साथ-साथ भाव पूरा करना पड़ता है। इससे एक ओर जिस तरह भाव को संकीर्ण करना पड़ता है, उसी तरह दूसरी ओर भाषा के गाम्भीर्य और कल्पना की उन्मुक्त गति में भी बाधा पड़ती है। इसीलिए उन्होंने इस शृंखला को तोड़कर अपनी भाषा में अमित्राक्षर छंद की अवतारणा की। उन्होंने छंद की अधीनता न करके छंद को ही अपने अधीन बनाया।"

कविता का स्वाभाविक प्रवाह, कल्पना की उन्मुक्त गति, इस तरह की शब्दावली का प्रयोग निराला ने अनेक बार किया। गुप्त जी की तर्कयोजना में और छायावादी काव्यदृष्टि में यहाँ कोई भी अन्तर नहीं है। गुप्त जी ने अनुवादों के लिए अतुकान्त छंद चुना, अपनी मौलिक रचनाओं में वह अन्त्यानुप्रास का सहारा छोड़ने को तैयार

न थे। उनके तर्क की परिणति निराला के मुक्त छंद में ही होती थी। यदि कविता के स्वाभाविक प्रवाह की रक्षा करनी है, तो चौदह या पन्द्रह वर्णों की ही प्रत्येक पंक्ति क्यों रखी जाए? दरअसल गुप्त जी के अनुवाद पढ़कर लगता है कि प्रत्येक पंक्ति के अन्त में दीर्घ वर्ण का आना बार-बार प्रवाह भंग कर देता है। निराला ने इसी दोष को दूर करके वर्णिक मुक्त छंद में कविताएँ लिखीं। पर मुक्त छंद भी छंद है। इसकी लय का नियंत्रण, उसका उतार-चढ़ाव, यति का स्थान-परिवर्तन—यह सब बड़े कौशल का काम है। जहाँ कौशल होगा, वहाँ कृत्रिमता होगी। कला देखने में सहज लगती है, होती नहीं है। इस दृष्टि से मुक्त छंद उतना ही कृत्रिम है जितना अन्त्यानुप्रासयुक्त छंद अथवा अतुकान्त छंद। पर संसार के अनेक प्रपंचों की तरह कविता में भी परस्पर विरोधी तत्त्वों का समावेश होता है। एक तत्त्व है स्वाभाविक प्रवाह, कल्पना की उन्मुक्त गति स्वत:स्फूर्त भाव; दूसरा तत्त्व है बौद्धिक नियंत्रण, कलात्मक साधना, सचेत कौशल-सम्बन्धी कार्यवाही। दो विरोधी तत्त्वों की दो विरोधी प्रक्रियाओं के मिलने से ही कविता, साहित्य और सभी कलाओं का जन्म होताा है। यह बात अंग्रेजी आलोचकों में कोलरिज ने बहुत साफ-साफ कही थी। यह भी उल्लेखनीय है कि सभी भाषाओं में तुक-सम्बन्धी कठिनाई एक-सी नहीं है। इटालियन, तेलगू, बँगला में अंग्रेजी, जर्मन और हिन्दी की अपेक्षा तुक मिलाना आसान है।

द्विवेदी-युग के एक जुझारू लेखक बदरीनाथ भट्ट थे। 'सरस्वती' में उन्होंने नवीन साहित्य के आन्दोलन का समर्थन करते हुए अनेक महत्त्वपूर्ण लेख लिखे। मई, 1914 की 'सरस्वती' में उनका ऐसा ही एक निबन्ध छपा है : 'आधुनिक हिन्दी काव्य पर दोषारोपण'। इसमें वह उन लोगों को उत्तर देते हैं जो ब्रजभाषा में पुराने ढंग से कविता करने के पक्षपाती हैं। कविता में नये छंदों का प्रयोग हो, यह चर्चा उसी व्यापक रीति-विरोधी आन्दोलन का अंग है। भट्ट जी कहते हैं : "हमारी कविता समय के अनुरूप होनी चाहिए और हमारे छंद हमारे भावों के अनुरूप। उनमें ओज होना चाहिए, स्फूर्ति होनी चाहिए—मुर्दापन नहीं। वे चाहे संस्कृत के हों, चाहे ब्रजभाषा के, चाहे फारसी के—वे जातीय जागृति के द्योतक होने चाहिए। कुछ मुर्दादिलों को अथवा प्राचीन छंदों के अनन्य भक्तों को उनमें तरह-तरह के दोष दिखाई दे सकते हैं, कहीं शिथिलता और कहीं उच्छृंखलता का भान भी उन्हें हो सकता है।" छंद का सम्बन्ध भाव से होता है या हो सकता है, यह बात रामचन्द्र शुक्ल ने भी कही थी। यहाँ एक नई बात है—ओज। छंद ऐसा होना चाहिए जिसमें ओज हो, स्फूर्ति हो। स्वाभाविक प्रवाह और कल्पना की उन्मुक्त गति में ओज गुण जोड़ दीजिए, छंदविधान के विषय में निराला की दृष्टि प्राप्त हो जाएगी।

भट्ट जी ने अतुकान्त छंदों के लिए विशेष आग्रह नहीं किया पर उसके विरोधियों को भूले भी नहीं : "किसी को अतुकान्त छंद ऐसे नागवार मालूम होते हैं, जैसे मुँडे

सिर वाले को ओले।" बड़ी सुन्दर उपमा है। और इस तरह की व्यथा अतुकान्त छंद से अधिक मुक्त छंद से प्राचीनता-प्रेमियों को प्राप्त हुई थी।

8. नई चेतना : साहित्य के नये आयाम

स्वभावत: कविता की विषयवस्तु को लेकर भी आन्दोलन हुआ। नये-युग के लेखक थोड़े-से घिसे-पिटे विषयों की आवृत्ति से असंतुष्ट थे और काव्य में यह दिशा-परिवर्तन साहित्य के व्यापक परिवर्तन का अंग था। 1901 वाले 'कवि-कर्तव्य' लेख में द्विवेदी जी कविता के विषय के बारे में लिखा था : "कविता का विषय मनोरंजक और उपदेशजनक होना चाहिए। यमुना के किनारे केलि कौतूहल का अद्‌भुत वर्णन बहुत हो चुका। न परकीओं पर प्रबन्ध लिखने की अब कोई आवश्यकता है और न स्वकीओं के 'गतागत' की पहेली बुझाने की। चींटी से लेकर हाथी पर्यन्त पशु; भिक्षुक से लेकर राजा पर्यन्त मनुष्य; बिन्दु से लेकर समुद्र पर्यन्त जल, अनन्त आकाश; अनन्त पृथ्वी; अनन्त पर्वत—सभी पर कविता हो सकती है; सभी से उपदेश मिल सकता है और सभी के वर्णन से मनोरंजन हो सकता है। फिर क्या कारण है कि इन विषयों को छोड़कर स्त्रियों की चेष्टाओं का वर्णन करना ही कोई-कोई कवि कविता की चरम सीमा समझते हैं? केवल अविचार और अन्ध परम्परा!"

इस उद्धरण के अनेक वाक्य 'पल्लव' की भूमिका में मजे से खप सकते थे। दूसरे वाक्य में यमुना के किनारे केलि-कौतूहल का वर्णन—इसी धारणा को पंत जी ने अपनी भूमिका में पल्लवित किया है। अन्तर यह है कि पंत जी के आक्रमण की लपेट में सूरदास जैसे भक्त कवि भी आ गए हैं। द्विवेदी जी ने रीतिवादियों की जमात में भक्तों को शामिल करने के लिए ही मिश्रबन्धुओं की आलोचना की थी। द्विवेदी जी का यह विवेक निराला के 'पंत जी और पल्लव' निबन्ध में विकसित हुआ है। द्विवेदी जी का चौथा वाक्य अनन्त आकाश, अनन्त पृथ्वी आदि पंत और निराला के गद्य में अनेक स्थानों पर प्रतिध्वनित है। अन्तर यह है कि द्विवेदी जी के लिए कविता उपदेशपरक और मनोरंजक होनी चाहिए। कविता का मनोरंजक होना छायावादियों के लिए यथेष्ट नहीं है। जहाँ सत्य की प्रतिष्ठा हो, वहाँ मनोरंजन की बात हल्की जान पड़ती है। मानव-जीवन और प्रकृति के सत्य का उद्‌घाटन स्वयं में कविता है; अलग से उपदेश देने का प्रयत्न कलात्मक सौन्दर्य की हानि कर सकता है। यहाँ छायावादी ही नहीं, रामचन्द्र शुक्ल भी द्विवेदी जी से आगे हैं।

1903 वाले 'हिन्दी भाषा और उसका साहित्य' निबन्ध में द्विवेदी जी का ध्यान साहित्य के व्यापक सर्वांगीण विकास की ओर है। हिन्दी के प्राचीन साहित्य के बारे में कहते हैं : "प्राचीन हिन्दी साहित्य में गद्य का तो नाम ही न लीजिए। पद्य

में भी दो ही चार ग्रंथ प्रसिद्ध हैं। किसी भाषा के वाङ्मय की समग्र सामग्री को साहित्य कहते हैं, दो-चार काव्यों को नहीं। परन्तु हमारे प्राचीन साहित्य की सामग्री बहुत ही थोड़ी है।" स्पष्ट ही द्विवेदी जी गद्य-साहित्य का विकास अति आवश्यक मानते हैं। जिसे वह प्राचीन साहित्य कहते हैं, वह 1200 से 1500 ई. तक का साहित्य है। 1570 से 1800 ईसवी तक के साहित्य को वह माध्यमिक कहते हैं। सूर, केशव, तुलसी, बिहारी आदि इसी समय हुए; 'यदि इनके ग्रंथ निकाल दिये जावैं तो हिन्दी भाषा के साहित्य में प्राय: शून्य ही रह जावै।" साहित्य में कविता का स्थान महत्त्वपूर्ण है पर कविता से भिन्न साहित्य पर भी ध्यान देना आवश्यक है। द्विवेदी जी कहते हैं : "इस समय हिन्दी के अनेक उत्तमोत्तम कवि हुए [इनकी उत्तमोत्तमता से हमें संतोष नहीं!]। परन्तु कविता ही की ओर सबका ध्यान रहा। कवियों को कविता के सिवाय और किस ओर ध्यान हो सकता है? [गद्य क्यों नहीं लिखा? कविता के पीछे पड़े रहे पर गद्य के बिना अँगरेजी का मुकाबला कैसे करोगे? फिर कविता में या तो नायिका-भेद या भक्ति, इसके आगे?] छंद, अलंकार, नायिका-भेद आदि पर भी अनेक ग्रंथ, इसी समय, बने। भगवद्भक्तों ने अपने-अपने इष्टदेवता के गुणगान से गर्भित अनेक पुस्तकें लिखीं। बिहारीलाल ने अपने 700 दोहों में श्रृंगार रस की पराकाष्ठा कर दी; सूरदास ने अपने पदों में भक्ति की पराकाष्ठा कर दी; और भूषण ने अपनी कविता में वीर रस की पराकाष्ठा कर दी। [इन तीन पराकाष्ठाओं का व्यंग्य कौन न समझेगा?] सूर, तुलसी, बिहारी और केशव इस माध्यमिक साहित्य की आत्मा हैं; और सहस्त्रावधि कवियों के होते भी इनके बिना, यह साहित्य-शरीर निर्जीव ही समझना चाहिए।" अर्थात् जो आधुनिक साहित्य रचा जाए, उसे इस माध्यमिक साहित्य की अपेक्षा व्यापक और बहुविध होना चाहिए।

आधुनिक साहित्य का जन्म 19वीं शताब्दी में हुआ। समाचार-पत्र, मासिक पत्रिकाएँ, उपन्यास, नाटक, जीवन-चरित और समालोचना—इन सबका विकास इसी समय हुआ। पर इतना काफी नहीं है। द्विवेदी जी का ध्यान साहित्य के इतिहास की ओर जाता है। यद्यपि उनकी समझ में कहने-सुनने लायक साहित्य बहुत थोड़ा है, फिर भी उसका इतिहास अवश्य होना चाहिए। वह हर चीज को ऐतिहासिक दृष्टि से देखने के आदी हो चले थे। भाषा के इतिहास के बारे में प्राय: सभी पंडित अपनी राय देते थे पर साहित्य के इतिहास के प्रति उनमें अवज्ञा का भाव था, शायद स्थायी भावों के प्रति श्रद्धा के कारण। जैसे देववाणी संस्कृत के इतिहास से उन्हें दिलचस्पी न थी, वैसे ही साहित्य में रस-अलंकारों आदि का विवेचन हो तो हो, उसका इतिहास क्यों लिखा जाए? साहित्य यदि जड़ नहीं है, गतिशील है, तो उसकी गति—दुर्गति या प्रगति—की दिशा पहचानना जरूरी है। द्विवेदी जी की निगाह में उस समय दुर्गति ही ज्यादा थी : "हिन्दी की दशा बड़ी ही हीन हो रही

है। अनेक विषय ऐसे हैं, कि एक भी हिन्दी का ग्रंथ उनमें नहीं है। अतएव, इस दशा में साहित्य के इतिहास बनने की आशा रखना व्यर्थ है। हम लोगों के आलस्य और निरुत्साह की सीमा नहीं है। अपनी मातृभाषा में हम लोगों को कुछ भी रुचि नहीं। यह बड़े शोक और लज्जा की बात है।" यह कलंक रामचन्द्र शुक्ल ने हिन्दी साहित्य का इतिहास लिखकर दूर किया। उसके बाद अनेक लघु और वृहदाकार इतिहास निकले जिनके लेखकों ने इस क्षेत्र में नया अनुसंधान बहुत ही कम किया। हिन्दी के सूत्रधार अब विश्वविद्यालयों में शुक्ल जी के उत्तराधिकारी अध्यापकगण हैं। उनकी सामाजिक चेतना शोक और लज्जा की भावना से परे है।

द्विवेदी जी हिन्दी भाषा और साहित्य के क्षेत्र में विदेशी विद्वानों के कार्य का उल्लेख करते हुए हिन्दी-भाषियों से कहते हैं : "परन्तु हम लोग मुँह फुलाए बैठे हैं। कहीं दो-चार उपन्यास लिखकर पेट पालने का हमने यत्न किया, कहीं एक आध 'मोहिनी' अथवा 'रोहिणी' नामक मासिक पत्रिका लिखकर अपनी विद्वत्ता प्रकट की, कहीं कभी वर्ष 6 महीने के लिए एक समाचार-पत्र निकालकर सम्पादक बन बैठे! बस, यही किया!! और कुछ नहीं!!!"

द्विवेदी जी के ये उद्गार यहाँ बहुत-कुछ उन लोगों के मत से मिल जाते हैं जो कहते थे—हिन्दी में है क्या? ऐसा कहनेवाले अनेक अहिन्दीभाषी विद्वान् थे जो इस तर्क का प्रयोग हिन्दी के राष्ट्रभाषा बनने या बनाये जाने के विरोध में प्रस्तुत करते थे। ऐसा कहनेवाले अंग्रेजी के विद्वान्, संस्कृत के विद्वान्, उर्दू के विद्वान् और ब्रजभाषा के विद्वान् थे और इनके साथ ज्यादातर ऐसे लोग थे जिनका विद्वत्ता से कोई सम्बन्ध न था। अपने साहित्य की यथार्थ दशा देखना, उसकी खामियाँ पहचानना प्रगति के लिए नितान्त आवश्यक है किन्तु जो कुछ है, उसके उचित मूल्यांकन के बिना नकारात्मक पक्ष पर बहुत अधिक बल देना हानिकारक भी होता है।

द्विवेदी जी के समय में उपन्यास बहुत लिखे जा रहे थे। उन्होंने कहा कि "इस समय जो बुरे-बुरे उपन्यास बनते जाते हैं, उनका बनना बन्द होना चाहिए।" इसके बाद ही कहते हैं : "जिस भाषा की उन्नति हुई है, उसमें पहले उपन्यासों ही की अधिकता हुई है।" फिर परेशानी की बात क्या है? कथा-साहित्य के विशद परिमाण से गुणात्मक परिवर्तन होनेवाला था, हिन्दी के और भारत के अप्रतिम उपन्यासकार प्रेमचन्द अपना यशस्वी कार्य आरम्भ करनेवाले थे। द्विवेदी जी का ध्यान लोगों को शिक्षित करने की ओर था। जो उपन्यास लिखे जा रहे थे, उनमें यह क्षमता नहीं थी। इसलिए उन्होंने कहा : "यदि इन ग्रंथों के बनाने (अथवा बनवाने) और छपाने में जो धन व्यय किया गया, वह जीवन-चरित, इतिहास अथवा किसी वैज्ञानिक ग्रंथ के लिए व्यय किया जाता तो भाषा का भी उपकार होता और धन का भी सद्व्यय होता।" द्विवेदी जी का अपना मौलिक कार्य इसी

नये वैज्ञानिक चिन्तन की दिशा में है। उन्होंने अंग्रेजी भाषा और साहित्य के विकास में अनुवादों का महत्त्व पहचानकर हिन्दी के लिए उसी नीति पर चलने का निर्देश किया। लिखा : "जैसे अंग्रेजों ने ग्रीक और लैटिन भाषा की सहायता से अंग्रेजी की उन्नति की, और उन भाषाओं के उत्तमोत्तम ग्रंथों का अनुवाद करके अपने साहित्य की शोभा बढ़ाई, वैसे ही हमको भी करना चाहिए। इस समय अंग्रेजी का साहित्य अत्यन्त उन्नत दशा को प्राप्त है। अतएव हमको चाहिए कि उस भाषा के अच्छे-अच्छे ग्रंथों का अनुवाद करके हिन्दी के साहित्य की दशा को सुधारैं।" प्रारम्भिक शिक्षाक्रम में अंग्रेजी को उच्च स्थान प्राप्त था। इस कारण स्कूल-कॉलेज के अधिकांश छात्र जितनी हिन्दी जानते थे, अंग्रेजी उससे कुछ ज्यादा जानते थे। ऐसी हालत में अनुवाद कौन करता और किसके लिए करता? पर द्विवेदी जी का यह कहना सही था कि "इस समय विज्ञान, इतिहास, यात्रा, जीवन-चरित और समालोचनाओं की हिन्दी में बड़ी भारी न्यूनता है। इस न्यूनता को पूरा करना हिन्दी बोलनेवालों का परम धर्म है।"

हिन्दी लेखकों ने नये युग की चुनौती स्वीकार की। वे विकासमान जातीय जीवन से प्रेरित आत्मविश्वास से वर्तमान और भविष्य को देख रहे थे। उनका ओजस्वी स्वर सबसे अधिक बदरीनाथ भट्ट के लेखों में सुनाई देता है। यह मानते हुए कि आधुनिक साहित्य में अनेक अभाव हैं, उन्होंने कविता के सन्दर्भ में कहा : "आशा को व्यर्थ ही निराशा अथवा दुराशा का स्वरूप देना विवेकीजनों को उचित नहीं; कर्मवीरों का तो काम है, दुराशा अथवा निराशा को भी आशा में परिणत कर देना। जो काम 50 वर्षों में पूरा हो सकता है, उसे 5 ही वर्षों में पूरा हुआ देखने की आशा करना क्योंकर उचित कहा जा सकता है?" ('सरस्वती', मई, 1914)

'आधुनिक हिन्दी काव्य पर दोषारोपण' शीर्षक उसी निबन्ध में उन्होंने आगे नये युग के बारे में लिखा : "नया जमाना आ गया। नई बातें पैदा हो गईं—ऐसी बातें जिनको हमारे बाबाओं ने स्वप्न में भी न देखा था। नये भाव जागृत हुए, नये हौसले पैदा हो गए, नई स्फूर्ति का उदय होने लगा, नया चमत्कार दिखलाई देने लगा। अब तेली के बैल की तरह पुरानी लकीर पीटने से काम न चलेगा। अब कुछ करने का जमाना है। अब कर्मवीरता की आवश्यकता है। देशभक्ति और आत्मत्याग की जरूरत है। अब संतोष से काम न चलेगा। अब तो लड़ने-झगड़ने और चंचलता का समय है, संजीदगी का नहीं।" 'सुधा' में निराला ने अनेक सम्पादकीय टिप्पणियाँ लिखीं जिनकी बातें इस लेख की स्थापनाओं से मिलती-जुलती हैं; यही नहीं, उनकी शैली भी जहाँ-तहाँ भट्ट जी की शैली की याद दिलाती है। रीति-विरोधी क्रान्ति इन दोनों साहित्यकारों के गद्य में समान ओजस्विता और समान गुणवाली शैली को जन्म देती है। यह क्रान्ति हिन्दी

साहित्य के भीतर हो रही है; दो परस्पर विरोधी धाराएँ एक-दूसरे से टकरा रही हैं। बड़े-बड़े विद्वान् और मठाधीश काव्यशास्त्र और नायिका-भेद के झंडे लिये हुए सामने डटे हैं। बदरीनाथ भट्ट इनसे आतंकित न होकर उन्हें चिढ़ाते हुए कहते हैं : "उन्हें चाहिए कि पहले वे अपने हृदय-मन्दिर में प्रतिभा की ज्योति जागृत करें—प्रेमपूर्वक दूसरे कवियों की कविताएँ तथा पुस्तकें पढ़ें—जिससे उनकी सुषुप्त प्रतिभा जागृत हो उठे। अपनी कमजोरी के कारण दूसरों को दोष देना या उनसे वृथा द्वेषभाव रखना बहुज्ञता का सूचक नहीं।"

खड़ी बोली में भी भद्दी तुकबन्दियाँ होती हैं। इसके लिए वे लोग जिम्मेदार हैं जो कवित्व-शक्ति न होने पर भी कवि बनते हैं। इसके लिए भाषा जिम्मेदार नहीं। भाषा को दोष देनेवालों के लिए भट्ट जी कहते हैं : "ऐसों की पक्षपातपूर्ण राय दो कौड़ी की भी नहीं समझी जा सकती और न उनकी पद्य-रचना ही तुकबन्दी के दायरे से बाहर निकल जाने का दावा कर सकती है; क्योंकि वह चमत्कार-शून्य और प्रसादगुण रहित ही नहीं होती, किन्तु ऐसी बेडौल होती है कि उसका आदि से अन्त तक पढ़ जाना ऐसा मुश्किल होता है, जैसे आजकल, अकाल के समय, दूध न देनेवाली गाय की भक्तिपूर्वक सेवा करना। कविता जहाँ तक हो, छोटी, परन्तु भावपूर्ण होनी चाहिए।"

भट्ट जी उन लोगों की आलोचना कर रहे हैं जो खड़ी बोली में कविता लिखने के इच्छुक हैं, और जब लिखना शुरू करते हैं तो फिर लम्बी कविताएँ ही लिखते हैं। जब लोग उन्हें पढ़ते नहीं हैं या पढ़कर प्रसन्न नहीं होते तो ये खड़ी बोली के कवि भाषा को दोष देते हैं, कवि-रूप में अपनी असमर्थता भाषा के सिर मढ़ते हैं। उनकी कविता अकाल के समय दूध न देनेवाली गाय की तरह है। उसकी भक्तिपूर्वक सेवा कौन करे? पर भट्ट जी के तर्क का एक पक्ष और है : कविता छोटी और भावपूर्ण होनी चाहिए। यह दृष्टि छायावादी गीतों और मुक्तकों की ओर उन्मुख है, भले ही भट्ट जी स्वयं छायावाद-रहस्यवाद के विरोधी रहे हों।

लेख के अन्त में उन्होंने एक समस्या की ओर संकेत किया है। वह यह कि ब्रजभाषा में नये विषयों पर कविता क्यों न लिखी जाए। बहुत-से लोग इस दिशा में प्रयत्नशील भी थे और काफी दिन तक रहे। भट्ट जी का विश्वास था कि ब्रजभाषा नये जातीय साहित्य का वाहक नहीं बन सकती। इस तर्क-योजना में विकास-सिद्धान्त का हवाला देना महावीरप्रसाद द्विवेदी के समानधर्मा सहयोगी होने का प्रमाण है। काव्य-साहित्य के अभावों को लेकर हिन्दी पर आक्षेप करनेवालों से वह कहते हैं : "कोई कहते हैं, खड़ी बोली में सूरदास और तुलसीदास के जैसे ग्रंथ नहीं हैं, इसलिए उसे छोड़ दो। मानो भाषा बनने के पहले ही साहित्य बन जाना चाहिए; अथवा, पहले बड़े-बड़े काव्य-ग्रंथ बन जाने चाहिए तब वह भाषा काव्य-रचना के उपयुक्त समझी जानी चाहिए। यदि उनकी ये दलीलें कुछ भी सार

रखतीं तो खड़ी बोली का अब तक कभी का लोप हो गया होता। परन्तु ऐसा नहीं हुआ—प्रत्युत उसकी आकर्षण-शक्ति दिन-पर-दिन बढ़ती ही जाती है। क्या गद्य के और क्या पद्य के, उत्तमोत्तम ग्रंथ बनते ही बनते बनेंगे, छप्पर फाड़कर तो आ ही न कूदेंगे। जो सज्जन ब्रजभाषा और खड़ी बोली में बड़ा भारी अन्तर मानते हैं; जो दोनों को बिलकुल ही पृथक् समझकर और ब्रजभाषा को एक बार फिर वर्तमान काव्य की भाषा बनाने का स्वप्न देखकर, विकास-सिद्धान्त की दिन-दहाड़े इज्जत उतारते हैं; जो कोरा वैमनस्य फैलाते हैं, जो आगे बढ़ने का दम भरकर मोहवश पीछे हटते हैं; जो पहले अपनी भद्दी रचना को पारिजात पुष्प समझते हैं और जब उसका मान नहीं होता तब कभी भाषा को, कभी शब्दों को, कभी छंदों को, कभी व्याकरण को, कभी कवियों को और कभी सम्पादकों को दोष देते हैं; जो बूढ़ी गाय के मानिन्द बेचारी ब्रजभाषा को आजकल के नवीन भावों की ईंटों से कुटी हुई पक्की सड़क पर जबरदस्ती सरपट दौड़ाना चाहते हैं, उनसे हमारी यही प्रार्थना है कि ऐसा करके न तो वे ब्रजभाषा का उपकार ही कर सकते हैं और न खड़ी बोली का कुछ अपकार ही। हाँ, आपस के सद्भाव का संहार करके भेद का विस्तार वे अवश्य कर सकते हैं।"

भट्ट जी की विकासवादी दृष्टि भाषा-समस्या की ओर जाती है और साहित्य के सारतत्त्व की ओर भी। द्विवेदी-युग से पहले साहित्यिक समस्याओं के विवेचन में विकास-सिद्धान्त की बात किसने सुनी थी? यह विकास-सिद्धान्त इन लेखकों में नया आत्मविश्वास पैदा कर रहा है। जिस देशभक्ति, आत्मत्याग और कर्मवीरता की बात भट्ट जी ने पहले की है, उससे इस विकास-सिद्धान्त का गहरा सम्बन्ध है। समाज गतिशील ही नहीं है, विकासमान भी है। मनुष्य अपने सचेत प्रयास से इस विकास को तीव्र अथवा मध्यम कर सकता है। हर तरह की गति विकास नहीं होती। भट्ट जी ने कुछ उपमानों का प्रयोग बड़े सहज भाव से किया है किन्तु उनकी व्यंजना असाधारण है। अब तेली के बैल की तरह पुरानी लकीर पीटने से काम न चलेगा। तेली का बैल बहुत ही गतिशील होता है। तेज भले न चले, अपनी सधी हुई रफ्तार से अपना संचरण-वृत्त निरन्तर पूरा करता रहता है। साहित्य में रूढ़िवादियों की गतिशीलता ऐसी ही होती है। कुछ लकीर के फकीर तेली के बैल से भी बाजी मार ले जाते हैं। वे दम भरते हैं आगे बढ़ने का, वास्तव में मोहवश पीछे हटते हैं। यह भी गतिशीलता है। इस तरह के जो लोग गतिशील हैं, उनसे पूछा जाए तो वे कहेंगे, हम आगे बढ़ रहे हैं। यानी वे अपने को प्रगतिशील समझते हैं! वस्तुगत रूप में उनकी प्रगतिशीलता मिथ्या प्रतीति है, प्रवंचना मात्र है। खड़ी बोली की कविता जहाँ सरस नहीं है, वहाँ वह अकाल के समय की दूध न देनेवाली गाय है। अकाल दूर होने पर वह दूध देगी, पर रूढ़िवादी काव्य की ब्रजभाषा बूढ़ी गाय है। उससे अब कोई आशा नहीं है। और साहित्य के नवीन भाव कैसे हैं? ईंटों जैसे!

निहायत अकवित्वपूर्ण उपमा है पर है आधुनिकताबोध के एकदम अनुकूल। नवीन भावों की ईंटों से कुटी हुई एक पक्की सड़क है—यह है आधुनिक साहित्य। इस पर रूढ़िवाद की बूढ़ी गाय को दौड़ाना सम्भव नहीं है।

9. आलोचना की नवीन सैद्धान्तिक भूमि

जुलाई 1901 की 'सरस्वती' में प्रकाशित 'कवि-कर्तव्य' लेख में द्विवेदी जी काव्य-रचना के लिए तादात्म्य के महत्त्व की चर्चा करते हैं। काव्य-विषय से तादात्म्य स्थापित करना रोमांटिक कवियों का सामान्य प्रयत्न है। द्विवेदी जी कहते हैं : "कवि जिस विषय का वर्णन करै, उस विषय से उसका तादात्म्य हो जाना चाहिए, ऐसा न होने से अर्थ सौरस्य नहीं आ सकता। विलाप-वर्णन करने में कवि के मन में यह भावना होनी चाहिए कि वह स्वयम् विलाप कर रहा है और वर्णित दुःख का स्वयम् अनुभव कर रहा है। प्राकृतिक वर्णन लिखने के समय उसके अन्तःकरण में यह दृढ़ संस्कार होना चाहिए कि, वर्ण्यमान नदी, पर्वत अथवा वन के सम्मुख वह स्वयम् उपस्थित होकर उनकी शोभा देख रहा है। कवि के आत्मा का वर्ण्य-विषयों से जब, इस प्रकार, निकट सम्बन्ध हो जाता है [अर्थात् 'रागात्मक सम्बन्ध' कायम हो जाता है], तभी उसका किया हुआ वर्ण्य यथार्थ होता है और तभी उसकी कविता को पढ़कर पढ़नेवालों के हृदय पर तद्वत् भावनाएँ उत्पन्न होती हैं।"

रूप और विषयवस्तु—इन दोनों में मुख्य भूमिका है विषयवस्तु की; भाव और भाषा में मुख्य भूमिका है भाव की। जो आलोचक कविता की भाषा का विवेचन करते समय अपने विवेचन को अर्थविचार से मुक्त रखते हैं, उनके विपरीत 'कवि-कर्तव्य' में द्विवेदी जी कहते हैं : "अर्थ-सौरस्य ही कविता का जीव है। जिस पद्य में अर्थ का चमत्कार नहीं, वह कविता ही नहीं। कवि जिस विषय का वर्णन करै, उस विषय से उसका तादात्म्य हो जाना चाहिए; ऐसा न होने से अर्थ-सौरस्य नहीं आ सकता।" यहाँ भाषा की अर्थवत्ता पर जोर दिया गया है। इसी दृष्टि से वह गद्य की भाषा पर भी विचार करते हैं। अर्थवत्ता से यह आशय नहीं है कि कविता में भावशक्ति क्षीण हो जाए। इसीलिए वह विषय से तादात्म्य की बात करते हैं।

सितम्बर, 1902 की 'सरस्वती' में द्विवेदी जी का एक लेख 'प्रतिभा' शीर्षक छपा है। इसमें प्रतिभा और विक्षेप के सम्बन्ध पर यूरोप के विद्वानों की राय देते हुए विनोद भाव से उन्होंने लिखा है कि "सारे प्रतिभाशाली पुरुष एक विशेष प्रकार के पागल होते हैं!! अतएव हमारे विश्वविख्यात कालिदास, भवभूति और भास्कराचार्य आदि महापुरुष सब पागल थे!!!" इस विनोद के अलावा वह साहित्य के लिए प्रतिभा को ही अनिवार्य मानते हैं और इस विषय में जो कुछ कहते हैं, वह अंग्रेजी के रोमांटिक कवियों की धारणाओं से बहुत मिलता है। प्रतिभाशाली पुरुष

"प्राचीन मार्ग पर न चलकर नये मार्ग निकाला करते हैं।" इसका अर्थ यह हुआ कि प्रतिभाशाली पुरुष रूढ़ियाँ तोड़ते हैं, निर्जीव परम्पराओं के प्रति विद्रोह करते हैं। प्रतिभा की विशेषता है कि "वह समय विशेष पर सहसा स्फुरित हो उठती है; उस समय वह किसी प्रकार रोकने से नहीं रुकती। अपस्मार के आक्रमण में मनुष्य जैसे बहिर्ज्ञानहीन हो जाता है, वैसे ही प्रतिभा के स्फुरित होने पर वह आपे में नहीं रहता। उस समय एक विलक्षण शक्ति के वशीभूत होकर उसी की प्रेरणा के अनुसार काम करने लगता है और वे बातें जिनसे वह पहले नितान्त अनभिज्ञ था, बिना प्रयास कहने लगता है।" यहाँ अपस्मार के उदाहरण द्विवेदी जी के पारिवारिक जीवन की दु:खद स्मृति छिपी हुई है। उनकी पत्नी इसी से पीड़ित थीं। पर इस कारण वह प्रतिभा और भावावेश की दशा को साहित्य के लिए अवांछनीय नहीं मानते। भावाविष्ट दशा में मनुष्य को देह की सुधबुध नहीं रहती। उस दशा में "प्रतिभावानों के मुख से अथवा उनकी लेखनी से जो कुछ निकलता है, वह उससे सहस्र गुणित अधिक अच्छा होता है जो प्रतिभा के मुकुलित हो जाने पर लिखा अथवा कहा जाता है।" प्रतिभा अपना चमत्कार भावावेश की दशा में ही दिखाती है। यह दशा पूर्ण तल्लीनता की दशा है; "प्रतिभा के जागृत होने पर जब मनुष्य किसी वस्तु की भावना करने लगता है तब वह उसमें इतना लीन हो जाता है कि फिर उसे और किसी बात का ध्यान नहीं रहता।"

ऐसा लगता है कि द्विवेदी जी को मन की असामान्य स्थिति वाले लोगों के बारे में काफी प्रत्यक्ष जानकारी थी। उनके निबन्धों में व्यक्तिगत चर्चा बहुत कम होती है किन्तु ऐसी चर्चा का विरल उदाहरण इस निबन्ध में है। अपने बचपन के अनुभव के बारे में कहते हैं : "बाल्यावस्था हम जिस पाठशाला में पढ़ते थे, उसमें एक पंडित कभी-कभी आया करते थे। वे संस्कृत के अच्छे विद्वान् थे और साहित्यशास्त्र से उनको बड़ा प्रेम था। दैवयोग से वे विक्षिप्त हो गए। कभी-कभी उनकी विक्षिप्तता इतनी प्रबल हो उठती थी कि वे निकटवर्ती गंगा के घाट पर श्मशान से हड्डियाँ और नरकपाल इकट्ठा कर लाते और मन्दिरों से मूर्तियों को फेंककर वहाँ उन अशुचि पदार्थों को रख देते थे। परन्तु जब कभी वे पाठशाला में आते थे और विद्यार्थियों को काव्य संग्रह नाम की हिन्दी पुस्तक पढ़ते देखते थे, तब उनमें विलक्षण प्रतिमा स्फुरित हो उठती थीं। उस समय वे सैकड़ों पद्य हिन्दी में कहने लगते थे। उनमें से कुछ दूसरों के बनाये थे, कुछ स्वयं, तत्काल, उनके गढ़े हुए थे। कभी-कभी जब दो-एक चरण किसी प्राचीन पद्य के वे भूल जाते थे तब तत्क्षण नये बनाकर पद्य को पूरा कर देते थे। यह हमारी देखी हुई बात है।" निराला की प्रतिभा से द्विवेदी जी को सहज ही सहानुभूति होनी चाहिए थी। वर्तमान धर्म को लेकर 'विशाल भारत' के सम्पादक ने जब निराला को पागल सिद्ध करने के लिए सम्मतियाँ बटोरना शुरू किया, तब द्विवेदी जी ने

उनके [बनारसीदास चतुर्वेदी के] पत्र के उत्तर में निराला के अहंकार की चर्चा तो की पर विक्षिप्तता वाली बात का समर्थन न किया, उस पत्र को भी प्रकाशित न करने की ताकीद की।

निराला के प्रसंग में उत्तेजित हो उठने की बात बराबर सामने आती थी। सामान्य जीवन में यह उत्तेजना जहाँ हानिकारक है, वहाँ साहित्य के लिए वह रचना का कारण बन जाती है। द्विवेदी जी कहते हैं : "जब मनुष्य किसी विषय में उत्तेजित हो उठता है तब उस उत्तेजना के कारण उसके मन को नाना प्रकार के विकार चंचल करने लगते हैं। मन की चंचलता के कारण इन विकारों का वर्णन जो मनुष्य के मुख से निकलता है, वही कविता है। जिस प्रकार कोई दु:ख आ पड़ने पर अपने इष्ट मित्र को देख रोने से दु:ख का वेग कम हो जाता है, उसी प्रकार मनोविकारों को मुख से कह डालने से सिर हल्का हो जाता है। गद्य की अपेक्षा पद्य में ऐसे वर्णन अधिक हृदयग्राही और विकारगर्भित होते हैं। इसीलिए पद्य में कविता करने की प्रेरणा मनुष्य में स्वभाव ही से आविर्भूत होती है।" यह सब अभी स्वच्छंदतावादी काव्य-सिद्धान्तों का पूर्ण विकास नहीं है पर चिन्तन उसी दिशा में है। रोने से दु:ख का वेग कम होता है, मनोविकारों को कह डालने से सिर हल्का हो जाता है, यह अरस्तूवाला रेचन-सिद्धान्त है।

इस निबन्ध में जितनी बातें प्रतिभा के बारे में कही गई हैं, उतनी ही बातें विक्षिप्तता के बारे में। उनकी सहानुभूति विक्षिप्तजनों के प्रति है। पागलों को देखकर उनके मन में करुणा पैदा होती है। हिन्दी में उस समय विक्षिप्तता के बारे में गम्भीरतापूर्वक सोचनेवाले शायद ही और कोई रहे हों। यहाँ पहली बार प्रयत्न किया जा रहा है कि असंतुलित मन का मनोवैज्ञानिक अध्ययन किया जाए। प्रतिभा और विक्षेप के सम्बन्ध का पता लगाने के लिए वे प्रतिभाशाली लेखकों के रचे हुए ग्रंथों को ही नहीं, उनके जीवन-चरित का अध्ययन भी जरूरी समझते हैं। कारण यह कि कभी तो "उनके ग्रंथों में उनकी विक्षिप्तता का पूरा-पूरा प्रमाण उनकी अनर्गल, युक्तिहीन और अप्रासंगिक उक्तियों में मिलता है।...परन्तु किसी-किसी के ग्रंथों में इस प्रकार के प्रमाण नहीं मिलते; तथापि ऐसे मनुष्यों की दिनचर्य्या को देखने, उनके लिखे हुए पत्रों को पढ़ने और उनके इष्ट मित्रों से उनके गुप्त और प्रकट जीवन-चरित का पता लगाने से उनके कार्य्यों में विक्षिप्तता के चिन्ह मिले बिना नहीं रहते।"

ऐसे प्रतिभाशाली जनों की विक्षिप्तता के प्रति पूर्ण सहानुभूति व्यक्त करते हुए द्विवेदी जी लेख के अन्त में कहते हैं : "साक्रेटिस और न्यूटन के समान प्रतिष्ठित तत्त्वदर्शी और विज्ञानी पुरुषों के चरित में भी विद्वानों ने विक्षिप्तता का पता लगाया है! विक्षिप्तों में प्रतिभा का प्रकाश और प्रतिभाशीलों में विक्षिप्तता के चिन्ह देखकर यही कहना पड़ता है कि इस भूमंडल की प्रत्येक मनुष्य-जाति का

भाग्य—अभ्युत्थान अथवा पतन—सदैव विक्षिप्तों ही के हाथ में रहता है!! इससे यह भी सिद्ध होता है कि आज तक जिस देश की जितनी उन्नति हुई है, उतनी सब विक्षिप्तों ही की कृपा-कटाक्ष का फल है!!!"

काव्यशास्त्र समेत संस्कृत काव्य पर रामचन्द्र शुक्ल का मत यहाँ विचारणीय है। मई, 1904 की 'सरस्वती' में 'साहित्य' शीर्षक निबन्ध में उन्होंने लिखा था : "संस्कृत साहित्य की रचना निस्सन्देह बहुत गम्भीर और विस्तृत है। उसमें बहुत-सा समय, परिश्रम और विचार व्यय हुए हैं। मैं यह मानता हूँ कि उसमें कहीं-कहीं भद्दापन है। बहुत-से प्राचीन और नवीन कवि ऐसे हैं जो वास्तव में लम्बे-लम्बे सामासिक पदों की रचना ही में अपनी साहित्य-रचना का उद्देश्य और अन्त मानने के दोषी हैं; वे विचारों और भावों को तिलांजलि देकर शब्दों ही पर टूट पड़े हैं। उनका पक्ष मैं नहीं ले सकता। इस प्रकार के कई कवि हमारे यहाँ हो गए हैं। दंडी की गद्य रचना यद्यपि बहुत ही पांडित्यपूर्ण है, परन्तु किसी-किसी स्थान पर उसकी प्रणाली, भाव और अवसर से अनावश्यक रूप से आगे बढ़ गई है।"

उस समय ऐसे लेखक बिरले थे जिनमें यह सोचने का साहस हो कि संस्कृत साहित्य में कहीं भद्दापन भी है। इन बिरले लेखकों में एक थे रामचन्द्र शुक्ल। संस्कृत काव्यशास्त्र में सिद्धान्त-प्रतिपादन अधिक है, व्यावहारिक समीक्षा कम। सिद्धान्त-प्रतिपादन में जहाँ काव्य से उदाहरण दिये जाते हैं और गुण-दोष-विवेचन किया जाता है, वहाँ संस्कृत के अनेक कवियों का महत्त्व शास्त्रकारों की आँखों से ओझल रहता है। वाल्मीकि और व्यास की चर्चा बहुत ही कम होती है। भवभूति ने जिस नई कलात्मक और मनोवैज्ञानिक भूमि पर काव्य का विकास किया, उससे साहित्यशास्त्री अपरिचित हैं। कालिदास का विवेचन भी उन्होंने गहराई से किया हो, ऐसा नहीं दिखाई देता।

शैली-तात्त्विक विवेचन एक तरह का रीतिवाद है और रीतिवाद एक तरह का रूपवाद है। इस रूपवाद की आलोचना करते हुए शुक्ल जी उसी निबन्ध में कहते है : "बहुतों का मत है कि सुन्दर रचना अर्थात् साहित्य किसी वस्तु पर ऊपर से कलई कर देना है; अथवा एक प्रकार के आभूषणों से विभूषित करना है, जिसका साधन केवल ऐसे ही मनुष्य करते हैं जिन्हें ऐसी तुच्छ बातों में रुचि होती है और उसके लिए समय मिलता है। वे समझते हैं कि विचारों का कर्त्ता एक पुरुष हो सकता है और वाणी या भाषा का दूसरा।...सो 'विचार' और 'शब्द' किसी-किसी की समझ में दो पृथक् वस्तु हैं; इसी से उनकी क्रियाएँ भी विभक्त हैं। (बहुत-से देशों में इसी का नाम सुन्दर-रचना है)। वे साहित्य-रचना को एक प्रकार का व्यवसाय और चातुरी मानते हैं। वे उसको ऐसा ही समझते हैं, जैसे भोजन के समय सोने के पात्र और गुलदस्ते इत्यादि, जो भोजन को तो अधिक स्वादिष्ट नहीं बना देते, किन्तु आनन्द को बढ़ाते हैं।"

शुक्ल जी भाषा और भाव का अभिन्न सम्बन्ध मानकर रूपवाद की आलोचना करते हैं। रूपवाद से अलंकारशास्त्र का यह सम्बन्ध है कि रूपवादी दृष्टि में सुन्दर रचना का अर्थ है किसी वस्तु को आभूषणों से विभूषित करना। इस तरह के रूपवाद के लिए साहित्य-रचना कौशल और अभ्यास की चीज है। शुक्ल जी की तरह मैथिलीशरण गुप्त भी नहीं मानते कि काव्य-रचना मुख्यत: अभ्यास और कौशल का व्यापार है। जो आलोचना केवल कौशल का विवेचन करने बैठती है, वह उस कौशल की तरह सतही और यांत्रिक होती है। इस कौशल वाली परम्परा से भिन्न संस्कृत की विशद काव्यधारा है। शुक्ल जी इसके बारे में कहते हैं : "परन्तु क्या यह कोई कह सकता है कि वाल्मीकि, वेदव्यास, कालिदास और भवभूति इत्यादि की रचना वाक्य-रचना ही के निमित्त थी; उन विचारों को प्रगट करने के लिए न थी जो उनके चित्त में थे? यह कहना तो प्रचलित पद्धति के कभी अनुकूल न होगा। बल्कि यों कहा जा सकता है कि लेखक के चित्त में कल्पना अथवा विचार एक प्रकार की धारा है जो वाणी के द्वारा वेग के साथ बह निकलती है। 'कल्पना' और 'विचार' उसके अन्त:करण के निवासी हैं जो शब्दों के रूप में परिवर्तित होकर, जैसे भाप जल के रूप में परिवर्तित हो जाता है, उसके मुख से निकल पड़ते हैं और उसके चित्त को एक तरह से हलका कर देते हैं। उसके चित्त की अवस्था और प्रवृत्ति, उसका आन्तरिक स्वभाव-सौन्दर्य तथा उसके विवेचन की सूक्ष्मता और शक्ति इत्यादि उसकी भाषा में प्रतिबिम्बित हो जाते हैं। केवल शब्द ही नहीं बल्कि उसके छंद, अनुप्रास, समास इत्यादि भी उसके चित्त के उद्वेग से उत्पन्न होते हैं।"

यह विचार-भूमि छायावादी काव्य-सिद्धान्तों के समीप है। चित्त के उद्वेग के कारण और सभी चीजें भाषा में ढलती जाती हैं। इन सब बातों में अनुप्रास भी हैं यानी अलंकार की सार्थकता भाव से सम्बद्ध होने में है। शुक्ल जी यहाँ शैली की चर्चा करते हैं और उसे रचना-प्रक्रिया से इस प्रकार जोड़ते हैं : "जब विचार और कल्पना कवि की निज की वस्तु हैं तो कोई आश्चर्य नहीं जो उसका स्टाइल अर्थात् लिखने का तर्ज और उसकी भाषा भी केवल उसके विषय ही का प्रतिबिम्ब न हो, बल्कि उसके हृदय का भी प्रतिबिम्ब हो। भाषा की प्रगल्भता, रचना की सरसता और शब्दों के चुनाव और प्रयोग में स्वच्छंदता, जो प्राय: गद्य के लेखकों में कृत्रिम जान पड़ती हैं, स्वभाविक उन्नत बुद्धि और उन्नत प्रणाली के सिवाय और कुछ नहीं हैं। विशाल बुद्धि की कार्य-प्रणाली भी विशाल होती है। कवि की भाषा न केवल उसके उन्नत विचार ही प्रगट करती है, वरन् स्वयं उसको भी। चाहै कवि बहुत थोड़े शब्द काम में लावे; किन्तु वह अपनी साधारण कल्पनाओं को उपजाऊ बनाता है। उनमें से नये-नये अंकुर निकालता है, और अपने पदों की गति को बढ़ाता हुआ तथा वाग्वीणा के प्रत्येक स्वरों को खींचकर एक करता हुआ अपनी शक्ति और पूर्णता

का अनुभव कराता है। एक तीव्र समालोचक शायद इसको शब्दों की भरमार कहे, किन्तु वास्तव में यह हृदय की सम्पन्नता है।"

कल्पना, विचार, स्टाइल अर्थात् लिखने का तर्ज, प्रयोग में स्वच्छंदता—हिन्दी आलोचना के लिए ये सब नई चीजें थीं। अंग्रेजी आलोचना में वे सुपरिचित हो चुकी थीं और शुक्ल जी पर उसका प्रभाव स्पष्ट है। ध्यान देने की बात यह है कि शुक्ल जी यूनान, रोम या ब्रिटेन की रीतिवादी आलोचना से अपना सम्बन्ध नहीं जोड़ते। उन्हें जिस आलोचना से प्रेरणा मिली है, वह वहाँ रीतिवाद का विरोध करते हुए विकसित हुई थी। यह रीतिवाद भारतीय नहीं, पाश्चात्य था; दोनों में अनेक महत्त्वपूर्ण भेद हैं पर अनेक सामान्य प्रवृत्तियाँ भी हैं। अंग्रेजी की आलोचना को रीतिवाद के विरोध में पूरी तरह रोमांटिक साहित्यकारों ने विकसित किया। हिन्दी की छायावादी आलोचना अंग्रेजी की इस रोमांटिक आलोचना से बहुत भिन्न नहीं है। शुक्ल जी छायावाद के विरोधी थे; वास्तव में विरोध वह रहस्यवाद का कर रहे थे अथवा अति लाक्षणिक अमूर्त शैली का, अतिशय कल्पनाशीलता का। सैद्धान्तिक स्तर पर शुक्ल जी और छायावादी, दोनों ही रीतिवाद के विरोधी थे।

उर्दू भाषा की सीमाएँ जानते हुए द्विवेदी जी ने उर्दू साहित्य की तरफ यह रुख अपनाया था कि हिन्दी लेखकों को उसका अध्ययन करना चाहिए और उससे प्रेरणा लेकर हिन्दी साहित्य को समृद्ध करना चाहिए। विशेष रूप से उर्दू में हाली जैसे कवियों ने जो रीति-विरोधी आन्दोलन चलाया था, उससे हिन्दी कवियों को प्रेरणा लेनी चाहिए थी। हिन्दी और उर्दू साहित्य को एक ही जाति का साहित्य मानने के कारण वह जिस प्रसंग में हिन्दी कविता की चर्चा कर चुके थे, उसी प्रसंग में उर्दू कविता की चर्चा करते हैं। 'सरस्वती' में 'कवि-कर्तव्य' नाम का लेख छपा था। इसमें उन्होंने हिन्दी कवियों से आग्रह किया था कि नये विषयों पर नये ढंग से रचनाएँ करें। जुलाई, 1907 की 'सरस्वती' में उनका 'कवि और कविता' लेख प्रकाशित हुआ। इसके आरम्भ में 'कवि-कर्तव्य' का उल्लेख करने के बाद उन्होंने उर्दू साहित्य के बारे में लिखा : "उर्दू का साहित्य-समूह हिन्दी से बहुत बढ़ा-चढ़ा है। इस बात को कबूल करना ही चाहिए। हिन्दी के हितैषियों को उचित है कि हिन्दी साहित्य को उन्नत करके उसकी लाज रक्खें। उर्दू में इस समय अनेक विषयों के कितने ही ऐसे ग्रंथ विद्यमान हैं जिनका हिन्दी में नाम तक नहीं। उर्दू लेखकों में शम्सुल-उल्मा, हाली, आज़ाद, ज़काउल्ला, नज़ीर अहमद आदि की बराबरी करनेवाला हिन्दी में शायद ही कोई हो। इन साहित्य-सेवियों ने उर्दू के ज्ञानागार को खूब समृद्धिशाली कर दिया है। हिन्दी वालों को चाहिए कि वे इन लोगों की पुस्तकें पढ़ें और वैसी ही पुस्तकें हिन्दी में लिखने की कोशिश करें।"

इसके बाद 'सरस्वती' में प्रकाशित आजाद की चर्चा के उल्लेख के बाद वह ग़ालिब के शिष्य हाली का नाम लेते हैं। उनका परिचय देते हुए कहते हैं कि

"वह उर्दू के बहुत बड़े कवि हैं। आपने उर्दू में नई तरह की कविता की नींव डाली है। आपकी 'मुसद्दस' नाम की कविता ग़जब की है। जिन्होंने इसे न पढ़ा हो, जरूर पढ़ें।" फिर उनके निबन्ध मुकद्दमा में प्रकाशित कवि और कविता-सम्बन्धी विचारों की बात करते हैं। हाली और द्विवेदी जी, दोनों ही रीतिवाद के विरोधी थे। इसलिए हाली के विचारों से उनका सहमत होना और उन विचारों का समर्थन करना उनके लिए स्वाभाविक था। 'कवि और कविता' शीर्षक लेख में वह हाली के विचारों का सारांश देते हैं। बहुत जगह नई सैद्धान्तिक बातें अपनी ओर से जोड़ते हैं।

कविता अभ्यास से नहीं आती। जिसमें कविता करने का स्वाभाविक माद्दा होता है, वही कविता कर सकता है। नपे-तुले वर्णों या मात्राओं की पंक्तियाँ लिखने से कोई कवि नहीं हो जाता। "अच्छी कविता सुनकर कविता-गत रस के अनुसार, दुःख, शोक, क्रोध, करुणा, जोश आदि भाव पैदा हुए बिना नहीं रहते। और जैसा भाव मन में पैदा होता है, कार्य के रूप में फल भी वैसा ही होता है।" (यहाँ कविता के भाव-योग से व्यावहारिक जीवन में मनुष्य के कर्म-योग का सम्बन्ध जोड़ा गया है। रामचन्द्र शुक्ल की आलोचना में यही बीज अंकुरित हुआ है।) अनेक देशों के उदाहरणों से विदित होता है कि असम्भव-सी बातें कविता द्वारा सम्भव बना दी जाती हैं। "जहाँ पस्त-हिम्मती का दौरदौरा था, वहाँ जोश पैदा कर दिया है। जहाँ शान्ति थी वहाँ गदर मचा दिया है।" (भारतीय समाज में जो ठहराव दिखाई देता था, उसे दूर करके समाज को गतिशील बनाने की बात कही गई है। और गदर मचाने वाली बात पूरी तरह सार्थक होती है, गदर के हिन्दी रूप में, सन् '57 का गदर याद करते हुए!)

सभ्यता के विकास के साथ ज्ञान-वृद्धि होती है, पर कविता-रचना कम हो जाती है। कवि भी पुरानी बातें कल्पना के आधार पर दोहराते जाते हैं। कविता के विकास के लिए दो चीजें जरूरी हैं। पहली यथार्थवादी दृष्टि, "संसार में जो बात जैसी देख पड़े, कवि को उसे वैसी ही वर्णन करनी चाहिए।" दूसरी यह कि भाव-प्रकाशन में कवि पर किसी तरह का प्रतिबन्ध न लगाना चाहिए, "उसके लिए किसी तरह की रोक या पाबन्दी का होना अच्छा नहीं। दबाव से कवि का जोश दब जाता है। उसके मन में जो भाव आप ही आप पैदा होते हैं, उन्हें जब वह निडर होकर अपनी कविता में प्रकट करता है तभी उसका पूरा-पूरा असर लोगों पर पड़ता है। बनावट से कविता बिगड़ जाती है।" (रोमांटिक कविता में दूसरी बात पर बहुत जोर दिया जाता है। इसीलिए कुछ लोग समझते हैं कि स्वच्छंद भाव प्रकाशन से यथार्थवाद का बैर है। किन्तु अंग्रेजी और हिन्दी, दोनों भाषाओं के रोमांटिक कवि रीतिवादियों की अपेक्षा अधिक यथार्थवादी हैं। यहाँ यथार्थ वर्णन और स्वच्छंद भाव प्रकाशन, दोनों बातों पर जोर दिया गया है।)

मान लीजिए, देश पराधीन है या रूढ़िवादी इतने प्रबल हैं कि कवि डर के मारे मन की बात नहीं कहता। तब क्या कविता प्रभावशाली होगी? इस प्रश्न का सीधा सम्बन्ध अंग्रेजी राज और भारतीय समाज की सामन्ती व्यवस्था से है। इस सन्दर्भ में द्विवेदी जी कहते हैं : "परन्तु परतंत्रता, या पुरस्कार-प्राप्ति, या और किसी कारण से, सच बात कहने में किसी तरह की रुकावट पैदा हो जाने से यदि उसे अपने मन की बात कहने का साहस नहीं होता तो, कविता का रस जरूर कम हो जाता है। इस दशा में अच्छे कवियों की भी कविता नीरस, अतएव प्रभावहीन, हो जाती है। सामाजिक और राजनैतिक विषयों में, कटु होने से सच कहना भी जहाँ मना है, वहाँ इन विषयों पर कविता करनेवाले कवियों की उक्तियों का प्रभाव क्षीण हुए बिना नहीं रहता।" मान लीजिए, राजनीतिक कविता लिखने पर सरकारी पाबन्दी लगी है। तब कवि क्या करे? द्विवेदी जी कहते हैं, तब वह उस विषय पर कविता न लिखे; "नदी, तालाब, वन, पर्वत फूल, पत्ती, गरमी, सरदी आदि ही के वर्णन से उसे संतोष करना उचित है।" यानी झूठ बोलने से चुप रहना बेहतर है।

दरबारों के प्रभाव से कविता का जो पतन हुआ, उसके बारे में विस्तार से कहते है : "खुशामद के जमाने में कविता की बुरी हालत होती है। जो कवि राजाओं, नवाबों या बादशाहों के आश्रय में रहते हैं, अथवा उनको खुश करने के इरादे से कविता करते थे, उनको खुशामद करनी पड़ती है। वे अपने आश्रयदाताओं की इतनी प्रशंसा करते हैं, इतनी स्तुति करते हैं, कि उनकी उक्तियाँ असलियत से बहुत दूर जा पड़ती हैं।" यहाँ रीतिवादी कविता का वर्ग-आधार बहुत स्पष्ट कर दिया गया है। यह काम किसी प्रगतिवादी लेखक ने नहीं, महावीरप्रसाद द्विवेदी ने किया था। अंग्रेजी राज द्वारा पोषित नवाबों के प्रभाव से हाली का आन्दोलन उर्दू में उतना सफल नहीं हुआ जितना हिन्दी में महावीरप्रसाद द्विवेदी द्वारा चलाया हुआ आन्दोलन सफल हुआ। इसका कारण यह है कि हाली किसान-जीवन से दूर थे और द्विवेदी जी उससे दृढ़तापूर्वक सम्बद्ध थे।

बेसिर-पैर की कविता सुनना-सुनाना सभ्यता का लक्षण माना जाता था पर द्विवेदी जी कहते हैं : "शिक्षित और सभ्य देशों में कवि का काम प्रभावोत्पादक रीति से यथार्थ घटनाओं का वर्णन करना है, आकाश-कुसुमों के गुलदस्ते तैयार करना नहीं।" फिर पूछते हैं : "किसी कवि की बेसिर-पैर की बातें सुनकर, किसी समझदार आदमी को आनन्द-प्राप्ति हो सकती है?" दरबारी प्रभाव उर्दू कविता पर बहुत रहा है। इस तथ्य का उल्लेख करते हुए कहते हैं : "यदि यह कहें कि आशिकाना (शृंगारिक) कविता के सिवा और तरह की कविता उर्दू में है ही नहीं, तो बहुत बड़ी अत्युक्ति न होगी।" प्रेम पर कविता लिखना कोई अपराध नहीं है। "इश्क़ भी यदि सच्चा हो तो कविता में कुछ असलियत आ सकती है। पर क्या

कोई कह सकता है कि आशिकाना शेर कहने वालों का सारा रोना, कराहना, ठंढा साँसें लेना जीते ही अपनी कब्रों पर चिराग जलाना सब सच है? सब न सही, उनके प्रलापों का क्या थोड़ा-सा भी अंश सच है?" भारत और ईरान में सामन्तवाद सैकड़ों साल से जमा हुआ था। दरबारी कविता भी सैकड़ों साल से होती चली आ रही थी। सच और झूठ की समस्या के अलावा यह परम्परा इतनी घिसी-पिटी हो गई थी कि साहित्य की प्रगति के लिए उसे निर्मूल करना जरूरी था। हिन्दी और उर्दू, दोनों के रीतिवाद की आलोचना एक साथ करते हुए द्विवेदी जी कहते हैं : "वही तुक, वही छंद, वही शब्द, वही उपमा, वही रूपक! इस पर भी लोग पुरानी लकीर को बराबर पीटते जाते हैं। कबित्त, सवैये, घनाक्षरी, दोहे, सोरठे लिखने से बाज नहीं आते। नख-सिख, नायिका-भेद, अलंकार-शास्त्र पर पुस्तकों पर पुस्तकें लिखते चले जाते हैं। अपनी व्यर्थ बनावटी बातों से देवी-देवताओं तक को बदनाम करने से नहीं सकुचते। फल इसका यह हुआ है कि कविता की असलियत काफ़ूर हो गई है।"

आलोचना भी साहित्य का अंग है। हिन्दी में रीतिवादी कविता के समर्थन में विराट् सैद्धान्तिक चर्चा हुई है। इस चर्चा के सूत्रधार विश्वविद्यालयों की दुनिया में चाहे जितने प्रभावशाली हों, उनके गद्य-लेखन से हिन्दी आलोचना ने थोड़ी भी प्रगति नहीं की। स्वभावत: उन्हें न रामचन्द्र शुक्ल पसन्द हैं, न महावीरप्रसाद द्विवेदी। किन्तु जो लोग रीतिवाद से मुक्ति चाहते हैं, वे चाहे छायावादी हों, चाहे प्रगतिवादी, चाहे राष्ट्रवादी, उनके लिए द्विवेदी जी के ये वाक्य महत्त्वपूर्ण है : "कविता के बिगड़ने और उसकी सीमा परिमित हो जाने से साहित्य पर भागी आघात होता है। वह बर्बाद हो जाता है। भाषा में दोष आ जाता है। जब कविता की प्रणाली बिगड़ जाती है तब उसका असर सारे ग्रंथकारों पर पड़ता है। यही क्यों, सर्वसाधारण की बोलचाल तक में कविता के दोष आ जाते हैं।" रीतिवाद के समर्थक नये-नये विषयों पर नये ढंग से कविता लिखने का तीव्र विरोध करते हैं। "कविता-प्रणाली के बिगड़ जाने पर यदि कोई नये तरह की स्वाभाविक कविता करने लगता है तो लोग उसकी निन्दा करने लगते हैं। कुछ नासमझ और नादान आदमी कहते हैं, यह बड़ी भद्‌दी कविता है। कुछ कहते हैं, यह कविता ही नहीं। कुछ कहते हैं कि यह कविता तो 'छंद : प्रभाकर' में दिये गए लक्षणों से च्युत है, अतएव यह निर्दोष नहीं। बात यह है कि जिसे वे अब तक कविता कहते आए हैं, वही उनकी समझ में कविता है और सब कोरी काँव-काँव!" इस संघर्ष में निडर होकर रीति-विरोधी कवियों को साहसपूर्वक आगे बढ़ना चाहिए। अंग्रेज कवि गोल्डस्मिथ की एक कविता का हवाला देने के बाद कहते हैं : "नई कविता-प्रणाली पर भृकुटि टेढ़ी करनेवाले कवि-प्रकांडों के कहने की कुछ भी परवा न करके अपने स्वीकृत पथ से जरा भी इधर-उधर होना उचित नहीं। नई बातों से घबराना और उनके पक्षपातियों

की निन्दा करना मनुष्य का स्वभाव ही सा हो गया है। अतएव नई भाषा और नई कविता पर यदि कोई नुकताचीनी करे तो आश्चर्य नहीं।" यहाँ जिस 'नई कविता' का जिक्र है, वह सन् '50, सन् '60, या सन् '70 के बाद की 'नई कविता' नहीं है। यह बीसवीं सदी के प्रथम दशक की नई कविता है जो रीतिवाद का विध्वंस कर रही थी।

कविता लिखने के लिए तुकबन्दी अनिवार्य नहीं है। संस्कृत और अरबी में अतुकान्त कविता हुई है। अंग्रेजी में भी हुई है। अपने प्रिय विषय की चर्चा करते हुए द्विवेदी जी कहते हैं : "पद्य के लिए क़ाफ़िये वगैरह की जरूरत है। कविता के लिए नहीं। कविता के लिए तो ये बातें एक प्रकार से उलटा हानिकारक हैं। तुले हुए शब्दों में कविता करना और तुक, अनुप्रास आदि ढूँढ़ने से कवियों के विचार-स्वातंत्र्य में बड़ी बाधा आती है। पद्य के नियम कवि के लिए एक प्रकार की बेड़ियाँ हैं।"

लेख की कुछ बातें अंग्रेजी की रोमांटिक आलोचना की याद दिलाती हैं। इनमें एक बात असाधारणता की खोज है। द्विवेदी जी ने इस असाधारणता को केवल अभिव्यक्ति से जोड़ा है किन्तु आगे चलकर वह 'इमैजिनेशन' की बात करते हैं। बात निराले ढंग से कही जाए, इस स्थापना से हिन्दी लेखक परिचित थे, पर यह इमैजिनेशन वाली बात हिन्दी के लिए नई थी। "कवि का सबसे बड़ा गुण नई-नई बातों का सूझना है। उसके लिए 'इमैजिनेशन' (Imagination) की बड़ी जरूरत है। जिसमें जितनी ही अधिक यह शक्ति होगी, वह उतनी ही अधिक अच्छी कविता लिख सकेगा है।" यह बात 18वीं सदी के अंग्रेज लेखक एडीसन के निबन्धों से सीधे उठाकर यहाँ रख दी गई है। एडीसन भौतिकवादी विचारक लौक से प्रभावित थे और साहित्य-समालोचना में भौतिकवादी सिद्धान्त लागू करते हुए उन्होंने कल्पना के आनन्द वाले अपने प्रसिद्ध निबन्ध लिखे थे। शुक्ल जी एडीसन से प्रभावित थे और कल्पना वाले निबन्धों का अनुवाद उन्होंने किया था। ऐसा लगता है, आगे-आगे द्विवेदी जी, पीछे-पीछे शुक्ल जी, एक ही रास्ते पर दोनों बढ़ते चले आते हैं। हेकल की पुस्तक द्विवेदी जी को प्रिय थी, शुक्ल जी ने 'विश्व प्रपंच' नाम से उसका अनुवाद किया। एडीसन के कल्पना-सम्बन्धी लेख द्विवेदी जी को प्रिय थे, उनका अनुवाद नागरी-प्रचारिणी पत्रिका में शुक्ल जी ने प्रकाशित किया। और मार्के की बात यह है कि हेकल और एडीसन, दोनों ही भौतिकवाद से प्रभावित थे। इस तरह भौतिकवाद के कीटाणु, हेकल और एडीसन के माध्यम से, द्विवेदी-शुक्ल की हिन्दी समालोचना में प्रविष्ट हुए।

कविता में प्रकृति-वर्णन बहुत तरह से होता है और इस वर्णन की परम्परा बहुत पुरानी है। एडीसन ने अपने निबन्धों में प्रकृति के प्रति एक नई वैज्ञानिक दृष्टि की चर्चा की थी जिसके सामने प्रकृति के वे रहस्य प्रकट हो जाते हैं जो साधारण दृष्टि

के सामने गुप्त रहते हैं। फूलों और पत्तियों में सामान्य दृष्टि सूक्ष्म जीवों को नहीं देख सकती। कवि अपनी कल्पना से उन्हें देख लेता है। द्विवेदी जी ने प्रकृति-वर्णन के बारे में जो कुछ लिखा है, उस पर एडीसन की छाया है। "प्रकृति अद्भुत-अद्भुत खेल खेला करती है। एक छोटे-से फूल में वह अजीब-अजीब कौशल दिखाती है। वे साधारण आदमियों के ध्यान में नहीं आते। वे उनको समझ ही नहीं सकते। पर कवि अपनी सूक्ष्म दृष्टि से प्रकृति के कौशल अच्छी तरह देख लेता है; उनका वर्णन भी वह करता है; उनसे नाना प्रकार की शिक्षा भी ग्रहण करता है, और अपनी कविता के द्वारा संसार को लाभ पहुँचाता है। जिस कवि में प्राकृतिक दृश्य और प्रकृति के कौशल देखने और समझने का जितना ही अधिक ज्ञान होता है, वह उतना ही बड़ा कवि भी होता है।"

यहाँ कवि-कल्पना और वैज्ञानिक दृष्टि मिलकर एक हो गई हैं। अंग्रेजी में 'इमैजिनेशन' की चर्चा 16वीं सदी में शुरू हो गई थी किन्तु फिलिप सिडनी के 'इमैजिनेशन' और एडीसन के 'इमैजिनेशन' में अन्तर है। दोनों लेखकों के बीच में एक तीसरे लेखक आ चुके थे—लौक। एडीसन का 'इमैजिनेशन' लौक की भौतिकवादी विचारधारा के अनुरूप है। इसके सिवा 18वीं सदी में जीव-विज्ञान आदि भौतिक विज्ञान की जिन शाखाओं ने जैसी उन्नति की थी, उसका प्रभाव भी ऐडीसन पर था। यही कारण है कि एडीसन का कवि कल्पना द्वारा प्रकृति में उन अद्भुत चीजों को देखता है जिनका वर्णन समकालीन वैज्ञानिक करता है। विज्ञान और कल्पना का यह सामंजस्य अंग्रेजी के रोमांटिक कवियों के चिन्तन की विशेषता है। वड्र्सवर्थ ने, अपने और कोलरिज के कविता-संग्रह 'लिरिकल बैलेड्स' की भूमिका में, विज्ञान और कल्पना के इसी सामंजस्य का विवेचन किया था। वड्र्सवर्थ स्वयं लौक के भौतिकवाद, और इस भौतिकवाद से प्रेरित हार्टले के मनोविज्ञान, से प्रभावित था। अंग्रेजी रोमांटिक कविता के समीक्षक 18वीं सदी के चिन्तन से इस कवि का सम्बन्ध बहुधा भुला देते हैं। उसी तरह, महावीरप्रसाद द्विवेदी के चिन्तन से छायावादी कविता का जो सम्बन्ध है, उसे हम भुला देते हैं। क्या वड्र्सवर्थ ने 18वीं सदी की कविता की आलोचना नहीं की थी? क्या महावीरप्रसाद द्विवेदी ने छायावादी कविता की निन्दा नहीं की थी? अवश्य की थी पर छायावाद से द्विवेदी जी के चिन्तन का सम्बन्ध उनकी आत्मगत इच्छा पर निर्भर नहीं है। उन्हें छायावादी कविता अपनी अभिव्यंजना की जटिलता, दुरूहता और रहस्यवादी परोक्ष-चिन्तन के कारण नापसन्द थी। किन्तु जिस कल्पना की बात वह 'कवि और कविता' में कर रहे हैं, उसका सम्बन्ध प्रत्यक्ष जगत् के चिन्तन से है। इस तरह के चिन्तन और इस तरह की कल्पना का समर्थन रामचन्द्र शुक्ल भी करते थे। प्रत्यक्ष जगत् सम्बन्धी चिन्तन रोमांटिक कविता में है, छायावादी कविता में है, वड्र्सवर्थ के घोषित यथार्थवादी ग्राम-जीवन के चित्रण में है, इटली की प्रकृति पर शेली की रचनाओं, इंग्लैंड की

प्रकृति पर कीट्स की रचनाओं, अवध की प्रकृति पर निराला की रचनाओं में है। यह नई तरह की कल्पना है।

भौतिकवाद और आधुनिक विज्ञान के प्रभाव से एडीसन जिस नई दिशा में बढ़े, उसका पूर्ण चमत्कार उनके समकालीन कवियों में नहीं, उत्तरकालीन—यानी रोमांटिक-कवियों में दिखाई देता है। 20वीं सदी के प्रथम दो दशकों में भौतिकवाद और आधुनिक विज्ञान से प्रभावित होकर जिस नई दिशा में द्विवेदी-शुक्ल बढ़े थे, उसका पूर्ण चमत्कार मैथिलीशरण गुप्त में नहीं, निराला में दिखाई देता है। इसमें आश्चर्य की कोई बात नहीं। दोनों जगह आलोचना—उसका सबसे महत्त्वपूर्ण अंश—समकालीन कविता से आगे है।

'कवि और कविता' निबन्ध में जहाँ एडीसन की छाया दिखाई देती है, वहाँ द्विवेदी जी हाली के चिन्तन की सीमाएँ लाँघ जाते हैं। हाली ग़ालिब के शिष्य थे और न तो ग़ालिब रीतिवादी प्रभाव से मुक्त थे, न हाली। ग़ालिब का जो शेर हाली को सबसे ज्यादा पसन्द था, वह यह था :

उनके देखे से जो आ जाती है रौनक मुँह पर,
वो समझते हैं कि बीमार का हाल अच्छा है।

ग़ालिब ने शेर का मूल भाव शेख सादी से लिया था। सादी के शेर में प्रेमी अपने प्रेम-पात्र से कहता है कि मैं कहता था कि जो तू आवे तो दिल का ग़म तुझसे कहूँ; पर अब क्या कहूँ, क्योंकि जब तू आता है, तब दिल से ग़म ही जाता रहता है। हाली का विचार था कि सादी के बयान में यह सन्देह बाक़ी रह जाता है कि सम्भव है, प्रेमपात्र अपने प्रेमी की जाहिरी बदहाली देखकर समझ जाए कि इसका मन संतप्त है पर ग़ालिब के बयान में यह सन्देह भी नहीं रहता। सादी का शेर पहले लिखा गया था—और फारसी में था—इसलिए भले ही श्रेष्ठ मान लिया जाए, पर ग़ालिब अपने बयान में सादी से चार कदम आगे बढ़ गए थे।

पद्मसिंह शर्मा का विचार था कि 'ब्रजभाषा के कालिदास या गोवर्धनाचार्य कविवर बिहारी लाल' इसी विषय को ग़ालिब से भी ज्यादा अच्छे और निराले ढंग से कह गए हैं :

जो वाके तन की दसा देख्यौ चाहत आप,
तौ बलि नेक बिलोकिये चलि औचक चुपचाप।

शर्मा जी ने इसकी व्याख्या करते हुए बताया कि सखी नायक से कहती है : "जो आप उस विरहिणी के शरीर की दशा देखना चाहते हों, तो मैं बलिहारी, जरा अचानक और चुपचाप चलकर देखिए। यदि आपके पहुँचने की उसे खबर होगी तो उसकी कृशता और दुर्बलता दूर होकर उसे स्वस्थता प्राप्त हो जाएगी। फिर उसकी विरह-जन्य

अस्वस्थता का ठीक-ठीक प्रत्यक्ष अनुभव आपको न हो सकेगा। इसलिए मेरी प्रार्थना है कि अचानक और चुपचाप चलकर उसे देखिए, जिससे मेरी बात का आपको विश्वास हो, और उस पर दया आवे।" इस व्याख्या के बाद पद्मसिंह शर्मा सादी और ग़ालिब के शेरों और बिहारी के दोहे पर इस प्रकार सम्मति देते हैं : "हमारी राय में यह दोहा उक्त दोनों शेरों से बहुत उत्कृष्ट है। इन शेरों से तो यही पाया जाता है कि प्रेमपात्र के पहुँचने या उसे देखने पर ही प्रेमी की हालत बदल जाती है। पर दोहे में 'औचक', 'चुपचाप' शब्दों से यह ध्वनि भी निकलती है कि यदि अचानक और चुपचाप न चले और किसी प्रकार तुम्हारे चल पड़ने की खबर उस तक पहुँच गई, तो तुम्हारे पहुँचने से पहले, इस शुभ संवाद के पहुँचते ही उसकी दशा और से और हो जाएगी, जिससे आप उसे दयनीय अवस्था में न देख सकेंगे, जिसका दिखाना अभीष्ट है!"

यहाँ रीतिवादी कल्पना और रीति-विरोधी कल्पना का अन्तर देखा जा सकता है। रीतिवादी कल्पना के आकाश में तीन कवि जगमगा रहे हैं : सादी, ग़ालिब, और बिहारी। यह कल्पना बाल की खाल निकालती है, दूर की कौड़ी लाती है, चमत्कार उत्पन्न करती है, यथार्थ जगत् से उतनी दूर है जितनी दूर धरती से आकाश। द्विवेदी जी जिस कल्पना की बात करते हैं, उसका सम्बन्ध यथार्थ जगत् से है। हाली रीतिवाद के विरोधी थे, उससे प्रभावित भी थे, कुछ-कुछ भारतेन्दु हरिश्चन्द्र की सी स्थिति थी। पद्मसिंह शर्मा कुछ बातों में अत्यन्त आधुनिक थे, कुछ में निहायत पुरानपंथी। द्विवेदी जी की तरह वह संस्कृत काव्य के प्रेमी थे पर द्विवेदी जी की तरह रीतिवाद के शत्रु नहीं थे। अब कल्पना कीजिए कि हाली पर उनका लेख द्विवेदी जी के पास 'सरस्वती' में प्रकाशनार्थ मौजूद है। लेख चाहे सम्पादक जी ने मँगाया हो, चाहे लेखक ने स्वयं भेजा हो, इससे फर्क नहीं पड़ता। द्विवेदी जी बिहारी लाल को कालिदास कहने वाला, रीतिवाद के समर्थन में लिखा हुआ, हाली पर निबन्ध कैसे छापें? उन्होंने 'कवि और कविता' शीर्षक निबन्ध हाली का हवाला देते हुए लिखा और उसमें पद्मसिंह शर्मा का लेख उद्धृत कर दिया! परिणाम यह कि उद्धृत लेख की विचारधारा का अप्रत्यक्ष रूप से पूरी तरह खंडन हो गया! दो संस्कृत काव्य-प्रेमियों की परस्पर प्रीति की रक्षा हो गई और 'सरस्वती' सम्पादक रीतिवाद के समर्थन के अपराध से बच गए!

इस सम्पादकीय कौशल की कोई निन्दा करे, चाहे प्रशंसा, बिहारी के प्रति द्विवेदी जी का दृष्टिकोण 'हिन्दी नवरत्न' की आलोचना से स्पष्ट हो जाता है। उनकी निगाह में कालिदास बहुत बड़े कवि थे। यदि कोई आलोचक बिहारी को ब्रजभाषा का कालिदास कहे, तो द्विवेदी जी को उसकी बुद्धि पर दया ही आ सकती थी।

सादी, ग़ालिब और बिहारी की रचनाओं पर "पंडित पद्मसिंह शर्मा ने एक छोटा-सा मजमून हमारे पास भेजा है[।] उसे हम नीचे उद्धृत करके इस लेख को समाप्त करते हैं।" इस उद्धृत लेख की चर्चा ऊपर हो चुकी। द्विवेदी जी के निबन्ध

में इससे पहले पद्मसिंह शर्मा का एक और लेख उद्धृत किया गया है। इसके बारे में बताया है : "हाली के मुक़दमे को पढ़कर श्रीपंडित पद्मसिंह शर्मा ने एक छोटा-सा लेख 'सरस्वती' में छपने भेजा है। उसमें आपने अलंकारशास्त्र के आचार्य्यों की राय लिखी है और संक्षेपतया यह दिखलाया है कि हमारे आलंकारिकों ने कविता के लिए किन-किन बातों की जरूरत समझी है। इस लेख को अलग से प्रकाशित न करके यहीं किये देते हैं।" दूसरों के लेख प्रकाशित करने का यह अद्भुत ढंग है। 'सरस्वती' में ऐसा दूसरा उदाहरण देखने में नहीं आया। पुराने काव्यशास्त्र की कुछ बातों से द्विवेदी जी सहमत थे किन्तु अलंकारशास्त्रियों वाली पगडंडी उन्हें नापसन्द थी। शर्माजी बिहारी के प्रशंसक होने के नाते अलंकारवादियों का समर्थन करते थे। सृष्टि-कार्य-निरीक्षण की आवश्यकता समझाते हुए उन्होंने रघुवंश से शरद् ऋतु के वर्णन से एक श्लोक उद्धृत किया। 'शरत् काल में जब धान के खेत पकते हैं तब ईख इतनी बड़ी हो आती है कि उसकी छाया में बैठकर खेत रखा सकें।" इसी छाया में बैठी हुई धान रखाने वाली स्त्रियाँ रघु का यश गाती थीं। इसके साथ बिहारी का यह दोहा उद्धृत किया गया :

सन सूख्यौ बीत्यौ बनौ ऊखौ लई उखारि।
हरी हरी अरहर अजौं धर धर हर हियनारि!

इस पर, प्रकृति-पर्यालोचन की व्याख्या करते हुए, पद्मसिंह शर्मा कहते हैं : "पहले सन सूखता है, फिर बन—बाड़ी या कपास के खेत की बहार खत्म होती है। पुन: ईख के उखड़ने की बारी आती है। और इन सबसे पीछे गेहुँओं के साथ तक अरहर, हरी भरी खड़ी रहती है। ये सब बातें कवि ने कैसे सुन्दर और सरल ढंग से क्रमपूर्वक इस दोहे में बयान की हैं।" द्विवेदी जी इस तरह के सृष्टि-कार्य-निरीक्षण के कायल न थे, न प्रकृति-वर्णन के साथ इस तरह का अलंकारी चमत्कार-प्रदर्शन पसन्द करते थे। उद्धृत अंश से पहले द्विवेदी जी कहते हैं कि 'प्रकृति-पर्यालोचन के सिवा कवि को मानव-स्वभाव की आलोचना का भी अभ्यास करना चाहिए।" स्पष्ट ही ऐसी आलोचना बिहारी के दोहों में न थी; पर यहाँ 'आलोचना' शब्द नये ढंग से प्रयुक्त हुआ है। मानव स्वभाव की आलोचना, जीवन की आलोचना, क्रिटिसिज्म ऑफ लाइफ, मैथ्यू आर्नोल्ड की छाया!

मानव स्वभाव की आलोचना क्या है? "मनुष्य अपने जीवन में अनेक प्रकार के सुख-दु:ख आदि का अनुभव करता है। उसकी दशा कभी एक-सी नहीं रहती। अनेक प्रकार के विकार-तरंग उसके मन में उठा ही करते हैं। इन विकारों की जाँच, ज्ञान और अनुभव करना सबका काम नहीं।" यह काम कवि का है।

'सन सूख्यौ' आदि बिहारी के दोहे की विवेचना में पद्मसिंह शर्मा ने लिखा था : "इसके अनुप्रास की छटा, आदि अन्य काव्य-गुणों पर ध्यान दिलाने का

यह अवसर नहीं।" अनुप्रास की छटा रीतिवादी काव्य का ऐसा गुण है जो सबसे पहले ध्यान आकर्षित करता है। इसके विपरीत द्विवेदी जी काव्य-भाषा के बारे में यह सिद्धान्त स्थिर करते हैं कि शब्द प्रभावोत्पादक हो, सजीव चित्र खींचने वाला हो और मनोभाव के अनुकूल हो। और कविता के लिए केवल शब्द-चयन नहीं, शब्द-क्रम भी महत्त्वपूर्ण है। हिन्दी आलोचना के वर्तमान सन्दर्भ में द्विवेदी जी का भाषा-सम्बन्धी महत्त्वपूर्ण सैद्धान्तिक प्रतिपादन देखें : "कविता को प्रभावोत्पादक बनाने के लिए उचित शब्द-स्थापना की भी बड़ी जरूरत है। किसी मनोविकार या दृश्य के वर्णन में ढूँढ़-ढूँढ़कर ऐसे शब्द रखने चाहिएँ जो सुनने वाले की आँखों के सामने वर्ण्यविषय का एक चित्र-सा खींच दें। मनोभाव चाहे कैसा ही अच्छा क्यों न हो, यदि वह तद्नुकूल शब्दों में न प्रकट किया गया, तो उसका असर यदि जाता नहीं रहता तो कम जरूर हो जाता है। इसीलिए कवि को चुन-चुनकर ऐसे शब्द रखना चाहिए, और इस क्रम से रखना चाहिए, जिससे उसके मन का भाव पूरे तौर पर व्यक्त हो जाए।" शब्द-क्रम के बारे में आगे फिर कहते हैं : "जिस बात के कहने में लोग स्वाभाविक रीति पर जैसे और क्रम से, शब्द प्रयोग करते हैं, वैसे ही कवि को भी करना चाहिए।" अनुप्रासबहुल भाषा के बारे में उनका कहना है : "एक मात्र सूखा शब्द-झंकार ही जिन कवियों की करामात है, उन्हें चाहिए कि वे एकदम ही बोलना बन्द कर दें।" कविता में वह बोलचाल की भाषा का समर्थन करते हैं। कवि को मुहावरों का ध्यान रखना चाहिए। अपनी भाषा में जो शब्द बाहर से आ गए हों, उन्हें विदेशी भाषा के अनुरूप सही लिखने का प्रयत्न न करना चाहिए।

रीतिवादी कविता में सूक्तियों का बड़ा महत्त्व है। जो उक्तियाँ यथार्थ जीवन के सत्य से परे होती हैं, वास्तव में वे सूक्तियाँ नहीं हैं। कविता में आवश्यक है कि "जो उक्ति हो, वह मानवीय मनोविकारों और प्राकृतिक नियमों के अधार पर" कही गई हो। अधिकांश रीतिवादी उक्तियाँ इस कसौटी पर खरी नहीं उतरतीं। रीतिवादी शास्त्रकार अभ्यास पर बहुत जोर देते हैं। रोमांटिक कवि भावावेश, अदृश्य प्रेरणा आदि को मूल वस्तु मानते हैं। द्विवेदी जी मिल्टन की राय देते हुए कि कविता सादी हो, जोश से भरी हुई हो और असलियत से गिरी हुई न हो, जोश की यह व्याख्या करते हैं : "जो कवि है, उसमें जोश स्वाभाविक होता है। वर्ण्यवस्तु को देखकर, किसी अदृश्य शक्ति की प्रेरणा से, वह उस पर कविता करने के लिए विवश-सा हो जाता है। उसमें एक अलौकिक शक्ति पैदा हो जाती है।" यहाँ द्विवेदी जी का बुद्धिवादी मन उपयोगितावादी चिन्तन की सीमाएँ पार कर जाता है। उन्होंने सुसंगत रूप से स्वच्छंदतावादी काव्य के सिद्धान्त स्थिर नहीं किये किन्तु रीतिवाद का सुसंगत विरोध करने के कारण स्वच्छंदतावादी काव्य-भूमि की ओर उनके पैर अपने-आप उठ जाते हैं।

'हिन्दी कविता किस ढंग की हो?'—इस पूर्वोक्त निबन्ध में मैथिलीशरण गुप्त ने कुछ रोचक सैद्धान्तिक चर्चा की है। रीतिवादी चमत्कार-प्रदर्शन के स्थान पर वह सहानुभूति का सिद्धान्त प्रतिपादित करते हैं। वाल्मीकि ने क्रौंच के प्रति सहानुभूति से द्रवित होकर श्लोक की सृष्टि की थी। 'सभ्यता की इस आदि-भूमि में कविता का यह इतिहास अत्यन्त महत्त्व की घटना है।" इसलिए कविता सोद्देश्य होती है, उसका लक्ष्य मनोरंजन मात्र नहीं होता। न्याय-अन्याय के संघर्ष में वह तटस्थ नहीं रहती।

सहानुभूति की व्याख्या करते हुए कहते हैं : "साथ-साथ अनुभव करने को सहानुभूति कहते हैं। कवि में इस गुण का होना अनिवार्य है। जब तक हम स्वयं किसी विषय का अनुभव न कर सकेंगे तब तक दूसरों को उसका अनुभव कैसे करा सकेंगे? जिस कविता में सहानुभूति के भाव नहीं, वह यथार्थ कविता नहीं। सहानुभूति ही ऐसी चीज है जो सबके मन को आकर्षित कर सकती है। उसकी उत्पत्ति सहृदयता से होती है। उसके लिए उदार हृदय की आवश्यकता है। कवि को स्वयं ऐसा होना चाहिए और अपनी कविता द्वारा ऐसे भावों को परिस्फुट करना चाहिए।" इस प्रसंग में 'मेघदूत' की चर्चा करते हुए उन्होंने कालिदास के उस व्यक्तिगत अनुभव की ओर संकेत किया है जो उस महान् लिरिक काव्य का आधार है। 'जिन सुन्दर दृश्यों के देखने का लोभ वह (यक्ष) मेघ को देता है, उनके विषय में भी उसकी अनुभूति प्रकट होती है और वह अनुभूति यथार्थ में कवि-कुल-गुरु की ही है, जिसे उन्होंने पाठकों के हृदय में प्रकट किया है।" द्विवेदी जी की तरह गुप्त जी बार-बार अपने आलोचनात्मक गद्य में आदर्शवाद और उपयोगितावाद की सीमाएँ लाँघकर स्वच्छंदतावाद की उस भूमि पर पहुँचते हैं जहाँ व्यक्तिगत अनुभूति कविता का मूलाधार है। कालिदास को वे सब दृश्य प्रिय थे जिनका वर्णन उन्होंने 'मेघदूत' में किया है। यक्ष-रूप में महाकवि स्वयं ही हैं। "'मेघदूत' की यक्ष-पत्नी का स्मरण कीजिए। उसकी जो दशा वर्णन की गई है, उसके साथ कवि की सहानुभूति स्पष्टतया प्रकट होती है।"

यह अनुभूति व्यक्तिगत होते हुए भी समाज-निरपेक्ष नहीं है। व्यक्तिगत अनुभूति व्यक्ति और वस्तु के संयोग से उत्पन्न होती है। वह किसी ऐसे मानस की उपज नहीं है जिस पर बाह्य जगत् की छाया न पड़ती हो। इसलिए "हमारी कविता इसी ढंग की होनी चाहिए कि उसके विषयों के साथ पाठकों की सहानुभूति हो और वे विषय सामयिक हों। अर्थात् समय के अनुकूल विषयों पर हमें कविता करनी चाहिए और उनके साथ लोगों में सहानुभूति उत्पन्न करने का प्रयत्न करना चाहिए।" इस प्रकार व्यक्तिगत अनुभूति और वस्तुगत सहानुभूति—दोनों का माध्यम व्यक्ति है, और यह अनुभूति और सहानुभूति समाज-निरपेक्ष नहीं हैं, वस्तुजगत् से सम्बद्ध हैं।

आगे मिसाल देते हैं, मान लीजिए, घोर दुर्भिक्ष है। लोग भूखों मर रहे हैं। ऐसे समय एक आदमी लय का ध्यान रखते हुए संगीत-कला का प्रदर्शन करता है। भूखों मरने वाले कितनी सहानुभूति प्रकट करेंगे? "इसी प्रकार हमारे समाज की तो कुछ और ही दशा है और कविजी और ही कुछ कह रहे हैं। तो, कहिए, उनका यह काम कहाँ तक उपयुक्त होगा? स्वयं कविजी भले ही उससे आनन्दित हों, किन्तु हमें उससे क्या?" दूसरा उदाहरण देते हैं। समाज में आलस्य और विलासिता के भाव फैले हुए हैं। "ऐसी दशा में कवि का यह कर्तव्य है कि वह अपनी कविता में ऐसे भावों पर घृणा प्रकट करके लोगों के चित्त में भी उनके प्रति घृणा उत्पन्न करने की चेष्टा करे।" अर्थात् प्रेमचन्द की तरह उसे घृणा का प्रचारक होना चाहिए। जब प्रेमचन्द पर घृणा के प्रचारक होने का आरोप लगाया गया था, तब उन्होंने अपने आलोचक पर जवाबी हमला करते हुए शान से कहा था : "हाँ, मैं घृणा का प्रचारक हूँ। समाज में ऐसे लोग हैं जिनके प्रति घृणा उत्पन्न करना हमारा कर्तव्य है।" मैथिलीशरण गुप्त की कविता में उस तरह की घृणा का अभाव है पर सैद्धान्तिक रूप से उनके और प्रेमचन्द के चिन्तन में यहाँ कोई अन्तर नहीं है।

समाज के कल्याण की भावना इस घृणा भाव से जुड़ी हुई है। यह कल्याण भाव एक व्यर्थ की कल्पना इसलिए नहीं है कि उसमें घृणित व्यक्तियों के प्रति सहानुभूति प्रकट करने की बात शामिल नहीं है। गुप्त जी इस कल्याण भाव के बारे में कहते हैं : "हमें अपने समाज से सहानुभूति होनी चाहिए और हमारी कविता में उसके अनुकूल सामयिक भावों का विकास रहना चाहिए। तभी समाज का कल्याण-साधन हो सकता है।" रामचन्द्र शुक्ल के लोक-मंगल की भूमि भी यही है। साहित्य घृणा उत्पन्न करता है, सहानुभूति का अनुभव कराता है, इसलिए कवियों को अपनी रचनाओं में "यह विरोध और अनुरोध बराबर दिखलाना चाहिए।" कविता केवल अनुरोध नहीं करती, केवल सहानुभूति उत्पन्न नहीं करती, वह विरोध भी व्यक्त करती है, घृणा भी उत्पन्न करती है। कविता में इस प्रकार परस्पर-विरोधी वृत्तियों का सामंजस्य स्थापित होता है। जो विरोध है, अनेकान्तवादी दृष्टि से वह भी एक प्रकार का अनुरोध है। गुप्त जी में इस द्वन्द्ववादी चिन्तन के बीज हैं यद्यपि अपनी स्थापना की व्याख्या वह पुण्यात्मा की विजय और पापी की पराजय के आदर्शवादी धरातल पर करते हैं।

प्रसंगवश पुराने काव्य की चर्चा करते हुए उन्होंने साहसपूर्वक संस्कृत के उन चरित्रात्मक काव्यों के दोष दिखाये हैं जिनमें "कथाभाग गौण होता गया, उसके मिस से कवियों ने अपने कर्तव्य-कौशल का ही विस्तार अधिक किया है।" कालिदास के काव्य में प्रभात, ऋतु आदि का वर्णन आवश्यकतानुसार होता है। माघ के 'शिशुपाल-वध' में ऐसा लगता है कि "उन्हें उन बातों का वर्णन करना अभीष्ट था। इसीलिए उन्होंने उनके लिए प्रयत्न किया है, और कथाभाग उनमें

छिप-सा गया है।" काव्य-कौशल का यह प्रदर्शन रीतिवाद की विशेषता बन गया था। कथावस्तु का गठन, चरित्र-चित्रण गौण हो गया। माघ की आलोचना से आगे बढ़कर महाकाव्यों के लक्षणों के बारे में कहते हैं : "वन-विहार-वर्णन, जलकेलि-वर्णन, आखेट-वर्णन, षड् ऋतु-वर्णन गिरि-वर्णन और समुद्र आदि के वर्णन सभी महाकाव्यों के लिए आवश्यक समझे गए हैं। परन्तु इस विषय में हमें परतंत्र होना उचित नहीं। समय और कथानक के अनुकूल बातों का ही वर्णन करना उचित है। इन बातों के बिना महाकाव्यत्व नष्ट नहीं हो सकता।" पुराने काव्यशास्त्र की यह आलोचना साहसपूर्ण थी। हिन्दी साहित्य जिस नवीन जातीय जागरण के प्रकाश से दीप्त था, वह प्रकाश संस्कृत की रीतिवादी परम्परा के अन्ध अनुकरण का पक्षपाती न था। यह बात अकारण नहीं है कि गुप्त र्जी के लेख में वाल्मीकि द्वारा श्लोक-रचना की बात काफी विस्तार से कही गई है और उसे नवीन काव्य-सिद्धान्त के आधार-रूप में प्रस्तुत किया गया है। गुप्त जी ने खंडकाव्य, महाकाव्य और मुक्तक रचनाओं के बारे में जो कुछ कहा है, वह भी उनकी कृतियों को ध्यान में रखने पर विशेष महत्त्वपूर्ण प्रतीत होगा। ये विचार ऐसे आलोचक के हैं जो कवि भी हैं (ऐसा कवि जो आलोचक से अधिक समर्थ नहीं है, भले ही हिन्दी अध्यापक आलोचक मैथिलीशरण गुप्त को भूल गए हों!)। लिखा था : "मेरी राय में किसी एक विषय पर भी कविता लिखकर महाकवि होने का परिचय दिया जा सकता है और कविता-मर्मज्ञों से स्वीकार भी करा लिया जा सकता है। प्राचीनों के मत से 'मेघदूत' खंडकाव्य है, पर उसे महाकाव्य मानने में कोई बाधा का कारण नहीं। लोग उसे महाकाव्य मानते हैं। फिर हम लोग उसके लिए कुछ विशेष बातों की प्रतिबन्धकता क्यों स्वीकार करें?...कथानक के अनुकूल विषय-योजना होनी चाहिए। महाकाव्य के कितने ही विषय समयानुकूल भी नहीं। ऐसी दशा में महाकाव्यत्व नष्ट नहीं हो सकता।" प्रतिभाशाली कवि खंडकाव्य लिख सकता है, जैसे—'जयद्रथ-वध'; छोटी कविताएँ लिख सकता है, जैसे—'नीलाम्बर परिधान हरित पट पर सुन्दर है', और नये ढंग के महाकाव्य भी लिख सकता है, जैसे—'साकेत'। महाकाव्यों के बारे में इस तरह की बातें हिन्दी का एक दूसरा कवि भी सोच रहा था—जयशंकर प्रसाद। 'साकेत' नये ढंग का महाकाव्य है; उससे और भी ज्यादा नये ढंग का महाकाव्य 'कामायनी' है। हिन्दी आलोचना कलात्मक साहित्य की रचना के साथ-साथ, अथवा उससे कुछ कदम आगे-आगे, बढ़ रही है।

10. अन्तरजातीय-अन्तरराष्ट्रीय परिप्रेक्ष्य

साम्राज्यवादी नीति थी कि भारतीय भाषाओं में सहयोग के बदले उनके बीच ईर्ष्या और द्वेष के भाव पैदा किये जाएँ, विभिन्न जातियों के बीच राष्ट्रीय एकता का सम्बन्ध मजबूत करने के बदले किसी को योद्धा जाति, किसी को कायरों की जाति,

किसी को कुछ सभ्य, किसी को कुछ अधिक असभ्य कहकर साम्राज्यवादी कूटनीति उन्हें एक दूसरे से घृणा करना सिखाती थी। इसके विरोध में द्विवेदी जी की दृष्टि समग्र भारतीय साहित्य पर रहती है। जहाँ संस्कृत साहित्य का सम्बन्ध होता है, वहाँ तो बहुत-से पंडितों की समझ में यह भारतीयता आ जाती है; किन्तु जहाँ आधुनिक साहित्य की बात होती है, वहाँ अखिल भारतीय दृष्टि लुप्त-सी हो जाती है। यहाँ द्विवेदी जी की साहित्य-सम्बन्धी राष्ट्रीय नीति के दो पक्ष हैं : पहला पक्ष यह है कि अन्य भाषाओं में जो कुछ लिखा जा रहा है, उससे वह हिन्दी के माध्यम से हिन्दी-भाषियों को, और इनके साथ अन्य भाषा-भाषियों को भी, परिचित कराएँ। दूसरा पक्ष यह है कि हिन्दी वालों को अन्य आधुनिक भारतीय भाषाओं से सीखने, अपने साहित्य को समुन्नत करने की प्रेरणा दें। यहाँ भी उनका कार्य भारतेन्दु हरिश्चन्द्र के कार्य की अगली कड़ी है।

पहले पक्ष के अन्तर्गत उनके इस तरह के लेख हैं, जैसे—जुलाई और अगस्त, 1903 की 'सरस्वती' के दो अंकों में माइकेल मधुसूदन दत्त पर उनका लम्बा निबन्ध। 'सरस्वती' की पृष्ठ-संख्या उस समय 36 के लगभग थी। इतने कम पृष्ठों की पत्रिका में द्विवेदी जी के पूरे लेख ने 21 पृष्ठ घेरे हैं। इससे अनुमान हो सकता है कि द्विवेदी जी माइकेल मधुसूदन दत्त को कितना महत्त्वपूर्ण कवि समझते थे। 'सरस्वती' में ऐसी उदारता केवल विकासवाद पर लेखों के लिए पृष्ठ निर्धारित करते हुए उन्होंने दिखाई है। इस तरह के लेखों से उनका उद्देश्य हिन्दी कवियों को नये ढंग की काव्य-रचना के लिए प्रेरित करना था। द्विवेदी जी की प्रेरणा से मधुसूदन दत्त के 'मेघनाद-वध' तथा अन्य रचनाओं का अनुवाद मैथिलीशरण गुप्त ने किया। कविता के अलावा द्विवेदी जी के लेखों और टिप्पणियों से इस बात की जानकारी होती है कि बँगला, गुजराती और मराठी में ऐसा क्या लिखा जा रहा है जिसकी ओर हिन्दी के विद्वानों को ध्यान देना चाहिए? इस तरह का कार्य स्वभावत: बहुत सीमित पैमाने पर हुआ। छायावादी कवि बँगला साहित्य से तो बहुत अच्छी तरह परिचित थे किन्तु अन्य भारतीय भाषाओं के साहित्य के बारे में उनकी जानकारी कम थी। प्रेमचन्द ने अपने जीवन के अन्तिम वर्षों में 'हंस' को भारतीय साहित्य का माध्यम बनाया और व्यवस्थित ढंग से पहली बार एक भारतीय भाषा के माध्यम से यह प्रयत्न हुआ कि प्रमुख भारतीय भाषाओं के साहित्य का परिचय लोगों को दिया जाए। इसके बाद अखिल भारतीय प्रगतिशील लेखक संघ में अनेक भारतीय भाषाओं के लेखक संगठित हुए। ये लेखक अपनी-अपनी भाषाओं के समस्त साहित्य के नहीं तो कम-से-कम उसकी एक विशेष धारा के प्रतिनिधि अवश्य थे। कुछ दिन तक कम्युनिस्ट पार्टी के तत्त्वावधान में 'इंडियन लिटरेचर' नाम का पत्र निकला और आगे चलकर इसी नाम से साहित्य अकादेमी ने एक पत्रिका निकाली। प्रेमचन्द के निधन के बाद प्रगतिशील लेखकों ने 1938 में भी 'इंडियन लिटरेचर' नाम से एक

पत्र निकाला था जिसका एक ही अंक प्रकाशित हुआ था। इन सारे प्रयत्नों से यह बात समझ में आती है कि अनेक लेखक और अनेक संस्थाएँ भारतीय साहित्य का ज्ञान आवश्यक मानती रहे हैं। इसे ध्यान में रखें तो द्विवेदी जी के प्रयत्न का ऐतिहासिक महत्त्व समझ में आ जाता है।

भारत में अंग्रेजी शिक्षा के प्रसार का एक उद्देश्य अंग्रेजी राज के लिए आवश्यक कर्मचारी पैदा करना था। अंग्रेजी सभ्यता का रोब डालकर इस देश के लोगों को पराधीन बनाये रखना दूसरा उद्देश्य था। पर ब्रिटेन में वहाँ के वैज्ञानिकों और समाजशास्त्रियों ने एक ओर ऐसी विचारधारा का प्रसार किया था जो धार्मिक रूढ़ियों और अन्धविश्वासों का विध्वंस करती थी, दूसरी ओर उनके साहित्य में यथार्थवाद का यथेष्ट विकास हुआ था। उनके अनेक कवि साम्राज्य-विरोधी, सामन्त-विरोधी विचारधारा का प्रसार कर चुके थे। उन्होंने भारत समेत पराधीन देशों की स्वाधीनता के लिए आन्दोलन किया था और कुछ कवियों ने मार्क्स के जन्म से पहले इस विषय पर कविता लिखी थी कि राज्यसत्ता मजदूर वर्ग के हाथ में होनी चाहिए। (उदाहरण के लिए शेली की कविता 'मास्क ऑफ एनार्की' देखें।) ब्रिटेन की संस्कृति के इस प्रगतिशील पक्ष से भारत के शिक्षित बुद्धिजीवी अब भी बहुत कम परिचित हैं, यूरोप की संस्कृति के इस पक्ष से वे और भी अपरिचित हैं।

भारत के रूढ़िवादी भारतीयता के नाम पर समस्त पाश्चात्य संस्कृति का विरोध करते हैं। उनका लक्ष्य होता है यूरोप की प्रगतिशील विचारधारा का विरोध। इस तरह की संकीर्णता से द्विवेदी जी पूर्णतः मुक्त थे। उन्होंने 'सरस्वती' में अनेक अंग्रेजी कविताओं के अनुवाद प्रकाशित किये और इनमें केवल उपदेशात्मक रचनाएँ नहीं हैं। अगस्त, 1903 की 'सरस्वती' में बायरन की एक प्रेम-सम्बन्धी लम्बी कविता 'आशीर्वाद' नाम से छपी है। इस तरह का प्रयास बहुत सीमित है, फिर भी वह द्विवेदी जी की उदार दृष्टि का परिचायक है और भावी आलोचना-कार्य का दिशा-निर्देश करता है।

जिन विदेशी भाषाओं के बारे में द्विवेदी जी ने लिखा, उनमें एक आर्मीनिया की भाषा भी है। इस देश की संस्कृति बहुत पुरानी है और ऐतिहासिक भाषाविज्ञान की दृष्टि से उसकी आधुनिक और प्राचीन भाषाएँ अत्यन्त रोचक हैं। इस देश की जनता ने अपनी संस्कृति और भाषा की रक्षा करने के लिए शताब्दियों तक शक्तिशाली पड़ोसी देशों से संघर्ष किया है। आर्मीनियावासियों के स्वाधीनता-संग्राम के प्रति द्विवेदी जी के हृदय में गहरी सहानुभूति थी।

जनवरी, 1917 की 'सरस्वती' में उन्होंने 'आर्मीनिया का राष्ट्रीय लेखक रफी' शीर्षक टिप्पणी में लिखा : "आरमीनिया बहुत पुराना देश है। सन् ईसवी के कई सौ वर्ष पहले से उसका पता इतिहास में चलता है। उसका कुछ अंश रूस, कुछ फारिस और अधिकांश टर्की के अधीन है। उसके निवासियों पर अनेक बार अनेक

आपत्तियाँ आई हैं। पुरानी बातें जाने दीजिए, सत्रहवीं सदी में फारिस के अधीश शाह अब्बास ने इसे लूट-फूँककर खूब ही बरबाद किया। वह कोई 40 हजार आरमीनिया-निवासियों को कैद करके फारिस ले गया। गत 30 वर्षों में तो इस देश वालों पर अत्याचार पर अत्याचार हो रहे हैं। इसकी आबादी 10 लाख से अधिक नहीं। मगर कोई दस ही लाख आरमीनियन और देशों में भी जा बसे हैं। खास आरमीनिया वालों की, समय-समय पर, इतनी हत्या हुई है कि वहाँ की आबादी पहले ही बहुत कम हो गई थी। अब तो, सुनते हैं, वहाँ बहुत ही थोड़े आदमी रह गए हैं।" सामन्ती-व्यवस्था में जातीय समस्या हल करने का यह तरीका था। फिर भी आर्मीनिया की जनता अपनी स्वतंत्र सत्ता के लिए लड़ती रही।

उसके बाद प्रथम महायुद्ध आरम्भ हुआ। पूँजीवादी युग में आर्मीनिया की समस्याओं का समाधान नहीं हुआ। इस प्रसंग में द्विवेदी जी ने लिखा है : "जब से वर्तमान युद्ध छिड़ा है, तब से इन लोगों की संख्या, दिन-पर-दिन, घटती ही चली जा रही है। इन पर किये गए अत्याचारों के जो समाचार समाचार-पत्रों में छपते हैं, उनको पढ़कर पत्थर का कलेजा भी पिघल जा सकता है।" अत्याचारों के समाचार छपने का एक कारण यह भी था कि अधिकांश आर्मीनिया तुर्कों के अधिकार में था और तुर्की, जर्मन पूँजीवादी गुट में शामिल होकर, अंग्रेज-फ्रांसीसी गुट के विरुद्ध लड़ रहा था।

इस 'पददलित और अत्याचार-पीड़ित जाति में' रफी नाम का लेखक 1837 ईसवी में पैदा हुआ; 1888 में उसकी मृत्यु हुई। वह एक व्यापारी का लड़का था और स्वयं भी उसने व्यापार किया था। 'पर अपने देश-भाइयों की दुर्गति देखकर उसका कलेजा दहल गया। उसने पुस्तकें लिख-लिखकर अपने सजातियों को जागृत करने का प्रण किया। कितने ही लेख, कविताएँ और उपन्यास उसने लिखे। ये सब पुस्तकें उसने बड़ी सरल और सुन्दर भाषा में लिखीं। जो कुछ उसने लिखा, अपने भाइयों को जगाने और उनको उनकी दुर्दशा का कारण समझाने ही के लिए लिखा। इसमें वह खूब कृत-कार्य्य हुआ। उसके देश-बन्धुओं ने उसकी पुस्तकें बड़े प्रेम से पढ़ीं। अपनी दशा पर खूब आँसू बहाये और अपनी अवनति के कारण उनके ध्यान में आ गए। उसकी कई पुस्तकें जप्त हो गईं। तुर्कों ने कानून बना दिया कि उसकी अमुक-अमुक पुस्तक पढ़ने या पास रखने से अमुक-अमुक सजा होगी। इस पर भी लोगों ने अनेक युक्तियों से उसकी पुस्तकों का पारायण किया। 'हरम' नामक उपन्यास लिखने के कारण फारिस वालों ने उसे अपने देश से निकाल दिया, तथापि वह, जिस तरह बना, अपने सजातियों के लाभ के लिए उनकी दशा की दर्शक पुस्तकें लिखता ही गया।"

आर्मीनिया की स्थिति भारत से मिलती-जुलती थी। दोनों की सभ्यता प्राचीन थी। दोनों तुर्क आक्रमणकारियों द्वारा पीड़ित हुए थे। रफी ने जो कार्य किया, वैसा

ही कार्य द्विवेदी जी कर रहे थे, उसके लिए अन्य लेखकों को संगठित कर रहे थे। आर्मीनिया के प्रति उनकी सहानुभूति का यही कारण है।

द्विवेदी जी ने पश्चिमी विज्ञान पर काफी लेख प्रकाशित किये थे। उनकी तुलना में पश्चिमी साहित्य पर कम लेख प्रकाशित किये, ऐसे अपवाद रूप लेखों में कुछ लेख रूसी कथाकार तोल्स्तोय पर हैं। इनमें एक के लेखक हैं बैजनाथ; शीर्षक है : 'लीयो तुलस्तुयी'। यह प्रकाशित हुआ था नवम्बर, 1904 की 'सरस्वती' में। यद्यपि यह लेख परिचयात्मक है, फिर भी कई बातें इसमें ध्यान देने योग्य हैं। तोल्स्तोय ऐसे देश के लेखक हैं जो यूरोप में पिछड़ा हुआ माना जाता है, पर वह विश्वख्याति प्राप्त कर चुके हैं। वह पूरब के लेखक हैं। उनकी ख्याति सिद्ध करती है कि पूरब में अब भी प्रतिभाशाली पुरुषों की कमी नहीं है। फिर वह किसानों के बारे में लिखते हैं, किसानों की तरह रहते हैं। उनका जीवन और स्वभाव भारतीय संतों जैसा है। वह शान्ति और मानव समानता में विश्वास करते हैं। इसलिए वह भारतीय जनता को प्रिय होने ही चाहिए। शाकाहारी भी हैं, यह अलग से।

लेख के आरम्भ में पूरब और पश्चिम के सम्बन्धों को ध्यान में रखते हुए बैजनाथ कहते हैं : "इस समय सारा पूर्व, पश्चिममय हो रहा है। जहाँ कहीं जो कुछ दृष्टि आता है, सब पश्चिमपूरित है। ऐसी कठिन स्थिति में पूर्व्वीय सिद्धान्त के आदर अथवा अनुसरण का यदि एक भी, छोटे से छोटा, उदाहरण, पाश्चात्य जगत में मिल जाए, तो पूर्व्वीय नैराश्यमयी शुष्क जीवन-सहरा में, शीतल हरियालीवत्, आशा का वही एकमात्र उत्तम बिन्दु है।"

बचपन में माता-पिता का देहान्त हो जाने पर तोल्स्तोय किसानों के बीच में रहे। "वहाँ के कृषिजीवी लोगों की जीवनदशा उनके कोमल हृदय पर अंकित हो गई। उनका स्वभाव और अभाव, गुण और दोष, वे भली भाँति समझने लगे। तुलस्तुयी के भावी उद्योग से प्रतीत होता है कि उसी काल में उन्होंने, मन में संकल्प किया था कि मैं बड़ा होकर रूसी कृषक समाज की हीनता निवारण के लिए प्रयत्न करूँगा।" बड़े होकर उन्होंने किसानों की दशा सुधारने का प्रयत्न किया। "उन्होंने यथासाध्य उनके उद्धार का उपाय किया। क्रमश: दृढ़ उद्योग से रूसी कृषिकार उनके अभिप्राय को समझने और उनकी, अपने साथ आन्तरिक सहानुभूति पर विश्वास करने लगे हैं।" प्रेक्षकों का मत था कि तोल्स्तोय के बोये हुए बीज समय पर फल देंगे : "परन्तु ये फल कब और किस प्रकार उत्पन्न होंगे, सो अभी से कोई नहीं कह सकता।"

तोल्स्तोय ने धन-सम्पत्ति त्यागकर साधारण किसान का जीवन बिताना शुरू किया। उनका यह जीवन सभ्य यूरोप को एक तरह की चुनौती था। "ऐसे विचार, ऐसी रहन, तथा आत्म-सुख-सामग्री का ऐसा तिरस्कार, मुख्यत: पश्चिमी देशों में अत्यन्त दुष्प्राप्य है।"

शुरू में उनका जीवन दूसरे ढंग का था पर उन्होंने अपना जीवन-क्रम बदला। उनका मत था कि "मनुष्य मात्र समान सत्त्व के अधिकारी हैं और वे निरन्तर इस बात का समर्थन करते हैं कि सब मनुष्य, सब जाति समान रूप से, ऐश्वरीय नियम के अधीन हैं। वे निर्बल के बलरूप, 'स्वारथ-रहित' वकील हैं; और सैनिक तथा नैतिक सब प्रकार की शक्ति के प्रबल विरोधी हैं।" जैसे महावीरप्रसाद द्विवेदी को हर्बर्ट स्पेन्सर का युद्ध-विरोध और शान्तिप्रेम पसन्द था, वैसे ही बैजनाथ को तोल्स्तोय का शान्तिवाद पसन्द है। लिखा है : "ये युद्ध के खिलाफ हैं। इनकी यह इच्छा रहती है कि पृथ्वी-भर में शान्तता रहै। वर्तमान रूस-जापानी युद्ध में हजारों आदमियों को कटते देख इनका अन्तरात्मा दु:ख से दग्ध हो रहा है।" उन्होंने एक लेख लिखा जो 'लन्दन टाइम्स' में छपा। रूसी समाचार-पत्रों ने उसे डर के मारे नहीं छापा कि 'कहीं राजद्रोह का इलजाम उनपर न लगाया जाए।" यह लेख पत्र के रूप में छपा। बैजनाथ के अनुसार यह पत्र उन्होंने 'बड़े आवेश में आकर लिखा है।" उन्होंने उससे एक लम्बा उद्धरण दिया है जो इस प्रकार है : "संसार में युद्ध करने से अधिक भीषण और कोई अपराध नहीं। रूसी और जापानी मूर्ख सिपाही खून-खराबा कर रहे हैं सो विशेष अचम्भे की बात नहीं। अचम्भे की बात है कि खूब पढ़े-लिखे और समझदार आदमी इस लड़ाई में अगुवा हो रहे हैं; लड़ने वालों की मदद कर रहे हैं; उनकी इस घृणित और पापकारक काम की प्रशंसा कर रहे हैं। गत शतक में जितने युद्ध हुए, उनमें 1,40,00,000 आदमी मरकर यह दुनिया हमेशा के लिए छोड़ गए। यह युद्ध क्रूर था और मूर्खता का प्रज्वलित उदाहरण है। यह रूसराज के दैव-दुर्विपाक का चिह्न है। वे इस समय पागल हो रहे हैं। उन्हें बुरे-भले का ज्ञान नहीं है। दूसरों के कहने में लगे हैं; अभी एक बात बोलते हैं; थोड़ी देर में कुछ और ही करने लगते हैं। जो देश दूसरे का है, उसकी रक्षा करनेवाले सिपाहियों को मारनेवाले अपने सैनिकों को ये शाबाशी दे रहे हैं! यह अधम व्यापार बन्द कब होगा? हे निर्दय जार, मिकाडो, मंत्रिमंडल, सेनापति, धर्म्मोपदेशक और अखबार वाले! यदि तुमको युद्ध बहुत प्यारा है तो तुम खुद क्यों नहीं गोलों की वर्षा में जाकर बैठते और इच्छा होने से वहीं मरते? पर हम हरगिज जानेवाले नहीं!"

इस पर टिप्पणी करते हुए बैजनाथ ने लिखा : "पत्र में बहुत ही सख्त बातें कही गई हैं। इसलिए जार के एक मंत्री ने जार को सलाह दी थी कि तुलस्तुयी को साइबेरिया के कालेपानी को भेज दिया जाए। परन्तु वह स्वयं ही हमेशा के लिए उस कालेपानी को चला गया जहाँ से फिर कोई लौटकर नहीं आता। इस पत्र का उत्तर जार के एक मंत्री ने प्रकाशित किया है, पर वह कोई उत्तर ही नहीं। उसमें एक जगह लिखा है कि कौंट ने यह पत्र प्रकाशित करके संसार में अपनी हँसी कराई है। वाह, खूब कहा! कौंट की हँसी है और रूस राज की क्या? स्तुति!"

जारशाही रूस में किसान उत्पीड़ित थे। हिन्दी लेखकों की सहानुभूति जारशाही के प्रति नहीं है; किसानों के प्रति है। तोल्स्तोय इन निर्बल किसानों के वकील हैं। किसी बादशाह या उसके वजीर की मजाल नहीं कि वह ऐसे लेखक पर हँसे। तोल्स्तोय की तरह आगे चलकर बर्नार्ड शॉ और रोम्य रोलाँ ने युद्ध का विरोध किया। यूरोप के साम्राज्यवादियों ने अपनी लोलुपता के कारण लाखों आदमियों का खून बहाया। इनका विरोध करनेवाले थोड़े से ही साहसी लेखक थे। मानव जाति का भविष्य कभी शान्तिमय होगा तो उसका बहुत कुछ श्रेय इन लेखकों को होगा। पर तोल्स्तोय उतने अहिंसावादी नहीं थे जितना ऊपर से दिखाई देते हैं। 'युद्ध और शान्ति' उपन्यास में उन्होंने नेपोलियन के आक्रमण के विरुद्ध जारशाही रूस के प्रतिरोध का चित्रण किया है और उसमें उन्होंने रूसी किसानों की छापेमार लड़ाई का सजीव चित्रण ही नहीं किया है, उसकी प्रशंसा भी की है। भारतीय राजनीति में गांधी जी के प्रवेश से पहले हिन्दी लेखक तोल्स्तोय का महत्त्व पहचान चुके थे।

'सरस्वती' में जिन थोड़े-से विदेशी साहित्यकारों पर अनेक टिप्पणियाँ और लेख प्रकाशित हुए, उनमें तोल्स्तोय का नाम सबसे ऊपर है। द्विवेदी जी ने इन पर दूसरों के लेख प्रकाशित किये और स्वयं भी अनेक बार लिखा। सादा जीवन बिताना, किसानों के बीच रहना, बादशाहों की भी परवाह न करना, धन को मिट्टी समझना—ये सब ऐसे गुण थे जो, उनकी साहित्यिक प्रतिभा के साथ, द्विवेदी जी को प्रभावित करते थे। जनवरी, 1907 की 'सरस्वती' में अपनी सम्पादकीय टिप्पणी में उन्होंने लिखा था : "सारी दुनिया उनको सम्मान और प्रतिष्ठा की दृष्टि से देखती है। उनके बराबर निस्पृह मनुष्य इस जमाने में शायद ही और कोई हो। उनके ग्रंथों का सारे योरप की भाषाओं में अनुवाद हो गया है। उनसे लाखों रुपये की आमदनी होती है। पर तुलस्तुयी रुपये-पैसे को हाथ से छूते तक नहीं।...कौंट देहाती किसानों के ऐसे कपड़े पहनते हैं और ऐसा सादा भोजन करते हैं कि उसे देखकर लोग आश्चर्य में डूब जाते हैं। मांस और मद्य को वे छूते तक नहीं। यहाँ तक कि वे अंडे भी नहीं खाते। सुबह उठते हैं और खेतों में घूमा करते हैं। किसान उनको देखकर बहुत खुश होते हैं। सबसे वे हँसकर बातचीत करते हैं।...तुलस्तुयी को बादशाहों तक की कोई परवा नहीं। ये उनका जरा भी मुलाहजा नहीं करते। पर बादशाह लोग उनका आदर करते हैं। रूस-जापान-युद्ध के समय तुलस्तुयी ने जार को खूब फटकारा था। उनके उपन्यास आदर की चीज हैं। वे बड़े ही मनोरंजक और शिक्षाजनक हैं। उनका अँगरेजी में अनुवाद हो गया है। अतएव हम अपने अँगरेजीदाँ पाठकों से उनको पढ़ने की सिफारिश करते हैं।" तोल्स्तोय उन बिरले लेखकों में हैं जिनके उपन्यास द्विवेदी जी चाव से पढ़ते थे और दूसरों से पढ़ने को कहते थे।

कोई साहित्यकार बादशाहों की परवाह न करे, यह बात द्विवेदी जी को बहुत भली लगती थी और उन्हें बार-बार याद आती थी। लेखक को सच बात कहने में

कभी न डरना चाहिए, यह उनके लिए मानव-चरित्र का सबसे बड़ा गुण था। जून, 1908 की 'सरस्वती' में उन्होंने सम्पादकीय टिप्पणी लिखी : "योरप के बादशाह और कौंट टाल्स्टाय'। इसमें उन्होंने तोल्स्तोय की निर्भीकता, चरित्र की दृढ़ता और सत्यवादिता के बारे में लिखा : "आप बड़े निर्भीक पुरुष हैं। यथार्थ बात कहने में आप अपना सानी नहीं रखते। अप्रिय सत्य के कहने में आप जरा भी पसोपेश नहीं करते। आपकी राय बड़े मार्के की होती है। योरप वाले आपकी सम्मति को बड़े आदर की दृष्टि से देखते हैं। रूस के जार को तो आपने कितने ही बार फटकारा है। हाल में आपने योरप के बादशाहों के विषय में अपना मत प्रकट किया है जो प्रत्येक समझदार आदमी के ध्यान देने योग्य है। एक पत्र में वर्तमान दशा पर विचार करते हुए आप लिखते हैं : "यह अवनति का समय है। आजकल के राजा, राजेश्वर, सेनापति, मंत्री और पार्लीमेंट के सभासद तक स्वार्थी और दुराचारी हैं। लोक-परलोक का उन्हें जरा भी डर नहीं। नेक और बद की भी वे तमीज नहीं कर सकते। बादशाह केवल इसी चिन्ता में निमग्न रहते हैं कि किस तरह दूसरे की सम्पत्ति हड़प कर जाएँ। सिर्फ यही नहीं कि वे 'कत्ल-आम' कराते हैं, किन्तु कानून की आड़ में मृत्यु का दंड भी देते हैं। वे परस्पर एक दूसरे से, और प्राय: सबसे, झूठ बोलते हैं। योरप के प्राचीन ईसाई नृपति-वर्ग के सदाचारी होने पर भी वर्त्तमान समय के लोग उनसे घृणा करते हैं। पर आजकल के जीवित नरेश तो इस योग्य भी नहीं हैं कि उनसे घृणा की जाए। वे हमारी दया के पात्र हैं; हमको इन मनुष्य-नामधारी जीवों से, जिनमें मनुष्यत्व का लेश भी नहीं है, घृणा न करना चाहिए। उनको अपना प्रतिद्वन्द्वी न बनाना चाहिए। वे इस योग्य ही नहीं कि उनको यह प्रतिष्ठा दी जाए। हमको केवल उनके उन भयंकर और स्वार्थपूर्ण कामों की निन्दा करनी चाहिए जो मनुष्य जाति को कष्टदायक और अवनति के गढ़े में डालने वाले हैं।"

पिछड़ा हुआ रूस इस समय एशिया का हिस्सा समझा जाता था। इस एशियाई भूखंड में एक लेखक ऐसा था जिसकी दबंग आवाज यूरोप और एशिया, दोनों महाद्वीपों में सुनी जाती थी। अपनी साहित्यिक उपलब्धियों के बल पर विश्व साहित्य में उसने अपने लिए ऐसी जगह बना ली थी कि सम्राट् और बड़े-बड़े राजनीतिज्ञ उसकी उपेक्षा न कर सकते थे। अपने कथा-साहित्य से अलग विशुद्ध राजनीतिक लेखों में वह इस अर्द्ध-सामन्ती पूँजीवादी दुनिया को फटकारता था, और उसे चुप करने का साहस किसी में न था। उसने अपने चरित्र में जिन गुणों को प्रत्यक्ष किया था, वे हजारों साल से भारतीय जनता के लिए आदर्श महापुरुषों के गुण माने गए थे। इसलिए महावीरप्रसाद द्विवेदी को तोल्स्तोय पर लिखते हुए ऐसी आत्मीयता का बोध होता था, जो एक साथ प्राचीन और आधुनिक, दोनों है। तोल्स्तोय का लेखन-कार्य भारतीय जनता में राष्ट्रीय आत्मसम्मान की भावना जगाने और उसे पुष्ट करने में जितना सफल हुआ, उतना अन्य किसी विदेशी साहित्यकार का लेखन नहीं हुआ।

तोल्स्तोय कैसे रहते हैं, उनका पारिवारिक जीवन कैसा है, इस समय उनकी आयु कितनी है, ऐसी सभी बातों से महावीरप्रसाद द्विवेदी को दिलचस्पी थी। तोल्स्तोय की मृत्यु का दिन समीप आ रहा था पर उन्हें मृत्यु से भय नहीं था। सितम्बर, 1908 की 'सरस्वती' में द्विवेदी जी ने 'मृत्यु-कामना' शीर्षक टिप्पणी में उन प्राचीन ऋषियों को याद किया जो ब्रह्म को सत्य मानते थे, संसार को और जीवन को स्वप्नवत् समझते थे। "मृत्यु से भय खाना तो वे जानते ही न थे, कारण यह कि मृत्यु को वे वैसा ही समझते थे, जैसे कोई पुराने कपड़े उतारकर नये पहन लेता है।" इसके बाद उन्होंने तोल्स्तोय का एक कथन उद्धृत किया जिसमें उन्होंने इस जीवन को स्वप्नवत् बताया था और कहा था : "युवावस्था में मरना वैसा है, जैसे कोई कच्ची नींद में जाग पड़े। बुढ़ापे का मरना वैसा है, जैसे कोई भरपूर नींद ले के उठे। जो कुछ मैं कहता हूँ, उस पर मुझे पूरा विश्वास है। मुझे निश्चय है कि मैं मरने से सुखी हूँगा। उसके बाद मैं ऐसे लोक में जाऊँगा जहाँ सभ्यता का अंश यहाँ की अपेक्षा अधिक है।" यद्यपि द्विवेदी जी को स्वयं परलोकवाद पर विश्वास न था, पर उन्होंने इस बात को लक्ष्य किया कि तोल्स्तोय का सिद्धान्त 'हमारे उपनिषदों के सिद्धान्त से कैसा मिल गया!"

दिसम्बर, 1908 की 'सरस्वती' में द्विवेदी जी ने तोल्स्तोय का चित्र प्रकाशित किया जिसके नीचे हिन्दी में लिखा था : रशियन ऋषि। चित्र के परिचय में उन्होंने 'सरस्वती' में प्रकाशित तोल्स्तोय के जीवन-चरित और उनसे सम्बन्धित टिप्पणियों का उल्लेख किया। अब वह 80 वर्ष के हुए थे। इस सन्दर्भ में द्विवेदी जी ने लिखा : "अभी हाल में आपकी वर्षगाँठ के सम्बन्ध में योरप के कई देशों में जगह-जगह उत्सव मनाये गए थे। आप 80 वर्ष के हो चुके हैं। आपके विचार हमारे देश के निरीह वेदान्तियों से बहुत मिलते हैं। आप बड़े ही स्पष्टवादी हैं। डर आपको छू तक नहीं गया। रूस-जापान-युद्ध के समय आपने जार और उनके मंत्रिमंडल को बेतरह फटकारा था।...बड़े सीधे-सादे स्वभाव के हैं। आडम्बर जरा भी पसन्द नहीं है। आपके कपड़े-लत्ते सब किसानों के जैसे हैं। योरप वाले आपको ऋषि समझते हैं। इन्हीं रशियन ऋषि का चित्र पंडित बालकृष्णदास जी ने देहली से कृपा करके भेजा है। उसे हम धन्यवादपूर्वक अन्यत्र प्रकाशित करते हैं। एक तरफ तो आपकी विद्वत्ता की सूचक पुस्तकों के ढेर और कलम-दवात हैं; दूसरी तरफ आपके कृषक-जीवन के सूचक अनाज के गट्ठे हैं।" यानी चीजें चित्र में बालकृष्ण दास ने बनाई थीं।

फरवरी, 1911 की 'सरस्वती' में तोल्स्तोय का वही चित्र फिर प्रकाशित हुआ और उसके साथ द्विवेदी जी की टिप्पणी छपी : 'कौंट टाल्स्टाय का परलोक-गमन'। इसमें उन्होंने लिखा : "रूस के दीनवत्सल, निरीह, सर्वोपकाररत महात्मा टाल्स्टाय का परलोकवास हो गया।...85 वर्ष की उम्र में आपने इस लोक से प्रस्थान किया। आपका पाँचभौतिक शरीर तो नष्ट हो गया, पर आपकी उज्ज्वल कीर्ति नष्ट नहीं हुई।

वह नष्ट हो नहीं सकती। प्रत्युत वह अब उज्ज्वलतर हो गई है। उसकी उज्ज्वलता के प्रतिदिन और भी अधिक निर्म्मल होने की सम्भावना है। आप यद्यपि रूस में उत्पन्न हुए, वहीं रहे, और वहीं आपका शरीरान्त भी हुआ; पर गुण आपमें भारतवर्षीय प्राचीन ऋषियों के से थे। आपको रूस ही के नहीं, अन्यान्य देशों के निवासी भी पूज्य दृष्टि से देखते थे।—टाल्स्टाय ने अपने उपन्यासों में समाज की भिन्न-भिन्न स्थितियों के चित्र-से खींच दिये हैं। वे ऐसे अच्छे हैं कि उनका अनुवाद कितनी ही विदेशी भाषाओं में हो गया है। इन उपन्यासों को पश्चिमी देशों के पंडित उसी दृष्टि से देखते हैं जिस दृष्टि से हिन्दू लोग गीता, भागवत और रामायण आदि को देखते हैं। टाल्स्टाय मारकाट और परपीड़न के बेतरह विरोधी थे। रूस-जापान-युद्ध के सम्बन्ध में उन्होंने रूस-राज के प्रधान मंत्रिमंडल ही की नहीं, प्रत्यक्ष जार तक की निन्दा की थी। पर उन पर सारे देश की इतनी श्रद्धा और भक्ति थी कि उनके इन आक्षेपों को सुनकर किसी ने चूँ तक नहीं किया। अमीर होकर वे एक दरिद्र गृहस्थ की तरह रहते थे। कुछ दिनों से रुपये-पैसे को छूते तक नहीं थे। दीन-दुखियों की सदा सहायता किया करते थे। आपकी मृत्यु एक बहुत छोटे-से गाँव में हुई। पर यह गाँव अब एक प्रकार का तीर्थ हो गया है। लाखों आदमी वहाँ की यात्रा करने जाने लगे हैं। ऐसे ही महात्माओं का जन्म सफल समझना चाहिए।"

जहाँ भी द्विवेदी जी ने तोल्स्तोय के बारे में लिखा है, रूस-जापान युद्ध का जिक्र अवश्य किया है। यह युद्ध उनके लिए राज्य-विस्तार की लिप्सा का प्रमाण था। और यह बात उनको बहुत अच्छी लगती थी कि एक साहित्यकार ने विशाल साम्राज्य के राजा और उसके मंत्रियों को फटकारा और वे लोग विरोध में कुछ न कर सके। इतना बड़ा मर्तबा तोल्स्तोय ने किसानों के बीच रहकर, किसानों का-सा जीवन बिताकर प्राप्त किया था, यह जनसाधारण की बहुत बड़ी विजय थी।

द्विवेदी-युग की आलोचना अत्यन्त प्रखर है। उसमें उस तीव्र संघर्ष की झलक मिलती है जो साहित्य को रूढ़िवाद से मुक्त करके उसे नई दिशा में विकसित करने के लिए हो रहा है। यह संघर्ष साहित्य तक सीमित नहीं है। राजनीति, समाजशास्त्र, इतिहास, दर्शन आदि अनेक क्षेत्रों में यह संघर्ष चल रहा है और विभिन्न क्षेत्रों में चलने वाले ये संघर्ष आपस में जुड़े हुए हैं। इस युग में आलोचना की भूमिका यह है कि साहित्य और समाज की ठोस तत्कालीन परिस्थितियों को ध्यान में रखते हुए वह उन तमाम रूढ़ियों से संघर्ष करती है जो साहित्य के विकास में बाधक हैं। उसने कलात्मक साहित्य के विकास को प्रेरणा दी, उसके साथ-साथ आगे बढ़ी, और कहीं-कहीं वह उसके आगे चलती है—भविष्य का पथ प्रशस्त करते हुए। रामचन्द्र शुक्ल इसी युग की देन हैं।

5

महावीरप्रसाद द्विवेदी और 'सरस्वती'

1. कलात्मक साहित्य : ऐतिहासिक परिप्रेक्ष्य में

द्विवेदी-युग के कलात्मक साहित्य की उपलब्धियों का मूल्यांकन करना यहाँ अनावश्यक है। उस सहित्य से लोग अच्छी तरह परिचित हैं, उसके कलात्मक सौन्दर्य के बारे में मतभेद हो, वह अलग बात है। यहाँ कुछ बातों की ओर संकेत कर देना काफी होगा। कविता के क्षेत्र में मैथिलीशरण गुप्त ने सफलतापूर्वक ब्रजभाषा की जगह खड़ी बोली को प्रतिष्ठित किया। उनके प्रयत्न के बिना छायावादी कविता उतनी तेजी से प्रगति न कर पाती। 1920 से पहले नायिका-भेद और अलंकारशास्त्र का प्रभाव कितना गहरा था, इसे ध्यान में रखने पर ही मैथिलीशरण गुप्त का ऐतिहासिक महत्त्व समझ में आ सकता है। उनके समय की कविता अधिकतर समाजोन्मुख है। उसका उपयोगितावादी लक्ष्य बहुत स्पष्ट है। उसका भावबोध अक्सर उथला, विचारशक्ति क्षीण और भाषा असमर्थ जान पड़ती है। पर स्मरणीय है कि जिन अनेक विषयों पर द्विवेदी-युगीन कवियों ने रचनाएँ की हैं, उन्हीं पर छायावादियों ने और आगे चलकर प्रगतिवादियों ने भी कविताएँ लिखी हैं। द्विवेदी-युगीन कवियों की शैली ने बहुधा छायावादी कवियों को प्रभावित किया है। सनेही और मैथिलीशरण गुप्त की झलक बहुत जगह निराला की रचनाओं में मिलती है। यह शैली अतिशय लाक्षणिकता से पीड़ित नहीं है। उसमें तत्सम शब्दावली की अधिकता नहीं है। वह कवित्वपूर्ण शब्दों की आवृत्ति नहीं करती। उसका लक्ष्य पढ़े-लिखे लोगों को ही नहीं, अपढ़ जनों को भी प्रभावित करता है। जनता के लिए व्यापक स्तर पर साहित्य रचते हुए हमेशा यह समस्या आती है कि कलात्मक सौन्दर्य उत्कृष्ट हो। इस बात का ध्यान रखते हुए किस तरह ऐसी शैली में साहित्य लिखा जाए कि वह लोकप्रिय भी हो। यह समस्या काफी हद तक द्विवेदी-युग के कवियों ने हल कर ली थी। छायावादी कवि अपने पहले दौर में कहीं इसी शैली का विकास करते हैं, जैसे—'जब कड़ी मारें पड़ीं दिल हिल गया', अथवा 'धूम धुँआरे काजर कारे हम

हीं बिकरारे बादर'—और कहीं वह अपनी तत्सम-प्रधान लाक्षणिक शैली लेकर चलते हैं। अपने दूसरे दौर में जब वे छायावाद की कल्पना-भूमि से यथार्थवाद की भूमि की ओर बढ़ते हैं, तब वे उसी शैली का फिर विकास करते हैं जो कुछ समय तक दुरूह लाक्षणिक शैली की आड़ में हो गई थी। और इसी शैली का विकास आगे चलकर प्रगतिशील कविता में होता है। इस तरह द्विवेदी-युग की काव्यधारा विषयवस्तु और रूप के विचार से कभी पूरी तरह नष्ट नहीं होती।

यह काव्यधारा रहस्यवाद की विरोधी है और व्यक्तिवादी भावोद्‌गार भी उसमें कम हैं। छायावादी कवि अपने प्रथम चरण में रहस्यवाद और व्यक्तिवादी भावोद्‌गार लेकर सामने जाते हैं किन्तु दूसरे चरण में जब वे यथार्थवाद की ओर बढ़ते हैं, तब इन दोनों प्रवृत्तियों से वे काफी हद तक अपने काव्य को मुक्त करते हैं। छायावादोत्तर विकास इसी प्रकार भावोद्‌गार और रहस्यवाद का विरोधी है। छायावाद के नकारात्मक पक्ष—अनुभूति की 'ईमानदारी', निराशा, उदासी, कुंठा आदि-आदि—नई कविता को विरासत में मिले हैं। यह स्वाभाविक है कि जब कविता में व्यक्तिवाद की धारा क्षीण होगी, यथार्थवादी धारा पुष्ट होगी, तब द्विवेदी-युगीन काव्य का भी मूल्यांकन दूसरे ढंग से होगा।

इस युग में बहुत-सी कविताएँ ऐसी हैं जो प्रयोगात्मक हैं, जिनमें कलात्मक स्थिरता नहीं है, प्रारम्भिक प्रयास का कच्चापन है, पर इसीलिए उनमें सीखने-समझने के लिए बहुत-सी बातें हैं। बहुत-सी कविताएँ संस्कृत वृत्तों में लिखी गईं। इनमें सर्वाधिक सफलता मैथिलीशरण गुप्त को मिली है किन्तु उनकी ये रचनाएँ तुकान्त हैं। उन्होंने घनाक्षरी के आधार पर अनुवाद के लिए जिस अतुकान्त छंद का प्रयोग किया, वह निराला के मुक्त छंद की आधारभूमि भी है। इस युग में बहुत-सी कविताएँ व्यंग्यपूर्ण लिखी गई हैं। व्यंग्य और हास्य-विनोद की प्रवृत्ति इस युग में उतनी व्यापक नहीं है जितनी भारतेन्दु-युग में थी। उसका भरा-पूरा विकास आगे चलकर निराला और प्रगतिवादी कवियों की रचनाओं में दिखाई देता है। इसके अलावा अनेक कविताएँ लोकगीतों या लोक-कविता की शैली में है और वे कभी खड़ी बोली में लिखी गई हैं, कभी जनपदीय भाषाओं में। इन्हीं में द्विवेदी जी का वह आल्हा है जो उन्होंने 'कल्लू अल्हैत' के नाम से लिखा था। खड़ी बोली की नजीर अकबरावादी वाली परम्परा अभी जीवित थी। इसका एक नमूना यह है :

खड़ा हुआ मैं, निकल के घर से, गगन में तारे, चमक रहे थे।
सभी अनोखे, सभी मनोहर, सभी प्रभा से, दमक रहे थे।
अपूर्व गहने, रजत के पहने, अपार छवि से, छमक रहे थे।
मनो प्रतीक्षा, करैं किसी की, इसी से मग में ठमक रहे थे॥

ये पंक्तियाँ वागीश्वर मिश्र की 'आकाश मंडल' कविता में है जो अगस्त, 1902 की 'सरस्वती' में छपी थी। इससे बिलकुल भिन्न कोटि की शैली मई 1900 की 'सरस्वती' में प्रकाशित 'मलियानिल' कविता की है—लेखक का नाम प्रकाशित नहीं हैं—जिसे छायावादी शैली कहा जा सकता है :

स्नेहागार, उदार, प्रकृति भर्तार,
विनय के पारावार,
प्राणाधार शरद राका के,
चटक चन्द्रिका के सुखसार,
कोमल हृदय, सरल मन, पुलकित
गात, दिव्य गुणराशी हौ;
आज कहो सब गुप्त भेद,
तुम कौन लोक के वासी हौ?
× × ×
श्याम! गरिम गुण ग्राम! पुष्य
मयनाम! अवाम! अनूप! ललाम!
पूर्ण काम! सुखधाम! अधम आराम!
राम! हे जन विश्राम!

ये पंक्तियाँ थोड़े हेर-फेर से 'पल्लव' संग्रह में मजे से खप सकती थीं। जिस साल ये 'सरस्वती' में प्रकाशित हुई थीं, उसी साल 'पल्ल्व' के भावी कवि का जन्म हुआ था। 1920 के बाद हिन्दी में जिन अनेक काव्य-शैलियों का विकास हुआ है, उनमें अधिकांश के पूर्व रूप कहीं न कहीं द्विवेदी-युग में मिल जाएँगे।

यह न समझना चाहिए कि ब्रजभाषा में सभी कविताएँ रीतिवादी ढंग की होती थीं। दरअसल पत्रिकाओं में छपनेवाली ऐसी कविताएँ अधिकतर नये-नये विषयों पर होती थीं और इनका स्तर कहीं तो कृत्रिम साहित्यिक ब्रजभाषा का होता था और कहीं वह लोक-कविता के स्तर से मिल जाता था। भारतेन्दु हरिश्चन्द्र ने ब्रजभाषा को कविता का माध्यम बनाये रखने के साथ नये विषयों पर कविता लिखने का आग्रह किया था। जुलाई, 1901 की 'सरस्वती' में रघुनाथ प्रसाद की 'लखनऊ वर्णन' कविता छपी है। इसमें उक्त दोनों स्तर साफ दिखाई देते हैं। कविता यों शुरू होती है :

राजति आर्यावर्त्त देश
उत्तरमहँ धरनी जोई।
उत्तम नगरन माँहि जासु
गणना नितही नित होई।

यह कृत्रिम साहित्यिक भाषा की मिसाल है। पर जहाँ कवि व्यंग्य-विनोदपूर्ण शैली में यथार्थवादी चित्रण करता है, वहाँ भाषा बदल जाती है :

...लेडी इंगलिश और पारसी
गहिरी धूम मचावैं।
करमें कर दै दम्पति बिचरैं
मिसैं जहाँ तहँ डोलैं।
घेरें तिन्हैं रिझावनहारे
मरम चाह के खोलैं।...
ठसक नवाबी लम्बे पट्टे
चूड़ीदार दुटंगा।
कान फुरहरी हाथ रुमलिया
जूता रंग बिरंगा।
बने लिफाफा ऊपर चितवै
फूँकहुते उड़ि जावैं।
घर में बेगम नंगी बैठी
आप नवाब कहावैं।
दिवस बटेर पतंग लड़ावैं
देइं उड़ाइ वसीका।
बेंचि कसीदा जब लै आवैं
होइ पेट को ठीका।...
फाटकहू पर देखि गाहकै
ठग दलाल चट दौरैं।
जानि गँवार घेरि सब चहुँदिसि
बाँह पकरि झकझोरैं।...
ऊँचे महल गली सकरी अति
कोठे नरक-कि-दूती।
सबक पढ़ाइ छीनिधन सरबस
पीछे मारैं जूती।
बड़ी दूर लौं पाँति दुकानैं
वस्तु अनेक बिराजैं।
मनि मानिक अरु हाटक चाँदी
वाच क्लाक छवि छाजैं।
हजरत गंजहि फिसन आधुनिक
देखि परै सब ठौरैं।

कोट पैन्ट सों डटे महाशय
चढ़े बाइसिकिल दौरैं।
तहाँ दुकानैं अँगरेजन की
सौदा बेचैं नीके।
दुगुने तिगुने दाम परैं पै
होहिं अतहि वे जी के।
तरहदार अँगरेजी बाना
इहाँ मिलै अधिकाई।
नाहिन हजरत गंज हाट
लन्दन कीधौं उठ आई।
हाट अमीनाबाद रुचिर अति
सब विधि के जन आवैं।
पुराचीन अरु नूतन फेशन
दोऊ इत मिलि जावैं।
इक्का फिटन बाइसिकिल टमटम
अमित पयादे जावैं।
साँझ समय की भीर इहाँ की
देखत ही बनि आवैं।
वस्तु अनेक भाँति की उत्तम
धरी दुकानन माहीं।
आइ अनेक खरीदैं बेचैं
हाट सराहत जाहीं।
सदर माहिं कारे गोरन की
पलटन अति अधिकाई।
तहाँ सफाई अधिक रहै कछु
उपमा कहि नहिं जाई।
बेचन वारे उतरे कपड़े
गोरन के लै लेहीं।
साहेब बने किरानिन के सिर
झारि पोंछि मढ़ि देहीं।
पिए बरांडी झूमत घूमैं
लड़खड़ात कहुँ गोरे।
देसी फौजी अकड़े बिचरैं
भरे गरूर अथोरे।

इस तरह की लोक-शैली में काफी कविताएँ अब भी लिखी जाती हैं और लोकप्रिय भी हैं। इस तरह का यथार्थवादी चित्रण लोक-कविताओं में ही अधिक है। ऊँचे स्तर वाली साहित्यिक रचनाएँ अपनी शिष्ट भाषा के साथ इस अशिष्ट यथार्थवाद का मेल नहीं होने देतीं।

जुलाई, 1903 की 'सरस्वती' में 'स्वदेशी वस्त्र का स्वीकार' कविता छपी है। कविता के साथ कवि का नाम नहीं है किन्तु वर्ष भर के अंकों की सूची से ज्ञात होता है कि वह सम्पादक की रचना है। द्विवेदी जी किस तरह की राष्ट्रीय कविता लिखना-लिखाना चाहते थे, यह रचना उसका अच्छा उदाहरण है। नमूने के तौर पर उसका कुछ अंश यहाँ उद्धृत किया जाता है :

विदेशी वस्त्र क्यों हम ले रहे हैं?
वृथा धन देश का क्यों दे रहे हैं?
न सूझै है अरे भारत भिखारी!
गई है हाय तेरी बुद्धि मारी।
हजारौं लोग भूखौं मर रहे हैं;
पड़े वे आज या कल कर रहे हैं।
इधर तू मंजु मलमल ढूँढ़ता है!
न इससे और बढ़कर मूढ़ता है।
महा अन्याय हाहा हो रहा है;
कहैं क्या कुछ नहीं जाता कहा है।
मरैं असग़र बिसेसर और काली;
भरैं घर ग्राण्ट, ग्राहम और राली।
स्वदेशी वस्त्र की हम को बड़ाई,
विदेशी लाट ने भी है सुनाई।
न तिस पर भी हमें जो लाज आवै,
किया क्या हाय हे जगदीश! जावै।...
न काशी और चन्देरी हमारी;
न ढाका, नागपुर नगरी विचारी।
गई है नष्ट हो; जो•देश भाई!
दया उनकी तुम्हैं कुछ भी न आई।
अकेला एक लुधियाना हमारा;
चला सकता अभी है काम सारा।
फिरैं, तिस पर, भला, जो और के द्वार;
हमें, फिर, क्यों नहीं सौ बार धिक्कार?

स्वदेशी वस्त्र का स्वीकार कीजै;
विनय इतना हमारा मान लीजै।
शपथ करके विदेशी वस्त्र त्यागो;
न जावो पास; उससे दूर भागो।
अरे भाई! अरे प्यारे! सुनो बात;
स्वदेशी वस्त्र से शोभित करो गात।
वृथा क्यों फूँकते हो देश का दाम;
करो मत और अपना नाम बदनाम!

अपने समय के आधुनिक हिन्दी के एक समर्थ कवि नाथूराम शंकर शर्मा थे। उनकी रचनाएँ सूक्ष्म संवेदनशीलता से हीन लग सकती हैं पर आज भी उनकी वक्तृत्व-कला और ओजपूर्ण भाषा प्रभावित करती है। वह स्वयं में डूबे हुए अनुभूतिवादी प्रगीतकार नहीं हैं। वह सदा मंच पर दिखाई देते हैं और सामने श्रोताओं की भीड़ होती है। यद्यपि वह समस्या-पूर्ति भी करते थे और ज्ञानुप्रास पदावली उन्हें प्रिय थी, फिर भी हिन्दी कविता को रीतिवादी प्रभाव से मुक्त करने में और पद्य में खड़ी बोली की नई शक्ति उद्घाटित करने में तथा काव्य क्षेत्र में ब्रजभाषा की जगह उसे प्रतिष्ठित करने में उनकी भूमिका महत्त्वपूर्ण रही है। मई, 1906 की 'सरस्वती' में उनकी कविता 'हमारा अध:पतन' के कुछ अंश इस प्रकार हैं :

पाखंड भरी पवित्रता है,
छल बल के साथ मित्रता है।
अस्थिर मन घर घमंड का है,
डर है तौ राजदंड का है।
बकने को व्याकरण अलम है,
लड़ने को न्याय भी न कम है।
विद्यावारिधि उपाधि पाई,
अवशेष रही न पण्डिताई।...
व्यभिचारी पेट के पुजारी,
बन बैठे बाल-ब्रह्मचारी।
मिथ्या सब 'सोहमस्मि' बोलें,
साकार अनेक ब्रह्म डोलें।
बच्चों के तेजहीन बच्चे,
कच्चे, व्यवहार के न सच्चे।
ये भीरु भला न कर सकेंगे,
थोड़े दिन पेट भर सकेंगे।

बिधवा रिस रोक रो रही हैं,
लाखों कुल कानि खो रही हैं।
जारों के गर्भ धारती हैं,
जनती हैं और मारती हैं।
भूखे पशु पोच लट रहे हैं,
देखो बिन काल कट रहे हैं।
गोकुल में शोक छा रहा है,
हा याद अशोक आ रहा है।
घी दूध दही सदैव खाते,
सौ में दो चार भी न पाते।
सब तीत सनेह की निचोड़ी,
छलियों ने छाछ भी न छोड़ी।
क्यों जी बेजोड़ ब्याज खाना,
दीनों को रात दिन सताना।
समझें हैं जो सुशील इनको,
कहते हैं वे कुशील किनको।
जीवन भर जी लगाय लोगौ,
मन भाये भव्य भोग भोगौ।
कहते हैं माल मस्त ऐसा,
किसका अन्याय न्याय कैसा।...
लंठों की लूट मच रही है,
पूँजी भरपेट पच रही है।
कितने ही राज कर्मचारी,
जिनके कर बाग है हमारी।
वेतन भरपूर पा रहे हैं,
तिस पर भी घूँस खा रहे हैं।

यहाँ भारत-दुर्दशा पर विलाप करने के बदले ऐसा उग्र स्वर सुनाई देता है जिसका अर्थ है, रोने-धोने के दिन गए, काम करने के दिन आ गए। हास-परिहास के साथ आक्रोश का स्वर है, समकालीन व्यवस्था की तीखी आलोचना है और व्यंग्य का तीखापन इसी आलोचना से उत्पन्न होता है। कविता की पंक्तियों में एक नई तरह का बलाघात है जो आगे चलकर निराला की कविताओं में, विशेष रूप से मुक्त छंदवाली कविताओं में, पूरी तरह से विकसित होता है। इस समय अंग्रेजों की नीति थी अल्पसंख्यकों को शह देकर बहुसंख्यकों को दबाये रखना। इसकी प्रतिक्रिया शंकर जी के अलावा उस युग के प्राय: सभी लेखकों में दिखाई देती है। यह समझना

भ्रम होगा कि साहित्य के माध्यम से व्यक्त होनेवाली सामाजिक चेतना साम्प्रदायिक है अथवा इस प्रतिक्रिया तक सीमित है। इसी तरह जहाँ-तहाँ अंग्रेजों की प्रशंसा से यह न समझना चाहिए कि यह चेतना अंग्रेजी राज कायम रखने के पक्ष में है।

सितम्बर, 1914 की 'सरस्वती' में पटना के हीरा डोम की कविता 'अछूत की शिकायत' प्रकाशित हुई। यह भोजपुरी में है और सम्भवत: उस भाषा में लिखी हुई यह एक मात्र कविता है जो द्विवेदी जी की 'सरस्वती' में प्रकाशित हुई थी। यह कविता उनके पास भेजी गई थी क्योंकि कविता के ऊपर कोष्टकों में छपा है—'प्राप्त'। हिन्दी में इससे पहले (और बाद को भी) किसी डोम-बन्धु की लिखी कविता मेरे देखने में नहीं आई :

हमनी के राति दिन दुखवा भोगत बानी,
हमनी के सहेबे से मिनती सुनाइबि।
हमनी के दुख भगवनओं न देखताजे,
हमनी के कबले कलेसवा उठाइबि।
पदरी सहेब के कचहरी में जाइबिजां,
बेधरम होके रंगरेज बनि जाइबि।
हाय राम। धरम न छोड़त बनत बाजे,
बे-धरम होके कैसे मुँहवा देखाइबि॥ 1॥
खंभवा के फारि पहलाद के बंचवले जाँ,
ग्राह के मुँहे से गजराज के बचवले।
धोतीं जुरजोधना कै भइआ छोरत रहै,
परगट होके तहाँ कपड़ा बढ़वले।
मरले रवनवाँ के पलले भभिखना के,
कानी अंगुरी पै धैके पथरा उठवले।
कहँवा सुतल बाटे सुनत न बाटे अब,
डोम जानि हमनी के छुए से डेरइले॥ 2॥
हमनी के राति दिन मेहनत करीलेजाँ,
दुइगो रुपयवा दरमहा में पाइबि।
ठकुरे के सुखसेत घर में सुतल बानीं,
हमनी के जोति जोति खेतिया कमाइबि।
हकिमे कै लसकरि उतरल बानीं,
जेत उहओं बेगरिया में पकरल जाइबि।
मुँह बान्हि ऐसन नोकरिया करत बानीं,
ई कुलि खबरि सरकार के सुनाइबि॥ 3॥

बभने के लेखे हम भिखिया न माँगबजाँ,
ठकुरे के लेखे नहि लउरि चलाइबि।
सहुआ के लेखे नहि डाँड़ी हम मारबजाँ,
अहिरा के लेखे नहि गइया चोराइबि। (चराइबि?)
भंटऊ के लेखे न कबित्त हम जोरबजाँ
पगड़ी न बान्हि के कचहरी में जाइबि॥
अपने पसिनवा कै पइसा कमाइबजाँ,
घर भर मिलि जुलि बाँटि चोंटि खाइबि॥ 4॥
हड़वा मसुनइया कै देहियाँ है हमनी कै,
ओकरै के देहियाँ बभनओं कै बानी।
ओकरा कै घरे घरे पुजवा होखत बाजे,
सगरे इलकवा भइलैं जजमानी।
हमनी के इनरा के निगिचे न जाइलेजां,
पाँके में से भरि भरि पिअतानी पानी।
पनहीं से पिटि पिटि हाथ गोड़ तुरि दैलैं,
हमनी के एतनी काही के हलकानी?॥ 5॥

हीरा डोम ने किसी से 'सरस्वती' का नाम सुना होगा। मैथिलीशरण गुप्त की तरह 'सरस्वती' में कविता प्रकाशित कराके प्रसिद्ध कवि बनने का स्वप्न तो उन्होंने न देखा होगा पर अपनी शिकायत 'सरस्वती' के माध्यम से शिक्षितजनों तक उन्हें जरूर पहुँचानी थी। द्विवेदी जी ने साहसपूर्वक वह कविता अपनी उस पत्रिका में छापी जिसमें बड़े-बड़े लोग रचनाएँ छपाने को तरसते थे। हीरा डोम ने उन पादरियों की आलोचना की जो धरम छोड़ देने की शर्त पर अछूतों की दशा सुधारने का वादा करते थे। दीनबन्धु भगवान से कहा कि शायद तुम भी मुझे डोम जानकर छूने से डरते हो। अछूतों के सबसे बड़े उत्पीड़क जमींदार थे जो खेतों में मेहनत कराके घर में आराम से सोते थे। गाँव के सर्वहारा-समुदाय की वर्ग-चेतना यहाँ पहली बार साफ-साफ प्रतिबिम्बित हुई है। जमींदार के सहायक सरकारी अफसर हैं जो अछूतों से बेगार कराते हैं। द्विवज वर्णों के अन्य लोग अपने-अपने काम से लगे हैं पर डोम को पीने के लिए कुएँ का साफ पानी भी नहीं मिलता। जिस हाड़-मांस का शरीर बाह्मण का बना है, उसी का अछूत-शरीर भी बना है, फिर क्या कारण है कि ब्राह्मण तो पूजा जाता है और अछूत को जूतों से मारा आता है, उसके हाथ-पैर तोड़ दिये जाते हैं?

पिछले दिनों शोषित जनों को लेकर बहुत कुछ लिखा गया है और मराठी में विद्रोही अछूत कवियों ने अपना क्षोभ व्यक्त करते हुए कविताएँ लिखी हैं। हीरा

डोम की उक्त रचना में जो प्रतिरोध का स्वर है, शोषण-चक्र के भीतरी तंत्र की जो पहचान है, श्रम करनेवालों के महत्त्व का जो ज्ञान है, करुणा और व्यंग्य के साथ आत्मसम्मान की जो भावना है, वह सब हिन्दी कविता में अभी दूसरी जगह व्यक्त नहीं हुआ।

कथा-साहित्य में द्विवेदी-युग की मुख्य देन प्रेमचन्द हैं। बंकिमचन्द्र और रवीन्द्रनाथ से भिन्न वह यथार्थवादी धारा से सम्बद्ध हैं। रूमानी, कल्पनाशील, अतीत की ओर उन्मुख, रहस्यवादी दृष्टि उनके पास नहीं है। उनके अनेक महत्त्वपूर्ण उपन्यास उस समय प्रकाशित हुए जब छायावाद का बोलबाला था। इसलिए ऐसा लगता है कि वह युगधारा से अलग कुछ अपने ढंग का साहित्य लिख रहे हैं। पर प्रेमचन्द के साहित्य को द्विवेदी-युग से अलग हटाकर उसे समझा ही नहीं जा सकता। कुल मिलाकर वह जीवन और साहित्य के बारे में उसी बुद्धिवादी और उपयोगितावादी दृष्टि से सोचते हैं, जो द्विवेदी-युग की विशेषता है। उनका साहित्य-रचनाकाल तब शुरू होता है जब भारतेन्दु-युग समाप्ति पर है। द्विवेदी-युग में उनकी कला क्रमशः पुष्ट होती है। वह छायावादी काल में रहस्यवाद की हवा से प्रभावित न होकर अपनी रंगभूमि में जमे रहते हैं। जीवन के अन्तिम चरण में वह प्रगतिशील लेखक संघ के प्रथम अधिवेशन की अध्यक्षता करते हैं। सन् '30 के बाद का उनका कथा-साहित्य पुरानी राजनीतिक मान्यताओं की तीव्र आलोचना करता है। सन् '30 के बाद प्रसाद और निराला—'तितली', 'चतुरी चमार', 'बिल्लेसुर बकरिहा' आदि में—उसी भूमि पर चलते-फिरते दिखाई देते हैं जो प्रेमचन्द की परिचित भूमि है। इससे ज्ञात होगा कि जिस बुद्धिवादी धारा के प्रतिनिधि महावीरप्रसाद द्विवेदी थे, वह भीतर से कितनी समर्थ थी। वह स्वयं रहस्यवाद की ओर नहीं मुड़ती, कुछ समय बाद रहस्यवादियों को ही अपनी ओर मुड़ने पर विवश करती है। उल्लेखनीय है कि आलोचना में रामचन्द्र शुक्ल, कविता में मैथिलीशरण गुप्त, कथा-साहित्य में प्रेमचन्द—ये तीनों ही रहस्यवाद के विरोधी हैं। इनमें रामचन्द्र शुक्ल इस विरोध को एक सैद्धान्तिक आधार देते हैं। उनकी विचारधारा भौतिकवादी मान्यताओं के बहुत नजदीक है। उनसे आगे बढ़कर प्रेमचन्द स्वयं को नास्तिक घोषित करते हैं और समाजवादी विचारधारा का जोरदार समर्थन करते हैं। यह सारा विकास द्विवेदी-युग से जुड़ा हुआ है।

2. हिन्दी की जातीय पत्रिका 'सरस्वती'

हिन्दी में 'सरस्वती' से पहले, उसके साथ-साथ और उसके बाद बहुत-सी पत्रिकाएँ निकलीं और निकलती रहीं पर किसी भी पत्रिका में हिन्दी लेखक अपनी रचनाएँ छपाने के लिए ऐसे आतुर और उत्सुक नहीं दिखाई दिये, जैसे 'सरस्वती' में। मैथिलीशरण गुप्त ने अपने संस्मरण में लिखा है : "इस बीच कलकत्ते के

वैश्योपकारक मासिक पत्र में मेरे पद्य छपने लगे थे। इससे मुझे कुछ अभिमान भी हो गया था। परन्तु हिन्दी की एक मात्र प्रतिष्ठित पत्रिका 'सरस्वती' थी। मन मेरा उधर ही लगा था।" ('द्विवेदी पत्रावली', पृ. 47) लेखकों को 'सरस्वती' में अपनी रचनाएँ छपाने की यह उत्सुकता क्या इसलिए थी कि द्विवेदी जी उनकी भाषा का परिष्कार करेंगे? द्विवेदी जी भाषा सुधारने के अलावा और भी बहुत कुछ जोड़ते-घटाते थे। पर 'सरस्वती' के महत्त्व का कारण यह नहीं था। यदि द्विवेदी जी द्वारा सम्पादित 'सरस्वती' के पुराने अंक उठाकर किसी भी नई-पुरानी पत्रिका के अंकों से मिलाये जाएँ तो ज्ञात होगा कि पुराने हो चुकने पर भी इन अंकों में सीखने-समझने के लिए अन्य नवीन पत्रिकाओं की अपेक्षा कहीं अधिक सामग्री है। 'सरस्वती' सबसे पहले ज्ञान की पत्रिका थी, वह हिन्दी नवजागरण का मुख पत्र थी, और हिन्दी-भाषी जनता की सर्वमान्य जातीय पत्रिका थी। ज्ञान की पत्रिका होने के अलावा वह कलात्मक साहित्य की पत्रिका थी—ऐसे साहित्य की, जो रीतिवादी रूढ़ियों का नाश करके नवीन सामाजिक सांस्कृतिक आवश्यकताओं के अनुरूप रचा जा रहा था। इसलिए उसने हिन्दी साहित्य में, और उसके बाहर व्यापक स्तर पर भारतीय साहित्य में, वह प्रतिष्ठा प्राप्त की जो बीसवीं सदी में अन्य किसी पत्रिका को प्राप्त न हुई। प्रेमचन्द और कृष्ण बिहारी मिश्र द्वारा सम्पादित 'माधुरी' और निराला-सम्पादित 'सुधा', पुन: प्रेमचन्द-सम्पादित 'हंस' अपने-अपने ढंग की विशिष्ट पत्रिकाएँ थीं पर 'सरस्वती' की तरह इन्हें सर्वमान्य जातीय गौरव प्राप्त नहीं था।

यदि इस बात पर विचार किया जाए कि 'सरस्वती' समकालीन रीतिवादी धारा के विरोध में, ब्रजभाषा के स्थान पर खड़ी बोली हिन्दी के समर्थन में, एक संघर्षरत पत्रिका थी, तो उसका यह जातीय गौरव और भी आश्चर्यजनक लगता है। सामान्यत: प्राचीन परम्पराओं के विरोध में अपना मार्ग बनाने वाली ऐसी पत्रिकाएँ अल्पसंख्यक गुटों की पत्रिकाएँ होती हैं, आगे चलकर ऐतिहासिक दृष्टि से उन्हें चाहे जितना सम्मानित किया जाए। 'सरस्वती' अपने प्रारम्भिक वर्षों में ही हिन्दी की सर्वाधिक लोकप्रिय पत्रिका बन गई थी।

'सरस्वती' पत्रिका को जन्म देने का श्रेय इंडियन प्रेस के अलावा काशी की नागरी प्रचारिणी सभा को था। सभा के तत्त्वावधान में ही पहले पत्रिका निकलती थी। द्विवेदी जी स्वयं सभा के सदस्य थे। उसी सभा से उनकी टक्कर हुई। किसी हद तक यह टक्कर सभा से नहीं, श्यामसुन्दर दास से थी। द्विवेदी जी की तरह श्यामसुन्दर दास भी हिन्दी भाषा और साहित्य के लिए अपना जीवन अर्पित कर चुके थे। नागरी प्रचारिणी सभा ने अपने अभ्युदय काल में जो महत्त्वपूर्ण कार्य किया, उसका श्रेय सबसे अधिक श्यामसुन्दर दास को है। पर अपने बारे में उन्हें कुछ भ्रम थे। वह समझने लगे थे कि हिन्दी साहित्य ही नहीं, वह साहित्यकारों के

निर्माता भी हैं। रामचन्द्र शुक्ल के बारे में उन्होंने 'मेरी आत्मकहानी' में जो कुछ और जिस ढंग से लिखा है, उससे उनकी आत्मनिरीक्षक दृष्टि की सीमाएँ प्रकट हो जाती हैं : "जिसने लन्दन मिशन स्कूल से खींचकर साहित्य के महारथियों में स्थान पाने योग्य उन्हें बनाया, जिसने सदा उनकी सहायता की, सब अवसरों पर उन्हें उत्साहित कर-करके उनसे ग्रंथ लिखवाए, उन्हें छपवाया और पुरस्कार दिलाया तथा सदा उन्हें आगे बढ़ाने का प्रयत्न किया, उसके प्रति यह 'उदारता' शुक्ल जी या उनके जैसे लोगों को ही शोभा दे सकती है। इस सम्बन्ध में मैं इतना और कह देना चाहता हूँ कि मैंने इन सब बातों को उपेक्षा की दृष्टि से देखा; पर जिस पेड़ को मैंने लगाया, उसे काटने की बात तो दूर रही, उसे कभी खरोंच लगने तक का मैंने कभी स्वप्न भी नहीं देखा।" ('सरस्वती', मई, 1941)

जो व्यक्ति स्वयं को रामचन्द्र शुक्ल का निर्माता समझता था, वह स्वयं को महावीरप्रसाद द्विवेदी और उनकी 'सरस्वती' का निर्माता भी समझता रहा हो तो आश्चर्य की बात न होगी। दोनों में टक्कर अनिवार्य थी। आश्चर्य की बात यह है कि द्विवेदी जी अपनी पुस्तकें, चिट्ठी-पत्रियों का संग्रह आदि उसी नागरी प्रचारिणी सभा को दे गए जिसकी उन्होंने आलोचना की थी।

श्यामसुन्दर दास की तरह द्विवेदी जी में भी अधिकार-भावना काफी थी। उन्होंने मैथिलीशरण गुप्त को सचेत किया था : "आगे से आप 'सरस्वती' के लिए लिखना चाहें तो इधर-उधर अपनी कविताएँ छपाने का विचार छोड़ दीजिए। जिस कविता को हम चाहें, उसे छापेंगे। जिसे न चाहें, उसे न कहीं दूसरी जगह छपाइए, न किसी को दिखाइए। ताले में बन्द करके रखिए।" ('द्विवेदी पत्रावली', पृ. 49)

मैथिलीशरण गुप्त से अधिक आज्ञाकारी शिष्य शायद ही कोई दूसरा रहा हो। फिर भी 'साकेत' की कुछ बातों को लेकर द्विवेदी जी उनसे रुष्ट हो गए थे। फिर वीणा की भूमिका या निराला के व्यवहार से उनका रुष्ट होना कौन बड़ी बात थी? शायद ही कोई ऐसा लेखक हो जिससे वह कभी न कभी रुष्ट न हुए हों। स्वामी सत्यदेव परिव्राजक अमरीका वाले लेख 'सरस्वती' में प्रकाशित कराते रहे थे। फिर 'सरस्वती' को त्यागकर उन्होंने 'मर्यादा' से सम्बन्ध जोड़ा। काशीप्रसाद जायसवाल के बहुत-से लेख द्विवेदी जी ने 'सरस्वती' में छापे और उनकी प्रशंसा में सम्पादकीय टिप्पणी लिखी पर उनकी निगाह में जायसवाल घमंडाचार्य भी बने। मैथिलीशरण गुप्त को 19-8-14 के पत्र में उन्होंने लिखा था : "'भारत भारती' की समालोचना पर बैरिस्टर साहब ने मुझ पर जो पुष्प वृष्टि की है सो आपने देखी ही होगी। न देखी हो तो भेजूँ। मुझे एक अपमानसूचक कार्ड भेजा है कि तुमने हर प्रसाद शास्त्री को 'गाली' दी। बाबू सीताराम ने नालिश भी की है। मैं चुप हूँ। न उत्तर दिया, न 'सरस्वती' में कुछ लिखने का विचार। यह

घमंडाचार्य त्रिलोक के विद्वानों को अगूँठे पर रख के घूमता है।" लगता है, दोष द्विवेदी जी का न था। किसी कारण 'भारत भारती' की प्रशंसा जायसवाल को पसन्द न थी। अन्य प्रसंग में हर प्रसाद शास्त्री के बारे में द्विवेदी जी ने जो कुछ कहा या लिखा हो, उससे भी जायसवाल अप्रसन्न हुए। सीताराम वह सज्जन हैं जिनके प्रेस के अहाते में द्विवेदी जी कानपुर में रहते थे।

कामता प्रसाद गुरु 'सरस्वती' के प्रमुख लेखकों में थे। इनके बारे में किशोरीदास वाजपेयी को 29-7-33 के पत्र में द्विवेदी जी ने लिखा था : "सँभले रहिए, महावैयाकरण पं. कामता प्रसाद गुरु कहीं खफा न हो जाएँ।" 'सरस्वती' का सम्पादन छोड़े काफी दिन हो चुके थे, पर सम्भव है, अप्रसन्नता पुरानी हो। 'सरस्वती' के द्विवेदी-स्मृति अंक में कामता प्रसाद गुरु ने अपने लेख में बताया है कि नागरी प्रचारिणी सभा ने उन्हें हिन्दी व्याकरण लिखने का काम द्विवेदी जी की 'सिफारिश' से सौंपा था। व्याकरण लिखते समय गुरु जी के सामने यह प्रश्न आया कि द्विवेदी जी के प्रयोगों की आलोचना करें या न करें। उनके व्याकरण का संशोधन करने के लिए जो समिति बनाई गई, उसके सभापति द्विवेदी जी ही थे! इस सम्बन्ध में गुरु जी ने लिखा है : "इस समिति की बैठक काशी में हुई थी, जहाँ द्विवेदी जी ने, मेरे विशेष आग्रह पर, सहर्ष पधारने की कृपा की थी। नियमों पर वाद-विवाद होते समय मैंने द्विवेदी जी से उनके कुछ चिन्त्य प्रयोगों की चर्चा की, जैसे—राजे, योद्धे, जुदा-जुदा नियम, हजारहा इत्यादि। इस पर उन्होंने मुझसे कहा कि आप मेरे जिन प्रयोगों को अशुद्ध समझते हैं, उनकी स्वतंत्रता से समालोचना कर सकते हैं। ऐसे प्रयोगों का मैंने अपने व्याकरण में उचित खंडन-मंडन कर दिया है, पर उनके विषय में उन्होंने कभी कुछ नहीं कहा-सुना।" इसका यह अर्थ नहीं कि वह मन में अप्रसन्न नहीं हुए। 'महावैयाकरण' लिखने के पीछे जो भावना है, उसका उक्त घटना से सम्बन्ध हो सकता है। पर उन्होंने अपने प्रयोगों की आलोचना को लेकर सार्वजनिक विवाद खड़ा करना अनावश्यक समझा। 'द्विवेदी-स्मृति अंक' के उसी लेख में उनको उपेक्षा का कारण बताते हुए, व्याकरण के प्रति द्विवेदी जी की मान्यता को लेकर, गुरु जी ने जो कुछ लिखा है, वह बहुत दिलचस्प है : "कदाचित् वे उसे उपेक्षणीय समझते रहे हों, क्योंकि मातृभाषा के ज्ञान के लिए वे व्याकरण की आवश्यकता नहीं मानते थे।" सम्भवत: व्याकरण-सम्मत भाषा लिखने के बारे में द्विवेदी जी का दृष्टिकोण काफी परिवर्तित हुआ, और जिन प्रयोगों को पहले वे अशुद्ध समझते थे, उन्हें अब क्षम्य मानने लगे थे। जिसे लोग शुद्ध हिन्दी कहते हैं, उसके पक्षपाती तो वे कभी रहे नहीं।

'सरस्वती' के 'द्विवेदी-स्मृति अंक' में अनेक लेखकों ने उनसे अपनी अनबन का उल्लेख किया है। मिश्रबन्धुओं (श्याम बिहारी मिश्र और सुखदेव बिहारी मिश्र)

ने लिखा : "हमारी एवं कुछ अंशों तक द्विवेदी जी की भी भूल से, आपसे हम लोगों की भी थोड़ी-सी अनबन हो गई थी, पर हमारे बीच मित्र-भाव जैसा का तैसा स्थिर रहा, और हमारा आपसे जब कभी साक्षात्कार हो गया तब उसी प्रेम भाव से बातचीत हुई, जैसे पहले हुआ करती थी।" लक्ष्मीधर वाजपेयी उनके भक्तों में थे। एक बार वह भी द्विवेदी जी से रुष्ट हो गए। द्विवेदी जी ने 'सरस्वती' में उनका लेख छापते समय उसका शीर्षक बदल दिया था। नया शीर्षक देखकर 'मुझे बड़ा क्रोध आया। लड़कपन था, मैंने डाँटकर पत्र लिखा। उत्तर में अत्यन्त त्रिनम्र शब्दों में क्षमा माँगी गई थी। यह उस समय की बात है जब 'सरस्वती' में लेख छपने पर मैं अपने को कृतार्थ समझता था।" फिर आर्य समाज से द्विवेदी जी का विवाद हुआ। लक्ष्मीधर वाजपेयी आर्यसमाजी थे। लिखा है : "मैंने आर्यसमाजी दृष्टिकोण से आचार्य के विरुद्ध 'आर्य मित्र' में लेख लिखे और दूसरों के भी प्रकाशित किये। इस पर द्विवेदी जी मेरी ओर से कुछ खिंच-से गए और मुझे पत्र लिखना बन्द कर दिया। मैंने भी कोई पत्र नहीं लिखा और न कभी उनसे मिलने ही गया। कहने की आवश्यकता नहीं कि इतना होने पर भी आचार्य के प्रति मेरी श्रद्धा और मेरे प्रति आचार्य का स्नेह और सौहार्द कम नहीं था।" अपने ऊपर खुला आक्रमण करनेवाले लक्ष्मीधर वाजपेयी के प्रति द्विवेदी जी के स्नेह का यह हाल था कि जब वाजपेयी जी बहुत दिनों बाद दौलतपुर में उनसे मिलने गए, तब उनके लिए द्विवेदी जी ने पलंग ही नहीं बिछाया, उनके जूते भी अपने हाथ से साफ किये। वाजपेयीजी ने लिखा है : "मैं बाहर तालाब की तरफ जाकर जंगल की तरफ इधर-उधर देखने लगा; पाँच-सात मिनट बाद आया तब देखता क्या हूँ कि मेरे पाद त्राण जो कमरे के बाहर दरवाजे के पास सामने ही धूल-धूसरित रक्खे हुए थे—बिलकुल साफ लकदक! मैं देखकर एकदम भौचक्का रह गया। भीतर गया तब आचार्य जी मेरी तरफ मोह भरी मुद्रा से बोले, तुम थके बहुत मालूम होते हो, इस पलँग पर थोड़ी देर लेट कर विश्राम कर लो। और लगे हाथ स्वयं पलंग बिछाने लगे। मैं मन-ही-मन लज्जित हुआ। थका हुआ तो था ही, लेटकर सो गया।" द्विवेदी जी ने हिन्दी लेखकों से अपने स्थायी सम्बन्ध इस तरह कायम किये थे।

नागरी प्रचारिणी सभा और खोज की रिपोर्ट को लेकर द्विवेदी जी ने 'सरस्वती' में जो कुछ लिखा, उससे केदारनाथ पाठक को बड़ा दु:ख और क्षोभ हुआ। बुन्देलखंड से अपना खोज-सम्बन्धी कार्य पूरा करके वह द्विवेदी जी से मिलने कानपुर आए। द्विवेदी-अभिनन्दन ग्रंथ में उन्होंने अपनी भेंट का हाल इस प्रकार लिखा है : "पूज्यवर द्विवेदी जी से मेरा पहला उग्र प्रश्न यही हुआ कि सभा के कार्यों की इतनी कड़ी आलोचना का हमें किस रूप में प्रतिवाद करना होगा—क्या विषस्य विषमौषधम् की नीति का अवलम्बन करना पड़ेगा? पर वाह रे सहृदयता! उसी समय श्रद्धेय द्विवेदी जी ने मुसकराते हुए सज्जनोचित शब्दों में कहा—"देवता! ठहर जाओ, मैं

अभी आता हूँ।" बस, घर में जाकर एक हाथ में एक गिलास—जिस पर एक सुन्दर तश्तरी में मिठाइयाँ रक्खी थीं—तथा दूसरे हाथ में एक लोटा पानी लिये हुए बाहर आए। लाकर मेरे सामने रख दिया, और उसी कमरे के एक कोने से एक मोटी लाठी भी लाकर मेरे सामने रख दी। मुसकराते हुए बोले, 'सुदूर प्रवास से थके-माँदे आ रहे हो, पहले हाथ-मुँह धोकर जलपान करके सबल हो जाओ, तब—यह लाठी और यह मेरा मस्तक है।' मैं अपने उग्र प्रश्न तथा उद्दंड व्यवहार के प्रति ऐसा नम्रतापूर्ण और भद्रोचित सद्व्यवहार देखकर पानी-पानी हो गया। चित्त की क्रोधाग्नि को अश्रुधारा ने बुझा दिया। क्रोध का स्थान करुणा ने ग्रहण कर लिया। हृदय में श्रद्धा और भक्ति का भाव उमड़ पड़ा। उसी समय से विद्धद्वर द्विवेदी जी पर दिन-दिन मेरी असीम श्रद्धा बढ़ती गई।" हिन्दी जनता के हृदय पर द्विवेदी जी ने इस तरह अधिकार जमाया था।

रामप्रसाद त्रिपाठी ने कुछ हिन्दी रीडरों का सम्पादन किया था। द्विवेदी जी ने इनकी आलोचना की। 'सरस्वती' के उसी 'द्विवेदी-स्मृति अंक' में इस विषय पर उन्होंने लिखा है : "मैंने हिन्दी की कुछ रीडरों का सम्पादन किया था, जिनको शिक्षा-विभाग ने स्वीकृत कर लिया था। द्विवेदी जी के किसी बालक को वे पढ़ने को मिलीं और इस प्रकार वे उन तक पहुँच गईं। उनमें द्विवेदी जी को कुछ ऐसे दोष दिखाई पड़े जिनसे उनका हृदय क्षुब्ध हो गया। यद्यपि उन्होंने इस समय लिखना बन्द कर दिया था, तथापि बालकों की शिक्षा के हित के लिए उन्होंने उन रीडरों की जोरदार आलोचना प्रकाशित की। उन लेखों को पढ़कर प्रकाशक तो काँपकर अनाप-शनाप कहने लगे, और सच तो यह है कि मैं भी स्तब्ध हो गया। किन्तु ऐसे गुरुवर का तमाचा खाकर भी उनके प्रति मेरी श्रद्धा में तनिक भी बल न आया। उन्होंने अपना कर्तव्य समझकर मेरे और बच्चों के हित के लिए ही मुझे कनेठी दी थी। यह उनका अधिकार ही था। मैं क्या कहता और क्या करता। यह बात उनको मेरे एक परम मित्र के द्वारा मालूम हो गई। उन्होंने कृपा करके मुझे उन्हीं मित्र के द्वारा सान्त्वना दी। समय बीत गया और बात भूल-सी गई। किन्तु जब साहित्य-सम्मेलन ने प्रयाग में अभिनन्दन करने के लिए उनको निमंत्रित किया तब हिन्दी प्रेस में उनके दर्शन करने का मुझे दूसरी बार सौभाग्य प्राप्त हुआ। इस अवसर पर उनका ध्यान मैंने अपनी ओर आकर्षित किया। मेरा कुछ देर तक उनसे वार्तालाप हुआ। उस समय उनके हृदय की कोमलता, वत्सलता, सहृदयता, सुहृदता, सरलता और मानसिक पवित्रता का जो अनुभव मुझको हुआ, वह मैं कभी न भूलूँगा। वह एक प्रकार से अनिर्वचनीय है।" द्विवेदी जी की सफलता का मूल कारण उनके मन की यही अनिर्वचनीय पवित्रता है।

द्विवेदी जी की कोमलता और कठोरता, दोनों का स्रोत एक ही था। यह स्रोत था हिन्दी भाषा और साहित्य के प्रति उनकी निष्ठा। इस निष्ठा के कारण जिसे

वह अवांछित समझते थे, उसकी कठोर आलोचना करते थे किन्तु इसमें व्यक्तिगत रागद्वेष बहुत कम होता था। जितना होता था, उसे भी न्किालने का प्रयत्न निरन्तर करते रहते थे। अपनी आत्मकथा में उन्होंने अहंकार-शत्रु की बात कुछ बढ़ा-बढ़ाकर की है। उनकी आलोचना हिन्दी की उन्नति और विकास के भाव से प्रेरित होती थी। यही कारण है कि शायद ही कोई उनके द्वारा आलोचित व्यक्ति ऐसा हो जिसने कुछ समय तक आलोचना का बुरा मानने के बाद उनके सामने सिर न झुका दिया हो। हिन्दी लेखकों को 'सरस्वती' पत्रिका से केन्द्रबद्ध करना आसान काम नहीं था। जब यह पत्रिका प्रसिद्ध हो गई, तब भी उपयुक्त लेख प्राप्त करते रहना सरल नहीं था। यदि द्विवेदी जी अपना दल बनाकर 'सरस्वती' में इस दल के लेखकों की चीजें ही छापते, जो कुछ छापते, उसके स्तर का ध्यान न रखते, तो 'सरस्वती' हिन्दी की जातीय पत्रिका न होती। वह हिन्दी की प्रतिनिधि पत्रिका न होती। हिन्दी पाठकों ने कभी उसे दल विशेष की पत्रिका नहीं समझा; वह उनके लिए हिन्दी की प्रतिनिधि पत्रिका ही बनी रही। इसका कारण द्विवेदी जी के चरित्र की यह विशेषता थी कि उनके लिए हिन्दी के प्रति निष्ठा सर्वोपरि थी।

3. नये लेखकों का प्रशिक्षण : 'सरस्वती' की लोकप्रियता

उस समय का कोई ऐसा लेखक नहीं जो बाद में प्रसिद्ध हुआ हो और पहले उसकी रचनाएँ 'सरस्वती' में न छपी हों। प्रसिद्ध हो, चाहे अज्ञात नाम, द्विवेदी जी अपना ध्यान इस बात पर केन्द्रित करते थे कि वह लिखता क्या है। इसलिए 'सरस्वती' में रचना छपने का मतलब यह था कि वह एक निश्चित स्तर की है। बहुत-से लोग अपने या दूसरों के बारे में प्रशंसात्मक लेख आदि छपवाना चाहते थे, उनका विरोध करने में द्विवेदी जी ने दृढ़ता का परिचय दिया। साथ ही 'सरस्वती' का उपयोग उन्होंने कभी भी व्यक्तिगत ख्याति के लिए नहीं किया।

ज्ञान-विज्ञान से लेकर कथा-साहित्य और कविता तक उपयुक्त लेखक ढूँढ़ने में उन्होंने अथक परिश्रम किया। ब्रिटिश, गायना, दक्षिण अफ्रीका, अमरीका, ब्रिटेन, जापान—दुनिया के किसी भी कोने में उन्हें अपने काम का आदमी दिखाई भर दे जाए, उससे वह लेख तो लिखा ही लेते थे। उसके अस्तित्व की भनक भर उनके कान में पड़ जाए, वह उसे खोज निकालने में कोताही न करते थे; और एक बार मिल गया तो फिर बचकर कहाँ जाएगा, 'सरस्वती' के लिए लेख तो उसे भेजना ही होगा। उनका उद्देश्य अमरीका या इंग्लैंड का नाम, लेखक के नाम के साथ जोड़कर, लेख को गौरव प्रदान करना नहीं था। इस प्रवासी लेखक को वैसा ही लेख लिखना था, जैसा द्विवेदी जी चाहते थे। 'सरस्वती' में जो लेख छपते थे, उनमें बहुधा द्विवेदी जी का मत प्रतिबिम्बित होता था यद्यपि सर्वत्र ऐसा न होता था। इसका कारण यह नहीं है कि द्विवेदी जी लेखों में संशोधन

करके अपने विचार दाखिल कर देते थे। कारण यह था कि वह सम्पादक होने के अलावा लेखकों के गुरु या सलाहकार थे। क्या लिखो, यह सुझाव देना उस समय बुरा न माना जाता था। इसलिए मैथिलीशरण गुप्त अनुवाद छोड़कर भले ही अपनी कविता में अतुकान्त छंदों का प्रयोग न करें, पर आलोचना में उनका समर्थन अवश्य करेंगे। हर्बर्ट स्पेन्सर की ज्ञेय-अज्ञेय मीमांसा पर द्विवेदी जी लेख लिखाने के लिए कन्नोमल को ढूँढ़ लाएँगे। विकासवाद के समर्थन में ब्रिटिश गुयाना से राम नारायण शर्मा लेख भेजेंगे और रामचन्द्र शुक्ल 'विश्व प्रपंच' के रूप में हेकल की पुस्तक का अनुवाद करेंगे।

पर यह समझना भ्रम होगा कि सारे लेखक द्विवेदी जी के बनाये हुए थे, उनका लेखन-कार्य द्विवेदी जी द्वारा दिये गए प्रशिक्षण का फल था। रामावतार शास्त्री, चन्द्रधर शर्मा गुलेरी आदि अनेक लेखक स्वतंत्र और समर्थ व्यक्तित्व वाले लोग थे। 'सरस्वती' की लोकप्रियता का एक कारण हिन्दी नवजागरण की अपनी शक्ति थी। यह शक्ति बिखरी हुई थी। द्विवेदी जी की युगान्तरकारी भूमिका यह थी कि उन्होंने बिखरी हुई शक्ति को एक पत्रिका के माध्यम से एकताबद्ध किया। इस तथ्य को समझने के लिए तत्कालीन प्रकाशन-सम्बन्धी स्थिति पर भी ध्यान देना चाहिए।

जनवरी, 1908 की 'सरस्वती' में द्विवेदी जी ने 'पुस्तक-प्रकाशन' शीर्षक लेख लिखा था। इसमें उन्होंने उस समय की प्रकाशन-सम्बन्धी स्थिति का विहंगावलोकन किया है। इंग्लैंड के ग्रंथकारों को जितना पुरस्कार मिलता है, भारत में उसका सहस्रांश देना भी सम्भव नहीं है। यहाँ प्रकाशक कापी राइट खरीद लेता है, फिर लेखक को कुछ नहीं देता। यूरोप और अमरीका में पुस्तक का स्वत्व मोल लेते समय जो कुछ ठहर जाता है, उसके अलावा प्रकाशक लेखक को रायल्टी भी देता है। हिन्दी में प्रकाशन-व्यवसाय गिरा हुआ है, इसलिए अच्छी पुस्तकें कम लिखी और प्रकाशित की जाती हैं। अन्य भाषाओं में भी स्थिति बहुत अच्छी नहीं है। दिनेशचन्द्र सेन ने 'बंग भाषा ओ साहित्य' नामक 'एक अद्वितीय ग्रंथ' लिखा। इसकी छपाई का खर्च त्रिपुरा के राजा ने दिया। पुस्तक का पहला संस्करण एक ही वर्ष में समाप्त हो गया। सरकार ने दिनेशचन्द्र सेन को पुस्तक लिखने के कारण पच्चीस रुपये मासिक पेंशन भी दी। पर पुस्तक लिखने में बहुत परिश्रम करने के कारण 'उनका स्वास्थ्य बिगड़ गया और जिस नौकरी की बदौलत उनकी जीविका चलती थी, उससे हाथ धोना पड़ा। फल यह हुआ कि वे रोटियों के लिए मोहताज हो गए और गवर्नमेंट की पेंशन से ही किसी तरह पेट पालना पड़ा। इस दशा में वे अपनी पूर्वोक्त पुस्तक का दूसरा संस्करण न निकाल सके।" आगे चलकर सान्याल एंड कम्पनी ने उसे प्रकाशित किया। राजे-महाराजे कभी-कभी किसी की मदद कर देते हैं : "पर उनका यह व्यवसाय नहीं। फिर कुछ ही राजे-महाराजे ऐसे हैं जिनको

पढ़ने-लिखने का शौक है। बाक़ी के विषय में कुछ न लिखना ही अच्छा है।" हिन्दी प्रदेश में अधिकतर ऐसे ही राजा, जमींदार और ताल्लुकेदार थे जिनके विषय में कुछ न लिखना ही अच्छा था।

बड़ौदा के महाराज ने मराठी के बहुत-से ग्रंथ निकाले थे। "आपके नाम से मराठी में ग्रंथों की एक माला की माला ही निकलती है। आपकी इस माला में जितने ग्रंथ निकले हैं, एक से एक अपूर्व हैं। इस समय हम लोगों को ऐसे ही ग्रंथों की जरूरत है।" भारत के कुछ सामन्त प्रगतिशील विचारों के थे और वे अपने प्रदेश के साहित्यिक विकास में सहायक हो रहे थे। किन्तु हिन्दी प्रदेश में गायकवाड़ के समान कोई प्रगतिशील नरेश नहीं था। स्वयं गायकवाड़ ने हिन्दी पुस्तकें प्रकाशित करने में सहायता की, वह अलग बात है। नवलकिशोर प्रेस से हिन्दी, उर्दू, फारसी, अरबी और संस्कृत के ग्रंथ प्रकाशित हुए, पर 'उन्होंने विशेष करके उन्हीं पुरानी पुस्तकों के प्रकाशन की ओर अधिक ध्यान दिया जिनका थोड़ा-बहुत धर्म्म से सम्बन्ध था; अथवा उन्होंने किस्से-कहानी आदि की ऐसी किताबें प्रकाशित कीं जिनको सब लोग पसन्द नहीं करते।" इसके लिए द्विवेदी जी प्रकाशक को दोष नहीं देते क्योंकि "उन्नत-विचारपूर्ण पुस्तकें पढ़ने की लालसा पढ़े-लिखे आदमियों में अभी कुछ ही दिन से जागृत हुई है।"

वेंकटेश्वर प्रेस ने पुराण, ज्योतिष, वैद्यक आदि के ग्रंथों का हिन्दी अनुवाद प्रकाशित किया। वह हिन्दी की मौलिक पुस्तकें भी छापने लगा था। और लोग भी प्रकाशन-कार्य कर रहे थे। इन प्रकाशकों में जो अशिक्षित थे, उनकी तो बात ही क्या, जो सुशिक्षित थे : "उनके यहाँ से प्राय: अनुपयोगी पुस्तकें निकलते देख खेद होता है।" साम्राज्यवादी प्रभुत्व के कायम रहने, पूँजीवाद का स्वतंत्र विकास न होने का परिणाम यह था कि प्रकाशन-व्यवसाय के लिए उपयुक्त बाजार न बन पाया था। शिक्षित पाठकों का वर्ग बहुत-सीमित था। संस्कृत और उसके साथ अरबी-फारसी की मूल पुस्तकें या उनके अनुवाद छापने पर बड़ा जोर था। इसके अलावा जनसाधारण के लिए ऐसा कथा-साहित्य छपता था जो काव्य के नायिका-भेद का गद्यात्मक प्रतिरूप था। ऐसी हालत में, द्विवेदी जी और उनके सहयोगियों को अपना नवजागरण-कार्य सम्पादित करना था। वह किस तरह का साहित्य प्रकाशित होते देखना चाहते थे, इसका ज्ञान उनके इन वाक्यों से होता है : "अब शिक्षितजनों का ध्यान देशोन्नति की तरफ जाने लगा है; शिक्षा-प्रचार की तरफ जाने लगा है; विद्या, विज्ञान और कला-कौशल के अभ्युदय की तरफ जाने लगा है।" इस नई अभिरुचि के अनुकूल जो थोड़े लोग प्रकाशन-कार्य कर रहे थे, उनमें इंडियन प्रेस के मालिक भी थे। माधवराव सप्रे उन बिरले लेखकों में थे जिन्होंने प्रकाशन-कार्य शुरू किया था। उन्होंने नागपुर में एक कम्पनी बनाकर हिन्दी ग्रंथमाला नाम से पुस्तकें प्रकाशित करना आरम्भ किया था। नागपुर, बम्बई,

कलकत्ता जैसे नगरों में हिन्दी प्रकाशन का जो कार्य हुआ और हिन्दी प्रदेश में इंडियन प्रेस के बंगाली स्वामियों ने जो प्रकाशन-कार्य किया, उस पर ध्यान दें, तो यह स्थिति साफ दिखाई देगी कि हिन्दी-भाषी प्रदेश, कई अन्य प्रदेशों की अपेक्षा, प्रकाशन व्यवसाय में पिछड़ा हुआ था। यहाँ का सूदखोर बनिया, प्रकाशन से तुरत लाभ की आशा में, अधिकतर ऐसी पुस्तकें छापता रहा जिनका हिन्दी नवजागरण से कोई सम्बन्ध न था। यह स्थिति काफी दिन तक बनी रही; देश के विभाजन के बाद नये पंजाबी प्रकाशकों ने यह व्यवसाय अपने हाथों में समेट लिया, तो इसमें आश्चर्य की बात नहीं है।

द्विवेदी जी के समय में नई विचारधारा का जैसा और जो कुछ प्रचार-प्रसार हुआ, उसके मूल्यांकन के समय प्रकाशन-व्यवसाय की यह स्थिति याद रखनी चाहिए। ऐसी बात नहीं थी कि अच्छी पुस्तकों के लिए बाजार तैयार है, पाठक प्रेम से उन्हें खरीद लेंगे, लेखक को रायल्टी मिलने लगेगी, प्रकाशक मालामाल हो जाएगा। यदि प्रेमचन्द को अपने कथा-साहित्य के लिए एक नया पाठक वर्ग तैयार करना था, तो द्विवेदी जी को 'सरस्वती' के लिए एक ऐसा नया पाठक वर्ग तैयार करना था जो कथा-रस और काव्य-रस के बिना भी विचार-प्रधान गद्य रुचिपूर्वक पढ़े। यह कार्य कथा-साहित्य के लिए पाठक तैयार करने से ज्यादा कठिन था। पर इसमें द्विवेदी जी को सफलता मिली, और यह सफलता हिन्दी जनता के नवीन सांस्कृतिक विकास का प्रमाण थी।

'सरस्वती', पाठकों के अलावा, लेखकों में भी बहुत लोकप्रिय हुई। इस लोकप्रियता के चरितार्थ होने का एक रूप यह था कि लोग 'सरस्वती' में प्रकाशित सामग्री अपने नाम से अन्यत्र छपाने लगे। सितम्बर, 1908 की 'सरस्वती' में द्विवेदी जी ने 'हिन्दी साहित्य में डाकेजनी' शीर्षक टिप्पणी लिखी। इसमें उन्होंने बताया कि कुछ लेखकों ने तो बंगला और मराठी के लेखों की नकल करके उन्हें अपने नाम से छपाने का पेशा कर लिया है। इनके अलावा ऐसे लोग भी थे जो हिन्दी का ही माल इधर से उधर कर रहे थे। द्विवेदी जी ने लिखा : "'सरस्वती' को कुछ लोग तो प्रकाश्यभाव से लूट रहे हैं। कोई लेख उड़ाये लिये जा रहा है, कोई कविता, कोई चित्र। और यदि कुछ लिखी तो त्योरियाँ चढ़ाते हैं। चोरी और शहजोरी! इनका मतलब है कि यदि हम चोरी करते पकड़े जाए तो मालिक-माल हमारे कान में जो चाहे कह दे, औरों के सामने कुछ न कहे। और क्या! उदारता सिखलाना चोरों के सिवा और किसे शोभा दे सकता है? मराठी, गुजराती और उर्दू के पत्रों में 'सरस्वती' के मजमून बहुधा नक़ल होते हैं; पर उनमें से अधिकांश लेखक 'सरस्वती' का नाम दे देते हैं। हिन्दी के गुरु-घंटाल ऐसा करना अपने विरद के विरुद्ध समझते हैं। उन्हें चुपचाप होश में लाने की कोशिश करो तो पत्र का उत्तर ही नहीं देते और देते भी हैं तो झट कह देते हैं, भूल से नाम रह गया।"

दिसम्बर, 1908 की 'सरस्वती' में 'वात्सरिक विज्ञप्ति' शीर्षक टिप्पणी में 'सरस्वती'-सम्बन्धी अन्य चर्चा करते हुए उन्होंने वही चोरी वाला प्रसंग फिर उठाया और लिखा : "किसी का माल दिन-दहाड़े सब लोगों के देखते ही ले भागना, और किसी का लेख उठाकर उसी के शब्दों में अपने नाम से प्रकाशित करना, दोनों एक ही तरह के जुर्म हैं। जो लोग ऐसा काम करते हैं, वे शायद बदनामी को भी नामबरी ही समझते हैं, क्योंकि उसमें भी तो नाम होता है।"

अगस्त, 1911 की 'सरस्वती' में उन्होंने इसी विषय पर टिप्पणी लिखी : 'सरस्वती के लेखों की नकल'। उन्होंने अब तक जो इस बारे में लिखा था, वह बहुत कारगर न साबित हुआ था। इसमें उन्होंने लिखा : " अनेक बार निवेदन-आवेदन और अनुनय-विनय करने पर भी हिन्दी के कुछ सम्मानास्पद लेखक 'सरस्वती' के लेखों को चुपचाप नक़ल करने से बाज नहीं आते। जिन लेखों को 'सरस्वती' में निकले मुद्दतें हुईं, वे नवजात पत्रों और पत्रिकाओं में कभी-कभी तद्वत् और कभी-कभी अल्प-स्वल्प रूपान्तर पाकर निकला करते हैं। इससे 'सरस्वती' की विशेष हानि नहीं। विशेष हानि उन्हीं की है जो ऐसा काम करते हैं। क्योंकि इससे उन्हीं की नैतिक भ्रष्टता सूचित होती है।" ऐसी टिप्पणियों में द्विवेदी जी लेख-चोरों का नाम प्रकाशित कर देते थे पर इससे भी वे अपनी हरकत से बाज न आते थे। वह निरन्तर इस तरह की टिप्पणियाँ लिखते रहे और लेख-चोर उनकी उपेक्षा करते रहे। शायद यह सोचकर कि इन्हें नैतिकता का ज्ञान नहीं है। उन्होंने इन मित्रों को समझाया : "चोरी करना पाप है। पढ़े-लिखे लोग यदि चोरी करते हैं तो सुनकर और भी दुःख होता है—तो उनके दुराचार की भीषणता और भी बढ़ जाती है। किसी की चीज को अपनी कह देना सरासर चोरी है। भूल से किसी की चीज का अपने पास आ जाना और उसे रख लेना कम आक्षेप की बात है, पर यदि कोई किसी चीज को जान-बूझकर चुरा ले और पता लगने पर रूपोशी भी कर जाए तो उसके अपराध की गुरुता बहुत ही बढ़ जाती है।" लेख-चोर बन्धु यह सब जानते थे किन्तु वे हिन्दी का प्रचार-प्रसार करने पर तुले हुए थे। जैसे कोई डाकू सम्पत्ति का वितरण करे, वैसे ही वे दूसरों की रचना अपने नाम से छपाकर हिन्दी की सेवा करते थे। पर 'सरस्वती' की यह लोकप्रियता हिन्दी लेखकों तक सीमित नहीं थी। पहले एक टिप्पणी में द्विवेदी जी ने बताया था कि अन्य भारतीय भाषाओं के लेखक 'सरस्वती' से सामग्री लेते समय पत्रिका का नाम दे देते हैं पर अब इन्होंने भी हिन्दी लेख-चोरों की नीति अपना ली थी। सितम्बर, 1913 की 'सरस्वती' में प्रकाशित 'लेखों की चोरी' शीर्षक जिस टिप्पणी में उन्होंने समझाया है कि चोरी करना पाप है, उसी में हिन्दी और अहिन्दी, दोनों तरह के लेख-चोरों का तुलनात्मक अध्ययन प्रस्तुत करते हुए उन्होंने लिखा : "हिन्दी में जैसे बँगला, मराठी, गुजराती और अँगरेजी आदि भाषाओं के लेखों की नक़लें बहुधा निकला करती हैं और मूल लेखक का नाम न देने

की भूलें हो जाए करती हैं, वैसे ही किसी-किसी अन्य भाषा में भी होता है। अक्सर हम देखते हैं कि मराठी और गुजराती के पत्र तथा पत्रिकाएँ 'सरस्वती' के लेखों और कविताओं का अनुवाद कभी-कभी कुछ तोड़-मरोड़ के साथ और कभी-कभी यथातथ प्रकाशित कर दिया करती हैं, पर 'सरस्वती' का नाम नहीं देतीं। यदि लेख सम्पादकीय नहीं तो इस चौर-कार्य्य के लिए सम्पादक विशेष दोषी नहीं। क्योंकि सभी भाषाओं की पुस्तकों और पत्रों का पढ़ना और उनके मजमून ध्यान में रखना सम्पादक के लिए असम्भव है। दोषी इसके लेखक—नहीं, अनुवादक—महाशय ही हैं। हाँ, यदि सम्पादकों को कोई उनके पत्र की इस तरह की त्रुटि दिखावे और वे चुप्पी साध जाएँ तो इतनी बात के लिए वे भी दोषी हो सकते हैं। नामबरी का दम भरने वाले बम्बई के एक सचित्र मराठी मासिक पुस्तक के स्वयं सम्पादक के चौर-कार्य्य की ओर, कुछ समय हुआ, हमने सम्पादक जी का ध्यान आकृष्ट किया। पर सरकार साहब हमारी चिट्ठी साफ हजम कर गए, डकार तक न ली। आज (1 नवम्बर, '13 को) बम्बई के ही एक और सचित्र मराठी मासिक पत्र पर नजर पड़ी। देखा तो उसमें 'स्त्री-शिक्षण' नाम का एक लेख है। यह लेख जुलाई, '13 की 'सरस्वती' में प्रकाशित—'स्त्रियों के विषय में अत्यल्प निवेदन'—नाम के लेख का तोड़ा-मरोड़ा और घटाया-बढ़ाया अनुवाद है। खैर इतनी ही है कि यह सम्पादक की कृपा का फल नहीं। लेखक के ऊपर लेखक—ललाम जी का नाम है—फिर चाहे वह काल्पनिक हो, चाहे यथार्थ। हमारी नजर से दस-बीस उदाहरण ऐसे गुजर चुके। तब तंग आकर आज हमने यह नोट लिखा है। जिन्होंने ये करतूतें की हैं, उनका नाम हम अब क्या प्रकाशित करें! आशा है, आगे के लिए ये लोग सावधान हो जाएँगे। रहे हमारे हिन्दी लेखक, सो वे 'सरस्वती' के लेख नक़ल करना छोड़ने वाले नहीं। अतएव उनसे कहना-सुनना व्यर्थ है।"

इससे कम-से-कम यह तो सिद्ध हुआ कि अंग्रेजी की सहायता के बिना ही भारत के हिन्दी-अहिन्दी प्रदेशों में जोरों से सांस्कृतिक आदान-प्रदान हो रहा था। एक ओर हिन्दी लेखक दूसरी भाषाओं का माल ढो लाते थे, दूसरी ओर अहिन्दी-भाषी प्रदेशों में हिन्दी का माल पहुँच जाता था। इस आदान-प्रदान का माध्यम अंग्रेजी नहीं थी।

4. महावीरप्रसाद द्विवेदी का जीवन-संघर्ष और 'सरस्वती'

'सरस्वती' को हिन्दी की आदर्श पत्रिका बनाने में द्विवेदी जी ने अथक परिश्रम किया। थोड़े ही दिन में उनका स्वास्थ्य बिगड़ने लगा और 1920 में उन्होंने सालभर के लिए छुट्टी ने ली। इस छुट्टी की कैफियत देते हुए जनवरी, 1910 की 'सरस्वती' में उन्होंने एक टिप्पणी लिखी : "परमावश्यक प्रार्थना। कुछ समय के लिए 'सरस्वती' से छुट्टी।" इसमें उन्होंने बताया कि सात साल तक 'सरस्वती' का सम्पादन करते हुए उन्होंने एक दिन की भी छुट्टी नहीं ली। 'सरस्वती' उपयुक्त सामग्री दे, इसके

अलावा वह नियत समय पर निकले, इसके लिए बड़ी मेहनत दरकार थी। सम्पादक के कहने भर से अच्छे लेखक लेख भेज दें तो पत्रिका निकालना आसान हो जाए। किन्तु हिन्दी में यह स्थिति नहीं थी। 'सरस्वती'-सम्पादन के अलावा वह पुस्तकें भी लिखते रहे थे जिनमें सबसे महत्त्वपूर्ण 'सम्पत्तिशास्त्र' थी। इस सारे परिश्रम का परिणाम यह हुआ : "हमने अनजान में अपनी शारीरिक शक्ति से बाहर काम किया। प्रकृति बड़ी ही कठोर न्यायाधीश है। उसके नियम का उल्लंघन हुआ कि दंड मिला। रहम करना—दया दिखाना—वह जानती ही नहीं। उसने जान-अनजानपने की जरा भी परवा न करके हमें उचित दंड दे दिया। हमें आज दो वर्ष से उन्निद्र रोग हो गया है। कभी कुछ कम हो जाता है, कभी बढ़ जाता है। किसी दिन घंटे-दो घंटे नींद आ जाती है, किसी दिन बिलकुल ही नहीं आती। इस दशा में साहित्य-सम्बन्धी सारा काम छोड़कर हमारे लिए विश्राम की बड़ी जरूरत है। अतएव हमने कुछ समय के लिए 'सरस्वती' से छुट्टी ले ली है।"

जिस कारण उन्हें उन्निद्र रोग हुआ था, वह नितान्त भौतिक था। प्रकृति और मनुष्य—इन्हीं के सनातन द्वन्द्व का परिणाम उनकी अस्वस्थता थी। सम्पादन के पाँच वर्ष पूरे करने पर उन्हें उन्निद्र रोग हुआ। उस हालत में भी लगातार दो वर्ष तक सम्पादन-कार्य करते रहने से स्वास्थ्य इतना गिर गया कि उन्हें लगा कि अन्तिम विदा का समय आ पहुँचा है। उसी टिप्पणी के अन्त में उन्होंने पाठकों, ग्राहकों और सहायकों से जान-अनजान में होनेवाली भूल के लिए, उन्हें अपने किसी कार्य से खेद पहुँचाने या अप्रसन्न करने के लिए क्षमा माँगते हुए लिखा : "शरीर का कुछ ठिकाना नहीं। सम्भव है, हमारा यह लेख आखिरी हो और फिर कभी उनसे इस तरह लेख-द्वारा मिलने का मौका न मिले :

उद्घाटित नवद्वारे पञ्जरे विहगोऽनिलः।
यत्तिष्ठति तदाश्चर्य्यं प्रयाणे विस्मयः कुतः॥'

जिस शरीर पञ्जर के नवों द्वार खुले हुए हैं, उसमें प्राण-विहग बना रहता है, यही आश्चर्य की बात है। उसके उड़ जाने में आश्चर्य कैसा?

मृत्यु के लिए उन्होंने स्वयं को तैयार कर लिया था। ऊपर से देखने में लगेगा कि एक पत्रिका का सम्पादन ही तो कर रहे थे। थोड़ा कम परिश्रम करते तो स्वास्थ्य ठीक रहता और पत्रिका भी निकलती रहती। इस सारी स्थिति को यदि व्यापक सन्दर्भ से देखें तो यह ज्ञात होगा कि यह सामान्य सम्पादन-कार्य नहीं था। यह हिन्दी नवजागरण का अत्यन्त दुष्कर कार्य था जिसके लिए द्विवेदी जी स्वयं को तिल-तिल करके गलाये दे रहे थे। हिन्दी प्रदेश के सोते हुए लोगों का जगाना पत्थर की शिला को अपने सिर से तोड़ने का-सा प्रयत्न था। शुरू में द्विवेदी जी लगभग अकेले ही थे। सहयोगी क्रमशः और बाद में एकत्र हुए। 'सरस्वती' के 'द्विवेदी-स्मृति अंक'

(फरवरी, 1939) में स्वामी सत्यदेव परिव्राजक ने लिखा था : "पहले कुछ अंक तो द्विवेदी जी ने दिन-रात परिश्रम कर अपने ही बूते पर निकाले, क्योंकि बाबू श्यामसुन्दर दास जी के अलग हो जाने से कुछ लेखकों ने 'सरस्वती' में लिखने से हाथ खींच लिया था।" हिन्दी साहित्य में जैसी गुटबन्दी थी, उसका अनिवार्य परिणाम लेखकों के एक दल द्वारा 'सरस्वती' का बहिष्कार था। पुराने लेखकों में कोई सहायक मिल जाए तो ठीक, वर्ना सम्पादक जी को सारी पत्रिका की सामग्री खुद ही लिखनी होती थी या नये लेखक तैयार करने होते थे। और नये लेखक तैयार करने में समय लगता है। श्यामसुन्दर दास का 'सरस्वती' से अलग होना साधारण घटना नहीं थी। पहले वह हटे, फिर सभा द्वारा 'सरस्वती' का अनुमोदन हटा।

द्विवेदी जी की अस्वस्थता, उनके उन्निद्र रोग का मूल कारण हिन्दी लेखकों द्वारा 'सरस्वती' का बहिष्कार था, यह बात खूब अच्छी तरह समझ लेनी चाहिए। 'सरस्वती' ने अपने लिए जो स्थान बनाया, उसे वह विकट आन्तरिक संघर्ष के बाद ही बना सकी, अनायास उसे वह प्रतिष्ठा प्राप्त नहीं हो गई। जिस उत्सर्ग की भावना से द्विवेदी जी प्रेरित थे, उसे समझने में स्वाधीन भारत के लेखकों को कुछ कठिनाई हो सकती है। सितम्बर, 1911 की 'सरस्वती' में गणेशशंकर विद्यार्थी का 'आत्मोत्सर्ग' शीर्षक लेख प्रकाशित हुआ था। उनके उत्सर्ग की घटना याद करने पर इस लेख के अनेक वाक्य उनके अपने जीवन के बारे में भविष्यवाणी जैसे लगेंगे : "आत्मोत्सर्ग के लिए सर्वोच्च श्रेणी के साहस की आवश्यकता होती है। ऐसे साहस के काम करने के लिए हाथ-पैर की बलिष्ठता आवश्यक नहीं; धन, मान इत्यादि का होना भी आवश्यक नहीं—जिन गुणों का होना आवश्यक है, वे हृदय की पवित्रता तथा उदारता और चित्र [चरित्र] की दृढ़ता हैं।...आत्मोत्सर्गी व्यक्ति में एक गुप्त शक्ति रहती है, जिसके बल से वह दूसरे मनुष्य को दुःख से बचाने के लिए प्राण तक देने को प्रस्तुत हो जाता है।" महावीरप्रसाद द्विवेदी ऐसी ही गुप्त शक्ति से प्रेरित थे और जो विशद उद्देश्य उन्होंने अपने सामने रखा था, उसके लिए अपना शरीर गला देना बहुत बड़ी बात न थी।

उनके उन्निद्र रोग का एक कारण और था।

'सरस्वती' का जो बहिष्कार उनके सम्पादन काल के आरम्भ में शुरू हुआ था, वह पूरी तरह कभी समाप्त नहीं हुआ। जब वह प्रतिष्ठित पत्रिका बन गई, तब इसमें लोग आत्म-प्रशंसा के लिए चीजें छपवाना चाहते थे, और वे न छपतीं तो वे शत्रु हो जाते थे। 'आत्मकथा' वाले अपने निबन्ध में द्विवेदी जी ने लिखा था : "इस प्रान्त के कितने ही न्यायनिष्ठ सामाजिक सत्पुरुषों ने 'सरस्वती' का जो बायकाट कर दिया था, वह मेरे किस अपराध का सूचक था, इसका निर्णय सुधीजन ही कर सकते हैं।" उनका अपराध यह था कि "जानबूझकर मैंने कभी अपनी आत्मा का हनन नहीं किया।" चाहे साहित्य का क्षेत्र हो, चाहे राजनीति का, हिन्दी प्रदेश में

जो भी आत्मा का हनन नापसन्द करेगा, उसके सैकड़ों शत्रु अपने-आप पैदा हो जाएँगे। भले ही बुढ़ापे में या उसके परलोक-गमन के बाद वे उसे आचार्य, ऋषि आदि बनाकर स्वयं को गौरवान्वित करें, पर महावीरप्रसाद द्विवेदी और निराला के जीवन का यह ध्रुव सत्य है कि आत्मा का हनन न कर पाने के अपराध के कारण उनके सैकड़ों बैरी हो गए जिन्होंने उनका जीना दूभर कर दिया।

द्विवेदी जी वाद-विवाद से न डरते थे पर अकारण निन्दा और विरोध से उन्हें कष्ट होता था। उनके उन्निद्र रोग के प्रसंग में स्वामी सत्यदेव परिव्राजक ने कुछ बातें बड़ी पते की कही हैं। हिन्दी में जो लेखक भी निष्ठावान् हो, और अपनी निष्ठा के कारण, अकारण विरोध का सामना करने को बाध्य हुआ हो, उसे स्वामी सत्यदेव परिव्राजक के उक्त लेख के ये वाक्य याद रखने चाहिए : "उनमें यही एक दोष था कि वे आवश्यकता से अधिक कोमल प्रकृति के थे। दूसरों के फेंके हुए पैने बाण उन्हें बुरी तरह चुभ जाते थे, इसी कारण उन्होंने अपनी निद्रा खो दी और एक असाध्य बीमारी के शिकार हो गए। पब्लिक में काम करनेवालों की चमड़ी बड़ी मोटी और कठोर होनी चाहिए—ऐसी, जो किसी के शब्द-बाण द्वारा बेधी न जा सके। ऐसे ही व्यक्ति अपने विरोधियों के साथ सफलतापूर्वक युद्ध कर सकते हैं और बराबर आगे बढ़ सकते हैं। प्रतिद्वन्द्वी ईमानदार तो होते नहीं, वे प्रत्येक बुरे-भले उपाय से प्रतिस्पर्धी को गिराने की कोशिश करते हैं। 'सरस्वती' थी बड़ी सफल पत्रिका और ग्राहकों की बड़ी प्यारी; उसकी टिप्पणियाँ और लेख देश-देशान्तरों और द्वीप-द्वीपान्तरों में बड़े चाव से पढ़े जाते थे, जिसके कारण द्विवेदी जी की कीर्ति-कौमुदी का प्रकाश दूर-दूर तक फैल रहा था। विरोधियों से यह सब न देखा गया और वे लगे 'सरस्वती' के विरुद्ध प्रोपेगंडा करने। इस झगड़े में 'सरस्वती' सम्पादक की तन्दुरुस्ती बहुत बिगड़ गई।"

द्विवेदी जी बड़ी जीवट के आदमी थे। सालभर की छुट्टी के बाद मैदान में फिर आ गए। इसके बाद अनेक बार ऐसा हुआ कि लोगों को लगता था कि अब गए तब गए, पर बच गए, और यथासम्भव काम भी करते रहे। जीवन के अन्तिम चरण में जब वह भागवत पढ़ते हुए या जगद्धर भट्ट की स्तुति 'कुसुमांजलि' के श्लोकों का पाठ करते हुए भाव-विह्वल होकर रोने लगते थे, तब उन्हें देखकर लोग समझते थे कि उन्होंने धार्मिक रूढ़ियों की जो आलोचना की थी, वह यों ही थी, उसे समझने में इन बन्धुओं से भूल हो गई थी। 'सरस्वती' के 'द्विवेदी-स्मृति अंक' में द्वारिका प्रसाद चतुर्वेदी ने लिखा है : "द्विवेदी जी ने रामायण एवं महाभारत पर भी लेख लिखे। इन लेखों को पढ़ औरों की बात नहीं कहते, हम स्वयं द्विवेदी जी के धार्मिक विचारों के सम्बन्ध में भ्रम में पड़ गए और कई एक वर्षों तक उनके सम्बन्ध में हमारी धारणा विपरीत बनी रही।" यह धारणा तब बदली जब उन्होंने द्विवेदी जी को भावविह्वल दशा में देखा। पर चतुर्वेदी जी को कोई भ्रम न हुआ था। धार्मिक विचारों में उन्होंने

द्विवेदी जी को अपने विपरीत पाया था तो यह ठीक ही था। 'द्विवेदी-अभिनन्दन ग्रंथ' में जहाँ हनुमानजी की मढ़िया का चित्र है, उसके नीचे यह बताया गया है कि इसे द्विवेदी जी की पत्नी ने अपने खर्च से बनवाया था और उसकी प्रतिष्ठा ब्रजमोहन मिश्र की पत्नी के नाम से इसलिए कराई थी कि "आचार्य द्विवेदी जी देव-प्रतिमाओं की स्थापना के खिलाफ थे; कारण यह कि पीछे से उनकी दुर्गति होती है—कोई झाड़ू तक मन्दिर में नहीं लगाता।" किन्तु जब द्विवेदी जी ने अपनी पत्नी की मूर्ति के लिए मन्दिर बनवाया, तब वह झाड़ू लगाने वाली समस्या भूल गए! जिसे हम आचार्य और ऋषि कह रहे हैं, वह भला देव-प्रतिमाओं की स्थापना का विरोधी कैसे हो सकता है? द्विवेदी जी ने हनुमानजी की मढ़िया बन जाने दी पर उसका खर्च उनकी पत्नी ने ही दिया और मूर्ति की प्रतिष्ठा अन्य मिश्र की पत्नी के नाम से कराई। पर उन्होंने जब अपनी पत्नी की मूर्ति बनवाई, तब मन्दिर में उन्होंने उसे अपने नाम से स्थापित किया, उसके लिए आवश्यक खर्च तो किया ही, सबसे बड़ी बात यह कि देव-प्रतिमाएँ दायें-बायें, और इनके बीच में मानव-प्रतिमा स्थापित की, बाईं ओर सरस्वती की मूर्ति, दाईं ओर लक्ष्मी की मूर्ति, बीच में आचार्य पत्नी की मूर्ति! ऐसा मन्दिर आज तक भारत में किसी ने नहीं बनवाया। यह स्मृति-मन्दिर महावीरप्रसाद द्विवेदी की रूढ़ि-विरोधी अक्षय कीर्ति का भी मन्दिर है।

स्वामी सत्यदेव ने 'सरस्वती' को ज्ञान-पत्रिका कहकर उसकी क्रान्तिकारी विशेषता को बिलकुल ठीक पहचाना था। भाषा परिष्कार के धुएँ के नीचे ज्ञान की अग्नि को न छिपाकर उन्होंने लिखा है : "जनता को आवश्यकता थी नवीन ज्ञान की, स्वाधीनता की पहचान की और आधुनिक ज्ञान-स्नान की। 'सरस्वती' द्वारा वे उस पुनीत कार्य को भले प्रकार कर सकते थे। वे थे कुशल सम्पादक और कर्तव्य-परायण। उन्हें पता था कि मासिक पत्रिका ज्ञान-प्रचार के लिए अत्यन्त उपयोगी अध्यापिका बन सकती है और वे उसके द्वारा दूर ग्रामों में बैठे हुए देहातियों तक ज्ञान का दीपक जला सकते हैं। उन्होंने 'सरस्वती' को ऊँचे दर्जे की ज्ञान-पत्रिका बनाने का दृढ़ संकल्प किया और वे थे धुन के पूरे।" पत्रिका ज्ञान के प्रसार का माध्यम बनेगी, यह ज्ञान का प्रसार साधारण जनता के लिए है, पत्रिका देहातियों तक ज्ञान का प्रकाश पहुँचाएगी, इसके साथ उन्हें स्वाधीनता की पहचान कराएगी। द्विवेदी जी का लक्ष्य यहाँ बहुत अच्छी तरह स्पष्ट कर दिया गया है।

ज्ञान का प्रकाश सबसे पहले गाँव के किसानों के लिए है, यह बात द्विवेदी जी के हृदय में कितनी दृढ़ता से जमी हुई थी, इसका एक प्रमाण द्विवेदी-स्मृति अंक में डॉ. बेनी प्रसाद ने अपने लेख में इस प्रकार दिया है : "1914 ईसवी में योरोपीय लड़ाई छिड़ने पर उन्होंने मुझे इसके कारणों पर एक लम्बा लेख लिखने की आज्ञा दी। जब लेख दौलतपुर पहुँचा तब उन्होंने उसे कुछ साधारण पढ़े-लिखे किसानों को सुनाया। वे बहुत प्रसन्न हुए कि लेख का बहुत भाग उनकी समझ में आ गया।"

भाषा के परिष्कार का यह भी एक तरीका था। भाषा से उस तरह की वाक्य-रचना, उस तरह की शब्दावली निकाल दो जो साधारण पढ़े-लिखे लोगों के लिए अटपटी हो। 'सरस्वती' के लेखकों की विभिन्न गद्य शैलियाँ थीं पर इनमें एक सामान्य तत्त्व था—विवेचन का तर्कसंगत होना, अभिव्यंजना में स्पष्टता, दुरूहता और शब्दाडम्बर का अभाव। इस तरह प्रत्येक लेखक की गद्य शैली पर अप्रत्यक्ष रूप से द्विवेदी जी की अपनी शैली की छाप रहती थी। उन्होंने लेखक तो तैयार किये ही, कुछ सम्पादक भी तैयार किये। इनमें 'आज' के सम्पादक बाबू राव विष्णु पराड़कर और 'प्रताप' के सम्पादक गणेशशंकर विद्यार्थी मुख्य हैं। यह बात आकस्मिक नहीं है कि ये दोनों सम्पादक और उनके पत्र राष्ट्रीय प्रगतिशील विचारधारा के लिए विख्यात हुए। इनकी राष्ट्रीयता और प्रगतिशीलता का आदिस्रोत 'सरस्वती' थी। अन्तर यह था कि 'सरस्वती' में राजनीति मुँदी-ढँकी रहती थी, 'आज' और 'प्रताप' में उसका ताप लोग दूर से भी अनुभव कर लेते थे। 'सरस्वती' में राजनीति कितनी हो और कितनी न हो, यह द्विवेदी जी पर नहीं, 'सरस्वती' के प्रकाशन की विशेष परिस्थितियों पर निर्भर था। इस सम्बन्ध में स्वामी सत्यदेव के ये वाक्य ध्यान देने योग्य हैं : "मैं बैठा था नई दुनिया में और पूजा कर रहा था स्वाधीनता देवी की, इस कारण स्वभावत: मैं अपने लेखों में राजनीति की पुट दे देता था और अपने हृदय के उद्‌गारों को जोरदार भाषा में लिख डालता था। द्विवेदी जी कभी-कभी मेरे वाक्य काट डालते, कभी भाषा को मृदु बना देते। जब मैं गुस्से में आकर उनसे रूठ बैठता और लिखना बन्द कर देता तब वे बड़ी मीठी भाषा में मुझे अपनी परिस्थिति समझाने का प्रयत्न करते। एक सच्चे मित्र के तौर पर मुझे सब बातें स्पष्ट लिख देते थे। वे दिन थे दमन के। ऐसे जमाने में मेरे जैसा व्यक्ति जब अमरीका के स्वाधीन वातावरण से ओत-प्रोत होकर भारतवर्ष की गुलामी का दु:खद चित्र खींचता था तब भला द्विवेदी जी उसे कैसे छाप सकते थे? जिम्मेदारी बड़ी चीज है; वह मनुष्य में संयम लाती है और उसमें दूरदर्शिता भरती है।" (द्विवेदी स्मृति अंक) द्विवेदी जी के समकालीन लेखक देश की राजनीतिक परिस्थिति से परिचित थे। वे 'सरस्वती' की सीमाओं को द्विवेदी जी के चिन्तन की सीमाएँ मानने की गलती न करते थे...यद्यपि उन सीमाओं में भी उन्होंने जो कुछ लिखा है, वह उनके क्रान्तिकारी विचारों का प्रमाण देने के लिए काफी है। पराड़कर जैसे लोगों ने उनसे सम्पादन कला सीखी, यह बात स्वयं में 'सरस्वती' की प्रगतिशीलता का प्रमाण है। 'सरस्वती' के उसी स्मृति-अंक में बाबूराव विष्णु पराड़कर ने लिखा है : "मेरे लिए आचार्य महावीरप्रसाद द्विवेदी का महत्त्व उनके सम्पादन-कौशल में है। वैसे तो स्कूल-कालेज में रहते भी 'सरस्वती' पढ़ा करता था, पर सन् 1906 ईसवी से, जब मैंने स्वयं पत्रकार के क्षेत्र में प्रवेश किया, प्रतिमास 'सरस्वती' का अध्ययन करना मेरा एक कर्तव्य हो गया और यह सन् 1915 के अन्त तक ज्यों-का-त्यों बना रहा। मैं 'सरस्वती' देखा करता

था सम्पादन सीखने के लिए। कभी-कभी स्वर्गीय श्री सखाराम गणेश देउसकरजी को भी, जो सम्पादन कला में मेरे गुरु थे, पढ़कर सुनाया करता था और वे ही मुझे उसकी विशेषताएँ बताया करते थे। वह विशेषता यह थी कि 'सरस्वती' का प्रत्येक अंग (अंक) एक सर्वांगपूर्ण चित्र मालूम होता था। सारे अंगों में सामंजस्य हुआ करता था। यह नहीं कि जैसे-जैसे लेख आए, वैसे-वैसे छाप दिये गए। आदि से अन्त तक उसके चतुर चित्रकार का परिचय मिला करता था।" भाषा के परिष्कार की कथा के नीचे सम्पादन-कौशल की यह बात भी दब गई।

अन्य पत्रिकाओं से 'सरस्वती' की तुलना करते हुए पराड़कर जी ने लिखा है : "यह बात मैंने अब तक किसी मासिक पत्रिका में नहीं पाई। अँगरेजी की बात जाने दीजिए, उसका स्थान बहुत ऊँचा है। बँगला और मराठी सामयिक पत्र मुझे प्राय: पढ़ने पड़ते थे। पर उनमें भी स्वर्गीय श्री सुरेश चन्द्र समाजपति द्वारा सम्पादित बँगला 'साहित्य' के सिवा मैंने कोई ऐसा मासिक पत्र नहीं देखा जिसका प्रत्येक अंक अपने सम्पादक के व्यक्तित्व की घोषणा करता रहा हो। यह 'सरस्वती' की ही विशेषता थी और वह स्वर्गीय आचार्य महावीरप्रसाद द्विवेदी का निजत्व था। दु:ख से लिखना पड़ता है कि वह मैंने उन्हीं में पाया और उन्हीं के साथ लुप्त होते भी देखा।" 'सरस्वती' का सम्पादन-कार्य कितना कठिन था, द्विवेदी जी को उसमें कितनी बड़ी सफलता मिली थी, यह इसी से सिद्ध है कि उक्त गुण अन्य किसी पत्रिका में दिखाई ही न दिया।

जहाँ तक गणेशशंकर विद्यार्थी का सम्बन्ध है, वह द्विवेदी जी के निर्देशन में 'सरस्वती' के सहायक सम्पादक रह चुके थे। 'द्विवेदी-स्मृति अंक' में डॉ. बेनीप्रसाद ने इस सम्बन्ध में यह सूचना दी थी : "...कानपुर के हिन्दी-प्रेमियों को उनके [द्विवेदी जी के] साक्षात्कार का और उनसे शिक्षा लेने का अमूल्य अवसर प्राप्त था। हम लोग प्राय: उनके यहाँ जाए करते थे, और विभिन्न विषयों पर बातचीत किया करते थे। स्वर्गीय गणेशशंकर विद्यार्थी ने अपना साहित्यिक जीवन 'सरस्वती' के सहायक सम्पादक की हैसियत से प्रारम्भ किया था। विद्यार्थीजी के साथ मैं भी जुही जाए करता था और द्विवेदी जी के पुस्तकालय से पुस्तकें ले आया करता था—उनका आशीर्वाद लेकर गणेशशंकर विद्यार्थी ने 'सरस्वती' का काम छोड़कर 'अभ्युदय' का भार अपने ऊपर लिया, फिर कुछ दिनों के बाद कानपुर में ही 'प्रताप' की स्थापना की तब द्विवेदी जी से ही वह मूल मंत्र लिया जो आज तक 'प्रताप' पर छपता है।

जिसको न निज गौरव तथा निज देश का अभिमान है,
वह नर नहीं, नर पशु निरा है और मृतक समान है।"

नारायणप्रसाद अरोड़ा ने उक्त अंक में लिखा है कि "स्वर्गीय गणेशशंकर विद्यार्थी उनको अपना गुरु मानते थे।" यह उचित ही था।

महावीरप्रसाद द्विवेदी का जन्म बैसवाड़े के साधारण किसान-परिवार में हुआ था। उनके पितामह ब्रिटिश फौज के हिन्दुस्तानी सिपाहियों को पुराण बाँचकर सुनाया करते थे। उन्होंने बहुत-सी हस्तलिखित पुस्तकें एकत्र की थीं। इन्हें बेचकर उनकी पत्नी ने अपने बच्चों को पाला। द्विवेदी जी के पिता रामसहाय ब्रिटिश फौज में सिपाही थे। 1857 में अंग्रेजों के विरुद्ध एक पल्टन वह भी थी जिसमें रामसहाय दुबे थे। विद्रोह के समय पल्टन होशियारपुर में थो। अंग्रेजों ने पल्टन को चारों तरफ तोपें लगाकर घेर लिया। द्विवेदी जी ने आत्मकथा में लिखा है : "गदर में पिता की पलटन बागी हो गई। जो बच निकले, वे बच गए। बाकी जवान तोपों से उड़ा दिये गए।" रामसहाय दुबे भागकर सतलज में कूद पड़े। कई दिन तक नदी में तैरते रहने के बाद बहुत दूर जाकर बेहोशी की सी हालत में किनारे लगे। "हरी मोटी घास के तिनके चूस-चूसकर कुछ शक्ति सम्पादन की। माँगते-खाते, साधु वेष में, कई महीने बाद, वह घर आए।" कुछ दिन बाद बम्बई पहुँचे और वहाँ वल्लभ-सम्प्रदायी एक सेठ के यहाँ ठाकुरजी की सेवा करने पर नौकर हुए। द्विवेदी जी के नाना और मामा संस्कृत के विद्वान् थे। संस्कृत साहित्य से प्रेम द्विवेदी जी को अपने पितामह और नाना, दोनों की ओर से मिला। बचपन से तुलसीदास की रामायण पढ़ी थी। जब होशंगाबाद में थे, तब भारतेन्दु हरिचन्द्र की 'कविवचन-सुधा' और राधाचरण गोस्वामी का 'भारतेन्दु' पत्र पढ़कर हिन्दी सेवा की ओर प्रवृत्त हुए।

द्विवेदी जी ने बड़ी कठिनाइयों से शिक्षा प्राप्त की थी। स्कूली शिक्षा बहुत साधारण थी। अपनी असाधारण शिक्षा विद्यालयों में गए बिना अपने ही प्रयत्न से उन्होंने प्राप्त की। रेलवे में नौकर हो गए पर अंग्रेज अफसरों का व्यवहार खलता था। नौकरी छोड़ने के बारे में उन्होंने 4-9-32 के पत्र में श्रीराम शर्मा को लिखा था : "मैं रेलवे में 150) तनख्वाह 50) अलौंस = 200) पाता था। एक मेरे साहब ने मुझसे अपने मातहत क्लर्कों पर जुल्म कराना चाहा। मैंने इनकार कर दिया। वह बोला—तुम्हारी जगह पर दूसरा आदमी रखूँगा। मैंने तत्क्षण ही इस्तीफा लिखकर उसकी मेज पर फेंक दिया और घर चला आया। फिर मनाने-पथाने पर भी इस्तीफा वापस न लिया।" ('द्विवेदी-युग के साहित्यकारों के कुछ पत्र', इलाहाबाद, पृ. 64) इसी प्रसंग में उन्होंने 'आत्मकथा' में लिखा है कि कर्जन के दिल्ली दरबार के समय 'मेरे गौरांग प्रभु अपनी रातें अपने बँगले या क्लब में बिताते थे। मैं दिनभर दफ्तर का काम करके रातभर अपनी कुटिया में पड़ा हुआ उनके नाम आए हुए तार लेता और उनके जवाब देता था।" इन्हें सताने के अलावा "मेरे प्रभु ने मेरे द्वारा औरों पर भी अत्याचार करना चाहा।" इस्तीफा देने के बाद उन्होंने पत्नी से सलाह की और पूछा—क्या इस्तीफा वापस ले लें? पत्नी ने उत्तर में दूसरा प्रश्न किया—क्या थूककर भी कोई चाटता है?

कोई आश्चर्य नहीं कि हिस्टीरिया रोग से पीड़ित अपनी पत्नी के प्रति द्विवेदी जी के हृदय में अगाध प्रेम था। गंगा में डूब जाने से जब उनकी अकाल मृत्यु हुई,

तब नि:संतान विधुर पति की आयु 40-42 के आसपास थी पर उन्होंने दूसरा विवाह न किया और आजीवन अपने दु:ख-सुख की साथी स्वर्गीया पत्नी की स्मृति के प्रति अपनी आस्था अडिग और पवित्र बनाये रहे।

सरकारी नौकरी छोड़ने के बाद वह 20 रुपये पर 'सरस्वती' के सम्पादक बने। तीन रुपये डाक खर्च के लिए मिलते थे। उन दिनों 200 रुपये की सरकारी नौकरी छोड़कर 20 रुपये की सम्पादकीय नौकरी करना साधारण त्याग नहीं था। जब वह 'सरस्वती' से अलग हुए, तब उनकी तनखाह 150 रुपये थी। उसके बाद इंडियन प्रेस से उन्हें 50 रुपये मासिक पेंशन के मिलते रहे। (बनारसी दास चतुर्वेदी के नाम 22-10-28 का पत्र, 'द्विवेदी-युग के साहित्यकारों के कुछ पत्र', पृ. 73) अपने पिता से उन्होंने विद्रोह का जो संस्कार प्राप्त किया था, उसे उन्होंने हिन्दी भाषा और साहित्य की उन्नति की ओर मोड़ दिया। उनकी राजनीतिक चेतना गदर की साम्राज्य-विरोधी चेतना का ही अगला विकास थी।

'द्विवेदी अभिनन्दन ग्रंथ' में यज्ञदत्त शुक्ल ने लिखा है : "उनके कमरे में कई शस्त्र—एक बन्दूक, एक तलवार, काता (काँता) और कई लाठी-डंडे—रक्खे रहते हैं। जयपुर से मँगाये हुए धनुष-बाण भी रक्खे हुए हैं। जहाँ बैठते हैं, ठीक उसी जगह उनकी बाईं ओर, एक करौली रक्खी रहती है।" (पृ. 567) प्रतिक्रियावादियों के गढ़ में समाज के सूत्रधारों को ठेंगा दिखाकर सुख की नींद सोना सम्भव नहीं था। विद्रोही सिपाही रामसहाय के बेटे महावीरप्रसाद ने आत्मरक्षा के लिए ये शस्त्र इकट्ठे किये थे। समाज की उपेक्षा और निहित स्वार्थों के घोर विरोध की चिन्ता न करके वह अपने निर्धारित मार्ग पर दृढ़ता से आगे बढ़ते रहे। किशोरीदास वाजपेयी ने उन्हें बहुत उचित 'कलजुगी भवभूति' कहा है। भवभूति जैसे विद्रोही साहित्यकार सतयुग में नहीं, कलियुग में ही पैदा होते हैं। इसलिए उपेक्षित भी रहते हैं और उनका जीवन बहुत कुछ अकेलेपन में बीतता है। परिवार में द्विवेदी जी का अपना सगा कोई न था। जो परिवार उन्होंने जोड़ा था, उससे उन्हें संतोष न था। 'सरस्वती' के सम्पादनकाल में ही उन्होंने मैथिलीशरण गुप्त को 25-5-15 के पत्र में लिखा था : "मेरे शरीर की रक्षा करनेवाला कोई नहीं। जिनको मैंने अपना कुटुम्बी बनाया है, वे मुझे फलवान् वृक्ष समझकर डंडों और ईंटों की मार से शीघ्र ही कच्चे-पक्के फल गिराकर हड़प कर जाना चाहते हैं।" ('द्विवेदी पत्रावली', पृ. 133) जब बहुत व्यथित या उत्तेजित होकर गद्य लिखते हैं, तब उसका कलात्मक स्तर इसी तरह ऊँचा होता है।

5. साहित्य के ज्ञान-कांड की उपेक्षा

लोगों ने मेला किया, अभिनन्दन-ग्रंथ भेंट किया, आचार्य की पदवी दी, फिर भी महावीरप्रसाद द्विवेदी हिन्दी साहित्य में उपेक्षित रहे। उपेक्षा कई तरह की होती है। एक तरह की उपेक्षा वह भी है जब किसी को देवता बनाकर फूल-मालाओं से

ढँक दिया जाए और उसके कार्य की चर्चा ही न की जाए। शिवप्रसाद गुप्त की दृष्टि से द्विवेदी जी की यह उपेक्षा छिपी न रही। 'सरस्वती' के 'द्विवेदी-स्मृति अंक' में उन्होंने बड़े दर्द से लिखा था : "मुझे इधर पचीस-तीस वर्षों से आचार्य द्विवेदी जी से थोड़ा परिचय था, एकाध बार उनकी चरण-सेवा का मुझे अवसर भी मिला था, मैं भली भाँति इसका अनुभव कर सकता हूँ कि हिन्दी के ऐसे उत्कट युग-प्रवर्तक विद्वान सेवक का हिन्दी जनता ने कुछ भी खयाल नहीं किया व न उनके अन्तिम समय को सुखी बनाने में कोई हाथ ही बँटाया। उनका इधर का दस-बारह वर्षों का समय शारीरिक रुग्णावस्था और अर्थ-संकट में ही बीता। अब वे इस दु:ख-समय असार संसार को छोड़कर वहाँ चले गए हैं, जहाँ का पूरा ज्ञान इस संसार में रहने वाले व्यक्तियों को न है, न हो सकता है और मेरी प्रार्थना उस जगन्नियन्ता के चरणों में यही है कि जहाँ कहीं भी वह आत्मा हो, उसे शान्ति और संतोष प्रदान करे। इति।"

द्विवेदी जी का जितना सम्मान हुआ, उसे देखते हुए ये वाक्य बहुत आश्चर्यजनक लगते हैं। पर हैं वे सही। उनके जीवन के अन्तिम वर्ष घोर शारीरिक और मानसिक कष्ट में बीते थे। हिन्दी साहित्यकारों, हिन्दी की संस्थाओं या सरकार की ओर से उनकी देख-रेख का कोई प्रबन्ध नहीं किया गया। उनकी कष्ट-कथा उनके पत्रों में बहुत साफ लिखी हुई है। इसके अलावा जिन लोगों ने उन्हें सम्मानित किया, उन्हें इस बात का गुमान भी न था कि वास्तव में वे द्विवेदी जी की सुदीर्घ साधना की उपेक्षा कर रहे हैं। 'द्विवेदी अभिनन्दन ग्रंथ' का आकार वृहद् है, छपाई सुन्दर है, प्रूफ सावधानी से देखा गया है। इसके सम्पादक प्रस्तावना में पूछते हैं : "साहित्य और कला को स्थायी प्रदर्शनी में उनकी कौन-सी कृतियाँ जाएँगी?" सबसे पहले उन्हें अनुवाद याद आते हैं। अनुवादों में 'कुमारसम्भव सार', 'बेकन विचार रत्नावली' आदि के साथ स्पेन्सर की ज्ञेय और अज्ञेय मीमांसाएँ और 'सम्पत्तिशास्त्र' को भी गिनाया है। स्पेन्सर की ज्ञेय और अज्ञेय मीमांसाओं पर 'सरस्वती' में कन्नोमल के लेख प्रकाशित हुए थे। द्विवेदी जी ने स्पेन्सर की शिक्षा-सम्बन्धी पुस्तक का अनुवाद किया थे। मेरी जानकारी में स्पेन्सर की ज्ञेय और अज्ञेय मीमांसाएँ जैसी किसी पुस्तक का अनुवाद उन्होंने न किया था। और 'सम्पत्तिशास्त्र'? इसे लिखने में द्विवेदी जी ने घोर परिश्रम किया था। उनकी सबसे मौलिक और महत्त्वपूर्ण कृति यही है। इसके बारे में उन्होंने 'आत्मकथा' वाले निबन्ध में लिखा था : "समय की कमी के कारण मैं विशेष अध्ययन न कर सका। इसी से 'सम्पत्तिशास्त्र' नामक पुस्तक को छोड़कर और किसी अच्छे विषय पर मैं कोई नई पुस्तक न लिख सका।" इस 'सम्पत्तिशास्त्र' को अपने अभिनन्दन वाले ग्रंथ में अनुवाद बताया देखकर द्विवेदी जी के मन की क्या दशा हुई होगी, इसकी कल्पना की जा सकती है।

अनुवादों के बारे में अभिनन्दन ग्रंथ के सम्पादकों ने लिखा कि द्विवेदी जी की

भाषा-शैली परिष्कृत हो रही थी, क्रमशः विकसित हो रही थी, आजकल की दृष्टि से उसमें और भी परिवर्तन किये जा सकते हैं; अनुवादों में भाषा-संस्कार के इतिहास की प्रचुर सामग्री मिलेगी किन्तु उनमें द्विवेदी जी का व्यक्तित्व नहीं है। इस तरह अनुवाद प्रदर्शनी से बाहर कर दिये गए। फिर कविताओं की याद आई। द्विवेदी जी ने स्वयं ही कहा था कि ये कविता नहीं हैं : "और हमारी दृष्टि से भी अधिकतर उपदेशामृत है।" इस तरह कविताओं का भी प्रवेश न हुआ। अब रह गए उनके आलोचनात्मक लेख। सम्पादक उदारतापूर्वक कहते हैं कि ये लेख द्विवेदी जी की जाग्रत प्रतिमा का परिचय कराते हैं और इनके द्वारा हिन्दी के समीक्षा-साहित्य का शिलान्यास हुआ है। फिर भी प्रश्न रह जाता है कि 'क्या यह स्थायी साहित्य है?" प्रदर्शनी में साहित्य और कला की स्थायी मूल्य वाली कृतियाँ ही रखी जाएँगी। आलोचना को वैसे भी लोग कलात्मक साहित्य से नीचा दर्जा देते हैं। हिन्दी की प्रदर्शनी में द्विवेदी जी के आलोचनात्मक लेखों को जगह नहीं मिल सकती। अब रह गए उनके दार्शनिक और आध्यात्मिक लेख। इनके बारे में भी सम्पादक उदारतापूर्वक सम्मति देते हैं कि उन पर द्विवेदी जी के कर्मठ जीवन और अन्तर की अनुभूति की छाप लगी है। उनमें विचारों की गहनता भी है और उनका क्रम भी निर्धारित है। इसके बाद लोकमत का सहारा लेकर कहते हैं : "किन्तु द्विवेदी जी की ख्याति उन लेखों से नहीं है। उन्हें कोई संस्कृत का प्रकांड पंडित या दर्शन का सूक्ष्म दृष्टि-अन्वेषक नहीं मानता।"

कल्पना कीजिए कि द्विवेदी मेला हो रहा है। उस मेले में हिन्दी के तमाम साहित्यकार दौड़-दौड़कर द्विवेदी जी के पैर छू रहे हैं। वहाँ हिन्दी साहित्य की एक प्रदर्शनी भी है। उसमें हिन्दी की बहुत-सी पुस्तकें हैं पर उनमें द्विवेदी जी की एक भी कृति नहीं है। द्विवेदी जी प्रदर्शनी के फाटक पर खड़े हैं और संयोजक लोग आपस में सलाह कर रहे हैं : "तो क्या आचार्य की शिष्य-मंडली ही उक्त प्रदर्शनी में सजा दी जाए?"

विचार बुरा नहीं था। द्विवेदी जी का सम्मान करनेवाले अधिकांश साहित्यकार नुमाइश में ही रखने के काबिल थे। और यह नुमाइश स्थायी होनी चाहिए थी जिससे कि आनेवाली पीढ़ियाँ यह समझ सकें कि वे कैसे लोग थे जो द्विवेदी जी को गुरु मानकर उनका सम्मान धूमधाम से करते थे पर प्रदर्शनी में केवल स्वयं को प्रदर्शनीय समझते थे।

संयोजकों का विचार-विमर्श जारी रहा। उनके मन में एक और प्रश्न आया : "क्यों न 'सरस्वती' की सब संस्थाएँ, जिनमें द्विवेदी जी और उनकी मित्र-मंडली की कृतियाँ हैं, हिन्दी के स्थायी कला भवन में रख दी जाएँ? और उनके साथ ही द्विवेदी जी का वह सब संशोधन, काट-छाँट और कायापलट भी एकत्र कर दिया जाए जो उन्होंने मूल प्रतियों में किया था और जिनके कारण वे प्रतियाँ मुद्रित प्रतियों से भी अधिक दर्शनीय और संग्राह्य हो गई हैं।" आखिर प्रदर्शनी में रखने लायक कोई दर्शनीय चीज मिल ही गई। यह चीज मूलतः दूसरों की

थी, द्विवेदी जी ने उसमें काट-छाँट भर की थी। दूसरे शब्दों में प्रदर्शनी के भीतर आचार्य की शिष्य मंडली ही सजाई गई। 'सरस्वती' की पांडुलिपियाँ कला भवन में रक्खी जातीं तो और अच्छा था, नागरी प्रचारिणी सभा में रक्खी गईं, तो भी बुरा नहीं। पर द्विवेदी जी द्वारा सम्पादित 'सरस्वती' हिन्दी की प्रतिनिधि पत्रिका नहीं थी। उसमें 'द्विवेदी जी और उनकी मित्र-मंडली की कृतियाँ' ही छपी हैं। इस पर भी नागरी प्रचारिणी सभा के कर्णधार 'द्विवेदी अभिनन्दन ग्रंथ' निकालकर उनका सम्मान कर रहे हैं, यह उनकी परम उदारता है। 'ऐसो को उदार जग माहीं!"

'द्विवेदी अभिनन्दन ग्रंथ' निकलने से पहले और उसके बाद हिन्दी साहित्य के विभिन्न सम्प्रदायों ने द्विवेदी जी के प्रति उसी भाव का परिचय दिया जो अभिनन्दन ग्रंथ की प्रस्तावना में दिखाई देता है। चाहे छायावादी हों, चाहे प्रगतिवादी, प्रयोगवादी, अस्तित्ववादी अथवा अन्य कोई वादी—सभी ने द्विवेदी जी के नवजागरण-कार्य की उपेक्षा की है, उसे पहचानने का प्रयत्न ही नहीं किया। किसी में श्रद्धा अधिक है, किसी में कम। महावीरप्रसाद द्विवेदी का नाम क्वीन विक्टोरिया की तरह एक युग से जुड़ गया। साहित्य के किसी सम्प्रदाय का लेखक हो, उसका प्रयत्न निरन्तर यही रहता है कि वह दिखाए कि द्विवेदी-युग से उसका कोई सम्बन्ध नहीं है, उस युग की छूत उसे नहीं लगी। उसके अपने संस्कार निर्नल हैं। वह द्विवेदी-युग के भावबोध, विचारबोध की सीमाओं से कोसों आगे बढ़ आया है।

हर युग की सीमाएँ होती हैं, द्विवेदी-युग की भी थीं। क्या हम अपने युग की सीमाएँ पहचानते हैं? क्या हम आज के दार्शनिक, साहित्यिक, वैज्ञानिक, सामाजिक कर्तव्य पहचानते हैं? क्या राजनीतिक और सामाजिक क्षेत्र में हमने साम्राज्य-विरोधी, सामन्त-विरोधी कर्तव्य पूरे कर लिये हैं? क्या साक्षरता के आधार पर हमने नवीन रूढ़ि-मुक्त जनसंस्कृति का निर्माण कर लिया है? अंग्रेजी भाषा का आधिपत्य हटाकर भारत की भाषा-समस्या और राष्ट्रीय एकता को सुदृढ़ करने की समस्या हमने हल कर ली है? क्या हम ऐसी अनेक समस्याओं के प्रति सचेत भी हैं?

जो जाति प्रगतिशील होती है, अपना विकास करना चाहती है, अज्ञान और अपमान का जीवन न बिताकर संगठित रूप में नई शक्ति से आगे बढ़ना चाहती है, वही अपनी परम्परा के सही मूल्यांकन की ओर ध्यान देती है। यदि हमारे सामने समस्याओं का अस्तित्व है और हम उस अस्तित्व के प्रते सचेत हैं, तो यह कैसे हो सकता है कि जिन लोगों ने हमसे पहले इन समस्याओं के निराकरण और समाधान में सारा जीवन खपा दिया, उन्हें हम भूल जाएँ? वास्तविकता यह है कि वर्तमानकाल में जितना ही आर्थिक और सांस्कृतिक संकट गहरा होता जाता है, उतना ही साहित्य के रूढ़ि-विरोधी, रीतिवाद-विरोधी, वैज्ञानिक विचारधारा के समर्थक, मानव-संस्कृति को उदात्त रूप देनेवाले कार्यों के प्रति उपेक्षा का व्यवहार करने में ही सुख है, सुविधा है। द्विवेदी जी के साहित्यिक कार्यों की उपेक्षा एक तरह का अवसरवाद

है। उसका स्रोत है समकालीन साहित्य-सम्बन्धी क्रान्तिकारी कार्यों की उपेक्षा। यह उपेक्षा द्विवेदी जी या उनके युग तक सीमित नहीं है। उनसे पहले यह भारतेन्दु-युग तक पहुँचती है और उनके बाद छायावादी साहित्य, विशेष कर निराला के साहित्य को अपने भीतर समेट लेती है। निराला के प्रति सम्मान की कमी नहीं है। उनके साहित्य की रीतिवादी और अभिनव रूपवादी व्याख्याओं की कमी नहीं है। लेखक चाहे ऐसी व्याख्याएँ करे, चाहे चुप रहे, दोनों स्थितियों में सामान्य तत्त्व यह है कि हिन्दी साहित्य के विकास में जो कुछ क्रान्तिकारी है, उसे अस्वीकार किया जाता है। समकालीन साहित्यकार जिस हद तक अपने सामाजिक-सांस्कृतिक कर्तव्यों की उपेक्षा करते हैं, लगभग उसी हद तक वे अपने साहित्य की प्रगतिशील परम्परा की भी उपेक्षा करते हैं।

द्विवेदी जी के समकालीन लेखक जानते थे कि 'सरस्वती' ज्ञान की पत्रिका है। उसका उद्‌देश्य स्वाधीनता की चेतना का प्रसार करना है, उसने 'आज' और 'प्रताप' जैसे राष्ट्रीय और प्रगतिशील पत्रों के सामने एक आदर्श रखा था। वे जानते थे कि इस देश की निर्धन और पीड़ित किसान-जनता के लिए द्विवेदी जी ने बहुत कुछ किया था। उनमें से कुछ लोग यह भी पहचान रहे थे कि तमाम श्रद्धा और सम्मान के बावजूद द्विवेदी जी की उपेक्षा की जाती रही है।

अब इस उपेक्षा का अन्त होना चाहिए। द्विवेदी जी के समस्त कार्य-कलापों का अध्ययन हिन्दी नवजागरण के सन्दर्भ में होना चाहिए। ऐसा अध्ययन हमारा साहित्यिक कर्तव्य ही नहीं, राजनीतिक कर्तव्य भी है।

द्विवेदी जी का गद्य-साहित्य आधुनिक हिन्दी साहित्य का ज्ञान-कांड है। जो साहित्यकार स्वत:स्फूर्त भावोद्‌गारों से संतुष्ट नहीं हो जाते, उनके लिए यह ज्ञान-कांड सदा महत्त्वपूर्ण रहेगा। द्विवेदी जी सबसे पहले राजनीतिज्ञ और अर्थशास्त्री हैं। इसका प्रमाण यह है कि उनकी जो एक मात्र बड़ी पुस्तक है, वह राजनीति और अर्थशास्त्र की पुस्तक 'सम्पत्तिशास्त्र' है। भारत के सन्दर्भ में ब्रिटिश साम्राज्यवाद की वैसी आलोचना उस समय तक अंग्रेजी में भी प्रकाशित नहीं हुई थी। हिन्दी में अब भी उसके टक्कर की दूसरी पुस्तक नहीं है। मेरठ-षड्यंत्र के मुकदमे से लेकर कम्युनिस्ट पार्टी की पचासवीं वर्षगाँठ तक मार्क्सवादियों ने भारत में अंग्रेजी राज की भूमिका के बारे में जो अनेक दस्तावेज प्रकाशित किये हैं, उनमें अनेक भ्रान्तियाँ अभी तक बनी हुई हैं। अंग्रेज यहाँ के सबसे बड़े जमींदार थे। उन्होंने जमीन पर इजारा कायम किया था, यह बात अनेक मार्क्सवादी इतिहास-विवेचकों की समझ में अभी तक नहीं आई।

द्विवेदी जी ने सारी समस्या पर, भारत की बहुसंख्यक किसान जनता को केन्द्र में रखकर, विचार किया था। इसके साथ ही भारतीय समाज के एक नये वर्ग—मजदूर वर्ग—के संगठन और संघर्षों से उन्हें गहरी दिलचस्पी थी। इस तरह वह देश के

पूँजीवादी या मध्यवर्गी नेताओं से अपने चिन्तन में बहुत आगे थे। उन्होंने यह बात स्पष्ट लिखी थी कि भारत के किसान और मजदूर संगठित होकर अपना भाग्य बदल सकते हैं और जहाँ भी किसान और मजदूर संगठित होकर संघर्ष में आगे बढ़े हैं, वहाँ उन्हें सफलता मिली है, जैसे रूस में, और इससे भारतवासियों को शिक्षा लेनी चाहिए। द्विवेदी जी ने भारत के अलावा विश्वव्यापी साम्राज्यवादी व्यवस्था का विश्लेषण किया, इस व्यवस्था से उत्पन्न होनेवाले महायुद्ध की ध्वंस-लीला, धन-जन की अपार क्षति का चित्रण किया। जनता के स्वाधीनता-संघर्षों का समर्थन किया। विश्वशान्ति कायम करने के साम्राज्यवादी प्रयत्नों की असलियत जाहिर की। भारतीय जनता को साम्राज्यवादी घेरे से बाहर अपने अन्तरराष्ट्रीय सम्बन्ध पहचानना सिखाया।

द्विवेदी जी ने समाजशास्त्र और इतिहास के बारे में जो कुछ लिखा है, उससे समाज-विज्ञान और इतिहास-लेखन के विज्ञान की नवीन रूप-रेखाएँ निश्चित होती हैं। इसी दृष्टिकोण से उन्होंने भारत के सामाजिक और सांस्कृतिक विकास का नवीन मूल्यांकन किया। एक ओर उन्होंने इस देश के प्राचीन दर्शन, विज्ञान, साहित्य तथा संस्कृति के अन्य अंगों पर हमें गर्व करना सिखाया, एशिया के सांस्कृतिक मानचित्र में भारत के गौरवपूर्ण स्थान पर ध्यान केन्द्रित किया, दूसरी ओर उन्होंने सामाजिक कुरीतियों, धार्मिक रूढ़ियों का तीव्र खंडन किया, और उस विवेक-परम्परा का उल्लेख सहानुभूतिपूर्वक किया जिसका सम्बन्ध चार्वाक और वृहस्पति से जोड़ा जाता है। अध्यात्मवादी मान्यताओं, धर्मशास्त्रों की स्थापनाओं को उन्होंने नई विवेक दृष्टि से परखना सिखाया।

यह सब साहित्य के ज्ञान-कांड का सामाजिक और राजनीतिक विभाग है। भारत की भाषा-समस्या से सम्बन्धित विवेचन एक सीमा तक इसी विभाग के अन्तर्गत है। समस्याएँ सामाजिक और राजनीतिक हैं, वैसा ही उनका विवेचन है। साथ ही भाषा शिक्षा और साहित्य-रचना का माध्यम है, अत: ये समस्याएँ, सीमित अर्थ में, साहित्य और संस्कृति की समस्याएँ भी हैं। द्विवेदी जी ने जाति और राष्ट्र का सम्बन्ध पहचाना, भारत जैसे बहुजातीय राष्ट्र में सम्पर्क-भाषा की आवश्यकता पर बल दिया। वह अंग्रेजी के विरुद्ध समस्त भारतीय भाषाओं के अधिकारों के लिए लड़े, इसी सन्दर्भ में हिन्दी-भाषी जाति की भाषा-समस्या के विभिन्न पक्षों पर—संस्कृत, बँगला, जनपदीय उपभाषाओं, उर्दू आदि से हिन्दी के अन्तर्विरोध के पक्षों पर—हिन्दी भाषा के विकास की मुख्य दिशा के बारे में, जितनी गहराई से उन्होंने विचार किया, जितने तर्कसंगत ढंग से उन्होंने अपने विचार प्रस्तुत किये, उस ढंग से, उतनी गहराई से सभी पक्षों को ध्यान में रखते हुए वैसा विवेचन इस देश में अन्य किसी ने अभी तक प्रस्तुत नहीं किया। कितनों को तो समस्याओं का सही-सही ज्ञान भी नहीं है। यह सब हिन्दी साहित्य का ऐसा ज्ञान-कांड है जिसका महत्त्व अखिल भारतीय है,

जिससे इस देश के साहित्यकार और साहित्य के पाठक ही नहीं, विभिन्न दलों के राजनीतिज्ञ और उनके अनुयायी भी बहुत कुछ सीख सकते हैं। हिन्दी साहित्य का यह ज्ञान-कांड भारत के वर्तमान सामाजिक-सांस्कृतिक सन्दर्भ में उपयोगी है, यह किसी भी विचारपूर्ण समीक्षक से छिपा न रहेगा।

साहित्य के विशिष्ट क्षेत्र में द्विवेदी जी ने रीतिवाद-विरोधी अभियान का संगठन और नेतृत्व किया। जैसे सामाजिक क्षेत्र में वह सामन्ती रूढ़ियों के आलोचक थे, वैसे ही साहित्य क्षेत्र में उन्होंने दरबारी साहित्य की परम्पराओं—नायिका-भेद, अलंकारशास्त्र, चमत्कारवाद—की तीव्र आलोचना की। इस रीतिवादी धारा से भक्ति-साहित्य और भारतेन्दुयुगीन गद्य-लेखन को अलग करते हुए उन्होंने यथार्थपरक साहित्य-रचना के नये सिद्धान्तों की रूपरेखा स्थिर की। यह रूपरेखा कई जगह छायावादी काव्य-सिद्धान्तों का पूर्वानुमानित रूप बन जाती है। अब तक द्विवेदी-युग को इस ढंग से प्रस्तुत किया गया है कि छायावाद उसके विरुद्ध एक क्रान्ति के रूप में दिखाई देता है। छायावाद अनेक बातों में पूर्ववर्ती साहित्य से भिन्न है, पर इस नवीन छायावादी साहित्य में जो कुछ प्रगतिशील है, उस सबकी तैयारी द्विवेदी-युग में हो चुकी है। यह भी स्मरणीय है कि हिन्दी के सबसे बड़े कथाकार प्रेमचन्द और सबसे बड़े समालोचक रामचन्द्र शुक्ल द्विवेदी-युग की देन हैं। गाँवों की जिस बदहाली का चित्रण द्विवेदी जी ने 'सम्पत्तिशास्त्र' में किया है, वह सब प्रेमचन्द के कथा-साहित्य की पृष्ठभूमि है। भारत-सम्बन्धी विवेचन में सर्वत्र द्विवेदी जी में किसानों के प्रति जो आत्मीयता दिखाई देती है, वही आत्मीयता प्रेमचन्द के कथा-शिल्प की मूल धारणा-शक्ति है। रामचन्द्र शुक्ल की आलोचना में जो सिद्धान्त पुष्पित और पल्लवित हुए हैं, उनके बीज महावीरप्रसाद द्विवेदी के गद्य-लेखन में हैं। हिन्दी प्रदेश के शिक्षा-जगत् में रीतिवादी प्रभाव विद्यमान हैं। इसीलिए शुक्ल जी का विरोध होता है; और हिन्दी आलोचना के प्रसंग में द्विवेदी जी का नाम लेना तो लोग अब आवश्यक ही नहीं समझते। हिन्दी समीक्षा-साहित्य में बालकृष्ण भट्ट के साथ द्विवेदी जी आधुनिक विचारधारा के अग्रदूत हैं। उनका आलोचना-कार्य हिन्दी साहित्य के ज्ञान-कांड की गौरवपूर्ण उपलब्धि है। इसके साथ उनकी सबसे बड़ी सम्पादकीय सिद्धि यह है कि उन्होंने हिन्दी काव्य में ब्रजभाषा की जगह जातीय भाषा आधुनिक हिन्दी को दृढ़तापूर्वक प्रतिष्ठित किया।

द्विवेदी जी ने एक निश्चित मत और निश्चित कार्यक्रम के अनुसार हिन्दी के ज्ञान-कांड को समृद्ध करने का बीड़ा उठाया था। उन्हें यह दृढ़ विश्वास था कि हिन्दी गद्य का विकास किये बिना, इस गद्य में ज्ञान साहित्य लिखे बिना जातीय संस्कृति का विकास सम्भव न होगा। उनका यह विश्वास सही था। किसी भी जाति, देश या भाषा के लिखित साहित्य को लें तो प्रारम्भिक अवस्था में उसका काव्य-साहित्य ही सर्वाधिक विकसित पाया जाता है। अन्य प्रकार का साहित्य यदि

लिखा जाता है तो उसका माध्यम पद्य होता है। यदि किसी आधुनिक पुस्तकालय में कलात्मक साहित्य का कोना देखा जाए तो शेष पुस्तकालय की अपेक्षा वह बहुत छोटा होगा। पुस्तकालय का शेष भाग ज्ञान-विज्ञान की पुस्तकों से भरा होगा। वे पुस्तकें कलात्मक साहित्य के अन्तर्गत नहीं हैं, वे स्थायी निधि नहीं हैं, यह कहकर उन्हें कोई पुस्तकालय से बाहर नहीं फेंक देता। ज्ञान विकासमान है, कला की अपेक्षा अधिक परिवर्तनशील है; उसका मूल्य न पहचानना सामाजिक विकास-क्रम में अपने पिछड़ेपन की घोषणा करना है।

अन्य देशों की अपेक्षा यूनान में गद्य का अधिक विकास हुआ और प्रचुर मात्रा में हुआ। ग्रीक भाषा में इतिहास-सम्बन्धी जैसे ग्रंथ सुन्दर गद्य में लिखे गए, वैसे हमारे यहाँ नहीं लिखे गए। तुर्कों ने, अरबों ने और हिन्दुस्तानी मुगलों ने इतिहास, यात्रा-वृत्तान्त और आत्मकथा की ओर काफी ध्यान दिया। परिणाम यह कि शताब्दियों का भारतीय इतिहास हम विदेशी भाषाओं में लिखे हुए स्रोत-ग्रंथों से पहचानते हैं। इन ग्रंथों में चीनी यात्रियों के वृत्तान्त भी हैं। एशिया और यूरोप की अनेक जातियाँ गद्य का विकास कर रही थीं; उनके लिए इस संसार को जानने, स्वयं को शक्तिशाली बनाने में गद्य की भूमिका अपरिहार्य थी। द्विवेदी जी गद्य का यह महत्त्व बहुत अच्छी तरह समझते थे। वही बात जीवनभर दूसरों को समझाने का प्रयत्न करते रहे; फिर भी अपने अभिनन्दन के समय उन्होंने देखा कि उन्हें पुष्प-मालाएँ अर्पित करनेवाले भक्तजन उनकी बात समझ नहीं पाए! उनके देहावसान के बाद उनके और 'सरस्वती' के अन्य लेखकों द्वारा रचे हुए ज्ञान-कांड की जो उपेक्षा होती रही है, उसका कारण वही रूढ़, संस्कार-बद्ध, ज्ञान की उपेक्षा है जो वास्तव में कला-प्रेम की नहीं, हमारे पिछड़ेपन की निशानी है।

जहाँ तक कलात्मक साहित्य का सम्बन्ध है, महावीरप्रसाद द्विवेदी की व्यक्तिगत देन सम्पादक के रूप में है, और उनके युग की देन इस सम्पादकीय देन से बहुत बड़ी है। द्विवेदी-युग की श्रेष्ठ कलात्मक उपलब्धि प्रेमचन्द हैं; अपने कथा-साहित्य में प्रेमचन्द ने जिस भारत का चित्र खींचा है, उसका विश्लेषण 'सम्पत्तिशास्त्र' के बिना नहीं हो सकता। 'सम्पत्तिशास्त्र' वह ज्ञान कांड है जिसका कलात्मक प्रतिफलन 'प्रेमाश्रम', 'रंगभूमि', 'कर्मभूमि' और 'गोदान' है।

'सरस्वती' के सम्पादक की एक विशेषता यह है कि गद्य-लेखों पर उनकी एक सामान्य शैली की छाप है पर पद्य में इसके विपरीत अतिशय विविधता है। स्वयं द्विवेदी जी की कविता में अनेक प्रकार की शैलियाँ हैं। इनसे अधिक मैथिलीशरण गुप्त, गयाप्रसाद शुक्ल सनेही, अयोध्यासिंह उपाध्याय आदि कवियों की विविध शैलियाँ हैं। भाषा, छंद, विषय, काव्य रूप—सर्वत्र प्रयोग-सम्बन्धी स्वच्छंदता दिखाई देती है। गद्य वाले ज्ञान-कांड पर 'सरस्वती'-सम्पादक ने अपना नियंत्रण रखा था। पद्य साहित्य के लिए, अधिक-से-अधिक विषय निर्देश उन्होंने किया, पद्य के माध्यम के

रूप में खड़ी बोली के लिए आग्रह किया, यद्यपि पहले वह स्वयं ब्रजभाषा में कविताएँ लिखते थे और 'सरस्वती' में ब्रजभाषा में लिखी कविताएँ उन्होंने प्रकाशित भी कीं। शेष बातों में उन्होंने कवियों को छूट दे दी थी। इस पद्य-साहित्य का एक अंग ऐसा है जो पिछले तीस-चालीस वर्षों में निरन्तर अधिक महत्त्वपूर्ण बनता गया है। हमारे देश में जैसे-जैसे किसानों और मजदूरों के स्वतंत्र संगठन बने और मजबूत हुए, देश के स्वाधीन होने से पहले और बाद को जैसे-जैसे जन-आन्दोलन शक्तिशाली बने, और सामाजिक विकास-क्रम में यह प्रश्न महत्त्वपूर्ण बन गया कि केवल पुस्तकों द्वारा नहीं, मौखिक और बड़ी-बड़ी सभाओं में सुनाई जानेवाली कविताओं द्वारा जनता में नवीन चेतना का प्रसार करना है, वैसे-वैसे काव्य के लोक-रूपों की ओर भी अधिक ध्यान दिया जाने लगा। इन लोक-रूपों की ओर, सामाजिक परिवर्तन के उद्देश्य से उनके नये उपयोग की ओर, सबसे पहले और बड़े सचेत ढंग से भारतेन्दु हरिश्चन्द्र ने ध्यान दिया था और 'जातीय संगीत' नाम के निबन्ध में इस दिशा में अपना कार्यक्रम प्रस्तुत किया था। द्विवेदी जी ने इस कार्यक्रम को और संवर्द्धित किया और उसे कार्य-रूप में परिणत भी किया। लोक-रूपों के व्यवहार के साथ आधुनिक हिन्दी में पद्य-रचना पर उन्होंने बहुत बल दिया, यह उस कार्यक्रम का संवर्धन था। इसके साथ जनपदीय उपभाषाओं में उन्होंने लोक-साहित्य रचने की ओर भी ध्यान दिया। इस लोक-साहित्य के एक छोर पर बैसवाड़ी में 'आल्हा' लिखने वाले कल्लू अल्हैत हैं तो दूसरे छोर पर भोजपुरी में अछूत पर मार्मिक कविता रचनेवाले पटना के हीरा डोम हैं। यह भी याद रखना चाहिए कि जनपदीय उपभाषाओं के अलावा खड़ी बोली हिन्दी का भी अपना एक लोककाव्य वाला रूप है। यह रूप नजीर अकबरावादी ने विकसित किया था। द्विवेदी जी ने उस रंग में लिखी हुई बागीश्वर मिश्र की कविता छापी थी पर हिन्दी कवि शायद भाषा का वह रूप भूल गए हैं।

इस प्रकार द्विवेदी-युग के ज्ञान-कांड में ही नहीं, उस युग के कलात्मक साहित्य में भी हमारे सीखने-समझने के लिए बहुत कुछ है। प्रश्न यह है कि हम अपने युग को कितना समझते हैं। आज के सामाजिक परिवेश, वर्तमान भारत की राजनीतिक और सांस्कृतिक समस्याओं को हम जितना ही पहचानेंगे, उतना ही द्विवेदी-युग को समझने में सहायता मिलेगी। जितना ही उस युग की विविध प्रवृत्तियों को समझेंगे, उतना ही सही ऐतिहासिक परिप्रेक्ष्य में अपने युग को भी देख सकेंगे।

6. महावीरप्रसाद द्विवेदी और निराला

निराला को यदि महावीरप्रसाद द्विवेदी का उत्तराधिकारी कहा जाए तो बात कहाँ तक युक्तिसंगत होगी?

सामान्यत: छायावाद को द्विवेदी-युग की प्रतिक्रिया, उसके प्रति विद्रोह माना जाता है। कभी-कभी उत्तराधिकारी लोग पूर्वाधिकारी के प्रति विद्रोह करते हैं और

फिर उसी लीक पर चलने लगते हैं जिसे पहले उन्होंने नापसन्द किया था। द्विवेदी जी मूलत: बुद्धिवादी थे और रहस्यवाद के विरोधी थे। छायावादी लोग कल्पनाशील और रहस्यवाद के समर्थक थे। दोनों के बीच यह फासला उतना बड़ा नहीं है जितना पहले प्रतीत होता है। द्विवेदी जी के आत्मा और ज्ञान वाले लेखों का स्मरण कीजिए जिनमें वह सर्वव्यापी आत्मा के अस्तित्व का प्रतिपादन करते हैं। जड़ और चेतन, मनुष्य का शरीर और ककड़, पत्थर, सर्वत्र एक ज्ञानमय शक्ति का प्रसार है। द्विवेदी जी के युग में वैज्ञानिकों के अलावा अनेक साहित्यकार जगदीशचन्द्र वसु के सिद्धान्तों से प्रभावित हुए थे। मनुष्य और वनस्पति, दोनों में चेतना है, यह सिद्धान्त द्विवेदी जी को मान्य था, रवीन्द्रनाथ ठाकुर जैसे रहस्यवादी को भी; इससे सिद्ध हुआ कि द्विवेदी जी सर्वत्र रहस्यवाद के विरोधी नहीं हैं।

रवीन्द्रनाथ और अन्य आधुनिक रहस्यवादी कवि सर्वव्यापी चेतना को सदा अगोचर सत्ता मानते रहे हों, ऐसा भी नहीं है। रवीन्द्रनाथ कालिदास की सौन्दर्य-दृष्टि से प्रभावित थे, यह बात सभी लोग जानते हैं। इन दोनों कवियों की दार्शनिक दृष्टि में भी बहुत बड़ी समानता है। कालिदास उस अद्वैत मत के अनुयायी हैं जिसके अनुसार यह संसार परोक्ष सत्ता का प्रत्यक्ष रूप है। उनके नाटक 'शाकुन्तलम्' के आरम्भ में इसी भाव से अष्टमूर्ति शिव की वन्दना की गई है। रवीन्द्रनाथ की पचासों कविताओं में इसी दृष्टि से प्रकृति का चित्रण किया गया है। प्रकृति में व्याप्त चेतन-शक्ति अगोचर नहीं है, वायु के स्पर्श से लेकर सूर्य के प्रकाश तक अनेक रूपों में वह मनुष्य को, उसकी इन्द्रियों के माध्यम से, अपनी सत्ता का बोध कराती है। रवीन्द्रनाथ ब्रह्मसमाजी थे और इस मत का स्रोत उपनिषदों को माना जाता है जिनके लिए कहा जाता है कि उनमें परोक्ष अगोचर सत्ता का प्रतिपादन किया गया है। यह अगोचर सत्ता वाला अद्वैत रवीन्द्रनाथ के काव्य पर झीने आवरण की तरह पड़ा हुआ है, वह उसका अन्तस नहीं है। रवीन्द्रनाथ भौतिक सौन्दर्य के उपासक कवि हैं, वैसे ही जैसे कालिदास हैं, और दोनों कवि इस भौतिक सौन्दर्य को एक व्यापक परोक्ष सत्ता से जोड़ देते हैं जो परोक्ष तो है किन्तु अगोचर नहीं है। (यहाँ शुक्ल जी के इस तर्क का खंडन हो जाता है कि रहस्यवादी कवि इस लोक से परे परोक्ष सत्ता—अर्थात् पारलौकिक या अगोचर सत्ता—की उपासना करते हैं।)

कालिदास और रवीन्द्रनाथ की यह सौन्दर्य-दृष्टि प्रसाद और निराला में है; इन दोनों में प्रसाद ने दार्शनिक स्तर पर उसका तर्कसंगत विवेचन किया है। महावीरप्रसाद द्विवेदी सौन्दर्यवादी नहीं हैं, कम-से-कम अपने गद्य में वह इस दृष्टि का परिचय नहीं देते। किन्तु उनके सबसे प्रिय कवि कालिदास थे और इन महाकवि की रचनाओं से उन्हें भगवद्-भक्ति के कारण प्रेम न था। जैसे शंकराचार्य को लोग प्रच्छन्न बौद्ध कहते थे, वैसे ही द्विवेदी जी को प्रच्छन्न सौन्दर्यवादी कहा जाए तो बात एकदम निराधार न होगी। रवीन्द्रनाथ और छायावादी कवियों ने अप्सराओं और उनकी कन्याओं के सौन्दर्य

पर बहुत-सी कविताएँ लिखीं। उनसे पहले यह काम महाकवि कालिदास कर गए थे। द्विवेदी जी ने इन अप्सराओं, पुराने काव्यों में वर्णित सुन्दरियों, पौराणिक देवियों के अनेक चित्र 'सरस्वती' में प्रकाशित किये। ये चित्र राजा रवि वर्मा के बनाये हुए थे, कुछ अन्य चित्रकारों की कल्पना का प्रसाद थे। द्विवेदी जी ने इन चित्रों पर स्वयं कविताएँ लिखीं और मैथिलीशरण गुप्त, नाथूराम शंकर शर्मा, कामता प्रसाद गुरु और राय देवीप्रसाद से इन पर कविताएँ लिखाईं। फिर उन्होंने 'कविता कलाप' नाम से इनका संग्रह इंडियन प्रेस से 1909 में प्रकाशित कराया। सभी कविताएँ नारी-सौन्दर्य पर नहीं हैं। महर्षि वेद व्यास वृक्ष के नीचे ध्यान लगाये बैठे हैं, विश्वामित्र राम और लक्ष्मण को धनुर्विद्या की शिक्षा दे रहे हैं, ऐसे अनेक चित्र हैं। अशोकवासिनी सीता या भीष्म-प्रतिज्ञा जैसे चित्रों में शृंगार भाव नहीं है। किन्तु अधिकांश कविताएँ और चित्र नारी-सौन्दर्य पर हैं। शकुन्तला-जन्म, शुक और रम्भा, अहल्या, द्रौपदी-दुकूल, अर्जुन और उर्वशी, अर्जुन और सुभद्रा, रम्भा, उषा-स्वप्न आदि चित्र नारी-सौन्दर्य की कल्पना प्रस्तुत करते हैं और वैसी ही उन पर लिखी हुई कविताएँ हैं। 'कविता कलाप' पुस्तक के आरम्भ में देवी सरस्वती पर राय देवीप्रसाद की कविता है। राय देवीप्रसाद के लिए सरस्वती सौन्दर्य की देवी वैसे ही हैं, जैसे 'गीतिका' में निराला के लिए शक्ति सौन्दर्य की देवी हैं। राय देवीप्रसाद की कविता यों शुरू होती है : 'कुन्द घनसार चन्द्र हूतें अंग शोभा वन्त भूखन अमन्द त्यों बिदूखत हैं दामिनी'।

'कविता कलाप' में एक कविता कुमारसम्भव की उमा पर है। इसका शीर्षक है : 'गौरी'। लेखक हैं महावीरप्रसाद द्विवेदी। कविता के प्रारम्भिक तीन बन्द इस प्रकार हैं :

पर्वतपति-मेना की प्यारी,
है यह शैल-सुता सुकुमारी।
रूप अति रुचिर इसने पाया;
विधि ने स्वयं इसे निर्म्माया॥
हिमकर में जो सुन्दरता है;
कमलों में जो कोमलता है;
जहाँ-जहाँ लावण्यलता है;
जिसमें जितनी गुण-गुरुता है;
जब एकत्र उन्हें कर पाया,
तब विधि ने अभ्यास बढ़ाया।
फिर उनसे यह रूप बनाया;
सुन्दरता-समूह उपजाए॥

द्विवेदी जी का काव्य-कौशल उनके सौन्दर्य-प्रेम का साथ नहीं दे पाता। वह कालिदास के सौन्दर्य-वर्णन पर मुग्ध हैं। उसे हिन्दी कविता में उतार लाना चाहते हैं। सफलता

नहीं मिलती और कुछ समय बाद उन्होंने मान लिया कि सफलता नहीं मिली, वह कवि नहीं हैं, केवल पद्य लिख लेते हैं। इसका यह अर्थ नहीं है कि उनकी आँखों में कुमारसम्भव की उमा का रूप बसा हुआ न था। दार्शनिक दृष्टि के लिए गौरी का सौन्दर्य प्रकृति के सौन्दर्य को एक ही मूर्ति में समेटकर प्रस्तुत करता है। यह सौन्दर्य-अद्वैत द्विवेदी जी ने अपनी कविता में स्वीकार किया है। जहाँ कवि-कौशल सौन्दर्य-प्रेम का साथ देता है, वहाँ रचना इस प्रकार की होती है :

रूखी री यह डाल, वसन वासंती लेगी।
देख खड़ी करती तप अपलक,
हीर-कसी समीर-माला जप,
शैल-सुता अपर्ण-अशना,
पल्लव-वसना बनेगी—
वसन वासंती लेगी।

गीत अटपटा जरूर है पर भाव और रूप का घनत्व तथा अभिव्यंजना की वक्रता दर्शनीय हैं। अन्य गीतों में जहाँ शैल-सुता का स्पष्ट उल्लेख नहीं है, वहाँ भी कुमारसम्भव की उमा की प्रतिच्छवि दिखाई देती है, यथा—'सखि, वसंत आया' गीत में :

किसलय-वसना नव-वय-लतिका
मिली मधुर प्रिय-उर तरु-पतिका,
मधुप-वृन्द बन्दी—
पिक-स्वर नभ सरसाया।

ऐसा लगता है, कुमारसम्भव का स्मरण किये बिना निराला वसंत पर गीत लिख ही न पाते थे।

सौन्दर्यवादी दृष्टि के अलावा महावीरप्रसाद द्विवेदी और निराला में एक सामान्य तत्त्व प्रकृति-अद्वैत का है। जैसे एक ब्रह्म-अद्वैत, वैसे ही दूसरा प्रकृति-अद्वैत। सारी प्रकृति में एक ही शक्ति व्याप्त है और इसमें विरोधी गुणों का सामंजस्य है। द्विवेदी जी ने विरोधी गुणों वाले इस द्वन्द्व पर आत्मा वाले निबन्ध में विस्तार से लिखा। निराला ने इसे वेदान्त का दूसरा पक्ष मानकर उस पर विस्तार से 'वर्तमान धर्म अथवा साहित्यिक सन्निपात' निबन्ध में लिखा। उनके कुछ गीतों में—जैसे 'कौन तम के पार, रे कह' गीत में—यह द्वन्द्ववाद वैचारिक संरचना का आधार बनता है।

रहस्यवादियों और अनेक अद्वैतवादियों से भिन्न द्विवेदी जी यह मानते हैं कि मनुष्य को प्राकृतिक शक्ति अपने वश में करके जीवन-संघर्ष में विजय प्राप्त करना चाहिए। यह बात उन्होंने निरीश्वरवाद वाले लेख के अन्त में कही थी। प्रकृति और मानव-जीवन के प्रति यह दृष्टिकोण निराला का भी था। 'राम की शक्ति-पूजा'

का मुख्य आधार प्रकृति-सम्बन्धी यही धारणा है। इस प्रसिद्ध कविता का बीज महावीरप्रसाद द्विवेदी के चिन्तन में विद्यमान है।

महावीरप्रसाद द्विवेदी धार्मिक रूढ़ियों और संकीर्ण मतवाद के विरोधी थे। ऐसी उदार दृष्टि छायावादियों की भी है। विशेष रूप से निराला ने पौराणिक गाथाओं की नई व्याख्या करके इन रूढ़ियों को मिटाने का प्रयत्न किया। निराला अद्वैतवाद की भूमि पर उस मानव को प्रतिष्ठित करना चाहते थे जो सभी प्रकार के धार्मिक भेद-भाव से मुक्त हो। द्विवेदी जी मुसलमानों को संस्कृत पढ़ने का अधिकारी मानते थे, अपने प्रदेश में उन्हें हिन्दी जाति का अंग मानते थे, सूफी काव्य के प्रशंसक थे—ये सारी बातें निराला में मिलती हैं। द्विवेदी जी की तरह निराला को अछूतों और स्त्रियों से गहरी सहानुभूति थी। द्विवेदी जी और निराला, दोनों का सामाजिक दृष्टिकोण मूलत: किसानों का है। राष्ट्रीय स्वाधीनता की भावना इन दोनों साहित्यकारों को प्रेरित करती है, दोनों ही संसार की साम्राज्य-विरोधी क्रान्तियों का समर्थन करते हैं। द्विवेदी जी के लेखों में समाजवाद का स्वप्न अभी धुँधला है, निराला की रचनाओं में यह स्वप्न अधिक स्पष्ट है। महावीरप्रसाद द्विवेदी के लेखों में उनकी क्रान्तिकारी चेतना ध्यान से देखने पर ही पहचान में आती है। इसका एक बहुत बड़ा कारण यह है कि सन् '20 से पहले और सन् '20 के बाद के भारत में बहुत अन्तर है। सन् '20 के बाद जनता ने अपने संघर्ष द्वारा बहुत-सी बातें खुलकर कहने का अलिखित अधिकार प्राप्त कर लिया और वह अंग्रेजी राज की आलोचना खुले शब्दों में करती थी। द्विवेदी जी का अधिकांश लेखन सन् '20 से पहले का है। क्रान्तिकारी कवि और लेखक निराला का रचनाकाल सन् '20 से बाद का है। इसलिए दोनों की अभिव्यंजना-पद्धति में अन्तर है। किन्तु यह सत्य है कि भारतीय इतिहास, समाज और साम्राज्यवादी तंत्र का जो विश्लेषण द्विवेदी जी ने किया है, उसमें कई जगह निराला के विश्लेषण से अधिक गहराई है। निराला के राजनीतिक-सामाजिक चिन्तन की विस्तृत पूर्व-पीठिका केवल महावीरप्रसाद द्विवेदी के गद्य-लेखन में है।

अंग्रेजी के विरुद्ध राष्ट्रभाषा हिन्दी का समर्थन बहुत-से लोग करते थे पर हिन्दी जातीयता की पहचान, उससे प्रेम और उसके लिए संघर्ष द्विवेदी जी की विशेषता है। उनसे यह विशेषता पूर्ण मात्रा में निराला ने विरासत में पाई।

छायावादी कवि और द्विवेदी जी रीतिवाद के प्रबल विरोधी थे। रीतिवाद-विरोधी कार्यक्रम का एक अंश था काव्य में ब्रजभाषा की जगह खड़ी बोली को प्रतिष्ठित करना। द्विवेदी-युग में यह कार्य पूरी तरह सम्पन्न न हुआ था, उसे छायावादी कवियों ने पूर्णत: सम्पन्न किया।

रीतिवादी काव्यशास्त्र के स्थान पर महावीरप्रसाद द्विवेदी ने नये सिद्धान्त प्रतिपादित किये। पुराने काव्य-सिद्धान्तों में अलंकार, भाषा, छंद आदि के नियमों के पालन पर बड़ा जोर था, अत: काव्य-रचना मुख्यत: कौशल का कार्य मानी जाती थी। उसका

लक्ष्य था : श्रोता को चमत्कार से प्रसन्न करना। द्विवेदी जी ने कौशल के स्थान पर प्रतिभा और कल्पना पर जोर दिया। कल्पना को नया अर्थ दिया। अलंकारों का विरोध करने के अलावा छंदों में परिवर्तन करने, विशेष रूप से अतुकान्त छंद लिखने का आग्रह किया। चमत्कार से प्रसन्न करने के बदले साहित्य-रचना को उन्होंने जनजागरण से सम्बद्ध किया; जैसे भाषा का सम्बन्ध उन्होंने जातीयता से जोड़ा, वैसे ही साहित्य के जातीय स्वरूप पर बल दिया

द्विवेदी जी ने अतुकान्त छंद-रचना के लिए जो आन्दोलन चलाया, उसकी पूर्ण सिद्धि निराला का मुक्त छंद है।

द्विवेदी जी के व्यक्तित्व ने निराला को बड़ी गहराई से प्रभावित किया था। ऊपर से देखने में द्विवेदी जी अनुशासित जीवन के प्रतीक हैं, उसके विपरीत निराला उच्छृंखलता के अवतार हैं। यह भेद अंशत: वास्तविक है, फिर भी वह केवल सतह पर दिखाई देनेवाला भेद है। द्विवेदी जी उच्छृंखल नहीं थे पर क्रान्तिकारी थे। पत्नी का मन्दिर बनवाने से लेकर रीतिवाद का विरोध करने तक वह साहित्य और समाज की रूढ़ियों से सर्वत्र टकराते हुए दिखाई देते हैं। उनके विरोध में झाग और उफान नहीं है, उसकी अन्तर्धारा सतह से नीचे प्रवाहित होती है। सच्चे क्रान्तिकारी का एक लक्षण है धैर्य : वर्षों तक लगन से एक ही लक्ष्य की सिद्धि के लिए संघर्ष करते रहना। निराला अपने व्यवहार में और कभी-कभी अपने लेखन में उच्छृंखलता का परिचय देते थे। किन्तु यह उनके चरित्र की मूल विशेषता नहीं है। मूल विशेषता है वही धैर्य और लगन, अपने लक्ष्य पर अडिग आस्था, वर्षों तक उसकी सिद्धि के लिए निष्ठापूर्वक संघर्ष।

इस गुण का एक परिणाम यह था कि द्विवेदी जी और निराला, दोनों ने अपना शिक्षाक्रम स्वयं पूरा किया। शिक्षा और ज्ञान का महत्त्व जैसा द्विवेदी जी की दृष्टि में था, वैसा ही निराला की दृष्टि में। निराला के आदर्श कवि तुलसीदास जितने बड़े भक्त हैं, उससे बड़े ज्ञानी हैं।

इस ओर ज्ञान, उस ओर ज्ञान,
हो गया भस्म वह प्रथम भान,
छूटा जग का जो रहा ध्यान, जड़िमा वह।

भक्तिकाव्य द्विवेदी जी को प्रभावित करता था, निराला को भी। दैनिक जीवन में भक्तों का-सा पूजा-पाठ न तो निराला के यहाँ दिखाई देता था, न द्विवेदी जी के यहाँ। दोनों ही इस बात को बहुत अच्छी तरह समझते थे कि इस देश का उद्धार ज्ञान और शक्ति की साधना से होगा।

द्विवेदी जी मूलत: विचारक हैं, निराला मूलत: कलाकार हैं। निराला की कला का वैचारिक आधार, अपने अन्तर्विरोधों समेत, अत्यन्त पुष्ट है। दोनों ही घोर तार्किक

हैं, दोनों का प्रबल विरोध होता है, और दोनों संग्राम में योद्धा की तरह डटे रहते हैं। निराला की अनेक धारणाएँ, दर्शन-सम्बन्धी विचार किसी सुनियोजित तर्क-शृंखला का परिणाम नहीं हैं। उनका स्फुरण वैसे ही होता है, जैसे कविता के भावों और बिम्बों का। यहाँ निराला पुस्तकों वाले ज्ञान और तर्कशास्त्र की पूर्व निर्धारित सीमाएँ पार कर जाते हैं।

दोनों को मनुष्य मात्र की समानता पर दृढ़ विश्वास था। द्विवेदी जी प्रणाम करनेवालों को आशीर्वाद न देकर नमोनम: कहा करते थे। जिससे बहुत प्रसन्न होते थे या आत्मीय मानते थे, उसे आयु में छोटा होने पर आशीष देते थे। नन्ददुलारे वाजपेयी ने निराला को 1 अगस्त, 1929 के पत्र में लिखा था : "मुझसे अब शायद कुछ प्रसन्न हैं—इस पत्र में आशीर्वचन लिखा है। पहले नमोनम: लिखते थे।" निराला ने दूसरों के प्रणाम करने पर नमोनम: कहना उन्हीं से सीखा था।

दोनों के स्वभाव में बड़ी विनम्रता थी, उसके साथ मर्यादा का भी उतना ही ध्यान था। द्विवेदी जी ने जैसे लक्ष्मीधर वाजपेयी के जूते पोंछकर रख दिये थे, वैसे ही निराला ने जानकीवल्लभ शास्त्री के आने पर उनके जूते नीचे से उठा कर ऊपर की मंजिल में लाकर रखे थे।

मर्यादा के भाव का यह हिसाब था कि निराला को जहाँ जरा भी शंका हुई कि दूसरा व्यक्ति शिष्टता की सीमा लाँघ रहा है, वह उसे फटकार देते थे, फिर वह व्यक्ति कितना ही बड़ा आदमी क्यों न हो। यही हाल द्विवेदी जी का था। रायकृष्णदास उनके आशीष-भाजन थे, अत: स्नेह भाजन थे। एक पत्र में द्विवेदी जी को उन्होंने लिख दिया था : "कभी-कभी अवश्य स्मरण कीजिए।" इस पर द्विवेदी जी ने 9-8-29 के पत्र में उन्हें लिखा : "यह ठेना क्यों? सत्तर के घर-घाट मैं आपका स्मरण करूँ और कल के बच्चे आप मुझ जरठ, अपाहिज, अशक्त और मरणोन्मुख का स्मरण न किया करें! यह कहाँ का न्याय है? बूढ़ों का सहारा या अन्धों की लकड़ी तो बच्चे ही होते हैं।" ('द्विवेदी पत्रावली', पृ. 147)

विनम्र होते हुए भी दोनों को अपनी प्रतिभा का ज्ञान था। यह ज्ञान कभी-कभी अहंकार के रूप में प्रकट होता था। इस तरह उसका प्रकट होना चरित्र का एक दोष है, इस बात के प्रति दोनों सचेत थे। दोनों के स्वभाव में क्रोध की मात्रा यथेष्ट थी, दोनों का ही क्रोध स्थायी न होता था। विरोधियों का मन अपने वश में करने में दोनों को बड़ी सफलता मिली थी। दोनों के जीवन की परिणति इस रूप में हुई कि उनके जीवनकाल में ही उन्हें ऋषि बनाकर लोग पूजने लगे। इस पूजा-भाव से उनके उपासक उनके साहित्य की उपलब्धियों को ढँक लेते हैं। दोनों के लेखन का युग-विधायक क्रान्तिकारी पक्ष उपेक्षित रहता है।

निराला जिसे पूज्य समझते थे, कहीं न कहीं उसका विरोध भी करते थे। विरोध करने के लिए कभी-कभी अपनी कल्पना से कारण गढ़ लेते थे। उन्होंने सोलह

साल की उम्र में 'जुही की कली' कविता लिखी और द्विवेदी जी ने उसे वापस कर दिया, इस तरह उन्होंने उनके साहित्यिक समुदय में बाधा डाली, यह ऐसा ही गढ़ा हुआ कारण था। (इस विषय की विस्तृत चर्चा 'निराला की साहित्य-साधना' के तीसरे खंड की भूमिका में है।) 'सुकवि किंकर' के नाम से द्विवेदी जी ने 'सरस्वती' में छायावादी कविता का विरोध किया था। निराला ने उसी प्रसंग में 'पंत जी और पल्लव' लेख में द्विवेदी जी पर कुछ व्यंग्यपूर्ण पंक्तियाँ लिखीं। यह विरोध सकारण था। प्रश्न है, द्विवेदी जी के प्रति निराला का कौन-सा भाव स्थायी था : विरोध और व्यंग्य का भाव या गुरु के प्रति शिष्य वाला आदर भाव? मेरा उत्तर है, गुरु के प्रति शिष्य वाला आदर भाव ही स्थायी था।

निराला द्विवेदी जी को अपना गुरु भावुकतावश न मानते थे, न उनकी श्रद्धा अज्ञानजन्य थी। मेरा अनुमान है कि 'सरस्वती' के अंकों का जैसा मनन निराला ने किया था, वैसा अन्य किसी हिन्दी लेखक या पाठक ने न किया था। जब 1921 में उन्होंने द्विवेदी जी को लिखा था : 'हिन्दी सिखाइए', तब तक वह 'सरस्वती' के अंक घोटकर इतनी हिन्दी सीख चुके थे कि बाद को सीखने के लिए बहुत कम रह गया था। 'सरस्वती' के अध्ययन का प्रभाव उनकी गद्य-शैली पर है। कहीं-कहीं द्विवेदी जी का गद्य संस्कृत शब्दों के प्रयोग के कारण अटपटा हो जाता है। यही हाल निराला के गद्य का है। बीसवीं सदी के प्रथम दशक में द्विवेदी जी ने जो गद्य लिखा, उसे यदि उस गद्य से मिलाकर देखा जाए जो उन्होंने दूसरे दशक में लिखा तो यह तथ्य स्पष्ट होगा कि वह निरन्तर अपने गद्य को सहज और सरल बनाने की ओर प्रयत्नशील रहे थे; दिन-पर-दिन उनका गद्य बोलचाल की भूमि पर विकसित होता जाता है और यह बोलचाल ऐसी है जिसमें शब्द-बहुलता और व्यर्थ का विस्तार नहीं है, उसमें अर्थ की सघनता और आन्तरिक ऊर्जा है। निराला के गद्य का विकास इसी मार्ग से, ऐसी ही मंजिलें पार करता हुआ होता है। विशेष बात यह कि जब द्विवेदी जी उत्तेजित होते हैं, तब उनका गद्य ओजपूर्ण होने के साथ सहज और कलात्मक भी होता है। यही स्थिति निराला की है। 'सरस्वती' के अध्ययन से निराला ने राजनीतिक और सामाजिक विषयों का विश्लेषण करना सीखा।

द्विवेदी जी के प्रति निराला की श्रद्धा ज्ञानजन्य थी। स्वयं साहित्य के ज्ञान पक्ष के प्रबल समर्थक होने के कारण निराला अन्य लेखकों की अपेक्षा द्विवेदी जी का महत्त्व कहीं ज्यादा अच्छी तरह समझते थे। प्रयाग में द्विवेदी जी का सम्मान होने पर उन्होंने जुलाई, 1933 की 'सुधा' में 'आचार्य अमर हों!" शीर्षक जो सम्पादकीय टिप्पणी लिखी थी, उसे 'द्विवेदी अभिनन्दन ग्रंथ' की भूमिका से मिलाकर पढ़ना चाहिए। ज्ञानजन्य श्रद्धा किस तरह की होती है, इसका पता 'सुधा' की टिप्पणी से लगेगा।

प्रयाग में द्विवेदी जी के अभूतपूर्व स्वागत का उल्लेख करते हुए निराला ने लिखा : "यह उस दिन कैसे भव्य लगते थे। कभी उनके मुखमंडल पर वृहस्पति

का पांडित्य प्रतिबिम्बित हो उठता था, तो कभी स्वयं 'सरस्वती' की प्रतिभा। सहस्रों साहित्य-सेवियों के बीच में वह भोले-भाले, दम्भहीन, विनयशील महापुरुष हीरे की तरह चमक रहे थे। हिन्दी भाषा के सर्वश्रेष्ठ सम्पादक, समालोचक और लेखक हैं। हिन्दी भाषा कैसे लिखी जाती है, यह उन्होंने लिखकर दिखा दिया। पत्र का सम्पादन कैसे किया जाता है, यह उन्होंने स्वयं सम्पादन करके बता दिया। समालोचना क्या वस्तु है, यह उन्होंने अपनी समालोचनाओं द्वारा व्यक्त कर दिया।"

उनके युग-विधायक रूप के बारे में निराला ने लिखा : "वह आधुनिक हिन्दी के निर्माता हैं—विधाता हैं—सर्वस्व हैं। वह राष्ट्रभाषा हिन्दी के मूर्तिमान् स्वरूप हैं। उन्हें लोग आचार्य कहते हैं—वह सचमुच आचार्य हैं। आधुनिक हिन्दी की उन्नति और विकास का अधिकांश श्रेय उन्हीं आचार्य को है।"

राष्ट्रभाषा हिन्दी और द्विवेदी जी का अभिन्न सम्बन्ध मानते हुए निराला ने लिखा : "हम दोनों ही के उपासक हैं। राष्ट्रभाषा हमें प्राणों से प्यारी है, आचार्य भी हमें उतने ही प्रिय हैं।"

हिन्दी लेखकों से द्विवेदी जी के स्नेह और समानता वाले व्यवहार का स्मरण करते हुए निराला ने लिखा : "वह इतने बड़े होकर भी हमसे कितने प्यार से बोलते हैं! वह इतने ऊँचे होकर भी हम तुच्छ साहित्य-सेवियों से किस स्नेह से मिलते हैं! यह उनकी उदारता है—बड़प्पन है। वह हमें पथभ्रष्ट होते देख चुमकारकर, बड़े मधुर शब्दों में, चेतावनी देते हैं—कभी रौद्र रूप धारण कर झिड़की नहीं देते।"

ऐसे व्यक्ति का आदर करके निराला की दृष्टि में हिन्दी लेखक स्वयं को सम्मानित कर रहे थे : "ऐसे स्नेही पथ-प्रदर्शक, ऐसे उदार गुरु, ऐसे भक्त-वत्सल देवता, ऐसे निरभिमान आचार्य पाकर हम अपने को धन्य समझते हैं। आचार्य हिन्दी के गौरव हैं। हिन्दी संसार ने ऐसे असाधारण, असामान्य तथा अलौकिक व्यक्ति की जयन्ती मनाकर वास्तव में अपना आदर किया है।"

यह नहीं कहा जा सकता कि द्विवेदी जी के जीवनकाल में उनका कार्य उपेक्षित रहा। निराला ने उसे अपनाया, उसका अध्ययन किया, उसका विकास किया। श्रद्धा की यह रचनात्मक अभिव्यंजना वृहदाकार अभिनन्दन ग्रंथों से अधिक महत्त्वपूर्ण है।

सच्चा शिष्य वह है जो गुरु का अनुसरण करे, न कि वह, जो अनुकरण करे। निराला महावीरप्रसाद द्विवेदी के सच्चे शिष्य और उत्तराधिकारी थे। वह कवि होने के साथ पत्रकार भी थे और पत्रकारिता में उनके आदर्श थे—महावीरप्रसाद द्विवेदी।

परिशिष्ट-1

हुंडी-पुरजे का ब्योहार

[प्रथम अध्याय से सम्बद्ध]

अंग्रेजी राज कायम होने से पहले यहाँ का आर्थिक विकास किस मंजिल में था और अर्थशास्त्र-सम्बन्धी पारिभाषिक शब्दावली का व्यवहार कितने बड़े पैमाने पर होता था, इसकी जानकारी अक्टूबर, 1914 की 'सरस्वती' में प्रकाशित शिवनारायण के लेख 'हुंडी-पुरजे का ब्योहार' लेख से होती है। भारत में किसान अन्न देकर बदले में आवश्यक चीजें लेते हैं, विनिमय के इस आदिम तरीके का उल्लेख करने के बाद, अंग्रजों के आने से पहले, सामन्ती व्यवस्था में व्यापार की प्रगति के बारे में कहते हैं : "जब रेल न थी, देहातों में किसानों का माल साहूकार लोग खरीद लेते थे। उसका कुछ भाग वे अपने पास रखते थे, बाकी निकटस्थ नगरों को भेज देते थे। नगरों से बड़ी-बड़ी मंडियों को,जो नदियों के किनारे थीं, माल चला जाता था। खुश्की से माल प्राय: बंजारे लोग ढोते थे। इन लोगों की बड़ी मातबरी मानी जाती थी। माल के अलावा कभी-कभी, जहाँ हुंडी से काम न चलता था, रोकड़ भी इन्हीं लोगों की मारफत भेजी जाती थी। ये लोग दल बाँधकर चलते थे। इनके दलों में तीन-चार हजार बैल रहते थे। माल के चढ़नदार और व्यापारी भी कभी-कभी इनके साथ रहा करते थे।" अंग्रेजी राज में रेल का चलन होने पर "ये बेचारे बंजारे तबाह हो गए हैं। अब ये जगह-ब-जगह किसानी का काम करने लगे हैं। पहाड़ी प्रान्तों में, जहाँ रेल की पहुँच नहीं है, अब भी बंजारे ही माल ढोते हैं।" जिस धन्धे में भी लोग बेकार होते थे, उसे छोड़ने के बाद उन्हें एक ही धन्धा दिखाई देता था—खेती। इसलिए कृषि-संकट निरन्तर गहरा होता गया। अंग्रेजी राज से पहले जितने लोग खेती पर निर्भर थे, अंग्रेजी राज कायम होने के बाद उनकी अपेक्षा खेती पर निर्भर लोगों की संख्या बहुत बढ़ गई।

रेल के चलन से व्यापार में कोई गुणात्मक परिवर्तन नहीं हुआ। उल्टा भारतीय व्यापार का ह्रास हुआ। रेलों से लाभ तब हो सकता था जब व्यापार भारत के ही लोगों के हाथ में होता। अंग्रेजी राज कायम होने से पहले

भारतीय व्यापार की स्थिति यह थी। मुख्य-मुख्य मंडियाँ बड़ी-बड़ी नदियों के किनारे थीं यानी यातायात और परिवहन के लिए जल-मार्गों का उपयोग होता था, जैसे इंग्लैंड में रेलें चलने तक नहरों का उपयोग होता था और यूरोप के अनेक देशों में अब भी, नहरों और नदियों का उपयोग होता है। विभिन्न देशों के बीच यातायात और परिवहन के लिए अब भी समुद्री मार्ग ही मुख्य मार्ग हैं। रेल चलने से जल-मार्गों का महत्त्व आंशिक रूप से ही कम हुआ। रेलों के प्रभाव में व्यापार और उद्योग-धन्धों का विकास रुका रहता, यह कल्पना मिथ्या है।

गल्ले के गोदामों के बारे में शिव नारायण कहते हैं : "लाखों मन गल्ला कोठों और खत्तों में बेदाग वर्षों भरा रहता था। देहातों में बड़े-बड़े जमींदारों के यहाँ अब भी खत्तों में हजारों मन अनाज रक्खा जाता है। जहाँ प्राचीन काल से ऐसी सुगम रीति अनाज रखने की प्रचलित हो, वहाँ, कहिए, अमरीका की ग्रेनरी (Granary) कौन खरीदे!" आगे बतलाते हैं कि बड़ी-बड़ी मंडियों में 'लिवाल', 'बिचवाल'-व्यापारी आते-जाते थे। इनमें सराफ रहते थे जो रुपये के लेन-देन और हुंडी-पुर्जे का काम करते थे। यहाँ शिवनारायण ने एक बात बड़ी मार्के की कही है। वह यह कि देश में चाहे छोटे-छोटे राज्य हों, चाहे बड़ा राज्य हो, सराफी के काम में कोई अन्तर न पड़ता था। इसका कारण बताया है कि "शुरू से ही सराफी के नियम कुछ ऐसी दृढ़ता से बाँधे गए हैं कि आज तक उनमें परिवर्तन की आवश्यकता ही नहीं हुई।"

सराफी के नियम-कायदे इस प्रकार थे। बड़े-से-बड़े व्यापारी और धनी से धनी आदमी को सराफी का बसना पूजना होता था, इसके बाद ही वह सराफ हो सकता था। लक्ष्मीजी की पूजा करने और निमंत्रित लोगों को लड्डू बाँटने के बाद सराफ बनने का उम्मीदवार लाख-दो लाख की हुंडी खरीदता था। उसके सराफ बनने की खबर उसके बाजार के सराफ दूसरी मंडियों में पहुँचा देते थे। इससे विदित होता है कि ये सब मंडियाँ एक दूसरे से अलग-थलग न थीं वरन् एक बड़े बाजार के अन्दर आपस में सम्बद्ध थीं।

हुंडी और पुर्जे में फर्क यह है कि "हजारों रुपये के लेन-देन में तो हुंडी चलती है। और दस, बीस, पचास रुपये के लेन-देन में पुरजा चलता है।" हुंडी कई तरह की होती है; "हुंडी चाहे दर्शनी (पहुँचे दाम) हो, चाहे मितीदार, उसका रुपया, जो पाने वाला आसामी साहयोग (मातबर) हुआ तो, मिती पर फौरन मिल जाता है।" पुरजे का रुपया दस-पाँच दिन बाद दिया जा सकता है। सराफों को पुरजों के व्यवहार से अच्छी आमदनी होती थी "क्योंकि खुदरा काम में रुपये का बट्टा अच्छा मिलता था। जब से सरकार ने डाकखाने के मनीआर्डर चला दिये तब से बेचारे सराफों का पुरजे का काम बिलकुल ही बन्द हो गया।"

हुंडी का रुपया लेने व्यापारी सराफ के यहाँ जाता है, सराफ व्यापारी के यहाँ रुपया नहीं भेजता। "सराफों को हुंडी की सकरई नहीं देनी पड़ती।" जिस दिन

हुंडी का रुपया देना है, उस दिन चिराग जलने के पहले, लहनिया आसामी के यहाँ रुपया पहुँच जाना चाहिए।" रुपया न पहुँचा तो हुंडी का भुगतान न होने तक ब्याज देना होगा। "जितने दिनों का ब्याज देना पड़ता है, हुंडी की उतनी ही मिती गली कही जाती है।"

शिवनारायण ने आगे बताया है कि व्यापार के लिए हुंडी से रुपया भेजना सुगम होता है। किसी तरह का खतरा नहीं होता। पुराने जमाने में व्यापारियों की अपनी डाक-व्यवस्था थी। "साँड़नी सवार अथवा छड़े डाक ले जाते थे। बाँस की लकड़ी में लोहे के छल्ले डालकर, छन-छन करता हुआ, एक आदमी डाक लेकर दौड़ता हुआ जाता है। उसे ही छड़ा कहते हैं।" अंग्रेजी राज में यह पद्धति कायम रही। शिवनारायण इन डाकियों के बारे में आगे कहते हैं : "देहातों में आजकल छड़ा ही डाक ले जाते हैं। पहले ऐसे-ऐसे दमदार छड़े थे जो एक दिन में पचास कोस की डाक लगाते थे। कभी-कभी रास्ते में छड़े लोगों से डाक लुट जाती थी—जैसे आजकल डाक में कभी-कभी हुंडी गुम जाती है—मगर इससे व्यापारी या सराफ को एक कौड़ी का भी नुकसान न पहुँचता था, क्योंकि हुंडी साहयोग होती है। बिना मातबर आसामी के हुंडी का रुपया किसी को मिल ही नहीं सकता।"

सामन्ती-व्यवस्था के ह्रासकाल में जब छोटे-छोटे सामन्तों ने अपने सिक्के चलाये और चारों ओर अशान्ति थी, तब भी व्यापार बन्द न हुआ। कारण यह कि 'मंडियों में जितने व्यापारी और सराफ थे, वे सब एक दूसरे से परिचित थे। भिन्न-भिन्न मंडियों में जैसे खोटे खरे सिक्के का चलन हुआ, वैसे ही उसके दाम रक्खे गए। जैसे योरप के देशों का ब्योहार आजकल हमारे देश से होता है, वैसे ही प्रत्येक रियासत के सिक्के का भाव काटकर हुंडी-पुर्जे चलने लगे। कुछ मंडियों में, जैसे मिर्जापुर और कलकत्ता, तथा किसी-किसी रियासत में अब तक पुराने रुपये हुंडी के भुगतान में दिये जाते हैं, यदि हुंडी पर वैसी शर्त लिखी हो। जिन मंडियों में एक ही सिक्के का चलन नहीं है, वहाँ हुंडी में जैसा रुपया लिखा होगा, वैसा ही भुगतान में दिया जाएगा। अगर किसी व्यापारी के पास हुंडी में लिखा हुआ रुपया न हो तो वह दूसरा रुपया, जैसे बट्टे का हो, दे सकता है। सराफ लोग वही रुपया देंगे जो हुंडी में लिखा होगा, दूसरा रुपया देने में वे अपनी मान-हानि समझते हैं।" इस विवरण से ज्ञात होता है कि सामन्ती राज्यों का अलगाव व्यापार के विकास में बाधा अवश्य था, पर ऐसी बाधा न था जिससे निपटने के तरीके व्यापारियों और महाजनों को मालूम न थे। अनेक तरह के सिक्कों के चलन से कठिनाई पैदा होती थी किन्तु मुद्रा बाजार के सूत्रधारों ने इनके विनिमय की दरें निश्चित कर ली थीं।

बैंकों और उधार-व्यवस्था के विकास के बिना व्यापार बड़े पैमाने पर नहीं हो सकता। पुराने जमाने में हुंडी के कारोबार से व्यापार के प्रसार में बड़ी सहायता मिली। सराफों की दुकानें एक तरह के बैंक थीं। जब अंग्रेजों ने राज्य-विस्तार करते हुए

यहाँ व्यापार करना शुरू किया, तब वे अपने कारोबार के लिए सराफों पर ही निर्भर थे। 19वीं सदी के पूर्वार्द्ध की स्थिति के बारे में शिवनारायण ने लिखा है : "उस समय कोई बैंक तो था नहीं। कम्पनी का धन-सम्बन्धी जितना काम था, सब 'सेठ' जी के हाथ में था। अँगरेज व्यापारियों को भी रुपया हिन्दुस्तानी सराफ ही देते थे।"

अंग्रेज व्यापारियों के यहाँ मुद्रा-सम्बन्धी कारोबार इतना बढ़ा-चढ़ा न था कि भारत की पुरानी व्यवस्था की जगह किसी नई व्यवस्था का चलन करते। वे अपने व्यापार के लिए यहाँ की पुरानी सराफी प्रथा पर निर्भर थे।

शिवनारायण ने यह माना है कि रेलों के चलन से व्यापार में उन्नति हुई, पर उनका कहना है कि रेलें जब धोखा देती हैं, तब नुकसान भी बेहद होता है। इसकी उन्होंने यह मिसाल दी है। "सन् 1912 ईसवी में जौ की बड़ी माँग हुई। अँगरेज व्यापारियों ने हिन्दुस्तानियों से, मद्दे से तेज भाव तक के वादे (Forward Delivery) से, जहाँ तक गुंजाइश थी—खूब माल खरीदा। जब फसल तैयार हुई और बाजारों में माल आने लगा, बीच वालों ने माल खरीदकर स्टेशनों पर लगा दिया। बिलटी आज मिलती है, कल मिलती है—यही करते-करते वादे का समय बीत गया। बेचारे व्यापारी समय पर माल न पहुँचा सके। इसलिए उन्हें बहुत नुक़सान हुआ। क्योंकि माल कुसमय में पहुँचाने से मद्दे भाव बिका। जिन लोगों ने बिलटी के आसरे दिसावरों पर हुंडियाँ पीट दीं, उनकी आबरू में बट्टा लगते-लगते बच गया।"

दर्शनी हुंडी को अंग्रेजी में 'डिमांड ड्राफ्ट' या 'डिमांड बिल ऑव् एक्सचेंज' कहते हैं। मितीदार हुंडी बिल 'ऑन यूजेन्स' कहलाती है। पहुँचेदाम की हुंडी लेने वाला जितने रुपये देता है, बेचने वाला उतने ही लिखकर उसके पास भेज देता है। लेने वाला उस हुंडी पर जिस आसामी को रुपया दिलाना चाहता है, उसका नाम लिखकर ठीहे पर भेज देता है। ठीहे पर पहुँचते ही जिस धनी के ऊपर वह हुंडी है, वह हुंडी दिखाने से उसी रोज रुपया दे देता है।

शिवनारायण ने बताया है कि पुराने जमाने में उधार-व्यवस्था सीमित थी, इसलिए मितीदार हुंडी का चलन कम था। कोई व्यापारी यह नहीं चाहता था कि वह ऋण के बोझ से दब जाए या उसका दिवाला निकल जाए। अंग्रेजी राज में दिवालियों के बारे में कानून बना, 'तब से लोगों को ऋण का विशेष डर न रहा। लोग अपनी हैसियत के बाहर काम करने लगे। चित पड़ी तो सेठ जी धनी हो गए; पट पड़ी तो दिवाला निकाल भागे। आप डूबे और अपने साथ पड़ोस के दुकानदारों और सराफों को भी खींचा। हमारे देश में बड़े-बड़े सराफों के बिगड़ जाने का मुख्य कारण यही है।" अर्थात् अंग्रेजी राज में व्यापार ने वे सब हथकंडे अपनाये जो पहले इज्जत-आबरू के विचार से बुरे समझे जाते थे।

उधार व्यवस्था के बारे में शिवनारायण ने बताया है कि फसल के समय रुपये की लागत बढ़ जाती है। रुपया न होने पर लोग मितीदार हुंडी

लिखकर सराफों से रुपया ले लेते हैं। सराफों के अलावा बैंकों से भी रुपया मिल जाता है। जिन दुकानदारों को बैंक मातबर नहीं मानता, उनकी हुंडी सराफ ले लेते हैं और बैंकों को बेच देते हैं। जिस आसामी पर हुंडी होती है, उससे बैंक फौरन सकरवा लेता है। हुंडी सकार देने से आसामी रुपया देने को मजबूर हो जाता है। अंग्रेजी राज से पहले हुंडियाँ सादे कागज पर लिखी जाती थीं। अंग्रेजी राज में स्टाम्प लगाकर हुंडी लिखी जाने लगी। आढ़त का काम करनेवाले सराफों पर अगर कोई व्यापारी हुंडी करे, तो वे उसको खड़ी रख सकते हैं, जिसका मतलब है : उस समय रुपया नहीं दे रहे हैं। मूल हुंडी खो जाए तो दूसरी लिखी जाती है। पहली को असली हुंडी कहते हैं और दूसरी को पैंट। पैंट भी खो जाए तो पर पैंट लिखी जाती है। जब कोई सराफ या व्यापारी किसी ऐसे आसामी पर हुंडी करता है जिस पर उसको सन्देह है तो वह किसी और धनी से हुंडी पर लिखा लेता है कि आसामी भुगतान न करे, तो वह धनी भुगतान करेगा। ऐसी हुंडी को जिक्री हुंडी कहते हैं। कोई बेईमानी पर उतर आए तो फैसले के लिए मंडियों में एक सभा रहती है। "जब कोई आसामी हुंडी का भुगतान देने से इनकार करता है तो सभा को साक्षी करके हुंडी लौटा देने से कोई दोषारोपण नहीं किया जाता।" अंग्रेजी राज में यह पुरानी पद्धति स्वीकार कर ली गई; नई बात यह हुई कि ऐसे मामलों में फैसले के वक्त नोटरी पब्लिक नाम का सरकारी अफसर भी रहता था। "कोई आसामी हुंडी का भुगतान न दे तो बिना नोटरी पब्लिक के साक्ष्य की बात ठीक नहीं मानी जाएगी।"

शिवनारायण के इस लेख से ज्ञात होता है कि अंग्रेजी राज से पहले बड़े पैमाने पर व्यापार के लिए यहाँ सारे उपादान मौजूद थे। अंग्रेजी राज में वह पुरानी व्यवस्था लगभग ज्यों की त्यों स्वीकार की गई। अंग्रेज व्यापारियों के पास अपने अनुभव के आधार पर उसमें कोई खास नई चीज जोड़ने को नहीं थी। नये कानून से कुछ बातें अवश्य ऐसी पैदा हुईं जिनसे व्यापार को क्षति पहुँची। यदि अंग्रेजी राज में भारत का स्वतंत्र व्यापार नष्ट-भ्रष्ट हो गया, तो इसका कारण यह नहीं था कि अंग्रेजों ने व्यापार की कोई नई प्रगतिशील पद्धति यहाँ कायम कर दी। दरअसल यहाँ आकर उन्होंने यहीं की पद्धति अपना कर, यहीं के सराफों, साहूकारों और व्यापारियों की सहायता से, अपना व्यापार फैलाया, और राजनीतिक रूप से अपना प्रभुत्व कायम कर लेने के बाद, अन्य क्षेत्रों की तरह व्यापार पर भी अपना इजारा कायम किया।

भारत में अंग्रेजों का आर्थिक प्रभुत्व वह आधार नहीं है जिस पर राजनीतिक प्रभुत्व कायम होता है। आधार है राजनीतिक प्रभुत्व, जिसके सहारे अंग्रेज अपना आर्थिक प्रभुत्व कायम करते हैं।

परिशिष्ट-2

भारतीय जहाजों का इतिहास

[प्रथम अध्याय से सम्बद्ध]

अंग्रेजों ने जिन भारतीय उद्योग-धन्धों का नाश किया, उनमें जहाज-निर्माण का महत्त्वपूर्ण धन्धा भी था। मुकुन्दीलाल नाम के विद्वान् ने राधा कुमुद मुखोपाध्याय की प्राचीन भारतीय जहाजरानी से सम्बन्धित पुस्तक के आधार पर 'सरस्वती' में धारावाहिक रूप से 'भारतीय जहाजों का इतिहास' शीर्षक लेख लिखा था। प्राचीन-काल की चर्चा के बाद लेखक ने अंग्रेजों के आने के बाद भारतीय जहाजरानी की स्थिति के बारे में बताया कि 17वीं सदी में पुर्तगालियों से अपनी रक्षा करने के लिए अंग्रेजों ने भारतीय जहाजों से काम लिया था। बम्बई में जो जहाज बनाने का कारखाना स्थापित किया गया, उसके संचालक भारतीय थे। इस कारखाने के बने हुए जहाजों के बारे में कर्नल वाकर नाम के अंग्रेज ने लिखा था : "विलायत में बने हुए जहाज 12 वर्ष के बाद फिर नये सिरे से बनाने पड़ते हैं, किन्तु भारत में बने हुए तून की लकड़ी के जहाज पचास वर्ष से भी अधिक चलते हैं। बम्बई के बने हुए जहाज 14-15 वर्ष तक साधारण रीति से काम देने पर भी सामुद्रिक सेना के लिए काफी मजबूत माने जाते हैं। किन्तु योरप के बने हुए जहाज 5-6 बार चलने पर ही किसी काम के नहीं रहते।" (प्रसिद्ध है कि नेपोलियन के जहाजी बेड़े को परास्त करनेवाली अंग्रेज जल सेना का एक युद्धपोत भारत का बना हुआ था।)

मुकुन्दीलाल ने प्रश्न किया है : "अच्छा, भारत में जहाज बनने क्यों बन्द हो गए? बम्बई के कारखाने के बन्द होने का कारण क्या है?" फिर कहते हैं : "इन स्वाभाविक प्रश्नों का उत्तर हमारे पास कुछ नहीं। जिनके हाथ में राजतंत्र की बागडोर है, वही इसका उत्तर दे सकते हैं।" और आगे लिखते हैं : "भारतीय जहाजों का पतन सन् 1840 के बाद आरम्भ हुआ। तब से कोई बड़ा जहाज यहाँ न बना। भारत का शासन महारानी विक्टोरिया के अधीन होने के कुछ ही दिनों बाद, सन् 1867 के एप्रिल में, गवर्नमेंट ने भारतीय जहाजों का कारखाना तोड़ दिया।" यह वह समय था जब ब्रिटेन की औद्योगिक क्रान्ति अपनी आखिरी मंजिल में पहुँच

गई थी। अंग्रेजों ने बर्मा और चीन के विरुद्ध लड़ाई में भारत के बने जहाजों से काम लिया, एशिया और यूरोप के समुद्री मार्गों पर अपना आधिपत्य भारत में बने जहाजों के सहारे कायम किया। जब ब्रिटिश साम्राज्य स्थापित हो गया, तब खुली होड़ के जरिये नहीं, कानून के जरिये उन्होंने भारतीय जहाजी व्यवसाय को समाप्त कर दिया। पराधीन भारत विलायती जहाजों पर माल ढोने से लेकर यात्रा करने तक हर काम के लिए अंग्रेजों पर निर्भर रहने लगा। 18वीं सदी का पूँजीवादी ब्रिटेन यदि औद्योगिक कौशल में भारत से आगे था, तो भारत में बने हुए युद्धपोतों पर इतना निर्भर क्यों था? युद्धपोत बनाने में चरखा बनाने से भिन्न प्रकार के कौशल से काम लेना होता है। इस कौशल की विशेष छानबीन नहीं की गई पर यह तो स्पष्ट है कि परिणाम की दृष्टि से भारत का यह कौशल सरकार की प्रमुख समुद्री शक्ति ब्रिटेन के कौशल से आगे था, पीछे नहीं।

जहाजी व्यवसाय के विनाश पर खेद प्रकट करते हुए उसके परिणामों का विवेचन मुकुन्दीलाल वर्मा ने इस प्रकार किया है : "हमारा जातीय व्यवसाय (जहाजों का कारोबार) जो दो सहस्त्र वर्ष से भी अधिक समय तक इस भारत भूमि के मुख को उज्ज्वल करता रहा, एकदम लोप हो गया। भारतीय जहाज हमारी सभ्यता के मुख्य अंग थे। उन्हीं के द्वारा हमारी सभ्यता का प्रभुत्व अन्य देशों पर जमा था। भारत की औद्योगिक और व्यापारिक उन्नति के पथ पर सबसे बड़ी रुकावट आज हमारे स्वदेशी जहाजों का अभाव ही है। किन्तु वास्तव में जहाजों का अभाव नहीं। जहाज तो करोड़ों हैं। जहाजी तिजारत भी दिनोंदिन बढ़ती जाती है। भेद केवल यह है कि जहाज सब पराये हैं। जहाजी तिजारत भी विदेशियों के ही हाथ में है। प्रतिवर्ष हमें विदेशी लोगों को पच्चीस करोड़ रुपये केवल जहाजी तिजारत के किराये के ही देने पड़ते हैं। यदि अपने जहाज होते तो ये 25 करोड़ रुपये प्रतिवर्ष भारत से विलायत न जाने पाते। इस समय जहाजों द्वारा प्रतिवर्ष 344 करोड़ रुपयों से भी अधिक का माल हमारे देश में आता और यहाँ से जाता है। इस माल पर वे लोग मनमाना कर लगाते हैं। अन्य देशों से लाने या उन देशों में यहाँ से माल अथवा यात्री ले जाने की बात छोड़ दीजिए। केवल यहीं के एक बन्दर से दूसरे बन्दर को जाने वाले तिजारती माल की कीमत 462 करोड़ रुपये के लगभग है। अन्य देशों को जानेवाले भारतीय यात्रियों को पराये जहाजों की शरण लेनी पड़ती है। प्रतिवर्ष हमारे यहाँ से अन्य देशों को जानेवाले कुलियों ही की संख्या 25 सहस्त्र है। इसी देश में इधर-उधर भ्रमण करनेवाले भारतीय यात्रियों की संख्या 15 लाख है। 25 सहस्त्र गोरे सिपाही भारत को आते हैं और यहाँ से विलायत को जाते हैं। केवल इन गोरे सिपाहियों का ही किराया प्रतिवर्ष $55\frac{1}{2}$ लाख रुपया होता है। इस तरह सब मिलाकर हमें विदेशियों को प्रतिवर्ष, केवल यात्रियों के ही आने-जाने के किराये के लिए, दो करोड़ से भी अधिक रुपये देने

पड़ते हैं। डाक के लिए कोई आठ लाख रुपये प्रतिवर्ष योरप की एक जहाजी कम्पनी की जेब में जाते हैं।"

चरखे और करघे के विनाश के बारे में कहा जाता है कि उससे नये उत्पादन के लिए रास्ता साफ हो गया। पर जहाजों का व्यवसाय बन्द कर देने से उत्पादन का रास्ता किस तरह साफ हुआ? जहाजरानी से अंग्रेज जो रुपया बटोर रहे थे, उसका सम्बन्ध वितरण से था, उत्पादन से नहीं। विलायती कपड़े की तरह, विलायती जहाज यहाँ के बाजार में बिकने न आते थे। माल ढोने और यात्रियों को ले जाने से अंग्रेज करोड़ों रुपये कमा रहे थे। व्यापार से परिवहन-व्यवस्था का गहरा सम्बन्ध होता है। अंग्रेजों ने इन दोनों का नाश करके भारतीय समाज को आर्थिक विकास की दृष्टि से कुछ शताब्दियों पीछे ढकेल दिया।

परिशिष्ट-3

मुसलमानी राजत्व में हिन्दी

[तृतीय अध्याय से सम्बद्ध]

भारत में मुसलमानों के प्रवेश के बाद यहाँ की भाषा-सम्बन्धी स्थिति के बारे में देवीप्रसाद का लिखा हुआ एक महत्त्वपूर्ण निबन्ध 'मुसलमानी राजत्व में हिन्दी' नवम्बर, 1910 की 'मर्यादा' में प्रकाशित हुआ था। इस निबन्ध के लेखक को इस बात की पहचान है कि भारत में जो मुसलमान बाहर से आए, वे यहाँ की भाषाएँ बोलने लगे और धर्म में भिन्न होते हुए भी यहीं के समाज के अंग हो गए। लेखक ने 'अकबरनामा' का हवाला देते हुए बताया है कि संवत् 1640 में सुल्तान ख़ुसरो हिन्दी विद्या सीखने बैठा। उसके अध्यापक का नाम भूदत्त भट्टाचार्य था। अकबर ने सिक्कों, तोपों, हाथी, घोड़ों आदि के नाम हिन्दी के रक्खे थे। मोहर का आठवाँ भाग अष्टसिद्धि, पाँचवाँ भाग पांडव, सोलहवाँ भाग कला कहलाता था। गजानल, नरनाल तोपों के नाम थे; संग्राम, रंगीन बन्दूकों के। चित्रगुप्त, शीषशोभा, कंठशोभा कपड़ों के नाम थे। गजझम्प हाथी की झूल को कहते थे और मेष डम्बर छतरीदार हौदा था। देवीप्रसाद ने सिक्कों में हिन्दी के व्यवहार के बारे में लिखा कि शहाबुद्दीन गोरी से लेकर अकबर के समय तक शाही सिक्कों में हिन्दी लिपि और भाषा का व्यवहार होता आया था। सरकारी दफ्तरों में हिन्दी के व्यवहार के बारे में लिखा : "काजी लोग जो मुकदमों के फैसले लिखते थे और कानूनगो जो सरकारी कागज और परवाने निकालते थे, उनमें कभी-कभी हिन्दी लिखी जाती थी। जमीन-सम्बन्धी फैसलों में ऐसे हिन्दू वादी-प्रतिवादी के समझाने के लिए जो फारसी पढ़े नहीं होते थे, फारसी के नीचे कुछ सारांश हिन्दी में लिख दिया जाता था। गाँववालों के नाम के परवाने, दस्तक और इत्तलानामे वगैरह बहुधा हिन्दी में होते थे। इस हिन्दी की रोक किसी ने नहीं की। औरंगजेब के समय में भी यह चलती रही। मैंने ऐसे कई कागज देखे हैं।"

मुग़ल शासनकाल के पहले जब महमूद गजनवी ने कालिंजर पर चढ़ाई की तो वहाँ के राजा ने उसकी प्रशंसा में एक दोहा लिखकर भेजा। महमूद ने उसे अरब

और ईरान के उन विद्वानों को दिखाया जो उसकी सेना के साथ थे। उन्होंने उसकी बड़ी सराहना की। देवीप्रसाद ने बताया है कि महमूद के वंशजों के इतिहास से विदित होता है कि सुलेमान का पोता, 'साद' का बेटा मसऊद हिन्दी का विद्वान् और कवि था; उसके दो दीवान फारसी में थे, एक हिन्दी में। देवीप्रसाद कहते हैं : "पंजाब में महमूद गजनवी का राज्य सं. 1070 में हो गया था और उसी समय से मुसलमान लोग हिन्दी बोलने लगे थे और यही कारण मसऊद के कवि हो जाने का था।" अनहलपुर पट्टन में जब राजा सोलंकी सिद्धराज जयसिंह देव राज करते थे, तब सम्वत् 1150 से 1200 तक के बीच में कुछ लोगों ने एक मस्जिद गिरा दी थी। मस्जिद का ख़तीब (उपदेशक) कुतुब अली कवि था। वह सारा हाल हिन्दी कविता में लिखकर राजा के पास ले गया और राजा ने अपराधियों को दंड देकर मस्जिद को फिर से बनाने के लिए रुपया दिया। आगे देवीप्रसाद कहते हैं : "इधर दिल्ली में तुर्कों का राज हो जाने से, जो सम्वत् 1250 में हुआ था, मुसलमानों में हिन्दी का प्रचार और बढ़ा। इनमें अमीर ख़ुसरो जैसे हिन्दी भाषा के कवि कोविद उत्पन्न हो गए...ख़ुसरो के समकालीन सुलतान फीरोज तुग़लक के राज्य में मुल्ला दाऊद ने 'नूरक और चंदा' के प्रेम का हिन्दी काव्य बनाया था जिसको उस समय के लोग बड़े प्रेम से पढ़ते थे और शेख़ तकीउद्दीन उपदेशक भी दिल्ली की 'जुम्मा' मस्जिद में व्याख्यान देते हुर उसके दोहे और कबित्त पढ़कर लोगों को मुग्ध कर देता था। एक दिन किसी मौलवी ने कहा कि मसजिद में यह हिन्दी कविता क्यों पढ़ी जाती है तो शेख़ ने कहा कि इसके भाव सब सूफ़ियों और क़ुरान की शिक्षाओं से मिलते हुए हैं। इस बात से जो मुल्ला अब्दुल क़ादिर बदाऊनी ने अपने इतिहास में लिखी है, यह सिद्ध होता है कि उस समय हिन्दी की कविता मुसलमानों में खूब समझी जाने लगी थी। फिर कोई समय ऐसा नहीं था जो मुसलमान कवियों से खाली रहा हो।"

मुसलमान बादशाहों के हिन्दी-ज्ञान और हिन्दी-प्रेम के बारे में देवीप्रसाद ने आगे दिखा है : "प्राय: सब ही मुसलमान बादशाह हिन्दी भाषा और हिन्दी कविता को समझते थे और कई एक तो पढ़ते भी थे और स्वयं कविता भी करते थे। अकबर बादशाह की फुटकर कविता बहुधा कवियों को याद है। जहाँगीर की कविता तो कोई नहीं सुनी गई परन्तु इसमें सन्देह नहीं है कि हिन्दी के अच्छे-अच्छे दोहे और कबित्त उसको याद थे। उसने अपनी दिनचर्या में जिसका नाम तुजुक जहाँगीरी है, कई जगह ऐसी बातें लिखी हैं कि जिनसे उसको हिन्दी कविता का याद होना प्रतीत होता है। वह सम्वत् 1674 के वृत्तान्तों में कुमुदिनी और कमल की व्याख्या करते हुए कहता है कि यह बँधी हुई बात है कि कमल दिन को खुलता है और रात को सुकड़ जाता है [1] कुमुदिनी दिन को मुँद जाती है और रात को खिलती है [1] भौंरा सदा इन फूलों पर बैठता है और इनके भीतर जो मिठास होती है, उसके चूसने

के लिए इनके मालियों में घुस जाता है। बहुधा ऐसा होता है कि कमल मुँद जाता है और भौंरा सारी रात उसी में बैठा रहता है। इसी तरह कुमुदिनी में भी; फिर उनके खिलने पर भौंरा निकलकर उड़ जाता है [1] इसीलिए हिन्दुस्तान के कवीश्वरों ने उसको बुलबुल के समान फूलों का रसिया मानकर अपनी कविताओं में उत्तम युक्तियों से उसका वर्णन किया है। 'तानसेन कलाबन्द मेरे बाप की सेना में रहता था [1] वह अपने समय में अद्वितीय ही नहीं था वरन् किसी समय में भी उसके तुल्य गवैया नहीं हुआ है। उसने अपने ध्रुवपद में नायिका के मुख को सूर्य की, उसके आँख खोलने को कमल के खिलने और उसमें से भौंरे के उड़ने की उपमा दी है। दूसरी जगह कनखियों से देखने को भौंरे के बैठने से कमल का हिलना कहा है'।"

जहाँगीर के दरबार में जो हिन्दी के कवि आए, उनकी चर्चा करने के बाद देवीप्रसाद शाहजहाँ और उस समय के मुग़लों की भाषा के बारे में लिखा है : "जहाँगीर का बेटा शाहजहाँ हिन्दी बोलने और हिन्दी कविता के समझने में अपने बाप और दादा से बढ़ गया था। इन मुग़ल बादशाहों की मातृभाषा तो तुर्की थी और घर में तुर्की ही बोला करते थे परन्तु हिन्दुस्तान में राज्य करने से हिन्दी भी बोलने लगे थे और शाहजहाँ की मातृभाषा तो मानो हिन्दी ही थी। जब वह जन्मा था तो अकबर बादशाह ने उसे अपनी बड़ी बेगम सुलतान रुकैया को सौंप दिया था कि तुम्हारे संतान नहीं है, इसी को अपना बेटा समझकर पालो। बेगम की बोली तुर्की थी इसलिए वह बादशाह से तुर्की ही बोलती थी और बहुत चाहती थी कि यह भी तुर्की ही बोला करे परन्तु शाहजहाँ को तुर्की पसन्द नहीं थी, न उसका जी तुर्की बोलने में लगता था। मुल्ला अब्दुल हमीद ने 'बादशाहनामे' में लिखा है कि "हजारत बादशाह जादे तो फारसी बोलते हैं और जो लोग फारसी नहीं जानते, उनसे हिन्दुस्तानी बोली में बातें करते हैं, कुछ तुर्की भी समझते हैं परन्तु बोलते कम हैं, बोलने का अभ्यास अधिक नहीं है। बचपन में इस भाषा की तरफ कुछ रुचि नहीं थी। मिरजा हिन्दाल की बेटी और बाबर बादशाह की पोती रुकैया सुलताना जो बादशाह के लालन-पालन को नियत हुई थी, उसकी बोली तुर्की थी और वह महल में तुर्की ही बोला करती थी। वह बादशाह को बलात्कार तुर्की बोलना सिखलाती थी परन्तु बादशाह को यह बोली नहीं सुहाती थी, इसलिए बहुधा तुर्की शब्द तो समझ लेते थे किन्तु बोली अच्छी तरह समझ में नहीं आती थी। एक दिन जहाँगीर बादशाह ने प्यार से कहा कि जो कोई मुझसे पूछे कि वह क्या उत्तम गुण बाबा खुर्रम (शाहजहाँ) में नहीं है तो मैं यह कहूँगा कि वह तुर्की नहीं बोलता है। बादशाह ने बड़े अदब से अपने बाप को उत्तर दिया, हजरत के प्रताप से यह गुण भी प्राप्त हो जावेगा, परन्तु मैं अपने को बिलकुल निर्दोष नहीं बनाना चाहता था कि कहीं मुझ पर लोगों की नजर न लग जाए और इसीलिए इस कमी को पूरा नहीं किया।"

सामाजिक परिवेश में चारों तरफ हिन्दी थी। मुट्ठी भर तुर्की बोलने वाले उसी में घुल-मिल गए। शाहजहाँ के समय में यह समस्या न थी कि तुर्की बोलने वाले मुसलमान हिन्दुओं से बातचीत करने के लिए किसी मुश्तर्का जुबान का आविष्कार करें। तुर्क शाहजहाँ को तुर्की न आती थी। उसे तुर्की सिखाने के जो प्रयत्न किये गए, वे असफल हुए। मुग़ल बादशाहों ने फारसी को राजभाषा बनाया था पर यह उनकी मातृभाषा नहीं थी।

दारा शिकोह हिन्दी के अलावा संस्कृत भी जानता था, यह बताने के बाद देवीप्रसाद ने औरंगजेब के बारे में लिखा कि वह 'हिन्दुओं का द्वेषी होकर भी हिन्दी भाषा और हिन्दी कविता से विमुख नहीं रहा था। आगरे की छपी हुई मुसासिर 'आलमगीरी' में लिखा है' कि फागुन सदी ग्यारह सम्वत् 1146 को बादशाह के डेरे के पास एक आदमी चेला होने के लिए आया। औरंगजेब ने एक दोहा कहा :

चूहा खडा न मावे तरकल बन्धी जज्ज।
तोले नन्दी मादर वेंदी खरी न लज्ज॥

दोहे का ठीक पाठ क्या था, पता नहीं। इतना ही मालूम है कि औरंगजेब ने दोहा कहा था। फारसी लिपि में लिखे हुए दोहे के बारे में देवीप्रसाद ने लिखा : "बड़े खेद की बात है कि यह दोहा...ठीक-ठीक पढ़ने में नहीं आता और इसका कारण यही है कि फारसी लिपि में हिन्दी भाषा सही-सही नहीं लिखी जाती।" इसके बाद कलकत्ते की छपी हुई प्रति से दोहे का दूसरा पाठ उद्धृत किया है :

टोपी लेदे बावरी दै दे खरे निलज्ज।
चूहा खड्ड न मावली तो कल बन्धे छज्ज॥

तजकिरे चकत्ता में दिये हुए दोहे का पाठ संदिग्ध बताया है। इतना निश्चित है कि औरंगजेब ने किसी के मुरीद बनने की इच्छा प्रकट करने पर एक दोहा कहा था।

रुक़ात 'आलमगीरी' का हवाला देते हुए देवीप्रसाद ने उस प्रसिद्ध घटना की चर्चा की है जिसमें बेटे के कहने पर औरंगजेब ने आमों के नाम सुधारस और रसना विलास रखे थे।

हिन्दी भाषा के व्यवहार का एक क्षेत्र और था—संगीत। मुसलमान बादशाह संगीत-प्रेमी थे, यह सभी जानते हैं। उनके दरबारों में जो गीत गाये जाते थे, वे किसी मुश्तर्का जुबान में थे, यह दावा किसी ने नहीं किया। मुसलमान कलाकारों में हिन्दी की वे पुरानी बन्दिशें आज भी प्रचलित हैं। जैसे फिल्मों में हिन्दी-उर्दू का विवेक नहीं होता, वैसे ही उस समय संगीत में ईरानी और भारतीय का भेद न किया गया था। ईरानी काव्य-परम्परा उर्दू कवियों को प्रभावित कर रही थी, उनकी

भाषा में फारसी शब्दावली का प्रयोग बढ़ रहा था, किन्तु गीत लिखने वाले इस प्रभाव से मुक्त थे। ग़जलें अवश्य गायी जाती थीं पर गीत-रचना का क्षेत्र इनसे बहुत विस्तृत था। लोकगीतों की तो बात ही अलग है, दरबारों में भी जो गीत गाये जाते थे, उनमें फारसी शब्दावली नगण्य है। यह स्थिति उन्हीं गीतों की नहीं है जो शास्त्रीय संगीत के अन्तर्गत हैं। यह परम्परा आज तक चली आती है कि उर्दू कवि जब गीत लिखते हैं, तब उनकी भाषा हिन्दी होती है या हिन्दी के बहुत नजदीक होती है। गीतों में इस तरह हिन्दी का व्यवहार भारत ही नहीं, पाकिस्तान के उर्दू लेखक भी करते हैं।

देवीप्रसाद ने अपने लेख में इस बात पर भी ध्यान दिया है कि राजभाषा के रूप में हिन्दी का व्यवहार दक्षिण की मुसलमान रियासतों में उस समय भी होता रहा जब उत्तर भारत में फारसी राजभाषा हो गई थी। देवीप्रसाद का विचार था कि टोडरमल ने फारसी को राजभाषा बनाकर हिन्दुओं का उपकार किया था। कारण यह बताया है कि फारसी पढ़ने पर हिन्दू निरे हिन्दी नवीस न रहे वरन् बख्शी और दीवान के ऊँचे पदों तक पहुँचने लगे। यह वही दृष्टि है जिसने अंग्रेजी राज में बहुत-से भारतवासियों को नौकरी के लोभ से अपनी भाषा की उपेक्षा करना और उसके अधिकार अंग्रेजी को सौंपना सिखाया था। देवीप्रसाद जानते हैं कि 'इस नवीन शिक्षा का यह परिणाम हुआ कि बहुधा हिन्दू लोग हिन्दी को तो भूल गए'। इन फारसी-प्रेमी हिन्दुओं की अपेक्षा हजारों मुसलमान ऐसे थे जिन्हें बँगला, सिन्धी, पंजाबी, हिन्दी आदि अपनी जातीय भाषाओं से इतना प्रेम था कि उन्होंने इन भाषाओं में हिन्दुओं से पहले साहित्य रचा और कभी-कभी उनसे अधिक साहित्य रचा। ऐसे ही मुसलमानों में दक्षिण के वे बादशाह थे जो टोडरमल की तरह फारसी को राजभाषा बनाने के कायल न थे। देवीप्रसाद ने लिखा है : "इस प्रकार दिल्ली के बादशाही दफ्तरों में से तो सैकड़ों वर्षों की जमी हुई हिन्दी राजा टोडरमल के निकाले निकल गई परन्तु दक्षिण के बादशाहों के दफ्तरों में ज्यों की त्यों बनी रही। ये सब बादशाह पुराने दिल्ली के बादशाही में सेवक थे किन्तु अब सैकड़ों वर्ष से स्वतंत्र राज करते थे।" दक्षिण में जो बहमनी खानदान चला, उसके बारे में तवारीख फरिश्ता का हवाला देते हुए देवीप्रसाद ने बताया कि गंगू बाह्मण का एक नौकर था हसन। ब्राह्मण के आशीर्वाद से वह दक्षिण का पहला बादशाह बना। "उसने बादशाह होने के पीछे गंगू का उपकार याद रखने के लिए अपना नाम हसन गंगू ब्राह्मणी रख लिया। उसके वंशज भी सब अपने नाम के पीछे बहमनी (ब्राह्मणी) शब्द जोड़ते रहे थे।" यदि उत्तर भारत में फारसी राजभाषा न बनी होती तो दक्षिण की तरह उत्तर में भी खड़ी बोली में बड़े पैमाने पर चौदहवीं सदी से साहित्य रचना होने लगती। और फारसी के राजभाषा बनने से पहले यहाँ के पंडितों-पुरोहितों-राजाओं ने लोकभाषाओं पर संस्कृत का अधिनायकत्व न कायम किया होता और प्राकृतों-अपभ्रंशों का जाल

न फैलाया होता तो तमिलनाडु की तरह तीसरी-चौथी सदी से उत्तर भारत की लोकभाषाओं में भी साहित्य रचा जाता। पुरोहित-पंडित-राजा तमिलनाडु में भी थे और संस्कृत के भक्त थे पर उन्हें तमिल से भी प्रेम था। अन्य प्रदेशों के सामन्तों की तरह उन्होंने अपनी भाषा पर संस्कृत का आधिपत्य कायम नहीं होने दिया। दक्षिण भारत की अन्य द्रविड़ भाषाएँ उस समय उत्पन्न नहीं हुईं जब साहित्य में उनका व्यवहार होने लगा। उनका विकास तमिल के समानान्तर हुआ था। यह इतिहास उत्तर भारत की भाषाओं का विकास समझने में सहायक होता है। यही कारण है कि जहाँ तुर्कों के आक्रमण शुरू हुए, वहाँ हिन्दी कविता की बात सुनाई देने लगी। पर यह हिन्दी महमूद गजनवी से पहले भी थी और उसके साथ उत्तर भारत की अन्य भाषाएँ भी थीं। तुर्क आक्रमणकारी भारत में बस जाने के बाद इन्हीं भाषाओं का व्यवहार करने लगे थे। किसी भी क्षेत्र में उन्होंने किसी नई भाषा की सृष्टि नहीं की, न उनके आक्रमण के बाद अचानक आधुनिक भाषाओं का जन्म हो गया था। दुर्भाग्य से यह सारा इतिहास भारत के सम्मानित इतिहासकारों और भाषा-विज्ञानियों की समझ में नहीं आता।